21世纪市场营销立体化系列教材 编委会

主　任：万后芬（中南财经政法大学）

编委会：（以姓氏笔画排序）

丁桂兰（中南财经政法大学）　　田志龙（华中科技大学）

汤定娜（中南财经政法大学）　　张广玲（武汉大学）

杜兰英（华中科技大学）　　　　余序洲（中南民族大学）

陈志浩（中南财经政法大学）　　陈　涛（武汉科技大学）

周　玫（江西财经大学）　　　　黄　静（武汉大学）

景奉杰（华东理工大学）

21世纪市场营销立体化系列教材

Internet Marketing

网络营销

（第三版）

⊙ 主 编 刘新燕 陈志浩

华中科技大学出版社
http://www.hustp.com
中国·武汉

图书在版编目(CIP)数据

网络营销/刘新燕，陈志浩主编.—3版.—武汉：华中科技大学出版社，2020.6（2023.2重印）
21世纪市场营销立体化系列教材
ISBN 978-7-5680-6053-0

Ⅰ.①网… Ⅱ.①刘… ②陈… Ⅲ.①网络营销-高等学校-教材 Ⅳ.①F713.365.2

中国版本图书馆CIP数据核字(2020)第062292号

网络营销（第三版）	主编　刘新燕　陈志浩
Wangluo Yingxiao（Di-san Ban）	

策划编辑：周晓方　陈培斌
责任编辑：章　红
责任校对：刘　竣
封面设计：刘　卉
责任监印：周治超
出版发行：华中科技大学出版社（中国·武汉）　　电话：（027）81321913
　　　　　武汉市东湖新技术开发区华工科技园　　邮编：430223
录　　排：华中科技大学惠友文印中心
印　　刷：武汉市籍缘印刷厂
开　　本：787mm×1092mm　1/16
印　　张：26　插页：2
字　　数：698千字
版　　次：2023年2月第3版第4次印刷
定　　价：58.00元

本书若有印装质量问题，请向出版社营销中心调换
全国免费服务热线：400-6679-118　竭诚为您服务
版权所有　侵权必究

内容简介

网络营销是市场营销在互联网时代的发展与创新,其在短短 20 年的发展历程中不断实现的理论与实践创新成果,不仅让越来越多的企业认识到了这种新营销模式的强大生命力,同时也成为促进营销理论与实践发展的直接驱动力。在此背景下,本书作为一本关于网络营销的教科书,将围绕网络营销的相关理论及实践应用问题进行较为全面、系统的研究与探讨。

全书共分十章,详细阐述了网络营销的基本概念、特点及功能,网络营销的相关支撑理论,网络环境下的营销战略及规划,网络市场特征与购买行为,产品与品牌、价格、渠道、网络促销策略与实现,新媒体营销以及网络环境下的服务运营,网络营销风险管理,网络营销绩效评价等内容。同时,结合网络市场及营销发展的现状,本书将营销 4.0、社会化媒体营销、新媒体营销等新营销理论以及经济学、管理学、社会学、心理学等理论在网络营销中的应用成果也编入其中,以拓展读者视野,启迪创新思维。

本书观点新颖,资料详实,且配合相关理论观点的论述,使用了大量的案例,不仅有助于读者理解和掌握相关的理论及应用方法,也可供教师进行案例教学时选用。书中介绍了一些网络营销实践应用的技能与手段,各章结尾精心选择与设计了思考题与研讨案例,以帮助读者有效地学习、理解、掌握和应用各章节的主要内容。在阐述网络营销理论的同时,也能在实践应用方面尽可能地给予读者一些具体的指导和帮助。

本书可作为经济管理类本科生、研究生(包括 MBA)教材或教学参考书,亦适合企业的经营管理人员阅读和参考。

总　序

在经济全球化背景下，随着市场经济的发展，一切面向市场的组织都必须投身于市场经济大潮之中，按照市场经济的规律，搞好自身的经营和管理。社会经济的这一发展趋势，使得会经营、懂管理、善策划的市场营销专业人才成为市场的宠儿，社会对市场营销专业人才的需求逐年递增。

市场营销专业是随着市场经济的发展而建立和不断发展起来的新兴专业，迄今为止，还不到100年的历史。随着营销实践的发展，市场营销的内涵及其对与之相关联的营销人才知识体系的要求也在不断发展和变更：市场营销已由单纯的销售产品实施过程发展到营销的战略和策划过程，由单纯的产品营销发展到品牌营销，由单纯的实物产品营销发展到服务产品的营销，由单纯的交易性营销发展到交易与关系相结合的全面营销，由单纯的微观营销发展到宏观与微观相结合的全方位营销。

从我国的情况来看，1978年开始引进市场营销课程，1992年才正式将市场营销专业列入本科招生目录。十几年来，随着社会对市场营销专业人才需求的增长，开设市场营销专业的院校已从最初的一部分综合大学、财经院校，发展到理、工、医、农、艺、体等各类院校，以及各类职业技术院校；人才培养的层次也由原来的本科、专科，发展到硕士、博士（重点院校自主招生或作为专业方向招生）层次。由此，我们抱着根据学科的发展及社会对市场营销专业人才的需要来重新规划营销人才培养体系，设计市场营销专业系列教材，为新型的市场营销专业人才的培养提供工具的目的，编著出版了这套"21世纪市场营销立体化系列教材"，并于2014年开始陆续对系列教材进行全面修订改版工作。

本系列教材的编著力求凸现如下特点。

第一，按照社会对营销人才知识体系新的要求设计系列教材。本系列教材既包括交易营销方面的理论和知识，又包括关系营销、服务营销、品牌营销、营销策划等方面的理论和知识。

第二，引进营销方面的最新的理论和成果。系列教材的作者在编著过程中，都力求吸收国内外的最新成果，体现营销发展的最新动向，力求教材内容上的创新。

第三，加强案例分析。教材的每章都以小案例导入，并配备了大量的案例加以说明，力求理论联系实际，学以致用。

第四，创新教材形式。本套教材拟以现代教育技术为支撑，为读者提供一套"纸质教材与电子课件、课程网络"相结合的新型的立体化教材。

本系列教材由从事多年本学科教学、在本学科领域内具有比较丰富的教学经验的教师担任各教材的主编，并由他们组成本系列教材的编委会，为读者提供以《市场营销学》《国际营销学》《市场研究理论与方法》《消费者行为学》《销售管理》《广告管理》《新产品管理》《渠道管理》《营销策划》《品牌管理》《服务营销》《网络营销》《商务沟通》为主体的系列教材。

在系列教材的写作过程中参考了大量的国内外最新研究和实践成果，各位编著者已尽可能在参考文献中列出，在此对这些研究者和实践者表示真诚的感谢。因为多方面的原因，如果有疏漏之处，作者表示万分歉意，并愿意在得知具体情况后予以纠正，在此先表示衷心的谢意。

编撰一套教材是一项艰巨的工作，由于作者的水平有限，本套教材难免会有疏漏和谬误之处，真诚希望广大读者批评指正，不吝赐教。

2008 年 9 月 10 日
2019 年 11 月修订

目 录

第1章 导论 1
1.1 概述 3
1.2 网络营销的理论基础 15
1.3 网络营销与传统营销的关系 33
本章小结 39
关键术语 39
思考题 39
参考文献 40
案例研讨 41

第2章 网络营销战略与规划 43
2.1 网络营销战略分析 44
2.2 网络营销的战略规划 51
2.3 网络营销战略规划实施的保障措施 60
本章小结 64
关键术语 64
思考题 64
参考文献 65
案例研讨 66

第3章 网上市场与购买行为 69
3.1 网络消费者市场及购买行为 70
3.2 基于涉入理论的网络消费者行为分析 82
3.3 网上组织市场的购买行为 85
3.4 网上有效购买行为的实现 90
本章小结 100
关键术语 100
思考题 101
参考文献 101
案例研讨 102

第 4 章　网上市场调研 ... 105
- 4.1　概述 ... 106
- 4.2　网上直接市场调研 ... 112
- 4.3　网上间接市场调研 ... 121
- 4.4　网上市场调研的质量保障 ... 131
- 本章小结 ... 134
- 关键术语 ... 135
- 思考题 ... 135
- 参考文献 ... 135
- 案例研讨 ... 136

第 5 章　网络营销产品策略 ... 139
- 5.1　概述 ... 140
- 5.2　新产品策略 ... 143
- 5.3　产品的虚拟体验策略与实现 ... 150
- 5.4　网络环境下的品牌策略 ... 159
- 本章小结 ... 173
- 关键术语 ... 174
- 思考题 ... 174
- 参考文献 ... 174
- 案例研讨 ... 175

第 6 章　网络营销价格策略 ... 178
- 6.1　概述 ... 179
- 6.2　网络营销中常用的定价方法 ... 190
- 6.3　网络营销中常用的价格策略 ... 195
- 本章小结 ... 211
- 关键术语 ... 212
- 思考题 ... 212
- 参考文献 ... 213
- 案例研讨 ... 214

第 7 章　网络营销渠道策略 ... 216
- 7.1　互联网时代的渠道与变革 ... 217
- 7.2　网络直销 ... 221
- 7.3　电子中间商与网络间接分销 ... 225
- 7.4　互联网环境下的渠道管理 ... 229
- 本章小结 ... 237
- 关键术语 ... 238
- 思考题 ... 238
- 参考文献 ... 239

案例研讨 239

第8章　网络促销策略 243
8.1　概述 244
8.2　网上销售促进 254
8.3　网络公共关系 258
8.4　网络广告 264
本章小结 280
关键术语 281
思考题 281
参考文献 282
案例研讨 282

第9章　新媒体营销 286
9.1　概述 287
9.2　新媒体营销的主要应用模式 292
9.3　网络口碑及应用 308
9.4　内容营销 320
9.5　网络软文营销 331
9.6　直播营销 340
本章小结 353
关键术语 354
思考题 354
参考文献 355
案例研讨1 356
案例研讨2 358

第10章　互联网环境中的营销管理 360
10.1　互联网环境中的服务运营管理 361
10.2　网络营销的风险与危机管理 376
10.3　网络营销的绩效管理 390
本章小结 397
关键术语 398
思考题 398
参考文献 399
案例研讨1 399
案例研讨2 401

第3版后记 404

第 1 章 导论

本章提要 作为全书的开篇,本章主要介绍网络营销的基本概念、特点、功能、优势和分类,本章的重点是网络营销的概念、内涵及功能,网络营销的相关支撑理论以及网络营销与传统营销的关系。本章的难点在于理解开展网络营销必须实现与传统营销的整合。

引 例

"百雀羚"的返老还童

诞生于 1931 年的百雀羚,早已是国内家喻户晓的化妆品品牌,那绘有五彩小鸟的深蓝色铁盒香脂曾经赢得过"国民护肤品"的美誉。"打开绘满五彩小鸟的深蓝铁盒,揭开薄薄的锡纸,用食指蘸一撮儿乳白色凝脂,轻轻地在脸颊上涂抹……",这是许多 40 岁以上消费者脑海中温馨难忘的记忆。

改革开放以来,与其他国内老字号一样,百雀羚也经历了国外品牌和外资日化产品的巨大冲击。简陋的包装、低廉的价格和简单的诉求成为百雀羚在许多人脑海中的刻板印象。如今,一些超市虽然依稀能见到其身影,但大多被不断涌现的国外或合资品牌挤到了货架的底层或角落。面对这种双重挑战,"奶奶"级国货品牌百雀羚选择了固守自有品牌和与时俱进的经营战略。自 2000 年改制为民营企业后,百雀羚通过引入产业资本和专业团队,不断扩充产品线来调整产品定位:护肤品、护发素、香皂、花露水……甚至还针对儿童市场推出了小百羚系列,并全面重塑品牌形象,开始了老国货品牌的复兴之路。但这些大都属于"养在深闺人未识",甚至有些自娱自乐。虽然每年销售额过亿元,但因毛利率过低,公司每年的纯利润仅有二三百万元,百雀羚被边缘化正是国产护肤品集体困境的缩影。

2006 年底,国货老品牌的第一个机会来了,宝洁旗下的 SK-II 品牌化妆品中铬元素和钕元素超标事件,掀开了外资化妆品品牌在中国质量危机的序幕。此后,关于外资化妆品品牌质量问题的新闻比比皆是,这让那些热衷于外国化妆品的消费者有些茫然失措。这时,天涯论坛上一个关于国货化妆品的帖子引发了网友们的集体怀旧,一时间成了网络神帖,回复达10万之多。由这一事件而回到大众视野的百雀羚意识到:这阵国货怀旧之风可能刮过即散,但老国货借助于互联网的东风再度崛起不是没有可能,当然仅凭小小的铁盒香脂肯定是难以奏效的,必须依托互联网时代的新思维和新技术实施创新性经营。

为唤醒人们对老国货产品和品牌形象的记忆,激活新一代消费者对国产护肤品的认知与情感,百雀羚借鉴霸王防脱洗发水、相宜本草护肤品、美即面膜等品牌主打"中药、草本、五谷"等"本土"概念,打入国际市场并引发外资产品竞相效仿的做法,调整品牌定位,明确了"草本护肤"的概念,并将其作为与在研发、工艺、营销和管理方面均占优势的洋品牌竞争的突破点。

在"渠道为王"的化妆品市场,超市和专营店一直是主流渠道,随着电商的发展,利用电商渠道,瞄准追求时尚的年轻消费群体,开展网络营销成为国内外化妆品生产商和经销商的不二选择,他们纷纷在天猫、唯品会、美丽说、聚美、乐蜂、小红书等B2C平台开设自己的"品牌旗舰店",巴黎欧莱雅、雅诗兰黛等国际知名化妆品牌也相继授权正规的电商渠道,中国的消费者有了越来越多选择国内外知名化妆品品牌的机会,并受到广大年轻消费者的青睐。在电商逐渐成为继CS(customer satisfaction)和KA(key account)渠道后又一个化妆品主流渠道的趋势下,2010年10月,百雀羚的"天猫旗舰店"上线,开始全面进军电商渠道。

对于擅长传统渠道经营的化妆品品牌,几乎无一例外地选择代理商运营电商渠道的方式,如天猫上大部分国际化妆品品牌旗舰店都是由丽人丽妆代理运营,目前该公司已经代理了70多个化妆品品牌。百雀羚也不例外,公司虽然设有独立的电商事业部,但并不直接运营电商业务,而是与CS、KA渠道管理部门一样,承担着管理和协调各电商渠道代理商的任务,以提高电商渠道的流通运营效率。百雀羚根据各电商渠道的特点选择不同的代理商,如天猫旗舰店选择了杭州壹网壹创科技股份有限公司(网创科技)为代理运营商,对京东、唯品会等其他平台也是如此,其合作采取买断式经销模式,即代理商通过买卖产品获取差价收益。这有助于代理商将百雀羚视为自己的品牌,实施灵活的营销策略。

2017年母亲节,一个以一镜到底的表现手法和长约427厘米的超长图文——百雀羚《一九三一》刷爆了朋友圈。短短几天,这个独特的广告在微信上的阅读量便超过3000万,并获得无数的口碑好评,成为当年母亲节当之无愧的营销赢家。

类似这样的活动还有许多,经过几年的探索,百雀羚逐渐领悟出网络营销之道。2012年,由网创科技操盘在百雀羚天猫旗舰店上开展了名为"琥珀计划"的公益营销活动,他们选择北纬30度以上湘、鄂、徽、浙、藏、川、渝七个省区市,寻访濒临失传的民间艺术,并从这些省区市中各挑选一种代表性的草本植物,用于开发限量版草本面膜进行义卖,支持民间艺术传人建设民间艺术陈列馆,同时还与民间艺人合作开发用于销售附赠的艺术品。此举既强化了百雀羚的草本概念,又能赋予产品深厚的文化及公益属性,实现了公益活动与商业行为的有机融合。2014年2月,天猫旗舰店推出的"选择百雀羚,美过黄永灵"广告,创造了1天380万元的销售额。2015年10月,京东与腾讯联手推出"京腾计划",2016年3月,百雀羚首次参与京腾计划进行微信朋友圈广告投放,实现千万级广告曝光量。同年"双11"大促,百雀羚推出京东专供礼盒"水能量致采礼盒",3天销售额环比增长300%。凭借双方良好合作,2016年百雀羚在京东平台销售额破亿。2017年2月下旬的京东蝴蝶节,百雀羚与京东联合发布《美时美刻》系列广告,并邀请王鸥作为百雀羚品牌大使参加蝴蝶节发布会,实现销售额过千万。

互联网赋能使百雀羚等老字号品牌搭上了信息时代的高速列车,赢得了新的市场。2012年百雀羚的年销售规模只有18亿元,2016财年这个数字变为138亿元,4年间,百雀羚的年销售额增长了767%,稳居国产化妆品品牌销售第一,并连续蝉联全网化妆品年度销售和"双11"销售排行榜双料冠军,谱写了中华老字号"返老还童"的新篇章。

营销大师菲利普·科特勒(Philip Kotler)曾经指出:"新经济的发展带来了新的营销法则,网络营销是21世纪的营销。"哈佛商学院约翰·A.戴顿(John A. Deighton)教授将20世纪的商业模式归结为三种力量,即交通工具、购物中心和电视网络,它们共同塑造了20世纪消费者的购买行为;对于21世纪的商业模式,戴顿也将其归结为三种力量,分别是移动搜索、社交网络和电子商务。移动搜索实现了消费者对信息的主动性抓取,随时随地获得过去无法获取并比较的资源;社交网络实现了消费者对于商品和服务的评价,使其不再依赖于电视等媒体广告,而更多地通过网络连接的群体获得更真实、准确的信息;电子商务实现了人们通过网络进行购物和消费以及各种贸易活动,这三种力量重构了21世纪的商业模式,网络营销正是建立在此基础上的新营销模式。

1.1 概述

历经20多年的发展,在互联网和电子商务推动下发展起来的网络营销已经从最初的Web网站营销,发展到今天基于大数据、云计算、物联网、人工智能、虚拟现实等新兴信息技术以及微博、微信等社会化媒体实现的全媒体营销阶段。网络营销在给企业带来机遇的同时,也使企业面临巨大的挑战,如何通过网络营销获取更大的经济效益,已为越来越多的企业所关注。

据不久前科特勒咨询集团(KMG)一项针对CEO和CMO(首席营销官,chief marketing officer)的调研表明,有81%的企业认为网络营销是信息时代实现"互联网+"转型的关键,与此同时,有58%的企业认为其网络营销绩效未达到预期效果,68%的企业宣称自己没有系统的网络营销战略。有关机构和学者的诸多研究也发现,在诸如什么是网络营销、怎样发挥其作用、如何开展网络营销等一些基础而又重要的问题上,人们的认识和理解不仅千差万别,莫衷一是,而且存在许多模糊的观点,成为影响企业网络营销实施绩效的主要因素。因此,深入研究和探索网络营销的支撑理论与实际应用问题,认真分析和总结国内外在网络营销实践中的经验与实现策略,对于国内开展网络营销的企业具有重要的现实意义。

1.1.1 网络营销的定义

经济的全球化、知识化、信息化、数字化和网络化使世界经济逐渐迈入"无国界"的信息经济时代。在信息技术飞速发展与广泛应用的推动下,互联网已经无处不在地融入人类社会之中,成为人们日常生活中的"基础设施"和不可分割的重要组成部分。与此同时,互联网已成为越来越多企业之间、企业与消费者之间进行信息沟通和商业活动的重要平台，以信息技术为运作基础的网络营销，正在成为信息经济时代企业营销发展的新趋势。

短短20年间，从早期的电子营销(electronic marketing)、在线营销(online marketing)、互联网营销(internet marketing)、虚拟营销(cyber marketing)、网上营销(network marketing)、数字营销(digital marketing)、万维网营销(web marketing)到如今的移动(手机)营销(mobile marketing)、社会化媒体营销(social media marketing)、新媒体营销(new media marketing)、全媒体①营销(omnimedia marketing)……，名称的变化反映出基于互联网技术与环境的营销发展之迅速，但这也导致学术界和实业界至今尚未对网络营销的定义达成共识。

综合近年来国内外关于网络营销的研究成果，网络营销可定义为以互联网和移动互联网为基本运作环境，借助于Web、Email等传统互联网技术和大数据、云计算、物联网、人工智能、虚拟现实等新兴信息技术与手段，依托各种网络资源开展的营销活动。它不仅包括利用互联网或传统资源及手段针对网络虚拟市场开展的营销活动，也包括借助于网络资源开展的服务于传统有形市场的营销活动。

网络营销是传统营销在网络环境下的新发展，是营销学原理与互联网特性相结合的产物。其目的是实现市场需求与网上资源、经营手段与信息技术手段、营销策略与互联网思维的有机整合，以更好地满足客户需求，实现企业的营销目标。

在中国，借助于淘宝、天猫等电商平台开网店、做生意的大有人在，其中不乏有人赚得盆满钵满，由于对网络营销的认识存在误区，加上对一些成功案例的片面理解，因此有观点认为，进入网络市场的技术门槛很低，开展"网络营销易如反掌"，任何企业无论规模大小，都可以通过网络营销来达到自己的营销目标，这种观点在很大程度上误导了相当多的企业和经营者。

随着互联网的普及和社会及各行各业信息技术应用能力和水平的提高，如今建立一个Web网站或开发一个在移动终端上运行的第三方应用程序App(application program)并非难事，利用网站或微信朋友圈、公众号等媒介发布广告、推销产品、实现交易也并不复杂。但是，市场进入的技术门槛不高，并不意味着营销策略的运作容易。且不说20世纪90年代单一的互联网营销渠道，就是与5年前相比，网络营销的环境也已经发生了翻天覆地的变化，极度分散的市场、层出不穷的营销媒介、越来越精明的消费群体……，要想在这样的环境下实现"有效的""成功的"营销，并非想象的那么简单。尤其是如何利用越来越丰富的网上资源进行深层次的营销价值开发，实现营销模式及策略的创新和应用，更是艰难且富于创造性的工作，不付出艰辛努力是难以成功的。

1.1.2　网络营销的起源

科技的进步、市场竞争的日益激烈、营销与消费观念的变革等综合因素是促成网络营销产生与发展的基础。

---

① 全媒体的概念来自于传媒界的应用层面，并未被学术界正式定义。"全媒体"通常是指采用文字、声音、影像、动画、网页等多种媒体表现手段，利用广播、电视、音像、电影、出版、报纸、杂志、网站等不同媒介形态，通过广电网络、电信网络以及互联网络进行传播，让用户以电视、电脑、手机以及书刊等多种终端实现信息的接收。

1. 信息技术的推动

科技是市场变革的推动力，是发掘企业商业潜力的催化剂。进入21世纪，互联网的飞速发展及其在商业领域中的应用，改变着人们生活、工作、学习的方式，也改变着企业经营和市场运作的模式，其产生的现实和潜在效益，促使企业积极利用新技术变革其经营理念、经营组织、经营方式和营销方法。在过去10年间，营销方式开始发生颠覆性的变化，网络营销正是以互联网为核心的信息技术实现的营销变革。互联网所提供的搜索引擎、海量存储、即时通信、社交网络等已经成为许多企业经营中的基本工具与手段，新方法日新月异，营销工具和手段不出几年即被淘汰，其发展速度大概只有信息技术可与之媲美。

近年来，随着大数据、云计算、智能化、移动互联网、物联网等新兴信息技术的发展，人类社会已经进入到"大智物移云"时代。从营销的角度看，在这个时代，企业可以通过大数据追踪消费者的各种行为，利用Cookie对网上行迹的追踪、借助SDK(软件开发工具包)对移动行为的追踪、依托支付数据对消费偏好的追踪……，这些行为的追踪使人与人、人与产品、人与信息实现了"瞬连"和"续连"，使消费者被比特化，营销的每个环节数据化，企业可以通过深入挖掘客户价值，实现提升客户价值的营销目标。随着以虚拟现实(VR，virtual reality)和在此基础上发展起来的增强现实(AR，augmented reality)等智能化技术的发展，实现了屏幕上显示的虚拟世界与现实世界中各种对象的互动，让用户能同时看到所处真实世界与叠加在其中的虚拟对象，实现超出3D空间层次的"混合现实"(MR，mixed reality)的全新体验。物联网是这个时代最具影响力的技术发展趋势，可穿戴技术作为物联网生态系统中的一个组成部分，涵盖了从谷歌眼镜到苹果手表所有人类可以穿戴的设备，它们与VR、AR技术一道将有力地提升企业实施体验营销的能力。移动互联网的发展加速了现实世界与虚拟世界的融合，促进了线上线下商业活动的集成，实现了全渠道的消费体验。而云计算提供的SaaS(software as a service)、PaaS(platform as a service)和IaaS(infrastructure as a service)服务模式，已经和正在成为越来越多企业开展经营的有效资源。

营销视野　**手机验光引发的营销模式变革**

医学建议，眼镜最长使用周期不应超过一年，否则镜片磨损及镜架变形都会对眼睛造成伤害，时间越长，伤害越大，因此，定期更换眼镜有利于保护眼睛。成年人的眼睛屈光度基本处于稳定状态，度数不会再出现变化，如果记得眼镜参数，可直接去眼镜店配镜，否则只能去医院或眼镜店重新验光。

最近一家名为"必要"的公司宣布，他们采用机器视觉、图像分析等技术，历时两年多，经过上万次试验，终于实现了用手机进行验光。用户只需在这家名为"必要商城"的网站上下载一个叫做"必要"的App，按要求透过眼镜片对所观察到的清晰图片进行拍照，即可获取度数、散光、轴位等所有配镜数据，其准确度高达95%，完全可以作为配镜的依据参数。对此，业界认为，手机验光的实现，将引发眼镜行业的彻底洗牌，传统的眼镜店将受到全面冲击。

> 这不仅是一次技术革命，也为传统制造业和服务业的深度合作开辟了道路。作为一个创新的电商平台，"必要"公司是 C2M(customer to manufactory)电商模式的先行者。秉持打造"高品新国货"，推动"中国制造"的理念，以及"不卖高价、不卖假货、永不打折"的经营承诺，为保证所经营商品的高品质低价格，自 2015 年 7 月上线以来，该公司已先后与 PRADA、ARMANI、MAXMARA、CK 等品牌制造商合作，推出了眼镜、服装配饰、鞋靴、户外用品、箱包、个人护理、家居生活、家纺等多个品类。消费者在网上下单后，工厂即可按订单进行生产，其产品由快递公司交付给用户。
>
> 该方式一头连着普通消费者，一头连着品牌制造商，通过平台的"短路简介"，去掉了流通中所有的加价环节和库存，让用户与品牌设计师、品牌制造商之间直接连接，使消费者能够买到价廉物美的高品质产品，打破了电商的传统营销模式。

技术的发展不仅对企业的经营产生了深刻的影响，同时也使消费者与企业之间的地位发生了逆转。在这个网络链接万物、计算无处不在、一切皆为数字的环境中，各种结构化和非结构化的海量信息汹涌而至，而与移动设备形影不离的消费者们获取信息的渠道和范围大大增加，他们掌握了丰富的市场资源，可以随时接触到新产品、新零售设施、新技术、新时尚、新潮流，随时获取价格、供货情况等市场信息。他们不再听任企业的摆布，而是追求更加个性化的产品与服务，并根据搜集到的各种信息做出判断、随时分享，将个人体验的影响扩大到更大范围的群体之中。

在这个消费者深度参与的"人和机器可以合一"的时代，决定企业经营成败的将不仅仅是企业的 CEO，还有被称为首席执行客户(CEC，chief executive customer)的消费者群体。面对这些用数字工具武装起来的 CEC，企业的 CEO、CMO(首席营销官)①们必须意识到，这场变革不仅仅是营销与技术的转变，更重要的是经营模式的转变和经营思维的创新，企业必须采用全新的方法来对待消费者。如今，技术不仅仅是一种手段，网络营销也不只是针对一两种业务。CMO 必须与 CIO(首席信息官，chief information officer)联手，让信息技术以及对数据的分析洞察成为一种企业文化融入营销中，将技术作为催化剂帮助企业挖掘巨大的商业潜力。

2. 市场的变革

来自市场变革的需求促进了网络营销的产生，这些变革可归结为两个方面。

1) 市场环境的变化

随着生产力水平的不断提高和市场经济的不断发展，消费观念开始发生变化，个性化消费成为大趋势，市场呈现多样化、个性化、细分化的特点，为消费者提供个性化的产品成为企业面临的任务和挑战。此外，随着科技的飞速发展，交易的直接化、交易方式的电子化和虚拟化，使消费心理和消费行为也随之发生变化，表现为客户忠诚度下降，产品生命周期不断缩短。这些变化客观上促使企业必须采用新的更有效的营销方式来维持和发展客户，这首先需要与客户进行有效的互动沟通，而网络的实时性、交互性正适

---

① 2017 年 3 月，可口可乐公司撤销了设立 24 年之久的 CMO，并设立了 CGO(首席增长官，chief growth officer)的职位来取而代之，其主要职责是通过数据研究来整合营销资源、优化用户体验等，以实现企业的业务增长。这引发了学术界和实业界对营销职能定位的新思考。

应了企业的这种需求。

与此同时，消费的主动性增强，消费者渴望在自主的基础上进行满足自身需求的消费。电子商务的发展，使越来越多的消费者将实体商店作为样品展示厅，他们在实体店中体验，并使用移动设备查看用户评价、商品价格，进行比较后到网上下单或在其他卖家处购买，这种线下比价、线上购买的行为被称为"展厅现象"(showrooming)。国际知名的特恩斯市场研究公司(TNS)不久前进行的一项调查表明，70%的亚洲受访者存在线下比价、线上购买的"展厅现象"，而全球的平均水平为30%。在PC互联网时代，"展厅现象"给传统市场带来了巨大的冲击。然而随着移动互联的发展，近年来，消费者先在网上搜索、浏览和研究某款产品，然后去实体店购买的"反展厅现象"(reverse showrooming)越来越流行，并成为一种新的消费趋势。据盖洛普咨询公司的调查，在美国，69%的用户购物习惯是"反展厅现象"，而只有31%的用户购物习惯是"展厅现象"。其实两种看似相反的消费现象背后的主要动机都是"买到价格合理、令人满意的产品"，这样消费者会觉得他们做出了性价比最高的选择。两种现象诠释的是这样一个市场变化的现实：信息技术将市场主导权从制造商和零售商那里转移到了消费者手中。对消费者和企业来说，互联网是及时、方便、低成本地获取各种需求信息的理想工具，因此，企业需摒弃那种使消费者总处于被动地位的传统营销思维，顺应网络时代市场环境的变化，通过实施网络营销促进企业的互联网转型。

2) 市场竞争的日趋激烈

随着经济全球化的发展，市场竞争也越来越激烈，而且是一种包括商业模式、经营战略、营销策略、方法与手段的全方位竞争。互联网为企业参与全球市场竞争提供了条件，但也进一步加剧了市场竞争的激烈程度。B2C电商的发展不仅冲击了传统零售业，也加剧了零售市场在价格、渠道、服务等方面的竞争。京东商城的崛起对靠低价策略、走薄利多销发展起来的国美电器产生了颠覆性的影响，也促使苏宁电器向苏宁易购的O2O转型；滴滴打车以一款App彻底改写传统的出租车行业的营销模式，而摩拜单车等也使传统的自行车租赁生意被完全边缘化，甚至直接威胁到自行车市场的销售。可以说，在互联网时代，任何企业都难以找到可以逃避市场竞争的所谓"蓝海"，而只能是通过不断实现商业模式、经营战略，以及营销策略、方法与手段的创新，在市场竞争激烈的"红海"中求发展、求生存。

3. 营销理念的进化

伴随着经济周期特征对不同战略思想发展的影响，在不同的经营阶段，都涌现出了重要的营销理念，如市场细分、目标市场选择、产品的市场定位、4P营销组合、服务营销、营销ROI、客户关系管理、品牌资产，以及近年来出现的社会化营销、大数据营销、营销3.0、营销4.0等等。

菲利普·科特勒等人将营销的演进(marketing evolve)划分为四个时代，最早的"以产品为中心的营销1.0时代"，那时的产品通常都较初级，其生产目的就是满足大众市场需求，最典型的是20世纪初的福特T型车；此后是"以消费者为导向的营销2.0时代"，这时的营销是从顾客需求出发为其提供价值，如宝洁、联合利华等快速消费品企业开发出几千种不同档次的日化产品来满足不同消费者的需求；到了"以价值为中心的营销3.0时代"，营销需体现合作性、文化性和精神性，是由价值驱动的，要求企业的营销不只是围绕客户的消费行为,而要与人类的整体利益、企业的赢利能力以及社会责任息息相关[1];如今则进入"以消费者自我实现诉求的营销4.0时代"[2],随着社会的进步和经济的发展,马斯洛需求层次论中的生理、安全、社交、自尊四层需求相对容易被满足,相比之下,自我实现成为客户一个很大的诉求,营销4.0正是解决在互联网、大数据环境下,如何洞察与满足消费者的需求,帮助其自我实现的过程。它是以为消费者创造价值的营销核心理念、互联网、大数据、云计算等新兴信息技术为基础来造就的,是营销理念的又一次深刻变革。

对企业来说,营销理念的变革应从三个方面着手:①强化需求管理。需求管理(demand management)一直在营销界占据主导地位,正如科特勒所指出的:"营销管理的实质就是需求管理。"因此,企业应在充分了解客户需求的基础上,根据他们的需求,利用互联网的各种资源,建立一个全接触系统,实现从产品推广到客户体验的全方位营销;②为客户创造价值。科特勒认为:"营销应该是创造出不用推销的产品,让客户感受到产品价值。"目前,层出不穷的社会化媒体、自媒体都是实现人际传播连接(connection)[3]的有效渠道,而更具挑战意义的是企业如何为客户创造价值,对此,互联网为实现这一目标提供了理想的环境和丰富的资源;③回归"利他"根本。随着移动互联网及社会化媒体等新传播技术手段的出现,客户能更容易地接触到所需要的产品和服务,也更容易和与自己有相同需求的人进行交流,于是出现了"社群性客户"。在这样的背景下,传统的"一对一营销"实际已演变为"一对多营销",因此,企业的营销重心应转移到如何与客户积极互动、尊重他们作为市场"主体"的价值观,让客户从企业的各种"利他"营销举措中获得"上帝"的感觉,从而吸引客户更多地参与到营销价值的创造中来。显然,在实现利他、需求管理和为客户创造卓越价值的营销本质方面,网络营销都将是企业的不二选择。

1.1.3 网络营销的特点

作为企业营销体系的一部分,网络营销具有营销的基本特性。而作为一种新营销模式,它又有着与传统营销不同的新特点。

1. 全球性

在互联网的普及和社会生产力发展的推动下,经济活动的各个环节(生产、分配、交换、消费)和各种资本形态(货币资本、生产资本、商品资本)的运动已经远远超越了国界,使世界经济日益成为一个紧密联系的整体,在全球范围内进行资源配置和流动。不仅如此,互联网的开放性也为世界各地的生产者和消费者提供了一个真正意义上的全球化市场。这意味着网络营销是在无国界、开放、全球性的环境下进行的,企业的市场营

---

① [美]菲利普·科特勒,何麻温·卡塔加雅,伊万·塞蒂亚万. 营销革命3.0:从产品到顾客,再到人文精神[M]. 北京:机械工业出版社,2011.

② Philip Kotler, Hermawan Kartajaya, Iwan Setiawan. Marketing4.0: Moving From Traditional to Digital[M]. Wiley, 2016.

③ "连接"源自传播学,分大众传播和人际传播两种方式。大众传播在人们的认知阶段作用重要,但是在说服和决策阶段,人际传播的影响更显著。传统的商业广告多为大众传播模式,旨在提高产品及品牌知名度。

销空间和消费者的市场选择空间更加广阔。同时,在全球化的市场环境中,不同民族文化、生活习俗与消费理念的差异将使市场需求更加多样性和复杂化;各国的法律、经济政策、企业经营理念、技术环境甚至语言方面的差异都将成为网络营销所面临的现实问题。

2. 交互性

在互联网环境中消费者的概念被拓展为涵盖面更广的利益相关者,这些利益相关者是指支持或影响客户最终做出消费决策的所有个人、组织和实体,这得益于互联网的交互性。例如,打算购买电脑、手机或美容产品的客户在进行购买决策时,通常会利用即时通信工具或社交媒体向熟悉甚至不熟悉的人士(他们中不乏有经验丰富者或内行)征求意见,而互联网上大批消费评议网站、专业性的博客、微信公众号等也取代了许多报纸杂志上专业人士发表的消费指导、商品评价等传统资源,成为消费者寻求消费建议和决策指导的新途径。

搜索技术使产品信息唾手可得,社交媒体则使消费者的分享、比较和评价成为举手之劳,移动互联及设备更是让这种交互式的市场环境无处不在。面对交互性引发的这些变化,企业除利用互联网与客户进行互动沟通,针对其不同的特征与需求开展促销活动、提供个性化的产品与服务,实施新型的客户关系管理,接受客户的意见并及时处理,满足其对尊重和自我价值的需求,还应更新既有的营销观念,扩展和延伸消费者与利益相关者的概念,将所有影响消费者进行决策的个人、组织以及各种网络资源纳入企业的营销范畴,这也是网络营销的新理念之一。

3. 整合性

网络营销是一个实现多种资源有效整合的过程。企业借助互联网不仅可以对所开展的各种营销活动进行统一的规划与协调,而且可以实现多种营销手段、方法以及营销渠道的整合,这种整合的效果是使营销活动贯穿于企业经营的全过程,使营销成为企业各部门共同的工作。

如今,消费者根据当前所处的位置(local)获得相关的内容或促销活动信息,并通过手机等移动终端(mobile)和社交媒体(social media)进行分享。以往单独实施的社交媒体营销(social marketing)、区域营销(local marketing)和移动营销(mobile marketing)正在被整合在一起,成为一种新的营销模式——"SoLoMo"。例如,商家利用移动定位技术和区域搜索引擎优化等手段,通过微信、短信向潜在消费者发送区域折扣优惠或区域交易信息,吸引附近的消费者便捷地通过手机找到自己并进店消费。而网络外卖、网络约车以及共享单车、短租服务等共享经济的商业模式,也都是以整合各种经营资源为基础的,并成为 SoLoMo 模式应用的范例。

实践证明,网络营销的整合能力明显增强了企业的竞争力,其整合后所产生的增值效应十分显著。而且这是一种多维的整合,具有复杂性、多样性、包容性、变动性和增值性的特征,其内涵丰富,值得从理论与实践两个方面进行深入研究。

4. 经济性

市场和企业是两种不同但可以相互替代的机制。市场这只"看不见的手"在价格机制、供求机制和竞争机制的相互作用下，引导资源向最有效率的方面配置，分配商品和劳务，并引导企业的决策；而企业机制这只"看得见的手"则通过内部一体化运作机制降低交易成本。然而，随着市场竞争的日趋激烈，各种生产要素的调配更加复杂，企业的管理也越来越复杂，管理成本大幅度增加，资源的使用效率逐渐降低。于是在市场机制和企业机制之间出现了"第三只手"——价值网络机制，即通过整合资源以开放、共享、互利、对等、协作的方式，与价值链上的成员形成利益共享的价值共同体，共同创造和分享价值。

网络营销依托互联网所提供的获取信息、资源、市场和技术的新机制，不仅降低了信息搜寻、交流沟通、支付结算等各种交易成本，同时利用互联网聚合起群体创造的力量，使用户、供应商、合作伙伴等越来越多地参与到企业的价值创造活动中，显著降低了企业的管理成本。更重要的是，通过规模经济、范围经济和网络外部性经济，创造更大的价值空间，在实现客户价值的同时帮助企业实现经营战略目标。

网络营销的上述特性都是利用互联网实现的。尽管如此，互联网时代的营销本质并没有发生变化，正如科特勒所言，数字技术是对营销手段和方法的升级，但是它没有替代营销的本质。迈克尔•波特(Michael E. Porter)在评价互联网的作用时曾经指出，互联网是一种中立的竞争工具，一方面顾客在网上能够获得更多的替代产品和价格之类的信息，从而获得购买的主动权；另一方面，互联网同样能为竞争对手所利用，降低了竞争者的进入门槛，削弱了企业的竞争力。因此，互联网可谓是一柄双刃剑，即它作为一种中立性的技术手段和营销工具所发挥的作用具有双重性。对营销者来说，如何利用好互联网的这些中立特性，让网络营销发挥出最大的功能，是网络营销实施过程中需不断探索的重要课题。

案例 共享单车：让出行更便利，生活更美好

1.1.4 网络营销的功能

作为营销的新模式，从理论上讲，网络营销能够实现传统营销的所有功能，但从其所具有的特点来看，它主要是在下列几方面增强和提升了营销的功能。

1. 营销决策与支持

营销的决策与支持功能包括市场调研和营销环境检测两个子功能。在网络营销中，市场调研以网上调查为主，网上调查具有高效快捷、成本低、范围广等传统调查所不及的优势，但也具有调查样本的选择和掌控难度大的不足，因此，为提高网上调查的可靠性，可根据实际需要进行必要的线下辅助性调查。以上优势也同样适用于借助互联网络进行营销环境的检测。这两个功能的提升，为企业的科学决策提供了强有力的支持，有助于增强企业快速响应市场变化的能力。

2. 市场开拓

传统营销所面临的各种经济壁垒以及地区封锁、人为屏障、交通阻隔、信息闭锁等市场壁垒，在网络环境下都不复存在。互联网所具有的极强市场渗透力，任何组织都无法阻止网络营销信息的传播与扩散。与此同时，各种新技术手段与工具的不断进步，也在持续助力网络营销的市场开发与拓展能力的提升。这种快速、多样化的市场开拓能力也是传统营销无法比拟的。

3. 营销传播

这是互联网对营销的最大贡献，主要包括网络促销和网络公共关系。企业可以利用 Web 站点、电子邮件、网络社区，以及博客、微博、微信等各种社会化媒体与客户建立起双向的传播渠道，在宣传企业及产品和服务的同时，也可获得客户及各种利益相关者的需求信息和其他各种信息。与传统营销由企业主导、组织并实施的传播模式不同，网络环境下的营销传播更多的是由用户主动参与的社会化传播，因此，其效果往往难以为企业所完全掌控，这是经营者面临的新营销课题。

4. 产品与服务的增值与创新

互联网时代将企业传统的追求有形的产品价值增值变成无形的服务增值，而且依托互联网提供的无形服务将成为日益增长的价值增值主要来源。网络营销不仅扩展和延伸了传统营销服务的内涵与外延，如客户可通过网站、电子邮件、社区论坛和各种社交媒体获得企业提供的营销信息，并获得在线订购、支付等选择性服务，以及为其量身订制的各类个性化服务，而且，实现了产品与服务创新，大大提升了满足客户需求的实现能力，进一步提高了客户的满意度。如今，很多智能手表的用户都不愿再用机械手表了，因为可与手机互联的智能手表不仅能接听电话、接收微信，还可以导航，记录行走的路径，监测心率、血压、睡眠状况等等，它已不只是一个单一的计时产品，而是能够满足用户更多需求的产品。

 案例　　　　　创新从语音开始

在以高德、百度、凯立德为主导的国内导航产品中，原本三家竞争对手都在拼数据的准确性，大量的产品研发费用投在了用户难以感知的 1% 的"更精确"上，但用户的感觉却是所有产品的导航数据准确性都"差不多"，而且这些产品的界面也大同小异，产品同质化严重。为此，高德开始另辟蹊径，寻求产品的创新。他们从改造导航产品的语音包入手，原来导航中使用的数字语音包，无表情的数字化声音不仅给用户带来相当糟糕的体验，也容易让正在驾驶车辆的用户产生疲劳和紧张感。于是高德尝试将林志玲的声音作为导航语音，此举立马提升了用户体验效果，林志玲语音包的下载量超过原来数字语音包的六倍。此后，高德又推出了郭德纲的相声导航语音包，不仅带来了 230% 的新增用户量，而且用户日活跃量也提高了 36%，并使高德导航的下载量直冲 App Store 第二位。2016 年 10 月，高德又与锤子科技合作，推出罗永浩语音包，为其导航产品再添新彩。

5. 品牌扩展与延伸

在未来的营销中，拥有市场比拥有工厂更重要。而拥有市场的唯一办法，就是拥有占市场主导地位的品牌。互联网不仅给品牌带来了新的生机与活力，而且推动和促进了品牌的拓展和延伸。实践证明：企业在互联网环境中不仅可以拥有品牌，而且在重塑品牌形象、提升品牌竞争力、打造品牌资产等方面具有其他环境或媒介无法匹敌的效果和作用。

6. 客户关系管理

在激烈的市场竞争中，客户已成为企业最重要的营销资源之一。客户关系管理是一种旨在改善企业与客户之间关系的管理模式，是企业重要的经营战略。在互联网环境下，网络营销可以将客户资源管理与营销管理融为一体，将传统环境下因条件所限而疏于管理、各自为政的经营战略、营销决策，以及市场开拓、产品销售、售前与售后服务等业务统筹协调起来，实现从了解客户需求、开展个性化营销到提供全方位服务的全过程营销，从而提高客户资源的整体价值。与此同时，借助于客户关系管理系统收集、整理、分析客户的各种信息，为经营者提供决策依据，帮助其调整营销策略，以避免经营上的失误，提高经济效益。

7. 渠道管理

互联网为企业提供了一个崭新的网络分销渠道，虽然人们习惯用线上渠道和线下渠道来描述，但它们并非是两个平行的渠道，随着包括实体渠道、电商渠道、移动商务渠道以及其他渠道在内的全渠道发展，线上与线下渠道出现了交叉或重合；与此同时，O2O营销则将线上多种渠道、手段与线下渠道融合为一体，有效解决了商家与客户之间信息不对称的短板，给定位于本地化服务的企业带来了更多的利益。所有这些都要求营销渠道的管理实现效率化、效益化、准确化和系统化。因此，网络营销的渠道管理在承接以往渠道管理常规功能的基础上，不仅增加了许多新功能，而且提出了更加严苛的要求。例如，面对网络市场的变化、新产品上市、某渠道成员给品牌带来的正面或负面影响，都需要迅速对渠道进行重构、细化或采取具体的应对措施。

上述功能都是依托互联网的各种资源实现的。由此可见，网络营销具有卓越的资源整合能力，这是一种传统营销不具备也无法实现的新营销能力，它有助于提高营销主体的获利能力，以获取增值效益。同时，也要看到，实现网络营销的新功能并非易事，众多实践成效不佳甚至失败的案例告诉人们，网络营销功能的实现取决于经营者革故鼎新的创新思维和百折不挠的探索实践。

1.1.5 网络营销的优势与弱势

1. 优势

与传统营销方式相比，网络营销在以下四个方面具有明显优势。

1) 拓展营销空间

互联网覆盖了世界各地不同民族、信仰、文化和生活习俗的人群，消除了国别疆界和地域空间的阻隔，减少了传统的市场壁垒，拓展了各国企业的营销空间，使企业得以进入全球市场，寻找更多的目标客户群体，获得更多的市场机会并开展营销。

2) 降低营销成本

首先，利用网络媒介传播范围广、速度快、无时空限制、双向互动、内容表达形式多媒体化以及反馈迅捷等特点，可以在提高营销传播效率的前提下降低营销传播成本和促销费用；其次，可以降低交易成本。网络营销省去了实体店面的租金成本，并能实现产品直销，降低库存成本；此外，企业可以通过网络与供应商实现信息共享，减少因中间环节中出现的信息不准确导致决策失误而造成的损失，降低采购成本和渠道管理成本。

3) 缩短经营周期

互联网可加速企业价值链成员及营销伙伴间的信息沟通，从而有效地帮助企业实现从市场调查、产品研发、原材料采购到生产、销售以及营销过程中的资源调配与决策优化，进而缩短经营周期。

4) 提高营销效率

借助于互联网可实现多快好省地发布营销信息，全渠道进行从产品展示、促销到与用户沟通、提供各种服务，便捷高效地实现产品、服务与信息的一体化。

2. 弱势

在网络营销的概念刚刚引入中国时，曾经有一种认识的误区：网络营销将会取代传统营销，成为未来营销的全部。然而实践证明，这种观点是片面的、不科学的。虽然网络营销具有许多传统营销所不具备或无法实现的优势，但也存在着明显的不足，至少目前在两个方面它不可能取代传统营销方式。

1) 难以覆盖所有营销对象

目前全球的互联网用户约占世界总人口的 50%[①]，在我国内地，网民(包括智能手机用户)数已达 8.02 亿，互联网普及率为 57.7%[②]，但除婴幼儿和其他一些特殊群体外，还有相当多的人未使用互联网，他们仍依赖于广播电视、报纸杂志等传统媒介获得营销信息，对于这部分群体，网络营销就难以奏效。

2) 对部分市场和产品的营销作用有限

虽然目前几乎所有的产品都能够通过互联网进行营销推广，绝大多数产品都可以在网上销售，但它们的营销效果却迥然相异。目前网络营销的一个明显缺陷是，在线沟通无法达到面对面沟通的完美状态，虚拟体验也无法达到现实体验的身心感受与价值认知，尤其是对于财富管理、专业咨询等个性化服务，以及汽车、房屋、奢侈品等价值较高的商品来说，传统的人员推介、面对面的沟通和客户身临其境的体验仍然不可或缺。

因此，即使在互联网时代，网络营销也不能包打天下，必须与传统营销实现整合。

营销链接　　　　**互联网家装为何难有作为**

搭乘"互联网+"的时代快车，家庭装修行业也在资本的推动下开始了互联网化的进程，并吸引着众多行业内外的创业者参与其中。然而与其他行业相比，互联网家装并未引发家装市场的实质性变革，"互联网+资本"这一推动新兴行业快速发展的互联网时代特征似乎在此失灵了。

家庭装修是一个实实在在的传统服务行业，个性化、个体化、长周期是其最显著的特征，从装修方案设计、原材料采购到水电、泥瓦、木工、油漆等一系列环节都是看得见摸得着的现场施工。效果与效率是决定互联网家装成败的主要因素，也是业主选择互

---

① 据 eMarketer 预测，2017 年全球近 47%的人口每个月至少使用一次互联网。同时，eMarketer 预计，2019 年全球互联网普及率将超过 50%，届时全球将有 38.2 亿网民，占总人口的 50.6%。
② 中国互联网络信息中心(CNNIC)，第 42 次《中国互联网络发展状况统计报告》，2018 年 8 月 20 日。

联网家装的一个最主要原因,互联网家装能够给他们实时展示装修的进度与效果,确实可以改变过去那种业主隔三差五亲临现场监督,防止可能发生因赶进度而"偷工减料"的情况。但是,对于更加重视装修效果的业主们来说,临场感受和现实体验是他们检验装修效果不可或缺的行为,即使采用 VR 技术也难以让他们改变。因此,尽管借助于互联网可以提高某些家装业务环节的运作效率,但更多需要落地实施的关键环节,目前的互联网家装确实未能取得实质性的变革。

与其他行业不同的是,尽管互联网家装领域中也出现了土巴兔、齐家网等新锐的力量,但它们所依托的几万家合作伙伴几乎都是传统的家装企业,可以说在互联网家装市场中仍然是传统经营思维和运营施工模式占据主导地位,新锐力量显得势单力薄,难以引领互联网家装行业的发展方向。

因此,对互联网家装来说,除利用互联网技术对家装工程的基础设施等外部逻辑进行改造和创新外,还需运用先进的设计思想和工程理念,通过互联网对家装行业的运营体系等本质内涵进行变革。如引入测量、设计、制造与施工等诸多技术,对家装产业链中每一个环节进行优化。包括对每一个装修步骤进行创新性的设计,对施工人员进行互联网家装概念、知识及操作层面的技能培训等等,这样才能使体现互联网家装先进性和科学性的云设计、云监控、F2C 供应链等不是仅仅停留在表面的新鲜概念,而是真正实现家装行业旧貌换新颜,造福于人类。

表面上看,资本的加入助推了互联网家装的前进步伐,但资本的逐利性要求其所投资的项目必须在短时间内实现赢利,这与家装行业的经营特性是矛盾的。屈于资本的压力,获得投资的互联网家装企业难以按既定的战略推进,只能从流量与平台的角度来推动互联网家装业的发展,这就导致了资本的进入难以对家装行业的发展产生实质性的影响,互联网家装也只是换汤不换药,家装行业依然低效。

随着人们对问题认识的逐步深化,互联网家装难有作为的局面应该不会持久,因为它所引发的是家装行业由表及里的变革,这种变革将惠及千家万户和整个家装行业。

1.1.6 网络营销的分类

网络营销按照不同的标准分为不同的类型,如按营销的对象分 B2C 和 B2B 营销;按使用的工具和手段分 Web 营销、电子邮件营销、搜索引擎营销、社会化媒体营销、口碑营销、内容营销、O2O 营销、AI 营销等等。随着科学技术日新月异的发展,今后会有越来越多的新技术、新方法用于网络营销之中。站在企业的角度,目前利用互联网开展营销主要有建立自己的 Web 站点(网站)和依托服务商提供的各种网络资源两种方式。因此,可将网络营销分为基于 Web 站点的和无 Web 站点的两类。

1. 基于 Web 站点的网络营销

企业网站一直是其在互联网上开展营销的核心阵地,通过搜索引擎等方式导入的流量,大多指向了企业的网站。作为目前网上消费者最主要的信息来源,网站还具有帮助企业吸引客户、开展营销、提供服务等实际功能。正如科特勒所说,公司可以在网站上应用营销的概念,即把对现有顾客和潜在顾客比较重要的功能应用到网站上。

实施这类网络营销将面临网站的规划、建设、维护、推广，以及与其他营销方法的整合等问题。作为企业的网上经营门户，网站必须扮演多种角色，从信息展示到在线分销、从开拓新的市场到客户关系维护，这些涉及产品、价格、促销、服务等各类常规的营销问题，还要为客户、合作伙伴或到访者提供涉及企业信誉、质量认证、公共关系、经营诚信等五花八门的各类信息，以增加客户让渡价值，并与之建立更持久的关系。另外，企业网站还将直接面对来自竞争对手的挑战，以及网络攻击等信息安全和各种突发危机事件的冲击影响，这些都是企业新增的经营风险。因此，许多企业尤其是广大中小企业选择了利用第三方电商服务平台开展在线采购、销售、促销等营销活动，不仅提高了生产经营、交易与营销的效率，也减少了企业自建网站所需的资金与技术投入，降低了网站经营的技术及安全方面的风险。

2. 无 Web 站点的网络营销

开展网络营销并非一定要拥有自己的 Web 站点，在无网站的条件下，企业也可以开展卓有成效的网络营销。这类网络营销的主要形式包括电子邮件营销(email direct marketing，EDM)、口碑营销、虚拟社区营销，以及利用手机、掌上电脑等智能移动终端与互联网互动的移动营销等。

电子邮件一直是业界公认的高性价比营销工具，《2016 年中国跨境电商邮件营销市场报告》显示，目前跨境电商在国内的 EDM 平均送达率为 97.19%，平均独立打开率为 9.29%，平均点击送达率为 1.43%。总体而言，跨境电商企业 EDM 各项指标均高于其他行业基准值，未来在跨境电商市场的应用前景令人鼓舞。

上述两类网络营销中的具体营销手段和方法一直在不断地发展演变，如 Web2.0①的兴起，利用 SNS(社交网站)、博客、微博等社会化媒体开展营销已为越来越多的企业所认同和采用；随着移动互联网的发展和智能手机等移动终端的普及，许多企业尤其是中小企业选择微信、App 等自媒体平台开展营销。而口碑营销、内容营销、直播营销、网红营销等方法以及 VR、AR 等技术也在以上两类网络营销中得到广泛应用。例如，对小微企业来说，直播营销是吸引观众、建立品牌知名度的新颖有效方式，且成本低廉。目前不少跨境电商企业也开始利用视频直播做品牌推广。很多社交媒体都提供视频直播功能，如 Facebook 的用户可通过"Facebook Live"将视频与 Facebook 上的粉丝和朋友分享，Twitter 的 Periscope、微信的直播平台也提供同样的功能。而整合各种技术手段和营销资源加以综合利用也成为网络营销发展的新趋势，如前面提及的 SoLoMo 营销。因此，开展网络营销不能被禁锢思维，应秉持开拓创新的理念，根据其经营环境、技术条件的发展变化选择适宜的网络营销形式或手段。

案例 Apple 的邮件营销

1.2 网络营销的理论基础

网络营销已经在其实践中获得了巨大的成功，但这并非只是得益于新技术的应用和

---

① 2004 年，由 O'Reilly Media 提出了"Web2.0"的概念，这是一种"用户创作，集体分享"的传播方式，于是，人们把此前那种 Web 网站拥有者设计并控制网站一切的"集权式"传播方式称为 Web1.0，此后便有了 Web 1.0 和 Web 2.0 时代的说法。

实践经验的总结。作为营销活动在网络环境下的延伸与拓展，网络营销是在传统营销理念的积淀与实践探索基础上发展起来的。正如科特勒所说："互联网技术确实对营销的实践产生了很大的影响，但是我们也注意到，其实90%的网络营销实践还是传统的营销方式。"半个多世纪以来积累的各种经典的营销理论赋予网络营销以丰富的理论内涵；而信息与计算机等多学科的综合技术则为网络营销的创新发展提供了技术铺垫。在此基础上，历经20多年来电子商务和网络营销发展环境、支撑体系、技术手段的不断变革以及企业经营理念的创新，逐步形成了有别于传统营销理论、支撑网络营销运作实践的相关理论。可以说，如果企业缺乏对传统营销理论精髓的理解和掌握，任何新技术、新平台、新媒介都是舍本求末，难以取得永续的网络营销绩效；同样，因循守旧，放弃对基于新技术及其所实现的营销环境的追求和应用，任何先进的产品、商业模式和营销策略也将力不从心和难以为继。

如今，虽然网络营销主流化的趋势日趋明显，但学术界对网络营销的理论并未达成共识。纵观这些年的网络营销实践，管理学、营销学、心理学、传播学、社会学以及信息技术等多学科的相关理论精髓与核心概念都得以不同程度的运用，其中不乏高明且成功的案例。尽管如此，从宏观的角度看，大多数企业的网络营销实践存在相当大的盲目性，缺乏系统完善的、可供借鉴和具有可操作性的理论指导。这种局面在短时间内难以改变，只能随着网络营销的发展逐渐趋于完善。回顾网络营销的发展历程，业界普遍认为，以下这些理论对网络营销的实践产生了较大的影响。

1.2.1 "三基础"理论及其拓展

1999年初，国内学者提出了由"直复营销、整合营销和网络软营销"构成的网络营销理论框架体系，被营销界称为"三基础"理论。此后的十余年里，它一直作为指导网络营销实践的基础理论加以应用。随着网络营销实践的发展和网络经济理论研究的深入，"三基础"理论在实践中被不断赋予新的内涵。不过，在新理论、新概念层出不穷的今天，"三基础"理论的应用价值虽未完全失效，但对网络营销实践的指导已经显得力不从心。尽管如此，通过对"三基础"理论及其拓展的回顾，有助于深入理解网络营销理论体系的发展与演化，在今后的网络营销中更好地发挥理论对实践的指导作用。

1. 直复营销理论

直复营销(direct marketing)是一种历史悠久并随着信息技术的进步在当代重新焕发出活力的营销方式。按照美国直复营销协会(direct marketing association)的定义："直复营销是使用一种或多种广告媒体在任何地点产生可度量的反应或实现交易的相互作用的市场营销体系。"该定义描述了直复营销的三个基本特征。

1) 互动性

直复营销采取双向的营销传播，供求双方可直接互动。因此，直复营销不论利用哪种媒介都要为受众提供便捷的反馈渠道。

2) 可度量性

直复营销的效果和获得的反馈可以精确地度量，使营销者能确切知道何种信息交流方式使顾客产生了反应行为，以及反应的具体内容。

3) 渠道的广泛性

直复营销主要通过人员直销、目录营销、直邮营销、电话营销、直复广告营销、订购终端营销和网络营销等营销渠道。随着社会与科技的进步，有些渠道已风光不再，如直邮营销已让位于成本、效率更具优势的 Email 营销；目录营销的载体也由印刷品让位于 Web 站点或电子邮件，那些面向产业市场的产品目录尤为如此。直复营销的形式虽不断变化，但其运作机理是相同的，因此，一种直复营销形式中的经验很容易移植到另一种直复营销中。

直复营销主要采用客户生命期价值(lifetime value, LTV)分析方法，即通过贴现客户未来的购买来估计该客户对企业的价值。实现 LTV 分析的有效工具就是数据库营销。即企业通过搜集和积累客户的信息建立数据库，数据库中的资料不仅要有客户的人口统计数据和心理学统计数据，还包括如客户最近的购买时间(recent)、购买频率(frequency)和购买额(monetary value)等行为数据，在此基础上经过基于 RFM(recent frequency monetary value)的分析，找出目标客户，预测其购买意愿，再利用这些信息制定最有效的营销组合并付诸实施，最后还要对营销效果进行分析评价，并依据最新获得的销售资料更新客户数据库，完成一个直复营销循环。可见，数据库是直复营销中起着重要作用的支撑系统。

网络营销具有效果可测试、可度量、可评价和可控制的特征，这与直复营销的理念、特征十分吻合，两者的运作机理也有许多共同之处。欧美地区一些国家的邮政服务和快递公司多年前已有效和可靠地开展基于产品目录的直复营销，现在这种借助纸质载体实施的产品目录业务已经平移到互联网上。但这并不意味着网络营销是直复营销在互联网环境下的延伸，因为网络营销的功能、作用和效果大多是传统直复营销难以比拟的，它更灵活、更迅捷，更容易测试、度量、评价和操控，且更具有成本优势。例如，基于互联网环境与技术建立起来的数据库系统在网络营销中所能发挥的功效将远远超过传统环境下的直复营销。尽管如此，直复营销的理念仍然在很大程度上丰富了网络营销的理论，并在实践中得以借鉴。这表现在数据库的利用，产品或服务的推广、发展，以及与客户的相互关系等诸多方面。可以说，直复营销为网络营销奠定了成功的基础。

2. 网络软营销理论及其拓展

网络软营销理论是在网络营销发展初期，针对工业化时代以传统的媒体广告和人员推销为特征的"强势营销"提出来的。该理论认为，消费者对于商家发布的"硬广告"和上门推销有着本能的"抵触"，互联网的特性赋予了用户可以抵制商家推送的 Email 和 Web 广告的手段。此外，互联网发展初期是杜绝商业行为的，这也使强势营销难以施展。因此，网络软营销理论站在消费者的角度，提出在网络环境中开展营销必须尊重消费者的感受和体验，使其能舒心地接受企业的营销活动。为此，营销者应遵守"网络礼仪"(netiquette)，澳大利亚学者弗吉尼亚·希亚(Virginia Shea)在其所著《网络礼仪》(网络版 http://www.albion.com/netiquette/book/index.html)一书中围绕网络礼仪的基本原则、Email 礼仪、商务礼仪和社交礼仪进行了专门论述，并提出了人们在网上应遵守的10条礼仪核心规则(the core rules of netiquette)[①]，在当时被认为是对网络礼仪的最佳诠释。

以遵守"网络礼仪"为核心的网络软营销理论显得过于单薄，随着网络营销的发展，人们对网络软营销理论进行了拓展，可将其归纳为关系营销和营销伦理两大理论脉络。

1) 关系营销

20世纪70年代北欧一批学者提出了关系营销理论，认为企业与顾客的关系在不断变化，营销的核心应从过去那种简单的单次交易关系转变到注重保持长期的关系上来，强调建立、增进和发展与顾客的长期持久关系。关系营销将建立与发展同相关个人及组织的关系作为企业营销的关键变量，准确把握住现代市场竞争的特点，因此，被学术界认为是对传统营销理论的一次革命。

关系营销理论对拓展网络营销的思维有着重要的指导意义，这得益于互联网为企业有效地开展关系营销提供了得天独厚的环境。其一，通过互联网，企业与客户可以实现低成本的一对一沟通和交流，这是两者建立长期关系的基础条件。这种沟通机制可使企业在充分了解客户个性化需求的基础上，最大限度地满足他们的需求。而企业也可从中了解市场、细分和锁定市场，降低营销费用，提高对市场的响应速度；其二，企业可借助于互联网实现从产品交易到使用过程的全程控制，并为客户提供及时便捷的相关服务，这有助于企业的产品定制和服务改进，为客户创造更多的价值；其三，依托互联网，企业可与供应商、分销商及相关企业和组织建立合作关系，通过有效的沟通与协调，规避风险和无序竞争，增强企业的市场竞争能力，并拓展市场，实现共同发展。

企业在开展网络营销中，也将面对公关危机的严峻挑战。在网络环境下传言具备了前所未有的传播速度和广度，一个对社会危害严重的传言或关于企业的负面报道，往往会通过各种网络媒体在极短时间内传遍全世界，这将大大压缩有关机构或企业采取应对措施的时间。因此，当互联网上各种危机事件发生时，企业若不能制定相应的应对策略，并采取有效措施，很可能会濒临险境。

案例　一首吉他曲让美联航付出了惨重的代价

2009年7月上旬，美国联合航空公司的股价在一周之内暴跌10%，市值缩水1.8亿美元。造成这一局面是一个歌手，准确地说是这位歌手的一首吉他曲弹掉了美联航的上亿市值。

事情的大致经过是这样的：加拿大歌手戴夫·卡罗尔(Dave Carroll)与乐队成员一起乘坐美联航的航班赴美，在芝加哥奥黑尔机场转机时，他亲眼目睹了演出器材被行李员像"扔链球"一样装卸的过程。随后他与机场3名雇员交涉，但这些人均不以为然。到

---

① The core rules of netiquette: Rule 1: Remember the human; Rule 2: Adhere to the same standards of behavior online that you follow in real life; Rule 3: Know where you are in cyberspace; Rule 4: Respect other people's time and bandwidth; Rule 5: Make yourself look good online; Rule 6: Share expert knowledge; Rule 7: Help keep flame wars under control; Rule 8: Respect other people's privacy; Rule 9: Don't abuse your power; Rule 10: Be forgiving of other people's mistakes.

达内布拉斯加后,卡罗尔发现他那价值 3000 美元的吉他被摔坏了,他花了 1200 美元进行维修,但演奏效果已不如从前,卡罗尔一气之下走上了维权之路。

他通过电话、传真、电子邮件等方式,向美联航在芝加哥、纽约、加拿大甚至印度的服务部门投诉,结果被"踢皮球"。在长达一年的投诉过程中,听到的答复都是"不要问我""对不起,先生,您可以去别处索赔",最后一位女客服代表干脆对卡罗尔说"No",这下激怒了卡罗尔,于是他开始以自己特有的方式来"惩罚"美联航。

卡罗尔把这件事情的经过写成了乡村民谣风歌曲——《美联航摔坏吉他》(United Breaks Guitars),并做成视频上传到 YouTube 网站,仅 10 天的时间这首歌曲的点击量就达到 400 万人次。卡罗尔的遭遇得到了大家的同情和支持,并在网上广泛传播。于是在接下来的几天内,美联航的股价因此下跌了 10%,相当于蒸发了 1.8 亿美元的市值。美联航的态度很快来了个 180°大转弯,主动要求赔偿。

事后,美国音乐家联合会主副主席比尔·什科尔评论说:"这件事不只是音乐家与航空公司之间的问题,戴夫通过这首歌达到了那些说客们做了 10 年也没能达到的目的。"卡罗尔通过互联网维护了自己的权益,而美联航则为此付出了惨重的代价。

可见,互联网给企业实施关系营销带来了机会和挑战。机会在于互联网给公关提供了渠道更便捷、互动性更有效的环境和条件;挑战在于利用互联网开展关系营销必须了解网络用户,必须掌握各种网络媒体的传播特点和规律,以有效应对各种突发的公关危机,做到趋利避害,这将是企业经营面临的新课题。

2) 网络营销伦理

如今,社会营销日益成为广大企业的选择。社会营销要求企业在其营销过程中不仅要考虑消费者的需求,而且要考虑消费者和整个社会的长远利益,并承担一定的社会责任。在社会营销理念的影响下,营销伦理(marketing ethics)成为营销管理的重要内容,伦理策略也成为越来越多企业建立和发展与客户长期关系的重要手段之一。

网络营销伦理学是由营销伦理学和信息伦理学汇集而成的一种新理论体系。营销伦理学研究如何将道德标准与规范应用于营销的决策、行为和组织中,研究范围涉及市场细分与产品定位、市场调研、产品开发、定价、分销渠道、直复营销、广告以及国际营销等几乎所有的营销环节。信息伦理学亦称计算机伦理学,主要是运用哲学、社会学、心理学的原理与方法研究信息及计算机技术应用对人类所产生的影响,是研究诸如计算机犯罪、侵犯隐私、知识产权等伦理道德问题的学科。两者为网络营销伦理问题的研究奠定了坚实的理论基础。

随着互联网的发展,"网络生态危机"也日益显现:色情、虚假信息、垃圾邮件等严重污染着网络环境,盗窃、诈骗等网络犯罪严重破坏着网络的人文氛围,人们在渴望获得便捷、高效、低成本带来的电商红利的同时,也担心自己的隐私会在毫无觉察之中被无端泄露。"网络生态危机"使人们对网络安全充满忧虑,挫伤了他们网上消费的热情,也使人们更清楚地认识到,良好的网络道德环境对于电子商务和网络营销发展的重要意义,适宜的文化伦理环境是电子商务健康发展不可或缺的条件。

与传统市场环境相比,网络营销面临的营销伦理问题主要表现在两个方面。其一,互联网的超距性拉大了行为人与其利益相关者的空间距离与心理距离,使行为人可能会忽视自己的行为对其他人利益的侵害,做出违背道德规范的行为;其二,信息技术增大

营销链接 社交平台岂能成为假货橱窗

了行为人危害他人的潜在机会。信息技术本身是道德中立的，它可以增强信息技术使用者从善或作恶的能力，这种能力产生的效果往往会出乎行为人的意料，如一些计算机病毒的泛滥与造成的危害是"麻烦制造者"们始料未及的。因此，有学者认为，缺乏"鼠标下的德性"是制约我国电商发展的主要因素之一。

互联网在技术上为降低营销成本、提高市场效率提供了可能与保障，然而要实现市场的有效运作还需要一系列的制度保障。新制度经济学认为，没有合理制度的市场是无效率的市场。虽然包括我国在内的许多国家正试图从法律的层面解决这一问题，并为此做出了巨大的努力。然而，法律规范的实施需付出高额的社会成本，不仅是法律程序的启动成本非常高，而且，过严的法律很容易扼杀新兴的网络市场的活力，而过宽的法律则会留下许多司法难以管辖的灰色地带。因此，人们寄希望于通过道德规范来解决问题。要在虚拟市场中建立道德规范体系，提升网络营销伦理是关键，只有将伦理引入网络营销实践，才有助于控制实施法制规范的社会成本，使网络市场健康有序地发展。

企业网络营销的伦理策略将直接影响企业营销目标的实现和企业竞争优势的发挥。研究表明，越是高效的营销方式，越需要高的伦理水平来支撑。联属营销(affiliate marketing)在国外是一种十分有效的网络营销方式，它实现的销售额占网络营销完成的销售总额20%以上，Amazon 正是凭借联属营销成为网上零售的第一品牌。然而，该方式在我国却举步维艰；许可营销比普通 Email 营销的转化率高出许多倍，但在我国开展许可营销的企业少得可怜，而"垃圾邮件营销"却大行其道，这其中的原因令人深思。当然，国内许多企业一直在进行网络营销伦理策略的实践探索，如阿里巴巴实施的"百万会员诚信通计划"，淘宝网建立的心、钻、冠级信用评价机制和一系列信用管理办法，以及越来越多的商业网站制定了相关的隐私政策。尽管如此，对国内企业来说，实施网络伦理营销仍是任重道远。

对于广大网络用户亦是如此，弗吉尼亚·希亚提出的网络礼仪10条核心规则并未对人们的网上行为举止提出特殊要求，但如果人人都以此规则来约束自己，网络伦理环境定将得到有效净化。

3. 网络整合营销理论

20 世纪 60 年代，美国营销学界提出了以产品(product)、价格(price)、渠道(place)和促销(promotion)基本策略组合的 4P(亦称 4P's)营销理论，1967 年，菲利普·科特勒在其所著《营销管理》(第一版)中正式确认了以 4P 为核心的营销组合方法。1986 年，科特勒提出了"大市场营销"的概念①，在 4P 的基础上，增加政治权力(political power)和公共关系(public relations)两个要素。此后，4P 理论又进行了多次修改与完善，其中以 20 世纪 90 年代初期提出的 4C 营销理论②最具影响力，它与美国西北大学教授舒尔茨(Don E. Schultz)提出的整合营销传播理论(integrated marketing communications，IMC)一

---

① 1986 年，菲利普·科特勒在《哈佛商业评论》(3~4 月号)发表了《论大市场营销》一文，提出了"大市场营销"的概念。
② 4C 是指：消费者的需要与欲望(customer's needs and wants)，消费者获取满足的成本(cost and value to satisfy consumer's needs and wants)，消费者购买的方便性(convenience to buy)，与用户沟通(communication with consumer)。

样，都是站在消费者的视角来分析其需求、期望与消费目的，并在此基础上探讨企业如何解决消费者现在和将来面临的问题。

整合营销理论亦称整合营销传播理论①，是一种实战性与操作性都比较强的营销理念，其核心思想是：以顾客为中心，以整合企业内外部所有资源为手段，再造企业的生产行为与市场行为，充分调动一切积极因素以实现企业统一的营销目标。21世纪初，为了强调 IMC 理论的顾客导向和互动特征，舒尔茨教授在 4C 理论的基础上提出了 4R 营销理论，后又将其归纳成 5R：①Responsiveness(回应)，企业应以快速而高效的方式响应客户的需求；②Relevance(关联)，企业的营销要与客户的利益密切相关，为其提供所需的产品和服务；③Receptivity(感受)，企业应选择在客户需要并愿意接受信息时去发布信息，而不是占用客户的注意力资源去传播不相干的信息；④Recognition(认知)，企业应将品牌作为最重要的资产，努力提升企业在市场中的地位和美誉度；⑤Relationship(关系)，企业应力争在互利的基础上建立和发展与客户的长期关系。5R 被认为是 IMC 理论的精髓，也是互联网环境中整合营销实施的理论向导。

需指出，在营销实践中，人们往往基于各自的视角来理解 IMC 理论。有人将 IMC 理论概括为各种传播渠道"用同一个声音说话"；还有些人把 IMC 理论简单地理解成由 4P 到 4C 的转换，甚至认为应当用 4C 来取代 4P。但更多学者认为，4C 的提出只是进一步明确了企业营销策略的基本前提和指导思想，在操作层面上仍需通过以 4P 为主线的营销活动来运作。因此，4C 只是 4P 的深化，它们之间是互补而非替代关系，4P 营销理论仍然是迄今为止对营销策略组合最简洁明了的诠释。

在网络营销发展的初期，IMC 理论在指导传统企业开展网络营销的过程中确实发挥了重要作用。但随着互联网的发展，尤其是新媒体营销的兴起，整合营销的内涵与外延都发生了根本性的变化，IMC 理论的局限性也逐渐显现，主要体现在两个方面。

1) 整合的理念不同

科特勒曾经说过，整合营销就是"公司所有部门为顾客利益而共同工作"，然而在互联网时代，企业的经营要素已不仅仅局限于"公司所有部门"，还包括互联网上各种资源。因此，整合营销不仅要协调传统营销与网络营销的关系，还要整合传统环境与网络环境中各种营销因素。这是一种开放、互动、双赢、全方位的资源整合，是一种在开放市场环境中对资源的调度和运作。

2) 整合的方法不同

传统环境下整合营销的关键是灵活运用以广告、销售促进、公共关系、人员推销和直接销售为主的各种营销策略，通过妥善安排各种营销的渠道、预算、内容和启动时间，使其相辅相成，来获得最佳营销效果。而网络环境下实现整合营销的方法与手段是多种多样的，从战略层面的资本运作(包括金融、人才资源、技术等方面的资本运作)、合作经营，到战术层面的各种技术工具和营销手段的运用，是全方位、多层次的整合。

因此，网络环境中实施的整合营销有营销渠道多样化、营销方式个性化、运作成本

---

① 2000 年以前，美国西北大学新闻学院的网站上对 IMC 下的定义是："IMC 是对有关一个产品的所有信息来源进行管理的过程，它促进顾客的购买行为并保持顾客忠诚。"现如今，在该网站上的定义已变为："对机构旨在建立与潜在顾客以及利益相关者——包括雇员、立法者、媒体、金融机构等——积极关系的传播的管理。"定义上的变化反映了整合营销传播理论的发展与深化。

低等优势,同时也有营销渠道中的干扰增强、客户的转移成本低、客户容易流失等难以回避的劣势。可见,互联网在提高整合营销效能的同时也增加了其运作的难度。

1.2.2 SIVA 理论

尽管 IMC 理论产生于美国高度成熟的市场和高度发达的大众传播环境中,但很快风靡于中国。对此,国内学者认为主要有两方面的原因:一是中国市场的共时性特征。中国市场的每个发展阶段,都存在着从最原始到最复杂多种层面的规模化市场,而对于最复杂的市场,中国市场的竞争环境已经与欧美成熟市场相差无几,因此 IMC 理论很容易被这个市场所接受;二是中国文化的选择性特征。东西方思维模式虽然不同,但东方思维的整体性思考却使中国市场在文化上更容易接受 IMC 理论。舒尔茨教授也赞同我国学者的上述分析。不仅如此,2012 年 11 月,舒尔茨教授在"北京论坛"的主题演讲中还提出了"信息丝绸之路"的观点。他认为,互联网时代将使中国获得一次新的机会,未来中国将引领全球互联网的发展,中国的思维更符合互联网的思维,中国关于互联网的模式和思想会像古代"丝绸之路"那样影响世界。

基于经济全球化和数字化的时代背景,为应对大数据时代信息的工具化和产品化的挑战,2014 年,舒尔茨在其新著《SIVA 范式——搜索引擎触发的营销革命》中系统提出了 SIVA 理论,作为市场营销领域的全新理论,SIVA 为大数据时代的网络营销提供了新的方法论。

1. SIVA 理论的价值

过去,企业掌握着消费者所没有的信息技术手段和营销工具,他们将潜在消费者一律视为广义的"市场"或目标细分群体。但受技术条件的限制,所掌握的消费者信息有限,因此,企业通常是按"一般"消费者的特性对其进行分类,并向这些与一般特征相符的消费者群体实施营销传播,劝说其购买和持续使用产品。4P 理论正是在这样的时代背景和市场环境中发展起来的,它适用于大批量生产、大规模分销和大规模消费的市场。

随着互联网的兴起和数字通信的发展,人类社会进入了交互式时代,消费者可以自行利用电脑、智能手机等移动终端获取大量的产品和服务信息,企业对市场信息的掌控力逐渐弱化。如今,虽然企业仍然在制订和实施自己精心策划的营销传播方案,但消费者却可以根据需求对信息进行选择。因此,营销传播必须考虑如何适应这种以消费者为主导,或者说消费者发挥重大影响的市场环境变化。

基于 IMC 理论,SIVA 理论进一步认识到了消费者的意见和参与的重要性,认识到价值是由消费者与生产商和销售商共同创造的,这是一种不同于 4P 理论以企业经营为中心的营销视角。SIVA 理论以消费者为起点,关注消费者追求什么、希望获得什么,着眼于如何帮助消费者解决已有或潜在的问题,主张采用更平衡、更有效、更具有可持续性的方式营造长期的消费者关系。因此,该理论要求企业将消费者看成是无数个有各自独特需求意愿的个体,而不是千篇一律地按人口统计因素细分为若干个市场或确定目标市场。它适应了高度分散、竞争激烈、供大于求、大量信息触手可及和以消费者为中心的交互式市场环境,让企业和消费者在互惠互利的基础上走到了一起。

互联网的发展，出现了搜索引擎、大数据之类的先进分析工具。企业可以通过搜索引擎在消费者对其产品显露出兴趣时立刻与之沟通；大数据使企业能够获取各种海量的消费者信息，并利用云技术将这些信息融入跨市场和跨行为的计算分析中。因此，企业现在所具备的市场洞察力已不同以往。这些手段和资源为实现以消费者为中心、以解决方案为驱动力的 SIVA 营销理念和营销模式奠定了理想的基础。许多营销学者认为，全新的互动技术在以互联网为代表的新兴市场中会比在成熟市场中的发展更迅猛。对企业来说，这是机遇，更是挑战，需突破固有理念的束缚，采用新思想、新理念和新方法来开展营销。

2. SIVA 的理论框架与内涵

SIVA 理论由四个相互关联的部分组成，它们共同构建起认识、理解消费者以及消费者与企业关系的新框架。SIVA 从消费者的角度对 4P 理论进行了新的诠释。

1) 解决方案(solutions)

"产品"被 SIVA 理论重新表述为满足消费者需求的解决方案，即企业不是狭隘地考虑自己能够提供什么产品或服务，而是关注消费者需要什么，从发现消费者面临的问题出发，为其找到解决问题的方案，并通过产品与服务创新或改进来满足他们的需求。人类的需求是多种多样的，从生理、安全的基本需求到认知、审美和自我实现的心理需求。由于不少消费者往往难以用营销者能够准确理解的言语表达自己到底需要什么，因此，发现消费者的真实需求并非易事。面对消费者模糊或不明确的需求，企业的消费者洞察力就显得极其重要。了解消费者需求的方法很多，除传统的面对面交流外，利用互联网的实时在线沟通、网上调研等都是非常有效的方法。在大数据时代，营销者完全可以借助于大数据、云计算来识别、测试、比较和评估各种消费者的问题，从而清晰地掌握问题的实质，并据此为他们提供解决方案。

2) 信息(information)

"促销"被重新表述为信息，如今的市场信息有多种形式和来源，对消费者来说，无论通过何种渠道获得的信息都应当清晰、完整、真实和可靠，以便他们能据此做出明智的决策。根据关注的侧重点和不同的决策阶段，消费者会采取不同的信息获取和处理方式，他们不仅会在购买前搜寻最新和尽可能完整的产品信息，而且会在购后继续关注该品牌并参与在线评议活动。因此，营销者必须顺应这种消费者处于主导地位的环境，不能只着眼于单向的、由内而外的销售和推销活动，而是要利用各种接触点全面地了解消费者的需求，在每个消费阶段做出适当的反应，全方位为消费者提供所需的信息，方便他们了解和评估企业的产品和服务以及所提出的解决方案，并帮助消费者随时随地与企业或其他消费者进行交流沟通。在上述过程中，解决问题或提供问题解决方案需要多少信息，是由消费者而非营销者决定的，可见，这是一种完全不同以往的、由外向内的营销传播方式。

3) 价值(value)

价格是产品的定价，而价值则有两层含义。其一，价值是消费者认为购买解决问题的产品或服务而获得的利益，这种利益可能是客观的、心理的或有价的；其二，消费者购买某产品要付出的成本，即为获得解决方案必须放弃的利益，如金钱、时间、精力或可能放弃的其他选择，消费者获得的利益必须与他们为此所付出的成本保持平衡。同时，消费者必须能够为企业提供足够的经济价值。也就是说，价值是在具有可持续性和互惠互利的长期关系中，由消费者和企业以及其他利益相关者所共享的，这也是维系消费者与企业关系的前提。SIVA 理论所倡导的正是这种企业与消费者共创和共享价值的理念，这也是它与传统营销理念的差异所在。

4) 途径(access)

"分销"被途径所取代，这里的途径代表消费者可以获得问题解决方案的所有方式。以往，产品的销售和服务的提供均由企业决定，采用何种经营模式、选择哪些分销渠道、根据不同的地区采用不同的价格和促销策略也都是企业做主。现如今，拥有大量获取产品和服务方式的消费者会同时进行线上与线下的搜索，寻找性价比尽可能高的产品与服务。因此，企业必须为网上消费者提供在线销售，否则将失去市场份额；而对于偏爱线下购买的消费者，企业必须考虑如何兼顾分销渠道合作伙伴和终端客户的利益，尽可能减小渠道成员间的利益冲突，以便捷有效的方式满足消费者需求。总而言之，企业应充分利用互联网，通过线上线下多种营销渠道，以消费者所期望的方式为其提供获取问题解决方案的途径，而不仅仅是将解决方案推销出去。

3. SIVA 理论在网络营销中的应用

1) 深入了解消费者需求，找出合适的解决方案

SIVA 理论顺应了当今大数据应用的时代潮流和重视消费者行为研究的营销趋势。许多企业正是利用百度等信息检索工具分析服务商提供的大量有价值的数据，实现对消费者决策过程的跟踪。比如，在分析消费者的决策过程之前，通常需了解他们的基本情况，利用百度统计、百度指数、淘宝指数、微博及微信指数等在线分析工具都可以完成对在百度上搜索或特定网站、社交平台、自媒体上关注某产品的用户的兴趣爱好、性别年龄、所在地区等信息的收集。而通过百度知道、百度贴吧、天涯社区等在线论坛、社交媒体以及企业博客的互动，可以进一步了解消费者的具体需求，为开发和设计新的产品或解决方案提供依据。此外，还可以利用这些互联网资源，让消费者了解和认识企业的新产品或服务优于既有的解决方案，从而接受新解决方案。

2) 全方位为客户提供所需的信息

许多企业投入了大量资源，利用各种方式向消费者提供所需的信息。在 Apple、华为的零售店里，每种产品附近都摆放有各种宣传资料，以及用 iPad 或触屏设备以互动方式提供的详尽产品信息。Apple 零售店里还设有天才吧、产品教学工作室等特色服务，在那里，经验丰富的资深店员和产品专家可为消费者提供建议、配置设备或处理软硬件问题。更多的企业则是利用网站、社交平台、自媒体等互联网资源提供类似服务，汽车、高科技产品以及金融、旅游等服务行业中类似的应用尤为普遍。

3) 努力实现与客户平等地分享共同创造的价值

实现这一理念的前提是企业必须提供可满足消费者需求的价值，关键是必须认识和理解消费者所追求的价值，互联网为此也提供了良好的条件。如汽车厂商通过分析百度搜索数据，从许多用户以价格为关键词的搜索行为中发现，大多数消费者希望购买的汽车有较高的性价比；其次，许多消费者非常关注汽车的安全性；另外，相当多的消费者重视口碑信息，十分关注他人的观点。虽然从搜索数据中还难以判断消费者如何综合评估这些因素，以及其如何影响购买决策，这需借助于大数据和其他分析方法。但以上搜

索数据有助于了解消费者关于汽车产品的价值认知,企业可据此开展有针对性的营销活动,而这正是使各方分享某种价值的有效方法,而且通过互联网实施的成本较低。

4) 提供消费者获得解决方案的有效途径

随着移动互联时代的到来,O2O模式①的发展终结了传统电子商务在将线下业务搬到线上时而与传统经营方式产生的渠道博弈和冲突,使网络渠道与传统渠道之间形成了共生而非零和的关系。无论是传统企业还是新兴的互联网企业都逐渐认识到线上与线下的共生性,开始探索基于O2O思维的全渠道策略。商业零售、餐饮、影剧院以及旅游企业推出了线上销售到线下消费的经营方式;1号店等电商企业在地铁站发布带二维码电子标签的商品海报,电信运营商推出"预存话费送流量",都是通过线下营销引导用户到线上消费;而利用网站、社交平台、自媒体等以线上与线下互动方式为消费者提供产品或服务的案例更是不胜枚举。

综上所述,SIVA与4P理论相比,有着更丰富的内涵、更广的应用范围和更强的实用性,是一套更适用于互联网时代交互式市场环境,适合与消费者建立长期关系的理论,并完全适用于当前我国所处的经济与市场发展阶段。无论是产品制造商还是服务提供商,是面向B2C还是B2B市场,是选择直接分销还是间接分销,都可以从SIVA理论的应用中受益。

1.2.3 精细化营销

菲利普·科特勒曾经指出:"促销费用的大部分都打了水漂,仅有1/10的促销活动能得到高于5%的响应率,而这个可怜的数字还在逐年递减。"直销传播专家薄朗思曾对一些跨国公司在发达国家和中国等地的营销案例进行深入研究,他指出,在粗放营销的时代,很多企业对市场进行分类的时候使用的是一些比较浅显的参数。比如,有一些企业把市场分割成行业用户和消费用户,面对行业用户的时候,他们可能会根据客户的规模大小或产业类型进行细分,比如金融客户、电信客户、大企业客户、小企业客户,或者按照地域、按客户年龄划分,这就是粗放型营销的一种表现。

针对粗放型营销的种种弊端,近年来精细化营销(fine marketing)的思想受到越来越多企业的关注,并纷纷开始尝试,希望借此提升竞争能力。什么是精细化营销?精细化营销的始祖莱斯特·伟门(Lester U. Weidman)将其定义为:改变以往的营销渠道及方法,以生产厂商的客户和销售商为中心,通过电子媒介、电话访问、邮寄、国际互联网等方式,建立客户、销售商资料库。然后通过科学分析,确定可能购买的消费者,从而引导生产企业改变销售策略,为其制订出一套操作性强的销售推广方案,同时为生产企业提供客户、销售商的追踪服务。薄朗思的定义更简洁:精细化营销就是恰当地、贴切地对市场进行细分。

虽然有权威人士的定义,但企业和营销业界对精细化营销一直有各自的理解,至今未形成一个统一的概念。其中最典型的是将精细化营销与精准化营销(precise marketing)

---

① O2O的概念由美国企业家Alex Rampell于2011年8月提出,他在分析Groupon、Open Table、Restaurant.com等企业时,发现了这些企业经营模式的共同点:它们促进了线上与线下商务的发展,因此,Alex Rampel将其定义为"Online to Offline"商务模式,简称为O2O。同年11月,O2O概念被引入我国,并掀起了实践与探索的热潮,有学者将O2O定义为"生活消费领域中虚实互动的新商业模式"。

的概念混淆,此外,还有细节营销、精益化营销等概念的加入,使之成为学术界纷争的议题。精细化营销与精准化营销是有联系但却完全不同的两个概念。精细化营销是涉及营销战略导向的策略和战术的精细管理过程,注重决策与过程控制;而精准化营销则是结合客户关系管理(CRM)、数据库营销等管理工具,进行准确的目标市场定位,进而采取有针对性的营销策略的营销理念。两者的共同特征是都强调了营销由粗放到精细的转变,其开展的营销活动都是通过现代信息技术手段来实现的。这里撇开各种概念的分歧,仅就其中值得在网络营销中借鉴的相关理念进行论述。

1. 网络营销必须实现精细化

实现客户价值是现代营销的圭臬,然而,如何实现客户价值,许多经营者在实践中却舍本求末,注重了手段和技巧而忽视了营销的本质。以微博营销为例,在微博刚刚兴起时,各种心灵鸡汤、名言警句、管理格言、星座物语、冷笑话之类的"段子"在一些微博账号发布后,很快被大量转发,形成了风靡一时的"段子"文化。于是,"段子"策略也在微博营销中大行其道,警句格言、鸡汤段子成为不少企业微博每天必发的内容,甚至出现了专门通过"段子"去吸引粉丝,养成微博大号,然后利用它们承接再转发广告获取收益的所谓微博营销公司。这种状况也延续到微信营销中,各种"段子"一直是许多企业微信公众号中吸引用户"关注"必不可少的内容。然而,长此以往,靠"鸡汤段子"能实现企业所提供的客户价值吗?问题的症结并非是否采用"段子"这种手段,而在于是否能利用互联网手段,为目标受众提供精准和有价值的信息,以满足其需求。因此,无论采用何种互联网手段,网络营销必须实现精细化,这基于以下两方面的原因。

1) 面对网上鱼龙混杂的海量信息,客户需要精准、有价值的信息

门户网站、网络论坛以及SNS、微信、微博、QQ……,随着互联网上各种应用资源的日益涌现,用户获取信息的渠道也日渐丰富。然而,用户在更加便捷地获得各种资讯的同时,也越来越多地受到各种垃圾信息的困扰,面对找到、看到但又不需要的信息,人们对获得精准、有价值信息的渴求越来越强烈。

2) 互联网上日益细分的用户群体使精细化营销成为可能

虽然互联网上有数以千万计的各种应用资源,但绝大部分国内用户都集中在为数不多的若干个应用与服务上,如搜索引擎(如百度、搜狗、360搜索)、IM(即时通信工具,如微信、QQ)、在线支付(如支付宝、微信钱包)、微博(如新浪微博、腾讯微博)、论坛(如天涯社区、西祠胡同)、网络购物(如淘宝、天猫、京东、唯品会)、在线旅游(如携程旅行、去哪儿、驴妈妈旅游)、SNS(如人人网、开心网、珍爱网)、网络团购(如美团网、拉手网)等等。在这些应用服务中又可根据用户的需求、兴趣及爱好,进一步细分出更多的应用服务,成为一个个细分的市场,这些细分市场中的用户一般具有相似的网络行为。例如,从事电子产品研发的人员会经常访问"集成电路网",了解行业动态;喜欢马拉松运动的用户,大多会关注中国田径协会的"中国马拉松平台"微信公众号,这就为精细化营销提供了得天独厚的条件,无论从市场的规模还是细分的程度上看,都是传统市场环境下无法实现的。

2. 精细化营销的主要理念

精细化营销作为一种思路和方案,从市场的细分,到目标客户接触点的发掘、传播

工具的组合应用、销售渠道的全面规划与管理，都有一整套的技术手段来支撑。如实施精细化营销的第一步是细分市场，并在此基础上找到目标市场，互联网、数据库为此提供了有效的支持。随着移动互联、大数据、物联网技术的发展，用户所处的位置也成为实施精细化营销的决策依据，例如，利用地理围栏技术，商家可及时发现潜在客户的动向，星巴克、Pizza 和许多餐厅就是在探测到经常光顾的老顾客进入周边约百米范围时，向其推送相关的促销信息。因此，精细化营销被一些人称为营销的"GPS 技术"。

精细化营销的核心是实现客户价值及增值。因此，企业在实施精细化营销的过程中必须与客户建立长期的关系，在这个过程中，尤其要与客户进行精准沟通，深入了解他们的需求。因为若没有客户的反馈，企业就无法得知有价值的市场信息，"精细"也就无从谈起。对于那些标准化程度不高却异常复杂的客户需求，既要实现大规模生产，实现成本最优，又要适应差异化的客户需求，就必须有选择地满足能够实现规模化和差异化均衡的客户需求。通过精准定位、精准沟通找到并"唤醒"大量的、差异化的需求，通过个性化设计、制造或提供产品与服务，才能最大限度地满足市场的有效需求，获得理想的经济效益。

成败在细节，网络营销同样需在细节上下工夫，这是一个涉及客户洞察、客户细分、产品研发、营销及营销绩效评估的闭环过程。只有把握好每一环节中的精细化操作，才能实现真正意义上的精细化营销。

案例　　Amazon 的数据能力

　　Amazon 创始人杰夫·贝佐斯当年一直追求利用先进技术来为顾客提供卓越服务。这一理念也导致了 Amazon 最著名(也有人说是最臭名昭著)的专利软件项目——"一键下单"。从某种程度上说，除价格折扣外，Amazon 的成功得益于"一键下单""书内搜索"这些便捷的网上购买流程与服务。

　　然而，顾客并不知道，在他们获得及时周到服务的背后，是 Amazon 客服代表们夜以继日的加班加点。当时业绩最好的员工能在一分钟内回复 12 封邮件，而按照 Amazon 的规定，每分钟回复邮件在 7 封以下的员工将被解雇。

　　更有甚者，1999 年，顾客们开始意识到 Amazon 收集了太多他们在其网站上买书、搜索商品、浏览评论、"书内阅读"以及各种小癖好的信息，尽管 Amazon 声称是在利用这些信息向具有相似品味和兴趣的人推荐图书，但仍然引发了顾客们利用网络论坛展开的维护自身隐私权的行动。

　　不过，这些都是过去的做法，如今的 Amazon 已经构建起以数据为基础的营销模式。虽然它仍在时时刻刻记录着用户在网站上的全部数据轨迹，然而大数据和数据挖掘技术赋予了 Amazon 超越其他竞争对手的数据分析和应用处理能力，主要体现在三个方面。

　　1. 独特精准的推荐能力

　　根据用户的购买或浏览行为向其推荐商品是电商网站的基本功能，通常这种推荐大多是用户浏览过的同类商品，而 Amazon 的推荐依据是相同的价位、相互搭配使用的商品、相近的品牌偏好等等，因此，其推荐方案可以做得更精准，尤其在 Amazon 的核心业务——图书品类中，这种差异更为明显。因为 Amazon 通过其他企业难以简单模仿的复杂逻辑算法，能够知道购买了图书 A 的读者会对图书 B 有潜在的阅读兴趣。

2. 不断进化的预测能力

Amazon 建立了多个模型来分析每位用户对某种商品的使用频率，通过历史数据的分析，能预测用户的重复购买行为，尤其是诸如居家日用品、粮油米面、打印机墨水、数码相机存储卡等低值易耗品。从而预测用户将在何时再次采购，进而通过邮件等方式提醒用户购买，对于那些在接到 Amazon 发出的提醒邮件之前，并未发现家里的洗发水已快用完的"粗心"用户，Amazon 自然便成为他们的第一选择。基于这样的预测能力，只要绑定支付方式，选定商品后，Amazon 就会根据用户的使用频率，定期将商品送到客户指定的地址，Amazon 便顺理成章地为用户提供定期购买的服务。整个过程是基于强大的数据系统，无需任何人力的参与。

3. 持续演进的用户体验

Amazon 十分注重用户的页面体验，为此它会不断更新网站的页面以进行用户体验测试。提供怎样的信息能提高用户的转化率？网站的布局、颜色、图片大小、按钮分布等都是经过多次用户测试敲定的方案。许多互联网企业在进行用户体验测试时，大多邀请用户参与，并在一旁观察和分析用户行为，而 Amazon 依靠其丰富的数据资源，无需专门设置这样的流程，只需在用户实时浏览时提供测试方案，就能直接通过用户的最终行为获知哪个方案的体验更佳。强大的数据分析处理能力让 Amazon 拥有了实时改善用户体验的能力。

1.2.4 全球营销理论

随着科技的进步和交通及通信的发展，各国间的交往日益频繁，全球经济一体化的趋势日益增强。不同国家的消费者对相同产品表现出同样的偏好和需求倾向，各国市场呈现同质化的趋势，某些产品在不同国家市场间的差异甚至完全消失，形成了统一的全球市场。在此背景下，西奥多·莱维特(Theodore Levitt)于 1983 年提出了全球营销理论(global marketing)。全球营销与传统的国际营销(international marketing)有所不同，国际营销是根据不同国家市场的不同需求制定差异化的营销策略，全球营销则是将整个世界市场视为一个整体，采用统一的标准化营销策略。

全球营销理论的内涵包括三个方面。

(1) 标准化。即在营销上采用全球统一的标准，但实施并非是盲目的，企业可根据实际情况侧重于不同的营销要素，如可以是生产标准化的产品，或在价格、促销、渠道等方面实施标准化策略，亦可在营销计划等管理程序上执行全球统一标准。

(2) 配置与协调。强调根据比较优势在全球范围内对企业价值链上采购、生产、研发等各经营环节和跨市场活动进行资源配置与协调，通过加强价值增值活动，构筑企业的持久竞争优势。

(3) 整合。莱维特提出全球营销标准化观点，是针对国际营销中过于强调对各国市场的适应性，认为这将导致生产与营销在规模经济方面的损失。随着全球营销研究的深入，人们认识到，孤立地看标准化和适应性的观点是片面的，两者各有可取之处，应融合两种观点，形成一种整合的观点，这意味着全球营销应针对不同国家的国情，将确定营销目标、选择目标市场、营销定位和营销策略组合等灵活地加以运用。

实施全球营销使企业可将位于不同国家而特征相似的市场作为细分市场的依据,向其提供标准化的产品或服务。这给企业带来了两方面的利益:其一,通过产品标准化降低成本,获得规模经济效益;其二,有助于企业树立统一的品牌形象,建立全球性品牌。

全球营销是以市场的共性为基础,实行统一的营销策略,这一战略思维尤其适用于网络营销。互联网使全球化的广度和深度均达到了极限,在无国别界限的互联网环境下,不论参与网络营销的主体是否愿意或有无心理准备,其在网上的一举一动都可能产生国际影响,因此,全球营销理论应成为网络营销的行动指南。

虽然目前世界上出现了各国人口与社会结构、消费需求趋同的特征,但根据全球营销理论中整合的观点,在面向国际市场的网络营销中仍需考虑不同国家和地区在科技、文化方面的差异导致的各种不平衡。如发达国家和地区与发展中国家和地区在信息技术应用方面的巨大差距产生的数字鸿沟,将会影响到社会、经济乃至国家政策的方方面面,是开展网络营销不可小视的问题。

人类的共性是高度社会化,不同人群中的行事方式背后有许多各不相同的不成文规定,为人们的行为提供了标准与规范,这些不成文的规定就是文化,它包括法律、宗教、民族特征、价值观念、风俗习惯、伦理道德、生活方式、语言文字等诸多方面,是人类所有行为的基础,其核心深藏在群体成员内化于心的、根深蒂固的共同价值观中。网络无界,文化有界,从文化的角度看,互联网具有本土化的特性。正如腾讯控股公司总裁刘炽平所说:互联网的全球性,造就了像Google、Yahoo这样的全球性企业。但为什么在中国市场领先的互联网公司绝大部分是中国本地企业?文化的背景起了重要作用。所以腾讯的策略是先立足中国,尽量利用本身的文化优势。研究发现,除技术手段外,人们处理信息的方式还受到文化的影响。国外的研究还发现,东方人与西方人在吸收和利用外在信息方面存在明显差异。因此,实施网络营销必须注重以下两点:

(1) 营销活动要能引起市场与目标受众的共鸣。即在分析当地市场、定位目标受众,掌握其需求偏好与价值取向的基础上,结合当地市场动向和热点话题,有针对性地开展营销。为此,可寻找合适的、熟知相关国家文化与市场的合作伙伴,帮助企业掌握这些国家的文化与价值偏好,并寻找东西方文化中的共同点。尤其是在品牌传播的过程中,应注意寻找品牌或产品与当地文化之间的契合点,以提供能引起当地受众共鸣的内容,这样才有可能建立对其品牌或产品的认同。

(2) 营销传播中的语言差异。语言的隔阂在某种程度上会影响互联网全球性优势的充分发挥。因此,网络营销需高度重视中外语言上的差异,深入了解不同国家和地区的文化与社会状况,弄清楚隐藏其间的真实需求,在此基础上,以当地受众广泛接受的语言表述方式发布信息或与客户沟通。同时,在传播内容上回避那些敏感的问题,尤其是避开一些可能导致文化冲突的元素。

案例 爱彼迎在中国市场单打独斗

1.2.5　网络营销理论的新发展

随着互联网和网络营销的发展,近年来,一些经济学、管理学的理论被陆续运用于网络营销的实践,并推动了营销理论与方法的研究和探索,这里介绍几个应用较为成熟的理论。

1. 双边市场理论

随着社会分工的细化，尤其是互联网的发展和服务手段的改进，经济活动中越来越多地出现这样一种市场形态：该市场中的交易在某个第三方平台进行，该平台通过向产品或服务的交易双方提供所需的服务，促成交易并获取收益(报酬)，这种市场形态称为"双边市场"(bilateral markets)。一个双边市场的建立需满足三个必要条件：

(1) 平台——一个具有中介作用联系市场两边主体的平台；

(2) 定价权——平台拥有定价(收取费用)的权利；

(3) 量价相关——平台上的交易量与平台的定价结构有关，不同的定价结构可能会导致不同的交易量。

双边市场的最主要特性是"网络外部性"(network externalities)，即用户在消费或使用产品时所获得的效用并不是由产品本身价值提供的，而是由其他用户消费或使用同一产品而产生的，而且随着使用该产品或服务用户数量的变化，每个用户从消费此产品或服务中所获得的效用也在发生变化。正是这种外部性的存在，为在交易双方之间设计一个"平台"，以降低交易费用、充分利用买卖双方之间的正向外部性效果提供了空间。双边市场理论就是基于这样的思路产生并逐步发展和完善的。

根据平台建设运营者不同，网络环境下的双边市场分为以下三类。

(1) 自营电子商务平台。由有交易需求(销售或采购)的企业自行投资建设并运营的电商平台，大型企业通常选择此形式，如华为商城(vmall)、海尔商城(ehaier)等。还有一类被称为"产业电子商务平台"的形式，也属于这种类型，如航空业的 Exostar 和 Aeroxchange，它们在支持交易、优化供应链、制定行业内电子商务标准、获取战略资源和联合开发产品等方面都发挥着引领作用。

(2) 第三方电子商务平台。由专门从事电商服务的企业投资、运营，平台提供商为交易各方提供活动场所(虚拟空间)和环境。由于这类平台适应了因资金、技术、人力等因素不能自建自营电子商务体系的中小企业的需求，因此是当前最活跃并富有成效的形式，如阿里巴巴 B2B 交易平台、淘宝 C2C 交易平台、天猫 B2C 交易平台以及支付宝诚信支付平台等。

(3) 自组织电子商务平台，是由一些有交易需要的个人或小微企业，在不能自建或难以参与第三方平台的情况下，利用各种网络渠道(如 Web 网站、Email、IM 以及各种社交媒体等)自发形成的交易平台。这些平台没有明显的表象，但却实际存在着，不过其范围和规模均受到很大限制，多表现出区域性特征，如校园内书刊、饮食、娱乐、旅游等供需信息，多见于 BBS、QQ 群、微信、手机短信等信息交流环境中。这种自发电商平台大多没有正规的运营机制，处于自生自灭状态，但一旦其需求和价值得到深入发掘，运营机制得以完善，成长为第三方电商平台的可能性很大。

电子商务平台虽具有典型的"双边市场"特征，但并非全部如此。对于自营电商平台，实际上自身就是交易的一方，其主要努力目标是吸引另一方的参与，这是一种典型的单边市场形式；自组织型电商平台由于缺乏清晰可见的"交易平台"，或即使有平台但其目标是多样化而并非集中于交易双方，加上定价权的缺失，故也不是双边市场，但这种类型却可以通过"独立平台"或"专门频道""专业群"的建设来获得双边市场特征，以实现交易双方的交互性(网络外部性)对交易的正向促进。只有第三方电商平台才真正具备双边市场所需的三个必要条件：平台、定价权和量价关系。第三方电商平台提供商作为经济主体根据交易等综合情况进行定价索取费用，对用户规模、交易数量等产生明显影响，同时还要根据交易双方用户采取相应的营销策略。

2. 共享经济

1978 年，美国德克萨斯州立大学社会学教授马科斯·费尔逊(Marcus Felson)和伊利诺伊大学社会学教授琼·斯潘思(Joe L.Spaeth)在《美国行为科学家》杂志上发表的论文中就提及了这一概念[①]，不过当时被称作"协作型消费"或"合作式消费"(collaborative consumption, 2C)[②]，他们认为，共享经济主要是由第三方创建的平台并借助信息技术，实现点对点的商品或服务交换。

虽然概念早已被学者提出并为人们所认识，但作为一种新的经济形态和商业模式，共享经济却是随着"互联网+"时代的到来，在移动智能终端设备的普及与发展推动下才迅速崛起，并引发了新一轮商业革命。与此同时，学者们对共享经济的研究也有了新的进展，哈佛大学商学院教授南希·科恩(Nancy F.Koehn)认为，共享经济是个体共享社会资源，以不同方式交换商品或服务[③]。2010 年，《时代》杂志把协同消费列为未来影响人们的十大理念之一；2011 年，美国《时代周刊》将共享经济列为改变世界的十大想法之一；按照经济学家杰里米·里夫金(Jeremy Rifkin)的观点，共享经济的边际成本接近为零，将传统的价值交换模式转化为价值共享模式，带来了全球经济的颠覆性革命。他甚至预言，共享经济将成为 21 世纪下半叶人类社会主导的经济形态。梳理众多定义，一个共同的观点是共享经济需要有一个由第三方创建的、以信息技术为基础的市场平台，个体借助这些平台，以获取报酬为目的提供闲置物品的使用权或服务，分享自己的知识、经验，或向企业、某个创新项目筹集资金。

共享经济商业模式的基本运作就是将闲置的资源通过移动互联技术提供给有需求的用户，互联网平台在其中主要发挥资源组织和管理调度的功能，具有进入门槛低、规模扩张快、灵活性大、资本效率高等特点。在消费观念的变化和互联网与信息技术的推动下，共享经济的出现创造了新的市场。研究机构对房屋租赁网站爱彼迎对旧金山经济发展的影响进行了专项调查发现：人们之所以愿意在旧金山长时间逗留，主要原因是爱彼迎的租金要远低于酒店，甚至有 14%的爱彼迎用户说，若没有爱彼迎网站，他们根本不会来旧金山旅行。共享经济对于企业甚至个人来说都是一个新的机遇，网络技术的提升使共享的成本越来越低，让人们可以更低的成本使用共享资源，同时也吸引着更多的人参与到共享经济中去。P2P 的闲置物品租赁市场、短租服务、在线租车(拼车)、共享单车、网络众筹等等不仅受到广大消费者的青睐，也受到创业者的欢迎，除催生了一批以共享经济为经营模式的创业公司外，也推动了一些传统企业经营方式的变革。无论从

---

① Felson M, Spaeth J L. Community structure and collaborative consumption: a routine activity approach[J]. American Behavioral Scientist, 1978, 21(4).
② 马科斯·费尔逊和琼·斯潘思在论文中用三个单词来描绘共享经济模式：People(合作式的消费可以让需求者享受到更好的服务)；Planet(通过共享的方式有效节约地球上的资源)；Profit(为企业和个人带来丰厚的利润回报)。
③ Nancy F Koehn.The Story of American Business:From the Pages of the New York Times[M]. Brighton: Harvard Business School Press, 2009.

国外还是国内的案例来看，共享经济都表现出了鲜活的生命力。

共享经济的理念早已在欧美等发达国家得到广泛认同，因此，共享经济模式呈现国外先行国内跟进的态势，而且发展势头稳健。尽管受国内信任度不高等社会环境因素的影响，有观点认为共享经济这种商业模式不适合国内的环境，难以在实践中发展下去，但随着我国社会环境和市场秩序的逐步完善，共享经济的发展空间将会越来越广阔。对经营者来说，探索适合于这种新商业模式的营销策略是一个新课题。

3. 计算机媒介影响人际交流方式的相关理论

计算机和互联网的应用不仅改变了人际交流的信息载体，也衍生出各种新的交流媒介。网络环境中经营者与客户间的沟通大都是以计算机为媒介的交流(computer-mediated-communication, CMC)。CMC 与传统营销中的面对面交流或电话交流有着很大的差异，而随着移动互联的发展，人际交流的工具又拓展到智能手机等移动终端，如何改善这些以互联网和智能设备为媒介的人际交流效应，已成为网络营销面临的新挑战。目前，国外学术界对计算机媒介影响人际交流方式的相关理论研究已经积累了大量的成果，为互联网环境中的教育培训、企业经营提供了重要的理论指导，这里简单介绍与网络营销有较大关联性的两个理论。

1) 社会临场感理论

亦称社会在场理论，1976 年由 Short 等人提出，是传播学与社会学研究领域的重要理论之一。该理论认为不同交流媒介会传达不同水平的社会临场感(social presence)——"其他交流者在现场与我一起参与交流的一种感觉"，社会在场取决于交流者是否能够得到交流对象的视、听觉甚至触觉信息。按照该理论，人在面对面沟通时，所有的线索都很齐全，因此对社会临场知觉的程度最高，而以计算机为媒介的交流由于缺乏非语言线索，因而降低交流者在沟通过程中所感受到的与他人面对面交流的感知程度，即社会临场程度，这种交流缺少友好性、情感性，或者说人性化少了。

在 IM 的交流中，虚拟表情符一直是用户喜爱的情感表达工具，如今为增强虚拟环境中的社会临场感，越来越多的品牌开始在网络营销中使用表情符。2016 年，美国移动应用平台 Appboy 曾就英、美两国手机用户对表情符号使用情况进行了调研，结果表明，39%的受访者认为品牌营销使用表情符号更有趣，更能使他们与品牌产生共鸣，年轻手机用户普遍认为品牌营销使用表情符是件好事，女性对此的认可度明显高于男性，但还有 11%的受访者认为品牌营销使用表情符是不适宜的，他们主要是一些中老年手机用户。

2) 超人际交流理论

最初作为一种理论框架，由美国仁斯利尔理工大学(Rensselaer Polytechnic Institute)社会心理学教授 Joe Walther 于 1992 年提出，后经逐步改进和完善成为超人际交流理论。该理论认为，以网络为媒介的交流是一种"超人际的交流"(hyper-personal interaction)，它具有自己独特的社会规范。与面对面的人际交流相比，网络交流并非以往研究者所认为的那样是反社会的，而是过度社会化的。人们在这种"超人际的交流"中更容易把交流对象理想化，更容易运用印象管理策略给对方留下好印象，从而更容易形成亲密关系。按照超人际交流理论，一个完整的超人际交流过程由以下四个沟通要素构成。

(1) 信息接收者。由于在以互联网为媒介的交流过程中可得的社会线索非常少，因此信息接收者会利用这些极其有限的线索对信息发送者的行为进行"过度归因",以至于忽视了信息发送者的不足(如拼写错误、语法错误等),即将交流对象"理想化"。

(2) 信息发送者。Joe Walther 的研究发现,信息发送者会运用诸如调整时间、使用个性化语言、选择长短句等一系列的技术、语言与认知策略和印象管理手段来展现一个最佳的自我。

(3) 传播通道。由于以网络为媒介的交流可以延迟做出反应,使得信息发送者可以有充足的时间整理观点、组织语言,从而为"选择性自我展现"提供前提条件。

(4) 反馈回路。在面对面交流中存在"行为确证",而且这种效应在以网络为媒介的交流中会被放大。

超人际交流理论为分析网络环境下的沟通提供了一种新的理论解释,它与社会临场感理论对网络营销的研究与实践都具有借鉴和指导价值。

1.3 网络营销与传统营销的关系

所谓传统营销是相对于网络营销这一新营销模式而言的。目前,营销界对此并无明确的划分,一般可从两个方面来理解:从营销手法上看,传统营销是没有借助于信息技术和手段、未利用互联网上资源进行的营销;从营销理念上看,传统营销在观念和思想上未受到互联网的冲击和影响。

技术的进步与营销的发展密不可分,纵观营销的发展历程,从印刷术、广播、电视到互联网,每一次技术的突破无一例外地在全球范围内改变了经营者与消费者的关系,改变了企业与消费者交流互动的方式。然而,耐人寻味的是,每一次改变只是为经营者提供了新的选择,使其能够接触到更多的消费者,却无法完全取代此前的种种方式。例如,在付费搜索的投放位置、以关键字为目标的点击付费广告和社交网络等十分发达的互联网环境下,人们发现最原始的广告形态依然生机十足。这也诠释了营销不是一种技术手段,它关注的是人,只有当技术能够实现更有效的人际关联时,它才对营销构成意义。

因此,尽管互联网的发展使营销环境及营销活动发生了根本性的变革,网络营销的产生与发展顺应了这一变革,必将成为现代市场营销发展的主流模式之一,但是,作为企业营销体系中的一部分,网络营销是利用技术手段并通过互联网进行的营销活动,必将涉及市场营销的方方面面,从市场环境到与消费者的关系,都离不开传统营销的支持与配合。两种营销各有优势和不足,经营者应处理好两者的关系,取长补短,实现其有机的整合,才能提高企业营销的整体效益,增强市场竞争的实力。

1.3.1 网络营销对传统营销的影响

1. 营销观念

近年来,在"互联网+"国家战略行动计划的推动下,传统产业"拥抱"互联网的意愿和决心已大大超出了人们的预期,但同时,许多经营者的互联网思维和对网络营销的认知还停留在初始阶段。他们以为,只要企业有了官方网站、微博或微信等平台,就是在以互联网的思维方式经营了,就是在用网络营销模式与客户交流了,基于这样的粗浅认知当然难以做好网络营销。另有一些企业虽也认识到互联网的价值，但受经营体制和传统经营思维的束缚，只是将网络营销作为企业经营中的锦上添花，并未真正纳入企业的经营战略。还有部分企业虽然在进行网络营销的实践探索，但由于各种原因，一直未能取得预期效果，挫伤了积极性。因此，充分认识网络营销对传统营销的影响，以及两者在营销观念上的差异，是网络营销取得成效的前提。除前面提及为适应网络营销的发展，企业应从三个方面着手"营销理念的变革"之外，随着大数据的应用，企业还应从以下两个方面进一步更新营销观念。

1) 认清互联网时代消费者的主导地位，改变传统思维，调整企业与消费者的关系

互联网在一定程度上增加了市场的透明度，企业与消费者之间信息不对称的局面被打破。同时互联网赋予消费者越来越多的智慧和能力，他们不仅是消费者，也是信息的接收者、创造者和传播者。尤其在社会化媒体日益普及的今天，消费者之间的沟通变得越来越便捷和密切，那种通过密集的广告宣传、营造概念的传统营销方式已经难以奏效。面对崛起的消费者力量，取悦消费者成为越来越大的营销难题，即使是被誉为"大众偶像"的可口可乐也不再墨守成规，开始使出浑身解数，吸引年青一代消费者，闺蜜、喵星人、白富美、天然呆、高富帅、邻家女孩、大咖、纯爷们、有为青年、文艺青年、小萝莉、粉丝、月光族……这类新潮的网络词汇相继出现在可口可乐的包装上，令人对这个百年老品牌刮目相看。

2) 充分利用互联网提供的大数据资源，实现全方位的营销创新

互动性是互联网的核心价值，也是互联网其他特性的基础，对于企业来说，利用互联网开展营销的目的之一是通过与客户的实时互动，建立和维系有效的客户关系。互动性虽然为实现此目的奠定了基础，但这只是外在条件，还应当充分利用互联网提供的海量信息，通过大数据分析，从中筛选出可用于与客户进行有效交流互动的各种需求信息和沟通素材，进而实现切实有效的互动，提升企业与客户关系的质量。

案例 **如何 Hold 住 25 岁正青春**

在宝洁的玉兰油品牌进入中国市场并畅销 20 多年的时间里，其营销团队一直在关注并深度研究消费者行为及其变化。虽然玉兰油的品牌经理一直感觉该品牌已呈现老化的趋势，但始终未找到合适的数据来支持这一直觉，更无法拿出数据来说明应如何扭转这一趋势。

事情很快有了转机，百度平台在对玉兰油和其他一些化妆品品牌进行搜索关键词的研究时发现了一组有意思的数据：搜索玉兰油的用户中有 25%的人接着会搜索"适用年龄"，而其他同类品牌并未出现这种情况……于是，2013 年 8 月，宝洁与百度建立了 JBP(joint business plan，联合生意计划)战略合作，玉兰油的营销团队很快通过一组简单的数据为上面两个问题找到了答案。他们以百度平台上提出各种涉及"玉兰油"问题的所有用户数为分母，关注玉兰油"适用年龄"问题的用户数为分子，得出百度上关注该问题的用户占比数据，再与玉兰油的同类竞争品种进行对比，发现该数值远远高于竞争品种。用百度平台的全量数据和并不复杂的算法，证实了品牌经理的担心。

百度用户主动发出"玉兰油适合什么年龄用?"的信息,说明"适用年龄"是许多消费者对玉兰油的认识盲点,这是在传统营销模式下付出再大成本也难以准确获得的宝贵信息。宝洁的营销团队由此意识到:在玉兰油的品牌传播中,其品牌的定位不够清晰,正是这小小的疑问,影响了消费者的购买决策。

找出问题的症结后,宝洁很快推出新产品——"玉兰油25岁装"多效修护霜,并明确地将其定位为25岁左右、肌肤逐渐出现诸如细纹、毛孔粗大、干燥、肤色不均、松弛、缺乏光泽等各种问题的人群。

为配合"25岁装"的上市,宝洁还专门推出了一组名为"Hold住25岁正青春,玉兰油姐姐10年不老神话"的主题图片广告。人们从这组广告代言人、混血模特丹妮拉(Danielle)在2002年到2013年间留下的照片中,似乎并没有看到10年的光阴在她面容上留下的岁月痕迹。广告恰如其分地诠释玉兰油"Hold住25岁正青春"的主题,并很快在网上被粉丝们疯狂转载和追捧,不仅消除了许多消费者的疑虑,也拉近了玉兰油品牌与消费者的距离。与此同时,面对占百度用户41.8%(最大比例)的25~35岁人群,这一主题也与玉兰油所倡导的消费者从25岁开始应细心呵护自己肌肤的产品理念相吻合。品牌传播的创新获得了非常好的营销效果,"玉兰油25岁装"的线上销量直线上升,很快成为玉兰油最畅销的人气单品。

2. 营销组织

众多企业依赖于传统的职能分工与协作所形成的金字塔式的组织结构,在工业革命时期的专业化、标准化生产中曾经发挥过巨大的作用。但是在互联网时代,这种结构存在的信息沟通不畅、对市场反应迟钝、权力过于集中、结构僵化等弊端也日渐凸显。为顺应互联网环境下新的营销手段、方法和流程,营销组织的变革已是势在必行,不同行业或企业选择怎样的网络营销组织并无统一的或公认的标准,但应遵循以下两个组织架构的设计原则。

1) 采用集中和授权兼具的分布式结构

由于网络营销不仅涉及多种营销渠道和媒介,而且涉及企业从产品研发到售后服务的多个部门,因此,应根据来自这些部门的内容和各部门拥有的营销资源,以及所采用的营销媒体形态,由专门的策划部门协调资源,集中进行营销内容的策划。在此基础上,将营销内容交由各部门进行营销传播,即以分布式方式开展营销活动。这种组织架构既便于企业内部不同部门或分布在各地的合作伙伴根据自己的业务特点与市场环境开展营销,也可保证营销内容的质量与效果。

2) 实现营销流程与数据链的密切融合

在传统营销环境下,企业的营销数据与决策分散于各个品牌单元、渠道部门和区域营销机构,企业缺乏集中的数据管理和全方位的客户洞察,致使企业难以提升客户终生价值、产品与品牌体验,以及实现交叉销售。现如今,通过互联网可以将研发、生产、营销、销售、服务等环节的信息以数据链的方式联系起来,将市场商机、客户需求与企业营销的业务流程和策略实施紧密联系起来,以营销为核心带动企业的业绩增长。

3. 营销策略

互联网带来的营销变革不仅体现在营销观念、营销组织，以及营销手段、方法，也体现在营销策略方面。"3C+STP+4P"营销管理框架中的4P，即产品、价格、渠道和促销是经过多年实践检验，行之有效的营销策略，迄今为止，企业的营销运作都是围绕4P展开。网络营销亦是如此，但相比传统营销，4P策略却发生了根本性变革。①

在网络营销中，产品的概念被扩展，原有的产品和服务之间的边界变得模糊，"产品+社区+服务"成为企业提供产品或服务的新模式，如可穿戴设备、智能家电等。而大数据、云计算、物联网技术的发展也在持续推动产品开发、品牌建设、服务方式的不断创新。与此同时，共同创造(co-creation)成为新的产品开发策略，通过客户参与产品的开发，不仅能为其量身订制产品和服务，以创造更好的客户价值，还可以提高新产品开发的成功概率。

同样，在互联网时代，传统营销中依据成本、利润、品牌价值和广告费用等因素制定产品价格的策略和方法并非完全适用，企业利用市场封闭性追求溢价收益的优势也不复存在。随之而来的是，为满足由不同因素导致的需求变化而产生的更加多样化的定价策略，如动态定价，即企业根据市场需求和生产能力弹性设定价格，移动互联网的随时可触性，使"动态定价+场景定价"成为定价策略的新模式。例如，企业可根据客户的购买经历、店铺的相对位置，以及其他相关背景信息，针对每位客户提供不同定价，使价格如同货币(currency)可以根据市场需求浮动。

网络营销对传统渠道策略的影响更为显著。这不仅表现在分销渠道从传统的单渠道、多渠道向O2O、O2M的跨渠道，以及包括实体店铺、无形店铺(人员直销、邮购、电话及电视购物、网店、微店等)和网络媒体(网站、电子邮件、社交媒体)等的全渠道裂变，而且实现了线上线下渠道在产品异化、消费体验、便利性以及渠道功能互动等层面的融合，形成一个密切相连的无缝世界。随着共享经济等新经营模式的兴起，许多客户希望得到的产品或服务，可以通过同行合作伙伴实现，即共同启动(communal activation)。

如果说在Web1.0时代，经营者利用Email、Web站点发布广告或开展的单向促销方式对传统的促销策略影响甚微的话，那么进入移动互联和Web2.0时代，随着微博、微信、手机App等新媒体和各种社交平台的发展，实现了用户之间的有效对话(conversation)，通过企业发起、用户参与的社区营销，以及用户对话、讨论等自传播方式实现的口碑营销、内容营销等新媒体营销，其促销效果已经远远超过传统模式。

不仅是4P，传统的品牌策略、服务策略，以及关系营销、客户关系管理等都在网络营销中有了不同程度的升级与创新。

4. 执行能力

国内相关跟踪研究发现：许多企业的网络营销未能取得预期的效果，它们缺乏的并非好的营销方案和创意，而是营销团队的执行水平不高；另有部分企业将业务外包给网络营销服务商，虽然服务商们的营销创意并无瑕疵，但却在执行中屡遭各种不顺。因此，

---

① 科特勒等人在《Marketing4.0: Moving From Traditional to Digital》中将4P组合重新赋予了4C的内涵，即共同创造(co-creation)、动态定价(currency)、共同启动(communal activation)和对话(conversation)。

开展网络营销,创意很重要,但营销执行力更为重要。网络营销强调着眼于细节,必须达到一定的深度,才能取得应有的效果,这在很大程度上取决于营销团队的执行力,因此,可以说它是网络营销成功的基石。

作为保质保量地实现工作或任务目标的能力,营销执行力将以营收增加、品牌认知度扩大、客户忠诚度提升等各种形式得以展现。通常优秀的执行能力要能通过以下四个过程,系统化、持之以恒地将策略制定与运营执行连接起来。

1) 策略规划

能清晰具体地描述所从事的业务内容与策略目标,并利用相关决策工具制定出具体的执行与资源分配方案以及评价指标。

2) 组织整合

根据所制定的策略,实施企业内部相关部门与人员以及企业外部合作伙伴、渠道成员的整合或沟通,使其能配合策略的执行。

3) 运营执行

通过改善关键流程、优化预算及资源调配,将策略规划转换为运营计划,使日常运营与企业战略和营销策略相契合。

4) 评估与调整

通过定期的运营分析和策略分析会议,追踪企业的绩效,及时掌握运营执行状况,以确认营销策略是否正确地实行,并在必要时进行调整。

1.3.2 网络营销与传统营销的整合

网络营销与传统营销相比有许多优势,但并不能因此成为企业营销的唯一解决方案,它作为企业营销战略中不可或缺的组成部分,必须与传统营销实现有机整合才能使企业的营销战略发挥出最大的功效。正如菲利普·科特勒等人在《Marketing4.0: Moving From Traditional to Digital》一书中指出:网络营销不会取代传统营销,两者将并存与整合。他们结合顾客体验过程,阐述了传统营销与网络营销各自所发挥的作用:传统营销的主要作用是启动与顾客的互动,即在企业与顾客互动的初期,在建立品牌知名度和引发顾客对品牌的兴趣方面发挥作用;而网络营销比传统营销更具说服力,因此,随着互动的深入,顾客要求与企业建立更紧密关系时,网络营销将在此基础上进一步驱动顾客采取行动。

网络营销与传统营销的整合应当是从战略到策略、从资源到手段多层面、全方位的,这是实现整合的基本原则。为适应环境、市场的变化,企业应站在战略的高度,以长远的眼光,从全局出发来研究和谋划营销。因此,战略层面的整合要求企业将两种营销作为一个营销战略体系进行规划和运作,而不是将其分为两个各不相关的独立体系。国内外许多研究结果都表明:在大多数情况下,网络广告能够有效刺激线下销售,而且,网络广告对零售商在传统市场中销售额的促进作用要大于对网上销售的推动作用。尤其是在 O2O 市场融合发展的趋势下,网络营销与传统营销之间不再是相互排斥和相互独立的,而是相互协调、配合与促进的关系。

在我国,许多中小企业或以自己的网站为平台,或利用行业 B2B 网站和阿里巴巴等综合性 B2B 网站搜集需求线索、发掘潜在客户,实现线上线下的营销联动,最终实现交易并获得利润;但也有一些企业在网络营销方面投入不小,收获甚微,究其原因是将线上市场与线下市场完全割裂开,形成网络营销和传统营销"两张皮",网络营销的优势未能有效发挥,传统的营销渠道却受到了影响。因此,网络营销和传统营销的整合应当是全方位的,从"3C+STP"开始到"4P"的营销各个阶段,以及营销活动的组织、执行和控制等各个方面都应充分考虑两者的整合,并可首先从客户、产品、营销策略以及企业组织等方面着手。

案例　　线上网红烹饪课,线下食材品牌屋

调查数据显示,有 77.5%的家长将用于孩子身上的开支列为家庭开销的首位,由此不难看出,为了让孩子更好地成长,父母是舍得花钱的。

看准这个趋势,并结合自身育儿经历,港大复旦 IMBA 五位同学共同创立"Kidscooking 萌料理"食育平台,希望通过线上食育信息传播和净菜销售,搭配线下料理教室的实操体验方式,探索实现国内儿童食育推广的新模式。

与年糕妈妈、爸爸厨房等在线推广食育平台的运作方式不同,"萌料理"兼顾线上线下的业务布局。线上采用轻模式运营,利用微信公众号提供原创内容,学习食育、科学知识以及有声食谱,除介绍料理步骤外,还搭配主题故事,培养孩童专注力。

"萌料理"通过与生鲜电商"我厨"合作,共同研发宝宝餐净菜品项。据"萌料理"COO(首席运营官)韩迎春介绍,"'萌料理'从料理营养成分着手,在食材库与菜品库挑选合适食材,改进烹调方式,例如以蒸煮、清炖取代油炸或烧烤。"开发出的菜品经过线下家长们的测试,达到规定的接受度指标,才能将其推荐给"我厨",后者确认菜品制作和原物料采集符合流程后方可上线。

此后,家长便可在"萌料理"微信号上选择相关食谱,再链接到"我厨"购买净菜品项。目前,"萌料理"与"我厨"合作推出的亲子餐团购已实现每天 500 单的初期目标。

至于线下运营,韩迎春坦承"萌料理"还在摸索阶段,目前的方式是尝试筹办密集的体验活动,借由举办料理教室,推广"萌料理"对亲子互动与食育教育的观念。在未来业务拓展方面,"'萌料理'准备与家居品牌多样屋合作,除在多样屋实体店面驻点授课,也可能会推出联名厨具吸引家长购买。"而"萌料理"的赢利模式会分成线下课程、"我厨"净菜销售分成、产品置入三方面。

"萌料理"还从美国家政女皇玛莎·斯图尔特那里得到启示,家政网红的生命周期远长于现下制作娱乐内容的网红,同时家政网红在幼教、烹饪、家庭经营等领域具有极高的影响力。"萌料理"开始打造一支家政网红团队,如今,"萌料理"已经着手布局在线直播烹饪教学,搭配线下教授体验课程增加网红露面机会,在培养网红知名度时,同时建立"萌料理"的品牌形象。

韩迎春表示,"萌料理"是一个刚刚起步的项目,未来累积一定用户数后,也会经营App 与网站打造自己的在线社区,持续与"我厨"紧密合作研发菜品与课程,并寻求与更多线下幼教与家居生活相关产业合作,推广自身品牌。

本章小结

网络营销是以互联网和移动互联网为基本运作环境，借助于 Web、Email 等传统互联网技术和大数据、云计算、物联网、人工智能、虚拟现实等新兴信息技术与手段，依托各种网络资源开展的营销活动。科技的进步、营销(消费)观念的变革、市场竞争的日益激烈等综合因素促使网络营销产生与发展。网络营销具有全球性、交互性、整合性和经济性等特点，并具有营销决策与支持、市场开拓、营销传播、产品与服务的增值与创新、品牌扩展与延伸以及客户关系管理等主要功能。实施网络营销可以拓展营销空间、降低营销成本、缩短经营周期和提高营销效率，但也存在难以覆盖所有营销对象和对部分市场和产品的营销作用有限等不足。

网络营销是在传统营销理论和实践基础上发展起来的，在网络营销发展初期，借鉴传统营销理论形成了以直复营销、网络软营销和网络整合营销为主的"三基础"网络营销理论体系，随着网络营销的发展，SIVA 理论、精细化营销、全球营销、双边市场、共享经济等一批新理论在网络营销的实践中开始发挥越来越重要的指导作用。

网络营销对传统营销在营销观念、组织、策略以及执行能力方面都产生了重要影响，但它不会取代传统营销，两者并存与整合，才能使企业的整体营销发挥出最大的功效，这种整合应当是从战略到策略、从资源到手段多层面全方位的，这是实现两种营销整合的基本原则。

关键术语

网络营销	直复营销	网络软营销	网络整合营销	整合营销传播
关系营销	营销伦理	SIVA 理论	精细化营销	全球营销
双边市场	共享经济	社会临场感	超人际交流	

思考题

1. 网络营销产生与发展的原因是什么？
2. 简述网络营销与电子商务的关系。
3. 简述网络营销的特点与功能，并举例说明。
4. 在网上各找出几种基于 Web 站点和无 Web 站点两种类型的网络营销模式，并说明其特点。
5. 如何理解"将来就没必要再谈论网络营销了，因为营销的基础之一就是网络"的观点？
6. 科特勒认为，"其实 90%的网络营销实践还是传统的营销方式。"你是否赞成此观点？谈谈你的看法。
7. "展厅现象"与"反展厅现象"产生的主要原因是什么？网上经营者和实体店应采取怎样的对策？
8. "一些在传统市场上运用自如的、成熟的整合营销传播策略在网络营销中却显得力不从心。"试通过具体的例子来证实这一观点。
9. 怎样理解"关系营销理论对拓展网络营销的思维有着重要的指导意义"的观点？举例说明。
10. 为什么说适宜的伦理文化环境是网络营销健康发展不可或缺的条件？举例说明。

11. 电商平台为什么能成为假货流通的主要渠道？如何解决当前这一突出的社会伦理问题？
12. 精细化营销的思想对于开展网络营销具有怎样的意义？举例说明。
13. 为什么在中国市场领先的互联网公司绝大部分是中国本地企业？
14. 为什么说语言隔阂对于开展网络营销的企业是一个挑战？如何应对这一挑战？
15. 举例说明网络营销与传统营销不是相互独立和排斥的，而是相互协调、配合与促进的关系。
16. 举例说明互联网时代"产品+社区+服务"营销策略的实现模式。

参考文献

[1] 曹虎，王赛，乔林，艾拉·考夫曼，等. 数字时代的营销战略[M]. 北京：电子工业出版社，2017.
[2] 高学争. 价值为王：互联网精准营销实战密码[M]. 北京：电子工业出版社，2014.
[3] 张波. O2O——移动互联网时代的商业革命[M]. 北京：机械工业出版社，2013.
[4] [美] 达米安·瑞安. 理解数字营销[M]. 高兰凤，译. 北京：电子工业出版社，2017.
[5] [美] 菲利普·科特勒，何麻温·卡塔加雅，伊万·塞蒂亚万. 营销革命 3.0：从产品到顾客，再到人文精神[M]. 北京：机械工业出版社，2011.
[6] [美] 杰里米·里夫金. 第三次工业革命：新经济模式如何改变世界[M]. 张体伟，等，译. 北京：中信出版社，2012.
[7] [美] 唐·舒尔茨. SIVA 范式——搜索引擎触发的营销革命[M]. 李丛杉，等，译. 北京：中信出版社，2014.
[8] 姜喆怀. 线上网红烹饪课，线下食材品牌屋，"萌料理"的儿童食育进击路[OL]. 猎云网[2017-05-17]，http://www.lieyunwang.com/archives/175349.
[9] 揭秘 Apple 在中国邮件营销这几年[OL]. Webpower 中国区[2016-06-12]，http://www.webpowerchina.com/knowledge/page.php?id=452.
[10] 孟永辉. 资本逐利、技术无力，互联网家装需要实质性变革[OL]. 钛媒体[2017-10-03]，http://www.tmtpost.com/2832686.html.
[11] 彭博新闻社. 不和途家、小猪短租、美团点评合作，这家外国巨头"任性地"独自开拓中国市场[OL]. 搜狐财经[2018-06-04]，http://www.sohu.com/a/234021001_320672.
[12] 王赛. 营销 4.0：从传统到数字，营销的"变"与"不变"[J]. 清华管理评论，2017(3).
[13] 王亿万. 为外国人在中国"淘"宝，这看起来是门好生意[J/OL]. 商业周刊中文版[20170-09-11]，http://www.businessweekchina.com.
[14] 王原，贾远琨. 社交平台岂能成假货橱窗[OL]. 新华网[2018-05-31]，http://www.xinhuanet.com/2018-05/31/c_1122920442.htm.
[15] 谢天，郑全仝. 计算机媒介影响人际交流方式的理论综述[J]. 人类工效学，2009(3): 64-67.
[16] Alan Charlesworth. Internet Marketing: A Practical Approach[M]. New York: Typeset by Charon Tec Ltd., A Macmillan Company, 2009.
[17] Carolyn F Siegel. Internet marketing: foundations and Applications[M]. Boston, MA, US: Houghton Mifflin Co., 2006.
[18] Felson M, Spaeth J L. Community structure and collaborative consumption: a routine activity Approach[J]. American Behavioral Scientist，1978, 21(4).

[19] Michael E Porter. Strategy and the Internet[J]. Harvard Business Review, 2001(3): 63-78.

[20] Nancy F Koehn.The Story of American Business:From the Pages of the New York Times[M]. Brighton: Harvard Business School Press, 2009.

[21] Philip Kotler, Hermawan Kartajaya, Iwan Setiawan. Marketing4.0: Moving From Traditional to Digital[M]. Wiley, November 2016.

[22] Virginia Shea. The Core Rules of Netiquette[OL]. [2008-12-25]. http://www.albion.com/netiquette/book/index.html.

案例研讨

为在中国的老外"淘"宝

位于上海苏州河畔一栋写字楼 18 层的 Baopals，是中国首家为在华外国消费者提供商品选购服务的英文导购网站，它的 27 名员工每天处理超过 500 件淘宝和天猫的订单，这些订单几乎都来自生活在中国的老外。这群人并非淘宝的员工，而是如来自美国的 Baopals 创始人之一 Jay Thornhill 所说，我们是"淘宝的国际合作伙伴"。

除实时更新淘宝和天猫的所有商品，并重新对商品评分外，网站每周都推出一篇自己编辑推荐的内容和一篇 CCC(crazy、cool、cheap)专栏，即推荐三件疯狂、三件酷炫和三件价格实惠的商品。用户可通过 Baopals 直接下单，并为所购商品支付"8 元人民币＋商品价格的 5%"服务费。

根据国家统计局 2011 年公布的第六次人口普查数据，在华常住的外国人有近 60 万。近年来，随着中外经济发展环境的落差加大，越来越多的老外来中国淘金，这个以往多以由助理代劳购物的外派高管为主的国内市场新消费群体，逐渐转变为以喜欢光顾淘宝之类价廉物美网购平台的普通老外为主。这些热衷于网购的老外们面临语言和文化的差异，非常需要能帮助他们实现自主网购的相关服务。

来自新加坡 36 岁的家庭主妇 Sarah，虽然中文能力足以应付淘宝，但她宁愿多花服务费也要使用 Baopals，因为购物体验更高效。"以前我在淘宝挑选任何一件东西都格外小心，会问遍周围的朋友，生怕漏看了哪个环节。甚至会邀请他们共同浏览全部评论，直到看到一条评论后惊呼：'啊，不能买！'而使用 Baopals 就简单多了，我看一眼价格，再看一下 Baopals 的评分，便可下单。"除购买家居和电子产品外，Sarah 还被 Baopals 的幽默感吸引，最近她刚通过 CCC 专栏的推荐买了一副比脸还大的扑克牌，"我自己可绝对找不到这么滑稽的东西。"

Jay 的合伙人 Charles Erickson、TylerMcNew 也来自美国，在他们看来："语言障碍通过翻译工具就能克服，但最大问题是淘宝完全是设计给另一类人群的网站。"于是他们通过技术手段重新设计，以适合于老外的选购体验。

首先，Baopals 通过抓取技术实时更新所有天猫与淘宝商品，然后对商品重新分类，按照 Jay 的解释，"外国人的分类习惯和中国人不同，我们重新分类并做筛选。比如在 Baopals 搜索图书，搜索结果只会呈现英文版书籍。"接下来，Baopals 精简界面信息，Jay 将淘宝形容为"繁忙的街市"，他说"拥挤的页面上还不时跳出二维码广告，这让喜欢简洁清晰表达方式的老外们觉得被打扰了。"因此，Baopals 的网页上只呈现商品、价格、库存、评分及购买选项等。

当然，最重要的是要为用户筛选可信赖的商品。为此，Baopals 主要从两方面入手，一是给所有天猫卖家或三年以上的淘宝店铺贴上可信任卖家标签，按照 Jay 的解释，"这些商家能确保完善的退换货政策";二是重新设置了 Baopals 推荐商品的评分系统。Baopals 在统计了上千家淘宝、天猫店铺的评分后发现,几乎所有商品的评分都在 4.5 分以上,于是 Baopals 按照 0～5 分的计分区间,将中间值 4.5 分降为 2.5 分,并将品质、快递、服务综合计算后组成统一的评分,若某商品购买数量低于 90 件,分数会显示为红色。此举让 Baopals 的用户忘记那些眼花缭乱的钻石、皇冠、评分,只要检查三步:可信任卖家标签,评分在 4 分以上,不是红色显示,用户便可安全下单了。

除上述举措外,人工编辑选品也是 Baopals 提供商品选择服务的一部分。Baopals 人工选品的逻辑是消费者导向,其基本做法是:先看最近什么品类卖得好,再由员工提出推荐方案在 Baopals 内部进行筛选,被推荐商品必须是被 Baopals 用户购买过,且无退货记录。"不过对于 CCC 栏目推荐的商品则没有什么限制,只要商品足够神奇好销,即可入选。"限于编辑的人数和视野有限,Jay 认为,"未来我们会建立社区,鼓励用户推荐自己喜欢的东西,让每个人都能成为导购者。"

目前 Baopals 的注册用户超过 16000 人,月订单量近 20000 件。营收来自两部分,服务费占 70%～80%,导购佣金占比 20%～30%,尽管 Jay 拒绝透露具体收入,但 Baopals 每个季度的资金流水已超过 3000 万元人民币。

业内对 Baopals 这样的导购平台持欢迎的态度,手机淘宝负责人蒋凡认为,"淘宝做的是大众化市场,不可能满足所有细分人群的需求。"按照他的介绍,面对海量商品,目前淘宝的核心工作是优化搜索和推荐技术,实现"千人千面"的个性化推荐,并 100%由机器算法驱动。因此,目前个性化推荐主要依据两部分数据:一是用户行为,即结合用户的长期和短期行为偏好;二是商家分析,根据商家销量、在线评论等数据综合评分,对用户与商品进行个性化匹配。蒋凡强调,"虽然我们有个性化策略,但不同群体的消费者在挑选商品时并非仅在乎产品,他们对产品展现形式、购物体验等都有不同的要求。老外群体还涉及语言文化的差异,淘宝不可能都去做,我们需要第三方合作伙伴帮助我们解决问题。"

因此,淘宝为"淘宝客"等第三方导购合作者开放了诸如淘宝商品库、商家信用体系等数据,并且允许卖家可自主设置激励导购方的佣金,使后者能从经其导购售出的商品中获得导购分成。

在华的老外人数不可能无限增长,这将制约 Baopals 的发展,因此,公司财务总监刘继英认为,未来 Baopals 应将其服务模式应用到更多发展中国家,"这些发展中国家对西方人的了解和线上服务都不完善,存在着 Baopals 服务发展的空间。我们可以直接把中国的模式拷贝过去,服务更多在发展中国家生活的西方人。"

面对国内网络导购业务的激烈竞争,导购网站纷纷看好海外市场,但面对这一待开发的新市场,决策者们也认识到拓展的难度,用他们的话来说,"开拓海外市场并非把现有内容翻译成英文那么简单",中西方存在文化差异,而选品需要对用户理解后与其产生共鸣,因此,开拓海外市场需要重新调研受众心理。另外"不同国家的法律法规不同,且物流、支付等基础设施都需要重新进行搭建,这是巨大的工作量。"

案例思考题

1. Baopals 的服务模式有哪些特色?它与淘宝的个性化推荐有哪些不同?
2. 除发展中国家外,Baopals 的业务还可以有哪些拓展应用空间?
3. 通过该案例,说明网络营销的价值。
4. 该案例对开展网络营销的企业有哪些启示与借鉴?

第2章　网络营销战略与规划

本章提要　本章从分析网络营销对企业经营能力的影响出发,介绍了互联网时代的企业经营战略新思维,阐述了网络环境下的营销战略及规划、战略规划实施的保障措施。本章的重点是理解互联网对企业经营能力所产生的影响和互联网时代企业经营战略的新思维,掌握网络营销战略规划制定的方法和实施的保障措施。本章的难点是理解互联网时代的企业经营战略新思维、影响网络营销战略选择的企业经营要素以及网络营销战略与规划实施的保障措施。

引　　例

沃尔沃的数字化营销转型战略

创建于 1927 年的沃尔沃(Volvo)是瑞典著名的汽车品牌,目前已在全球 100 多个国家拥有 2300 多个经销商。与其他传统 B2B 企业一样,维系与这些渠道合作伙伴及汽车用户的良好关系一直是沃尔沃的营销重点。面对互联网的迅猛发展,沃尔沃很快意识到数字技术、网络营销对于企业商业模式转换以适应时代发展的重要性,开始实施以"我们不卖车,我们卖体验"为目标的数字化营销转型,以期实现与终端用户——车辆驾驶员建立直接联系的"B2B+B2C"经营模式。

提供新的数字化服务和在全球层面构建动态数字功能是沃尔沃实现数字化营销战略的两个主要方向。

(1) 数字化服务。沃尔沃建立了独立的客服门户网站,并将 Facebook、Twitter、YouTube 作为品牌传播的主要平台,通过社会媒体渠道与客户建立起直接的沟通。

沃尔沃还利用移动互联网为用户提供两大独特功能:

① 远程控制。用户可以通过手机来远程控制汽车的一些功能,如启动空调、控制门锁、查看驾驶仪表盘、找寻车辆位置等;

② 电话呼叫。用户可以通过车上的急救按钮或者手机 App 直接与当地的沃尔沃呼叫中心通话获取公路急救服务。呼叫中心可通过车内的 GPS，提供诸如寻找附近的代理商、呼叫拖车或报警等系列服务。当发生交通意外时，电话呼叫服务可自动启动实现上述功能。

这些增值服务大大改善了客户体验的效果，增加了沃尔沃的客户黏性与忠诚度，密切了代理商与客户间的联系，以更多地了解本地客户的具体需求，使所提供的服务更接地气。

(2) 在全球层面构建动态数字功能：沃尔沃创建了统一的数据库，整合了现有来自区域代理商的数据，并设置了不断丰富和更新这些数据的数字流程，通过收集、汇总全球的客户数据，把客户关系管理系统升级为全球化。沃尔沃通过分析这些数据，掌握了客户的相关信息：他们购买了沃尔沃的哪些产品，花费多少钱来购买产品，他们多久会要求企业提供售后服务。掌握了这些数据，沃尔沃就具备了根据客户而不是根据产品进行市场细分的能力，就拥有了把大众化营销转变成个性化营销的能力。正如沃尔沃高级品牌经理 Paulsson 所说，"我们已经获得了非常关键的成果，只要我们能够把我们的产品、经销商以及客户数据都收集起来，我们就能获得对业务的全局性了解，就能够找到未来的发展方向。"

在数字化转型战略的驱动下，如今沃尔沃已成功地实现了 B2B+B2C 的经营模式：在全球统一平台上连接沃尔沃的每一辆车，获得更好的品牌传播效果以及更紧密的客户关系。

从营销的进化过程来看，其所担负的战略功能越来越明显，逐渐成为企业经营战略中的核心环节。因此，必须根据企业的经营战略目标，在充分预测和把握企业外部环境（市场环境、竞争环境）与内部条件变化的基础上，制定企业的营销战略规划。网络营销作为互联网时代企业营销战略的重要组成部分，将承担起企业在互联网环境下营销战略实施的重任。

2.1 网络营销战略分析

2.1.1 互联网对企业经营能力的影响

1) 为客户价值的实现与提升创造了优越的实施条件

人们在网上各种浏览、消费行为产生了大量的行为数据，而客户与企业、用户与用户通过各种交互平台或社会化媒体进行交流和传播的信息也都记录在数据库中，形成一个"消费者比特化"的世界，这是互联网、移动互联网以及物联网带给企业的"连接红利"。因此，企业首先应当把网络作为研究消费者的平台，通过追踪这些数据形成的客户行为"轨迹"，并基于大量的数据建模、计算来预测消费者行为，以洞察和满足这些"轨迹"连接点所代表的需求，据此开发新产品和新业务，以帮助客户实现自我价值。同时，要重视客户长期价值的提升，利用网络资源聚集和维系稳定的客户群体，培养忠诚客户。

2) 对巩固企业既有的经营优势产生双重效用

由于不同行业和企业的经营环境、市场结构、盈利模式和营销方式各不相同，因此，网络营销对企业既有经营优势的影响主要取决于企业对互联网的理解和接受程度，实施网络营销所采取的战略、策略以及具体的形式甚至技术等，即使是同行业或同类型的企业，实施网络营销的绩效也会有很大差异。

从经营决策层面看，借助于互联网，企业可以有效地了解市场需求，进行科学的、有针对性的经营决策，形成以市场为导向的经营机制；从运营层面看，互联网为企业提供了实现与客户的有效沟通、维系与客户关系的良好条件。因此，在网络营销中，如何利用好互联网这一"中立的工具"成为企业巩固已有经营优势的关键。

3) 增强了潜在竞争者进入市场的能力

由于互联网的开放性，企业在网上推出新产品、新营销模式或手段，极有可能很快为竞争对手所仿效，这种对潜在竞争者的积极影响，对企业来说并非好事。因此，企业在网络营销中必须充分认识到这种可能出现的负面影响，并设置预案或及时采取相应对策。

案例 拥有双重生活的芭比娃娃

4) 有助于企业营销模式与服务能力的创新

从 4P 的维度看，网络营销确实改变了许多，例如，可以通过客户的交互式参与来实现以客户为导向的产品开发；而众筹、众推、众包，精益创业 MVP(最小可行性产品)等理念和实践不仅为新产品开发和服务能力提升开辟了一个个新的途径，也使企业的营销模式和服务方式发生了翻天覆地的变化，如近年来兴起的网络团购、网上外卖订餐、网约车、共享单车等不仅推动了商业模式的创新，也创造了全新的消费模式。哈佛商学院营销学教授西奥多·莱维特(Theodore Levitt)曾经说过：营销更需要想象力。互联网时代的营销模式创新是传统时代所无法想象的，它取决于人们对互联网的理解和需求管理、利他、创造价值等营销核心理念的运用。

5) 有助于建立新型、高效、稳定的营销协作关系

利用互联网可整合不同企业的产品、渠道甚至客户等各种经营资源，以发挥各自的优势与功能，促成并实现新型、高效、稳定的合作关系。互联网的优点在于可以形成多方同时沟通、功能迸发的高效率平台协作架构，各方可将各自的资源与需求信息都展示出来，形成多对多的寻求合作伙伴的局面，消除了普通合作渠道中合作各方需一对一沟通协调的弊端，提高了合作的成功率。同时，合作的层面不仅涉及资金、技术和人才，还可以扩展到信息分享、协同宣传、联属网络营销等诸多方面，实现了合作方式的多样化。

 案例　　**Wal-Mart 与 Facebook 的合作**

近年来，为应对电子商务发展带来的激烈市场竞争，"零售商之王"Wal-Mart(沃尔玛)加大了对电商业务的投入。2011 年，同为行业领军企业的 Wal-Mart 和"社交之王"Facebook 签署合作协议，利用社交媒体平台展开 SNS 营销。Wal-Mart 在 Facebook 上设立了名为"My Local Wal-Mart"的页面，让 Facebook 的用户能够及时了解居住地附近 Wal-Mart 零售店的最新折扣之类的促销优惠信息。这项合作涉及全美境内近 3500 家 Wal-Mart 零售店，它们可在第一时间有效推送自己的经营活动信息。

在此之前，Wal-Mart 主要是通过传单、电子邮件、店铺张贴广告等方式进行营销推广，许多消费者也习惯于进入店铺向经营人员咨询当天的促销活动。这种方式没有及时性，而且缺乏针对性，耗费时间和精力，也容易使众多消费者错过有价值的促销优惠活动。

此次开展的这项合作，借助 Facebook 平台实现了 Wal-Mart 与消费者沟通渠道的规模化、便捷化和精准化。Wal-Mart 各地的零售店可直接与附近的 Facebook 用户沟通，及时了解他们的需求并提供所需的商品信息。此举不仅解决了消费者获知促销信息难的问题，而且实现了 Wal-Mart 营销的精细化，降低了店铺的经营成本，提高了营销效率和回报率。

2.1.2 互联网时代的企业经营战略新思维

20世纪80年代初，迈克尔·波特(Michael E. Porter)提出了决定一个企业竞争能力的五种竞争力量模型和成本领先、差异化、目标聚集三种基本竞争战略(generic competitive strategies)，很快为全球学界与实业界所普遍接受，并被奉为企业经营的圭臬，将其作为企业经营战略的重要组成部分，并作为企业营销战略策划的基本出发点。

按照经典的战略管理理论，企业经营战略的制定首要要进行 SWOT、五力分析和 BCG 分析，在此基础上确定企业的战略目标、定位以及基本的竞争战略。然而，对于经营环境相似、面向同一市场、所处同一行业的企业来说，它们面临的机会、威胁、优势与劣势往往大同小异，各企业按照 SWOT 分析的结果制定出的战略也就相差无几，这种战略的趋同，将导致企业进入新的激烈竞争。因此，有学者认为 SWOT 分析可能会使众多企业遭遇以机会为经营战略的"同质化"陷阱。

随着互联网的崛起，诸多的经营实践证明，SWOT 分析、五力模型和三种基本竞争战略并不完全适合于当今复杂的商业环境。SWOT 分析适合用于长期战略的制定，它强调企业要追逐发展的机会，然而在互联网时代，企业所面临的经营环境可谓是瞬息万变，机会也是稍纵即逝，企业依据 SWOT 分析制定的战略，竞争者也可以得出同样的结果，这会导致企业陷入战略同质化的恶性循环。近几年来，从网络团购的"千团大战"到互联网金融"胜者为王"的角斗，再到如今共享单车的"战国时代"，参与血拼的企业大多患有"战略同质化"的通病。

营销战略既是企业发展驱动力的核心，也是市场竞争博弈中营销策略的战术指引。针对经典的战略分析工具在复杂环境中使用时显现出的粗糙，学者们提出了关于企业战略的新思维，认为企业的竞争战略包括经营战略的定位、差异化战略的选择以及竞争态势三个要素。

1) 经营战略的定位

互联网时代，企业面临的商机、经营模式创新与转型的机会越来越多，这也意味着企业经营战略定位的选择也越来越多。以网上书店起家的亚马逊，如今的战略定位已不是"世界上最大的书店"而是"全球商品品种最多的网上零售商"。1990年12月创办的苏宁电器股份有限公司也于2013年2月更名为苏宁云商集团股份有限公司，实现了由传统家电卖场到线上线下融合发展新零售企业的转换。而互联网金融的发展则实现了互联网和电商服务企业向金融服务企业的转型，移动互联网的发展则催生了虚拟电信运营商的发展。

因此，应当摒弃拘泥于企业所处行业进行经营战略定位的传统思维，采取以市场需求和产业价值链为导向的战略定位，并以差异化作为互联网环境下的主要经营战略。

(1) 以市场需求为导向。创造价值以满足市场需求是企业存在的基本使命，而且创造的价值必须超过成本，企业才能得以生存。互联网短短 20 多年的发展历程中，人们已经见证了无数的企业因网而兴，也因网而败；看到了无数商业模式的昙花一现，这些失败的一个重要原因就是其创造的价值低于成本。因此，经营战略的定位必须以市场需求为导向，必须创造出高于成本的价值，这也是对依托互联网开展经营活动的基本要求，即充分发挥互联网的资源优势，创造出比传统经营模式更高的价值。值得指出，互联网为企业经营模式的创新提供了前所未有的运作空间，伴随着不断涌现的各种新经营模式，企业创造价值的方式也发生了深刻的变革。支付宝不仅使第三方支付成为互联网金融的主要业务之一，而且成为"无现金社会"的主要支付方式，人们感叹"难以想象没有移动支付的生活会是怎样"。因此，在互联网时代，以市场需求为导向的经营战略定位，应当具有更广阔的思维空间，不仅满足既有的市场需求，还应将创造和引导新的市场需求作为战略定位的基本目标。

 案例　　　**高思教育的"CTO"战略转型**

被认为"互联网化"最慢的教育培训行业，如今正悄然实施着"互联网+"的战略转型。曾经专注于线下培优业务的高思教育就是其中之一。成立于 2009 年的北京高思博乐教育科技股份有限公司，是一家专注于中小学阶段教育的培训机构，2016 年 11 月 30 日正式挂牌新三板。2017 年 9 月 20 日，高思教育宣布，在完成了 5.5 亿元融资的同时，公司已经从一家线下的培训机构，全面转型为一家互联网教育企业。

目前国内教育培训行业集中程度偏低，教学质量良莠不齐，如何提高众多中、小培训机构的教学质量成为行业亟待解决的问题。在这样的背景下，高思教育适时提出了"用互联网+的方式实施 K-12①培训行业'CTO'战略"的转型思路。这里的 CTO 是指内容(content)、教学(teaching)和开放连接(open)，高思教育创始人兼 CEO 须佶成表示："高思教育的战略定位清晰明确，就是要成为行业的价值创造者。为此，今后高思将长期专注于'内容-教学-开放连接'，并为之不懈努力，除此之外的其他业务都交出去与合作方协作。"

根据"CTO"战略的规划，目前高思的主营业务分四个部分：

(1) 线下为主的小班培优辅导。主要包括两个项目：升学培优训练，覆盖从小学一年级到高中三年级全部教学阶段的数学、语文、英语、物理、化学等多个学科；素质训练，包括科技、美术、书法、冬夏令营游学等业务。

(2) "爱学习"在线培训。通过"爱学习"平台向全国各地 K-12 教育培训机构及公立学校提供标准化的教学产品和教师培训服务。

(3) "爱提分"线上+线下培训。包括线下教学点 VIP 辅导；通过"爱提分"直播平台提供线上辅导。

---

① "K-12"(kindergarten through twelfth grade) 主要为美国、澳大利亚及加拿大部分地区采用，是指从幼儿园(kindergarten，通常为 5~6 岁)到十二年级(grade 12，通常为 17~18 岁)的免费教育阶段，也可用于对基础教育阶段的统称。

> (4)"爱尖子"线上+线下培训。依托六学年完整的竞赛培训课程体系和尖子生培训课程体系,通过线上辅导和线下集训的模式为尖子学生提供超常的教学服务。
>
> 高思不仅依托体系化的教学产品、标准化的教学内容以及专业化的培训团队等资源为这些项目的实施提供保障,而且还通过"互联网+"的模式,结合先进的教育理念,把内容、技术与教学体系向全国各地的 K-12 培训机构开放,这将为整个行业创造巨大的价值,也是投资者看好高思教育的主要原因。

(2) 以产业价值链为导向。互联网的发展打破了产业价值链中层层相系的传统格局,然而这并不意味着企业可以漠视产业价值链的存在而任性经营。相反,企业的经营战略应坚持以产业价值链为导向。对于每个拥有自己核心经营能力的企业,应当专注于其核心业务,而将非核心业务外包给价值链上的其他合作伙伴。摩拜等共享单车企业的核心业务是互联网租赁自行车的共享运营,它们将单车的生产制造交给了富士康等全球制造业巨头。携程旅行、大众点评、饿了么、途家短租等企业也都是依托相关产业的价值链实现资源整合,它们的核心业务则是通过互联网为消费者提供专业化的信息服务。

2) 差异化战略

作为基本经营战略之一的差异化战略,其最大的优点是通过满足市场多样化的需求,有效地分散经营风险,提升企业的竞争力和利润率。按照波特的观点,在竞争激烈、利润越来越微薄的市场环境中,企业应以实施差异化为战略的重点。然而,相比于低成本和目标聚集战略,实施差异化营销的成本较高,企业不但要进行市场细分,还要为各个细分市场制定不同的营销方案,这将增加市场调研、渠道管理和促销等营销及生产与配送成本。因此,选择差异化战略时,企业应以自身的核心竞争能力与经营优势为基础,通过产品成本、品质的差异化实现价值的差异。

3) 竞争态势

企业在确定战略定位和差异化方向之后,接下来就要确定自己与竞争者之间的关系,尤其是在战略决策时一定要考虑竞争对手的反击策略,这一点在传统战略理论中被忽视了。回首最近这些年间,手机行业曾经的霸主——诺基亚、摩托罗拉相继退出历史舞台,接下来是"安卓之王"HTC 被贱卖,"中华酷联"的酷派落幕,大名鼎鼎的 Vertu 破产,还有"高大上"黑莓的没落……,这些手机巨头为何跌落神坛,固然有战略的决策失误、技术的快速迭代和市场的激烈竞争等多种原因,然而,它们在制定自己的经营战略时有几个认真考虑过与竞争者的关系,考虑过如何营造对彼此有利或较偏向自己的竞争氛围。

竞争态势决定了企业竞争的手段和激烈程度。无论选择与对手竞争或是合作的战略,都必须基于自身的竞争优势,并基于博弈论的思维架构,切忌在制定战略时不考虑竞争对手可能的反应,闭门造车的决策必将酿成灾难性的后果。

需强调的是,无论采取哪种营销战略,都要发挥自己的比较竞争优势。这就要求企业在竞争环境中要善于寻找那些相对于竞争者的比较优势,互联网提供的各种个性化搜索技术,为这种寻找创造了条件。据此,采取"田忌赛马"的策略,以己之优势与人之劣势竞争。

2.1.3 网络环境下的营销战略

1. 营销的基本战略功能

企业营销战略要解决的核心问题是如何通过确定客户需求、本企业与竞争者的产品三者间的关系,来确立并维系本企业产品在市场中的应有地位。

从企业的经营战略导向来看,营销的战略性导向可分为产品导向、客户导向、品牌导向、价值导向以及价值观与共创导向等。不同的战略导向其营销的战略功能是不同的。

科特勒根据企业的实践,提出了四种类型的营销战略功能:

(1) "1P Marketing",这种营销仅围绕一个"P"展开,就是促销或传播。具体来说,这种营销的功能就是广告管理、公共关系,以及社交媒体管理,这些运作层次的营销算不上营销的战略功能。

(2) "4P Marketing",即 4P(产品、定价、渠道、促销)的营销组合,是由市场营销部门来统一资源、统一决策和运作管理,属于战术层面的营销。

(3) "STP+4P Marketing",即市场细分(segmentation)、目标选择(targeting)与定位(positioning),这种营销成为实现客户价值与企业价值的手段与途径,具有战略意义上的功能,被认为是企业的市场战略。

(4) "ME Marketing",即营销无处不在(marketing everywhere-marketing)。企业发展战略的核心目标是实现利润的增长,市场是驱动增长的唯一因子,因此,这种营销将驱动市场即营销驱动作为一种思维、动力、方法论融入企业各个部门、各个职能中,成为一种以市场为导向的战略。

2. 网络营销的基本战略

回顾营销的发展过程,客户从以往被作为价值捕捉、实现销售收入与利润的对象,逐渐变成最重要的资产,他们与企业共创价值、形成交互型的品牌,成为一个共生的整体。营销的本质是创造卓越的客户价值,在此基础上兑现公司价值,即使进入互联网时代,这个本质依然不变。正如科特勒所说,大数据、人工智能这些力量介入到营销中,改变的是营销技术,而不是营销战略。因此,从企业经营的长远战略层面来说,波特提出的五种竞争力量以及三种基本竞争战略仍适用于互联网时代。但随着市场环境、技术手段、消费观念、经营理念的变化,网络营销还应当具有清晰、明确和具体的战略导向。

在传统的实体市场与虚拟的数字市场共同组成的"双倍速"环境中,市场竞争日趋激烈,靠押注一个"好"产品,或进入一片"蓝海"去获取丰厚的利润可谓是天方夜谭。企业要实现持续性盈利,只能是以实现客户价值为基础。

如今,通过移动互联网和各种新媒体,客户能更加便捷地接触到所需要的产品和服务,并和与自己有相同需求的人群进行交流,于是出现了社群性客户。企业的营销重心应转移到如何与客户积极互动、尊重他们作为"主体"的价值观,让他们更多地参与到营销价值的创造中来。因此,网络营销需始终贯彻以实现客户价值为主线的市场导向型战略(marketing-driven strategy)。而具体如何实施这一战略,答案就是牢牢抓住实现客户价值、与消费者有效交互这些最重要的主线。在此基础上,逐步建立稳固的客户基础,形成差异化的竞争优势,实现企业的盈利。

3. 影响网络营销战略选择的经营要素

一个企业选择怎样的营销战略决不是凭拍脑袋、随心所欲所决定的，必须在充分调研的基础上，根据所在行业的特点和所处的市场环境，综合分析各种因素，权衡利弊，制定出具体的战略规划。由于各企业间经营要素的差异，不同企业的战略目标会有所不同，这将影响到其网络营销战略的选择，因此，除需考虑市场竞争环境外，还应当考虑企业的经营要素。

1) 企业的性质

不同性质的企业其网络营销战略将有不同的侧重。

(1) 制造业。在"互联网+"时代，无论是传统制造业还是现代制造业都面临着企业转型与升级的艰巨任务，无论是面向 B2B 还是 B2C 市场，网络营销都是必不可少的选项，但对于 B2B 市场来说，由于目标市场相对稳定，客户群体较少，因此，网络营销的重点是建立长期稳定的客户关系，以及合作伙伴的协作关系，并借助互联网为客户提供产品和服务，降低双方营销成本，增加双方的价值；对于 B2C 市场来说，由于面对的消费群体数量多、差异性较大，网络营销为企业提供了更多目标市场选择的机会，企业可有效利用网络营销拓展新的市场和采用更有效的营销策略。

(2) 服务业。服务的生产与消费一体化特征，使服务行业中的许多业务受到时空的限制。互联网的跨时空特性为传统服务行业提供了业务创新的机会，如证券、银行、投资和保险等金融类企业，以及交通运输、旅游、物流等行业依托互联网提供的网上业务，同时实现了基于互联网络的服务业的全面创新。近年来，随着第三方支付、滴滴出行、共享单车、外卖订餐等应用服务源源不断地涌现，已经在改变中国人衣食住行的传统习惯。与制造业相比，服务行业更适合于采用差异化战略来获取新的竞争优势。

2) 企业的能力

从战略层面上看，网络营销的特性使那种以规模大小来划分企业能力强弱的传统标准已不再适用，于是出现了"开展网络营销，大中小型企业站在一条起跑线上"的观点。但从策略运作层面上看，任何企业在制定网络营销战略和策略时仍然应考虑其所具备的规模和能力。

(1) 中小型企业。网络营销给中小型企业带来的更多是机遇。由于中小企业在资金、技术、人才等资源方面的不足，以及产品开发与生产规模、品牌与企业知名度、市场开拓与竞争、渠道管理、提供服务等方面的能力有限，难以进行跨区域、跨渠道经营。网络营销使地理位置和经营规模不再是制约中小企业参与全球市场竞争的重要因素，并为克服上述经营短板提供了解决之道。例如，我国企业融资一直是一个刚性的需求，尤其是中小企业面临着融资难、融资贵等问题。如今通过互联网实现的"众筹金融"，解决了多年来中小企业融资难问题，为中小企业初期发展提供了强有力的支持。而借助互联网可以实现从产品研发、生产到营销几乎所有环节的业务外包，为中小企业的发展壮大获取了新的竞争优势。当然，如何借助互联网发展壮大自己的能力是中小企业面临的重大经营课题。

(2) 大型企业。由于拥有资金、人才、品牌等丰富的经营资源，并在研发水平、生产能力和营销渠道方面具有优势，大型企业的经营发展战略也比较成熟，而且不少企业的产品已在传统市场中占据一定地位，因此不少大型企业对互联网并没有表现出中小企业那样的积极性,对新兴的互联网市场和网络营销也不太重视,只是将网络营销作为营销战略中的锦上添花之举。随着"互联网+"国家战略行动计划的实施,开展网络营销对任何企业已是刻不容缓。大型企业应充分利用互联网的特点实现自身既有优势的倍增,其网络营销更要注重战略性和系统性,应将网络营销纳入企业长期发展战略规划,建立与企业相适应的、完善的网络营销体系,要将企业文化、经营理念、品牌、员工、合作伙伴、客户等元素融合于其中,并互相促进和影响,提升竞争的优势。

3) 产品竞争力

企业战略的基本目标是利用核心竞争能力所创造出的成本或价值优势,实现产品的有效市场定位,再配合市场中的竞争行为所决定的价格来获取利润。除价格外,营销的竞争主要表现在产品与服务上,网络营销亦是如此,如果产品同质性较低,应采用差异化或目标集聚的营销战略。

同样,还可根据产品不同的生命周期,采取不同的营销战略,如在产品的成长或成熟期,随着市场竞争的加剧,企业应避免分散营销力量,可改为采用差异化或目标集聚战略。互联网的应用大大缩短了产品的生命周期,因此,企业要利用互联网实时跟踪产品生命周期的变化,根据这种变化及时调整营销战略,以通过产品在市场的竞争顺利实现营销目标。

案例 "飞信"
为何销声匿迹

2.2 网络营销的战略规划

营销战略规划包括:分析企业内外部环境;细分市场、选择目标市场与市场定位;提出营销目标;企业战略业务单位的建立和调整;确定市场营销策略组合等。将这些工作做好了,企业的营销便有了成功的基础。网络营销是企业整体营销战略的一部分,因此可根据企业的营销总目标,直接提出网络营销的具体战略目标,再根据网络市场环境细分市场,选择目标市场及产品的市场定位,在此基础上制定具体的网络营销战略规划。

2.2.1 网络营销的战略目标

从战略层面上讲,网络营销的目标与企业的营销目标是一致的,必须符合企业的整体经营目标。根据网络营销的特点,其战略目标一般可从三个方面考虑。

1. 提升企业或品牌形象

通过打造企业自身的信誉度,树立良好的企业及品牌形象,以换取客户的忠诚,获得更高利润已经成为各行各业的企业开展营销的主要目的之一,互联网无疑是实现这类目标的高性价比和高影响度的重要工具,借助于互联网所提供的各种资源提升企业或品牌形象也成为许多企业开展网络营销的主要任务之一。然而,"水可载舟,亦可覆舟",互联网的中立性,也使企业在实现这一目标的过程中面临着双重挑战。一方面,互联网是建立并拓展企业及品牌形象的有效途径;另一方面,一旦发生有损于企业或品牌形象的事件,网络也会成为扩大事态影响的便捷通路。在 2008 年发生的"三鹿毒奶粉事件"、2013 年发生的"圆通夺命快递事件"中,互联网都起到了推波助澜的作用,因此,将提升企业或品牌形象作为企业的营销战略目标必须考虑其所面临的风险。

2. 开拓市场，促进销售业绩增长

通过提供有价值的信息来刺激消费者增加购买，这是许多中小企业的主要营销目标。要实现此目标，一方面要求企业通过网站、社会化媒体等营销传播渠道及时发布各种促销信息，提供最新的产品动态，以刺激网络消费者尤其是年轻消费群体的消费欲望；另一方面借助于互联网提供有效的消费渠道，以方便用户购买。如今越来越多的企业开发出针对手机用户的 App，或直接借助微信平台以小程序的形式实现了从促销到销售、支付结算的一条龙服务，如京东拼购、饿了么外卖服务、家乐福扫码购等等。借助于自媒体平台开拓市场的方式，不仅适用于服务行业，也值得制造行业借鉴，它大大简化了销售渠道，降低了营销成本、渠道管理和交易费用，由此可将减少的费用以折扣形式让利于客户，实现企业与消费者的互利。

3. 完善服务，提升客户价值

通过加强服务，增强与客户的关系，建立客户忠诚度，达到留住客户和增加销售的目标，这一战略目标过去多为那些全球性企业或产品技术含量高、市场覆盖面广的企业所采用，现如今，通过互联网提供客户服务已被越来越多中、小、微企业所采纳，并取得了良好的效果。

 案例　　　　　　**让美发变得更简单**

快剪源自日本，是一种为忙碌的都市人提供的理发模式。它从顾客对快捷、干净、卫生的剪发服务需求出发，减省了除剪发以外的所有步骤，让美发师以最佳的效率为顾客提供优质的服务，实现"把时间还给客户"的服务理念和核心商业价值。如今，这种为顾客做"减法"的剪发服务，已风靡于我国香港、台湾，以及新加坡和马来西亚。

2015 年，在深圳，几位"85 后"年轻人也创办了这样一家从事快剪服务的企业——"深圳快剪网络科技有限公司"，其品牌名称为"Q 发屋"(Quick Cut House)。

为实现"让美发变得更简单"的愿景，针对传统理发过程中，顾客在经历等待、洗头、按摩、剪发、洗头等若干个环节中普遍存在的等候时间长、洗染发水品质和理发用具消毒等情况不透明、通过办会员卡锁定客户以及推销洗护发产品等固有弊端和痛点，Q 发屋推出了"互联网+剪发"的全新服务方式，采取"网上预约+实体店铺+上门理发"的经营模式，实行不洗、不染、不烫，不推销护理产品，不搞会员卡充值，只专注于剪发一个环节。在 Q 发屋剪发，只有简单的四个步骤：购票(包括网上预约)、排队、剪发、清理碎发，整个过程只需 10 分钟。

在为顾客节省时间的同时，Q 发屋对剪发的细节提出了严苛的要求，公司自主研发了吸走头上碎发的设备，以替代传统理发店在洗发过程使用的毛巾。对散落到地上的碎发，则通过专用设备吸入碎发收纳箱，确保了场地的干净。Q 发屋不仅为每位顾客提供一次性围脖和防静电理发围布，而且每服务完一位顾客，都要清理剪发工具并放入紫外线消毒柜消毒。

这种新颖的服务方式很快受到男女老幼各层次消费者的青睐,其中职场男士成为主流客户,占 Q 发屋服务人群的 65%。目前,"Q 发屋"已在深圳地区的茂业、天虹、永旺、华润万家、沃尔玛等商场内建立了 26 家实体门店。这些门店的服务非常人性化,例如,实行"当日取号优先"的原则,网上预约和现场购票实行统一编号,顾客取号后可以去购物、就餐或忙其他事情,不必担心号被叫过而失效,此举颇受忙碌的职场人士和带孩子的家长欢迎。

除开设实体店外,Q 发屋还为腾讯、顺丰、深圳市公安局等深圳地区几十家企、事业单位提供网上预约的上门服务,用户只需关注"Q 发屋"微信公众号,即可预约 Q 发屋的专业美发师上门剪发,方便了顾客的工作或出行;而且美发师们携带特制的服务理发箱,可吸走顾客头上和地面上的碎发,保持了这些单位的环境清洁与卫生。

2.2.2 网上市场细分

再大规模的企业也不可能满足所有消费者的全部需求,因此,企业要根据消费者的愿望与需求,将其划分为不同的群体,然后结合自身的营销目标和资源状况,围绕各种营销渠道和最有可能的接触点,确定能实施有效营销的目标市场,制定合适的营销战略满足目标市场的要求,即所谓"目标营销"(target marketing)。

实现目标营销的三个主要步骤是细分市场(segmenting)、选择目标市场(targeting)和产品的市场定位(positioning),它们构成了营销战略的核心三要素,亦称 STP 营销。一个成功的营销战略都是建立在准确的 STP 基础之上的,网络营销也不例外,其战略规划中首先要开展的工作就是市场细分。

1. 市场细分的变量

市场细分是根据客户在需求、购买行为等方面的差异,将某一产品的市场划分为若干客户群体的市场分类过程。企业可以通过市场细分发现新的市场机会,有针对性地向目标客户群体提供所需求的产品。划分市场的标准称为市场细分变量,它包括导致市场需求特征差异化的所有因素。消费者市场和产业市场的市场细分变量有所不同,下面分别进行论述。

1) 消费者市场的细分变量

根据消费者的特征和其对产品的反应,细分消费者市场的变量主要分以下四类。

(1) 人口变量。指与消费者人口统计因素相关的指标,分自然指标和社会指标两类。自然指标包括年龄、性别和种族等;社会指标包括职业、收入状况、受教育程度以及宗教信仰等。人口变量是细分消费者市场的重要因素,称为人口细分(demographic segmentation)。相比于其他变量,它较容易测量,用其进行市场细分简单易行。随着大数据、人工智能等各种信息技术手段的广泛应用,网络环境下消费者细分化的趋势越来越清晰,这种细分主要以人口因素为依据。2018 年 3 月,一款名为"淘宝特价版"的 App 悄然上线,相对于天猫、淘宝上已经很低的商品价格,推出价格更低的"淘宝特价版",目的之一还是为了满足细分群体的需要。尤其在人口众多、收入与消费能力差距巨大的中国,追求品牌品质和追求高性价比的消费者大有人在,互联网在推动消费升级的同时,也为实现消费分级创造了条件。"淘宝特价版"的目标人群主要是处于三、四、五线城市的工薪阶层以及老年消费者,他们对于价格较为敏感而且数量非常庞大。

(2) 地理变量。研究发现,身处不同地理环境的消费者对同一类产品的需求和偏好会存在差异。因此,可以根据消费者所处的地理位置或环境等因素来细分市场,即地理细分(geographic segmentation),并针对不同地区的消费者采取差异化营销组合。互联网虽然不像传统市场那样具有明显的区域界线,但仍可将地理变量作为选择目标市场的依据,从而有针对性地投放营销资源。该细分方式简单易行,但较为粗略,往往不能区分出处于同一地理条件下人们的需求差异,尤其在面向全球的互联网环境中,其应用将受到企业本地化营销(local marketing)战略的挑战。

(3) 心理变量。按照消费者的生活方式、个性特点等心理因素来细分消费者市场,称为心理细分(psychographic segmentation)。随着经济的发展和消费观念的变革,生活的多样化与个性化已经成为消费者的普遍追求,因此,市场已经不仅仅是在性别、年龄、职业等方面进行细分,更多的是基于生活方式、价值观、兴趣爱好、个性、交友关系等心理上的区分。但这也是最难把握却又非常有价值的细分变量,在同一个人口统计群体中(如同一年龄段),可能会表现出差异极大的心理特征。互联网为营销人员识别不同生活方式的特征、广泛接触各种具有特定生活方式的不同人群创造了条件,因此,网络营销越来越多地使用心理变量来细分市场。

(4) 行为变量。按消费者对产品的了解程度、态度、使用与反映情况、消费的时机与频率、利益诉求点、品牌忠诚度等因素来细分市场,称为行为细分(behavioral segmentation)。由于人们的网上行为可以被检测与跟踪,这就以消费者行为为细分依据的市场细分提供了条件,虽然由此可能将产生诸如侵犯消费者隐私的问题,但在网络营销中,行为变量仍然是被广泛采用的非常关键的市场细分变量。

如今,营销者可以利用搜索引擎、移动设备和社交媒体获得的相关信息,从中归纳出基本的人口细分和地理细分,还可以利用互联网获得用户的行为互动、信息搜索等行为指标以及发表于社交平台或自媒体中的内容,作为网上消费者市场细分的相关变量。

2) 产业市场的细分变量

产业市场中的需求大多是来自消费者市场的衍生需求,因此其市场细分的标准与消费者市场有所差异。

(1) 地理变量。因地理环境、资源、气候条件及历史发展等诸多因素的影响和限制,形成了不同的区域市场。然而,互联网和电子商务的发展,大大削弱了基于地理因素细分市场的地位,除诸如电力等受输电网络限制,以及放射性、剧毒化工原材料,以及军事装备等涉及国家和人民群众安全的特殊物资与产品外,绝大多数生产原材料、工业制成品的交易都不再受地理因素的影响了,基于地理变量的市场细分主要来自不同国家或关税区,即国界与关境形成的市场区隔,它直接受到这些地区相关政策与司法条例的影响。

(2) 经营变量。作为产业市场细分的基本标准和特定因素,主要包括企业客户的经营规模和性质。前者可从资产额、职工人数、营业额、利润额、产品线类型等指标综合考察,由此可了解客户的购买能力和需求量;后者有助于判断客户的购买行为。

(3) 行为变量。该变量包括客户的采购职能组织、采购决策机构、采购政策、购买标准、与供应商的关系等,它将直接影响客户的购买行为。因此,客户的采购职能组织是集中还是分散,采购决策者是工程技术人员还是财务人员或其他管理人员,采购政策是系统采购、招标投标还是租赁或其他，购买标准是追求质量、重视服务还是注重价格，是否与该客户有稳定的关系等等，厘清这些，才能对市场进行有效的细分。

(4) 个性化变量。购销双方的价值观是否相似，品牌忠诚度坚定与否，对待风险的态度如何，这些个性化因素也是使产业市场购买行为出现差异的原因。

产业市场的上述细分变量大多可以通过互联网直接或间接获取。通过运用这些市场细分的标准，企业尤其是那些专注于各种利基(niche)市场的广大中小企业，不仅可以为自己的产品找到市场，而且能及时了解和掌控各种市场的信息，并利用网络营销资源、工具和手段开展个性化营销。

2. 市场细分的基本原则

即使企业掌握了相应的市场细分变量，所细分出的市场未必都是有效的，尤其是在瞬息万变的网络市场环境中，对用户的细分，必须遵循一定的原则，并用这些原则来评价细分出来的市场是否是有效的。

1) 差异性

包括用户需求和市场响应的差异性，前者比较容易理解，后者是指在细分出来的市场中，当产品、价格、渠道、促销等营销策略发生变动时，市场对应出现的不同响应。如果不同用户对其的反应大致相同，说明该细分是无效的。

2) 可衡量性

即细分出来的市场容量大小和购买潜力是可以大致判断的。实现这一原则的关键是所选择的市场细分变量要能够被识别和衡量。该原则可用于判断在细分出来的市场中目标用户是否有比较清晰的、相近的网络行为偏好。比如，美团外卖的用户大多为年轻消费者和职场白领；在微信用户中，年轻的母亲喜欢在朋友圈中晒小宝宝的照片，而中老年朋友圈则偏爱转发"鸡汤文"或是发布自己的旅游照片。但是，若要找出PC端和移动端用户有哪些共同的网购行为偏好，却十分困难，因为这个市场的细分变量很难被识别和衡量。

3) 可进入性

即企业能够进入所细分的市场开展营销，这需具备三个条件：①要具有进入这些细分市场的资源条件和竞争能力；②能够通过互联网将产品信息传递给该市场中有实际需求的大多数客户；③产品能够通过有效的分销渠道提供给该市场的客户。

4) 可赢利性

一个细分出来的市场应当具有适当的需求潜量，即能使企业获得足够的利润。在互联网环境下，即使是小微企业，要进行精细化的市场细分也是完全可以做到的，但是，如果这个细分市场的规模无法使企业获取足够的利润，企业就不值得为其做出营销努力，这样细分市场当然是不合理的。一般是从两方面来把握这一原则：其一，市场需求潜量不能太小，否则意味着该市场过于狭小，企业难以通过这样的市场获得长足的发展；其二，细分出的市场规模也不能太大，因为这不仅将导致企业大量的营销投入，而且会吸引更多的企业进入，加剧了市场的竞争程度。

5) 合法合规

世界各国和地区有不同的法律制度和民族文化，因此，通过变量细分市场还必须符合法律规范和社会道德的要求。例如，在美国，各州有着不同的甚至相互矛盾的法律制度，如某些州允许跨州销售葡萄酒，而另一些州则禁止这种销售，因此，在美国销售葡萄酒的网站就要根据不同州的顾客划分不同的市场。此外，不同国家对广告内容也有不同的法律规定，这对于投放网络广告的企业或品牌是不可回避的问题。

3. 市场细分应注意的问题

1) 同质化的市场没必要进行细分

市场细分的主要理论依据是市场多元异质性，即消费者的需求是多元化的。然而，在某些市场中，消费者的需求大同小异，这种同质化市场中通常存在诸多竞争者或替代产品，其竞争的激烈程度是不言而喻的。如果没有独特的资源优势，想在同质化市场中寻找利基市场的可能性微乎其微，因此，这类市场的继续细分是没有价值的。

2) 市场应避免过度细分

虽然从理论上讲，在无地域限制的互联网，再小的细分市场也会聚集起足够多的目标客户，但这并不意味着可以无限度地任意去细分市场。一方面，重复细分市场会导致市场的过度零碎化，这样的市场将会降低新产品和新品牌的成功率；另一方面，市场细分虽然可以分散企业的经营风险，但同时也会在一定程度上增加营销成本。因此，当市场的细分不能为企业带来有价值的收益时，不仅不能运用细分变量对一个市场进行过度细分，而且还应该考虑采用"反细分策略"，即略去几个细分市场或对现有的细分市场进行适当的合并。

3) 利用网络用户的自主选择实现市场细分

细分市场不是企业创造的，而是企业通过调研分析进行识别并选择的。因此，网络营销中可通过为用户提供各种"选择"功能，让其在"自我选择"中实现有效的市场细分。如美国葡萄酒销售网站(www.wine.com)要求访问者选择所在州，据此提供或不提供售酒信息。Dell 公司则是在其网站上针对家庭用户、小企业、大/中企业、政府机关、教育机构和医疗机构等不同客户建立对应的链接信息，浏览者在选择客户类别后，便可进入不同产品的链接页面，并以对应方式进行交易。对于最高级别的"大客户"(premier)，公司为其建立了特制的交互网页，以事先设定的条款进行交易洽谈、定制产品或提供一对一的营销(one-to-one marketing)服务。

2.2.3 目标市场选择

面对细分市场后所形成的若干子市场，接下来要进行的工作就是根据各子市场的需求、竞争和企业资源状况，决定要进入哪个细分市场，即实现目标市场的选择。

1. 评估和选择细分市场

选择目标市场是建立在对各细分市场进行科学评估基础上的，为此，要遵循前面所述五条市场细分原则和应注意的问题，尤其需考虑这几个方面的因素：①市场的吸引力，如市场需求潜力、竞争情况、赢利可能性等，并评估细分市场与企业的发展目标是否一致；②市场的需求是否与自己的优势资源相匹配，对该市场的投资是否与企业的经营能力相匹配，即需评估各细分市场在成本、技术、利润等方面的相互关系；③进入目标市场的顺序和时间安排，需评估各细分市场之间的关系，以及细分市场与企业内部相关部门之间的关系。

案例　　　　　　**谷歌眼镜的明智选择**

在消费市场频频受挫后，2015年1月，谷歌眼镜关闭了"Google Glass Explorer"项目，并开始转向企业市场，在此之前的 2014 年，谷歌已经启动了"Glass at Work"项目，该项目的主要目的是为企业开发针对性的谷歌眼镜应用，如无需双手操作访问互联网、摄像头和视频通话等，这些功能将在技术修理、医疗保健和制造企业派上大用场，以改善工作环境，提升工作效率。一家名为 Dignity Health 的美国医疗机构使用谷歌眼镜实时记录问诊过程后，医生用于输入数据的时间比例从 33%降低到 9%，与病人沟通的时间比例则从 35%增至 70%。

由于在消费市场中围绕谷歌眼镜的负面舆论已形成螺旋效应，因此，不管是出于对时代大背景下企业巨大市场前景的战略布局，还是在消费市场受困而被驱逐的缓兵之计，谷歌眼镜选择进入企业市场都是明智的，对其而言，企业市场无疑还是一片蓝海。事实也是如此。进入该市场后，谷歌眼镜每个季度的销售增长率都高达数倍，签约客户包括飞机制造商、汽车制造商、电力公司、电信公司等。这也促使谷歌持续对"Glass at Work"项目进行投资，并寻找更多企业开发商，而且其市场风险也比继续冒险挺进消费者市场要低得多。

2. 目标市场的覆盖模式

1) 基本的覆盖模式

在市场营销理论体系中，关于目标市场的覆盖模式已经形成一套成熟的理论，包括：①市场集中化，即集中于某个市场，向其提供一种产品；②产品专业化，即向多个细分市场供应同一种产品；③市场专业化，即向一个细分市场供应不同的产品以满足该市场上不同客户的需求；④多细分的市场专业化，即选择若干个具有良好发展潜力并符合企业发展目标的细分市场作为其目标市场，提供不同的产品满足所选目标客户的需求；⑤市场全面化，即采用完全市场覆盖的模式，生产各种产品来满足所有细分市场的需求。

这些基本模式也适用于网络营销中，但所适用的条件却发生了变化，例如在传统环境中，多细分的市场专业化覆盖模式可以分散企业的经营风险，但要求企业具有相当强的营销能力和经营实力，而在互联网环境中，这一模式被赋予了新的活力，众多的中小企业均可采用；而市场全面化覆盖模式也不再为大型企业所独享，根据长尾理论(the long tail)，只要产品的存储和流通渠道足够大，即可覆盖整个市场，甚至是那些需求不旺或销售不佳的产品也能达到与那些少数热销产品相当的市场份额。

2) 基于小众市场的覆盖模式

近年来，社交媒体已成为源源不断的流量和用户的最佳来源，2015 年以来，"魔漫""脸萌""美拍"等从初创到成长为明星级产品的应用都是在微博、微信等平台上迅速引爆，并成为一种常态。而 2016 年启动的直播大潮，更是让社交媒体成为各种时尚潮流新商品寻找目标客户的主要渠道之一。

低成本和爆发性是社交媒体的优势所在，然而，随着社交媒体的发展，尤其是在

PC流量和无线互联流量的增长红利开始消退的背景下，营销者关注的焦点已从如何实现爆发性的流量与用户增长，转向在此基础上同时获得更好的留存、黏性和变现。现如今，营销者在关注大市场、大社交圈分享的同时，其视角又有了新变化，市场定位的目光开始聚焦于小社群的沟通和分享。

社群(社区、社交圈等)可以理解为基于兴趣或需求的某个人群的集合，其概念随着社交网络和媒体发展不断演化，时至今日，BBS(网络社区)、QQ群、微信群，乃至大型社交平台都可以纳入社群的范畴。各种社群都是由无数小群组成的，国内的研究发现，亲朋好友不仅是成为互粉好友的基础，还会由此组成一个个紧密的小圈子，这是最常见的社交圈形式[①]，可以说它们就是社群本身。

大型社群及其价值效果是由无数小社群构成的。基于新浪微博的数据分析发现，大部分粉丝聚拢在部分账号(意见领袖或内容账号)之下，他们将社群中产出的信息分享到更多的人和更大的社群中去。类似的研究也发现：生活在"小群"中的用户，表现更加活跃，更愿意进行分享，并容易受小群的影响，从而引发巨大社交传播结果和转化结果，激发出庞大的社交红利。学者们将这种现象称为"小群效应"，前面提到的那些爆发性增长的App应用，几乎都是由"小群效应"促成的，小群已经成为推动明星级应用乃至独角兽项目迅速崛起的坚实力量。

从营销的角度看，小群对应的是"小众市场"，然而由于"小群效应"的作用，其实现规模化的市场覆盖效果不容低估。选择小社群作为目标市场可按照"三近一反"的原则进行，所谓"三近"是指具有相近的地域、相近的年龄、相近的兴趣爱好等特点的社群，通常拥有相似的个人履历、发布相似的信息，拥有相近的职业，以及具有相近的需求等都可以纳入"三近"的范畴；"一反"则指相互之间存在关联而又具有矛盾的两方，如市场中的供需双方、甲乙双方等等。

2.2.4　产品的市场定位

市场定位亦称产品定位或竞争性定位，是企业根据自己的产品和竞争对手的情况来设计其与众不同的鲜明个性和形象，并传递给目标客户，使产品在客户心目中占据独特的位置，在细分市场上占据强有力的位置等一系列活动。

1. 市场定位的步骤

1) 确定向目标市场传递怎样的差异化信息

企业必须确定在定位时向目标客户传递多少有关产品的差异信息，即企业潜在的定位优势是什么。在网络营销中，企业在传递有关信息时尤其应避免以下弊病：定位过低，定位过高，定位混乱(企业推出的产品差异过多，导致客户对产品的印象模糊不清)，定位奇葩(客户很难相信企业宣传的定位差异性)。

2) 与竞争对手进行定位优势的比较

企业在确定了自己的定位优势后，还应将其与主要竞争对手的定位优势进行比较，以识别企业在产品开发、产品与服务的成本和质量、销售渠道、品牌知名度等方面是否真正具有明显优势，以确认其核心竞争优势，并最终决定企业产品的市场定位。

---

① 秦海龙. 面向社会媒体的用户在线社交圈识别与分析[D]. 哈尔滨：哈尔滨工业大学，2016.

3) 传播企业的定位

在市场定位过程中,首先要明确企业推出的产品类别,其次要明确所推出的产品与其他企业产品的区别。在此过程中,也不能忽视对企业的宣传,只有让企业以及产品、品牌的市场定位真正深入到客户内心并被其所认可,才能达到预期的目的。

2. 市场定位策略

实施产品的市场定位就是要在同一市场中创造出差异化的品牌个性,网络营销中仍然采用以下三种主要策略来实现。

1) 提供差异化的产品

通常,产品的差别化主要通过八个方面的设计指标来实现。

(1) 产品形式(form),包括产品的形状、实体差异和尺寸等。

(2) 特色(feature),指产品基本功能之外的附加功能,而且是不同于其他产品的功能。企业在考虑增加新功能时,要计算客户价值和客户成本。只有客户价值大于客户成本时,才有增加特色的必要。

(3) 性能质量(performance quality),指产品在使用中的性能高低。研究表明,产品质量和投资回报高度正相关,即高质量产品的赢利率高于低质量和一般质量的产品,但质量超过一定限度时,客户需求开始递减。因此,企业设计出的产品应与目标市场的需求水平相匹配。

(4) 一致性质量(conformance quality),指产品性能与产品所规定指标的吻合程度。

(5) 耐用性(durability),指产品在自然条件下的预期使用寿命。

(6) 可靠性(reliability),指衡量产品在规定期限内能实现正常功能的指标。

(7) 可维修性(reparability),指产品出现问题后可修复的难易程度。

(8) 风格(style),指产品给予客户的生理和心理体验效果,这是一个综合性因素,通常包括产品外观、性能等全部特征的组合。

2) 提供差别化的服务

向目标市场提供与众不同的增值服务可以有效地提升客户的满意度和忠诚度,尤其是在产品同质化的市场中,要想击败竞争对手,此举十分重要。不同类型的企业所提供的服务内容与形式有很大不同,在网络环境中,通常服务的差别化主要体现在五个方面:①订货方便(order ease);②交付(delivery)及时,指产品或服务到达客户的速度、准确性和文明程度;③客户培训(customer training),指为方便日后的使用,对客户单位的产品使用人员进行的培训;④客户咨询(customer consulting),指企业向客户提供的各种咨询服务;⑤维修保养(maintenance and repair)。

服务差别化与产品差别化策略具有互补性。通常竞争者之间的产品差别越小,产品差别化策略的作用空间就越小,因此,对于掌握了相同产品技术的企业,尤其应当重视发挥服务差别化策略的作用。

3) 富有特色的互动与交流

利用各种新科技手段实施的线上线下、虚拟的和实体的互动是实现和创新差异化的最有效方式。一方面,新科技的应用改变了互动的方式,如亚马逊已经开始了被称为"Internet of things"(IoT)的尝试,利用物联网将用户家中的洗衣机、咖啡机等家电设备与亚马逊的销售系统实现网络连接,用户只要在亚马逊上按"Dash Button"按钮,就可以自动购买适量的洗衣粉、咖啡之类的商品；另一方面，新科技手段也增强了互动的个性化，使消费者难以抗拒诱惑。美国的梅西百货(Macy's)在商场里的不同位置安装了Apple 的检测装置 iBeacon，当顾客经过某个产品专柜附近时，其手机上便会接收到根据该顾客以往消费记录所得出的高度个性化的商品信息、折扣促销以及通过 iPhone App 发来的折扣券、免费商品领取等信息。随着用户交易记录的积累，这种提醒和推荐的内容会变得更加符合消费者的个性化需求。此外，社交媒体和自媒体的发展也使互动更加便捷和大众化，如今，利用微信、QQ、Facebook、Twitter 等社交媒体进行的互动与交流，不仅促成了社交电商和微店的崛起与发展，也成为企业营销创新的重要领域。

营销视野 拼多多的"拼团购买"

2.3 网络营销战略规划实施的保障措施

网络营销战略规划的实施效果能否达到预期效果，深层次的原因并不是规划做得好不好，而是执行的保障体系与措施要得力。尽管企业围绕各自的营销战略目标和规划提出的实施保障措施不尽相同，不能完全照搬，但以下几方面的措施具有普适性。

2.3.1 营销资源的互补与整合

该措施强调通过互联网实现各种优势资源互补与整合来开展营销。在基于网站营销的 Web1.0 时代，任何一个网站或营销平台在维持日复一日的信息更新时都会感到信息资源的不足，因此，许多网站通过交换广告、交换链接、内容共享、利用各自注册用户资料互为推广等交叉营销方式，实现优势互补、互惠互利的合作，这是从整合出发的一种战术行动。随着科技的发展，无论是技术手段、传播媒介还是营销客户端，网络营销可依托的资源都发生了巨变，因此，资源互补与整合被赋予了新的内涵。如何从竞争的整体和战略考量出发，充分利用各种可利用的技术手段与传播媒介，调动一切可以调动的因素去实现营销目标，以"满足客户明确的和隐含的需求"，是实现网络营销资源互补与整合的出发点和落脚点。

案例 O2O 这样来实现

2.3.2 业务功能的引申

即通过营销资源的整合实现业务功能及效应的拓展和引申。经济与技术的飞速发展，推动着营销工具、手段的不断创新。以手机为例，从早年 SP(service provider)运营商的短信服务，到社交通讯、手机游戏、移动电商……变化之快已远远超出人们的预期。如今，手机的娱乐和互动性体验已成为通信功能之外的重要标准，而随着人工智能、大数据等技术的全面应用，手机类移动终端还将不断扩大用户使用场景的作用范围。因此，必须顺应"后工具时代"的发展趋势，借助于各种新技术手段和工具将营销业务及功能引申到新平台上，实现平台的营销功能创新。

 营销视野　*智能营销——移动营销的未来*

"人的本能，总是追逐离开我们的东西，同时却逃避追逐我们的东西。"的确，在当今这个传播过度的时代，美国作家菲茨杰拉德在《了不起的盖茨比》中所描述的这种人类本性正在让不断追求用户的营销者陷入无尽的烦恼中：品牌想尽办法寻找各种渠道或场景抓用户眼球、挤进潜在用户心中；而用户则想尽办法主动屏蔽、逃离各类广告的包围，营销正在变成一场营销者与客户的博弈。

在这场博弈中，传统的广告轰炸越来越难以奏效，指向性强的个性化推送正在取代无差别覆盖，成为广告推送的新方式，用户使用场景与内容的联动更加频繁，品牌跨界合作打通用户数据越来越多，新的营销场景和方式被不断发掘出来。在人工智能技术的推动下，移动互联网的个性化推送等"精确制导型"营销武器正在成为品牌敲开用户心智大门不可或缺的工具。同时，人工智能技术也让越来越多的移动硬件平台升级为内容传播的媒介，作为最普及的智能产品——智能手机的移动营销平台价值一直在不断提升，智能手机厂商们也正在成为移动营销领域中的大玩家。

2017年12月27日，在OPPO的年度移动开发者大会上，OPPO展示了其基于手机实现的智能营销能力：它不仅能够通过线上、线下多种营销场景联动、智能化推荐，以及精准触达用户群体，而且能够通过AI和大数据，深刻理解用户需求，实现个性化投放，以发掘更多的营销机会，展现了智能手机作为移动营销未来的智能营销能力。

智能手机营销平台的崛起绝非偶然，移动互联网内容和广告的分发依赖App实现，而App的存在则依赖于智能手机，于是，提供后者软硬件支持的智能手机厂商便成为入口流量的真正掌控者。

基于对入口流量与软硬件结合营销优势的清晰认知，OPPO等智能手机厂商纷纷加速在移动营销领域的拓展。OPPO依托自己的软件商店、OPPO浏览器、主题商店、游戏中心、音乐、视频、阅读等多元化应用，打造了一个以手机为承载工具的智能营销平台。基于该平台，不仅能通过OPPO手机、浏览器和预装新闻资讯产品为广告主提供品牌广告、各种信息流广告、搜索广告等营销资源，而且实现了强大的应用分发能力和广告分发服务等多样化组合的各种营销新玩法。智能营销是移动营销的未来，手机巨头们正试图成为这一领域的领导者。

2.3.3 经营资料的储备

通过互联网搜集并储备各种相关信息与资料，使之成为开展经营的战略资源，这是一种实施网络营销战略前的资源储备。只有通过储备和对储备资料的分析，才能确定下一阶段的经营目标和方向。

经营资料的储备是一个不断积累和优化的过程，是一种在静谧中积聚起来的、由网络生存力和营销力构成的信息时代的经营能力。以商业网站为例，虽然提倡将企业能够对外提供的信息都上网，但企业网站不能因此成为各种信息堆砌的数据仓库，而是要在持续不断增添新内容的同时，不断地对既有信息进行筛选和清洗，保留"常青"的内容，去掉过时的"旧闻"，甚至错误或有瑕疵的内容，以保持网站的"黏性"，使其成为企业经营的无形资产。

> 案例　　　　　　鉴往知来
>
> 尽管很多大数据专家声称，大数据是有时效性的，但对于营销者来说，许多时候，基于历史数据，也可以预测未来。近年来，美国的一些啤酒品牌，如 Stella Artois、Goodwill Industries 以及 Brown-Forman 旗下的 Herradura 等，都开始把基于地理位置的历史数据作为重要的市场定位参考，通过这些历史数据找出自己的目标客户。
>
> 2016 年，啤酒品牌 Stella Artois 与移动地理位置数据公司 Blis 开展了一项合作，Blis 通过 Beacon、WiFi、用户移动终端上的 App 以及打电话等渠道搜集到大量用户的地理位置数据，再利用 Blis 开发的 Blis Future 软件通过对用户在一段时间内的地理位置历史数据分析，描绘出一幅用户去一间酒吧以及离开的细节图，同时，结合信用卡消费记录，判断该用户是否产生了实际的消费。由此提出预测性分析：那些在某个地区过去一个月内曾经去过某酒吧一到两次的用户，很有可能会再次光顾这间酒吧。基于这个判断，Stella Artois 将向这些用户的手机发送广告，并在用户真正光顾酒吧后，向 Blis 支付相应的费用。
>
> 类似的还有 Brown-Forman，2016 年 9 月，它与 Foursquare 联手推出一个"Luck is Earned"的主题营销活动，向那些曾经去过酒吧、餐厅的客户手机发送广告。Brown-Forman 通过跟踪这些客户手机收集其地理位置数据，从中发现那些客流量明显增加的区域，并据此来优化自己的销售布局。结果显示，在那些客户可以很方便地买到 Herradura 的地区，客流量提高了 23%。由地理位置历史数据分析还发现，这些客户也经常光顾果汁吧、有机食品超市和单车健身房 SoulCycle 等场所，这就更全面地展现了 Brown-Forman 目标客户的画像，Brown-Forman 的全球整合沟通总监 Joanna Darst 表示，这些信息可以用于将来的定位营销活动中。当然，对隐私问题有顾虑的用户也可以在自己的手机上进行设置，从而不被商家采集其地理位置数据。

2.3.4　暗社交的利用

在 Web1.0 时代，为使需求各方及时获得其所需的信息，以实现买家和卖家的信息对接，进而产生商机，营销者会借助于各种互联网资源和技术手段实现相关信息的对接，常用的方法有：①通过网站、电子邮件、社交媒体等实现商情信息的多点多发，以扩大信息对接的可能性，提高信息被捕捉率；②在相关网站进行商情信息的智能对接，如在产品需求栏集中发布信息，引领信息对接；③利用搜索引擎主动搜索对接。

随着社会化媒体在网络营销中越来越广泛的应用，Facebook、Twitter、微博、微信等社交媒体已成为企业和品牌营销的重要工具，当企业和品牌的营销神经都在被这些社交媒体上粉丝们的点赞、转发和评论所牵动时，来自美国在线广告公司 RadiumOne 的一份报告显示：全球 70%的内容分享都是在"暗社交"(dark social)渠道完成的，80%的点击来自暗社交信息源，仅有 23%是在 Facebook、Twitter 和 Instagram 等社交平台完成的。原来这些社交媒体上的分享、转发，不过是社交媒体的冰山一角。

暗社交是相对于 Facebook 等公开的"明社交"(light social)媒体的一个概念。根据

RadiumOne 的定义，暗社交是指那些来源无法被分析软件追踪和测量的网络流量，它包含三个渠道：即时聊天工具(如 WhatsApp、Facebook Messenger、Snapchat、QQ、微信等)、邮件和无痕浏览(private browsing)。在这些渠道中很大一部分网络流量会被营销者所忽略，而且他们也无法对其进行准确的测量，这也成为暗社交的两大特点。

尽管如此，暗社交对于企业的营销来说十分重要，一方面是因为它占据了很大一部分网络流量，另一方面，这种基于"一对一"私人关系的信息传递与分享，更能代表用户的真实意愿。RadiumOne 的报告显示，娱乐、职业、旅行、购物、科学和教育等话题，有 80%是在暗社交渠道分享的。

正是意识到暗社交蕴藏的营销潜能，一些品牌开始进入这个"黑暗"的领域探索，尝试各种方法测试它的潜能以及其所能带来的机会。例如，许多品牌都创建了自己的 Facebook Messenger 机器人，跟消费者进行"一对一"的对话，还有一些品牌对营销战略进行了重新规划，借助社交媒体中的意见领袖，试图洞察用户在暗社交领域的行为与习惯。

案例　　暗社交——开启营销新领域

2016 年，Adidas 开始布局暗社交领域，它成立了"Tango Squads"(探戈班)，这是一个由年龄在 16~19 岁之间的有关足球内容的创作者构成的网上社区，该社区主要是由 Facebook Messenger、WhatsApp 和 Line 等即时通信 App 构成，成员分布在柏林、伦敦、巴黎、纽约、米兰和斯德哥尔摩等全球 15 个核心城市，目前每个班的成员平均已超过 500 人，Adidas 期望借助这个社区，了解、测试和优化自己的暗社交。

探戈班计划始于 2015 年的欧洲冠军联赛，当时 Adidas 在柏林通过 Twitter 的"私聊信息"(direct message)功能招募了一批有影响力的人与 Adidas 赞助的一位著名运动员进行私聊。由此，Adidas 意识到，随着 Snapchat、微信等社交媒体的出现，越来越多的人更愿意在这些平台上与他们关系密切的人分享自己感兴趣的各种内容，包括视频、音频和图片，而不是像过去那样，用户只能发短信。暗社交平台为 Adidas 开启了营销的新领域。

在 Adidas 内部有一个团队专门负责"探戈班"的运作，例如为每个班提供独家分享的内容和新产品，这些内容都是专为移动终端打造的"自拍"风格，使内容显得更加真实，更具个性化。这些内容由每个班的成员通过自己的暗社交渠道，分享给更多的人。在当年 6 月举办的美洲杯期间，纽约的探戈班就独家分享了很多内容；在欧洲杯期间，则是由巴黎的探戈班分享内容。从 7 月份开始，探戈班开始在全球扩张。同时，探戈班成员拥有一定的"优先权"，如优先获得内容、优先与 Adidas 的代言人进行互动等等。

Adidas 全球品牌沟通高级总监 Florian Alt 指出，目前全球 70%的品牌推荐都是通过暗社交，而非 Twitter、Facebook 等社交媒体。探戈班成员分散出去的内容更可靠也更有生命力，因为它是在一个高度私密的环境里传播的。Alt 甚至认为，同样的内容，把它发给 500 个各有 2000 个粉丝的探戈班成员，它的可靠度、真实性将比给一个拥有百万粉丝的大 V 还高。同时，在这些私密环境中的讨论，有可能会形成热门话题，从暗社交领域传播到一些免费媒体，为品牌带来曝光的机会。

> Adidas 正在通过探戈班了解：在暗社交领域，受众是如何讨论与足球相关的内容、讨论的频次和内容传播的路径。目前，Adidas 还无法有效地衡量暗社交的有效性，它的效果主要还是依赖来自各地团队的反馈。但 Alt 表示，他对过去探戈班的表现持乐观态度，"它有可能会重新定义口碑营销，也有可能成为 Adidas 面对面交流的内部工具，或成为一个用户忠诚项目，也可能是以上几项的综合，这也正是它的魅力所在。"Alt 如是说。

本章小结

互联网对企业经营能力产生了重要的影响，它为客户价值的实现与提升创造了优越的实施条件，开展网络营销必须重视客户长期价值的提升，利用网络资源实施聚集和维系稳定的客户群体，培养忠诚客户。互联网对巩固企业既有的经营优势产生双重效用，它增强了潜在竞争者进入市场的能力，有助于企业营销模式与服务能力的创新，有助于建立新型、高效、稳定的营销协作关系。开展网络营销必须考虑这些影响，并采取相应的对策。

在互联网时代，应当摒弃拘泥于企业所处行业进行经营战略定位的传统思维，采取以市场需求和产业价值链为导向的战略定位，始终贯彻以实现客户价值为主线的市场导向型战略，并以差异化作为其主要的竞争战略。在选择具体的网络营销战略时，除需考虑市场竞争环境外，还应当考虑企业的性质、能力、产品竞争力等经营要素。

实施网络营销时应确立网络营销的战略目标，一般可从提升企业或品牌形象，开拓市场并促进销售业绩增长、完善服务，以及提升客户价值三个方面进行考虑。STP 是进行网络营销战略规划首先要做的工作。网上市场的细分要依据一定的标准来进行，其中消费者市场的主要细分变量包括人口、地理、心理和行为四类；产业市场主要依据地理、经营、行为和个性化四类要素进行细分。对网上市场的细分应遵从差异性、可衡量性、可进入性、可获利性与合法合规五项基本原则。在网上市场细分中应注意：对于同质化的市场没必要进行细分；应避免过度细分市场；利用网络用户的自主选择实现市场细分。在选择目标市场时应从三个方面进行评估，并选择目标市场的覆盖模式，尤其应注重基于小众市场的覆盖。网络营销中主要采用产品差异化、服务差别化和富有特色的互动与交流三种市场定位策略。

为确保网络营销战略规划的实施，必须建立有效的保障措施，常用的有实现营销资源的互补与整合，实现业务功能及效应的拓展和引申，实现经营资料的储备以及利用暗社交等。

关键术语

| 网络营销战略 | 竞争战略 | 市场细分 | 目标市场 | 市场定位 |
| 产品差异化 | 服务差别化 | 小群效应 | 交叉营销 | 暗社交 |

思考题

1. 举例说明实施网络营销有助于企业营销模式与服务能力的创新。
2. 互联网时代，企业的经营战略新思维主要体现在哪些方面？

3. 哪些经营要素会影响企业对网络营销战略的选择？
4. 根据网络营销的特点，阐述其主要战略目标是什么。
5. 网络环境中如何让用户在"自我选择"中实现有效的市场细分？
6. 如何利用"小群效应"的作用实现规模化的市场覆盖效果？
7. 在网上寻找利用各种新科技手段实施线上线下、虚拟的和实体的互动，以实现差异化营销的案例。
8. 为什么说"满足客户明确的和隐含的需求，是实现网络营销资源互补与整合的出发点和落脚点"？
9. 谈谈你对"经营资料的储备是一种在静谧中积聚起来的、由网络生存力和营销力构成的信息时代的经营能力"这一观点的理解，并举例说明。
10. 如何理解暗社交对于企业开展网络营销是"十分重要"的，请通过具体例子来说明。

参考文献

[1] 曹虎，王赛. 数字时代的营销战略[M]. 北京：机械工业出版社，2017.

[2] 高学争. 价值为王：互联网精准营销实战密码[M]. 北京：电子工业出版社，2014.

[3] 徐志斌. 小群效应：席卷海量用户的隐性力量[M]. 北京：中信出版社，2017.

[4] 汤明哲. 策略精论(基础篇)：企业如何形成竞争策略[M]. 北京：中信出版社，2013.

[5] 汤明哲. 策略精论(进阶篇)：企业如何构建竞争优势[M]. 北京：中信出版社，2013.

[6] 韦康博. 互联网大败局：互联网时代必须先搞懂的失败案例[M]. 广州：世界图书出版广东有限公司，2016.

[7] [美] 菲利普·科特勒. 营销革命4.0：从传统到数字[M]. 王赛，译. 北京：机械工业出版社，2018.

[8] [美] 唐·舒尔茨. SIVA范式——搜索引擎触发的营销革命[M]. 李丛杉，等，译. 北京：中信出版社，2014.

[9] Dave Chaffey, Fiona Ellis-Chadwick, Kevin Johnston, Richard Mayer. Digital Marketing: Strategy, Implementation and Practice[M]. 6th Edition. Harlow, Essex, UK: Pearson Education Limited., 2015.

[10] Ira Kaufman, Chris Horton. Digital Marketing: Integrating Strategy and Tactics with Values, A Guidebook for Executives, Managers, and Students[M]. London, New York: Routledge, 2014.

[11] Mary Lou Roberts, Debra Zahay. Internet Marketing: Integrating Online and Offline Strategies [M]. 3th Edition. Chula Vista. CA: South-Western College Pub, 2012.

[12] Melissa Barker, Donald I Barker, Nicholas F Bormann, Debra Zahay. Social Media Marketing: A Strategic Approach[M]. 2th Edition. Chula Vista. CA: South-Western College Pub, 2016.

[13] 花无缺. 智能手机营销平台崛起：OPPO如何打动年轻用户[OL]. 营销智库[2017-12-29]，http://www.domarketing.org/html/2017/observe_1229/16980.html.

[14] 李程程. 融了5.5亿元，打出开放战略，曾专注线下K12的高思教育也转型互联网了[OL]. 钛媒体[2017-09-29]，http://www.tmtpost.com/2826688.html.

[15] 李春萍. 直播、口令，除了黑科技，聚划算营销玩法还有什么？[OL]. 电商在线[2016-06-19]，http://imaijia.com/qt/8a04288d555d4964015567b7567301fe.shtml.

[16] 周瑞华. 地理位置2.0：数据预测未来[OL]. 成功营销[2017-05-15]，http://www.vmarketing.cn/index.php?mod=news&ac=content&id=12009.

[17] 佚名. 线下店铺如何学习良品铺子，用互联网办法做营销[OL]. 新芽 NewSeed [2016-10-13]，http://news.newseed.cn/p/1326841.

[18] [美] 布莱恩·辛多(Brian Hindo). 拥有双重生活的玩具[J/OL]. 商业周刊中文版，2008(2)，http://www.businessweekchina.com.

案例研讨

从"酒店业的OUTLETS"到"傍大款、走正道"

"今夜酒店特价"是由天海路网络信息科技有限公司开发的一款移动互联网应用App，用户通过它可以平时2~7折的价格预订酒店每晚6点以后的剩余客房。该经营的创意来自"今夜酒店特价"三位创始人：CEO邓天卓、COO(首席运营官)任鑫和联合创始人郑海平，他们是美国新蛋网的同事，不仅在互联网电商业界打拼多年，而且对美国电商企业和在线旅游的运营十分熟悉。2011年8月，他们通过调查发现，那些在线预订的酒店通常只保留到晚上6点，过此时刻没有入住，该预订将视为失效，这就意味着，酒店在此时间段后将产生一定量的剩余"库存"。邓天卓和他的团队看到了这其中的商机，决定开发"今夜酒店特价"的应用，搭建一个酒店尾房销售平台，让酒店将6点以后仍空余的客房放到该平台上，以更低的折扣价格揽客入住。对于这一新模式，任鑫将其定位为：酒店业的奥特莱斯(outlets)。

2011年，尽管中国互联网领域已经形成了巨头耸立的态势，但在政府和政策的助推下，还是出现了互联网创业大潮。在此背景下，这一年也成为互联网业界的资本运作"大年"，任何创业公司，只要项目具有可行性，都会受到投资人的青睐。因此，"今夜酒店特价"可谓适逢其时，2011年9月21日，"今夜酒店特价"在上线App Store的当天，即拿下了旅行类排行榜的第一名，第2天便登上了总应用排行榜单第二名，第3天其注册用户便突破10万，上线第25天，用户数达到30万。旗开得胜的"今夜酒店特价"很快就受到了资本市场的格外关注与支持，上线不久，就有包括红杉资本在内的17个一线风险投资人看好他们。尽管在谈判过程中，"今夜酒店特价"提出了苛刻的条件，要求投资人一周内必须做出投资意向书，但还是顺利地获得了君信资本400万美元的天使投资。

然而，接下来"今夜酒店特价"的运营就不那么顺风顺水了，任鑫团队的决策在国内市场环境中也显得越来越不适应。

1. 经营模式

"今夜酒店特价"采用的是美国Hotel Tonight的做法。红极一时的Hotel Tonight走的是精品路线，在美国每个城市只选择3家精品酒店作为合作伙伴，以确保每个酒店都能获得大量订单。在美国，80%的酒店都是拥有自己品牌的连锁酒店，这些深入人心的酒店品牌，可以让用户感受到通过Hotel Tonight在线预订带来的优惠。另外，由于美国的汽车普及程度很高，只要折扣优惠力度大，一些人愿意驱车去较远的地方入住。

"今夜酒店特价"完全照搬Hotel Tonight的模式，只是在酒店数量上有差异，在每个城市精选10家酒店。然而，经营的效果并不尽如人意。在内地绝大多数都是单体酒店，连锁酒店的市场占有率不到20%，因此，即使折扣力度很大，许多人却感觉不到自己享受到的优惠程度。

此外，选择晚上6点入住的客人大多是出差或旅游，即使自驾游的用户，考虑到拥堵的交通，也宁愿选择附近的酒店，而不会选择驱车去入住价格更低的酒店。

2. 营销策略

在营销过程中，"今夜酒店特价"完全模仿了奥特莱斯的策略：一方面，通过超低折扣价格吸引注重性价比的顾客，实现酒店的尾房销售；另一方面，通过渠道(只能通过手机App预订)、商品(大部分酒店只能预订一晚)和时间(只能在晚上6点以后预订)来限制房源资源和用户需求，以确保酒店的正常经营不受影响。

然而，上述策略在实际运作中却并不顺利。按照任鑫的说法："今夜酒店特价"的盈利模式就是分销，即与酒店谈一个具体的价格，再以酒店提出在线预订房价的5折甚至更低折扣向合作酒店取得协议价格后，在网上自行定价卖出房间，从中赚取差价。具体流程是，客户直接通过手机向"今夜酒店特价"支付房费，再由"今夜酒店特价"与酒店进行结算。这种方式，虽然"今夜酒店特价"掌握了现金流，没有了账期的压力，运营成本也比较低，但在2011年，人们还不习惯使用手机支付，因此，最初的几个月里，尽管每天有十几万的访问量，但支付成功的订单却寥寥无几。另外，由于许多商业人士到某地出差的时间并不止一天，他们往往选择住在一处，而不是每天重新预订新住处。所以，"今夜酒店特价"的销售对象通常只是一些旅游客户或对价格敏感的用户，有效客户群体的规模并没有原来估计的那么大。

3. 运营方式

根据运营中出现的问题，2011年末，任鑫团队决定放弃精品酒店路线和手机支付的策略，将"今夜酒店特价"从移动互联网的轻模式转向传统行业的重模式。他们了解到，很多用户对晚上6点订到的房很不放心，于是选择了先订一个房间，然后到晚上再换到更便宜的尾房的做法。为此，"今夜酒店特价"选择了和艺龙合作，以增加更多的合作酒店。经过此番调整，"今夜酒店特价"原来晚上6点后推出的特价房仍然保持，并锁定为一、二线城市，大约有3000家酒店签约，平均每笔订单交易可盈利25元。从2012年4月起，订单的增长率保持在每周8.6%。

在电商圈中从业多年的邓天卓和任鑫，创业之初就意识到酒店行业资源的重要性，因此，他们选择了与酒店开放预订代理商汇通天下的合作。将后台运营工作外包给他人，虽然降低了运营成本，但由此产生的用户体验问题却令他们始料未及。2012年国庆黄金周期间，许多用户通过"今夜酒店特价"平台下单后要等约半个小时才能收到短信确认回复，对此用户很是不满。针对用户体验差导致客户流失的情况，国庆危机后，"今夜酒店特价"开始了自建后台的工作，员工人数也由开业初期的30人激增到100多人，其中大部分都是从事后台营运工作，运营成本也一路攀升。

4. 竞争对策

邓天卓等清晰地认识到，"今夜酒店特价"的尾房销售是一种低门槛经营模式。因此，从2011年9月上线之日，他们就试图通过渠道差异来避开与携程、艺龙、美团网等OTA(online travel agency，在线旅行社)企业的正面交锋。他们以为，在自由竞争的互联网领域，自己所做的只要与别人井水不犯河水，就不会惹火烧身。然而，他们忘记了商场如战场。上线才几天，"今夜酒店特价"便遭遇了携程的"封杀"。当时携程采取的行动是，直接将与"今夜酒店特价"合作的酒店从携程下线，即合作酒店只能在携程与"今夜酒店特价"之间二选一。由于当时各大酒店的订单来源中，通过携程预订的订单占50%~70%，来自"今夜酒店特价"的订单显然无法与携程相比。在各种权衡中，许多合作酒店纷纷做出停止与"今夜酒店特价"合作的决定。从2011年9月到11月初，在"今夜酒店特价"上每个城市只剩下三四家酒店可供用户选择。

由于经营的技术门槛不高,再加上微博的高调传播,"今夜酒店特价"的运营模式很快得到业内的关注,"去哪儿"迅速推出了类似的酒店产品"夜销",各种模仿的同类应用 App 纷至沓来,更让人想不到的是,2013 年 7 月,携程也进军尾房销售市场,展开了与"今夜酒店特价"相同的运营模式。

面对众多竞争者的打压和挑战,曾对自身定位准确,经营心态端正的"今夜酒店特价"显得有些束手无策。开始是选择了打游击战,先将一些酒店下架,两三天后再上架,到后来发现,想要完全靠自己来实现与携程的 PK 是很难了。按照任鑫的说法,在旅游行业要搞出点动静来还是一定要"傍大款、走正道",所以投奔了电商基因和其最匹配的京东。2014 年 1 月,"今夜酒店特价"被京东集团以千万美元的价格收购,开始了在巨人庇护下的生存。

案例思考题

1. "今夜酒店特价"能够旗开得胜的主要原因是什么?
2. "今夜酒店特价"采用 Hotel Tonight 的经营模式为何出现水土不服?
3. 在京东的庇护下,"今夜酒店特价"如何才能走上正道?请你为其出谋划策。

第3章 网上市场与购买行为

本章提要 本章主要阐述网络市场及特征、网络环境下消费者及组织机构的购买行为,以及影响其购买行为的主要因素;介绍了涉入理论、营销信号的传递与甄别、网上非理性消费行为等网络营销研究的前沿问题。本章的重点是掌握网络市场及特征、消费者与组织机构在网络环境下的购买行为及主要影响因素。本章的难点在于运用涉入理论分析网络购买行为的方法,以及对网络环境下营销信号有效传递与甄别和网上非理性消费行为策略引导的理解。

引 例

羽绒服为何能在炎炎夏日畅销

如今,人们的衣着品味已经与十年前大相径庭,羽绒服就是这种新潮流的一部分。尤其是伴随互联网成长起来的"90后""00后"新生代消费群体,以及网红、嘻哈歌手和各类潮人正将互联网上各种流行元素带给户外运动类服装的生产商们。不仅北面(North Face)、巴塔哥尼亚(Patagonia)以及加拿大鹅(Canada Goose)等推出了各自的时尚产品,包括优衣库、Zara及H&M等在内的服装零售商也纷纷推出了羽绒夹克等新潮服装。据来自欧睿国际(Euromonitor International)的市场调查数据,2012—2016年的五年间,羽绒外套的全球销量增幅超过20%,达700多亿欧元(约合5000多亿元人民币)。

著名的户外运动服装品牌盟可睐(MonclerSpA)当然不会放过这样的商业机会,在位于意大利米兰的盟可睐总部那琳琅满目的商品展示架前,董事长兼CEO雷莫·鲁菲尼(Remo Ruffini)充满自信地向人们介绍,盟可睐不仅在纽约、巴黎和米兰的T台上让御寒外套成为奢华的时装,而且在夏威夷烈日炎炎的7月,让上千美元一件的羽绒夹克成为畅销品。

鲁菲尼的自信来自他对新生代消费者的准确认识。2003年,鲁菲尼接手盟可睐时,这家著名的户外运动装备公司正面临破产倒闭，面对时装市场的激烈竞争，鲁菲尼调整了既有的营销策略，他关闭了中端运动品商店，改为在巴黎、洛杉矶等城市的奢侈品购物街区开设精品服装店。与此同时，盟可睐以持续不断地推出新产品取代了过去的时装周走秀，公司签约了新的产品设计师，并与八位颇具创意的艺术总监轮流合作，努力丰富公司的产品阵容，相继推出了羊驼毛衫、貂皮拖鞋、运动型雨衣以及四季可穿的紧身夹克等系列新品。

鲁菲尼说："我们总是在寻找新的能量，年轻的能量，有能量的品牌才能感受到世界的瞬息万变，品牌必须追随新客户、新生代。"针对新生代消费者的特点，盟可睐将互联网作为产品推广的主要途径，"一组组芭蕾舞女演员昂首阔步穿过秋天的森林，一队队模特漫步徜徉在皑皑雪原上"的新产品广告相继出现在 Net-a-Porter 等奢侈品电商网站、MatchesFashion.com 等购物网站上，同时，社交聚会、快闪店和商务网站也成为其新产品发布的主要平台。

Net-a-Porter 的全球采购总监伊丽莎白·戈尔茨曾经这样评价，鲁菲尼"推动了运动类服装的发展，并将其变为一种时尚"。互联网为盟可睐提供了寻找和创造有能量品牌的机会，并吸引着越来越多新生代消费者。而实现这一切的基础是对消费者的准确认知和理解。

3.1 网络消费者市场及购买行为

网络营销的成效取决于企业正确的营销理念引领和有效营销战略与策略实施。而要做到这些，首先必须深刻理解网络市场与客户的购买行为。因为网络环境下的市场概念已不同以往，既有时间维度上的扩张，也有空间维度上的拓展。这个迅速发展的市场已经并将继续显现出与传统市场不同的特征，市场结构、交易模式、需求与行为等都在发生着巨大的变化。

3.1.1 网络消费者市场及特征

1. 网络消费者市场

消费是指人们在生活或生产活动中为满足某种需要而消耗物质产品和非物质产品的活动。狭义的消费者，是指购买、使用各种产品或服务的个人，广义的消费者还包括机构或组织。下面从狭义消费者的角度讨论消费者行为。

消费者市场被定义为以消费为目的购买产品或服务的个人或家庭类的最终消费者构成的市场(即 B2C 市场)。18 世纪蒸汽机技术和 19 世纪电气技术的广泛应用，造就了工业社会的消费形态。20 世纪 90 年代以来，信息技术的发展造就了一个基于互联网环境的消费社会，生活在这个社会中的人们要花相当多的时间从事消费活动，并形成了一种新的消费形态——网络消费，即人们借助互联网络实现其自身需求满足的过程。生产工具是生产力性质的决定性因素，同时也是消费形态的决定性因素。网络消费者有狭义和广义两种理解：狭义的理解指通过互联网购买产品、进行消费的人或组织，广义的理解指所有的互联网用户。

2. 网络消费者市场的特征

1) 市场分散、交易规模小、方式多样化

消费者市场以个人或家庭使用的各类消费品为主要交易标的,其基本特征是购买者众多,市场分散,成交次数频繁,但交易数量不大,交易方式多种多样。网络市场的发展虽未改变这些基本特征,但随着移动互联的发展和智能终端的普及,市场消费行为却在发生着变化,呈现出三个碎片化趋势:消费需求(内容)的碎片化,即获得和诱发消费需求的途径越来越多;消费地点的碎片化,即消费行为发生的地点越来越不固定;消费时间的碎片化,从搜寻到决策再到购买的消费时间越来越短暂。

2) 消费行为受消费者个人因素的影响较大,且具有很大的可诱导性和可变性

该市场中交易的商品都是供个人或家庭消费,因此,生活习惯、收入水平、文化素养等消费者个人因素会对消费行为产生较大影响。不仅如此,广告、厂商的促销信息、媒体舆论,以及亲朋好友或其他消费者的意见与建议、消费体验、使用心得等,也会在很大程度上影响消费者行为,甚至使之产生非理性的消费冲动,这意味着消费者的购买行为具有很大的可诱导性和可变性。对此,互联网将起到推波助澜的作用,它不仅提供了海量的市场信息,同时还提供了各种了解、接触商品的工具,即使是缺乏相关市场或商品知识的消费者,也能够通过搜索引擎、网站以及社交媒体获得知识和经验。此外,互联网还带来了消费场景的多元化和切换的迅捷化,消费者进入陌生消费场景的比例越来越高,于是乎,电商交易平台和美团、大众点评等生活与消费服务平台上顾客对商品或服务发表的在线评论,为同属顾客的消费决策提供了有效参考,有助于降低试错成本,促使其在短时间内做出消费决策。

3) 多样性、差异化的复杂供求关系

从网络消费市场的分销渠道来看,不仅有生产企业、传统批发商、零售商、电商企业以及个人通过互联网面向消费者开展的 B2C 销售,也有上述企业、品牌及个人通过阿里巴巴、天猫、京东、唯品会、淘宝等电商交易平台实现的零售业务。如此之多的 B2C 经销商加上越来越"碎片化"需求的消费者,形成了一个全球化、多样化、差异化和个性化的消费市场,其供求关系的复杂性远远超出传统市场。

3.1.2 网络消费者行为特征与购买动机

消费者行为是指人们为满足自身物质和精神生活的需要,根据其收入条件,取得消费资料并进行消费的行为方式、方法、过程及其变化的总和。对消费者行为的研究,一般都是围绕五个"W"展开,即消费者是谁(who),什么时候购买(when),到哪里购买(where),购买何物(what)以及为什么购买(why)。

如今,围绕个人消费的网络市场环境已经比较成熟,所以网络用户都可以根据自己的需求和厂商所提供的产品与服务,在任何时间、任何地点进行在线或 O2O 消费。因此,前三个"W"已经不成其问题,营销者面对的主要是网络消费者"为什么购买"和"购买何物"。

1. 网络消费者的特征

被誉为"沃顿的思想战车"的沃顿商学院教授约瑞姆·杰瑞·温德(Yoram Jerry Wind)

在《聚合营销：与"半人马"并驾齐驱》一书中，形象地将网络环境下的消费者比作古希腊神话中的"半人马"，他说："今天，我们进入了'半人马'时代。消费者的行为跨越了多个渠道。他们把人类从古至今的需求和行为与新兴的网络行为结合在一起，就像古希腊神话中的半人马，用新科技武装的四肢飞快地奔跑，而胸膛里跳动的却是同样古老而不可预测的人类的心脏。这种消费者的行为混合了传统的和数字化的、理性的和感性的、虚拟的和现实的因素。这种消费者并不是二者之一，而是它们综合的产物。"

生活在现实环境中的消费者通过网络实现消费，即成为网络消费者，因此，年龄、性别、职业、受教育程度、生活方式、地理环境等人口统计特征同样适用于他们。但是，与传统环境相比，网络消费者具有一些新的特征，这些特征在不同的市场或产品上会有不同的表现，但以下三个特征是具有共性的。

1) 年轻化

随着中国社会、经济的发展，消费主体和消费习惯也在悄然发生变化，年轻一代正在成为中国消费的主力，这种变化趋势在互联网环境中表现得尤为突出。国内外大量的研究和统计数据都表明，年轻人作为互联网用户的主体，自然也成为网络环境下的消费主体，由中国互联网络信息中心(CNNIC)历年来的统计数据可见(如表 3-1 所示)，我国 50%以上的互联网用户是 30 岁以下的年轻人，这些"90 后""00 后"是在智能手机、平板电脑、社交媒体、网游和网络直播包围下长大的，人们形容他们是身处屏幕世界的"滑一代"、上网看世界的"搜一代"、离不开社交媒体的"微一代"、爱玩网游的"游一代"和喜欢分享的"秀一代"。作为新一代消费者，他们对自己充满自信，对新生事物有着强烈的好奇心，在消费中善于迅速接受新观念，敢于尝试新事物，他们引领着网上消费的新潮流，表现出消费需求范围广、要求高、变化快，在消费过程中注重体验的实现和自我个性的彰显等行为特征。

表 3-1　近 10 年来中国互联网用户数量及年龄、性别等构成情况

年 份	网民总人数/万人	19 周岁以下/(%)	20～29 周岁/(%)	30～39 周岁/(%)	40～49 周岁/(%)	50～59 周岁/(%)	60 周岁以上/(%)	男性用户/(%)	女性用户/(%)	手机网民数/万人	手机网民占整体网民比例/(%)
2008—2012	29800	35.6%	31.5%	17.6%	9.6%	4.2%	1.5%	52.5%	47.5%	11760	39.5%
2009—2012	38400	32.9%	28.6%	21.5%	10.7%	4.5%	1.9%	54.2%	45.8%	23344	60.8%
2010—2012	45700	28.4%	29.8%	23.4%	12.6%	3.9%	1.9%	55.8%	44.2%	30274	66.2%
2011—2012	51300	28.4%	29.8%	25.7%	11.4%	4.1%	0.7%	55.9%	44.1%	35558	69.3%
2012—2012	56400	25.7%	30.4%	25.3%	12.4%	4.4%	1.8%	55.8%	44.2%	41997	74.5%
2013—2012	61800	26.0%	31.2%	23.9%	12.1%	5.1%	1.9%	56.0%	44.0%	50006	81.0%
2014—2012	64875	24.5%	31.5%	23.8%	12.3%	5.5%	2.4%	56.4%	43.6%	55678	85.8%
2015—2012	68826	24.1%	29.9%	23.8%	13.1%	5.3%	3.9%	53.6%	46.4%	61981	90.1%
2016—2012	73125	23.4%	30.3%	23.2%	13.7%	5.4%	4.0%	52.4%	47.6%	69531	95.1%
2017—2012	77198	22.9%	30%	23.5%	13.2%	5.2%	5.2%	52.6%	47.4%	75265	97.5%

资料来源：CNNIC 历次中国互联网络发展状况统计报告，www.cnnic.net.cn。

2) 知识性

互联网应用的技术门槛决定了其用户的这一特征,尽管互联网的应用正随着信息技术的发展变得越来越容易,然而要成为一个成熟的网络消费者,熟练使用互联网的各种功能与工具是不可或缺的。譬如,尽管支付宝、微信钱包正在我国成为流行的交易支付方式,但实现的全过程仍比"一手交钱一手交货"的传统交易方式复杂。该特征还表现在,许多网络用户具有自己成熟的消费理念,在消费过程中能够保持理性,比较注重对商品品质或性价比的追求,而且他们中的许多人善于运用各种互联网工具来达到自己的消费目的。据一些汽车厂商统计,来 4S 店的顾客中,85%以上的人已经十分熟悉欲购车辆的信息,有时他们甚至比 4S 店的销售人员更了解某款车的一些细节特点或新功能,互联网是他们获得这些知识的主要途径。

3) 角色多元化

互联网赋予了消费者新的权力,使他们不只是单纯的消费者和商业活动中的受众,而且可以利用各种互联网的功能和环境发布或传播与消费的各种相关信息,成为商业活动中消费需求的创造者、消费行为的指导者、消费信息的传播者以及企业经营行为的评论者。

2. 网络消费者画像

在网络市场环境中,用户复杂多变、多层次交织的消费行为不能直接观察到,只能通过文字、图片等各种数字化信息的交流进行想象和体会,即从用户的网上行为留下的"数字轨迹"中提炼出一些特征属性并形成用户模型,它们代表了不同的用户类型及其所具有的相似态度或行为,这些虚拟的用户形象称为用户画像(persona),亦称消费者画像(customer profile)[①]。此概念是由交互设计之父艾伦•库珀(Alan Cooper)在 20 世纪 80 年代提出的,用户画像将人们划分成不同的群体,由于每个群体内的人们都具有共同的价值观与偏好,因此他们对某一品牌、产品或服务也会表现出类似的态度,产生相同或相似的购买行为。通过用户画像可以描述不同客户群体最显著的差异化特点,以帮助企业了解导致不同用户群体购买或使用其产品与服务的原因是什么,使企业更好地理解用户及需求,从而与其进行有效沟通。

1) 网络消费者画像的特征要素

用户画像最初只是建立在少量用户的行为数据基础之上,主要是定性描绘用户的形象,包括用户的行为目标、动机、习惯与嗜好,如爱去哪里购物、时间花在哪里、使用何种科技、喜欢浏览哪些网页等等,它们更多地是表达"为什么"(why),而不是"是什么"(what)。随着大数据技术的发展,作为调研对象的用户规模与行为的数据量不断增加,用户画像技术被越来越多地应用于网络营销中,并衍生出与普通用户画像不同的功效,称为网络消费者画像,亦称大数据消费者画像,即在已知事实或数据之上,整理出的每一个消费者/用户/客户群体相对完整的档案[②],它通常包含以下特征要素:

(1) 人口统计特征,如性别、年龄、收入、家庭状况、所属行业等。

---

① 消费者画像和用户画像经常被视为同一事物。
② 曹虎,王赛,等. 数字时代的营销战略[M]. 北京:机械工业出版社,2017.

(2) 生活方式特征，如消费状况、购买能力、消费场合偏好等消费特征；饮食偏好、生活设施及设备使用偏好等。

(3) 线上行为特征，如网上浏览行为、搜索行为、电子邮件的使用、App 的选用等上网行为特征。

(4) 线下行为特征，如出行规律、商圈级别、差旅习惯等地理位置信息；旅行目的地、酒店选择偏好等休闲行为等。

(5) 社交行为特征，如社交媒体选择、社交习惯、朋友圈中发帖或转发内容、公众号关注内容等线上与线下行为。

2) 网络消费者画像的作用

在万物互联的今天，网络消费者画像所搜集的数据类型之多、数据量之大，可谓"无孔不入"，网络消费者画像可看作是用户画像的升级版，这种进化体现在以下四个方面：

(1) 网络消费者画像描绘的是真实用户的全貌，而用户画像描绘的是虚拟的典型客户模型。

(2) 数据量极大，网络消费者画像几乎汇集了一个用户各种不同类型的海量数据。

(3) 网络消费者画像的数据来源渠道与方式更为广泛，如来自用户的网络行为数据、CRM（客户关系管理）数据、商业数据或第三方数据，许多数据甚至来自与营销活动毫无关系的方面，数据获得方式也不再是以市场调研为主。

(4) 网络消费者画像是动态的，即通过实时搜集用户数据，不仅能描述客户的行为或动机，直接展示客户正在做什么，而且能再现客户曾经做过什么。

可见，与传统的用户画像的显著差异在于，网络消费者画像具有定量的特征，它不只是表达客户行为的"为什么"，而且可以回归到行为本身，即关注"是什么"，这将为营销者提供预测客户行为的可能性，以便将潜在客户转化为真正的客户。正如英国学者维克托·迈尔-舍恩伯格和肯尼思·库克耶所指出的，大数据时代给人类思维带来的重要变革之一是：用相关关系而不是因果关系来理解这个世界，知道"是什么"比"为什么"更能有效地解决问题。在小数据时代，营销团队洞察消费者的主要目的是要找出消费者行为背后的原因，即为什么选择某个品牌的产品或服务，为什么喜欢或为什么不喜欢，消费者是基于怎样一种观念或态度来决策的，这样的因果推断将成为营销决策的重要依据。

以大数据为基础的网络消费者画像更多的是实现相关关系分析，即在海量数据中发现隐含的相关性，通过相关关系分析来帮助营销者捕捉现在和预测未来，这是一种全新的消费者洞察路径。在美国，零售巨头沃尔玛注意到，每当季节性飓风来临之前，不仅手电筒销量增加了，而且美式含糖早餐零食"POP-Tarts 蛋挞"的销量也增加了，因此，每当季节性飓风来临时，沃尔玛就会把蛋挞放在靠近飓风用品的位置，以方便行色匆匆的顾客，从而增加销量。大数据分析的价值是预测，这也是网络消费者画像所能发挥的作用，可帮助营销者预测未来可能发生什么。

3. 网络消费者的购买动机

网络消费者的购买动机是指在网络消费环境中，能使其产生购买行为的某种内在的驱动力，一般可分为需求动机和心理动机两大类。前者因人们各种需求而引起，后者由人们的情感、意志、认识等心理过程引起。

1) 网络消费者需求动机及其演化

1943 年，美国心理学家亚伯拉罕·哈罗德·马斯洛(Abraham Harold Maslo)在《人类动机的理论》一书中提出了人的需求结构理论——需求层次理论，把人的需求划分为生理需求、安全需求、社交需求、被尊重的需求和自我实现的需求五个层次。1970 年，他在此基础上又增加了认知需求和审美需求。其中前四层，即生理需求、安全需求、社交需求和被尊重的需求为较低层次的基本需求，均系因生理上或心理上的某些欠缺而产生，故称为匮乏(缺失)性需求(deficiency needs)；而认知需求、审美需求和自我实现需求称为成长需求。马斯洛认为，各层次需求之间不但有高低之分，而且有前后顺序之别；只有低一层次的需求获得满足后，高一层次的需求才会产生，就像生物的进化一样。他还指出，满足个体的基本需求，有助于激发更高层次的成长需求。需求层次理论不仅被广泛应用于传统环境下的消费者行为分析，也可用于解释网络市场中的许多消费者行为，对网络消费需求层次分析有着重要的指导作用。

在由亿万网民组成的虚拟社会中，人们的基本需求并没有发生变化，但需求的层次却随着网络技术及应用的发展而不断变化。在 Web1.0 时代，受信息传播模式、网速、上网设备等技术门槛的限制，网络用户数量有限，人们上网的主要目的是为了搜寻和获取信息、进行简单的即时或非即时的资讯交流，Web 站点是这一时期信息传播的主要形式，吸引眼球成为网站的主要经营目标。该时期的互联网满足了人们的兴趣、聚集和交流三种基本需求，但受网络安全、支付与物流配送手段等方面的制约，电子商务的发展并不完善，网上购物主要局限于书籍、音像制品以及品类不多的生活日用品。可以说，这一时期，互联网主要能满足的是人们较低层次的社交需求和生理需求。

随着 40 年来的改革开放，我国的经济结构和消费结构也发生了深刻的变化，据瑞士信贷银行发布的《全球财富报告 2015》数据显示，中国中产阶级人数达到 1.09 亿人，成为全球中产阶级人数最多的国家。随着中产阶级队伍的不断壮大，人们的生活方式已从关注衣、食、住、行等基本生活需求逐步转向满足精神消费需求(spirit consumer demand)的文化、教育、娱乐、旅游等产品和服务的消费。

在这种消费升级的大背景下，消费者对"价值"的理解也发生了巨大的变化。"物美价廉"的性价比效应虽然在中老年消费群体中仍然是影响购买决策的主导因素，但对于年轻消费者来说，消费价值观与购买行为正在发生显著变化。2018 年 2 月，第一财经商业数据中心(CBNData)联合天猫国际发布的《2017 天猫国际年度消费趋势报告》显示：对高品质商品尤其是进口商品的需求已经日趋常态化，购买品类也越来越精细化。消费者对生活品质的追求，不仅导致高品质商品需求的增加，也促进了精神消费需求的快速增长。

与此同时，互联网在经历了 Web1.0 的门户时代、Web2.0 的搜索时代，如今已进入到 Web3.0 的双向互动时代，各种新媒体的不断涌现，为全面满足人们从社交、被尊重的匮乏性需求到认知、审美和自我实现的高层次需求提供了条件；而电子支付、物流配送、网络安全环境的日趋完善，也使电子商务能够全面满足人们从生理到精神需求各种不同层级的消费所需。可以说，如今的互联网环境在满足马斯洛提出的各需求层次方面所发挥的功效已远远超过传统的社会环境。

上述需求动机的演化,一方面告诫营销者不能再用传统的思维对待网络消费者,另一方面也提醒营销者必须重视对网络消费者具体需求动机的研究。

2) 网络消费者的心理动机

作为信息时代的"半人马",网络环境下人们的消费心理动机与传统环境相比并无明显差异,主要有以下三种。

(1) 理智动机。该动机源自人们对所需消费的客观认识,具有客观性、周密性和控制性的特点,其形成主要受个人理性思维的控制,外界环境对其的影响较弱。例如,许多消费者通常首先关注的是商品的质量、性能等,其次才会注意商品的经济性。因此,网络营销应注重利用互联网向消费者有效传递其所需要的理性诉求信息。

(2) 情感动机。这是由人的情绪和情感所驱动的购买动机,通常分为低级和高级两种状态。前者主要由个人的喜好、满意、愉悦、好奇等因素引起,具有冲动性、不稳定性的特点;后者多由人们的道德观、审美观和群体感引起,具有稳定性和深刻性的特点。互联网为具有这类购买动机的消费者创造了适宜的消费氛围。

(3) 惠顾动机。惠顾动机是基于理智思维和情感因素之上的消费动机,具有这两种心理动机的特点,属于理想的网络消费者。

借助于网络可以在不同层次以不同方式满足消费者的不同心理动机,但要有效地实现并非易事。按照网络心理学的观点,所有的交流媒介至少在某种程度上减少了面对面交流时可以利用的社会背景线索①。与现实环境中身临其境的消费不同,通过各种工具和技术手段实现的网络环境中的类似消费很可能出现截然不同的结果。因此,深入了解和认真研究网络消费者的各种心理动机及具体表现特征是网络营销中一项非常重要的工作。

3.1.3　影响网络消费者购买行为的主要因素

1. 消费需求

随着我国互联网的技术发展与应用创新,国内网民对互联网的应用已从过去主要集中在即时通信、游戏、音乐、视频、文学等精神消费领域,逐渐转向网络(手机)购物、旅游预订等方面,见表 3-2 和表 3-3。尤其是近年来在移动互联网的发展推动下,网民对各类手机应用的普及与深化,网上订餐、网上约车出行、共享单车等移动消费新模式迅速崛起,同时带动了网络(手机)银行、在线(移动)支付应用的快速发展。借助于互联网不仅能满足人们各层次的消费需求,而且还创造出许多新的消费需求与实现模式。社交网站、博客、团购等在经历了一段时间的辉煌后,逐渐被不断涌现的各种自媒体以及诸如手机 App、微信小程序等新的交流沟通工具与商业应用所取代。这也说明,在互联网时代,人们的消费需求正随着技术手段与商业模式的不断创新而发生变化。

---

① [英] 亚当·乔伊森. 网络行为心理学——虚拟世界与真实生活[M]. 任衍其,魏玲,译. 北京:商务印书馆,2010.

表 3-2　我国网民各类互联网应用的状况(占当年网民总数的比例)

应用\年份数据	2008	2009	2010	2011	2012	2013	2014	2015	2016	2017
即时通信	75.3%	70.9%	77.1%	80.9%	82.9%	86.2%	90.6%	90.7%	91.1%	93.3%
网络新闻	78.5%	80.1%	77.2%	71.5%	78.0%	79.6%	80.0%	82%	84%	83.8%
搜索引擎	68.0%	73.3%	81.9%	79.4%	80.0%	79.3%	80.5%	82.3%	82.4%	82.8%
网络游戏	62.8%	68.9%	66.5%	63.2%	59.5%	54.7%	56.4%	56.9%	57%	57.2%
网络音乐	83.7%	83.5%	79.2%	75.2%	77.3%	73.4%	73.7%	72.8%	68.8%	71.0%
网络视频	67.7%	62.6%	62.1%	63.4%	65.9%	69.3%	66.7%	73.2%	74.5%	75%
电子邮件	56.8%	56.8%	54.6%	47.9%	44.5%	42.0%	38.8%	37.6%	33.9%	36.8%
网络文学	—	42.3%	42.6%	39.5%	41.4%	44.4%	45.3%	43.1%	45.6%	48.9%
社交网站	—	45.8%	51.4%	47.6%	48.8%	45.0%	—	—	—	—
博客	54.3%	57.7%	64.4%	62.1%	24.8%	14.2%	16.8%	—	—	—
微博	—	—	13.8%	48.7%	54.7%	45.5%	38.4%	33.5%	37.1%	40.9%
网络论坛	30.7%	30.5%	32.4%	28.2%	26.5%	19.5%	19.9%	17.3%	16.5%	—
网络购物	24.8%	28.1%	35.1%	37.8%	42.9%	48.9%	55.7%	60.0%	63.8%	69.1%
旅游预订	5.6%	7.9%	7.9%	8.2%	19.8%	29.3%	34.2%	37.7%	40.9%	48.7%
网上银行	19.3%	24.5%	30.5%	32.4%	39.3%	40.5%	43.5%	48.9%	50.0%	51.7%
网上支付	17.6%	24.5%	30.0%	32.5%	39.1%	42.1%	46.9%	60.5%	64.9%	68.8%
团购	—	—	—	4.1%	12.6%	14.8%	22.8%	26.6%	26.2%	—
网上订外卖	—	—	—	—	—	—	—	16.5%	28.5%	44.5%
网约出租车	—	—	—	—	—	—	—	—	30.7%	37.1%
网约专车或快车	—	—	—	—	—	—	—	—	23.0%	30.6%
网络直播	—	—	—	—	—	—	—	—	47.1%	54.7%
共享单车	—	—	—	—	—	—	—	—	—	28.6%

资料来源：CNNIC 历次中国互联网络发展状况统计报告，www.cnnic.net.cn。

表 3-3　我国网民各类手机互联网应用的使用率(占当年手机网民总数的比例)

应用\年份数据	2009	2010	2011	2012	2013	2014	2015	2016	2017
手机即时通讯	77.8%	67.7%	83.1%	83.9%	86.1%	91.2%	89.9%	91.8%	92.2%
手机新闻	—	59.9%	60.9%	67.6%	73.3%	74.6%	77.7%	82.2%	82.3%
手机搜索	55.2%	56.6%	62.1%	69.4%	73.0%	77.1%	77.1%	82.7%	82.9%

续表

应用\年份数据	2009	2010	2011	2012	2013	2014	2015	2016	2017
手机音乐	50.4%	46.2%	45.7%	50.9%	58.2%	65.8%	67.2%	67.3%	68%
手机游戏	19.3%	25.8%	30.2%	33.2%	43.1%	44.6%	45.1%	50.6%	54.1%
手机视频	16.5%	21.9%	22.5%	32.0%	49.3%	56.2%	65.4%	71.9%	72.9%
手机旅游预订	5.6%	3.7%	4.0%	5.9%	9.1%	24.1%	33.9%	37.7%	45.1%
手机银行	—	7.1%	8.2%	12.9%	23.4%	35.6%	44.6%	48.0%	49.2%
手机支付	—	8.4%	8.6%	13.2%	25.1%	39.0%	57.7%	67.5%	70.0%
手机购物	—	4.9%	6.6%	13.2%	28.9%	42.4%	54.8%	63.4%	67.2%
手机团购	—	—	2.9%	4.6%	16.3%	21.3%	25.5%	—	—

资料来源：CNNIC 历次中国互联网络发展状况统计报告，www.cnnic.net.cn。

2. 消费成本

与传统市场交易模式一样，消费者在网络环境下的交易同样必须付出成本，除购买商品、配送等显性成本外，还需耗费为获得所需商品或服务之外的各种隐性成本。

1) 观念转变成本

在电子商务的发展进程中，消费者需持续不断地转变观念来接受和适应各种创新的商业模式，并逐渐改变既有的消费习惯。由表 3-2 可见，有过网购经历的内地网民比例从 2008 年的 24.8%到 2017 年的 69.1%，历经了 10 年的时间，这其中伴随着他们为此付出的时间、精力和金钱的代价。不仅如此，为促成消费者的消费观念转变并接受新的商业模式，企业也耗费大量资金来培育市场，团购、网上外卖、网约车、共享单车等行业无一不是通过"砸钱血拼"，而绝大多数企业未能坚持到最后的成功。

2) 信息搜寻成本

为了从互联网海量的信息中选择所需要的产品和服务信息，消费者须耗费大量的时间和精力去了解到哪儿选、如何选之类的问题。与传统市场中消费者只在有限的范围内获得符合所需的商品与服务相比，消费者所搜寻的信息量与所付出的搜寻成本是正相关的。

3) 学习成本

开展网络营销和实现网上消费都要利用各种互联网资源、手段及工具，需要营销者和消费者掌握应用计算机和互联网的知识与技能，为此，他们要花费时间和精力来学习。而且随着信息技术的发展以及商业模式与消费方式的创新，学习将是永无止境的。

4) 安全成本

网络市场中经常涉及两方面的安全问题，一是利用互联网销售假冒伪劣商品；二是消费者的资金、账户及个人隐私遭遇不法分子侵害。为此，企业和消费者都必须为此付出相应的费用，这也是网络消费中的主要成本。2013 年 10 月，我国修订的《消费者权益保护法》明确规定，网购商品"消费者有权自收到商品之日起七日内退货，且无需说明理由"，这有助于降低消费者网购的安全成本。

由于隐性成本难以进行量化描述，因此，目前在经营实践中许多关于网络消费成本的考量主要还是基于安全成本和信息搜寻成本两个方面。

3. 消费环境

一个国家的政治、经济、法律等宏观环境，以及信用制度、商业环境、支付与物流配送体系等都将对网络消费行为产生各种各样的影响，下面主要探讨涉及互联网因素的影响。

1) 依托技术实现的交易环境

从传统电商到移动商务，再到线上线下融合互动的新零售，技术手段造就的消费环境始终在影响着不同年龄、文化层次客户群体的消费行为。随着消费向移动环境的迁移，人们日常生活中的衣食住行都与互联网、物联网、大数据、云计算、AR(增强现实)、VR(虚拟现实)等技术密切相连，如目前的商场、超市、连锁店、餐厅、影院、铁路、公交、高速公路、停车场，甚至路边的地摊等都在使用支付宝、微信钱包等移动支付工具，出门不带现金，一部手机走天下已成为当今中国大陆社会生活的真实写照。

互联网为用户提供了知识性消费的良好环境，用户可以通过各种信息化手段了解具有"陌生感"的新产品，获得企业提供的相关产品与专业知识，增加对产品的深层次认识，这将促进企业实施知识营销。

2) 企业与消费者直接连接的市场

在互联网环境下，企业能够与客户进行直接连接，使后者可以参与从产品研发到营销的全过程。然而，尽管国内的企业已普遍接受了客户导向的营销理念，但在如何更有效地满足客户需求方面却往往表现得力不从心。因为在与客户直连的环境中，企业将面临新的挑战：很多时候消费者不一定清楚自己的需求，因此无法用准确专业的语言表达自己所需要的产品或服务，而如果企业以传统的市场调研方法来了解客户的需求，很容易出现把握不当的情况。

因此，企业不能只注重交易环节，更应当关注消费者的使用环节，即关注用户的需求。这种从消费者到用户的持续连接，是传统市场环境中无法实现的。而没有与用户高频次的持续连接，企业就难以与用户形成有效的互动，也就无法获得用户信息来实现满足其需求的营销。被人称为"美国无印良品"的服装品牌 Everlane 创立于 2011 年，这一家品类有限、主打基本款的"小众"品牌，在其经营上却颇有互联网思维。为增加与用户的连接，它在自家的 App 上设置了查看天气的功能，虽然用户查看天气的频次要比购买衣服的频次高得多，但利用天气与穿衣搭配的强关系，Everlane 提供了与天气对应的服饰搭配选择，增强了用户的黏性，促成了持续购买。2015 年，Everlane 的营收就超过了 5000 万美元。

3) 消费自由度得到充分提升

网络消费者不仅能在任何时间、任何地点选择自己需要的商品和服务，而且可以自己所需要的方式进行消费，如远在异国他乡的子女可以每天为在家乡的父母点上一份可口的早餐；假期打算自由行的游客可以提前预订在各旅游目的地的酒店、餐饮、景点门票、交通工具……总之，在互联网环境中，消费理念、范围及方式等都发生了深刻的变化，消费自由度得到充分提升。

3.1.4　网络消费者的购买行为分析

1. 购买行为决策的基本类型

虽然消费环境发生了变化，但从消费行为的表现形式看，网络环境和传统环境下的消费者行为是相似的，因此对传统环境下消费者行为分析所依据的理论也适用于网络消费者。1977年，美国学者约翰·A.霍华德(John A. Howard)提出了霍华德模型，将消费者行为决策分为习惯型决策、有限型决策和扩展型决策三类，得到营销业界的广泛认同。虽然不同市场与文化环境中的消费者行为存在差异，但都可以运用霍华德决策模型进行分析，对于互联网这种覆盖全球、跨越不同文化、持续变化的交互式市场中的消费者行为分析，尤其值得借鉴。

1) 习惯型购买决策

消费者之所以对某商品产生习惯性购买行为，最重要的原因是他们熟悉该商品，这种熟悉包括人们在重复使用该商品的过程中感到其质量可靠、服务有保障等等，使他们对该商品建立起了"消费习惯"。习惯型购买决策一般都是建立在经过时间检验，或有足够经验证明不需要其他选择基础之上的，因此，消费者再次购买该商品时，无须经过搜集信息、评价商品等复杂过程，几乎不假思索地做出了购买的决策。

2) 有限型购买决策

在消费者面临几个选择，但掌握的信息有限的情况下，他们不可能像习惯型决策那样不假思索地购买，通常会多花一些时间和精力来选择，即进行有限型购买决策。例如，一些消费者会频繁地变换所购商品品牌，但并非因为对商品不满意，而只是为了追新求异，这种寻求多样化的购买行为通常出现在品牌差异明显，消费者又不愿精挑细选的时候；另一种情况是，对于一些技术复杂、价格悬殊大、质量不宜鉴别的商品，其购买具有一定风险性，消费者期望尽量减小购买的风险，而选择购买价格昂贵的名牌或品牌差异性不大的商品。有限型购买决策的特点是，消费者依据很容易获得的一些信息，很快就能做出购买决策。

3) 扩展型购买决策

不少消费者在做出购买决策时投入大量时间和精力进行详尽细致的考虑，甚至在购买后还要与商家或亲友进行交流，以证实其决策是否正确。这是一种复杂的购买行为，它通常出现在购买价格昂贵、差异性大、非经常性购买、存在一定风险的商品时。这里所说的"风险"是指消费者在购买商品时，无法预测和控制购买后的结果是否令自己满意而面临或体验到的不确定性。

绝大多数网络消费者的购买行为都可以用以上三种决策类型来描述，但在网络市场环境中存在着许多难以预测的变数，进而导致消费者改变购买决策。例如，面对网上丰富多彩的商品信息和五花八门的促销广告，以及论坛中的意见领袖、网红、朋友圈里亲友们的推荐，可能影响一些消费者对某些商品的习惯性购买行为。再比如，由于网络消费所面临的各种风险要高于传统市场环境，从而可能会改变一些消费者对消费风险的心理预期、感知程度，以及心理承受力，使一部分在传统市场环境中采取有限型购买决策的消费者在网上消费时采取了扩展型购买决策。当然,还有这样的情况,面对网上浩如烟海的信息,尽管有各种搜索工具,但不少消费者却不愿花时间和精力来搜寻或选择,于是便采取了有限型购买决策。因此,在网络营销中,应根据三种基本的购买决策,充分利用互联网的特点,以多种形式、多种手段、多条渠道开展营销活动,以满足网络消费者多样化的购买行为需求。

2. 网络消费者购买的决策过程

网络消费者的购买决策不仅继续受到来自传统环境各种因素的影响,如社会、经济、文化环境等宏观刺激因素和企业信誉、产品状况等微观刺激因素,以及个人性格、兴趣爱好、生活习惯、收入水平、生活方式等,而且还受到来自互联网络更多、更复杂因素的影响,这使得网络环境下消费者的购买决策行为及过程变得更加复杂。

根据"销售漏斗"(sales funnel model, SFM)模型,消费者在决定购买的过程中会经过一系列明确的步骤,营销工作的重心是在此过程中通过各种促销方式说服潜在消费者购买、使用产品,并成为其忠诚的客户。作为经典的销售管理模型,"销售漏斗"是线性、简单和单向的,是由营销者所掌控的。

然而,在网络市场中,潜在消费者接触到的信息十分丰富,他们不会像在传统环境中那样轻易受营销者的影响或控制,更多地是自己决定其购买行为,包括采取怎样的步骤、从哪里获取信息、何时购买等,他们自行判断决策的价值以及结果会对购买行为有何影响。这一过程不是非线性的、单向的或按顺序进行的,而是自由地跨渠道、媒体和时空。许多咨询公司、广告机构、媒体和研究机构都在尝试描绘网络市场中的消费者决策过程,其中 Forrester 公司的研究结论非常具有代表性:在持续互通互联的消费者面前,传统的"销售漏斗"已经过时,取而代之的是一种新的消费者决策过程,包括以下四个主要阶段。

1) 发现

即消费者发现品牌、产品或服务的阶段。在此阶段中,消费者会确定该产品是否与自己有关、能否解决自己的问题。这相当于经典消费者行为理论中"确认需要"和"搜集信息"两个阶段,此时,营销者要做的就是加强对消费者的刺激,以激起他们的购买欲望。对此,网络营销可从两方面发挥作用,一是通过网络了解同类产品的实际或潜在需求以及需求强度;二是通过网络引导消费者对产品的关注,从而唤起或强化消费者的需求。

2) 研究

消费者在此阶段会了解产品品质、服务或品牌、企业信誉等情况,征询来自相关渠道的意见,进行研究评估,并权衡各种选择。随着社会化媒体应用的普及,许多用户会将自己的消费体会、经验或经历发表在微博、微信或论坛上与其他用户分享,反过来,这些信息又成为人们在网上搜索的内容,形成一种信息循环现象。消费者通过网络获得的各种有关信息可能是重复的,甚至是互相矛盾的、虚假的,因此,越来越多消费者青睐于通过 SNS、QQ 群、微信群征询好友或他人对某产品的意见。于是,因兴趣和习性而聚集的人们所圈定的范围越来越小,对兴趣习性的追溯也更加明晰。随着这些因素所发挥的影响越来越大,利用这些新的网络传播渠道,为消费者的评估选择提供参考信息或指导是网络营销的重要功能之一。

3) 购买

在此阶段，消费者会购买自己关注的产品以及相关用品。对于网络消费者来说，其他人对该产品的态度(微信朋友圈里的意见、购物网站的顾客评价等)所产生的影响力，无论是广度和深度都远远超过了传统市场。

4) 吸引

消费者在购买后的阶段里会评价产品并提供反馈。吸引包括两部分的内容，一个是购后的满意程度，另一个是购后行为。购后的满意程度取决于消费者对产品的预期性能与产品使用中的实际性能之间的差异大小，它将直接影响消费者的购后行为：是否重复购买该产品，是否产生正面或负面口碑，进而影响到其他消费者，形成连锁效应。正如Forrester公司所指出的，在到达吸引阶段之前，消费者并没有成为真正的顾客，而只是一次性购买者。

以上四个阶段看起来简单明了，但消费者进行决策的实际过程却可能是错综复杂的。根据日本电通广告公司的研究结论，网络环境下的消费者行为已经从传统的AIDMA(attention 注意—interest 兴趣—desire 欲望—memory 记忆—action 行动)模式，转变为 AISAS(attention 注意—interest 兴趣—search 搜索—action 行动—share 分享)模式。这里的分享，是指通过网络发布和传播各种消费经历或经验信息。因此，从最初与潜在消费者接触直到他们做出决策的每个阶段，营销者都必须跟踪他们的决策过程，了解其在各个阶段的决策进展状况，以及在此过程可能出现的意外：对该产品失去兴趣、听到关于品牌的负面评价或被另一个品牌所吸引等，并及时采取行之有效的应对措施。

3.2 基于涉入理论的网络消费者行为分析

近年来，国内外学者运用涉入理论(involvement theory)对网络环境下的消费者行为进行分析研究，使网络营销的研究和应用层次得到了进一步深化，也证明了其对分析网络环境下消费者行为具有重要的应用价值。

3.2.1 关于涉入理论

1. 涉入与涉入程度

涉入理论最早是由美国学者塞利弗(Sherif)和肯切尔(Cantril)在1947年提出来的，他们将自我涉入定义为：一个人因其地位或角色的限制而对于相反意见的态度，是一个人对别人意见做出反应的前提条件。涉入理论认为：一个人对某一事件的自我涉入程度越深，则其接受相反意见的余地就越小，此乃反比效应；反之，对与自己相同的意见，自我涉入程度深的人不但乐于接受，而且会予以支持，此为同比效应。随着时间的推移，涉入理论逐渐被引入营销学，并将其概念不断深化和发展，表3-4列出了一些具有代表性的概念。

表 3-4 关于涉入的概念

研究学者及年代	涉入的概念	研究视角
Greenwald(1965)	消费者在寻找问题的正确解决方案时所做出的承诺[①]	购买决策
Mittal(1983)	个人对某一目标或活动的意向心境,并由此反映出个人对目标或活动的兴趣程度	消费者行为学
Zaichkowsky(1985) Bendapudi 和 Berry(1997)	涉入是消费者基于内在需要、价值和兴趣而产生的关联[②]	消费者行为学
Hsu 和 Lee(2003)	购买者在消费过程中进行信息搜集、产品评价、品牌抉择所投入的时间量和付出的努力程度[③]	购买决策

尽管上述各定义的角度不同,但是学者们基本同意涉入的起因是外部刺激,前提是在一定的条件和环境下,过程是信息在大脑中的处理,结果是处理过的信息和消费者心理的吻合程度,影响是消费者对某商品或购买决策的兴趣、关注及参与程度。虽尚未形成一个公认的标准定义,但各种定义都涉及起因、过程、结果和影响的一个或几个方面。

2. 涉入类型

营销学者按照涉入程度的高低,将消费者行为分为高涉入消费行为和低涉入消费行为两类,并从消费行为所涉及的对象和性质两方面来划分涉入的类型。

根据影响涉入的对象,分为产品涉入、广告涉入和购买决策涉入三种。产品涉入是指消费者认知该产品与其内在需求、兴趣和价值观的关联程度。不同产品产生的涉入水平是有差异的,并形成了一个由高涉入到低涉入的连续带。高涉入产品是指消费者愿意投入大量时间和精力去了解的产品,通常,具有外显性的产品,如汽车、房产等都属于高涉入产品,而低涉入产品是指消费者频繁购买且几乎不需要研究或考虑就直接购买的产品。广告涉入是指受众对广告信息所给予的关注程度或接触广告时的心理状态,也形成了一个从高度关注到无动于衷的连续带。购买决策涉入是指消费者认为购买决策与自身的相关程度,通常与情境涉入和产品涉入有很大关系。

根据影响涉入的性质,分为情境涉入、持久性涉入和反应涉入三种。情境涉入是指涉入的外在起因,是一个人在某种特殊情境下对事物暂时的关切态度,所谓暂时是指消费者的涉入程度受特殊情境刺激而提升,但会随着购买目的的达到或消失而恢复到原先的水平。持久性涉入是指个人对事物的持续性关切程度,它来自个人的需求、兴趣、价值观或所追求的目标、对事物的先前经验等内在因素,因此不随情境的转换而变动,即不会由于特定外生情境目标被满足而消失。反应涉入是以上两种涉入结合所产生的对某事物的心理状态,反映的是消费者决策处理的认知过程和行为过程。

---

① Greenwald A G, Leavitt C. Audience involvement in advertising: four levels[J]. Journal of Consumer Research, 1984, Vol.11, 581-592.
② Zaichkowsky J L. Measuring the involvement construct[J]. Journal of Consumer Research, 1985(12): 341-352.
③ Hsu T, Lee M. The Refinement of Measuring Consumer Involvement-an Empirical Study[J]. Competitiveness Review, 2003, 13(1): 56-65.

3. 涉入程度对消费者行为的影响

涉入程度亦称涉入水平，综合国外学者的相关研究，可以将涉入程度看成是一种激发的内在状态，这种状态主要从强度、方向和持续性三个方面来描述。其中，强度是指消费者涉入的程度，是一个由低到高的连续变化，并且因产品类别和情境以及个体的不同而变化；方向指触动个体涉入的事物；持续性指涉入程度的延续时间。

实证研究发现，消费者涉入程度的高低主要取决于个人因素、产品因素和情境因素所交织形成的特定环境。其中，个人因素包括价值观、自我意识、兴趣与需求、文化程度、收入水平、性别和年龄等，它们对个人就不同事物的关切程度起决定性作用；产品因素是指产品的品质、价格、外显性或社会象征性等因素；情境因素指某一特定的时间或环境对个人的行为或心理带来影响的因素。

消费者行为的实证研究还发现：如果消费者的涉入程度不同，其在购买决策全过程的各个方面都会表现出较大的差异性。涉入程度已经在考察各种消费行为时发挥着调节变量和解释变量的重要作用，它提供了一种研究消费者行为的新方法。

3.2.2 网络环境下高涉入购买行为分析

研究发现，一般选购高涉入产品时受情境因素的影响较小，进一步的研究还发现，五种因素会提高消费者在购买行为中的涉入程度。

(1) 产品的感知重要性(perceived importance)。当消费者对欲购买的产品感知重要性较高时，即产品对个人价值或意义较大时，一般会提高购买的涉入程度。

(2) 感知风险(perceived risk)。当消费者认为做出不良购买选择所带来的不良后果的感知重要性很高时，会提高购买决策的涉入程度。例如，对于可能会直接影响人体健康的产品，消费者会花费更多的精力来考虑。

(3) 不良选择的感知可能性(perceived probability)。当消费者认为自己做出不良选择的感知可能性较高时，会提高购买的涉入程度。例如，对于不熟悉或无购买经验的产品，消费者会认为自己做出不良选择的可能性较大，因此，行动比较谨慎，通常会搜集更多的信息进行比较和筛选。

(4) 象征意义或符号意义(symbolic value or sign value)。当消费者认为所要购买的产品、购买(消费)过程具有较高的象征价值时，一般会提高购买涉入程度。

(5) 产品的享受价值(hedonic value)。当消费者认为产品和购买过程带来的享受价值较高时，一般会投入更多的精力。

因此，网络环境下高涉入购买行为一般具有这样一些特征：搜集信息的目的性较强，一旦确定目标后会进行重点搜寻；比较注重网上经营者的知名度和信誉度，以及交易的安全性、个人隐私的保护等因素；购买过程中抗外界因素干扰能力较强；在购买决策时理性动机所占比重较大；一般都会关注和参与对产品及购买过程的评价。显然，高涉入购买行为是符合扩展型决策模式的。

3.2.3 网络环境下低涉入购买行为分析

与高涉入购买行为不同，低涉入购买行为一般出现在以下几种情况中。

(1) 所购买的产品价格不高，或无特殊用途和使用情境，即消费者认为这类产品感知程度较低。

(2) 消费者对企业或品牌已经形成了一定的偏好，或对产品属性比较熟悉，不会涉及个人利益，也没有潜在风险，即消费者认为自己产生不良购买的感知可能性不高。

(3) 虽然消费者认为所要购买的产品比较重要，但受限于个人或其他因素，如消费者不熟悉网络搜索工具的使用，不善于利用各种网上资源来帮助购买选择，或因时间、外部条件等因素，不得不采取低涉入度的购买决策。

网络消费者的低涉入购买决策过程具有如下特征：对所需产品已有较明确的认识，因此通常采取习惯购买、忠诚购买，或需求认知主要是在受到外界条件刺激下产生的冲动购买；一般只进行有限的、少量的信息搜集工作；可供评价的备选对象很少，甚至只有一个选择对象；购买决策的过程非常短；购后评价出现两极分化的情况，对于习惯或忠诚购买的消费者，在他们所得到的产品和服务质量与预期相同时，一般不会做出特别评价，反之，会产生不满情绪；而对于冲动型购买的消费者，当获得满意的消费时，会直接影响他们的下次选择，反之，他们会利用各种网络渠道将不满情绪传递给其他消费者。

如前所述，消费者的购买涉入程度主要取决于个人、产品和情境因素所交织形成的特定环境，不同消费者对某一产品或不同消费场合的购买涉入程度会有所不同，因此，消费者洞察力对企业来说至关重要，尤其是在消费者主导市场能力日益增强的网络环境下，企业更应发展消费者洞察力。

案例 一站式 O2O 购车

3.3 网上组织市场的购买行为

在营销的理论和实践中，通常根据产品或服务的购买者不同，将市场划分为消费者市场和组织市场。组织市场是工商企业为从事生产、销售等业务活动，以及政府部门和非营利组织为履行职责而购买产品或服务所构成的市场，包括生产者市场、中间商市场、政府机构市场和非营利组织市场，在网络营销中将其统称为 B2B 市场，以区别于 B2C 市场。

3.3.1 组织机构网上购买的基本特征与模式

组织机构的网上购买亦称网上采购，是指组织机构通过互联网完成采购全过程的行为，包括通过互联网发布需求信息或寻找供应信息、向供应商提交采购需求、接受供应商网上投标报价、确定采购方案、确认购买以及网上办理结算手续等。与传统采购方式相比，网上采购能够获得更多的市场供应信息，简化了采购过程中各种单证的处理程序，减少了对传统通信工具和交通工具的依赖，降低了采购成本，提高了采购效率和质量，并在一定程度上促进了组织采购流程的优化。

1. 网上采购的主要特征

与消费者市场相比较，组织市场的基本特征是交易规模大，而客户数量相对较少；其市场需求是由消费市场派生出来的，并最终取决于消费市场中消费者的直接需求，因而需求波动大且缺乏弹性；购买方式多样化，不仅由专人负责采购，而且多采用谈判和投标方式进行，并可以不经过中间商，直接向生产者采购。网上采购仍具有这些特征，而且还呈现出一些新的特征。

1) 不断涌现的新市场与商机

如今，各种类型的电商交易平台将全球各地的生产商、供应商和客户联系在一起，组成了跨越时空的快速响应与交互式的网上采购市场。在信息流、资金流、商流的传输方式和传输媒介不断发展与创新的推动下，这个市场中供求各方的选择范围更广、交易机会更多、运作效率也更高。

2) "零库存"和"准时生产"成为现实

基于互联网的供应链体系，实现了供应商、生产商与客户之间的即时沟通与交流，市场的变动可通过互联网迅速反馈至生产商和供应商。同时，互联网使物流的运作成为一种可跟踪、可视化的管理过程，提高了物流的效率和功能。这些条件的改善，使生产企业可以及时了解用户的信息，根据其需求生产特定的产品，同时可以随时了解供应链各个环节的情况，使"零库存"和"准时生产"成为现实，而不是所追求的目标。

3) 降低购买成本

网上采购可以大量减少处理传统单证的职员、订货操作员及专职采购人员，从而降低了员工成本，而且节省了传统采购过程中纸质单证、交通与通信联络的费用以及时间成本。

4) 供求方之间传统的关系受到冲击

通过互联网可以使组织机构与全球各地的供应商建立密切的关系，许多组织已经在利用互联网寻找能够更好满足其需求的供应商，而不再考虑地理位置、供货距离等传统的购买影响因素。当然，这也使许多购买者与供应商之间长期建立起来的供求关系受到冲击和影响。

5) 出现了新的购买风险

由于组织市场涉及的交易金额数量大，因此，网上交易的安全问题成为影响甚至阻碍一些组织网上采购的首要因素。虽然，实现网上交易的安全环境一直在持续改善，但时有发生的网上欺诈、黑客入侵等事件，说明网上市场仍然潜藏着安全的危机，这在一定程度上增加了网上采购的风险。

2. 网上组织购买的主要模式

根据市场控制主体的不同，网上组织购买模式分为供应商导向、购买者导向和中介导向三种。其中供应商导向是普遍采用的模式，即个体或组织购买者都依托供应商提供的市场进行购买。购买者导向模式一般是由具有大规模购买需求的企业或政府部门主导，即通过自建的在线采购平台或在其网站上设立采购栏目，邀请潜在的供货商通过网络渠道报价或投标并实现交易。中介导向模式多为中小企业或组织机构所采用，互联网为该模式的运作提供了理想的环境。2002 年以来，该模式在国内逐渐兴起并得到迅速发展，如今，阿里巴巴、慧聪网和一些行业 B2B 电商平台已汇集起数以百万计的各类中小企业，成为国内中小企业网络采购的主要渠道。这些中介交易平台普遍采用会员制形式，向购买者与供货商提供发布供求信息、交易洽谈等采购服务。

案例　　　　　　　　　优质工业品的伯乐

2015年，工业品电子中间商佰万仓在上海创立，按照创始人杨宁提出的"通过'产品+数据'构建一个B2B3.0时代工业新零售平台"的设想，佰万仓从以下几个方面开始了自己的经营探索。

针对国内工业品线下市场供货渠道不规范、假货多、找货难等问题，佰万仓按照面向世界，将优质货源全部连接起来，然后提供给采购方的思路，搭建起一站式精选采购平台。杨宁强调，与阿里巴巴不同，该平台重点不在于"一站式"，而在于"精选"。目前，平台上经营的覆盖2000个品类、100万多个产品，全部是经大数据进行筛选的。

针对市场信息不对称，尤其是中小企业采购能力弱的现实，佰万仓着眼于中小规模用户，在挖掘企业采购数据并进行优化分析的基础上，为企业提供一对一的采购解决方案，实现降本增效。在具体实施上，佰万仓将一些通用产品、精选产品以及长尾产品进行整合，提供给客户，帮助其进行采购的优化。以麻花钻为例，佰万仓挑选并邀请为劳斯莱斯供货的麻花钻生产商入驻平台，与其他大牌产品相比，其具有同样的价格、更好的性能，不仅解决了国内市场的需求，也帮助这些优质的中国产品扩大国内和国际市场。

针对工业品市场渠道商、服务商等中间环节分散的状况，为优化供应链管理，提高生产商、采购商以及渠道中间商的采购管理能力，佰万仓运营中心向其用户开放了工业大数据平台，即通过授权运营商的PaaS[①]系统(云平台)，为终端工厂提供来自全球各地市场相关产品的咨询报价，以及各类所需采购数据的管理等服务功能。按照佰万仓的目标，"未来的企业采购很简单，一点鼠标就完成全部操作，后台都会快速地响应。"目前，这项服务已覆盖上海、山东、山西、江苏、浙江等省市。

秉持"优质工业品的伯乐"经营理念的佰万仓，下一阶段的重点仍然放在供应链的运营和资源整合上，力争将更多的生产商和经销商接入佰万仓的采购交易平台。

3.3.2　组织市场的购买类型与过程

1. 购买行为的主要类型

1) 生产者市场的购买行为

生产者采购产品的目的是用来生产自己的产品，以出售给其他个人或组织，其购买行为主要有新购、直接重购和修正重购三种形式。新购行为由于是首次购买，一般比较慎重，不仅购买的决策者多，而且搜集信息的工作量也很大；直接重复购买则不必经过新的决策过程，只需按"供应商名单"选择供应商，并按既定的程序办理重复订货手续即可；修正重购是采购部门对曾经采购过的同类产品规格、价格、供货条款或供应商等某些方面进行调整后再次进行的购买。无论哪种采购行为，借助于互联网搜集、发布相关信息都是不可或缺的，对于新购或修正重购那些更新周期较快的产品尤其如此。

---

① Platform as a Service，平台即服务。

2) 中间商市场的购买行为

中间商市场亦称转卖者市场,是由那些购买产品用于转卖或租赁给他人以获取利润的个人和机构所组成的市场。中间商包括批发商和零售商两大类,他们不提供形式效用,而是提供时间、地点和占有效用,主要通过大批量买进与卖出之间的差额来获取利润。该市场交易的通常是一些标准化产品,例如技术含量及成本低、规格标准的零部件以及在生产中用于维护、修理和使用的辅助材料。因此,中间商的购买行为主要包括三个方面:①选择产品,即根据转卖产品的销路好坏决定是否购买该产品;②选择供应商,在提供同类产品的供应者中根据其产品的质量好坏、价格高低、品牌知名度等来决定供应商;③获得更好的供货条件,如在重购产品的过程中与原供应商进行磋商,以得到更优惠的交易条件。

3) 政府市场的购买行为

政府市场是由那些为履行政府职能而采购或租用货物的各级政府机构所组成的市场,具有需求稳定、采购量大、信用度高、交易公平和平等竞争等特点,因此对供应商有巨大的吸引力。政府采购是一种特殊的组织购买行为,亦称公共采购(public procurement),是指各级政府及其所属机构为了开展日常政务活动和为公众提供服务的需要,使用财政性资金或属于财政性资金的预算外资金,在财政的监督下,以法定的方式、方法和程序,通过公开招标、公平竞争,由财政部门直接向供应商付款的方式,从国内外市场上为政府部门或所属团体购买物质、工程或服务的行为。在我国,目前各级政府都建立了专门的政府采购网站,是政府实施购买的主要渠道。

2. 购买过程

相比于消费者购买,组织购买是一种规范和标准化的经营活动,但其过程却相对复杂。通常,一个完整的购买过程可分为识别与提出需求、明确需求、描述需求、寻找供应商、征求供给信息、选择供应商、签约订购、绩效评估等八个阶段。

需指出,并非在任何情况下的组织购买都要逐一经历这八个阶段,不同类型的购买行为,可能只涉及其中一个或几个阶段。不过供应商要针对具体的市场情境制定出有效的营销策略,必须对各种购买类型和完整的购买过程有深入的了解。

3.3.3 组织购买行为的影响因素

尽管组织市场的购买流程较为规范,但因购买涉及多部门、多人员、多层次和多个阶段,因此影响购买行为的因素较多且较为复杂,某个细节的疏漏便有可能导致购买决策的失误。除采购成本等经济因素外,影响组织的网上购买行为还有以下主要因素。

1. 环境因素

所有市场交易行为都受到包括经济、政治、文化和技术等环境因素的影响,这些因素的共同特征是,它们都是客观存在且任何组织和个人都无法改变,但是交易者可以在某种程度上影响或者利用环境因素做出有利于自己的交易行为。尤其是借助于互联网,不仅能了解全球各国和地区经济、政治、文化和技术环境因素,而且在组织购买的各个阶段,也能通过互联网发挥相应的作用。例如,在全球贸易保护主义倾向抬头的背景下,我国的企业应当充分利用互联网开拓新的市场,同时根据不同国家和地区的市场环境及时调整产品进出口策略。

从网上购买行为实现的层面看，由于互联网对购买决策的影响作用日益增大，而目前组织机构的网上采购主要是通过 Web 网站进行，因此，无论是供应商、中间商或购买者的网站，其设计、信息量大小、产品展示效果、交易各方信息的对称程度、交流沟通与交易实现的便利性、可靠性等体验要素及产生的效果，都会不同程度地直接或间接影响组织购买行为。

2. 组织因素

组织因素包括采购组织的经营目标、战略及策略、组织结构、管理制度与业务流程等，都会在不同程度上影响其采购行为。例如，不同企业在经营目标与战略上的差异，会使其对采购产品的质量、价格、性能等因素的重视程度与衡量标准不同，从而导致其采购方案的差异。再比如，供应商的信誉和所提供产品的价格是影响企业采购政策的主要因素，因此许多企业采取与信誉度高的供应商建立长期稳定的合作关系，而随着网上采购的发展，越来越多的企业基于采购成本，开始探索与众多供应商建立灵活多样的合作关系。

3. 人际因素

实现组织购买的过程中，参与交易各方的有关人员以及他们之间的相互关系，也在不同程度上对组织购买决策产生影响。深入了解这些人际因素，并充分地加以利用以促成采购和提高采购绩效，对交易双方都是非常必要的。

相关研究发现，在中国传统文化背景下，企业对熟悉或有密切关系的供应商或个人具有一定的信任度，企业将有意无意地在购买决策中优先或较为优先地考虑与该供应商合作，而在购买中非常注重与熟悉的供应商合作的企业也十分常见。这种利用买卖双方人际关系进行交易的方式往往能给双方带来时间和成本上的优势。因此，保持密切的人际关系并与采购者建立信任对于供应商来说大有裨益。

4. 个人因素

组织购买决策过程难免受到每位参与者个人因素的影响，这些因素包括，参与者的职权、地位、工作态度、甚至他们的个性、个人经历等等。

实证研究发现，在影响企业购买决策导向的诸多因素中，专家因素的影响力是最大的。由于专家具有丰富的专业知识，可以提供充分的信息，这有利于采购降低风险、提高采购的效率和成功率，因而在采购过程中，征求专家意见或邀请专家直接参与购买决策，已成为许多国内企业的惯例。决策者往往遵从专家的意见，他们认为，这样做可以得到一个更好的决策。

除专家因素外，研究还发现，合法性因素与决策导向之间存在直接的影响关系，并对企业的购买决策起着重要的作用。合法性因素是指那些源于正式或非正式的社会标准，它在某种程度上表示一些人感觉到应该遵从于另一些人的"压力"。如果遵从这些人的意见是由于他们拥有正式地位，这种情况就称为正式的合法性影响因素；如果遵从这些人的意见是由于某种普遍接受的非正式的行为标准，这种情况就称为非正式的合法性影响因素。

组织的管理者就是一种正式的合法性影响因素，其作用往往大于那些非正式的合法性因素，因此组织的购买往往直接或间接地受到高层管理者的影响，这种情况在集权化的组织中尤为显著，尤其是在采购部门意见不一致时，高层管理者的意见或倾向往往会决定最终的购买决策。此外，作为一种合法性因素，那些与企业利益相关的人员(如股东、债权人、员工等)同样在企业的购买决策中起着不可小觑的作用，当企业做出重大的购买决策时，往往需得到他们的支持或同意。

综上所述，在 B2B 市场中开展网络营销必须充分考虑上述因素的影响，尽可能地利用互联网上丰富的营销资源，对世界各国和地区的环境，尤其是目标市场的环境因素进行深入研究，同时根据中国的国情，探寻企业内部的各种关系，尤其是人际关系以及正式合法性因素和非正式合法性因素对企业购买行为的影响，在此基础上制定出合理合法、切实可行的采购方案。

案例 打造一站式 MRO 工业用品超市

3.4 网上有效购买行为的实现

3.4.1 网络环境下营销信号的传递与甄别

1. 网络营销传播面临的新难题

网络市场的突出优势在于其卓越的信息传输效率，互联网不仅使信息发布与获取的成本不断降低，而且使信息的传递速度与效率大幅提升，这对于减小信息的不对称程度以及由此引起的逆向选择风险具有积极的作用。

信息技术能够使信号传递得更快、成本更低，但对于信号所承载信息的内容真伪及质量高低的甄别则显得力不从心。网络市场中的现实情况是，由于交易双方通过网络媒介进行交流沟通、商品流转与交易信息流相互分离，使交易双方产生机会主义动机和行为的可能性增强，利用互联网传播虚假信息欺骗、误导交易者的"隐匿行为"屡见不鲜，产品与服务质量的不确定性较传统市场更为严重。在缺乏完善和有效管理的交易体系下，网上的"信息泛滥"在某种程度上降低了信息的可信度，并加剧了信息的不对称性，这将增加交易者判断和选择的难度，使其更加谨慎。可以说，网络市场中逆向选择问题不仅存在，而且更加严重，这也意味着高效率的信息传输并不一定能带来高效率的市场运作。

如何降低逆向选择风险和规避道德风险，提高网上购买行为的有效性以及网络市场的效率，是网络营销面临的又一个新课题。

2. 网络环境下的信息不对称及其影响

市场的基本功能之一是产生并传递经济信息，因此市场运作的效率主要取决于交易各方所获得的经济信息数量与可靠程度。互联网在这方面所发挥出的功效超过了以往任何一种信息传播媒体和工具，但也同时产生了新的信息不对称问题，并给市场交易带来了很大影响。

1) 互联网上海量信息形成的信息不对称

丰富的信息并不意味着一定会出现信息对称的环境。实现信息对称包括两方面的含义：存在信息的对称性和获取信息能力的对称性。真正意义上的信息对称指对应双方所掌握的信息的对称性，即在存在信息对称性的基础上还必须具备信息获取能力的对称性。互联网虽然承载着海量的信息，使存在信息的对称性大大提升了，但要在这个信息的海洋中获取有价值的信息，不仅取决于人们搜索信息的能力，而且还取决于人们对信息的甄别能力。从某种意义上说，互联网海量的信息增加了信息搜索和甄别的难度，使人们获取有价值信息的能力降低，从而形成了新的信息不对称。

2) 私有信息增加形成的信息不对称

俗话说"只有错买的，没有错卖的"，是指消费者在购买某商品之前并不清楚该商品质量的好坏，因为生产商并未向市场透露影响该产品质量的关键信息，信息经济学将这种仅为个别市场参与者所掌握，而其他参与者并不知道的信息称为私有信息(private information)，并认为信息不对称情况发生的根本原因是存在私有信息。相反，能够被所有市场参与者获取的信息称为公共信息(public information)或公共知识。网络市场的虚拟性为销售者和购买者私有信息(如经营信息、身份、交易工具的信息等)的形成和藏匿提供了条件。虽然，有些藏匿信息的行为只是出于所有人保护自己的目的，如用户在网上注册时使用非真实的信息，是担心自己的真实信息被商家滥用。究其根源是网络的虚拟性动摇了商务活动的基础——信任感，导致许多人不愿意在网上透露自己的真实信息，而这将使网络营销针对性强的优势难以有效发挥。因此，互联网的虚拟性助长了私有信息数量的增加，加重了网络市场中信息不对称的程度。

3) 网络环境下营销信息传递的局限性

影响消费者购买决策的营销信息有很多，产品信息是一个主要因素，无论在网络市场还是传统市场都存在着产品信息表达、传递以及对买方行为的影响问题。产品信息可分为实意信息和象征信息两种类型。实意信息是通过实物方式传递给买方的产品信息，它与产品本身有密切联系，这种信息的获取通常要求买方能够通过触摸、使用等方式接触到商品本身，或者是买方能够获得值得其信任的"经验信息或检测信息"。象征信息是通过语言、文字、图表、图像等方式传递给买方的产品信息。

营销信息通常兼顾两者的组合，即同时以实意信息和象征信息的方式将产品信息传递给买方，以帮助买方形成完整的产品感知。以传递质量的产品信息为例，产品质量信息主要由客观质量和感知质量构成，客观质量可以用设计、工艺等客观标准来衡量或检验，并通过卖方、第三方以产品陈列、广告或社会环境中人际间的交流等形式传递给买方。感知质量则不同，它是买方依据所获取的实意信息与象征信息，在个人偏好或情感的影响下，形成对产品的一种整体判断和评价。这种影响会使买方对获取的信息进行修改，从而形成产品感知质量。因此，接受相同信息的买方形成的感知质量往往会有很大的差异，这将导致买方采取不同的购买决策。

网上销售的产品分为实物产品和数字化产品两大类，其产品信息都可以采用数字形式传递。然而，根据目前信息技术的发展水平，数字化传递方式难以有效地传递实物产品的实意信息；而数字化产品的可复制特性，使得一些企业出于保护产品的目的，在传递产品的实意信息中会有所保留，尤其是对那些具有使用经验性的数字产品。因此，尽管互联网有着强大的信息传递与检索功能，但买方还是难以通过互联网获得产品的全部实意信息，营销信息传递的这些局限性造成了网络市场中新的信息不对称。另一方面，诸如产品品牌、价格、功能介绍等象征信息虽然非常适宜以数字化方式进行传递，但因网络市场中信息与实物相分离、产品销售平台与交易者在物理空间相分离等客观原因，从而难以使买方获得"完整"的感知质量，导致买方感知的不确定性，进而影响其购买决策。

4) 买方的有限理性

诺贝尔经济学奖获得者、美国卡内基·梅隆大学教授赫伯特·西蒙(Herbert A.Simon)，在20世纪50年代就注意到，人类的理性受到其大脑限制和环境中可获得的信息约束，他创造了有限理性这个术语，来说明对人类行动和理性的决策，必须考虑到人类认知器官资源有限性的本质，以及环境限制的实际。他认为，人类行为是理性的，但不是完全理性的，一句话：理性是有限的。①

互联网虽然为交易者提供了强大的信息搜寻功能，使买方可以在极短的时间内获得成千上万的相关信息，但他们的信息处理能力是有限的，正如经济学家所描述的：推理过程要用到资源，而可使用的资源是有限的。推理者只有有限的注意范围、有限的记忆，以及有限的时间。②因此，现实生活中不存在全智全能的完全理性，理想的理性对受限制的生物来说并不总是可能的。作为有限理性的买方，在网上购买的决策过程中，不可能将所有的信息即决策备选方案都评估和比较一遍。事实上，网上象征信息的超载与实意信息的匮乏使买方无力对商品质量做出完全准确的判断，这就更增强了买方感知质量的不确定性。

许多电商企业也认识到担保产品质量的困难，它们推出了各种免责措施，如 eBay 在其用户协议中明确列示了免除与自己相关责任的条款："eBay 不对广告项目质量、安全或合法性以及商品目录的真实性或准确性进行控制(eBay have no control over the quality, safety or legality of the items advertised, the truth or accuracy of the listings.)。"类似这样的举措无疑增加了网络市场中发生交易风险的可能。

5)消费者机会主义行为

虽然互联网增加了信息提供量和透明度，但是也给买卖双方在交易中的不当行为提供了掩饰的手段。一个不可回避的现实是，随着消费者网络购物经验的逐渐丰富，对交易规则熟悉程度的不断提高，目前网络市场中出现了大量由于信息不对称导致的消费者机会主义行为。如在淘宝网上，一些消费者利用"淘宝规则"和商家的相关服务承诺，实施机会主义行为，取得不当利益，常见的有，欺骗运费险行为，即一次购买和寄回多样商品，但退货过程分次进行，以获得多次运费补偿；欺骗保证金行为，即利用卖家少货或缺货的状况，拍下过多商品，导致卖家无法发货时，启动服务保障得到30%的原价金额补偿；无理由滥用退货条款，即在没有任何的质量问题或描述差异的情况下，实施无理由退货。

类似的机会主义行为在国内不少网购平台上频繁出现。由于商家往往很难了解顾客购买后的实情，对他们所提出的退货或退款要求是出于真实情况还是不良意图无法做出有效判断，一些顾客正是利用了这一点，采取了对自己最为有利的机会主义行为。这些"恶意"行为对商家带来的伤害无疑是巨大的，尤其是对那些中小卖家。以淘宝商家为

---

① [美] 赫伯特·A 西蒙. 管理行为[M]. 詹正茂, 译. 北京: 机械工业出版社, 2007.
② [加] 基思·斯坦诺维奇. 决策与理性[M]. 施俊琦, 译. 北京: 机械工业出版社, 2016.

例，退货率的提高会降低其在淘宝网中的搜索排名，影响店铺信誉。同时，由于网络评价体系使消费者掌握了更多的主动权，为获得好的评价，商家不愿也不敢轻易得罪消费者。另一方面，由退货引起的物流和复杂的人工处理成本，也使不少卖家在是否提供较少限制的服务保证问题上犹豫不决，这些都给消费者机会主义行为提供了可乘之机。担心消费者的非伦理行为会将企业拖入一种财务困境，也是一些企业对网络营销缩手缩脚，甚至驻足观望的原因之一。

案例　　　　　淘宝店家遭遇租衣客

在淘宝网店里买来高档服装，穿几天后便按照"七天无理由退货"的服务条款退回给店家。时下，淘宝上出现了一群这样的"租衣客"，让众多品牌店家深感无奈。

网友"我名字六个字"发帖："今天见朋友，一身华贵新衣，可衣领上竟然还有吊牌。好心提醒并欲帮其扯下，朋友大惊，匆忙闪开，直呼扯不得，扯不得，这一扯 2000 多块就没了！"原来，这位老兄是一位"租衣客"，他瞄准那些专营高档品牌的服饰店，选择流行时尚的新潮款式，拍下后风光几天，便无理由退货了。所花费的就是 20 多元邮费，相当于每天几块钱的租金。

"租衣客"多以年轻人为主，追求时尚，交际面广，他们中的不少人认为，这种方式省钱，特别适合过节聚会时"撑面子"的需要。"一件好衣服，大几千买下来，一年间也就穿那么几天，更多时候闲置在衣柜中，还占空间。相比之下，商场办退货过程太麻烦。"一位"租衣客"如是说。

对此，不少网友表示"心太狠了"，更多的人认为这样"太不厚道"。大多数淘宝店主则表示"伤不起"，经营服装的店主姗姗说："这个很人性化的制度，却被一些人钻了空子，有些退回来的衣服穿过的迹象很明显……，'租衣客'让我们很无奈。"业内人士指出，"租衣客"的做法虽然省了自己的钱，却伤了店家的心，而最终受损的无疑是作为整体的消费者权益。

3. 网络营销信号的有效传递与甄别

由于信息不对称，交易双方在信号传递(signaling model)与信息甄别(screening model)过程中都可能导致逆向选择(adverse selection)①和道德风险(moral hazard)②的问题，如图 3-1 所示。

根据信号理论，可通过两个途径降低信息不对称的程度：一是代理人利用信息优势向委托人传递自己的私人信息，即"信号传递"；二是委托人通过制定一套策略或合同来获取代理人的信息，即"信息甄别"。为此，在网络营销中可采取以下策略。

---

① 在社会和经济生活中，各种因信息不对称而导致行为主体做出不利于自己选择的现象，都可以将其归结为逆向选择。
② 经济学中用道德风险这一术语来描述行为主体采用隐匿行为来获取不当所得的现象，在经济生活的现实中，人们常常会设计一些合同或机制来克服道德风险问题。

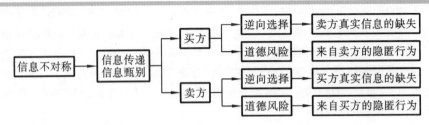

图 3-1 信息不对称对交易双方的影响

1) 提高营销信号传递的有效性

在一些信息不对称的市场博弈中,当披露私有信息可以给自己带来好处时,不少商家会选择主动向市场披露自己的信息。比如,自己经营的产品是高质量的,商家就有让大家都知道自己产品的动力,于是想方设法提高有效的产品信号传递。根据信号传递理论,有效的信号传递之所以能够成功,其原因在于拥有不同私人信息的(即不同类型的)参与人能够承受的发送相同信号的代价是不一样的。根据经济学家迈克尔·斯彭斯(M.Spence)提出的信号传递模型可以得出这样的结论:拥有高质量产品的商家(参与人)提供的产品信号之所以有效,是因为产品质量不高的商家(其他类型的参与人)要模仿这个信号的传递其代价太高;如果双方发送信号的成本都很低,那么双方都可能会积极发送,也就是说,如果一个信号可以被其他类型的参与人轻而易举地模仿,这个信号就不可能是有效的。

因此,在网络营销中,优质产品的提供者可采用以下策略实现营销信号的有效传递。

(1) 增加信息丰裕度来改善信息不对称的状况。通过各种适当的渠道、工具传播自己的产品信息,如优质品厂商可将质量保证的服务承诺作为信号传递的内容,因劣质品厂商通常难以承受质量保证的代价,使需求方容易区分出优质产品与劣质产品,以降低他们做出逆向选择的可能性。

(2) 提高信号传递的成本来增加信息被模仿的难度。选择信誉度高的平台、渠道发布自己的产品信息,以提高产品信息的可信度。网络市场信息不对称的原因之一是卖方信誉问题,由于互联网对实意信息的传递效率不高,加上在线交易一般是以非接触的虚拟方式进行,因此网络对卖方的约束较小,买方对卖方的信任度普遍较低。在这种情况下,网络中介如果具有较高的信誉,买方就会将其作为信任的基础,即买方通过对网络中介(信誉的第三方)的信任实现与卖方进行交易的信任。

案例 天猫国际妙物官

2) 增强有效营销信号的甄别能力

信息甄别是通过信息劣势方(委托人)的信息决策来获得信息优势方(代理人)的私有信息,从而减少信息不对称。信息甄别和信号传递是信息传递问题的两个方面,两者的区别是,信号传递是掌握私有信息的人主动发送信号,并承担信号发送的成本;而信息甄别则是委托人主动抽取信息,抽取信息的成本有时由代理人承担,有时则由委托人承担。

根据信息甄别理论,为实现有效的信息甄别,要通过设计一种信息甄别机制,为代理人披露私有信息提供激励和约束条件,诱发后者的自选择①行为。

---

① 自选择是指人们为了自己的利益而自动分类的现象。

互联网的交互性为建立有效的信息甄别机制提供了良好的环境。例如，企业可以在网上交易系统中设计或提供多种交易方案，由用户自行选择，并根据用户的不同选择结果，将其分为不同的类型，提供相应的产品或服务。

另外，代理人应尽可能通过有效途径向委托人传递高质量的信息，帮助后者提高甄别能力。还可针对信誉度高的对象释放较多的私有信息。此外，委托人还应注意利用各种渠道或工具搜集各种信息，以提高营销信号的甄别能力或水平。

几年前，eBay 成立了一个小组专门负责 eBay 的 "Review" 功能，买家可以通过该功能交流购买心得和体会，还可以对不同的商品进行评价。eBay 定期将有价值的评价和心得搜集起来，形成 "Guide"，这些 "Guide" 经过进一步的提炼，形成 "eBay Guide"，作为 eBay 向买家提供的购买建议。据 eBay 亚太区 CTO 林奕彰介绍，具有模糊购买意愿的消费者在选择海量商品时，除了基本的信用评价外，还要参考可信赖的点评或指导，才能更好地形成决策。目前，这个功能在包括美国和欧洲地区的 eBay 网站上搜集了数以亿计的评价，显然这将有助于消费者提高信息甄别能力。

案例　　　　开启网络版的"明厨亮灶"

如今，外卖平台向消费者提供的大都只有餐品的图片和售价等简单信息，仅凭这些图片点餐很容易受到"图骗"——看似美味佳肴，但接到外卖小哥送来的餐品时，消费者往往会产生上当受骗的感觉。由于不了解餐品配料和食材结构，消费者在点餐时经常是"看图猜味"或"跟着感觉走"。外卖平台提供的有限信息弱化了消费者的甄别能力，也限制了他们的自主选择权……。需指出，餐品原材料与消费者的健康安全关系密切，例如，有痛风病史的人可能因食用瑶柱粥而诱发痛风。因此，公示餐品的原材料、营养成分、用量等信息，不仅可避免易过敏体质人群因误食产生的食品安全事件，也有助于人们根据营养成分合理选择餐品，预防和控制疾病。

我国的《消费者权益保护法》第八条规定：消费者享有知悉其购买、使用的商品或者接受的服务的真实情况的权利。消费者有权根据商品或者服务的不同情况，要求经营者提供商品的主要成分等有关情况。按照《电子商务法》第十七条规定：电子商务经营者应当全面、真实、准确、及时地披露商品或者服务信息，保障消费者的知情权和选择权。国家食品药品监管总局制定的《网络餐饮服务食品安全监督管理办法》第十一条更是明确规定：入网餐饮服务提供者应当在网上公示菜品名称和主要原料名称，公示的信息应当真实。因此，外卖平台公示餐品原材料等信息不仅是诚信义务，更是法律义务。

目前，实体餐饮企业已普遍实行了"明厨亮灶"，通过窗口或监控视频将厨房制作餐品的全过程向食客公示，接受其监督。显然，外卖平台公示餐品原材料等信息，就是一种网络版的"明厨亮灶"，除了满足消费者的知情权、自主选择权、监督权外，也能够在一定程度上倒逼商家诚信经营，有效遏制"图骗"现象。

为保护网络餐饮食品安全，满足消费者对营养健康膳食的需求，保障消费者对餐品的知情权，推进入网餐饮商户上网餐品主要原材料标示工作，2018年3月2日，饿了么和百度外卖在北京启动了餐品原材料及营养公示，入网餐饮商户将通过这两个平台公示餐品的配料及营养成分。若消费者发现实际餐品原材料与公示信息不符，有权选择退单并向平台客服投诉。目前，平台正以北京、上海、广东和浙江等试点地区为样板，逐步将餐品原材料标示推广到全国各地。

在餐品原材料公示的基础上，平台还邀请营养专家为入网餐饮商户进行膳食营养健康知识培训和营养成分计算的指导，让健康饮食的理念通过外卖这种全新的就餐方式得到有效推广。未来，平台还将通过积分奖励、流量扶持等多种形式，鼓励更多入网餐饮商户加入到餐品营养成分标示活动中来。

3.4.2 网上非理性消费行为及策略应用

心理学和消费者行为学的研究发现并证明：人们不可能在所有行为决策的过程中保持理智，生活的源动力来自欲望、激情、爱憎、悲喜，情绪的起伏和思维的冲动，以及每个人所具有的缺点或弱点，这些潜在的"非理性"决策因素都有可能在理性之外左右人们的言行。因此，现实中的消费者选择与决策并非如传统经济学所描绘的，是在收入允许的条件下，按照追求效用最大化原则进行的理性消费，而是经常受到各种决策情境影响，做出一些非理性的消费决策，如不按追求效用最大化原则或边际效用递减规律进行消费；消费时不考虑收入的约束等等。对于社会消费中表现出的过度消费、奢侈消费、崇洋消费、炫富消费等非理性消费及变异应当摒弃，但在营销中也应该正视"非理性"因素在人类行为决策中的作用，并加以合理的运用，将其转化为实实在在的经济利益。

1．网上非理性消费行为的表现

面对网络市场中应有尽有的消费内容和五花八门的促销活动，人们有了越来越多的消费选择，这也导致了网上非理性消费行为的日益凸显，主要表现在以下四个方面。

1) "网络口碑效应"引发的从众性消费

随着上网成为人们日常生活的一部分，来自各种网络论坛、社区等社交平台和自媒体的口碑越来越多地影响着用户的网上消费行为。经常可以看到这样情境：只要某种产品被一些人推荐，很快就会导致更多的网友追捧。互联网已成为信息的集散地和社会舆论的放大器，口碑传播效应在互联网环境中表现得尤为明显。于是不少商家利用这种"网络口碑效应"，免费发放试用产品，并鼓励试用者发表试用感受，甚至雇用一些专业写手在网上发表各种评论，经过"网络包装"，使那些在市场中原本默默无闻的产品成为网上的热销产品。其实，不管是现实环境还是网络环境，各种形式狂轰滥炸、名不副实的商业广告，已经使消费者对其产生排斥，相比之下，他们更愿意接受来自生活圈子周围口碑的感染。而网络的隐匿性，更让消费者对网上信息的真实性和可靠性难辨真伪，因此，容易受到网络口碑的影响，更容易产生群体交互刺激和从众心态诱发的冲动，采取非理性的消费举措。

2) "抵不住诱惑"的随意性购买

用户上网搜索商品信息时，不可避免地会接触到其他商品的信息，由于许多商业网站或 App 都会记录用户的搜索习惯或消费记录，然后据此向其推荐相关商品或展现感兴趣的"重定向广告"链接，吸引用户点击，从而使他们在不经意间购买了原本并不在购买计划之内的商品。每年"双 11"后都会有网友发起"晒单"运动，"分享"各自的网购经历，其中不少人对随意性消费导致的后果留帖感言："开了支付宝，生活真潦倒"，"一入淘宝深似海，从此存款是路人"。

3)"一个便宜三个爱"的追求低价消费

趋向于购买低价产品是许多消费者的本能，因此，网上商品低廉的价格是很多消费者偏好网购的主要原因之一。面对网上成千上万"Free""清仓价"促销广告的诱惑，消费者很容易产生"货币幻觉"，尤其是在那些"促销""秒杀"的商品面前，许多人无任何抵抗力，在购买廉价商品时，忽视了商家信誉、产品质量和售后服务等一系列问题。

4)"网购成瘾"的情绪化消费

消费心理学的研究发现，一些消费者一旦受到某种程度的孤独、环境压抑等情绪影响时，往往会把消费品的占有、享乐作为弥补精神空虚的手段。这种情绪化消费的现象在年轻人、尤其是年轻女性消费者身上表现更为突出。他(她)们在商家的大力度促销推动下，很容易产生难以控制的购物欲望和消费冲动。据调查，52.8%的年轻女性都曾在发工资后突击消费，这是一种在特定情绪下的错觉引起的情绪化消费。除此之外，另一种情绪化消费则多发生在与平常心境不同的时候，相当多的女性(46.1%)在极端情绪(开心或不如意时)下会疯狂购物，甚至购买一些本不需要的物品，将其当成发泄情绪的最好方式，心理学上称为强迫性购物(compulsive buying)，是一种功能紊乱的消费行为。过多的选择是有代价的，牢牢抱住所有的选择不放，往往会导致错误的决定、焦虑、困惑、不满足，甚至病态的压抑[①]。

这两种情绪化消费行为在网络消费中最典型的表现是"网购成瘾"，专家们从心理学和社会学的角度对此做了深入分析，认为"网购成瘾"是外因和内因共同作用的结果。网购成瘾的人可能是受到了外界环境的打击，内心产生焦虑和压力，这时，他们想借用网购缓解紧张情绪，持续地强迫性网购，在此过程中压力会得到释放，心情会变得舒畅和愉悦。这种情况的网购成瘾是阶段性的，购物只是释放压力的一个出口，一旦内心的压力得到释放，相应的紧张情绪会随之消失，但事后又会感到苦恼和后悔，甚至有痛定思痛、剁手明志的冲动；另一种则是由幼稚心理、原生态家庭的生活模式、对现实环境的不适应等共同作用引发的购物强迫症，他们内心的挫折感需要转移和替代，空虚和匮乏需要填补，网购就成为缓解内在混乱的一种新的实现方式。

营销链接　　　**网购成瘾的10种症状**

2015 年，美国学者 Marlynn Wei[②]提出了网购成瘾的 10 种症状(10 Signs You're Addicted to Online Shopping)，分别是：

1. 我觉得自己不能停止网购，即使我想或试图停止，却无法停止这种行为；
2. 网购对我的人际关系、工作或财务状况造成了损害；
3. 家人或朋友很关心我的网购问题，但我还是与他们就此发生了争执；

---

① [美] 巴里·施瓦茨. 无从选择：为何多即是少[M]. 凌伟文，译. 北京：中国商务出版社，2005.
② https://www.psychologytoday.com/us/blog/urban-survival/201511/10-signs-you-re-addicted-online-shopping.

4. 我总在想着网购；
5. 如果不让我网购，我会因此变得暴躁或沮丧；
6. 网购是唯一能让我放松或感觉更好的事情；
7. 我会把我买的东西藏起来，因担心其他人会认为这不合理或浪费钱；
8. 我经常在网购后感到内疚；
9. 因为网购，我减少了花在其他喜爱事情上的时间；
10. 即使买不起，我还是经常买一些我不需要的东西，或者比我计划开销的要多的商品。

2. 基于非理性心理的营销策略

非理性消费通常是在新兴市场的产品和服务上最容易出现和被刻意培育，因此，企业可以通过对新产品或现有成熟产品赋予一些新的概念，尤其是针对网络市场中消费群体年轻化的特点，将一些新潮、流行文化元素融入到常规的产品中，通过发掘消费者潜在的消费心理，并加以有意识的引导，培植其新的消费倾向。消费者对这些产品看似非理性的选择，是源于消费者对于产品价值的追求，因此是恰当的。在具体操作上，可以采用下列策略。

1) 基于"对比效应"的策略

"对比效应"(contrast effect)①是一种受情境影响的常见决策现象，经常去星巴克的顾客都会点大杯的咖啡，因为小杯咖啡的价格约为大杯的三分之二，容量却只有大杯的一半。点大杯咖啡是顾客的聪明，但却要归功于商家的精明。其实对比效应在生活中随处可见，身材的高矮、体型的胖瘦、体积的大小都会通过人们的感官和思维产生不同的感觉，进而影响其判断与决策。淘宝、天猫、京东商城等购物网站上的搜索功能其实有助于通过对比效应影响顾客的购买决策。

2) 基于"评估模式"的策略

"在星巴克要买大杯咖啡"，还有那火炬形的椎筒冰激凌，都是精明的商家利用决策情境影响了消费者的独立评估。其实人们的"评估模式"(evaluation mode)也是受决策情境影响的。在经营实践中，商家们还巧妙地利用人们"货比三家不吃亏"的"联合评估"心理，成功地让消费者做出有利于商家的购买决策。这也导致了营销学和消费者行为学关于"评估模式"问题②的研究，并发现评估模式的不同，会导致人们对相同对象的关注点完全不同：在无比较对象的单独评估时，人们关注的是该对象本身的好坏；而在有比较对象的联合评估时，人们关注的是该对象是否优于参考对象。由于不同的评估模式可能进一步导致人们在不同评估模式下对同一对象得出完全不同的评价，使其做出非理性的判断与决策，因此，网络营销中可通过提供产品的品质、价格、售后服务等

---

① 1982 年，美国杜克大学教授 Joel Huber 和 John W. Payne 以及 Christopher Puto 博士在 Journal of Consumer Research 上发表了题为"Adding Asymmetrically Dominant Alternatives: Violations of Regularity and the Similarity Hypotheses, Journal of Consumer Research"的论文，首次通过"啤酒实验"，验证了"对比效应"的存在。
② 人们在对一个对象(人或事物)进行判断时，可根据决策情境将评估模式分为两种情况：无比较对象的单独评估(separate evaluation)和有比较对象的联合评估(joint evaluation)。

多种形式的信息，为顾客创造采用不同评估模式的情境。

3) 基于"损失规避"的策略

心理学家和行为经济学家在对人们日常生活的长期研究中发现，当选择的表达侧重于"收益"的时候，人们会倾向于减少风险，选择尽可能稳妥的收益方式；当选择的表达侧重于"损失"的时候，人们的冒险倾向会增加。也就是说，人们对"收益"和"损失"的风险承受能力是不对称的，对"损失"的敏感远大于对"收益"的渴望，这种现象被称为"损失规避"(loss aversion)①。自 Kahneman 和 Tversky 提出"损失规避"的概念，并将其作为"预期理论"(prospect theory)的基础以来，学者们通过实验和现实生活经验的归纳，从不同的角度证明了"损失规避"这一普遍存在且十分稳健的心理现象，包括禀赋效应、沉没成本效应、框架效应、赢者的诅咒、现状偏见、股权溢价之谜和处置效应等等。例如，在网上实行收费制的服务往往比提供免费服务的赢利机会要多一些。

进一步的研究还发现，影响人们选择的不只是利益，而是利益与损失的相对关系。按照 Kahneman 和 Tversky 提出的"框架效应"(framing effect)的观点，"损失"和"收益"的标准不是绝对一成不变的，而是可以通过语言的表述，或因主观的感受而发生变化，即人们的偏好和选择，完全可以被人为地"构建"出来。也就是说，外界的条件和表达方式完全可以影响人们对得与失的认知。这意味着，在外界条件和表达方式的影响下，利益和损失的概念可以相互转化。因此，利用人们各种"损失规避"的心理，通过构建不同的"框架"，完全可以在潜移默化中影响人们的选择倾向与行为；而通过调节损失和收益之间的关系，也可以使行为发生转向，从规避风险转向追求风险。保险公司、化妆品、保健品等行业正是通过发掘"损失规避"的商业"潜规则"，让顾客相信产品能够做什么，比产品实际能做到什么更为重要。网络营销可在此策略的实施过程中，进行创新性的应用。

4) 基于"折中效应"的策略

研究还发现，人们在面临价格与品质有差异的同类商品中进行选择时，往往会选择中间的选项，因为这样可使他感到安全，不至于产生严重的决策失误。这个称为"折中效应"(compromise effect)②的策略，已经被许多企业用来诱导消费者选择价位偏高的产品，以增加其利润。在网络市场中，这种利用人们追求安全及低风险消费心理的商业行为也是屡见不鲜，例如，在 Adidas、Nike 等品牌的网上官方旗舰店中，展示的商品都是按高、中、低价混合设置的，而且以中档价位的商品居多，较低或较高价格的商品夹杂于其中，这种展示方式其实就是运用了"折中效应"。

除上述几种策略外，还有基于锚定效应、现状偏见、心理账户等心理因素实施的营销策略，将在第 6 章中进行阐述。综上所述，随着网络市场的日趋成熟，那些违反商业道德和不适合市场发展规律的营销策略将被消费者所唾弃，并被市场所淘汰，越来越多

---

① 1979 年，美国普林斯顿大学心理学家 Daniel Kahneman 教授和斯坦福大学的心理学家 Amos Tversky 教授最早研究了这一现象，并在《Econometrica》上发表题为 "Prospect Theory: An Analysis of Decisionunder Risk" 的论文中将其命名为"损失规避"(loss aversion)。

② 1989 年，美国斯坦福大学商学院 Itamar Simonson 教授在《Journal of Consumer Research》上发表了题为 "Choice Based on Reasons: The Case of Attraction and Compromise Effects" 的著名论文，第一次论述并证实了"折中效应"的存在。

的网上消费行为会逐渐趋于理性。虽然在激烈竞争的网络市场环境中，消费者和企业都会变得更加谨慎和成熟，但人类本性造就的心理特征是难以改变的。因此，在网络营销中巧妙地运用这些可能导致非理性决策行为的心理效应，为其创造赢利的机会，值得企业去探索和实践。

本章小结

网络消费是人们借助互联网络实现其自身需求满足的过程。网络消费者指通过互联网购买产品、进行消费的人或组织。网络消费者市场具有市场分散、交易规模小、方式多样化；受消费者个人因素影响大，购买行为具有很大的可变性和可诱导性；需求多样性和差异化，供求关系复杂等特征。与传统市场中的消费者相比，网络消费者具有年轻化、知识性和角色多元化等新特征。网络环境下的消费者可以网络消费者画像来进行描述，网络消费者画像包含人口统计、生活方式、线上行为、线下行为和社交行为五个特征要素。

网络消费者的购买动机是指在网络消费环境中，能使其产生购买行为的某种内在的驱动力，分为需求动机和心理动机两大类。生理、安全、社交、被尊重、认知、审美和自我实现的需求也是网络消费者的基本需求动机。在 Web3.0 的双向互动时代，层出不穷的新媒体全面满足了人们不同层次的各种需求，互联网在满足马斯洛的各层次需求方面所发挥的功效已远远超过传统的社会环境。网络消费者的消费心理动机与传统环境相同，包括理智、情感和惠顾三种。消费需求、消费成本和消费环境仍然是影响网络消费者购买行为的主要因素，但与传统营销环境相比，这些因素的内涵发生了变化。网络消费者购买行为有习惯性购买、有限型购买和扩展型购买三种基本决策类型。其决策过程主要包括发现、研究、购买和吸引四个阶段。涉入理论是近年来用于分析消费者行为的新理论，根据涉入理论，消费者行为分为低涉入消费行为和高涉入消费行为两类。在网络环境中，这两类消费行为的决策过程有较大差异。

组织机构的网上购买是指组织机构通过互联网完成采购全过程的行为，分为生产者市场、中间商市场、政府机构市场与非营利组织市场的购买等类型。网上采购除具有传统市场中的那些特征外，还呈现出不断涌现新市场与商机、"零库存"和"准时生产"成为现实，以及降低了购买成本等新特征。网上组织购买模式分为供应商导向、购买者导向和中介导向三种。通常，一个完整的组织购买过程分为识别与提出需求、明确需求、描述需求、寻找供应商、征求供给信息、选择供应商、签约订购、绩效评估等八个阶段。环境、组织、人际和个人是影响组织购买行为的主要因素。

互联网的信息传输效率高、信息量大，但也出现了信息不对称问题，给市场交易带来影响。为有效实现网上购买行为，要提高网络环境下营销信号的有效传递能力和信号甄别能力，以减少逆向选择和道德风险。针对网络环境中的从众性消费、随意性购买、追求低价消费、情绪化消费等非理性消费行为，企业一方面要引导消费者实现理性消费，另一方面要采用对比效应、评估模式、损失规避、折中效应等非理性心理策略开展营销。

关键术语

网络消费者　　网络消费者市场　　网络消费者行为　　半人马

网络消费者画像	需求层次理论	消费成本	信息搜寻成本
涉入理论	网上采购	网上组织市场	中间商市场
公共采购	合法性因素	营销信号	信息传递
信号甄别	信息不对称	私有信息	公共信息
实意信息	象征信息	客观质量	感知质量
买方的有限理性	信息丰裕度	非理性消费	消费者机会主义行为

思考题

1. 网络营销如何适应现代消费者购买行为的变化趋势?
2. 年轻化是网络消费者的特征之一,他们的消费行为对网络市场将产生怎样的影响?
3. 简述网络消费者画像在网络营销中的作用。
4. 如何理解"在持续互通互联的消费者面前,传统的'销售漏斗'已经过时"的观点?
5. 通过实例说明网络环境下高涉入购买行为与低涉入购买行为的差异。
6. 简述网上采购的特征,举例说明。
7. 结合具体案例,说明在网络环境中组织购买行为的影响因素主要来自哪些方面。
8. 互联网环境下为什么会产生信息不对称的状况?
9. 如何借助互联网来提高营销信号传递的有效性?
10. 网络环境中如何增强有效营销信号的甄别能力?
11. 结合网络环境下由于信息不对称产生的逆向选择和道德风险问题,提出解决的思路。
12. 在网络环境中,如何利用消费者的非理性心理开展营销?以实例说明。

参考文献

[1] 曹虎,王赛. 数字时代的营销战略[M]. 北京:机械工业出版社,2017.
[2] 董志强. 无知的博弈:有限信息下的生存智慧[M]. 北京:机械工业出版社,2009.
[3] 刘官华,梁璐,艾永亮. 人货场论:新商业升级方法论[M]. 北京:机械工业出版社,2017.
[4] 韦康博. 互联网大败局:互联网时代必须先搞懂的失败案例[M]. 广州:世界图书出版广东有限公司,2016.
[5] 郑毓煌,苏丹. 理性的非理性:谁都逃不过的10大心理陷阱[M]. 北京:中国商业出版社,2013.
[6] 周洁如. B2B营销:理论体系与经典案例[M]. 上海:上海交通大学出版社,2015.
[7] 中国互联网络信息中心. 历次中国互联网络发展状况统计报告[OL]. www.cnnic.net.cn.
[8] [加] 基思·斯坦诺维奇. 决策与理性[M]. 施俊琦,译. 北京:机械工业出版社,2016.
[9] [美] 巴里·施瓦茨. 无从选择:为何多即是少[M]. 凌伟文,译. 北京:中国商务出版社,2005.
[10] [美] 赫伯特·A 西蒙. 管理行为[M]. 詹正茂,译. 北京:机械工业出版社,2007.
[11] [美] 唐·舒尔茨. SIVA范式——搜索引擎触发的营销革命[M]. 李丛杉,等,译. 北京:中信出版社,2014.

[12] [美] 约瑞姆·杰瑞·温德. 聚合营销：与"半人马"并驾齐驱[M]. 解杜娟,译. 北京：中信出版社，2003.

[13] [英] 维克托·迈尔-舍恩伯格，肯尼思·库克耶. 大数据时代：生活、工作与思维的大变革[M]. 盛杨燕，周涛，译. 杭州：浙江人民出版社，2013.

[14] [英] 亚当·乔伊森. 网络行为心理学——虚拟世界与真实生活[M]. 任衍其，魏玲，译. 北京：商务印书馆，2010.

[15] 倪轶容. 阿里巴巴有一群神奇的男人，比女性更了解卫生巾和丝袜！[OL]. 天下网商[2018-03-14], http://www.iwshang.com/Post/Default/Index/pid/255054.html.

[16] 李英锋. 外卖平台原材料公示是网络版"明厨亮灶"[N/OL]. 法制晚报[2018-04-08], http://bbs1.people.com.cn/post/1/1/2/166989525.html.

[17] [美] Robert Williams. 这家卖羽绒服的，居然敢把店开到夏威夷…[EB/OL]. 商业周刊中文版微信号 businessweek [2018-05-19], https://mp.weixin.qq.com/s/Q77kN8qZVz_X79Qq_4Uslg.

[18] Greenwald A G, Leavitt C. Audience involvement in advertising: four levels[J]. Journal of Consumer Research, 1984(11): 581-592.

[19] Zaichkowsky J L. Measuring the involvement construct[J]. Journal of Consumer Research, 1985(12): 341-352.

[20] Hsu T, Lee M. The Refinement of Measuring Consumer Involvement-an Empirical Study[J]. Competitiveness Review, 2003, 13(1): 56-65.

案例研讨

消费者为何放弃"袜管家"

据调查，2010年我国的袜子市场规模约为200亿元，并以20%的速度增长。因此，2011年前后，"袜管家""男人袜"等一批专做袜子生意的网站相继开业，它们或是有国外专营袜子的垂直B2C电商企业支持，或是借鉴其经营理念与销售方式，采取了一些有特色、有情趣、灵活多样的服务方式来吸引用户，满足消费者周期性购买的需求，一度将袜子的网购生意做得风生水起。然而，好景不长，在经历了2~3年的短暂风光后，它们都相继停业。尽管这其中有许多众说纷纭的原因，难以逐一道明，不过通过"袜管家"潮起潮落的经历，也许人们能从中悟出一些道理。

2010年12月，"袜管家"这个源自美国西雅图的电商网站登陆中国大陆，与传统B2C直销模式不同，它定位于服务性质的B2C，其业务重心放在袜子"订购"和"无限装"的服务上，通过包年等方式进行周期性的自动投递服务。

为适应本土市场，"袜管家"进行了许多创新和改进的尝试，并取得了一定的实效。2011年7月，"袜管家"针对女性消费者推出了名为"在线撒娇"的服务功能：女性消费者在网站上选择中意的商品放入购物车，再点击"我要撒娇"按钮进入撒娇页面，在此，可选择自己的男士朋友作为"撒娇"对象，填写他的邮件地址，再附上一段温馨的话语，然后确认发送。"撒娇"对象收到这封来自"袜管家"的邮件后，如果选择接受，即可为该订单买单，撒娇购物就此完成。这种情趣化的购物功能与淘宝的"找人代付"功能类似，只不过代付之人是女性消费者特邀的合适对象。

虽然"在线撒娇"功能所适用的对象主要是情侣，但在实际操作中，亲朋好友都可以成为"撒娇"的对象，这是一个庞大的消费群体。因此，这个富有生活情趣、应用范围广阔并具实际操作性的功能作为"袜管家"精细化服务的延伸之一，有助于提升消费者的购物体验，同时也是一种很好的赢利创意。

此后，"袜管家"于2011年9月推出了全球首创的袜子包年"无限装"服务。这是一种订报纸、订牛奶的购买方式，用户一次性支付299元费用后，即可在一年之内无限次地领取袜子。实现此服务的操作非常简单，用户通过"袜管家"选择"无限装"服务并订购成功后，将在第一次收到三双袜子的同时获得一个领取码，此后凭该领取码即可在服务期内的任意时刻登录"袜管家"网站或拨打客服热线进行下一次领取，没有次数(数量)的限制，并且全部包邮。

有人为"袜管家"在内地范围开通的这项服务算了一笔账，以送货时间平均5天来计(实际上一、二线城市还不到2天)，一个用户每月可领取6次，每次3双。按"袜管家"当时给出的男袜35元/3双来计，一个用户一个月实际可消费210元，一年就是2520元。即使每月领一次，一年的费用为420元。这与"袜管家"从每位用户那里获得的299元包年费相比，肯定是一个只亏不赚的买卖，既然如此，"袜管家"为何乐此不疲呢？按照"袜管家"当时的决策思维，原因有二。

其一，"袜管家"定位的消费群体是学生当中的富二代、黄金单身男女、双方都忙于工作的高收入家庭和常出差、常丢袜子的人等。他们的共同特征是有钱而忙碌，因此，包年服务可以满足他们的需求；另外，经济上的阔绰，使他们在消费中较少出现贪小便宜的行为。

其二，并不是所有的产品都符合周期性循环消费需求，因此，"袜管家"把产品定位在对花色等个性需求并不会太多的"正装袜"上，这种同款纯色袜子主要是日常实用，用户一般不会将其收藏。另外，喜新厌旧是许多人所具有的心理，多领的欲望会随新鲜感的逐渐消退而弱化，因此，多领花色、类型单一的"正装袜"不会成为一种常态。

然而，业内人士认为，这种颇具理想主义色彩的分析与当今社会的现实相差甚远。领取袜子和吃包子所具有的边际效益递减规律完全不同，且不说遇到贪小便宜者的恶意滥领，就是普通人也会出现机会主义行为，这项考验人之欲望的服务还能继续下去吗？

现实很快给出了明确的答案。2012年10月16日，"无限装"服务上线一年之际，"袜管家"宣布"无限装"服务暂停，并通过官网发表声明称："服务上线逾12个月以来，恶意大量领用囤货，恶意大量领用送人，恶意大量领用转售的行为屡禁不止。一些用户是每次收到就领取，从不间断，更有甚者谎称领取码丢失从客服人员口中套取领取码，以实现提前领取、加倍领取的目的。这一系列的违规行为严重侵犯了正常使用用户的权益，也完全违背了袜管家'无限装'的服务条款，更大大影响了整个袜管家团队的健康发展。"该声明实际上宣告了"无限装"服务的失败。

然而，由此产生的负面影响却让"袜管家"始料未及。尽管"袜管家"有着诸多的苦衷和停止"无限装"服务的理由，但此举在消费者那里所产生的感受基本是相同的，他们会把商家的这种行为视为不讲诚信，从而拒绝商家的任何产品或服务。事实也是如此，"无限装"停止服务，立即引起消费者的一片抱怨声，一位顾客在网络论坛中写道："那个袜管家就是一个骗子公司，什么全年无限装，发到一半就不发了，说是自己赔钱。你打电话投诉，他们就把你的电话加入黑名单，让你都打不进去，太气人了。"

诚信是商业活动之基，失去它就意味着失去了客户，也就宣告着其商业生命的终结。尽管自2012年11月20日起，"袜管家"宣布放弃订购业务，整体转型为袜类互动导购社区，但因产品并未发生变化，所面对的仍然是原来的消费者。因此，这时再提供什么"全品类、全品牌的男袜、女袜、童袜等精品袜类"，也难以赢来回头客。"袜管家"在这种舍本逐末的状态中煎熬苦守到2013年5月再也支撑不住，一头栽倒在现金流断裂的门槛上未能起来。

案例思考题

1. "袜管家"失败的主要原因是什么？

2. "袜管家"看好包年"无限装"经营方式是基于怎样的思维？为什么业内人士认为这是一种理想主义色彩的分析？

3. 业内人士指出，"袜管家"应当建立符合中国国情的商业模式，并结合国内的市场实际，有选择性地借鉴国外的经验，根据中国消费者的特征，实施有针对性的营销策略。对此，你怎么看？

第4章 网上市场调研

 本章提要　本章主要围绕网上市场调研的基本方法与应用展开论述，介绍了网上直接调研和间接调研的常用方法、手段以及可利用的相关资源、工具及应用，网上信息的评价方法和相关工具。本章的重点是掌握网上调研的常用方法、搜索引擎等工具的使用，以及相关资源的利用，网上信息评估的思路。本章难点是理解网上信息评估的思路与应用。

引　例

肯德基为何不接 POS 机却刷支付宝？

肯德基进入中国快 30 年了，一直不使用 POS 机收银，但却接受了支付宝和微信支付，这是为什么？

从门店的角度看，肯德基拒绝 POS 机的原因很简单：POS 机收银速度慢。POS 机刷卡支付的流程是：收银员输入金额→顾客输入密码并确认→机器发送支付信息→接受银行反馈信息→打印→顾客签单。据测试，1 次刷卡支付的时间大约可以接待 4 位现金结算的顾客。相比之下，用支付宝或微信支付则简单快捷得多，只要扫一下顾客手机上的"付款码"即可完成，比现金支付还快，而且省去了找零环节，降低了差错率，门店每天的扎账结算也更为便捷。

其实，中国银联建立的支付体系是非常安全、完善的，其便捷程度与支付宝相差无几，但肯德基为何还要选择支付宝而不是银联支付？看看肯德基在使用支付宝和微信支付中开展的营销活动，也许能初见端倪。

肯德基针对使用支付宝和微信支付的顾客推出了如下活动。

(1) 数量限定："消费满 5 次送 1 次"，无需带积点卡，由手机记录顾客的消费情况；

(2) 金额限定：通过统计顾客到店的次数，筛选出多次消费累计达到一定金额的顾客，给他们发放"优待 VIP 券"；

(3) 活动促销：请顾客参与诸如为脆皮鸡或原味鸡"投票"的活动，并给投票者发送电子折扣券；

(4) 沉默唤醒：针对"好久没有消费记录"的顾客，推送诸如"在店内使用支付宝支付送上校鸡块"的信息，提醒和吸引顾客到店消费；

(5) 年龄优惠："六一"前后向购买儿童餐的顾客、"五四"青年节前后向 30 岁以下的顾客推出"专属优惠"，并长期派发"专属生日优惠券"。

以上活动并非肯德基独创，其老对手麦当劳也有类似的玩法，借助于支付宝，麦当劳推出的活动是：

(1) 发送专属学生优惠券，凭券领取水泥甜筒 1 支；

(2) 专享价，对用余额宝支付的用户，可以 1 元的优惠价买 1 支水泥甜筒；

(3) 在北上广深四个城市，给看过"拿下今天"手机视频广告的用户，送新品麦煎饼；

(4) 在支付宝使用"麦当劳早餐闹钟"功能，送早餐麦满分(周一为免费早餐，其余时间是优惠券)；

(5) 发放 1 元甜筒优惠券(每人限领、发放有数量)，以便捷地统计使用率和到店率。

显然，肯德基、麦当劳选择支付宝，并非仅仅为提高收银结算的效率，而是看中支付宝和微信支付所带来的营销价值，与银联支付相比，支付宝的好处在于以下四点：

(1) 支付宝已经建立了消费筛选、电子优惠券引流、支付、结算的完整体系。而银联只是一个纯粹的支付工具，除了支付与结算有优势外，消费前无任何作为，无法为商家带来可以实施上述营销活动的机会；

(2) 被支付宝和微信培养出全新电子支付习惯的用户，已不愿意接受 POS 机繁琐的支付流程，况且银行卡使用的安全性未必高于支付宝，而且银联支付在使用成本方面也不具优势；

(3) 不仅是用户规模，还有支付场景的多样化，POS 机和银联在移动支付市场中也完全没有优势；

(4) 选择支付宝，还有品牌年轻化的考虑。对于一个品牌来说，收银方式不仅是品牌体验的形式之一，也是吸引用户的一种方式。以"80、90 后"为主的支付宝用户，使用手机支付，不仅方便也代表着一种新潮。肯德基使用支付宝，正是迎合年轻人的消费潮流，以体现自身品牌的年轻化、潮流化。

由此可见，肯德基在中国采用支付宝，不只是增加了一个快捷支付方式，更重要的是获得了一块新的营销阵地，除实施最热门的移动营销和互动营销外，还可以更低的成本获取顾客的相关信息，进行客户关系管理(CRM)，挖掘顾客终身价值。

4.1 概述

信息是企业经营的重要战略资源，开展网络营销更是如此。互联网应用的日益普及，使网上的信息越来越丰富，信息技术的不断进步和广泛应用，使一手资料的搜集越来越方便快捷；与此同时，各类专业市场研究和咨询机构也纷纷利用互联网发布和提供其搜集的各种数据和研究报告，使二手资料的获取也变得非常便利。互联网为市场调研提供了新的途径，越来越多的企业和机构开始利用互联网这个理想的信息环境和丰富的信息资源，采用各种有效的工具开展市场调研。专业人士对网上市场调研的未来非常乐观，营销大师科特勒就认为，在今后十年间，50%的市场调研将在网上完成。

4.1.1 网上市场调研诠释

1. 定义

市场调研是一个以科学的方法，有目的地、系统地搜集、整理、分析和研究某个组织面临的特定的市场信息，以便有针对性地制定相应营销策略的过程。市场调研所涉及的范围包括不同市场的需求，产品、服务、价格的可接受性，以及开发新市场的方法、促销效果、客户满意度等营销活动的方方面面，是开展市场营销不可或缺的重要工作。

相比于传统环境下的市场调研，目前，无论是在理论研究和实践应用方面，网上市场调研(online marketing research)都还处于探索阶段，其概念、方法、工作模式和评估标准等都未形成统一的认识，传统市场调研的理论、方法和手段也在网上市场调研中继续使用。综合国内外相关研究，网上市场调研可定义为，是基于互联网环境搜集、整理、分析和研究与营销活动相关信息的过程。

2. 网上市场调研的基本目的

置身于互联网环境中，若不是因信息不足而无法决断，便是被驳杂不纯的海量信息所淹没而罔知所措。因此，网上市场调研的目的就是要通过对大量信息的挖掘，得出有价值的信息，为经营决策尤其是开展网络营销提供依据。为此，网上市场调研主要围绕以下几个方面展开。

1) 把握市场行情

通过网上调研，了解诸如产品、价格、供求变动等信息，为制定产品(服务)、价格、渠道、促销方式、公共关系等策略以及研究营销效果提供依据。

 案例　　　　ZARA 的网上商店

2010年秋，快时尚服装品牌 ZARA 一口气在六个欧洲国家开设了网上商店，次年又分别在美国、日本推出网上零售业务，除通过交易增加营收，更多的是利用网络平台进行新产品上市前的市场测试。ZARA 通常先在网上进行顾客的消费意愿调查，再从线上反馈中撷取顾客意见，以此改进自己的产品。ZARA 将网上获得的海量资料看作实体店面的前测指标，他们认为能够在网上搜寻时尚资讯的人，对服饰的喜好、资讯的掌握、潮流的追逐等方面的能力，都明显优于一般消费者。此外，在网上抢先得知 ZARA 资讯的消费者，进入实体店铺购买的比率也很高。除了在网上商店中强化双向搜寻引擎、资料分析功能，将意见反馈给生产商，让决策者找出精准的目标市场外，此举也能向消费者提供更准确的时尚资讯，双方都能享受来自网上海量数据带来的好处。据统计，网上商店开设以来，每年至少为 ZARA 提升了 10%的营收。

2) 搜集现有和潜在客户资料

现有和潜在客户资料包括姓名、性别、职业、兴趣爱好、联系方式与地址，以及人口特征、购买行为习惯等，这些不仅是制定各种营销策略的依据，也是研究消费市场、消费者行为、客户满意度等不可或缺的信息。借助于互联网收集此类信息已成为众多企业开展网上调研的主要目的之一，如引例介绍的肯德基、麦当劳选择支付宝而不用POS，一个重要的原因就是使用支付宝方便收集客户资料。

3) 掌握市场环境信息

利用互联网了解相关国家或地区的政治、经济、法律、文化、历史、人文、地理等信息，可为市场可行性研究、市场机会与潜力分析、开拓市场、树立企业形象等策划工作提供依据。

4) 跟踪产业链上相关成员以及竞争者的最新动向

通过相关企业或机构的网站、自媒体官方账号等在线途径，搜集与之有关的信息，了解其经营动向，为分析市场竞争态势、制定经营战略、寻找合作伙伴提供决策参考。几年前，全球第二大信用卡国际组织万事达(Mastercard International)设立了专门的数字情报监控中心，实时收集互联网上涉及其用户和竞争对手的相关信息，这些信息涵盖43个市场26种语言，数据每4分钟更新一次，工作人员根据这些监控信息及时调整产品和营销方案。

除市场调研外，利用互联网还可以进行各种非赢利性质的调查活动，如统计调查、民意调查和一些特殊的专项研究调查。

3. 网上市场调研的基本方法

1) 市场调研的基本分析方法

定量研究与定性研究是社会科学的两种主要研究方法，也是市场调研的基本分析方法。定性研究的本质就是观察与探索，而且必然是先观察后探索。有人总结消费者在"双11"期间疯狂购物的三大原因是：①消费者的"后悔厌恶"心理，即消费者会因没买打折的商品而感觉自己吃亏了，比起买了便宜的假货被骗，更担心因错过此次商品降价的机会而后悔；②消费者的"好奇尝试"心理，面对"双11"众多降价的商品，消费者会觉得自己需要的东西太多，这也想买，那也想要，在"好奇尝试"的心理驱动下，买下许多原本就未打算买的商品；③消费者的情绪化消费，"双11"期间下单后享受"满减"和"省钱"的愉悦，让许多消费者乐此不疲，也成为许多商家期盼"双11"的理由。然而，这些结论主要来自定性研究，而且大多是基于观察基础上的"猜想"。

按照方法论的观点，猜想就是假设。研究者通过定性研究，来探索一个未知的情境，然后归纳出一些对情境的假设(猜想)。构成假设的元素是变量，以及变量与变量之间的关系——研究模型。研究模型是一种描述问题的表达形式，自变量与因变量之间的关系就是最简单的研究模型。例如，消费者的重复购买意愿是与其满意度、忠诚度、品牌诱惑力等因素有关的，对于研究消费者"重复购买意愿"这个问题，可以用图4-1的研究模型来描述，其中客户忠诚度、满意度、品牌诱惑力都是影响"重复购买意愿"的自变量，"重复购买意愿"为因变量。为研究它们之间的关系，必须有量化的研究，即以量化的答案来说明它们的关系。对假设的验证，或者说对研究模型的验证，就是定量研究，定量研究始于研究假设，而止于对假设的验证。网上市场调研不仅需要定性的研究，更需要有数据支撑的定量研究。

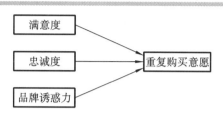

图 4-1　消费者重复购买意愿的影响因素

2）调研信息的搜集方法

根据市场调研搜集信息的方法不同，网上市场调研也分为网上直接市场调研(online primary research)和网上间接市场调研(online secondary research)两种基本的信息搜集方法。

直接调研属于原创性的工作，是指调研人员根据特定的调研目的，通过现场实地调查，直接向有关调研对象搜集第一手资料。因此，网上直接市场调研是指为特定的调研目的，通过互联网搜集、记录、整理和分析第一手相关资料的过程。网上直接调研的突出优点是时效性和效率很高，初步调查结果在调查过程中即可得出，并可以实时互动地公布一些统计性调查结果，便于实时跟踪调查过程。其不足之处在于理想的被调查对象难以选择和控制，实际的调查样本不一定能满足调研的要求，有时甚至可能出现样本重复、调查数据不真实，以及调查数据无法进行抽样核实等情况。因此，有效可靠的网上直接调研还需要从技术、方法和控制等方面进一步完善。

间接调研主要是获取和利用先前已由他人收集、记录和整理的各种相关资料，即利用第二手资料。作为一种信息媒体，互联网所涵盖的信息远远超过任何传统媒体。对调研者来说，网络广告，企业、政府部门网站上发布的需求信息，招商、招标信息，高校和科研机构在网上发布的科技成果信息等，都蕴藏着大量有价值的信息。网上间接市场调研就是通过互联网收集、处理与分析这些二手资料，使其成为有价值的商业信息的过程。

两种信息搜集方法各有优势，互联网的发展使两者之间的界限日趋模糊，尤其是在资源及工具的使用方面。尽管如此，根据实际情况灵活地应用两种方法，才能更有效地发挥网上市场调研的作用，取得预期甚至超预期的调研效果。

4.1.2　互联网时代营销调研的变革

移动互联、大数据、云计算和物联网技术的发展与应用促进了调研工作模式的变革、方法和手段的创新，主要体现在四个方面。

1. 调研方式由依靠人工手段，转向基于技术手段的在线调研

传统的问卷调查、会议座谈、实地观察、文献研究、深度访谈以及资料收集与归纳梳理等调研方法或手段，都是以人工和面对面方式进行的。人工调研的优势在于调研人员能够直观地掌握第一手资料，但调研样本采集困难、成本高、周期长、调研环节监控

滞后等也是难以克服的弊端。

互联网环境下的调研不仅可以实现以在线问卷、座谈、观察以及深度访谈、文献研究方式进行的调研，而且可以利用大数据、云计算等科技手段，采集和处理传统调研方法难以获取的海量数据和资料。与传统的人工调研相比，基于技术手段的调研具有信息收集的广泛性、调研数据的及时性和共享性、数据处理的便捷性和经济性、调研结果的准确性等显著优势。例如，通过 IP、Cookie 等技术手段，对受访者的注册信息和答题过程进行甄别，可有效提高在线问卷调查的真实性和可靠性。而不受时空限制的在线调查，省略了许多传统调查不可或缺的环节，大大缩短了调研周期，提高了调研效率。

2. 数据基础从有限样本采集与分析，转向云数据、全覆盖数据调研

在互联网和信息技术革命的强力驱使下，调查研究的基础工作——数据获取与处理，面临新的挑战。传统的调研工作大多是采用样本采集分析的方式，这种通过利用少量信息来研究调查对象整体情况的方式，实际上是比较粗糙的，难以获得可靠的分析信度。在大数据时代，云数据和全覆盖数据具有体积大、类型多、速率高、效度较准但价值密度低等特点，这使得在线调研的基础工作发生较大的转变，人们对调研对象的研究不是依靠少量数据的分析，而是基于与其相关的所有数据，人们也不再只是追求数据的准确性，更乐于接受纷繁复杂的各类数据。

如今，各行各业、各类机构尤其是政府部门通过互联网发布的共享信息，是市场调研获取云数据、全覆盖数据的基本前提。因此，在线调研应通过各种媒介平台并借助先进的技术工具，搜集、梳理、分析海量信息，获取网络舆情、市场动向、消费趋势等信息，形成覆盖调研所涉及的全方位因素的云数据，以提高调研水平，夯实数据基础。所以，一方面，在线调研要尽可能掌握和运用更多的数据，以便更精准地考察细节并进行分析；另一方面，也要认识到海量数据存在的"偏向潮流""过分解构"等局限性，采取调查问卷、深度访谈、焦点座谈与二手资料研究、标杆分析等相结合的方法和手段，将获取的海量数据与可信的数据样本进行对比和相互印证，从而提高调研数据分析处理这一基础工作的科学性。

3. 研究方法从因果分析、逻辑推理调研，转向关联或非关联等相关因素的多种分析模式

因果分析、逻辑推理是传统调查研究的基本模式，由此得出的结论大多需通过实践进行验证或修正，有的甚至会被证伪或推翻。其主要原因在于人们的主观分析和推理与客观世界现实存在的信息严重不对称。受技术手段、接触范围、认知能力等因素的制约，人们只能从无限丰裕的客观世界中获取极为有限的信息，再凭借经验、常识以及主观好恶对抽样数据进行判断、分析，借以推测事物的全貌，这其中不乏"猜想"。这种由局部推测整体的调查研究就如同盲人摸象一样，必然会出现偏差，其结论甚至会与事物的真实状况大相径庭。

20 世纪 90 年代，沃尔玛超市将 Aprior 算法引入到 POS 机数据分析中，从 10 多万种商品中发现了啤酒与尿布的相关性，于是将这两种商品摆放在一起，进而大幅提高了啤酒的销量，类似案例不胜枚举。如今，充分利用互联网、云计算等科技手段，对不断涌现的海量数据进行统计性的搜索、比较、分析、归纳，不难发现原本一些似乎毫不相

干的事物之间存在着较高的关联度，这是传统因果分析、逻辑推理调研难以解释和无法企及的。因此，大数据时代的调查研究不必、也不应再拘泥于对因果关系的探究，完全有条件实现向关联或非关联等相关因素的多种分析模式转变。

4. 调研导向由已经发生的静态历史数据挖掘，转向不断变化的动态实时信息追踪

传统的调研方式着眼于历史上已经发生的和现实存在的种种问题，通过精确的样本处理和深度的数据挖掘，剔除不符合要求的样本，找出现状、问题、原因与对策建议之间的"因果关系"，是对某一时点的静态分析。而基于大数据思维的在线调研强调的是效率而非精确度，更多的是通过各种数据分析得出某种趋势和事物发展的规律，这种趋势未必要精确，但是能够让决策者有做出某种决定的充足依据；由于数据来源广泛且不断变化，因此，在线调研更强调动态性和持续性，即对现实情况的分析、问题的查找和建议的提出都将随着数据的变化而不断变化；更为重要的是，这种调研是着眼于未来，对于已发生的情况解释和问题分析都是为了今后事物的发展、前景与走向，即通过充分的数据分析以预测的形式来表现这种趋势。

综上所述，尽管网上市场调研的基本目的与方法未发生本质的变化，但企业必须顺应信息时代的发展，在调研手段、工作模式和具体方法方面吐故纳新，而不是墨守成规。

4.1.3 网上市场调研的优势与不足

1. 优势

利用先进的技术手段实施的网上市场调研突破了时空的局限，除具有时效性、开放性、效率性等特点外，其主要优势体现在以下几方面。

1) 共享性

通过互联网，企业能迅速发布调查信息，展开调研工作，而且通过计算机系统的统计分析处理，能快速及时地获取调查结果。不仅调查工作实施快，而且调研结果可通过互联网广泛传递，实现调研信息的共享。对于新产品的市场预测、消费者行为调研等，强调信息共享的调查项目尤为重要。

2) 经济性

网上市场调研不需要派出调查人员和印刷调查问卷，调查过程中最繁重、最关键的数据录入是由分散于全球各地的用户在自己的终端上实现，信息处理也由计算机自动完成，所有这些大大降低了调研的成本，而且十分便捷。另外，样本大小对成本几乎不产生影响。专门从事在线调查业务的美国 NPD 集团负责人托德·约翰逊(Tod Johnson)曾经这样评价：在网上，10 和 10000 没有多大的差别，网上市场调研的成本将比传统市场调研方式减少 10%～80%。

3) 充分性

互联网的交互性为网上市场调研创造了一种无调查人员在场的相对轻松和从容的氛围，能取得面对面提问难以获得的效果。被调查对象可以自由地就调查的问题阐述自己的看法或建议，还可以减少因问卷设计不合理导致的调查结论偏差。由于无时空限制，被调查对象有充裕的时间和足够的思考空间，来详细理解调查问卷的内容，在充分准备后进行回答，这种充分性有助于提高调研的质量。

4）准确性

网上调研可通过对调研过程中所涉及的相关信息质量实施系统的检验和控制，以提高调研结果的准确性。首先，通过标准化的网上调查项目(问卷)设计，并附加规范的指标解释，可消除或减少因对指标理解或调查人员口头解释口径不一致所产生的调查偏差；其次，在调研信息的处理上，通过计算机中设定的检验调节和控制措施，自动识别无效数据，避免了传统人工处理中容易出现的差错；最后，通过被调查对象的身份识别与验证技术可有效防止调查过程中的舞弊行为。

2. 网上调研需克服的短板

网上市场调研也存在一些不足，其最大的一块短板就是调查效果受制于被调查对象，这将导致调查样本的局限性和非均衡性。按照市场调研理论，理想的调查样本应能代表并解释总体的情况，从而帮助调查人员对消费者的想法和行为做出准确的评估。为此，设计样本需解决以下三个问题。①确定调查样本。样本要具有代表性，即要选取谁作为样本。②确定样本规模。样本要有足够的数量，即要选取多少样本，大样本显然比小样本的调查结果更可靠，但并不意味着要对整个目标市场或大部分目标市场(群体)进行抽样。③确定调查对象(样本中的人选)，即怎样进行抽样。

与传统调研方式不同，任何一位网络用户都可以填写调查问卷，也就是说，网上调查的样本数据采集是由网民"自由参与"提供的。因此，上述三个问题便成为开展网上市场调研需要克服的短板，这也使网上市场调研面临两大难题。

(1) 目标市场(群体)调查样本的代表性、规模、调查对象等难以保证。虽然企业网站的访问者一般都是关注该企业产品或对其产品有兴趣的人士，在这种情况下，被调查对象一般都会自愿参与或接受在线调查，回答问题也相对认真，从而获得较好的调查结果。但从整体上看，由网民"自由参与"形成的调查样本很难对希望调研的目标市场(群体)具有足够代表性，这将直接影响调研数据的准确性。如何根据具体的调查项目和被调查群体选择调查样本，是需要探索的重要任务。

(2) 来自网上的样本及采集的样本数据难以控制。一方面，网上调研中被调查对象不会受到调查人员或其他外在因素的干预与误导，可以独立思考并主动地完成调查问卷，因此，调查结果能够较客观地反映被调查对象的真实意见或观点；另一方面，在无调查者在场、非面对面的网络环境下，被调查对象没有任何压力和责任，很容易导致其回答问题的随意性，甚至弄虚作假。另外，还可能出现一个人重复多次填写问卷的情况，导致问题复杂化。所以，从网络用户"自由参与"的样本中获得的数据并据此得出的调查结论，往往难以达到预期效果。

综上所述，网上市场调研虽然有明显的优势，但其短板一时半刻也不可能得以克服，因此，目前网上市场调研主要适用于能获得有代表性的样本和调查过程不太复杂的场合。

4.2　网上直接市场调研

4.2.1　主要途径

目前企业进行网上直接市场调研主要有两个途径：一是利用 Web 网站、社会化媒体与自媒体发布 Web 页或 HTML5 页面的调查问卷，用户浏览页面并在线填写答案；二是借助于专业在线调查机构，将传统的调查过程完全网络化、智能化，并对所搜集的数据进行深度分析，形成系统的专业调研报告。

1. 利用 Web 网站

利用 Web 网站开展直接调研的优势是实施成本较低，所有到访网站的用户均可参与，因此适合于涉及面广、被调查对象宽泛的调研。其主要弊端是：①对调查样本的代表性、规模以及调查对象的行为(重复答卷、随意回答问题等)无法控制；②对技术人员的依赖性较大，一些没有调查系统自动生成的网站，每份问卷都要依靠相关技术人员来制作。

2. 利用社会化媒体

参考 2012 年尼尔森在线研究对国内社会化媒体平台的划分，目前我国的社会化媒体主要有博客、微博、微信等即时通信、音乐分享、图片分享、百科、消费点评、视频分享、直播平台、游戏、社交电商、签到、团购、订阅，以及各种主题论坛等形式，其中许多平台的目的就是收集用户信息，如消费点评、主题论坛。社会化媒体是一种低成本市场调研的渠道，不仅可以通过博客、微博以及微信等自媒体发布调查问卷，利用朋友圈开展专题讨论、深入访谈等，还可收集网民在消费点评、主题论坛中发表的言论(即观察法)。

3. 利用专业在线调研机构

利用专业在线调研机构进行调研具有如下优势。①可有效掌控调查对象和调查样本。专业在线调查系统可以利用内在的逻辑校验等分析工具，自动筛除不符合调查要求的样本，在此基础上可对数据或调查结果进行交叉分析，得出筛选或交叉分析报告。此外，还可根据所掌握的样本库，针对不同的调查需求，将问卷发送给不同的样本。②对技术人员的依赖性较小。调查者可利用专业调查系统生成所需的问卷网页，例如，客户只要登录数字 100 市场研究公司的 Surveycool 在线调查系统(www.surveycool.com)[①]，录入问项即可制作出 Web 问卷。③专业调查系统对配额、结果进行自动控制，避免样本的浪费，有效降低成本。④调研结果和数据可以长期保留。当然，由于专业在线机构调研需要对调查系统的样本库进行维护，因此，实施成本较高。

专业在线调查机构的主要运作方式是以有偿方式吸引被调查对象接受在线调查。当用户成为某调研机构的注册成员后，该公司会定期邀请成员参与调查，如每个月通过 Email 或手机 App 发送 3~10 次调查问卷，每填写一份问卷可获得相应积分，当积分累计到一定的数额后，在线调研机构会通过银行或支付宝之类的第三方支付机构向用户支付酬金。表 4-1 列出了国内一些从事在线市场调研的专业机构。

---

① Surveycool 在线调查系统提供七个调查功能模块：建立问卷、问卷测试、问卷发送、数据回收、统计报告、项目管理以及系统使用权限设置。

表 4-1 国内部分从事在线市场调研的专业机构

机构名称	网址	主要业务范围
数字 100 市场研究公司	www.data100.com.cn	新产品推广、满意度、品牌、广告测试、神秘客户监测等
中国市场调查网	www.cnscdc.com	市场宏观信息、渠道与环境研究、竞争者调查、市场价格监测、消费者行为调查、企业市场份额调查、新产品市场测试调查等
艾瑞调研社区	www.iclick.cn	网络消费者行为调查
中文调查网	www.surveys.com.cn	各种商业调查
集思网 OpinionWorld	www.opinionworld.cn	各种商业调查
易调网	www.yidiao.net	各种商业调查
问卷星	www.sojump.com	各种商业调查
点众调查网	www.valuedopinions.cn	各种商业调查
大家说网调地带	www.dajiashuo.com	各种商业调查

三种网上直接调研途径各具优势和不足,用户可根据实际情况灵活选择相应的途径。

4.2.2 主要调研方法

传统环境下直接调研采用的访问法、观察法和实验法三种基本方法都可应用到网络环境中,其中最常用的是访问调查法,即由访问者向被访问者提出问题,通过被访问者的口头回答或填写调查表等形式来搜集市场信息,具体形式有在线问卷、专题讨论和实验调查法。

1. 在线问卷法

问卷调查法是调查者运用统一设计的问卷向被选择的调查对象了解情况或征询意见的调查方法,是获取第一手资料最常用的调研方法。在线问卷法是传统的问卷调查法在互联网上的延伸,广泛应用于各种内容的在线调研活动中。以实现的技术方法为标准,在线问卷法分为站点问卷法(包括通过 App 和自媒体账号投放的问卷)和电子邮件问卷法两类。

1) 站点问卷法

站点问卷法是将调研问卷以 Web 或 HTML5 页面的形式通过一个或多个网站、App、自媒体账号发布,由浏览者或用户在线回答问卷的方法。在线问卷既适合点击按钮或下拉菜单方式回答问题的单选、多选题型封闭式询问,也适用于在文本框里输入信息的开放式询问,同时还可以采用量表应答式的询问。

与传统方法相比,站点问卷调查除具有快捷的调查数据录入与处理,并可通过技术手段控制抽样误差的特点外,还有一个突出的特点是,不仅能提供调查项目的全部资料,而且可通过超级链接方式,向被调查对象提供各种相关背景资料。如在进行产品调查时,可以提供产品的外形与内部结构,还可利用虚拟现实技术实现有形展示,而且可提供产品的技术指标、用户报告等详尽信息,这将有助于提高调查对象的兴趣和配合调查的积极性。

2) 电子邮件问卷法

该方法是将含有调研问卷的电子邮件发给调查对象,后者回答完毕后将问卷回复给调研机构。问卷可采用 HTML 或 HTML5 格式,也可以是普通文本格式或 Word 文档。

与站点法相比,该方法的主要优点是:调研者对样本选择有一定的控制力,可根据需要选择合适的调查对象,这有利于针对特定客户群体的调研;另外,电子邮件问卷可以在离线状态下从容作答,无时间压力,因此答复的质量较高。该方法的不足是匿名性较低,因为调研者知道被调查对象的邮件地址。这可能会让部分被调查对象在一些敏感问题上掩饰自己的真实看法;但换个角度来看,匿名性的减少,可能会使一些被调查对象在回答问题时更具有责任感。

规范的电子邮件问卷调查一般应遵从五个步骤。

(1) 前期测试。在开始大规模调查之前,应在样本集合中抽取少量个体进行预测试,目的在于检测问卷的可行性,如问卷的目的性是否明确,措辞是否准确,问题是否为非倾向性的,内容是否可接受,问项是否简明,匹配是否得当等等,都需在预测试的基础上进行调整与完善。

(2) 选取合适的调查对象。在开始调查之前,应搜集到足够多的有效 Email 地址。一般来说,若前期测试得到的某电子邮件问卷调查的回复率为 25%,按统计学公式计算出符合置信度要求(如 95%)的样本大小应为 25,那么需要搜集的 Email 地址应在 100 个左右。搜集候选调查对象的 Email 地址除平时的积累和购买邮件列表外,百度、雅虎(search.yahoo.com)等搜索引擎也是一条可以利用的渠道。

(3) 发出邀请。如今垃圾邮件泛滥已成为网络社会的灾害之一,警觉的用户为安全起见一般不会打开陌生邮件。因此,使用电子邮件问卷调研面临道德风险的问题,有人将通过电子邮件开展的营销活动称为"许可营销",意思是要经收人许可方可向其发送促销邮件,这应当成为需遵守的营销道德。因此,在发出正式的电子邮件问卷前,应通过电子邮件或其他通信手段向被选中的调查者发出邀请,在其愿意参与的情况下才能展开调查。

(4) 调查执行。调查过程中要随时监视回复情况,对快到期而尚未回复的被调查者,可以考虑发出提醒信息。有研究表明,及时提醒可将回复率提高 25%。调查中应充分考虑调查对象希望保护其隐私以及一些特殊要求,允许其使用匿名邮件、换用其他邮箱发送邮件或以其他方式回答问卷。

(5) 问卷处理。调查者对回复的调查问卷要及时处理,调查结束后问卷应妥善保存在可靠的存储设备上,并删除不具保留价值或无效的问卷。

需指出,为保证调查结果的质量,需注重调查问卷的设计。通常一份完整的在线调查问卷应包括卷首语、问题指导语、问卷主体及结束语等部分。卷首语说明由谁执行此项调查、调查目的、意义等,以便让调查对象了解该调查项目,让他们有兴趣来认真填写问卷;问题指导语向调查对象解释如何填写问卷;问卷主体包括问题及选项,在线问卷多采用封闭式问项;结束语中应对被调查者表示感谢。

2. 专题讨论法

传统调研中,人员面访主要以专题讨论的形式进行。邀请若干参与者,在有经验的主持人引导下,就某种产品、某项服务或其他营销话题展开讨论。网络环境下以专题讨论方式进行调研主要通过网络社区、社交媒体与即时通讯软件等手段进行，其形式并无改变，只是环境发生了变化。

专题讨论法主要适用于定性研究，尤其是焦点小组(focus group)座谈。在美国，焦点小组座谈占全国定性市场调研80%的份额，在硅谷，这种调查方式几乎是每种新产品上市前必须履行的一道例行程序。然而，传统方式实施的焦点小组座谈成本较高，据统计，在美国，一场典型的专题小组座谈的平均开销为4000美元。

相比之下，在线专题讨论除具有效率高、成本低的优势外，其优越性还体现在，全球各地的人都可以参与，不受地理位置和时间的限制，此外，人们在虚拟的环境下一般更敢于表达自己的真实思想。因此，在线专题讨论在国外常被企业用来搜集员工对裁员、调职、薪酬、福利等问题的反应，员工们可通过公司网站上的论坛与管理层以匿名方式讨论问题。

在线专题讨论实施的基本步骤是：①确定要调查的目标市场；②创建讨论的具体话题；③确定并邀请参加讨论的对象，通常一个在线焦点小组(讨论组)以 4～6 人为宜；④在相关平台开通对应的讨论组，并向受邀人员发送座谈的时间、网址或讨论组名称、进入密码以及讨论组规则等信息，参与者可通过访问指定网站或进入讨论组浏览讨论主题等信息；⑤引导参与者进行讨论，讨论时间一般不超过 1 小时，并通过软件记录全部的讨论内容，讨论结束时参加者应可以得到原始记录稿。

如今，网站论坛、即时通信软件、社交媒体的社群以及自媒体朋友圈等都可以作为在线专题讨论的实施平台。但这种方式也有不足：一是交流的形式比较单一，许多 IM 软件是以文本交流为主，其文字输入成为影响效率的瓶颈。虽然语音、视频聊天对此有所改善，但在线讨论方式缺少了传统面对面讨论的那种现场氛围，不利于激发参与者的辩论激情；二是缺乏对调查对象的全面掌控，调研人员或主持人无法确保讨论组成员能专心致志地参与讨论，而不是同时在做其他事情。

因此，很多情况下仍需要传统的专题讨论法，尤其是一些高度情绪化的问题或专业性很强的问题。目前，一些专业咨询或调研机构已经开始利用互联网将两种专题讨论方式整合起来。不少专业调研机构和大型企业已经将视讯会议设备(video-conference facilities)、手动匿名投票装置(hand-held polling devices)、访谈专用电脑记录软件等先进的技术手段应用到这些专题调研中。

3. 实验调查法

实验法是市场调研中搜集第一手资料的重要方法，在实验法中，调研人员(实验的组织者)根据调研的目的创造某种实验环境或条件，把调查对象置于特定(非自然状态)的实验环境中，通过有目的、有意识地改变或控制一个或几个影响因素，观察实验对象受其影响而发生动机及行为的变化情况，由此分析和认识这些现象的本质及发展变化规律。该方法最突出的特点是把调查对象置于非自然状态下开展市场调查，可提高调查的精度，所获得的调研资料比较真实、客观。实验法要求对实验的内容、步骤进行缜密设计，但由于影响市场变化的因素错综复杂，且相互影响和制约，其中很多是人为难以控制的，这使得实验结论难以与现实情况完全相符。

在互联网环境下，可以通过现场实验(亦称实地实验)的方式，在实际的经营环境或营销情境中通过信息技术手段或先进的仪器设备跟踪、观测并记录被调查对象的行为，直接考察人们在互联网环境中的经济决策行为,目前常用的主要有两种方法。

1) 观察法

观察法是指调查者在现场对被调查者的情况直接观察、记录,以取得相关调研信息的方法,它主要通过调查人员的直观感觉或借助一些专门的监测设备和仪器来跟踪、记录和考察被调查者的活动和现场事实,从中获取某些重要的调研信息。该方法避免了因被访者认知和理解偏差而产生的误差,但它受调查人员自身素质条件的约束较大,也无法观察被访者的内在动机及行为产生的原因。

互联网环境下的观察法也称在线观察法,是指通过观察正在进行的某些特定网络行为过程来解决某个营销问题。与传统市场环境下的观察法相似,在线观察是在被调查者无察觉情况下进行的,这将使观察法的运用更加自如。例如,目前许多网站要求访问者注册才能成为网站的合法用户,而用户的姓名、地址、电话号码及兴趣爱好等注册信息,便成为发掘客户需求的有价值的资料。运用观察法时,除注册信息这类显性信息外,更多的是发掘用户在访问网站过程中留下的相关信息,即隐性信息,具体可采用如下方法。

(1) 设置计数器。几乎所有的网站都设置了记录访问量的流量计数器。流量不仅意味着访问网站的访客多少,还可以通过流量分析掌握有效客户的数量和市场趋势。例如,通过对某类或某种产品信息的访问流量分析,可以反映出访问者(即潜在客户)的需求和兴趣;通过对同行业访问流量的分析,可以了解本企业在市场中的地位和产品销量所占的比例;通过对网页访问流量和各主题专栏访问流量分布规律的分析,可以了解企业网络营销的效果。

(2) 利用 Cookie 技术。Cookie 是一种可以跟踪来访者的技术,它是用户计算机硬盘中的一个文本文件,其中存储着用户在网上的行为特征。许多网站利用它来了解用户的上网特征和行为,以此来发现新用户和识别"回头客"。当一位客户首次访问某站点时,被访问的 Web 服务器就产生一个该客户的数字标识符 ID,以后每当这位客户访问该网站时,Web 服务器会根据该客户的 ID,记录下他的访问时间、次数、浏览过哪些信息等资料。

营销链接　　偏好预测与在线购物分析技术

一位网购者正在 B2C 网站 FigLeaves(www.figleaves.com)上仔细浏览有关丝制女士拖鞋的信息时,电脑屏幕上突然弹出了一条关于男士浴袍的广告信息。这似乎有点牛头不对马嘴,不过随着新一代预测技术在电商中越来越广泛地被采用,这种现象的出现也越来越频繁了。

顾客浏览女士拖鞋为何会弹出关于男士浴袍的信息呢?开先河者是位于马塞诸塞州剑桥的 ATG 公司,它专为 FigLeaves 公司提供消费者行为数据的分析处理服务。ATG 通过对 FigLeaves 网站上用户的浏览行为分析发现,一些女性网购者会在一周内的某个时段里为男士选购商品。尽管在许多情况下可能会得出错误的信息,但随着营销人员对网购者行为观察分析愈渐细微,此举有可能越来越准确地把握消费者的心理,并使计算机逐渐能用有经验销售人员的思维来准确地分析用户的行为数据。从点击鼠标到搜索查询,

> 网上不断增长的用户行为产生了无穷的数据，为通过计算机来分析处理这些数据以实现消费行为的预测提供了可能。正如 ATG 的竞争对手、位于得克萨斯州奥斯汀的 7 Billion People 公司 CEO 马克·纳盖蒂斯说："在消费者进店后的前 5 分钟，销售人员会留心观察他的一言一行。我们必须让计算机也具备观察用户在线行为的洞察力。"
>
> 考虑到人们对网上侵犯个人隐私现象日益严重的担忧，与颇具争议的弹出式广告技术不同，这种"偏好预测"(preference prediction)在线购物分析技术并不是去追踪网民上网后在各网站间漫游的行迹，而是专注于研究用户在 B2C 网站上的行为，即只是观察用户点击、购物和其他行为，并不搜集网购者的个人信息。
>
> ATG 公司正是通过这种预测分析方法找到了商品之间的关系，如丝制拖鞋和男士浴袍。ATG 公司还对网民在一段时间内的行为变化进行分析研究，当购物者在上班时间访问网站时，往往来去匆匆，而在周末他们会有更多的闲暇时光。因此，根据数据分析的结果，网站按照消费者在不同时段的行为进行了调整，引导消费者在周末时间进入网店消遣购物，而在周一则催促他们赶快去结账。通过分析处理海量数据信息，为每位网购者量身定制最合适的购物路线图。
>
> 7 Billion People 公司则使用各种模拟算法去分析消费者的网上购物行为，如通过分析点击鼠标的时间间隔，来判断购物者的匆忙程度；而那些长时间查看某种商品的顾客会被引导到信息更为详尽的网页上浏览；一些喜欢看演示来选择商品的购物者会欣喜地发现网页上已经出现了更多的商品展示视频可供点击观看。CEO 纳盖蒂斯说："诀窍在于要让网站适应消费者的需求。"

2) 人机实验法

随着科学技术的发展，通过高科技手段、利用先进的专业仪器设备创造一个近乎真实的模拟环境，或直接利用互联网环境，通过人机交互，对被试者的行为进行测试、观察、记录或检验，并依据监测设备提供的数据进行分析研究，正在成为经济管理与营销行为研究的应用趋势。目前，我国互联网企业、电信企业、商业流通企业、广告公司等已经开始在产品研发、网页设计、广告设计、商品陈设等工作中使用眼动仪进行的眼动实验。腾讯公司利用眼动追踪技术在 QQ 宠物等系列产品的开发中进行效果测试，提高了这些产品在与用户交互中的亲和力；一些网站也使用头盔型遥感式眼动仪测试网页中广告的投放效果，通过眼动分析为改进网络广告及网页的设计提供依据，也为评价设计效果提供客观的数据。

4. 利用网上专业服务资源

为使商业网站的功能得到更好发挥，经营者必须了解和有效地掌握网站的技术运行状况，如网站的流量检测统计、链接状况、响应速度等运行数据，以便有针对性地进行改进，这些工作称为网站运行分析，是一项专业性和技术性较强的工作。随着服务外包业务的发展，许多互联网企业都推出了相关的服务，以帮助企业用户了解自己网站的实际运营状况，优化网站的运营，解除开展网络营销企业的后顾之忧。下面是一些可供开展网络营销企业使用的专业服务资源。

1) 百度统计

目前，百度统计(tongji.baidu.com)提供了包括流量统计、访客分析、搜索引擎关键字分析等多种统计分析服务,供百度推广和百度联盟用户使用。用户只需在自己的网站源代码中安装百度统计提供的统计监测代码,此后便可获得各种相关的监测数据。

百度统计系统提供了"流量分析""来源分析""转化分析"和"网站分析"四大服务功能模块,以几十种图形化统计报告方式提供的各种流量统计数据,可有效地反映用户网站最近30天的流量变化趋势,全程跟踪访问者在被监测网站上的行为路径。例如,通过"访客忠诚度报告"可以监测访客访问频率、深度、时长;而"上下游报告"则能够帮助用户找到访问者在网站的访问习惯,从而有针对性地调整网站运营与营销策略。

除常规的流量统计功能外,通过百度推广集成,可为用户提供更为实用的推广效果监控和网站页面监控功能,如对关键词的转化率、百度推广的整体转化率等详细的统计,可帮助用户及时了解关键词、创意以及各种网媒推广的实施效果。

2) iUserTracker

艾瑞咨询推出的竞争对手与行业数据库 iUserTracker,是一款常用的网络用户行为监测数据库,其主要功能是分行业提供具体到某个网站的流量变化、用户组成、用户行为等数据,这是研究竞争对手必不可少的资料。由于 iUserTracker 是付费数据库,这对于企业来说是笔不小的开支,且其限制了使用账户数目(通常不超过 5 个),并要求绑定特定的电脑,因此,用户应在权衡使用成本与工作绩效的基础上决定是否选用。

需指出,包括 iUserTracker 在内的各种付费数据库的数据都来自样本监测,再以此按不同的算法推算整个互联网的情况,所以,这些数值可能会与用户自己通过相关分析工具获取的数据有出入。因此,用户应当把来自数据库的数据看作一种相对的、反映大趋势的数据,而不是针对某个网站或监测对象的绝对数据。

3) 国外网站提供的相关分析工具

目前,国外提供网站技术分析服务的资源也非常丰富,所提供的技术分析方法和工具都比较实用,有条件的用户,尤其是开展跨境网络营销的企业可以采用。

(1) Google Analytics(GA)。GA(analytics.google.com)是 Google 旗下的网站分析系统[①],可对网站的访问者进行跟踪,并能持续跟踪营销广告系列的效果,其市场分析功能可把网站的流量、点击量结合起来,计算出这些点击给网站带来的价值,给出投资回报分析及各种高级转化的图表式综合报告。GA 提供的各种数据比较客观,界面清晰明了,但该系统的操作过程和数据统计的侧重点与国内通用的模式有差异,因此主要适宜于专业的网站管理者使用,普通用户使用有一定难度。而且,GA 在前期搭建时需要技术部门的支持,且用户需通过 Gmail 邮箱进行注册,因此对国内用户有一定的使用门槛。

(2) Alexa[②],该网站(www.alexa.com)的特点是在网站排名的基础上可进一步估算被测网站的日均 IP 与日均 PV(页面浏览量),虽然精确度不够,但是在没有更多有效方式获取网站流量数据时,Alexa 提供的数据是可以参考的。

4) 社交平台及社会化媒体实时数据监测工具

借助于一些网络社交平台、社会化媒体的实时数据监测和分析工具,可以帮助营销者实施品牌监控、获取竞争对手或用户的有关在线信息,为辅助决策提供帮助。如友盟

---

① 可以将 GA 理解为一种功能全面的分析软件包,分免费和收费两个版本,提供的功能有所不同。
② 目前国内不能直接使用 Alexa 网站,用户在搜索该网站时,弹出的是 Alexa 的中文网站(www.alexa.cn),其排名数据直接来自 Alexa 的英文网站。

(www.umeng.com)、Talkwalker (www.talkwalker.com)、Brandwatch(www.brandwatch.com)、Awario(awario.com)、Mention (mention.com)、Keyhole (keyhole.co)等，它们在功能上有所差异，有的侧重于移动广告投放效果和品牌传播的实时监测，有的侧重于追踪社交平台或自媒体社群中的在线交流，企业可根据自己的需求选用。

4.2.3 调研数据的采集与处理

无论是问卷法、专题讨论法或实验法，直接调研在采集和处理调研数据时都应遵循以下步骤(为方便起见，下面的论述均以问卷法为例)。

1. 调查样本的选择

网上调查样本的选择采用统计抽样法(sampling)，即通过某些方法，从母体(population)中抽取足够数量的样本，作为真实观察的对象。虽然网上市场调研的调查样本在代表性、规模、调查对象的掌控方面都难以保证，但样本量和代表性的问题仍然是必须考虑的主要问题。

按调研的要求，在进行多元统计时，通常每一个样本群体里至少应拥有 30 个以上的样本。当然这只是通则，统计方法不同，对样本数的需求也不同。通常一个面向消费者的市场调研，为取得较好的调研效果，其样本数不应少于 300 个。

抽样的实施可采用随机抽样与便利抽样两种方法。随机抽样是依照机会均等的原则所进行的抽样，结果使得母体中任何一个样本被选中的机会完全相同。不满足随机抽样的任何其他方法都称为便利抽样。

网上调研的随机抽样同样应满足抽中机会均等、互斥和独立三个基本条件，抽中机会均等好理解；互斥就是不重复抽样，即每个被抽中的样本，最多只会被抽到一次；所谓独立就是要求每个被选到的样本，应与其他被抽中的样本无关。换言之，就是选择某个样本的原因，不受其他已经选取样本的干扰，即样本的选择，不受调查人员主观意识的影响，而是随机安排的。

不论是传统环境还是互联网环境，要做到绝对的随机抽样是不可能的，尽管如此，仍可以通过科学的抽样设计，尽可能接近上述三个随机抽样条件。例如，由于用户上网的时间不同，因此，可以选取不同时段，并根据每个时段的平均访问数进行比例抽样，便可平均地抽取到不同类型用户的样本。而互斥性的解决是避免出现相同样本被重复抽取两次及以上的情况，这可以通过用户的 IP 地址加以鉴别和剔除。独立性问题的解决可采取这样的方式：随机选取一天中的某个时段投放在线问卷，以尽可能避免调查人员的主观意识涉入对样本的选择。

2. 变量的测量

对变量的测量是定量调研的重要任务。变量是构成模型的基本元素，但仅有变量还无法进行定量的研究，必须为问题的答案设计出某种可以量化的形式，即对变量进行测量。通常使用的测量方式是将变量转化为测量问卷的题项，通过具体的问卷形式对样本进行观测或衡量。

设计好问卷题项和确定了对题项的测量方式后，还要对问卷的有效性与可信度进行检测，通常采用统计学的效度(validity)与信度(reliability)来检测。统计学者开发了许多用于分析题项的信度与效度问题技术手段,也可利用 SPSS、SAS、R 等统计软件中的信度与效度分析功能。

3. 调研数据处理

无论是通过调查问卷还是专题讨论、实验法等获得的数据(包括一手数据和二手数据),都要经过相应的数据处理才能得出调研结果。

(1) 数据的检测,包括数据的清洗(data cleaning),即检查数据有无错误,数据里的残差是否服从正态分布等。

(2) 数据的分析,根据调研问题的具体需求,进行诸如相关与回归分析、聚类分析、因子分析、主成分分析等数据的分析处理,并得出相关的结论。

数据处理可使用 SPSS、SAS、R 等专业统计软件,也可使用 Excel 等通用数据分析工具。

4.3 网上间接市场调研

利用网络搜索信息,获取知识已成为人类社会发展的大趋势。来自 CNNIC 的数据表明:我国有 81.9%和 82.7%的网民通过搜索引擎和网络新闻来获取信息[①]。另有国外研究报告称,73%的企业高级管理人员(CEO、CIO 等)在寻找新产品信息时会利用互联网,而利用其他信息来源的比例依次为报纸(57%)、杂志(29%)、电视(20%),这些数据表明,互联网正在成为人们获取信息的主要来源,也为企业开展市场调研提供了丰富的信息资源,网上间接市场调研正是要利用这种资源,从中搜集并发掘出有价值的商业信息。为实现此目的,必须解决从何处、借助于哪些工具和手段来搜集信息,采用怎样的方法分析和处理搜集到的信息等关键问题。

4.3.1 网上有价值商业信息的来源

从经营的角度来说,有价值的信息来自企业内部和外部两个方面。内部信息可通过搜集和整理诸如产品的产销业绩、客户、经销商、供应商信息等企业内部的各种经营资料来获得。如今许多企业,如"财富"500 强企业和所有的上市公司,都会将可以对外公开的经营资料通过企业网站发布,因此,访问企业的网站获取有关信息并不困难。企业外部的市场信息来源非常宽泛,主要来自以下几个方面。

1. 来自政府机构网站的资源

世界各国政府都有相应的部门搜集国际和本国国内的市场资料,并通过相关机构(一些发达国家还专设了贸易资料服务机构)的网站向其出口企业大量提供这些资料,包括各国进出口贸易统计资料、贸易机会、贸易政策、惯例、进出口代理商和经销商名单、供求商品的名称和数量等。

例如,中国商务部网站就是一个权威的、丰富的商业及市场信息来源,在该网站"公共服务"版块的"中国商品"栏目(http://ccn.mofcom.gov.cn/)中按机械设备、家用电器、

---

① CNNIC,第 42 次《中国互联网络发展状况统计报告》,2018 年。

建筑材料、矿产及制品、交通运输设备、服装、无机化学品、工艺品等35大类商品，发布国内外市场的商情信息；而在"商务数据中心"(http://data.mofcom.gov.cn/)栏目中则提供了大量的商品进出口统计数据和市场分析报告，为企业寻找商机、开拓市场和进行经营决策提供了非常有价值的参考信息。而诸如国家统计局和各级地方政府统计机构的统计年报也是获得各行各业数据信息的重要来源。

2. 来自国际组织网站的资源

目前，许多国际组织尤其是经济和贸易组织与机构的网站已成为企业寻找新的商机、开展网上贸易与市场营销活动的重要调研渠道。表4-2列出了一些国际组织与相关机构的网址。

表4-2 相关国际组织与机构的网址

机构名称	网址	机构名称	网址
联合国	www.un.org	石油输出国组织	www.opec.org
世界贸易组织	www.wto.org	国际海关组织	www.wcoomd.org
世界银行	www.worldbank.org	世界粮食计划署	www.wfp.org
国际货币基金组织	www.imf.org	亚太经合组织(APEC)	www.apec.org
国际经合组织(OECD)	www.oecd.org	欧洲自由贸易联盟	www.efta.int
联合国贸易和发展大会	www.unctad.org	欧盟委员会	ue.eu.int
联合国开发计划署	www.undp.org	欧洲联盟	www.europa.eu.int
联合国粮农组织	www.fao.org	东南亚国家联盟	www.aseansec.org
联合国环境署	www.unep.org	亚洲开发银行	www.adb.org
联合国难民署	www.unhcr.org	欧洲投资银行	www.eib.org
联合国工业发展组织	www.unido.org	亚洲基础设施投资银行	www. aiib.org
联合国采购网	www.ungd.org	美洲国家组织	www.oas.org
世界旅游组织	www.world-tourism.org	英联邦	www.thecommonwealth.org
世界卫生组织	www.who.int	77国集团	www.g77.org
世界知识产权组织	www.wipo.org	万国邮政联盟	www.upu.int
世界工商协会	www.wico.com	国际商会(ICC)	www.iccwbo.org

3. 来自专业调研机构网站的资源

专业调研机构网站通常由一些专业的研究机构和咨询公司设立，专门从事对各国或各类市场的研究和咨询工作，并定期通过其网站发布研究报告或专题研究文献，虽然这些资料的价格不菲，但许多研究报告的摘要、目录、图表等通常是免费的，从中也能获得一些有价值的商业资讯。

美国以研究高新技术对商务活动的影响和应用见长的市场研究机构Forrester Research在其网站(www.forrester.com)上提供了大量的各类研究信息，尤其是一些新技术对消费者、商务活动和社会影响的调研数据，值得企业在开展网络营销中借鉴和参考。

国际数据公司(International Data Corporation，IDC)是全球著名的信息技术、电信行业和消费科技市场咨询、顾问与活动服务专业提供商，它在 IT 领域的市场跟踪与研究数据已成为行业标准。IDC 于 1982 年在中国正式设立分支机构，是最早进入我国的国外市场研究机构。其网站(www.idc.com)上提供的各种研究报告和市场调查信息，不仅对 IT 企业，而且对开展电子商务和网络营销的各类企业都具有重要的参考价值。表 4-3 列出了国外一些知名的专业咨询公司与调研机构的网址及主要业务。

表 4-3　国外部分专业咨询公司与市场调研机构

机 构 名 称	网　　址	业务涉及的主要行业领域	主要业务范围或网站上提供的主要信息
道琼斯公司(Dow Jones & Company, Inc.)	www.dow.com	金融、证券、资本、外汇、商品和能源市场	股票、外汇、债券和商品市场的评论和分析、财经报道和市场评论
麦肯锡咨询公司(McKinsey & Company)	www.mckinsey.com	金融、商业流通、高新科技、电信、物流	资本市场运营、营销管理、客户关系管理、公司治理、战略管理、信息技术应用、供应链管理、技术、产品研发
波士顿管理咨询公司(The Boston Consulting Group Inc.)	www.bcg.com www.bcg.com.cn	金融服务、快速消费品、工业、医疗保健、高新科技、电信、能源、物流	管理咨询(公司治理、发展战略、市场营销、客户关系管理、供应链管理)
埃森哲咨询公司(Accentur)	www.accenture.com	高科技、公用事业、电信、物流、金融、商业流通、传媒、旅游、娱乐	管理咨询(人力资源、组织绩效、企业战略、供应链、客户关系、企业财务、电子商务等)、技术咨询(商务智能、信息管理、系统集成等)
科尔尼咨询有限公司(A.T. Kearney)	www.atkearney.com www.atkearney.com.cn	电信、商业流通、金融、高新科技、汽车、交通运输、石油化工、公用事业、机械制造	管理咨询(企业发展战略、IT 战略、供应链管理、电子商务战略与实施等)
盖洛普咨询有限公司(Gallup Consulting)	www.gallup.com	商业流通、金融、物流、制药、电信、能源、化工、汽车、电子、公用事业	市场营销(营销战略、营销方法、客户管理、品牌管理、顾客满意度和忠诚度等)、人力资源管理
益普索市场研究咨询有限公司(Ipsos)	www.ipsos.com	金融服务、快速消费品、制造工、高新科技、电信、能源、物流	营销管理、品牌和广告、满意度和忠诚度、媒介运营与管理、公众事务管理
罗兰贝格咨询公司(Roland Berger Strategy Consultants)	www.rolandberger.com	汽车、商业流通、高新科技、金融、信息电信、资本市场、政府与公共机构、交通运输	企业发展战略、信息管理、市场营销、生产运作、供应链管理、资产重组、企业财务管理

续表

机构名称	网址	业务涉及的主要行业领域	主要业务范围或网站上提供的主要信息
AC 尼尔森市场研究公司 (Acnielsen)	www.nielsen.com http://cn.nielsen.com/	快速消费品行业及汽车、金融服务、电讯等行业	面向快速消费品行业的制造商和零售商提供市场营销咨询(定制市场调查方案,提供专有调研产品、方法和技能)
捷孚凯市场研究集团 (GfK Group)	www.gfk.com	大型产品制造、商业零售	耐用消费品、医疗保健市场专项研究,消费者追踪,媒介研究
邓百氏集团 (DUN & BRADSTREET)	www.dundb.com	与各国的商业数据库连接,是全球最大的国际联机情报检索系统之一	有偿提供商业与经济信息检索,近 2000 万家企业的档案数据

在我国,专业的网络市场研究机构也随着互联网应用与电子商务的发展逐渐成长起来,如中国电子商务研究中心(www.100ec.cn)、艾瑞市场咨询公司(www.iresearch.com.cn)、阿里研究院(www.aliresearch.com)等都是目前研究国内电子商务市场的重要资源。

4. 来自相关行业或企业网站的资源

参与网上市场经营的各类企业是市场信息的重要来源之一。目前不仅一些跨国企业、上市公司和大中型企业都建立起自己的网站,众多小企业也通过各种方式在互联网上发布年报及财务资料,传播自己的产品、服务广告和各种经营信息,获取有关信息十分容易。例如,通过搜集各种消费品的网络广告就能找到许多有用的信息,网络广告所传递的信息要比传统广告丰富得多,可以从中了解产品的差异化特征和目标市场的定位、价格、促销等营销信息。我国的前程无忧、中华英才网、智联招聘等人才招聘网络运营商和美国的巨兽板(www.monsterboard.com)、在线职业中心(www.occ.com)等各国的此类型网站上都可以搜索到大量的招聘信息,其中便隐含着许多有价值的资讯,不仅可以从中了解这些企业对人才与工作的要求及薪酬水平等,还可以了解到一些其他信息,如某企业招聘的目的可能是基于开发新产品、拓展新业务、开辟新市场的需要。当然这些需要花时间和精力去分析与研究,不是轻而易举就能达到目的的。

 案例　　　　**挖掘遗漏的工作机会**

如今,招聘网站上用人单位刊登的"招聘广告"是吸引求职者最主要的资源,也是这些网站的赢利源泉。在美国,除非是知名企业,求职者一般都是去 Monster、Dice 这些大型招聘网站上找工作。

由于大型求职网站得花钱才能刊登招聘信息,因此,许多中小企业从来未将招聘启事"贴"到这些网站上,而是发布在自己的企业网站上。细心的人士发现,几乎每家公司(即便是很小的公司)的网站，都有"人才招聘"版块。尤其是一两个小职缺，会"悄无声息"地出现在这些企业网站的"人才招聘"栏目中，期待被"偶尔路过"的幸运人士看到。不过事实却是：这样的工作职缺信息在这些公司网站上大多"从未见天日"。

一家名为 Linkup 的公司从这些"未做广告的"工作职缺中看到了商机，据 Linkup 自己不知从哪里引来的调查数据，在美国，这类"从未见天日"的工作职缺高达 70%。如果这个数字是真实的，那意味着，只要想办法搜集到所有公司官网"人才招聘"版块中的信息，它能为招聘者提供的工作机会就是任何一家大型求职网站的 2 倍！

于是，Linkup 开设了这样一个招聘网站(www.Linkup.com)，它定期送"爬虫"到各家公司的网站上搜集那些"从未见天日"的招聘信息，用这种方式，Linkup 拿到了"别家没有的职缺"信息，并通过自己的网站为求职者提供这些招聘信息。由于 Linkup "爬"到的招聘信息数量相当惊人，很快便名声大振，一些有工作职缺招聘需求的企业纷纷找上门来，于是 Linkup 开始与这些企业谈判：对不起！Linkup 还没"爬"到你们公司的职缺信息，你要不要加上？给 Linkup 若干费用，Linkup 让你"贴"上一条职缺信息。

Linkup 带来的启示是："70%遗漏的数据"不只存在于人才市场，网上的需求信息非常多，通过收取费用获得信息的大型网站不可能汇集到所有的信息，总是会有"漏网之鱼"，当"漏网之鱼"多到 70%时，Linkup 模式就值得借鉴了。

5. 来自专业数据库的资源

普通搜索引擎的能力有限，在其搜索范围之外还存在着海量的信息，另有大量信息或因被搜索引擎的政策排斥在外，或因搜索引擎的技术所限而搜索不到，它们被形象地称为藏匿于"隐形网络"(invisible Web)之中，其中相当多的是专业数据库中存储的信息。

网上专业数据库是营销调查必不可少的资源，前面提到的国外那些知名的专业咨询公司以及国内外专业的调研机构都提供各种类型的专业数据库资源。这些数据库中搜集了大量有价值的资料，其总量估计为所有能被搜索引擎检索到的信息的 2~3 倍。网上专业数据库提供的资料有免费和付费两种，其中免费提供的大多是目录或文摘，详尽的资料一般都有偿提供给用户。

4.3.2　搜索引擎的使用

在知识经济时代，当信息和智慧已经成为重要生产力的时候，通过高效搜索信息和资源来帮助自己解决问题的意识和能力就显得尤为珍贵，这种意识和能力被称为搜商[1]，全称是搜索智力，即人类通过某种手段获取新知识的能力[2]，提出这一概念的学者认为，搜商既不同于智商的思维智力，也有别于情商的情绪智力，属于人类的第三种智力，它与智商和情商形成互补关系，三者共同决定着人生的成败。[3]

搜商的本质特征是搜索，因此，可以从狭义和广义两个方面去定义和理解搜商，狭

---

[1] 黄泰山. 我的搜主意比你多[M]. 北京：中国人民大学出版社，2014.
[2] 国内学者参照智商(intelligence quotient)公式 IQ=MA(心理年龄)/CA(生理年龄)×100，提出了搜商(search quotient)公式 SQ=K/T(C)，式中 K=knowledge(获得的知识)，T=时间(花费的时间)，C=搜商指数(社会平均知识获取能力)，用以衡量人的搜商。
[3] 陈沛. 搜商：人类的第三种能力[M]. 北京：清华大学出版社，2006.

义的搜商是指借助搜索引擎获取有价值信息和知识的素养与能力。这里的搜索能力不包括搜索引擎之外的搜寻工具，如网络地图、数据库等工具；广义的搜商指有效率地搜寻资源、解决问题的素养和能力。这里的搜寻资源不仅是指互联网搜索，也包括非互联网搜索。显然，网上市场调研既需要狭义的也需要广义的搜商，确切地说，需要二者的相互结合。考虑到网上市场调研最直接的搜索是使用互联网，因此，下面的内容主要侧重于基于互联网的搜商。

要在浩如烟海的互联网中查找所需信息并非易事，不仅需要搜寻信息的能力、熟练的经验，而且要掌握各种搜索工具和检索方法。在网上搜寻所需信息最常用的方式莫过于利用搜索引擎①，据 CNNIC 的调查统计，目前我国使用搜索引擎的用户占网民总数的 81.9%，是网民互联网应用的第三大功能，使用手机搜索的用户占手机用户的 80.9%，是手机用户的第二大应用功能。因此，搜索引擎也理所当然地成为网上间接调研的最主要工具。

与一般的网站不同，搜索引擎的主要任务是搜索其他网站上的信息，并将这些信息进行分类，建立索引，再将索引的内容存入数据库中。当用户向搜索引擎提交搜索请求时，搜索引擎会从数据库中找出匹配的资料反馈给用户，用户根据这些信息的网址，找到所需的资料。搜索引擎为网络用户提供了获取丰富资讯的有效入口，熟悉常用的搜索引擎并掌握基本的搜索技巧将大大提高间接调研的效率。

然而，很多时候，用户会面临这样的尴尬——对想要搜索的内容毫无头绪，不知道要搜什么，不知道用什么关键词进行搜索。因此，尽管网民们都在使用百度，但即便是面对同样的搜索任务，不同的人获得的搜索结果并不完全相同。造成这种局面的原因是用户对搜索关键词和搜索语法(高级搜索功能)的使用能力存在差距，即用户的搜商差异。为此，应从以下两方面入手来提高用户的搜索能力。

1. 关键词的使用

在搜索信息的过程中，关键词几乎是影响搜索结果的第一要素。用户输入的关键词或关键词组描述得越具体，搜索引擎检索出的结果将越接近搜索的目标，但能否搜索到准确的信息，还要看用户输入的关键词与其所想获得内容的匹配度，以及搜索引擎的"理解能力"。通俗地说，用户"问"得好，搜索引擎才能"答"得好，用户如何才能"问"得好呢？

1) 不断调整关键词

如果对所关注和调研的内容尚未形成清晰明确的概念，可以先输入涵盖范围较广的关键词进行搜索，接下来再从搜索结果中挑选一些专业的概念或词汇，作为新的关键词重新进行搜索，逐渐缩小搜索范围，并形成清晰的搜索内容。只要搜索未到位，便可通过不断寻找更接近搜索目标内容的关键词进行搜索。例如，用户想购买一台笔记本电脑，可通过不同的关键词搜索，逐渐形成清晰的选择对象，这个搜索过程是：电脑→笔记本电脑→联想笔记本电脑→联想 ThinkPad 笔记本电脑→联想 ThinkPad T430(2344A23)型笔记本电脑。

在此过程中，关键是要逐渐掌握要找的目标内容是用怎样的语言描述的，比如关于

---

① 目前互联网上有数以万计的中、英文搜索引擎，比较著名的有 Baidu、Google、Yahoo、Bing、Lycos 等。

电脑的评价,可能的关键词包括"性能""性能测试""性价比""评测""优点""缺点"等。此外,还可以根据调研的基本目标添加相关词汇,例如,若调研"软饮料"的市场动态时,可以加上"品牌""碳酸饮料""茶饮料""竞争""排行榜""主流"等关键词;若是搜索服装产品信息,可加上"品牌""流行""热门""畅销"等关键词,以帮助缩小范围,实现逐渐精准的搜索。通常,使用不同的关键词都会出现相关的搜索结果,但搜索结果的数量和内容是不同的。因此,应学会采用同义词替换、增加关键词、简化关键词等办法,选用不同的关键词进行逐一搜索,然后进行比较,找出最接近所关注搜索目标内容的关键词。

2) 使用专业术语

调研人员对自己熟悉的领域,可根据自己的经验描述所要搜索的内容。对自己不熟悉甚至陌生的领域,可以先找一些背景资料,如相关行业的发展及研究报告、产品的说明书等,从中了解和学习一些专业术语,并将其作为搜索的关键词。根据初步的搜索结果找出一些新的关键词,然后根据搜索的主题内容,利用新的关键词进一步搜索,逐渐接近搜索目标内容。

3) 使用多线索关键词

在搜索某个主题或某个人的详细信息时,可以通过两种方式使用已经掌握的多方线索:其一,将前面搜索结果中新发现的线索作为关键词进行再次搜索;其二,同时使用两个以上的多线索关键词进行搜索。

通常使用多线索关键词搜索时,可按以下四种分类方式来选取关键词:①主题关键词,搜索研究的对象,简称主题词;②限定关键词,与这个主题的特征、属性或范围相关的词汇,简称限定词;③专业关键词,特定领域的专有词汇,简称专业词,一般不为大众所知;④资源关键词,指寻找信息源、资源集中地的词汇,简称资源词。表 4-4 是以联想笔记本电脑为例,列出的四类关键词。

表 4-4 与联想笔记本电脑相关的多线索关键词

主题词	限定词	专业词	资源词
电脑	笔记本	14 英寸(屏幕)	联想集团
笔记本电脑	商务办公本	双显卡(专业级独立显卡+集成显卡)	京东商城
联想笔记本电脑	ThinkPad	Intel 酷睿 i7 3520M	品牌
测评	双核心/四线程	2.9GHz(CPU 主频)	性能

4) 停用词的使用

停用词(stop words)是指在信息检索中,为节省存储空间和提高搜索效率,在处理自然语言数据(文本)之前或之后会自动过滤掉的某些字或词。如"这些""那些"等冠词;"在""从"等介词;"或""于是"等连词,以及"啊""哦""吗"等语气助词,这些字或词在网页中出现频率很高,但它们对内容的含义一般无太大影响,搜索引擎为减少搜索工作量,一般不会收录,因此,用户在使用这些带有停用词的关键词进行搜索时,搜索引擎将自动忽略这些词。比如,用"电脑的应用"和"电脑 应用",两次搜索的结果相同,这是因为搜索引擎的工作机理是以词为基本单位的,在人类思维中"电脑"与"应用"构成了修饰关系,"的"就是用来表明这种关系。而在机器语言中,"电脑"

与"应用"两者是独立的,其在一起构成的只是一种组合关系。因此,在搜索时应该根据搜索引擎自动忽略停用词的特点,即搜索引擎的语言特点和思维方式,以词为单位来构建合适的关键词,避免一些无关信息的干扰,提高搜索的准确性。

5) 短语的使用

搜索引擎是以关键词作为索引对象来建立数据库的,因此,词搜索便成为最常用的搜索方式。除此之外,搜索引擎还支持短语搜索方式,如百度对搜索的文字限制在 38 个汉字字符以内。短语搜索是一种精准的搜索方式,尤其是在搜索确定的知识和资源时,无论是搜索速度还是相关匹配度,都明显优于词搜索。因此,短语搜索适用于搜寻新闻报道、文献资料等。

2. 高级搜索功能的使用

各种搜索引擎都使用了各具特色的搜索语法,以实现特定的搜索效果。过去是通过在搜索框中输入相关格式的搜索语句来实现,如:中国咖啡市场研究报告 filetype:PDF,"filetype:"是对搜索文档的格式进行限制,冒号后是文档格式,这里要求是 PDF 格式,还可以是 DOC、XLS 等。但对于普通用户来说,使用这样的搜索语法十分不便,因此,各家搜索引擎纷纷以图形界面的形式提供"高级搜索"。图 4-2 是百度的"高级搜索",其功能一目了然,用户可根据提示完成各种特定的搜索任务。Google 等其他搜索引擎也采用类似的方式,用户可以按图索骥来使用。

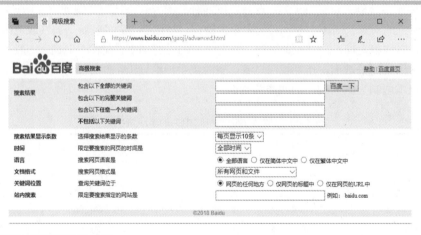

图 4-2 百度的"高级搜索"功能

4.3.3 相关网络资源与工具的使用

1. 百度指数

百度指数是以百度网页搜索和新闻搜索结果为基础的免费海量数据分析服务,它以不同关键词在过去一段时间里的"用户关注度"和"媒体关注度"的形式,直接、客观地反映社会热点、网民的兴趣和需求,并以曲线图、相关新闻、专业评论的方式为用户提供相关分析,帮助用户从海量信息中发现、获得、挖掘和共享有价值的信息与知识,为用户把握所关心的"关键词"变化趋势提供了便利。

1) 主要功能

利用百度指数，可实现以下功能：获取行业关键词指数，掌握商机；跟踪新闻事件点，预知媒体热点；发现和追踪社会热点和话题；获取互联网权威数据，进行相关研究；监测网上关键词的变化。

2) 使用方法

在百度指数首页(http://index.baidu.com/)的搜索框内输入想要查询的关键词，如"华为"，点击"百度搜索"按钮，即可搜索出关键词"华为"对应的百度指数数据。用户可以看到该关键词对应当日、1周、1个月、1季度、半年……的"用户关注度"与"媒体关注度"的详细数据，以及变化率的详细数据和曲线图。

3) 百度指数的应用——关键词分析

分析关键词可以了解诸如产品供求、客户需求、市场行情等的变化情况，这也是百度指数的价值所在，百度指数在关键词分析中常用的方式如下。

(1) 关键词比较检索。在搜索框中输入用逗号分隔的多个不同关键词，可实现关键词数据的比较查询，并在曲线图上用不同颜色的曲线加以区分。

(2) 关键词数据累加检索。用加号将多个不同的关键词相连接，可以实现不同关键词数据相加。相加后的汇总数据作为一个组合关键词展现出来。例如，用户可以检索"网络营销＋网络口碑"。利用这个功能，用户可以将若干同义词的数据相加。

(3) 组合检索。可将"比较检索"和"累加检索"组合使用。

例如，在百度指数中输入"买房"和"租房"两个关键词，百度指数将显示"买房"和"租房"两个关键词的用户关注度和媒体关注度，如图 4-3 所示，显然"租房"的用户关注度明显高于"买房"，这与人们主要利用互联网搜索"租房"信息的行为现象是吻合的。

图 4-3　百度指数中显示"买房"和"租房"两个关键词的用户关注度与媒体关注度

2. 阿里指数

阿里指数(shu.taobao.com)是阿里巴巴推出的基于大数据研究的社会化数据展示平

台，通过它，用户可以获取以阿里电商数据为核心的分析报告及相关地区与市场信息，作为市场及行业研究的参考。目前阿里指数上线的模块包括以下几个。

(1) 区域指数。从地区角度解读商业发展、贸易往来、商品概况、人群特征。用户通过区域指数可以了解某个地区（如青海省、吉林省）的市场交易概况，以及它与其他地区之间贸易往来的热度和热门交易类目，当地人群关注的商品类目或关键词，交易人群的基本特征等信息。

(2) 行业指数。从行业角度解读交易发展、区域市场发展、商品概况、人群特征。通过该指数，用户可以了解某行业的市场交易现状，在特定区域的发展态势，发现热门商品、行业卖家和买家的群体概况。

(3) 数字新闻。提供以数字、图表为主的资讯内容，例如通过大数据解读高温夏日人们都在买什么、做什么。

(4) 专题观察。将人们普遍关注的诸如新年年货、近期热门电影等话题以专题报告等形式呈现给用户，以满足其基于相关主题的深度数据挖掘。

除阿里指数外，淘数据（www.taosj.com）、淘宝行业指数（流量捕手，www.maijiabashi.com）等也基于阿里巴巴、Wish、eBay 和 Amazon 等电商平台的数据，提供关键词查询检索与数据分析服务。另外艾瑞咨询基于中国互联网和移动互联网市场的海量数据，建立了多个用户行为指标，通过艾瑞指数 iRIndex 发布，其中包括可洞察网站用户行为的 PC Web 指数，洞察移动用户行为的移动 App 指数，洞察海外移动用户行为的海外 App 指数，监测移动渠道市场的移动渠道指数，监测网络影视市场的网络影视指数等等，这些指数可以为分析相关目标市场的用户行为提供参考数据。

3. 网站流量及相关数据分析

网站的流量以及访问者的相关数据是分析网络营销效果的重要依据，通过对网站或特定网页的流量分析，能够有效监测到访问者的动向，对营销决策提供参考。目前百度统计、流量捕手、Google Trends、Alexa（www.alexa.com）等国内外一批专业服务商都可以提供包括网站排名及波动情况、网站流量、子频道流量、地区流量、每日人均停留时间、人均 PV 曲线查询、老用户回访率查询等网站运营质量分析的相关服务，并可与同类网站进行对比分析，这对于需要分析竞争对手情况而又缺乏数据的用户来说，无疑具有实用价值。

4. App 与小程序的相关数据分析

随着移动业务的发展，百度移动统计(mtj.baidu.com)、GrowingIO(www.growingio.com)等专门针对 App、微信小程序等移动业务，提供相关的统计分析数据。以百度移动统计为例，百度用户只需下载微信小程序统计 SDK(软件开发工具包)，进行安装和相关设置[①]后，即可查看小程序的相关数据。百度移动统计提供了用户分析、使用分析、场景分析、留存分析、转化分析和分享传播六大模块分析功能，可帮助用户分析小程序的用户来源、构成、增长趋势、留存与转化以及用户的小程序使用行为习惯等一系

---

① 登录微信公众平台，进入小程序的设置→开发设置→服务器域名，将"https://hmma.baidu.com"加入 request 合法域名。

列问题，实现监控业务数据、分析受众行为特征、优化服务产品、改进营销推广效果等目的。

4.4 网上市场调研的质量保障

互联网缺乏有效的程序检查和信息过滤机制，使得网上传播的信息良莠不齐，其可靠性和可用性也各不相同。利用互联网开展一手调查，如果调查结果涉及利益冲突，调查的客观性就可能存在问题，现在一些网络调查中存在的舞弊情况就说明了这一点。因此，必须采取有效措施来确保网上市场调研的质量。

4.4.1 网调数据采集的质量控制

调研分析当然需要足够多的数据，但数据越多并不意味着分析的结果就越准确。相反，若大量不可信的数据应用到分析中，反而会得出不靠谱的结果，从而导致决策的失误。因此，网上市场调研不能盲目追求信息的数量，更应严格控制所采集数据的质量，为此，应围绕以下两个方面采取相应的措施。

1. 数据来源的可信度

不盲目使用利益相关者单方面提供的数据。出于网上宣传和公关的需求，一些企业在其官网或官方账号中给出的用户数、点击量、浏览次数、下载量等数据①，很可能存在夸大的现象。此类数据最好采用来自第三方机构提供的统计信息，或使用相关网络资源与工具获取的数据；而对于一些企业在网上发布的经营业绩、产品销售情况等信息，也不能仅凭企业的一面之词，通常，除第三方机构发布的信息外，一些上市公司发布的财报是可供参考的数据源，因为经过会计事务所审计的企业财报，由于有严格的制度约束，一般不会出现数据造假的情况。

2. 所获取数据的准确度

应从多方面检验与核实所获取数据的准确性。通常，要尽可能从多条渠道获取调研数据，而不是仅仅依靠某个特定的或单一的来源。即使是各级政府的统计公报和各类行业协会组织、研究机构发布的相关研究报告中给出的数据也只能作为参考。对于所获数据应有合乎逻辑的基本判断，当数据异常偏高或偏低时一定要慎重对待，找出数据出现波动的原因，再决定是否将其用于研究分析中。

4.4.2 网上信息的评估——REAP 评价体系

传播学界很早就提出了民众的"媒介素养"(media literacy)问题，即教育民众要有一些关于媒体运作的知识，让他们了解：大众传媒作为社会的信息系统，是组织的产物，有自身的利益诉求，媒体建构的世界与真实世界是有差距的，对媒体要有清醒的认识并持一定的质疑态度。在互联网这个资讯最多也是资讯最差的时代，人们能够比以往更多

---

① 对于营销来说，更多地是关注订单数、客单价、转化率以及重复购买率等。

地获得信息，同时也比以往更容易产生困惑；人们似乎更容易看见"真相"，但追究真相更难[①]。因此，在互联网时代，批判性地解读和使用网上信息是文明社会成员必备的基本技能。如果对网上信息产生的过程与特点缺乏理性的认识，就将与印刷时代不具读写能力的文盲一样寸步难行。

对于网上市场调研来说也是如此，不管是直接调研还是间接调研，对通过互联网获得的资料、数据都必须进行评估。目前，对于来自网上的信息尚无统一的评估标准，美国阿拉斯加大学教授爱德华·弗瑞斯特(Edward J. Forrest)提出的 REAP 评价体系，对网上市场调研具有一定的参考价值。尤其是面对互联网上的海量信息，调查人员根据 REAP 标准对所搜集的信息进行筛选是一种可行且有效的方法。

1. 可靠性(reliability)

信息的可靠性与数据来源的可信度是相辅相成的，一般可依据以下线索进行判断。

1) 信息的提供者

信息文档中是否有作者署名？信息的提供者是个人还是某个组织？需要对其的权威性和责任程度进行确认。如果是组织机构，需确定其性质，是政府机构、公司，还是非赢利或教育机构。可以通过网站域名来判断其类型(.com、.org、.gov、.edu 等)。如果无法确认信息提供者，则很难确定信息的质量。虽不能断然下"信息不可靠"的结论，但在使用时一定要谨慎。若遇此情况，最好寻找能支持这些信息的其他可靠资讯。

2) 信息源

信息源是判断信息质量高低的重要依据之一。首先看信息源是什么，可以考察网站或自媒体官方账号上所发布的内容是否与其所宣称的主题相关，如果出现过多的与主题无关的内容(页面噪音)，势必影响对该网站或账号上信息的深度价值挖掘；其次看有多少原创内容，若原创信息不多，其信息的整体质量一般也不会高；第三看网站或自媒体官方账号的合法性，是否正式注册或经过认证，有无赞助单位，赞助商的口碑如何，是否有专家的评价等等。值得指出，应当注意识别那种将信息包装得像新闻，实际上是由特定利益集团而非媒体机构资助的"利益集团式新闻"(interest-group journalism)，辨识的方法可考察其是否具有这样两个明显特征：一是没有彻底公开资助资金来源；二是报道的倾向性一致，或重复同一个结论。

在美国，按照美国联邦贸易委员会(FTC)《广告推荐与见证的使用指南》(修订版)的规定，博客作者在网上评论某产品时，必须声明是否收受了厂商的金钱或产品馈赠，若是收受酬劳而撰写产品评论文章，就被视同为产品宣传。若消费者因该博客的不当产品评论而蒙受损失，博主或厂商须承担赔偿责任。这项政策同时适用于 Twitter、Facebook、Yelp 等新兴的互联网媒体。

3) 评级

为确保所获信息的可靠性，调查人员经常要对样本及其来源做大量的筛选工作，在此过程中，可以利用互联网上一些专门针对 Web 网站、自媒体账号进行评估、评级的

---

① [美] 比尔·科瓦奇，汤姆·罗森斯蒂尔. 真相：信息超载时代如何知道该相信什么[M]. 陆佳怡，等，译. 北京：中国人民大学出版社，2014.

工具或标准，如 Google 的 PR 值[①]Alexa(www.alexa.cn)、百度指数(http://index.baidu.com)、新浪微指数(http://data.weibo.com/index)等。

2. 有据性(evidence)

确定支持信息的相关证据至关重要，一般可通过以下线索进行查证：是否有证据证明信息的真实性、正确性或相关的支持观点？信息中使用的数据和引用的观点是否标明了出处？这些数据的来源是否可靠？支持其观点的证据是否具有多样性？

信息隐藏是人类一种本能的规避风险策略，"沉默也是一种信息"，获得质量认证的产品，企业一定会将此信息发布出来，而未获得此类认证的企业则会尽量隐匿质量认证信息，采取这种行为实际上是向市场传递出了不利于自己的错误信号。因此，寻找信息的有据性，应注重证据的多样性，针对那些"报喜不报忧"的选择性披露信息的做法，调查人员不仅要注意信息中披露了什么，更要留心信息中没有披露什么，从不同角度小心求证。

3. 准确性(accuracy)

信息的"准确"程度与所获取数据的准确度也是密不可分的，一般可从以下四个方面来判断。

(1) 全面。调查人员应从多种渠道(包括网站)搜集与某个信息相关的各种信息，并注重将网络与传统媒体结合起来，确保信息来源的多样性和内容的全面性、完整性。

(2) 及时。网上信息变化更新很快，而且许多市场信息时效性很强，因此，了解信息发布的时间至关重要。可靠的信息源通常都会给出信息首次公布和最近一次更新的时间，在使用来自网上的信息时，一定要注意这一点。对于无具体时间或对其有疑惑的信息，可以从多条渠道进行核实，确保所使用信息和数据的时效性。

(3) 持续性。要了解网站上提供的数据和信息是否具有持续性，例如，某有色金属行业网站持续发布国内外相关有色金属原材料的价格信息，其信息的准确性是值得信赖的。

(4) 可比性。所搜集的数据和信息应该与同一领域的其他调查结果具有可比性。

4. 适当性(propriety)

互联网上的任何用户都可以通过论坛、社区或自媒体发表自己的意见、观点，而且用户在商务网站上发表的针对商品及服务的评论还受到国家相关法律的保护[②]。然而，这并不意味着用户发表的信息就是真实、可信的。一般来说，任何信息都带有一定的立

---

① Google 的网页级别(page rank，简称 PR 值)是一个可用来测评一个网页"重要程度"的辅助工具和有效方法。Google 发布的 PR 值从低到高，分为 10 个等级，0 最低，10 最高，主要取决于网站所提供信息的质量。一般情况下，知名网站或网络营销做得较好的网站，其 PR 值均比较高，因此，PR 值对于判断网上信息来源的可靠性有一定的价值。用户可通过两种方法查询某网站的 PR 值：(1) 安装 Google 工具条；(2) 在 Google 查询网站(http://rankwhere.com/google-page-rank.php)上输入网址直接查询。

② 我国《电子商务法》第三十九条规定：电子商务平台经营者应当建立健全信用评价制度，公示信用评价规则，为消费者提供对平台内销售的商品或者提供的服务进行评价的途径。电子商务平台经营者不得删除消费者对其平台内销售的商品或者提供的服务的评价。

场和倾向，尤其是针对品牌、产品及服务等商业信息，不排除竞争对手利用网络平台互怼互黑，向对方实施信号干扰。因此，对网上的言论是否得当，即信息的适当性应进行判断，通常可从以下几方面来考量。

(1) 客观。商业信息的表达通常都将反映出各种利益的冲突或失衡，因此会带有一些偏见。例如，一个企业的自我介绍与专业评估机构的评价相比，前者的客观性一般不如后者，因为前者是从自我的特定角度策划的信息内容，带有很强的目的性。

(2) 基调。要观察信息的内容是否使用了感情化的语言，内容策划的基调是否存在明显的偏见，谁支持(点赞)这些言论。一般来说，带有偏见和情感色彩的信息，其可信度将打折扣。

(3) 目的。要通过信息发布的时间、背景、前后信息的衔接等多种途径，弄清信息发布的目的及原因：是出于劝说他人，展现自我，还是出于商业、娱乐或其他目的。这些问题要一一澄清，这样，即使是一些带有明显负面情绪的不当言论，也能够从中发掘出有价值的信息。

总之，在信息碎片化的环境中，网上市场调研必须依靠调研人员所具有的信息评估能力，这也是保障调研质量的基本条件之一。

本章小结

网上市场调研是基于互联网环境搜集、整理、分析和研究与营销活动相关信息的过程，目的是通过对大量信息的挖掘，得出有价值的信息，为经营决策尤其是开展网络营销提供依据。网上市场调研除具有时效性、开放性、效率性等特点外，共享性、经济性、充分性和准确性是其主要优势，同时也存在目标市场(群体)调查样本的代表性、规模、调查对象等难以保证，来自网上样本及采集的样本数据难以控制等短板。

互联网时代的调研工作模式、手段与具体方法的转变，主要体现在调研方式由依靠人工手段，转向基于互联网的在线调研；数据基础从有限样本采集与分析，转向云数据、全覆盖数据调研；研究方法从因果分析、逻辑推理调研，转向关联或非关联等相关因素的多种分析模式；调研导向由已经发生的静态历史数据挖掘，转向不断变化的动态实时信息追踪等四个方面。

网上市场调研有网上直接调研和网上间接调研两种基本方法。前者是通过互联网搜集第一手资料，主要通过 Web 网站、社会化媒体与自媒体和专业在线调研机构等途径进行，采用的基本方法仍然是访问法、观察法和实验法，但实现的方式和手段更多地利用了 IT 技术和现代高科技手段，同时还可以利用互联网应用服务商提供的诸如流量统计、来访分析、搜索引擎关键词分析、网站分析、社交平台及社会化媒体实时数据监测等统计与检测服务功能。直接调研采集和处理调研数据的步骤包括选择调查样本、变量的测量和调研数据处理。

互联网为企业开展市场调研提供了丰富的信息资源，网上间接调研正是利用这种资源，从中搜集并发掘出有价值的商业信息。政府机构、国际组织、专业调研机构、相关行业或企业的网站及网上各种专业数据库等都是有价值商业信息的重要来源。搜索引擎是网上间接调研最主要的工具，应从关键词选择和高级搜索功能的使用两方面来提高用户使用搜索引擎进行信息搜索的能力。此外，百度指数(关键词分析)、阿里指数等网络相关资源，网站流量及 App 与小程序等相关数据分析与工具，也是开展网上间接调研的重要手段。

为提高网上市场调研的质量,应采取相应措施,确保调研数据来源的可信度和所获取数据的准确度,并从可靠性、有据性、准确性及适当性四个方面对来自网上的信息进行评估。

关键术语

网上市场调研	网上直接调研	网上间接调研	搜商
调查样本	访问调查法	观察调查法	实验调查法
在线问卷法	站点问卷法	电子邮件问卷法	专题讨论法
焦点小组	实验调查法	观察法	人机实验法
百度统计	停用词	百度指数	阿里指数
REAP 评价体系			

思考题

1. 传统环境与互联网环境下的市场调研方式有哪些主要差异?
2. 网上市场调研的主要目的有哪些?请举例说明。
3. 如何理解网上直接调研和间接调研两种信息搜集方法之间的界限日趋模糊?
4. 互联网时代营销调研的变革体现在哪些方面?
5. 根据目前国内网络用户的特征,你认为哪些市场(产品或服务)适宜开展网上调研?
6. 网上市场调研有哪些优势和不足?
7. 试比较几种网上直接市场调研途径的优劣。
8. 举例说明如何在搜索引擎中用好关键词搜索。
9. 在网上搜集铜、铝等有色金属或钢铁、木材等商品近两年来国内市场的供求及价格变化情况,并画出对应的统计图表。
10. 在网上市场调研中,如何提高数据来源的可信度和所获取数据的准确度?
11. 在网上查找你认为具有虚假成分的信息,并使用 REAP 标准进行评估,说明你做出此判断的理由。
12. 在互联网上找两个市场调研的网站,采用 REAP 标准进行评估,并说明不符合标准的信息对决策会有什么影响。

参考文献

[1] 陈沛. 搜商:人类的第三种能力[M]. 北京:清华大学出版社,2006.
[2] 陈铮. 从零开始玩转商业数据分析[M]. 北京:电子工业出版社,2016.
[3] 董志强. 无知的博弈:有限信息下的生存智慧[M]. 北京:机械工业出版社,2009.
[4] 黄泰山. 我的搜主意比你多[M]. 北京:中国人民大学出版社,2014.
[5] 周庭锐. 市场调研:应用 R 软件[M]. 北京:中国人民大学出版社,2012.
[6] [美] 比尔·科瓦奇,汤姆·罗森斯蒂尔. 真相:信息超载时代如何知道该相信什么[M]. 陆佳怡,等,译. 北京:中国人民大学出版社,2014.

[7] [美]弗兰克·范·德·德里斯特,斯坦·萨纳南森,基斯·威德. 打造洞察引擎[J]. 哈佛商业评论, 2016(9).

[8] [英] B 克利斯顿. 流量的秘密：Google Analytics 网站分析与优化技巧[M]. 2 版. 钟镭, 译. 北京：人民邮电出版社，2010.

[9] Miguel Todaro. Internet Marketing Methods Revealed: The Complete Guide to Becoming an Internet Marketing Expert[M]. Ocala, Florida, US: Atlantic Publishing Group, Inc.，2007.

[10] Michael E Ruane. Flu Trackers Encourage Patients to Blog About It [N]. Washington Post, 2009-09-02.

案例研讨

联合利华的洞察引擎

如今，对企业来说不是能否采集到海量的市场数据，而是如何从数据中提取有价值的洞察，并据此制定有效的战略与策略，同时提供给内部员工使用，这种能力称为"洞察引擎"(insights engine)。在联合利华，以往的市场调研部门已经被实现洞察引擎的机构——CMI(consumer market insight，消费者和市场洞察团队)取而代之，这是由高层管理者直接领导的专业数据团队，其主要任务不只是提供数据，更重要的是解读数据，即根据客户行为分析其动机和需求，从中提取洞察，并参与制定企业的经营战略。

联合利华旗下有 400 多个品牌，年营业收入超过 600 亿美元，年基本销售额增长 4.1%，其高绩效需要公司包括供应链、研发、市场和财务在内的所有部门 16.9 万员工的通力合作，而 CMI 就是实现公司以客户为中心战略的支柱。从 CMI 的运作中也许人们能看到大数据和人工智能时代企业调研的未来。

1. 以行动为导向的数据收集与应用

联合利华的 CMI 采用的全球营销信息系统，收集包括所有销售数据、媒体投放数据、呼叫中心记录和社交媒体监控数据，如 CMI 的人类数据中心，每天能搜集 40 种语言的数百万组对话数据。通过分析将这些原始数据转化为影响企业的决策洞察，并以统一格式输出，使所有营销人员都能以同样方式看到同样信息。例如，基于所搜集的消费数据，CMI 得出的洞察是：多数人喜欢和自己口味相同的人，受该结论启发，联合利华的家乐推出了"一见钟情，一口倾心"活动。家乐找到口味相同的单身人士，安排他们一起吃饭并拍摄下相亲结果。之后将视频在社交媒体上发布，并与那些被称为"美食家"的账号互动。活动举办的最初 3 周内，该视频的点击便超过了 1 亿次。

CMI 在给其他部门提出建议时，始终遵循行动导向的原则。为贯彻公司通过扩张既有产品线，获得"盈利潜力"的市场战略，CMI 提出：扩大产品用户、增加使用频率、为用户提供更多利益的建议，并为业务部门提供了许多具体的实施建议。例如，在增加使用频率方面，CMI 认为推广晚上刷牙有助于产品销售，也符合公司在社交媒体上宣传的"改善口腔卫生"的企业责任与使命。CMI 还与其他部门联合举办了用户联谊会，向参加者介绍父亲教育孩子刷牙的重要性，并为此创作了一首歌曲，通过有趣的方式鼓励孩子们在晚上刷牙。

2. 部门间的协同与合作

为了辅助公司制定战略，洞察引擎必须与战略规划、营销、财务等部门的业务相协调。联合利华的 CMI 与公司 IT 部门合作开发了"智能"信息共享平台——"People World"，它提供了 7 万多位用户的档案和海量社交媒体数据，可以随时为任何员工提供相关洞察，员工们可以通过"People Voice"的工具，直接针对某些主题，用诸如"可持续"或"消费体验"之类的自然语言提出问题并找到答案，获得关于顾客需求的洞察。为帮助每位员工与用户互动，所有员工还可以使用公司的一款内部 App，从视频或其他互动方式中截取对话内容，CMI 会统一存储和分析这些笔记、故事、图片和视频，然后使用数字挖掘技术找出不同区域和群体间的行为模式。在联合利华，每年有大约 3 万人加入"People Voice"项目，这不但帮助公司更深入地理解消费者的需求，还提高了每个员工进行洞察的积极性。

3. 通过监控技术手段实现消费趋势预测

如今，多数企业已开始将市场调查的焦点转移到实时监控消费者行为，预测他们将要采取的行动。那些有洞察引擎的企业则更进一步，通过预测分析工具和其他技术，辅以相配套的组织架构，预测并影响消费行为。

2013 年，联合利华的 CMI 与 Google 和睿域营销(Razorfish)合作，开展了利用实时媒体监控技术，预测发型的流行趋势，培育相关产品需求的项目。自那时起，CMI 每个月分析与头发相关的 Google 搜索结果约 10 亿条，洞察并预测发型流行趋势，进而迅速在 YouTube 的"话说头发"(All Things Hair)频道上发布对联合利华相关产品特色介绍的视频(不是直白的广告宣传视频)。访问者可以按照发质浏览并购买相关产品。时至今日，"话说头发"已经覆盖了 10 个市场，获得 1.25 亿次点击，其对销量的促进作用比传统广告高 3 倍。

4. 借助于实验方法进行营销测试

奉行实验精神的联合利华一直通过大量不同方式的实验进行营销探索。如 2014 年推出的"铸造厂"(foundry)项目，最初是一个营销技术的创业孵化器，后来逐渐发展成为黑客马拉松、解决问题的合作平台、提供营销概念创新的平台，以及由联合利华专家为初创公司提供产品和品牌研发与营销战略建议的导师项目。

在"铸造厂"项目中，CMI 推出了"创智赢家"，在两年多的时间里，创智赢家甄选出超过 650 项技术，并实验了其中 175 项，大规模开发 37 项。一家名为 Weseethrough 的创业公司，使用可穿戴设备观察消费者的日常真实行为。测试中，他们让被试戴上谷歌眼镜，进行打扫卫生、做饭或购物等活动，然后分析设备捕捉到的视频，发现许多被试未能意识到自己的行为，如人们可能觉得打扫客厅比卧室需要更长时间，但实际却恰恰相反。联合利华正是通过这样类似的测试来调整相关产品的组合。

5. 为公司及各业务部门决策提供辅助支持

CMI 作为完全独立于营销部门和其他部门的洞察团队，可以直接与联合利华的 CEO 等企业高管沟通，并可以平等地与其他部门合作，而不是像传统市场调查部门那样仅仅提供相关的服务。为了帮公司围绕"选择哪个市场？是在既有市场追加投资？还是拓展到周边市场？"等战略问题做出决策，CMI 使用专用的软件工具"Growth Scout"深度挖掘不同人口统计信息、区域和国家的数百万客户需求数据，针对产品类别或品牌渗透力的潜在市场价值给出定量分析，如分析泰国市场沐浴露的品牌渗透力提高 10% 所能产生的影响等。

联合利华是全球的广告投放大户，即使广告的收效仅提高百分之几，也能降低数千万美元的成本。于是 CMI 推出了"广告试播"测试项目，利用消费者调查和面部表情识别软件，采用了严格的测试程序,让公司营销部门能够在广告播出前,看到受众的反映,并撤掉效果不佳的广告,提高了广告投放收益率。如今,该测试项目已纳入联合利华的标准业务流程。

6. CMI 团队成员的能力

除上述运营特点外,联合利华 CMI 十分重视其员工三种能力的训练。

(1) 全脑思维。长期以来,调研部门对其成员分析能力的要求是以左脑导向为主,而现在的洞察团队则需要具备全局观,具有创造性等右脑能力。为鼓励和实现左右脑平衡的思维方式,CMI 采用的方法之一是开展 "Upping Your Elvis" 研习会,培训过程充满互动和活力,鼓励大家突破惯性思维,与不常联系的同事一起创造性地解决问题。员工在参加完研习会后,都能掌握一些新的洞察工具,并成为全脑思维的实践者和传道者。

(2) 专注业务。CMI 通过公司层面开展了一系列培养员工经营才能的项目。如通过 "CMI 学院" 培养员工突破传统业务领域的思维能力;为非财务管理者提供财务课程等跨业务领域的课程,以及其他业务高效合作的课程。

(3) 讲故事的能力。相关研究表明,在高绩效企业中,团队成员擅长用动人的表达方式传递信息。联合利华的 CMI 要求员工在汇报陈述时,需采用富有吸引力的方式,并逐渐通过令人印象深刻的 TED(technology,entertainment,design)式演讲和其他研究性的方式来讲述重点内容。

📽 案例思考题

1. 洞察引擎与传统市场调研有哪些不同?它如何发挥实现企业以客户为中心战略的支柱作用?

2. CMI 在进行市场调研方面采取了哪些先进的技术手段和方法?

3. 随着大数据、物联网、人工智能等技术的发展,在互联网环境下,营销调研将呈现怎样的发展趋势?谈谈你的看法。

4. 联合利华 CMI 要求员工具备三种能力,这对你有哪些启示?

第5章　网络营销产品策略

📖 **本章提要**　本章主要介绍网络营销中的产品概念、互联网对产品策略的影响、新产品策略、产品的虚拟体验策略、网络品牌策略及应用方法与手段。本章的重点是掌握网络环境下新产品的开发、产品虚拟体验策略及实施、网络品牌的建设与管理等内容。本章的难点是理解产品虚拟体验、网络品牌体验的实现手段与方法。

引　　例

表情包——从符号形象到全产业链商业生态

如今，表情包衍生品正成为年轻人的新宠。无论男女，几乎每位职场年轻人的办公桌上都会或多或少摆放几个公仔玩偶，而作为公仔形象创意来源的表情包，也正在衍生为互联网上一种新的商业生态。

数据显示，2018年淘宝二次元①市场的增幅接近40%，消费者中"95后"和"00后"约占50%，商品从手办、模型越来越多地延伸到日用百货类周边产品：水杯、收纳盒、背包、毛巾、抱枕……。随着淘宝为IP官方与商家之间搭建起合作体系，并为IP内容的横向拓展与跨界联动提供完整的商业解决方案，客户获得的IP衍生品越来越丰富，越来越多的年轻客户愿意为自己喜欢的IP买单。

不同形象的IP几乎都在社交平台上有着大批的拥趸，跨界联动让表情包的商业魅力被进一步释放，基于IP粉丝的消费人群不但能够实现精准变现，还有可能发生跨品类迁移，由此造就了表情包产业。

---

① "次元"在日文中表示"维度"，二次元即是"二维"，是相对于现实的三维(三次元)世界而言的。二次元世界主要以Animation(动画)、Comic(漫画)、Game(游戏)、Novel(小说)的ACGN方式来表达一种"假想""虚构"和"架空"的虚拟世界，在这个社会中的生活与人物实际上寄托着二次元客户对某些事物的向往。

"歪瓜出品"可谓依靠网络表情符制造爆款商品的高手。2014年1月,歪瓜淘宝店开业第四天,在微博达人的转发助力下,第一款产品颜文字抱枕就卖出了5万多个,销售额近百万。此后歪瓜的"社交造热点、淘宝打爆品"策略一发不可收,刺瞎双眼的神烦狗拼图出货30余万套,累积销售额数百万元,颜文字小夜灯销量超过150万个,销售额达数千万元……从2014年到2017年,歪瓜在淘宝上将表情包衍生品做得风生水起,年销售额从200万元一路增至2500万元。超高速增长的同时,坐拥一家两金冠淘宝店的狐狸也在微博上积累了关注其表情包潮流产品的87万活跃粉丝,圈下了一大批能够引爆公域传播的高潜力年轻受众。

一直致力于社交平台上表情包业务的萌力星球,尽管旗下表情包的使用量已达450亿次,下载量也超过10亿,但CEO林冬冬开始意识到,表情包有偿下载只是杯水车薪,打赏更是微不足道。为寻找可持续的盈利途径,萌力星球凭借自有的二次元内容产出能力、表情包形象、达人体系等,开始在淘宝内容化的场景里通过为商家提供横向服务来获取收益。在此过程中,借助于淘宝搭建起的合作平台,萌力星球与新希望乳业、大朴、酷流潮玩等多家品牌开始了多品类的跨界合作。2017年,萌力星球与新希望集团联名推出的野萌君酸奶,出现在上海街头不到3个月的时间,销售量便超过100万,萌力的表情包品牌得到了二次传播,新希望也由此积累起一大批年轻客户群,实现了双赢。

与此同时,萌力星球也开始将关注视角转向衍生品市场。如今,在厦门思明区软件园,"90后"秋林和他的伙伴们正打理着"萌力星球"的五钻淘宝店,店内陈列的都是根据在社交软件中频繁出现的萌力星球旗下的野萌君、汪蛋、萌二、冷先森、乖巧宝宝、小龙格林等一系列动漫形象表情包加工制作的手办、模型、毛绒玩具,预计2018年其销售额将达数百万元。

目前,加入淘宝IP授权平台的二次元IP已超过百家,其中既有萌力星球、阿狸、长草颜团子、糖人家等国内原创表情包IP,也有人们熟悉的非人哉、秦时明月这样的国漫代表,他们在淘宝上连连发力,收获颇丰。

表情包正在被富有创造力的国内年轻人玩出更多的可能。从产品研发到跨品类授权,从线上造热点到线下做品牌,从内容生产到达人服务,一个集合了表情包作者、专业孵化机构、品牌与商家在内的全链路商业生态已经在互联网上形成。二次元行业正以各种方式影响着产品与市场需求,促使企业摒弃传统的思维,在产品开发中尽可能地与融入网络时尚元素。

5.1 概述

5.1.1 网络营销的产品概念

1. 产品

经济学认为,产品是"一组将输入转化为输出的相互关联或相互作用的活动"的结果,即"过程"的结果。在经济领域中,通常也可理解为组织制造的任何制品或制品的组合。

任何一个企业都要向市场提供产品,但其内容却各有不同。狭义的产品是指被生产出的物品;广义的产品指任何一种能提供满足市场欲望和需要的载体,包括有形物品、服务、体验、事件、人物、地点、财产、组织、信息和想法等。[①]因此,产品既包括有

---

① [美] 菲利普·科特勒,凯文·莱恩·凯勒. 营销管理[M]. 13版. 王永贵,等,译. 上海:格致出版社,2009.

形的实体,也包括无形的利益提供。

产品的这些性质并未因互联网的出现而发生任何改变,在网络环境中,产品依然发挥着同样的作用。但是互联网及网络营销的发展,使许多产品从外在形式到内在价值、从研发生产到市场开拓都发生了程度不同的变化。因此,网络营销对产品的定义是:通过互联网或其他现代通信工具及手段提供给市场以引起客户注意、获取、使用或消费,从而满足市场欲望或需要的一切东西。

2. 产品层次

按现代营销学的观点,产品的整体概念分为五个层次:核心产品、形式产品、期望产品、延伸产品和潜在产品,如图 5-1 所示。菲利普·科特勒认为,这五个层次构成了顾客价值层级,因此是营销者在计划生产市场提供物或产品时必须考虑的。借助于网络营销将在这五个层次上更好地展现和实现产品的顾客价值,因此,更科学和全面地体现现代营销学的产品理念。

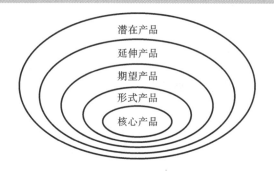

图 5-1 产品的五个层次

核心产品指产品能够提供给客户所需的基本效用或核心利益,即客户真正想要获得的基本需求。互联网时代,人们的基本需求发生了新的变化,除衣食住行等基本生活需求外,工作、学习、社交、娱乐等已成为现代社会中的基本消费需求。在互联网上,许多产品及社交平台一直为争夺粉丝而鏖战不休,然而拥有 10 亿客户的 BAT 并没有粉丝,但购物用阿里,搜索用百度,交流用腾讯,已成为网络用户的不二选择。BAT 为客户提供了实用性的产品,正是基于互联网带给人们新的基本需求。如何利用互联网创造和实现满足市场新需求的产品,是网络营销产品策略创新的主要目标之一。

形式产品是实现产品基本效用或核心利益的外观形态及主要特征。通常,形态包括实物、服务、事件、人物、地点、财产、组织、观念或上述这些的组合。特征则体现在品质、式样、品牌等方面。在产品同质化的时代,市场竞争在形式产品方面表现得尤为激烈,产品及服务的质量、品牌、式样、包装等都成为竞争的焦点。因此,形式产品的差异化成为企业增强竞争力、吸引客户注意力的最有效措施,这也是网络营销产品策略实施的重点。尤其是随着网络市场规模的日益扩大,网上层出不穷的各种流行元素不仅丰富了信息时代的社会文化,也带来了各种可发掘的商业价值,成为企业利用其实现产品与经营创新的重要源泉。

期望产品指消费者在购买产品时期望得到的与产品密切相关的一系列基本属性、条件或某些特定要求,是形式产品差异化定位的集中体现和更进一步的需求。现代社会日益彰显的个性化消费特征，表现为不同消费者在购买前，对所购同一产品的质量、功能、使用便利程度、服务等方面不同的期望值。因此，对于实体类产品，要求生产企业在产品设计、生产、销售和售后服务等环节必须实行柔性化的生产和管理；而对于服务、软件等数字化商品之类的无形产品，则要求企业能根据客户提出的不同需求提供定制化的个性服务。网络营销将在了解、启迪、引导和实现消费者对期望产品的需求方面发挥其优势，这取决于营销者为之付出的努力。

延伸产品指消费者在购买产品时额外获得的各种附加利益，它将超过顾客的期望。在激烈的市场竞争中，产品自身的作用已逐渐弱化，正如哈佛商学院教授西奥多·里维特所说，现代竞争并不在于企业能提供什么样的产品，而在于能为产品增加什么延伸价值，如包装、服务、广告、客户咨询、融资、送货和仓储等。产品的延伸价值将为企业开拓市场、提升竞争力打开新局面，而这正是互联网和网络营销所具有的巨大潜能。

潜在产品指现有产品可能演变的趋势和前景。在高新技术迅猛发展的时代，产品可以实现或满足消费者的许多潜在需求和利益还没有被消费者认识到，这需要企业不断寻找新的方式，通过引导来发掘消费者的各种潜在需求，并提供必要的支持来实现和满足消费者的潜在需求。如今越来越多的企业开始借助互联网将自己的新技术、新产品以及新消费理念推介给消费者。

5.1.2　互联网对产品的影响

网络营销的实践已经证明，利用互联网的交互性可以实现个性化、差异化产品的开发与经营，改变包括产品线宽度与深度的产品组合方式，而且可以将传统的产品物理包装方式变为以多媒体方式实现的信息化、数字化包装方式。不仅如此，互联网对产品策略的影响主要体现在以下两个方面。

1. 为产品的价值创造提供了新的空间

通常，客户喜欢某个产品，并非该产品本身，而是其所能满足客户的需求，即客户价值。因此，产品是实现客户价值的最重要途径。营销学将产品分为核心产品、形式产品、期望产品、延伸产品和潜在产品五个层次，正是要寻求从产品的不同层次来满足客户不断增长的需求，实现其价值。

虽然营销界尚未对产品的客户价值做出精确描述，但普遍认为它具有以下三个方面的含义。

1）价值是延伸产品和期望产品的内在体现

产品在随客户需求的变化中不断延伸，并创造出新的客户价值。另一方面，如果客户在使用产品中发现没有达到预期的目标，则将影响其客户价值。"三只松鼠"的顾客，在收到坚果的同时还会得到店家赠送的湿纸巾、钥匙扣、垃圾袋、封口夹、手写体的感谢信等小玩意，虽然是些看似不起眼的小东西，却在客户享用坚果的过程获得了方便贴心的享受，它们在产品的基本效用外满足了客户的延伸需求，由此产生出新的客户价值，使坚果的味道不一定再是客户考虑的最重要因素。

2）价值是全方位的产品体验

产品价值从客户对产品的认知到使用各个环节的体验中得以实现。为让国人喝上

"健康水"，海尔推出了日日顺智能净水器系列产品，并以咨询、预定、配送、安装、换芯、维修等全过程体验，为客户提供线上线下无缝对接的专业净水服务。客户在购买前便可在其官网上查到自己所在小区的水质情况报告，并获得海尔根据水质信息制定的净水方案，以及根据客户家庭装修情况制定的个性化安装方案。在产品使用中，海尔会通过 App 提醒客户更换滤芯、进行日常维护。通过净水器实现了对客户进行持续的水健康管理，为其带来无微不至的"净水管家"服务。

3) 价值是由客户所持的观念、态度所决定的

一件产品在不同的消费者心目中有着不同的价值认知。而在互联网时代和供大于求的市场环境中，不管企业如何看好自己的产品，产品的价值均由客户说了算，他们不再听从企业发出的信息，而且还通过社交媒体发表各种意见来影响产品的口碑，他们不仅在使用产品，也在进行产品的传播。

总之，客户价值体现在产品的所有环节，尤其在互联网时代，从产品生产到使用的整个生命周期中，始终伴随有创造新客户价值的机会与途径，而如何实现则取决于经营者的创新能力。

2. 产品的交易由出售所有权转为出售使用权

在互联网时代，以产品所有权转移为目的的传统交易方式正在被逐步弱化，取而代之的是以出售产品使用权而非所有权的交易方式，并成为一种越来越普遍的现象。

大多数互联网产品无所有权转移的属性，如 QQ、微信、微博，在线音乐、影视作品、电子读物以及网游产品中的虚拟装备等等，客户以付费方式获得这些产品的使用权利，而产品所有权仍属于提供商。共享单车、房屋、生产及生活用具等资源的各种互联网+产品(服务)的应用更是如此，如客户通过扫码支付即可获得共享单车使用权，在整个使用过程并没有所有权的交割，车辆仍属共享单车提供商所有。

出售所有权和出售使用权的区别在于，产品所有权的出售将直接影响企业的收益，因此，产品成为企业关注的核心，降低生产成本，快速售出产品成为企业追求的目标。在这个过程中，企业主要关注如何开发满足市场需求的产品，如何吸引购买产品的消费者成为营销中产品策略的实施重点；而出售使用权只是企业提供服务的开始，尤其是在互联网环境下，企业不仅通过各种互联网产品的使用权为客户提供持续服务，而且可以通过互联网为客户在产品的使用过程中提供增值服务，为企业创造新的利润空间和赢利点。这时企业不仅要关注产品的开发与市场的开拓，而且要关注客户使用产品的价值增值全过程，这意味着传统的产品制造商将向产品使用过程中的服务提供商转变。

5.2 新产品策略

5.2.1 网络环境下产品的市场定位

从交易的角度看，互联网只是改变了交易的环境，因此，所有的产品都可以在网上销售，但由于受各种因素的影响，目前互联网还难以满足市场交易的所有条件，因此，在选择网络环境下经营的产品时应充分考虑以下三方面的问题。

1. 产品的特性

按照信息经济学的观点，产品可分为两类：一类产品是客户在购买时就能确定或评价其质量的，称为可鉴别性产品或先验性产品，如书籍、电脑等以及大多数的标准件产品；另一类是客户只有在使用后才能确定或评价其质量的产品，称为经验性产品，如服装、食品以及一些个性化产品。通常，经验性或个性化产品的营销难度要大于可鉴别性产品或标准化程度较高的产品，在互联网环境下也是如此，经验性或个性化产品的网络营销是重点和难点，需要持续不断地探索。

2. 产品的生命周期

产品生命周期是产品的市场寿命，即一种新产品从开始进入市场到被市场淘汰的整个过程，分为开发期、导入期、成长期、成熟期和衰退期五个阶段，其长短主要取决于市场的需求和产品的更新换代程度。与传统环境相比，网络环境的产品生命周期会有所缩短。在网络营销中，企业可通过网络迅速、及时地了解和掌握市场的需求状况，进而从新产品上市时起，便可跟踪产品的市场反应，从中获得改进的启示，于是在产品还处在成熟期甚至成长期时，企业便可开始新一代产品的研发，从而使整个系列产品的生命周期缩短。

因此，在产品开发期和导入期，为打开产品销售渠道，企业应重点加强促销策略，鼓励用户试用和体验，同时吸引中间商；在产品成长期，市场上的竞争者开始大量涌入，企业在加强各环节促销的同时，可重点实施差异化策略和品牌策略，培育用户忠诚度；在产品成熟期，营销的重点应放在关系营销和客户关系管理上，保持产品市场份额的稳定。总之，在网络环境中，企业应特别重视对产品生命周期各阶段营销策略的研究和调整。

3. 产品销售的覆盖范围与物流配送体系的有效支撑

网络营销虽然不受地域的束缚，但在实际运营中，企业仍需考虑所经销产品的覆盖范围。一些企业往往只看到了网络营销的全球性特点，忽略了实现销售所需的其他支撑要素，结果在与远距离客户达成销售意向后，却因物流配送环节难以满足要求或费用过高而使企业声誉受到影响。

营销链接 *跨境物流——电商出海的第一道坎*

在跨境电商推动下，众多国内商品和品牌加速走出国门的同时，跨境物流的瓶颈日益明显，成为制约出口电商发展的主要障碍。

1. 跨境物流资源难以整合

与本土电商不同，目前在跨境电商中，承担货物运输和末端派送的很少是同一物流企业，货物在流转过程中往往会被多家物流企业转手。这种由多家物流周转的结果是配送信息无法实现共享，无论是企业还是客户都难以及时对配送的货物进行跟踪。由于流通信息不对称，直接导致了集货周期难以把控、丢包率高企不下、妥投率提升缓慢和物流成本上升。因此，搭建具有协同性、数据化、可视化的跨境物流网络，实现物流中转资源的整合势在必行。

2. 境外物流的时效性无法保证

除需由多家物流企业接力完成配送外，出口商品在境外运输和派送过程中还将受制于各国或地区的法律、文化等因素，出口企业也将因此承担更高的配送风险和成本压力。虽然目前 DHL、UPS、FedEx、TNT 等快递公司可以直接将商品送到客户手中，但这些国际快递巨头的运费较高，甚至会超过商品本身的价格，承受能力有限的中小跨境电商企业和客户未必会选择它们。

纵观国内，跨境电商的集货环节同样存在一些出口企业无法掌控的因素。物流企业虽然面向社会提供包机服务，但出口跨境电商的零售销量往往受季节、气候等因素影响，而非持续稳定，无法确定的出口电商单量使企业难以掌控集货的时间周期，需求淡季时要等承运飞机集满货物后才能起飞，而需求旺季时又面临预约不到舱位的困境。

3. 跨境物流体系建设任重道远

搭建适用于国内企业和品牌出海的跨境物流网络正在规划中，但成熟的海外物流市场留给后入局者可开垦的空间所剩无几。以美国为例，UPS、FedEx 等本土企业已在此深耕多年，建立起成熟的仓储、物流干线和支线及末端配送的物流体系。电商巨头 Amazon 就是通过与 UPS、FedEx 的密切合作，形成了完善的电商物流配送网络，目前进入美国市场的中国品牌基本上都借助 UPS、FedEx 的成熟资源进行配送。

因此，虽然百世、顺丰、申通等国内物流企业正在加速布局美国市场，但在资本、市场等方面并无明显优势。例如，为缩短末端配送时间，无论是电商企业还是品牌都会首先考虑将商品提前放在自建的海外仓或渠道仓内，但面对 UPS、FedEx 等国际物流巨头已经建立起的完善物流配送网点，我国物流企业在海外市场扩充网点的难度，以及居高不下的仓储费用都是目前难以逾越的障碍。

5.2.2 新产品的开发

对企业而言，研制出的新发明产品，或经改进和调整的产品及品牌都可称为新产品。对市场而言，首次出现的产品均可被视为新产品，从更广泛的意义上说，凡是能给消费者带来新的利益、新的满足的产品都属新产品。新产品的开发涉及两个层面：产品本身的研发，主要由企业研发和生产等技术部门来完成；产品的市场开发，主要由营销部门来完成。

1. 新产品开发策略

在互联网时代，依托互联网开发新产品是企业的唯一选择。在具体策略上虽然仍分为产品首创和产品改进策略，但策略实施的环境和方法却发生了很大变化甚至是创新。

1) 产品首创策略

产品首创是指企业根据市场上的新需求，运用新的设计理念和科技手段开发出前所未有的全新产品。实施产品首创策略一般需大量资金投入，而且需要具备足够的需求潜力，企业承担的风险较大，但成功后的回报也很丰厚。

互联网的普及应用催生了大量新的市场需求，导致层出不穷的以互联网为基础的产品与服务创新：从早期的搜索引擎、Email、网络游戏、在线交流，到后来的网络文学、影视直播、SaaS、在线教育，再到今天的共享单车、地图导航等公共服务产品、互联网金融产品以及无人驾驶飞机和汽车、可穿戴设备、智能机器人……。不仅如此，互联网还使许多传统产品的功能发生了颠覆性的变革，如各种智能家电、医疗设备、安防设施等等，汽车也正在成为继电脑、手机、电视之后的第四大互联网终端设备。

无论是技术爱好者还是畏惧者，都会问同一个问题：下一个创新是什么？哲学家也在思考这些创新背后的逻辑，以及能否将所有这些现象归为一种单一的、微观的趋势。回答这一问题的难处在于，人们仍在把信息与通信技术看作人与外部世界或人与人之间沟通的工具。而事实上，它已经成为环境及人类社会发展的驱动力量。

随着信息技术和互联网应用的发展，还将有更多新技术源源不断地出现。为此，企业必须密切关注互联网的发展动态和市场需求的变化，尤其应当洞察新技术变革与网络流行趋势的演变以及流行元素的变迁，它们将是首创产品的重要源泉。

2) 产品改进策略

产品改进是指经改进后可以替换旧产品的新产品，它改善了原有产品的某些功能或提升了原有产品的使用价值，互联网在这两个方面同样具有巨大的潜能。20世纪90年代中期，被誉为"无纸贸易"的EDI，只能为跨国公司和外贸企业所采用，使用率不足10%，随着互联网的发展，EDI迅速普及，其功能也得以更有效的发挥，如今已为绝大多数企业所采用，并成为跨境电商业务的标配。互联网还从产品展示、技术咨询、互动交流、售后服务等方面为既有产品的价值感知提供了有效的手段和途径。

互联网在产品改进的过程中不仅能发挥重要的作用，而且是改进既有产品的一条捷径。企业应充分利用网上丰富的市场与技术资源，不断改进现有产品和实施产品升级换代，或推出新的产品线①和对现有产品线进行完善，以保持产品的市场地位和竞争优势。

案例　　　　　　　**谷歌眼镜归来**

2013年4月，在千呼万唤中，谷歌眼镜(Google Glass)终于上市了，并很快成为最拉风的产品之一。当时，在美国科技博客网站Business Insider上列出了谷歌眼镜未来可能颠覆的9大行业：GPS、电影拍摄、健康医疗、航空运输、旅游、教育、广告、建筑以及执法等，这也成为它获得人们广泛关注的主要原因。谷歌当时宣称，这款适用于广大消费者的智能眼镜只用眼睛，不用手，智能手机能做到的，它都能做到。然而这款长着眼镜模样的电脑，其市场成绩堪称灾难。当时正值穿戴设备的巅峰之际，市场上涌现了318家推出智能手表、智能眼镜、智能服饰和其他穿戴设备的初创公司，其数量是2016年的两倍多。

让早期评测者印象深刻的是，这款眼镜真的挺好用。但首批购买谷歌眼镜的"探险家"很快就发现，在公共场合，他们成了不受欢迎的人，因为人们怀疑他们正在偷偷摸

---

① 迈克尔·波特(2005)将产品线定义为：提供功能相近、满足需求相同的消费群体、使用相同的营销渠道并在一定价格范围的产品集。因此，产品线是指一群相关的产品，它们基于相同的产品平台，功能相似，价格在同一范围内，经相同的销售途径销售给同一消费群。

摸地录制周围的一切。作为可穿戴设备的开端，尽管它极具想象空间的前途不可限量，但眼前的谷歌眼镜还只是一个智能手机伴侣。基础通信、文字输入依赖手机；要通过 PC 进行 WiFi 设置方能联网；若是在移动环境下联网，还需手机进行辅助设置。离开手机和网络，Google Glass 也就是一部可以拍照的 Glass。面对可穿戴设备、视觉搜索、智能助理这些浮云般的概念，人们仍然困惑：戴上谷歌眼镜究竟能干啥？于是，他们重新拿起智能手机，而谷歌似乎也失去兴趣，停止软件更新，并于 2016 年初关闭了用于推广谷歌眼镜的所有社交媒体账号。

2017 年 7 月，沉寂两年多的谷歌眼镜又回来了。这次它并非被过度炒作的可穿戴技术的终极例证。相反，这款产品的复出表明，硅谷的创新产品有可能应用在其创造者意想不到的领域。

谷歌已意识到了谷歌眼镜在那些意想不到场所的潜力。为响应来自那些最初意想不到的客户需求，谷歌创建了"企业版"，一些生产企业正在利用这个版本来提高执行复杂手工任务工人的生产力：帮助选择合适的工具，分步显示操作说明，拍照和报告质量问题等等。另有一些企业还专门委托第三方软件开发商来改造谷歌眼镜，以适应其目的。不难想象这些设备可派上特定的用场，即那些相对狭窄的应用领域：需要持续监测的慢性疾病患者，如糖尿病患者、老人或新生儿护理；需要释放双手的工人……。总之，那些专注于意想不到、相对狭窄应用领域的企业或许拥有更好的发展前景，不过这个市场定位找准了吗？

2. 基于网络环境的新产品开发

基于网络环境的新产品开发是以满足客户个性化需求为前提的。企业可利用互联网充分了解不同客户的个性化需求，并利用大数据、云计算以及 CAD、CAM(计算机辅助制造)等科技手段，实现设计与制造的模块化、生产线的柔性化，形成个性化的生产能力，向市场提供满足客户个性化需求的高品质定制产品，这是一种完全不同于传统工业化时代的产品开发与生产方式。

与传统环境相比，网络环境下新产品的开发流程并未发生变化，但具体的实施方法有所创新，其中最重要的一点是，企业与客户共同创造，即让客户参与产品从概念设计到产品改进的各个阶段。如让客户在线提交产品构思、设计草图或模型图片，企业据此进行设计和生产，这种方式已在服装产品的研发与生产中普遍采用。共同创造能为客户提供定制化的产品与服务，创造更好的产品价值，因此提高了新产品开发的成功概率。这是互联网时代新产品开发应当遵循的基本原则。

为实现共同创造，在新产品研发的所有环节和过程中，企业不仅要利用互联网获取各种信息，而且要借助互联网与企业各部门的相关人员、产品分销商、客户进行互动交流，使新产品的研究开发科学、有序。以新产品构思为例，企业的研发人员、销售人员、高层管理人员是新产品构思的内部源泉，这些人员与产品直接接触的程度各不相同，但其共同点是熟悉各自的业务，比企业外部人员更了解产品的特性，因此往往能针对产品提出具体的改进或创新思路。除此之外，企业还需寻找外部构思来源，包括客户、产品经销商、竞争对手、咨询公司等。需指出，最重要的产品构思来自客户，产品开发首先应顺应客户对产品的构思，同时充分吸取各种构思中的合理成分，在此基础上，以最大效率提高新产品研发速度，并降低开发成本。

案例　　　　　"牛人专线"的产品设计

纵观国内旅游市场，跟团游一直是首次出游或团体出游客户的主要旅游方式，也是在线旅游市场发展的重点业务之一。随着旅游消费能力和水平的提升，游客对跟团游的需求已经从低价、实惠转向服务品质，越来越多的人愿意为"吃住行游购娱"过程中的优质服务买单，这也是旅游行业跟团游业务的价值所在。

为提升游客跟团出游体验，打造高品质跟团游品牌，实现"让旅游更简单"的企业价值理念，途牛旅游网(www.tuniu.com)于2009年在业内率先推出了高品质跟团游产品——"牛人专线"。这是一个基于互联网时代的客户需求，通过旅游设计师对客户出游数据、景点特点、行程线路、美食特色等因素综合分析，为客户量身定制的创新性、特色化旅游产品。高品质的旅游产品并不意味着脱离普通工薪族的消费水平，相反，"牛人专线"通过安排高于常规产品的餐标、入住指定酒店、提供资深导游服务、安排合理行程、无强制消费等措施，保障游客跟团出游的品质。相比同类个性化出游产品，"牛人专线"在价格、服务等方面更具竞争优势，因此，更容易赢得广大普通游客的青睐。

"牛人专线"的产品设计立足于游客体验，价格定位面向普通工薪族。每一款产品均出自特聘的"旅游设计师"——资深"驴友"多年的实践探索，他们从近千家旅行社，精心挑选出性价比高的旅行路线，在此基础上，根据"驴友"的亲身体验和游客需求，对产品线路从出发到回程的每一个环节进行个性化的设计。然后再由途牛网资深策划团队从旅游设计师们精心设计的众多产品中挑选出性价比高的线路，并综合考虑景点安排、服务标准的因素，形成丰富的高品质产品线，满足广大消费者的个性化出游需求。

在创新产品结构与种类的同时，"牛人专线"还通过"网站+呼叫中心+旅游线路"的流水线业务系统，为客户提供便捷、贴心、专业的特色服务：独家产品、独立成团、透明行程、透明消费、透明购物，让游客能够了解行程中的每一处细节，获得畅快的旅游体验。

"牛人专线"还利用网站全面开放客户回访，展示旅游产品的满意度和游客评价，客户只要登录途牛旅游网便可看到真实、全面的客户回访信息。同时途牛组成了专门的团队，负责如实反馈客户的评价和意见，并从游客评价中寻找产品改进的方向，将游客回访的意见和建议提供给相关部门，由他们根据各产品线路的满意度指标改进和完善产品设计或经营业务，提高服务质量。不仅如此，途牛还在度假酒店和景区门票频道加入了"点评返券"，目的也是为了更好地了解游客体验。

途牛注重提升客户体验的经营思路得到市场的高度认可，艾瑞咨询发布的《2017年中国在线旅游度假市场研究报告》显示，2016年中国在线旅游度假市场规模达962.9亿元，途牛网的市场份额排名第一，以28.3%的市场份额位居在线跟团游市场榜首。另据途牛网公布的成绩单：截至2017年6月底，"牛人专线"已累计为330万游客提供旅游服务，产品综合满意度达96%。可以说，途牛网自2012年以来一直稳居在线跟团游市场冠军的宝座，"牛人专线"功不可没。

5.2.3 新产品的市场开拓

市场试销是对新产品的全面检验,可为新产品是否大规模上市提供全面、系统的决策依据,也为新产品的改进和营销策略的完善提供启示,越来越多网络营销的实践证明,利用互联网进行新产品试销是一种行之有效的市场开拓策略。目前网络营销在新产品市场开拓中除广告、网上路演等传统手段外,主要通过提供产品信息服务和产品虚拟体验等方式来实现。

1. 新产品的在线试销

与产品正式上市后的大规模销售不同,新产品的试销是以获得客户反馈信息为主要目的,因此尤其要注重客户资料库的建立,搜集包括客户购买的产品数量、价格、原因、客户的习惯、偏好等尽可能多的基本信息,以及企业与客户交往的记录等,这些都是开发与改进产品、实现个性化销售的前提。

1) 将新产品试销与新产品研发结合起来

利用互联网将新产品试销与产品开发结合起来,正在成为越来越多企业的优先选择。一些企业利用互联网提供标准的零部件和产品组装说明书,或以在线影音方式向客户展示产品制作与使用的方法,客户在购买了零部件后,可以自己动手组装成最终产品。这种 DIY(doing it yourself)方式能让客户享受自己动手制作产品的过程,由此获得愉悦感。还有一些企业提供尽可能多的品种、款式、型号、花色的产品,供客户从中选择最适合自己的产品或提出产品组合方案。企业在上述过程中可以获得详尽的相关数据和资料,为产品创新和改进以及正式上市提供实现方案和决策依据。可见,互联网环境与传统市场环境中进行的新产品试销有很大差异,前者可能是一个概念产品或一组产品方案的在线展示,通过与客户的互动获得反馈后完成产品的研发,相当于是产品研发方案的一种市场"试探",这将有助于降低新产品开发的市场风险。

2) 注重实现产品与客户的"共鸣"

新产品的试销实际上就是在接受客户的"面试",褒贬不一的言论在自媒体中的传播是很正常的,借助于网络推手和水军盲目地吹嘘、造势、删帖等行为应当坚决摒弃,取而代之的是广泛收集在线试销产品的市场反应,尤其应鼓励用户对产品的批评和建议,实现产品与客户的"共鸣",即客户愿意谈论、购买和推荐的产品或服务。①

2. 通过互联网提供产品信息服务

1) 建立"虚拟展厅"

通过建立网上"虚拟展厅",用立体逼真的图像与 VR、AR 技术的整合,从内到外对产品进行全面展示,使用户如身临其境般地体验产品的功能和品质,激发他们的需求与购买欲望。在建立"虚拟展厅"传递产品信息时,为更好地满足客户的需求,企业可针对不同的产品在"展厅"中设置对应的显示系统和定位导航系统,使用户能轻松便捷地找到所关注产品的详细信息。

2018 年"6·18"期间,在京东商城,用户可利用多种终端设备享受到创新科技带

---

① [美] 菲尔·迈尔斯,戴维·斯科特. 共鸣:打造突破性产品和服务[M]. 安寅,译. 北京:中信出版社,2009.

来的最新购物体验：用叮咚智能音箱感受语音购物；在京东智能冰箱上享受生鲜专享价格；通过智能电视一边欣赏节目一边购物。同时，用户在选购过程中还可在美妆、服饰等多个品类 6000 多种商品上利用 AR 技术实现试妆或试衣。

2) 设立"虚拟组装室"

在"虚拟展厅"展示产品的基础上，还可以利用虚拟仿真技术和 3D 技术以"虚拟组装室"的形式实现产品的定制化。一种经典的方式是：在不影响产品性能且生产技术允许的前提下，企业通过网站提供多种设计方案，由用户根据自己的需求或喜好，对同一产品或不同产品进行个性化组合并提出具体的组装要求，在此过程中，用户可通过"虚拟组装室"直接观察"组装"的过程和产品成型后的效果。随着虚拟仿真技术的发展，利用 AR 技术虚实融合、实时交互和三维环境定向的特点，通过手机屏幕即可看到"虚拟组装室"中产品组装的画面，用户还可以触屏或键盘方式进行组装操作。

3) 建立实时沟通系统

为了让用户尽快了解新产品的相关信息，消除他们的疑虑，企业不仅要利用互联网建立快捷、及时的信息发布系统，使企业的各种信息能及时地传递给网络用户，而且要建立即时有效的信息沟通系统，加强与用户的交流互动，随时搜集用户的意见、要求和建议。同时还要建立便捷、高效的用户查询系统，让用户快速找到其所想要了解的产品。

5.3 产品的虚拟体验策略与实现

5.3.1 体验营销与产品体验

如今，体验营销已成为企业和营销业界广泛认同并积极采用的营销方式。它以满足客户的体验需求为目标，以服务为平台，以产品为载体，从生活与情境出发，塑造感官体验和思维认同，以此抓住客户的注意力，加深其对产品的认知和好感，影响消费行为，同时拉近企业与客户之间的距离，为产品找到新的实现价值和生存空间。在消费品市场和服务行业，体验营销有望成为主要的营销模式，而在工业品市场和其他行业，体验营销也能够作为各种营销模式的有效辅助手段。

1. 体验营销的特点

以互联网为核心的高新技术为体验营销的实施提供了广阔空间和先进手段，并将使体验营销的特点得到充分发挥。

1) 以实现客户体验需求为导向

体验是由某些刺激而产生的内在反应，是人们的经历、生活或遭遇的结果。在营销领域，客户的体验产生于直接消费的产品，无论是实体的还是虚拟的产品，最重要的是能满足人们的某种体验需要。体验营销应站在客户体验的角度，注重与客户的沟通，发掘他们内心的潜在需求或消费欲望，设计有助于实现客户体验的产品和服务。

2) 具有"触景生情"的效果

在当今这个信息泛化的时代，只有那些能真正刺激用户感官、心灵和大脑，并且进一步融入其生活的体验，才会使用户内心深处感受到强烈的震撼，才能真正俘获用户的心，得到他们的认可和支持。企业的营销者不能再孤立地去思考一个产品的质量、包装、功能等，而要通过各种手段和途径(如娱乐、场景、人际交流等)来创造一种综合的"触景生情"的效应，以提升客户体验。

3) 体验的主题化

实现体验的第一步是要先设定一个精炼的"主题"，这也是关键的一步。从某种意义上看，体验营销就是从一个主题出发，然后设计若干"主题道具"，并开展系列活动的过程。这些"体验主题"并非随意出现，而是营销人员精心设计出来的，如全球第一个主题公园迪斯尼就是基于"人们发现快乐和知识的地方"这一主题构想设计的。

4) 实现手段的多样化

体验通常不是自发的而是诱发的，诱发并非意味着客户是被动的，而是指营销人员必须采取包括沟通、视觉、产品、品牌、空间环境、互联网平台等信息媒体和人员参与等体验手段。体验又是复杂和多样性的，没有两种体验是完全相同的，人们只能通过一些标准将体验分成不同的形式。体验营销的方法和工具种类繁多，而且与其他营销方式相比有很大的差异。企业应注重体验方法和工具的使用，并结合为客户提供的具体体验形式，寻找和开发适宜的营销方法和工具，以帮助客户实现良好的消费体验。

2. 体验的实现方式

体验营销突破了关于"理性消费者"的假设，认为消费者是理性与感性兼具的，他们因理智和因追求乐趣、刺激等一时冲动而购买的概率是相同的。因此，体验营销从客户的感官、情感、思维、行动等方面重新定义和设计了营销的运作方式。

1) 感觉体验

亦称娱乐体验。它通过视觉、听觉、触觉、味觉与嗅觉创造知觉体验，这种古老的体验方式，在科技手段的助力下，如今已成为最常用的体验营销方式。目前主要有三种实现方式：一是实现环境体验，营造良好的消费环境，不仅迎合了现代人的消费需求，也提高了产品与服务的外在和主观质量，增强了客户对产品与品牌的认同感；二是实现个性化体验，企业可开辟高效便捷的双向沟通渠道，满足客户的个性化需求，增强其愉悦感；三是实现服务体验，以优质的服务赢得客户的心，取得他们的信任，提高客户对企业或产品的忠诚度。

2) 情感体验

该方式通过寻找消费活动中可导致目标客户情感变化的因素，按照其消费态度形成规律，运用有效的营销心理方法，通过生理和心理等复合感觉实现体验，激发消费者内在的积极情感与情绪，使营销活动顺利进行。在这种体验中，每个人沉浸于某一事物或环境之中，但他们自己对事物或环境极少产生影响或根本没有影响。

3) 思维体验

亦称学习体验。通过创造启迪客户智力的条件和环境，以具有创意的方式引起客户的兴趣和思考，促使客户更多地参与，为其创造认知和理解其面对的事件和问题的体验。思维体验适于高科技产品的营销。此外，还可以利用某种传统或现代文化因素，使企业的产品及服务与客户的消费心理形成一种社会文化氛围，促使客户自觉地接近与这种文化相关的产品或服务，从而影响其消费理念，促使消费行为的发生，甚至形成一种新的消费习惯。

4) 遁世体验

亦称沉浸式体验。在心理学上，一个人完全沉浸在某种活动当中，无视其他事物存在的状态被称为心流(flow)。按照美国心理学家米哈里·契克森米哈赖的观点，心流产生时会给人带来莫大的喜悦，使之愿意为此付出巨大的代价。Pokemon Go①之所以风靡海外，让玩家眼睛盯着手机，满大街找精灵，是因为该游戏巧妙地把虚拟的线上游戏"玩"到线下的现实生活中，这种虚实融合的玩法，更容易让用户沉浸其中。

除沉浸式游戏，在旅游业中，近年来，沉浸式旅游也日趋盛行，它以游客为主角，旅游服务为核心，旅游产品为道具，通过全景式的视、触、听、嗅觉交互体验(有时借助于 VR 设备)，让游客产生"身临其境"的感觉，创造出使之难以忘怀的沉浸式体验旅游活动。

营销链接 　　　　**知音号上的多维体验剧**

2017 年 7 月，作为湖北省推动"十三五"全域旅游发展战略的重点创新文旅项目——首部漂移式多维体验剧《知音号》在一艘同名的轮船上公演。该剧以 20 世纪初大汉口的商业文化为背景，从知音号码头露天部分拉开序幕，为游客设置了鲜活的老码头实景体验区，随后游客登上"知音号"——仿 20 世纪 20 年代初民生公司"蒸汽机"的轮船"江华轮"，分层移步观看触及心灵的武汉故事。这部剧不分观众区和表演区，游客可以在各舱室自由行动，体验船上每个角落发生的故事。船上准备了 600 余套服饰供租用，涵盖教师、学生、郎中、洋人、警察、车夫、名伶、报童、记者、老板、帮派成员和群众等身份，让游客成为剧中情节的一部分。这种"身临其境"的表演形式使《知音号》从上演至今的 300 多场演出，场场爆满。相比于大型实景演出，沉浸式体验旅游演出打破了传统的演出规则，重新定义了观众与表演者的关系，利用情境、角色、氛围、情节、节奏等环节的设计营造沉浸式体验，实现游客的感官、思维及情感体验，引起他们的情感共鸣或思维认同，为旅游产品和服务找到新的价值和生存空间。

在营销中，沉浸式体验也是常用的方式。按照 Forrester Markting Research 分析师 Shar Van Boskirk 的观点，这种"在消费者出现的所有渠道中，给他们带去具有凝聚力、将消费者全方位包围的体验"②，更注重营造产品和品牌体验带来的感觉。例如人们在某地品尝过当地的风味小吃后，体验到的是当地的风土人情，这种感觉往往比产品本身更能给消费者留下难忘的印象，即使在很久以后的某个时刻，当人们产生这种感觉时，还是会将它与这些风味小吃联系起来。

---

① Pokemon Go(精灵宝可梦 Go)是由 Nintendo、The Pokemon Company 和 Google Niantic Labs 公司于 2016 年联合开发的一款采用 AR 技术的手机游戏。玩家可通过智能手机对现实世界中出现的精灵"宝可梦"进行搜寻、抓捕、格斗及交换，玩家抓到的精灵越多就会变得越强大，从而有机会抓到更强大、更稀有的精灵。

② https://www.forrester.com/shar-vanboskirk。

3. 产品对实现消费体验的贡献

任何体验都起因于产品或服务，体验营销的运作核心就是利用产品或服务这个道具，通过让目标客户观摩、聆听、尝试、试用等方式，全方位感知产品的品质或性能，产生有效的身心体验，达到对产品价值认知最大化的目的。

1) 实现和表达自我

产品是实现和表达自我的方式与手段。许多消费者常常是因为产品的自我价值实现而不是根据其用途来购买的，由此也导致了产品价值的异化，一些产品甚至成为彰显消费者社会地位的手段。正如美国密苏里大学营销学教授玛莎·L. 瑞金斯所说："人们需要的不是产品本身，而是产品的实用性，如给人们带来的抚慰与快乐，完成新任务的高效与便捷，以及炫耀性消费应得的他人的尊重。"对这些人来说，产品不仅是一个物品，而且还隐含着使用者的社会地位，其地位的标志可能是一辆玛莎拉蒂轿车、一款路易·威登的提包或一块劳力士手表。

2) 实现共享人生体验

产品常常可以提供一个共享人生体验的基础。不同社交场合的饮食，代表快乐或悲伤事件的花束和礼物，都是人们共度社会生活的方式。在这方面，产品是重要的符号角色，因为产品的特性决定了在特定场合中的使用。旅游中的纪念品，朋友生日时赠送的礼品，这些有特定意义的商品，其价值已远远高于其价格。从个人角度上来说，一件具有纪念意义产品，能使人们想起过去的经历，从回忆中寻找美好。

3) 实现愉悦和享乐

具有美学或感觉上令人享受的产品，能给用户带来愉悦，如珠宝、香水、食品、服装、家具和艺术品等。星巴克咖啡、苹果计算机、奥罗拉钢笔、吉利莲巧克力和哈雷-戴维森摩托车都充满着美学和享乐性。

而温馨、周到、体贴入微的服务更是能让消费者获得愉悦和享受体验。迪士尼、星巴克、宜家等企业有一个共同点：不遗余力地为客户打造最好的服务体验。互联网环境下，尽管许多服务是通过网络由计算机系统实现的，但在为用户提供极致服务方面，仍然有着广阔的发展空间。

 案例　　　*如何创造邮件体验*

爱彼迎(Airbnb)的跨界营销堪称教科书级别的典范，不仅如此，在体验营销方面Airbnb也利用电子邮件创造了令人愉悦的体验。作为共享经济的一个典型代表，用户通过Airbnb的网站或App便可在其旅行房屋租赁社区中发布、搜索度假房屋租赁信息并完成在线预定程序，接下来Airbnb在不同时间发出的邮件着实让用户体验到了什么叫温馨愉悦的服务。

1. 行前准备邮件

在预定行程客户出发的当月，Airbnb会向其发出一封行前准备邮件，邮件的开头写道："在客户体验上，Airbnb对新老客户一视同仁。无论你是第几次使用Airbnb，都能够感受到Airbnb最完善的住宿体验。"接下来提出了几点能够优化住宿体验的建议：

> (1) 将住所当成自己的家一般爱护，在休闲的同时一定要顾及到邻居的感受；
> (2) 了解房东，建议您与房东在一些问题上提早达成共识，提前沟通避免不必要的麻烦；
> (3) 入驻须知，提醒客户准时入住，明确了解租户所提供的住房须知。
>
> 2. 预约提醒邮件
>
> 在预约入驻时间的前一天，Airbnb 会向客户发送一封预约提醒邮件。这不仅能够在最大程度上起到提醒效果，还避免了发送提醒邮件与实际预约时间之间的相隔时间过长，而导致客户可能遗忘已确定的行程。
>
> 预约提醒邮件中还包含有预约房实景图、具体地址、预约的居住时间、总金额、租户信息及联系方式，以及租户所拟定的入住须知。这些涵盖了住户在入住过程中要了解的所有信息，可使客户的入住和出行更加便利。
>
> 3. 反馈提醒邮件
>
> 在督促客户进行住房反馈的同时，从利他主义角度给予一定的激励，让客户认识到反馈流程不是走形式，而是可以通过反馈意见对未来客户的选择提供参考与帮助。在 Airbnb 的行业分析中曾经提到"给客户展示'利他'的文案，比'利己'的文案更容易带来转化率"。因此，在反馈提醒邮件中，Airbnb 不是告诉客户"邀请好友可以获得 25 美元"，而是允诺"给你的好友赠送 25 美元的旅行经费"，此举更容易打动提供住房反馈的客户。

4. 产品体验对消费行为的影响

研究证明，增强产品体验对于刺激消费者购买至少将产生三个方面的效果：①产品体验渠道和方式越广泛，越能强化消费者对产品的记忆，越容易在消费者脑海中形成固化的产品形象(设计理念、外观、功能、质量等)，从而提升消费者对产品的感知质量；②产品体验越强，消费者越容易对产品产生较高的评价与信任，消除"感知不确定性"和"感知风险"；③产品体验所带来的"产品感知"越强，对产品的"信任"越深，消费者尝试、购买、评价产品的动机或欲望越容易被激起，实现购买的可能性就越大。

5.3.2 虚拟产品体验

体验营销的实现是建立在企业产品或服务的质量及性能已相当成熟的基础上的，以至于客户对特色和利益的追求已经较为淡化，他们追求更高层次的"自我实现"。从我国目前的情况来看，虽然许多企业已经在尝试体验营销，但不少企业是在产品或服务的质量与性能还很不完善的情况下，推行体验营销的，这可能导致企业的经营面临一些风险。利用互联网实现虚拟产品体验，从眼前来看不仅是降低经营风险的明智之举，从长远来看，也符合互联网及人工智能技术应用发展的趋势。

由于网络环境下的用户无法直接接触实体产品，因此如何实现产品体验是网络营销面临的新课题。一种切实可行的方案是，借助于高科技手段营造一个虚拟现实的环境，刺激用户的视、听、触觉等感官机能，使其产生"接触"产品的临场感，实现产品的"虚拟体验"。

1. 虚拟产品体验的作用与功能

虚拟产品体验(virtual product experience，VPE)是指置身于网络环境中的用户通过计算机或手机等移动终端对产品进行在线观察、触及、感觉或试用的过程，通过这种虚拟体验尽可能多地获得产品属性、功能、理念等信息，以增强其对产品价值的感知。虚拟产品体验主要从两个方面来实现对消费行为的影响。

1) 增强社会临场感和产品感知度

根据社会临场感理论(social presence theory)，一个媒介传递的信息越多，越能使人产生如临现场的感觉，因此社会临场感越高。从消费心理学的角度看，社会临场感反映了消费者与购物环境之间的距离。消费心理学中还有一个概念——产品感知度，描述的是消费者能在多大程度感受到逼真、全面的产品信息，反映了"消费者"与"产品"之间的距离，产品感知度越强，说明消费者获得的产品信息越逼真、全面。消费者在网上购物环境中的临场感与现实购物环境的临场感越接近，即社会临场感越强，其产品感知度也越强，消费者获得的产品体验就越接近于现实购物环境。

在现实购物环境中，产品的各种信息是通过包括消费环境、产品陈设及试用、人员服务等多种渠道传递给消费者的。在网络购物环境中，产品的相关信息只能通过互联网传递，因此，尽可能多地将产品信息准确地传递给用户是实现产品虚拟体验的前提。互联网发展的初期，网上传送的信息以字符为主，因此被认为是低社会临场感的传播媒体，如今，随着 4G、5G 通信，以及多媒体、VR、AR 等技术的发展，互联网已被公认是完全能够实现高社会临场感的传播媒体。通过网络和信息技术手段实现的虚拟产品体验方式已从单纯的文字、静态图片发展到三维图像交互和其他多媒体互动方式，大大提升了社会临场感和产品感知度。

2) 提升感知诊断和沉浸程度

感知诊断是用来表达消费者所感知到的某购买体验对其正确评价产品的帮助程度，感知诊断程度越高则消费者认为该购买体验对于他正确识别产品和做出购买决策帮助越大。

网络环境下的产品体验无论是实现手段还是互动方式都与传统环境下的体验过程有很大的差异。以实现沉浸式体验为例，在网络环境下，沉浸体验既可以通过购物过程中浏览产品、与客服交流等环节来实现，也可以通过 AR 和虚拟控件技术与虚拟现实环境下的产品互动来实现。相关研究也发现，互动技术、多媒体技术所带来的新奇感更容易激起消费者的兴奋、愉悦感觉而使其沉浸其中。研究还证实，相对于单一的文字、表格、静态图片，虚拟产品体验技术更能够提升用户在网络环境中对于产品的感知诊断和沉浸程度。

2. 适宜采用虚拟体验产品的属性

根据实现产品体验的不同途径与方式，可将产品的属性分为两类。

1) 搜寻属性

具有搜寻属性的产品，其体验一般可直接通过二手资料传递产品相关信息的方式实现，如价格、技术指标、内部构造(或内容)、外形等。这些二手资料主要来自广告、产品目录、口碑等，通常可通过 Web、Email、社区、论坛、博客、微信等网络媒介传递，用户一般可以通过获取的二手资料实现对产品的价值感知，因此，虚拟体验对这类产品的应用价值不明显。

2) 经验属性

经验属性的产品一般是通过实际接触或使用产品来获得相关信息，如功能、味道、手感、做工、质地等，仅靠广告、口碑等二手资料往往难以影响消费者。因此，经验属性显著的产品适宜采用虚拟体验来提高用户对产品的认知价值。

3. 虚拟产品体验的实现技术

1) 虚拟现实技术

虚拟现实(VR)，亦称虚拟环境、灵境等，是以计算机技术为核心，综合运用计算机图形与仿真、人工智能、传感检测、人机交互、多媒体和网络并行处理等多种技术，生成与一定范围真实环境高度相似的虚拟环境，为用户提供视、听、触觉方面的感官模拟，产生亲临实际环境的真实感受和体验。虚拟现实的基本特征可用 3I 来描述。

(1) 沉浸性(immersion)。即临场感，指用户作为主体存在于虚拟环境中的真实感受程度。如利用头盔式显示器、位置跟踪器、数据手套、各种手控输入设备、影视音响以及其他外部交互设备，组成将用户的视、听、触觉以及其他感觉与真实环境暂时隔离起来，再通过 VR 技术产生声音、画面等场景，使用户在这个虚拟环境中所看、所听以及所感受到的一切都非常逼真，从而在生理和心理上产生如同沉浸于真实场景中的感觉。

(2) 交互性(interaction)。置身于这个虚拟环境中的用户可以通过人的自然技能(语言和各种肢体动作等)与这个环境交互，即用户通过操控虚拟场景中的各种目标对象，实现身心体验。

(3) 想象性(imagination)。利用 VR 技术可以拓宽人类认知范围，不仅可以再现真实环境，而且可以凭借人类无限的想象空间，"构造"客观不存在的环境，如模拟高温、高压、太空或其他星球环境下人类及其他生物的活动，亦可模拟地震、山洪、海啸、放射性污染等灾害的影响，以获得用户在现实环境中无法实现或不便实现的感知体验。

目前，VR 技术在军事、航天、教育、旅游、医疗、文化娱乐、交通管理、建筑设计以及电子商务方面得到越来越广泛的应用。

2) 增强现实技术

增强现实(AR)技术通常被认为是 VR 技术的一个重要分支和特殊部分。VR 技术虽然可以让用户沉浸于虚拟环境之中，产生身临其境之感，但其仿真度并非完全尽如人意。而 AR 技术通过计算机系统产生虚拟信息，并利用与其相匹配的外戴设备让用户通过视、听、嗅和触觉等感官系统感知这些虚拟信息，使其与用户所处的周边真实环境形成一个完整的"六识"(眼识、耳识、鼻识、舌识、身识、意识)体验过程。与 VR 相比，AR 的主要特点如下。

(1) 虚实融合。借助传感技术将计算机系统生成的虚拟信息准确"定位"在真实场景中，使虚拟物体呈现的时间或位置与真实世界对应的事物保持一致，再通过显示设备将虚拟信息与真实环境融为一体，让用户在这种虚实结合的环境得到仿真体验。

(2) 实时交互。虚实融合并非真实图像与虚拟景物对象的简单叠加，而是要实现两者间的信息实时交互。如旅游景区为用户提供基于 AR 技术的导游 App，可透过手机屏幕看到现实环境中叠加的各种信息，这些信息可根据用户的空间位置移动和相关操作而变化，实现对应景点的实时解说、景物内部细节观赏等功能。

(3) 3D 环境定向。外戴设备能根据用户在 3D 环境中的运动，调整计算机产生的增强信息，使屏幕中呈现相应的信息，如利用头盔显示器(head mounted display，HMD)将人对外界的视觉、听觉封闭起来，使用户产生一种完全置身于虚拟环境中的感觉。

可见，采用 AR 技术，可让用户在所处的真实世界中看到叠加在其中的虚拟对象(信息)，产生一种现实世界与虚拟对象融为一体，超出 3D 空间层次的"混合现实"(mixed reality，MR)。这种超越现实的全新感官体验，将从整体上增强用户对所处环境的感知效果。

4. 虚拟产品体验的实现

1) 虚拟现实系统的组成

虚拟产品体验的技术实现是建立在虚拟现实系统基础上的。虚拟现实系统一般由传感检测、指令输入、控制、反馈、环境建模五个模块和虚拟体验的实现对象(产品)组成，如图 5-2 所示。传感检测模块用于检测构成虚拟体验环境的各种状态，并传递给用户或直接传递给控制模块；指令输入模块将用户发出的操控指令传送给控制模块；控制模块接收来自用户的操控命令和来自传感检测模块的信息，对体验实现对象(产品)以及虚拟环境进行控制，使其对用户的虚拟体验产生作用；反馈模块接收来自体验实现对象的状态信息，为用户进行操控提供实时信息；环境建模模块用于构成实现虚拟体验的场景。

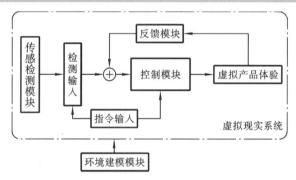

图 5-2 虚拟现实系统结构框图

2) 虚拟现实系统的工作机理

虚拟产品体验是在虚拟现实系统构造的仿真环境中，通过"虚拟控件"(virtual control)中"直接操控"和"多媒体"两个核心技术组件产生的"远程呈现"(telepresence)效应实现的，如图 5-3 所示。

远程呈现是一种通过通信媒介使远程的现实状态以多媒体的形式(一般为图片、图像或声音)传递给用户的技术方法。远程呈现有两个核心的技术要求，即实现"互动"和"生动"。互动是指用户可以直接实时操控和改变远程实现对象的状态；生动是指实现远程呈现应以多媒体的形式展现，以保证最大限度地还原体验实现对象本身的属性并传达到用户的感官，实现虚拟体验。因此，虚拟产品体验的工作机理是：用户根据其需求、兴趣，通过虚拟控件的直接操控技术实现"互动"，通过虚拟控件的多媒体技术感知产品的状态变化实现"生动",远程呈现的过程就是虚拟产品体验的实现过程。

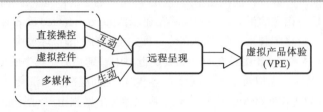

图 5-3 虚拟现实系统的工作机理

3) 虚拟现实系统的核心模块——虚拟控件

在虚拟现实系统中,通过核心模块——虚拟控件,对虚拟环境中的事物进行操控。用户可通过控件的人机交互界面(对话框或工具栏),输入指令或数据,操控相关对象的软件,如 Windows、Office 中的对话框、按钮等。根据操控实现的目的,虚拟控件可分为两类。

(1) 可视化控件(visual control)。利用可视化控件可以让用户通过鼠标、键盘或触屏操控产品的显示方式,如移动、旋转、缩放、推拉摇移、变换色彩等等。在 Nike 公司网站的"NIKEID 专属定制"(www.nike.com/cn/zh_cn/c/nikeid)中,客户可根据其偏好,在线"设计"自己的运动鞋。该网站通过一套有关客户对鞋的偏好、鞋的结构、底部和鞋帮材质、颜色、鞋带以及鞋跟上的个性化签名等十多项个性化的选择,指导客户通过鼠标对所看中鞋的这些部位进行选择或设计,如图 5-4 所示。当客户提交自己满意的个性化方案后,在线订单将直接传送至工厂的定制鞋生产线上,客户需为此额外支付约 10 美元设计费用。这种 3D 交互方式的产品体验目前已从 Web 平台转移到 App 等移动平台。

图 5-4 Nike 网站提供的"NIKEID 专属定制"服务

(2) 功能性控件(functional control)。借助于功能性控件可以通过让客户操控产品的不同功能来展现其性能，目前已在 3C 产品、智能家居、钟表等生产商网站上普遍应用。

虚拟控件的选用因产品而异，对于旅游、家居、服装等产品则可采用可视化控件；而像手机、数码产品等以功能需求为主的产品一般应采用功能性控件。过去认为图书、金融等同质性强、感官要求低的产品不一定要附加虚拟控件，而如今随着电子书、互联网金额等新产品、新服务的不断涌现，虚拟控件的使用越来越普遍。此外，可视化控件和功能性控件既可单独用于某产品的虚拟体验，也可以组合起来使用。

5. 虚拟产品体验的应用现状与展望

目前，网络营销中实际应用的虚拟产品体验功能与上面所介绍的虚拟现实系统有明显的技术差异。网络营销中的虚拟产品体验一般很少用到传感设备和立体头盔、数据手套等特殊的感知设备，其虚拟产品体验主要是让用户借助鼠标、键盘、显示器等标准化的计算机外设或手机进行视、听觉维度的简单体验，体验内容多为产品外观、功能展示，形式以静态图文结合动态视觉、听觉体验为主。由于触觉、嗅觉传感设备价格昂贵，以及其传感与呈现技术本身不成熟，使得复杂产品难以实现大规模的虚拟产品体验。

虽然有厂商(如 Cult 3D)宣称已开发出上万个虚拟产品体验模型，但真正在商业网站上建立虚拟产品体验系统的目前主要是汽车、服饰、旅游等行业，且多为大型企业或知名品牌，中小企业采用得很少。出现这种状况，很大程度上是因为缺少虚拟产品体验系统的通用技术标准，开发水平参差不齐，高仿真的系统价格昂贵，低仿真的系统又较为粗糙，达不到预期的效果。因此，在现阶段，网络营销中的虚拟产品体验应以加强视觉、听觉冲击效果为主，注重从情感角度催生消费者的"社会临场感""产品感知"和"沉浸感"，弥补虚拟产品体验在唤起客观认知方面的不足，以刺激和影响其消费意愿。随着 AI、VR 和 AR 技术的成熟和普及，以及新零售和 O2O 电商的发展，可以预言，未来的虚拟产品体验将会朝着集"六识"于一体的"全方位感知体验"方向发展，并将成为网络营销中的一种应用常态。

案例 IKEA App——顾客手中的宜家商场

5.4 网络环境下的品牌策略

品牌是工业时代的产物，是为适应社会传播和商业变现出现的效率工具。它将产品信息进行浓缩，通过名称、术语、标记、符号、设计或上述这些的组合，形成规模化、可复制的连接符号，以辨认某个或某群生产者或销售者的产品或服务，并将其与竞争对手的产品或服务区分开来。在消费者看来，好品牌传达的是质量和信誉的保证。优质的品牌具有较高的品牌忠诚度、知名度、感知质量，因此，作为企业的重要资产，品牌的有效运营和管理能够增加产品的价值。品牌的价值在于提高消费者与产品的连接效率，互联网和移动互联网正以全新的资源配置与连接方式，从理论到实践改变着传统的品牌战略与策略，给企业的品牌建设与管理带来了机遇和挑战。

5.4.1 网络品牌概述

1. 互联网对品牌的影响

对企业尤其是传统企业来说，互联网意味着全新的营销渠道、更大的市场、更多的客户、全球化的品牌以及更为激烈的市场竞争，但它并未改变商业的基本规则，也未改变品牌的基本属性和作用。营销大师阿尔·里斯曾经指出，如果企业想建立一个互联网品牌，就应该把互联网作为一项业务，而不是将其作为载体。他认为，对于实体产品，互联网应当作为一种载体，对于无形产品，互联网可作为一种业务。按照阿尔·里斯的观点，互联网对品牌产生了两种影响。

1) 传统品牌①的网络化

对于那些拥有知名品牌的传统企业来说，虽然互联网是一个增加品牌影响力、巩固品牌实力的有力工具，但企业的核心能力和经营基础并未因此发生明显的变化，这些久负盛名的传统品牌在其漫长的成长过程中，已经通过产品研发、生产技术革新、营销策划等许多环节来巩固其品牌实力。因此，其经营核心仍专注于既有的传统业务，不一定要利用互联网创建新的品牌，而是借助于信息技术手段和网络资源将既有品牌延伸到互联网上，通过网络传播进一步提升品牌影响力。

一直恪守向客户提供顶级咖啡产品的经营理念的星巴克，始终致力于为客户营造一个介于工作场所和家之间的空间。这些年，它坚持利用网站、社交媒体、App 等手段来实践上述理念，除宣传其产品与服务外，彰显以咖啡为核心的企业文化也是网络营销的重点，并强化与客户的互动体验，却并不在线销售咖啡。这种利用网络来提升和扩大品牌影响力的品牌延伸理念也体现在许多传统企业的经营中。多数情况下，传统企业将互联网作为品牌传播的载体，即品牌推广的新领域和新途径，而不是销售产品的分销渠道。用户可通过线上线下全方位进行产品和品牌体验。

2) 互联网环境下诞生的新品牌——网络品牌

借鉴阿尔·里斯的观点，并参考相关研究的结论，这里将网络品牌定义为：企业利用各种信息化手段和互联网资源，通过在线业务塑造的品牌。按照其业务所涉及的范围，可分为以下两种。

(1) e 品牌，亦称纯网络品牌(pure-online brand)。是完全依托于信息化手段建立，或完全依赖于网络环境生存，其提供的产品或服务完全通过在线方式实现，客户对产品的体验或感知都是通过网络实现的品牌。这类品牌多见于那些提供信息资讯、在线服务业务的数字化产品或企业，如百度、Google、腾讯、新浪、搜狐等互联网服务提供商；阿里巴巴、淘宝、Amazon、京东商城、唯品会、大众点评、蘑菇街、聚美优品、支付宝、今日头条、喜马拉雅等专业服务提供商。它们依托互联网(包括移动互联网)为用户提供满足其各种需求的相关服务，并通过自己的努力在互联网市场中建立起新的品牌，客户对这类品牌的感知完全是通过在线体验获得的。

(2) O2O 品牌。进入移动互联时代，经营资源的配置方式和网络连接的方式，包括人与信息的连接、人与产品的连接、人与人的连接都发生了极大的变化。移动互联网不

---

① 为区别起见，本教材将"网络外"的品牌或线下品牌统称为传统品牌。

仅是一种载体，更是为新品牌的涌现创造的一种商业机会，进而也导致了品牌经营天翻地覆的变化，其突出的特征是线上与线下资源、业务全面融合。如美团外卖、房天下、携程旅行、摩拜单车等围绕提供实体产品或线下服务的网络品牌；随着淘宝电商平台的崛起，诞生了一大批诸如韩都衣舍、三只松鼠、林氏木业、膜法世家、茵曼、裂帛的淘品牌；而依托微信平台，又催生了喜茶、大V店、瑞幸咖啡、植观等一批微品牌，此外还包括许许多多通过微信公众号、朋友圈脱颖而出的微商品牌。它们的共同特征是依托互联网资源，通过线上与线下业务的高度融合，相互支撑，实现用户裂变发展起来的，故称为O2O品牌。

2. 网络品牌的特征

1) 无形价值的保证形式更加彰显

互联网对品牌产生了双重的影响。一方面，在以信息为主导的虚拟环境下，人们无法通过触摸、现场感受等传统的体验方式去认知和购买产品，传统的依赖于产品形象或广告宣传等品牌传播和识别模式也难以完全适应网络环境，因此，客户忠诚于品牌的方式也发生了相应的变化；另一方面，在缺乏高品质信息和传统标识界定的网络环境中，消费者主要依据品牌辨别产品的差异，这意味着网上消费行为更需要品牌形象的支持，品牌带来的信誉及保证在某种程度上可以抵消虚拟环境的不安全感。因此，与传统营销一样，良好的品牌形象在网上消费者的潜意识中仍然是质量和信誉的保证，网络品牌不仅仍然是企业或产品知名度、美誉度、认同度、忠诚度等无形价值的保证形式，而且其作用更加彰显。

2) 与传统品牌无正相关性

传统优势品牌不一定是网上优势品牌，网上优势品牌的创立需要重新进行规划和投资。美国著名咨询公司Forrester在题为"Branding For A Net Generation"的调查报告中指出："通过对年龄在16至22岁青年人的品牌选择倾向和他们的上网行为进行比较，研究人员发现了一个有趣的现象，尽管可口可乐、耐克等品牌一直受到广大青少年的青睐，但这些公司网站的访问量却并不高。这个结果意味着企业要在网上取得成功，绝不能依赖传统的品牌优势。"

2011年可口可乐公司大张旗鼓地推出了新的营销策略，从"卓越创意"转向"卓越内容"(社交媒体上的内容营销)。公司高管乔纳森·米尔德豪(Jonathan Mildenhall)宣布，"可口可乐将继续创造最吸引人的营销内容，成为流行文化的重要组成部分"，并提出到2020年将销量提高一倍的经营目标。次年，可口可乐推出了第一个大动作，将公司的静态网站转化成了一本数字杂志——可口可乐旅程。它几乎涵盖了从体育到旅游、到食品等流行文化的方方面面，成为公司内容营销战略的缩影。然而，如今杂志已推出几年了，浏览者却一直寥寥无几，并未进入美国流量前10000的网站，在全球排名20000开外，公司的YouTube频道也仅有近70万订阅者，排名2749(2015年底的统计)。

无独有偶，"红牛"(Red Bull)公司每年高达20亿美元的营销费用，其中大部分投入到内容营销中，公司专门建立了新媒体中心，制作极限运动的各种内容，但它的YouTube频道只有490万订阅用户，排名184，许多制作费用低于10万美元的初创企业都高于这个排名。

上述现实说明，面对网上丰富的信息，有了更多选择的用户不再被动地接收企业发出的信息,尤其是那些粗制滥造的内容,已被大多数用户视为垃圾邮件的一个变种。因此,企业必须认识到传统环境与网络环境下品牌塑造的不同之处,认真思考品牌在网络环境下拓展或延伸的方法,充分利用网络的特点和优势,与用户建立起更为亲密的关系,为其提供更佳的品牌体验,这是企业在网络环境下进行品牌建设与管理的重要规则。

3) 更加注重以客户为主导

网络环境下消费者特征的最显著变化是消费的主导意识大大增强,表现在消费过程中要求有越来越多的主动权——品牌选择的主动权、消费过程的主导权、评价厂商的话语权等。因此,企业要顺应这种变化,秉持客户为主导的理念,借助于包括网络用户在内的互联网资源,而不是仅仅依托企业或某些媒体机构开展网络环境下的品牌经营。

在网上,为实现满足用户消费需求的目的,许多品牌都非常关注和尊重用户的主导权和话语权,在设计网上营销系统时总是尽可能基于用户的角度,而不是品牌展示的需要;总是想方设法运用各种方式加强与用户的沟通和互动,倾听来自用户的声音,并尽可能给予积极的响应;总是千方百计利用互联网释放品牌的影响力,而不是以生硬的手段将品牌信息强推给用户。这些都是网络环境下品牌经营值得借鉴的成功经验。

此外,面对在线市场竞争日益激烈的环境,企业营销的重点已从抢占市场转变为争夺客户,而争夺客户的关键是赢得心智之战。网络环境下的品牌定位也开始由需求定位转向心智定位。王老吉是典型的需求定位品牌,在当年凉茶市场尚处开发阶段,那句"怕上火、喝王老吉"的广告语一语切中消费者的需求点。然而,今天的"90后""00后"选择王老吉的并不多,他们青睐的是喜茶,而且宁愿排队购买。喜茶的成功,利用的是网红文化,瞄准年轻人的消费品味,做的是心智定位。这样的案例还不少,"青春小酒"江小白推出的不是酒而是故事,卫龙辣条促销的卖点也不是辣条而是解压。它们都抓住了当下年轻人追求某一方面"小确幸"的心智诉求,从而引发其共鸣,最终让其欣然地购买。

4) 脆弱性远高于传统品牌

与传统品牌相比,网络品牌要脆弱得多。一个低水平的网络推广行为可能不会给一个传统品牌造成太大影响,却可能给一个网络品牌以毁灭性的打击。而且以信息服务为核心的网络品牌,其经营模式、营销策略在市场竞争中很难通过专利、技术手段或规章制度来获得保护,因此,在完善网络市场运作机制的同时,网络品牌的建设与管理除应当借鉴传统品牌的成功经验,更需要探索新的品牌之道。

5.4.2 网络品牌策略的实施

品牌的建设与管理仍然是网络品牌策略的基本任务。由于互联网导致了市场竞争方式的变化,企业应更多地关注客户需求的满足,而不是想方设法去击败竞争对手。因此,实施网络环境下的品牌策略应从深入了解目标客户的特征及不断变化的需求开始,并以此为依据定制符合企业总体经营战略的网络品牌策略。

此外,互联网还导致了统一的品牌认知与个性化的客户需求间的矛盾。一些品牌往往从一开始便选择使用科技手段与大规模客户群体迅速构建起联系,然而却忽视了客户想与之互动的主要目的是实现人与人之间的沟通[①]。网络品牌所处的特殊环境和具有的特征，使网络品牌策略的实施要在方法和手段上进行全面创新，尤其应当加强以下几方面的策略应用。

1. 注重彰显品牌的文化特征要素

品牌创造了一种极富经济内涵的文化，成为反映企业意志理念、行为规范和经营风格的企业文化的载体。通过品牌可对内增强凝聚力，对外提高竞争力，并不断地将其转化为企业的品牌资产。

品牌文化分为外、中、深三层。外层品牌文化是品牌文化物化形态的外在表现，包括企业名称、造型、象征、建筑物等，在互联网环境中主要包含网站名称、域名、网页设计风格(如标准字体、大小、颜色、LOGO、配色和布局)等在内的形象展现。中层品牌文化是指营销活动、品牌经营中蕴含的社会文化与民族文化精华的展现，在网上具体体现在品牌的社会文化背景或民族文化底蕴等元素的运用。一些国际化品牌十分注重品牌发展与所涉及的区域不同文化习俗的契合，可口可乐等国外品牌在其中文网站的设计中都会加入各种中国民族文化的元素，以深化品牌形象，诠释品牌更深层次的意义。深层品牌文化体现企业文化的精髓，它同样可以通过网络品牌的不同细节来展现，从网站或 App 的主题设计、功能的实现、价值的提供到用户在此的每一个经历和体验，无不可以体现出品牌所倡导的企业理念和企业文化。

互联网环境下的品牌经营，从品牌形象的树立到品牌价值与功能的传播，都是全球化的，因此更应注重和强化品牌深层次的内涵——品牌文化的传播，通过彰显品牌的文化特征要素，使用户认同企业的价值观和文化，成为其品牌的忠实客户。

2. 根据特定目标群体特征塑造相应品牌

与现实世界中的目标群体有所不同，网上消费者相对来说是一个小群体。由于"小群效应"，虽然用户希望加入网络社群中的大群，但以即时沟通为核心需求的群中人数越多，噪声越大，对用户的干扰也越大。因此，不论是微信群还是社交圈，都显现出"大群松散沉默，小群紧密活跃"的特征。

从传播的角度看，大群的用户规模大，是发布广告信息的理性平台，而小群中的用户彼此熟悉，互相信赖且成员之间互动频繁，这正有利于品牌的传播。然而，在用户活跃的小群中，关系链却如同一堵天然的屏蔽墙，将企业阻挡在外。因此，品牌的传播如何穿透这堵墙，触及无数小群，影响和覆盖目标人群，是品牌经营的现实课题。企业的营销团队应当研究小群，根据不同小众市场的特征，即特定群体的个性化特性来塑造相应的品牌。美国 Gap 公司针对男女老幼不同客户，先后推出了不同的服饰品牌，并将这种品牌策略延伸至互联网上。1997 年公司推出了以上班族为对象的 Gap 网站；1998 年推出面向儿童与青少年的 Baby Gap 和 Gap Kids 网站；1999 年针对年轻家庭的网上商店 Banana Republic(www.bananarepublic.com)上线；而 Gap 另一个针对时尚年轻消费群体的品牌网站 Old Navy(www.oldnavy.com)则采用了与 Banana Republic 明显不同的思路，从网页内容策划到互动环节的实现都充满了年青活泼、风趣动感的时尚风格。

---

① [美] 布赖恩·克雷默. 分享时代：如何缔造影响力[M]. 浮木译社，译. 北京：中信出版社，2017.

3. 实现有效的品牌关联和体验

在利用互联网经营品牌时，应根据品牌传播所要达到的目的，通过适宜的技术与手段，实现有效的品牌关联。很多知名品牌在网上承袭了传统品牌的 VI(视觉识别系统)设计，并结合互联网的特点进行创新，这是建立品牌关联的主要方式之一。这并不意味着要去改变构成品牌特征的基本要素，更多的是利用网络和信息技术手段改变品牌特征的传递方式。

综合运用多媒体、人工智能和现代通信技术，实现交互性更强的品牌体验，是互联网环境下品牌经营的另一项重要任务，这是品牌经营的一个全新课题，下面将进行专门的论述。

案例　可口可乐的"节点"营销

4. 注重全媒体的资源整合与行动协调

强调互联网功能强大的传播手段，并不意味着在传统品牌向网络的延伸过程中要放弃传统媒体。与网络媒体相比，传统媒体最突出的优势在于其所具有的公信力，这也是它的核心价值所在，除此之外，传统媒体还有长期积累起来的优质内容生产与传播能力、专业化的人才队伍、丰富的运营经验和占有优势的品牌资产，这些都是以互联网媒体为主的新媒体目前所不具备的。因此，实施有效的品牌策略应充分整合全媒体的资源，取长补短。在发挥网络媒体在传播方式和渠道优势的基础上，借助传统媒体的优势，协调品牌策划、品牌传播等具体行动。

5. 强化网络环境下的品牌监控与评估

面对瞬息万变的网络市场，应当充分利用各种技术手段对网络环境下的品牌运营状况进行实时监控与评估。具体可沿用传统环境下的做法，从忠诚度、认知度、影响力、品牌联想等影响品牌价值的资产构成要素方面进行，并根据互联网的特点，制定出具体的测评指标，如网络品牌忠诚度可以通过网站的客户回访率、重复购买率等指标衡量；认知度可以通过目标客户对网络品牌的认知程度、网站注册用户中有购买行为的用户所占比率等指标来衡量；网络品牌影响力可通过网站的浏览量指标、访问者中成为注册用户的比率等指标来衡量；品牌联想代表了对网络品牌的基础识别，包括网站名称、域名、网站 LOGO、品牌行为识别等要素，可以通过有关品牌识别的调查或监测指标获得客观的评价。在实际经营中企业应与专业的网络评估服务机构合作，定制符合自身特点和需要的品牌评估模型，以对品牌定位及策略执行做出及时评估和调整。

5.4.3　网络环境下的品牌体验与实现

唐·舒尔茨教授指出：品牌塑造主要是客户信任和依赖的结果，必须建立在客户对企业的产品和服务长期满意的体验之上。品牌是体验的提供者，因此，企业应将体验营销的理念运用于品牌运营之中，想方设法将体验嵌入品牌之中，创造出个性化、互动的营销方式——品牌体验。

1. 品牌就是体验

该观点主要基于两点缘由：①产品的日益同质化，使品牌的力量日趋凸显，而面对众多品牌，注意力有限的消费者更关注品牌与自己的相关程度，只有在消费者生活中最具特色、记忆最为深刻的品牌才能被他们所选择或接受；②随着生活水平的提高，人们购买商品的目的不一定是出于生活的必需，而是满足某种情感上的渴求，或是追求某个特定产品(品牌)与理想的自我概念的吻合。于是，人们的消费行为日益表现出个性化、情感化和注重参与等偏好。消费者从注重产品本身转移到注重品牌所带来情感上的愉悦和满足，对彰显个性的产品或品牌的要求越来越高。同时，消费者在接受产品或服务时的"非从众"心理日益增强，相信自己判断和感觉的趋势日益明显，追求那些能与自我心理需求产生共鸣，或者能够促成自己个性化形象形成的产品(品牌)成为一种时代特征。

品牌在表面上是企业产品和服务的标志，代表着一定的质量和功能，深层次上则是人们心理和精神层面诉求的诠释，可以作为一种独特的体验载体。因此，在激烈的品牌竞争中，品牌体验已经成为消费者感知、识别和认同品牌的第一要素。

品牌体验与产品体验相比有所不同，品牌体验是品牌与客户之间的互动过程，并通过令人耳目一新的品牌标识、鲜明的品牌个性、丰富的品牌联想等品牌相关要素的深度接触，让客户产生个性化的经历和身心愉悦的感受，从而与品牌建立起强有力的关系，实现高度的品牌忠诚。

2. 网络环境下品牌体验的策略实现

抓住用户的眼球、情感、思维等体验要素，是网络环境下实现品牌体验成功的关键。为此，可从以下两方面着手。

1) 确立清晰的品牌定位

互联网上与日俱增的信息资源，增添了实现有效品牌体验的难度，这就要求企业通过新颖、形象的品牌创意，运用丰富多彩、生动有趣的实现手段来演绎品牌的风格，表达具有能够满足用户需求或利益的价值主张，并能在第一时间让用户获得品牌体验及品牌价值的感知。确立清晰的品牌定位并使其得以彰显是一种有效的策略，也是许多企业在互联网环境中实现品牌体验的成功之道。亚马逊对自己的定位是："全球最大的书店"；阿里巴巴的口号是："天下没有难做的生意"；京东和苏宁易购更加直白，分别将"正品低价、品质保证、配送及时、轻松购物"和"送货更准时、好货更超值、上新货更快"直接置于网页的标签上。这种让人一目了然的手法，实际上早已是 Web 环境中的通行做法——品牌标签，如抖音短视频——"记录美好生活"，蘑菇街——"时尚的目的地"，知乎的品牌标签是："有问题上知乎"，并提出以"知识连接一切"为愿景，致力于构建一个人人都可以接入的知识分享平台……，这些鲜明的品牌定位和价值主张，让接触到它们的用户很快明晰自己将能够从中获得的利益，也有助于用户深入了解其品牌及所具有的价值。

2) 吸引客户参与品牌互动

体验营销的核心是吸引消费者的参与，并借参与产生互动，让消费者真正成为品牌的主人，从而促使消费者接受品牌所传递的信息，并产生消费的动力，建立品牌忠诚。吸引客户参与品牌互动已成为越来越多企业在开拓市场、塑造品牌和品牌经营中常用的方法，并取得了成功。

案例　打造多元化的品牌体验

3. 网络环境下的品牌名称策划

品牌的真正力量来自客户情感上的投入，而品牌名称就是一条与客户建立情感的纽带。知名品牌不仅名称好记，形象上佳，而且给客户以良好的联想体验，可以说，品牌名称是产生值得记忆的美好体验的感官、情感和认知的丰富源泉，正如美国心理学家卡洛·穆格所说："如果没有情感联想，那么一个品牌的名称是没有价值的。"罗技公司推出的新款扫描仪 Scanner 2000，上市后的销量令其失望，后来公司将该产品改名为 ScanMan(扫描人)，在此后一年半的时间里，尽管公司没有新增广告投入，但销量仍然倍增，名称拉近了产品与使用者之间的情感联系。作为商品的标记，品牌名称可以产生品牌联想，进而创造商业价值。无论是在线上还是线下，铺天盖地的广告中，经营者最希望受众记住的莫过于品牌的名称，因此，一个好的品牌名称就是一个好的品牌塑造，品牌名称也是网络品牌建设的重要组成部分。

在网络环境中，不仅是品牌名称，网站的域名，第三方电商平台中的网店、互动传播平台或手机客户端及应用程序的名称，以及博客、微信公众号、微店、社区论坛等的名称都是可实现品牌体验功能的要素。而且，其中很多都是企业开展经营活动的重要资源，正像阿尔·里斯所言，互联网上的名称是最有价值的资产，这正是互联网与现实世界的主要不同之处。因此，下面主要针对经营资源类网络品牌名称，阐述品牌命名策略的应用。

1) 网络经营资源名称的商标属性与商业价值

从品牌价值看，域名等网络经营资源名称的意义非同一般，它们是由个人、企业或组织申请并独占使用的互联网标识，是企业在虚拟市场环境中开展商业活动的虚拟地址和标识，不仅具有被客户识别和选择的商标识别功能，还具有对所提供产品及服务品质进行承诺的功能，是网络环境中的虚拟商标。因此，提高域名的知名度，就是提高企业在互联网上的知名度，可增加其与客户进行接触的概率。企业必须充分认识域名、微信公众号等经营资源类网络品牌名称的商业价值，将其作为一种重要的品牌资源来管理和使用。新浪微博最开始使用的域名是 t.sina.com.cn，由于不便记忆和输入，于是新浪花重金收购了早在 1999 年就被人注册的"weibo.com"，该域名符合中国人喜欢双拼的习惯，也容易让人记住，对提升新浪微博在国内自媒体中的地位发挥了重要的作用。

2) 网络品牌的名称设计

语言学的研究发现，名称与人的心智有关，一件事物的名称会引起人们对它的心理反应。营销学的研究发现，品牌名称可以在消费者心目中产生两种联想：品牌名称本身产生的联想和使用该品牌后对品牌名称产生的联想。在选择品牌时，人们会根据该品牌名称所引发的联想做出好恶的判断。美国加利福尼亚州有一家名为 AIDS(Attitude, Integrity, Dependability and Service)的急救公司，其救护车司机经常被滋扰，甚至有伤者还拒绝上车，因为人们以为这些车辆是为艾滋病患者服务的，无奈之下，公司更名为 AME。按照卡洛·穆格的观点，"词汇往往都带有某种基于先前已经存在的经验或刻板印象的感情联想，除非这是一个完全人造的、随机组合的新词"。因此，网络环境中的品牌命名，应当在深入了解目标客户群体消费方式和行为特征的基础上进行，这样才有可能实现对目标客户群的准确定位，使品牌名称得到受众的关注并引起他们的兴趣与联想，从而激发其情感共鸣。所以，进行网络品牌名称策划首先要做的工作是，搜寻目标客户群并进行相关的特征分析，在此基础上才能有的放矢地进行名称的设计。

全球最大的直销公司安利，在决定将其特有的分销体系搬到互联网上时，并未使用安利(Amway)的名称，而是创造了一个新名称"Quixtar.com"，经过一段时间的运作，安利将其改为"Amway.com"。无独有偶，宝洁(Procter & Gamble，P&G)公司也曾用过一个新域名"Reflect.com"，但不久便改为"pg.com"。传统企业在网络环境下沿用既有的品牌或商标名称是一种明智之举。对传统企业来说，互联网是一种载体，将品牌或商标名称作为网站域名或 App 以及各种经营资源类账户的名称，可以实现传统品牌在网络环境中的自然延伸，事实上绝大多数企业都是这样做的，如波音(www.boeing.com)、海尔(www.haier.com)、雀巢(www.nescafe.com)、富士康(www.foxconn.com)等公司的域名；"中国银行""海南航空""娃哈哈""格力+"等手机 App；"中国电信""奥迪""长虹电视""肯德基"等企业的微信公众号；"中国国旅""i 麦当劳""家乐福中国"等微信小程序。

在互联网发展初期，一些企业热衷于使用通用域名，甚至不惜为此花重金收购，洛杉矶一家公司曾斥资 750 万美元买下了"Business.com"的域名，而"Telephone.com"也被一家电信公司以 300 万美元收购；"Wine.com"则卖到了 175 万美元。但从长期来看其作用甚微。而独特的名称在互联网出现伊始就被证明比通用的名称有效，Amazon、Yahoo、eBay、阿里巴巴、天猫这些成功的互联网企业使用的都是独特的名称。为此，在网络品牌名称设计中，可借鉴名字识别设计系统 NIDS(Name Identity Designing System) 和品牌识别设计系统 BIDS(Brand Identity Designing System)[①]的相关原则。

(1) 名称的意象识别 MI(mind identity)。品牌名称应具有语义美，尽可能体现企业的经营理念、宗旨、企业精神、管理理念、价值观念、品牌定位、品牌特色等，使之产生感染力和联想，给予消费者愉悦的感受与美好的联想。因此，名称除应力求具有独特的个性及风格且不易混淆外，还应避免使用消极、不雅或贬义词汇。一些品牌为追求标新立异，采用缺乏美感的名字，甚至哗众取宠的怪异名称，这种现象不仅不文明，甚至违反商标法，导致品牌得不到法律保护，同时也有损企业的形象。

(2) 名称的视觉识别 VI(visual identity)，即具有形态美，从而产生深刻印象。在网上，品牌名称都将以有形的文字、图案、LOGO 等方式展现，其形态、字体甚至色彩等视觉效果都会影响消费者的情感体验，因此，名称的 VI 设计也不可小视。图 5-5 是一些品牌的 LOGO 或名称设计，不难看出，文字与图案及色彩浑然一体的搭配，形成了其品牌的特色标识。关于这方面的设计，涉及美术、心理学、色彩学等方面的专业理论与技能，这里不做深入探讨，下面基于一些品牌建设实践中的成功经验，归纳三点值得借鉴的实用方案。其一，采用词汇、单词字母个数或音节相同的平衡或平行方案，如 Coca-Cola、Konka、COCO Park；中文名称应注意每个字的笔画应相对均等，各种形体的字最好有些变化，以显得整体协调。其二，采用重复的相同词汇或同义词通过连词连接在一起，如强生公司(Johnson & Johnosn)、美国拉斯维加斯的"Circus Circus Hotel"等，中文名称也是如此，"露露""旺旺""娃哈哈"等品牌名称都给人以独特印象，让人过目不忘。其三，采用字母、数字或其他字符组合的命名方法，如 3M、7-Eleven、Chanel NO.5、Toys "Я" Us、E*TRADE、ExxonMobil、58 同城等等，由于阿拉伯数字和英文字母都是全球通用的，所以其命名易识、易记，并易于推广。同样，中文名称应尽量少用生僻字，这不利于品牌的推广和传播。

---

① 毛上文，温芳. 中国起名经典[M]. 北京：团结出版社，2007.

图 5-5　互联网环境下部分品牌的 LOGO

　　(3) 名称的音象识别 HI(hearing identity)，即声音形象识别。品牌名称不仅要追求语义和形态上的美，还应具有声韵美，即要合理搭配音韵，防止出现不雅的谐音，这一点在名称设计中很容易被忽视。20 世纪 70 年代末，企业纷纷采用首字母缩略词[①]组成品牌名称，如 IBM、BP、BMW。而且，为便于记忆，消费者也会很自然地简化一些品牌的名称，如 Coca-Cola 变成 Coke，Jaguar 变成了 Jag，Photoshop 简化为 PS，阿里巴巴简称阿里……。简化名称也成为许多企业和品牌的选择，如"Integrated Electronics"变成了"Inter"，"Federar-Express"改为"FedEx"，还有消费者熟悉的"LV(Louis Vuitton)"、H&M(Hennes & Mauritz AB)等知名品牌，并广泛用于广告和品牌推广中。与传统市场环境下的品牌相比，人们在网上对品牌的搜寻都是从键入品牌名称或网址开始，为达到输入快捷、易于拼写、便于记忆的目的，字母缩略词被越来越多地使用，并创造出诸如 Email、eBay、eToy 等新词汇，以及 IMHO(in my humble opinion，恕我直言)之类的缩略语。但由此也产生了新的问题，目前英语中约 50 万个首字母缩略的词汇或发音难免会与一些普通词汇重合，从而使人们产生其他联想，如由巴西、俄罗斯、印度和中国四国英文名称首字母组成的"BRIC"，因发音与"砖"(brick)类似，故被称为"金砖四国"，南非加入后改称"BRICS"(金砖国家)。在美国，人们已经习惯地将 Facebook、Amazon、Netflix 和 Google 简称为"FANG"。但字母缩略词也可能产生歧义，如人们将 IBM 调侃为"I Blame Microsoft"(我谴责微软)。在中国，一些企业喜欢用汉语拼音字母缩略词作为网络品牌名称，虽然便于记忆，却可能出现与某些意义欠佳的词汇组合在一起的谐音，如百度、阿里巴巴和腾讯被简称为"BAT"，这在国外很容易让人联想到"蝙蝠"(bat)。此外，诸如"ICBC"(爱存不存)、CBC(存不存)、BMW(别摸我)等关于银行或企业名字的戏称也在网上广为流传。中文名称还应尽可能避免使用多音字，防止出现模棱两可、含混不清的品牌联想。

　　总之，为树立企业在网上的良好形象，品牌名称的设计应当缜密。尤其是在企业借助互联网可直接进入国际市场开展经营的环境下，品牌的命名还必须考虑国际市场的环境因素，深入了解不同国家和地区的人文环境与生活习俗，避免因语言差异产生的文化冲突，如中文品牌名称译成英文要防止出现不雅的含义，以利于品牌的国际化发展。

---

① 将描述一个事物的语句或名称所有单词的首字母抽出，组成一个新词或专有名词，称为首字母缩略词，如 VIP(very important person)、WTO(world trade organization)等。

5.4.4 基于社交媒体的品牌经营

社交媒体的发展使用户掌握了互联网时代的话语权和主导权,人们基于不同的观念、兴趣组成一个个的社群,形成了独具特色的网络亚文化。企业应正视网络社群中亚文化的存在,并将其作为品牌经营的主要平台之一。

1. 社交媒体对品牌经营的影响

通过 Facebook、YouTube 和微信等社交媒体,企业可绕过传统媒体自主发布各种信息,并与客户直接互动、实时沟通。因此,得到越来越多企业的青睐。企业将其作为实现品牌经营的主要平台或重要策略,投入大量资源,开展内容营销,希望在激烈竞争的网络市场中获得其品牌的立足之地。然而,在社交媒体问世的 10 多年间,尽管企业斥资了数十亿美元,雇用大批专业人才,设立创意工作室,在那些主流的社交平台上建立起自己的频道或公众号,为各种"热门频道""流行栏目""网红主持人"提供赞助,然而在"粉丝、病毒、热词、黏性、品牌个性"等网络品牌通用词汇的热闹喧嚣过后,所产生的效果却微不足道,即便是一些看似掌握了话语权的企业,从其运营效果来看,实际上并未找到有效的网络品牌经营方式。

基于社交媒体的内容营销和品牌赞助为何没能取得预期的品牌经营效果,其原因可归结为广大网络用户。在大众媒体时代,企业可以借助大众媒体平台,以新闻特写、文学作品、影视节目等引人共鸣的内容来赢得受众的关注,实现品牌传播,这正是内容营销的功效。其之所以能大行其道,得益于被寡头所垄断的大众媒体,品牌可以在文化竞争受到了限制的环境中获得展现的机会。互联网时代的社交媒体虽然为内容营销的实施创造了更有效的环境,但也使用户有了更大的自主权和自由度,他们不仅可以根据自己的需求选择不同的内容,还可以通过技术设置避开各种在线广告,或社交媒体推送的信息,这就大大增加了品牌知名度的提升难度。

2. 社交媒体与众创文化

社交媒体是否难以在品牌经营中发挥效用?从社交媒体自身是无法找到答案的,必须从文化中寻求解决之道。国外的研究认为,品牌经营实际上是一套产生文化影响力的技巧。信息技术不仅造就了强大的社交网络,也改变了文化的运行方式,网民已成为实现高效传播效果的文化创新者,这种现象被称为"众创文化"(crowdculture)。众创文化改变了品牌经营的规则,决定了哪些技术手段有效,哪些不再奏效。因此,理解众创文化,人们或将明白既有的品牌策略为何会失灵,并发现和创造一些有效的基于社交媒体的品牌经营方法。

众创文化使得一些来自社会边缘、挑战主流意识和标准的亚文化有了发展的空间。在 YouTube 或 Instagram①上最多订阅用户量的频道排名中,人们很难见到企业品牌的名

---

① Instagram 是一款运行在跨平台(iOS、Android、Windows Phone)移动终端上的社交应用,以正方形图片和个性化滤镜效果的形式,搭配强大的社交分享功能(支持 Facebook、Twitter、新浪微博等社交网站),为用户提供其随时抓拍图片的快速分享。Instagram 的创意来自于即时成像相机,其命名取自"Instant"(即时的)与"gram"(记录),意为"即时分享的照片"。2012 年 10 月,Facebook 以总值 7.15 亿美元收购 Instagram。2016 年 11 月,Instagram 加入视频直播的游戏,Instagram 的直播方式是,直播一结束,视频内容即被删除。同年 12 月 13 日,Instagram 的 Live 直播功能向全美所有用户正式开放。

字，相反所列出的都是一些前所未闻的"网红主持"或"网络达人"，这让具有丰富投资的企业品牌无法与之匹敌。麦当劳是全球在社交媒体中投资最多的企业之一，但 2015 年底，麦当劳在 YouTube 上的频道只有 20.4 万订阅者，排名 9414，而一位名叫 PewDiePie 的瑞典人①靠在家中制作的游戏直播视频，其粉丝数是麦当劳的 200 倍，成本却不到麦当劳的零头。

游戏直播的成功归功于年轻人围绕网络游戏产生的亚文化。如今，它已将曾经被边缘化的网络游戏亚文化从韩国一隅扩展到全球，成为一种吸引大量观众的竞技模式——电子竞技，其粉丝规模已达数亿人。游戏直播只是诸多众创文化中的一种，当众创文化与社交媒体相结合，便成为一种不可忽视的亚文化创新力量。它们填补了人们所能想象得到的流行文化中的所有娱乐空白，从年轻女性的时尚指南到那些令人上瘾的街边小吃，再到狂热粉丝对体育赛事的品头论足……

在这个"人人自带渠道，用户都是传播者"的环境下，企业对营销传播信道的掌控越来越难，再加上同质化内容的泛滥，导致用户在生物记忆中保存信息的难度加大。面对信息过载、信道众多导致的超重认知负荷，用户不是去努力记忆那些他们认为重要的信息，而是去屏蔽或忘却那些他们认为不重要的信息。因此，在品牌经营方面，必须针对新的环境，顺势而为，探索新途径。

3. 利用众创文化，通过社交媒体打造文化品牌

众创文化的崛起在一定程度上削弱了内容营销和品牌赞助的效用，却创造了一种新的品牌建设方法——打造文化品牌(cultural branding)。具体方式就是借助于众创文化，通过社交媒体来实现。根据国外相关研究，采用该方法应把握以下三点。

1) 寻找文化机遇

打造文化品牌，必须秉持创新的理念，打破传统观念，并寻找新的文化理念。随着社会与科技的进步，一些传统观念的吸引力在逐渐弱化，消费者开始寻找新的、可替代的文化理念，并导致了人们在生活、健康、消费等观念方方面面的深刻改变，如今各种社交媒体上那些养生、保健、美食、旅游、健身等传播热点，足以折射出这种变化。这给那些具有创新精神的企业带来机遇。这些企业在其中寻找文化机遇，并借此推行新的品牌理念。

2) 找准众创文化

如今，在社交平台上可以找到各种话题、无所不包的众创文化：美颜护肤、健身减肥、徒步穿越、古玩收藏、书画鉴赏、漫画制作、无人机、日光浴、品茶、烧烤、咖啡拉花、新消费主义、手工艺术、3D 摄影、教育新思维等等数不胜数。社交媒体将各种非主流文化的个人或团体连接到一起，形成了亚文化创新的小圈子，他们开创了全新的娱乐形式，推动了新思维、新产品、新观念的诞生。这些亚文化的创新者既是新文化的创造者，也是新文化的消费者。企业不仅可以从中寻找塑造文化品牌的素材，也能够将其作为自己品牌推广的试验对象与合作伙伴。

---

① 瑞典人 PewDiePie 将自己玩电子游戏的视频，配上尖酸刻薄的评论上传到网上，开创了"游戏直播"的先河。截至 2016 年 1 月，他的游戏直播的观看数量已超过 110 亿次，其在 YouTube 个人频道的订阅用户超过 4100 万人，创造了 YouTube 上的直播传奇。

3) 引入新的理念

随着新媒体的发展，品牌与用户之间的沟通已不再局限于广告，也不存在固定的框架或模式。在利用互联网实施品牌推广的过程中，大多数企业的做法是紧跟潮流，从网站推广、Web 广告到博客、微博、微信朋友圈和公众号等。然而大家循着同样的营销潮流，采用如出一辙的推广行动，却难以有效吸引用户的注意力。例如，视频短片一直是企业进行品牌传播的重要模式，但许多企业精心制作的小视频并未在社交媒体上产生预期的影响，原因在于这些短片的创作采用的是由传统的企业主导的营销传播方式，虽然形式新颖，但内容上却未能与用户的兴趣点契合。相比之下，拥有庞大用户数据的网络品牌往往能游刃有余，它们在用户洞察上有先天的优势，反应更快，也创造了许多新鲜有趣的创意玩法。因此，企业应摆脱传统品牌理念的束缚，树立充分利用众创文化以及各种网络热点事件，来开发新产品和实施品牌建设与推广的理念，实现文化品牌的持续创新，使企业的品牌在过度嘈杂的社会媒体中脱颖而出。

5.4.5 网络品牌的法律保护

品牌是企业的一种知识产权，是企业除物权以外，最重要的无形产权。在互联网环境中，企业同样会遇到品牌保护的问题。从法律的角度来说，网络环境与现实环境中品牌的法律保护并无本质的区别，主要涉及商标(域名)、商号、专利、版权等方面。网络品牌保护的核心在于及时准确地取得在先权利，为此，企业应当根据自身特点建立尽可能完善的知识产权保护体系，注重保护自己的名称权、商标权、著作权等实质权益，形成自己的在先权利，以抗衡网络侵权行为。

1. 网络环境中的商标保护

2014 年 8 月，以中文表示的网址——中文网址，经 ICANN(国际互联网名称与数字地址分配机构)评审通过，正式面向全球开放注册。2015 年，按国家相关政策要求，原通用网址和无线网址合并升级为"中文网址"。面对中文网址的应用前景，许多企业看好其品牌推广的价值，纷纷使用其品牌、商标或商号名称注册了自己的中文网址，如享誉全国的餐饮店"谭鱼头(tanyutou)"，浙江的五芳斋、天香楼、胡庆余堂等中华老字号都先后注册了各自的中文网址，在网络世界中树立起了老品牌的新招牌。然而，也有一些知名品牌或企业却因行动迟缓而在网上遭遇了品牌识别的障碍。如 2008 年初，海南联储投资有限公司注册了"陶陶居"通用网址，使广州人引以为豪的百年老店"陶陶居"失去了一张"网上名片"。

"陶陶居"中文网址被抢注并非个案，一项调查发现，我国相当一部分老字号的中文网址流失严重，已被境内外机构或个人注册，而那些尚处闲置状态的品牌若不引起相关企业的重视，恐怕也难逃一劫。企业要想保护自己的商标权益，首先要取得商标的专用权。商标注册实行自愿注册原则，法律对未注册商标的保护力度比较薄弱，所以企业应当根据法律的规定对产品或服务进行相关类别的商标注册，取得商标专用权，这是对品牌最直接、最有效的保护。其次要注意商标的类别组合注册，通过科学的组合注册，编织一张严密的保护网，从而有效防范他人搭便车获取利益。

商标权的取得并不是毫无限制的，我国现行《商标法》第三十二条规定"申请商标注册不得损害他人现有的在先权利，也不得以不正当手段抢先注册他人已经使用并有一定影响的商标",这在某种程度上制止了猖獗一时的恶意抢注现象。但这种保护只是一种救济手段,不是所有的注册商标都可以获得这样的保护,一旦出现商标权使用纠纷,商标使用人需花大量精力来举证"使用在先"以及商标驰名程度,并需经过法院的认定。所以,为防患于未然,应对商标及时进行注册,以防止他人侵权。

如今,在网上明目张胆的商标侵权行为基本得到遏制,但利用互联网特性实施的隐性商标侵权行为却并不少见。一种常见手段是,侵权者将相关的注册商标名置于网页"Head"部分的 META 标记元中,这样便可被搜索引擎所检索;另一种是采用"关键词堆砌欺骗"的手法,将特定商标名作为关键词,大量重复地放置在 META 标记元中,由于许多搜索引擎是以 META 标记元中某一关键词汇的多寡来决定该网页在搜索结果中的排名,因此,通过这种方法,侵权者可将他们的网页列在那些 META 中含有较少同一关键词的合法商标持有者的网页之前,得到用户优先光顾的机会。有鉴于此,企业不仅应为其知名品牌、专利技术、特色产品等进行注册,同时对可能产生歧义、误解的相关专用词汇进行保护性注册。

一个品牌的上网就意味着在全球范围内亮相,由于目前商标保护属于国内法的范畴,有着地域的限制,因此企业在业务开展的相关国家、地区申请商标注册与保护是非常必要的。例如,一个产品出口到美国的企业,除要在中国进行商标注册外,同时还有必要在美国申请商标注册,这样才能保证在这两个国家都享有商标专用权。

2. 域名等经营资源类网络品牌的保护

如前所述,域名、微信公众号等是企业在网络环境下的虚拟商标,尤其是对传统品牌来说,拥有一个与企业或商标、商号名称相同的域名,意味着企业的线下品牌资源可以在线上得以延伸和发展,然而一旦企业及品牌对应的域名遭到抢注①或恶意注册,企业将承受因"网络品牌缺失"带来的难以估量的损失。因此,域名等经营资源类网络品牌作为企业品牌资产的重要组成部分,是企业强化其网络品牌保护的重要目标。

  相关链接　　　法律专家谈商标与域名的关系

一些法律专家对用现有的商标权益来决定域名权益所属的方法持否定意见,他们主要基于两点认识:其一,商标本身重合概率很高,不同商品的商标经常出现重合,如"大桥牌",从服装到味精都有注册商标,并分属不同主体。若因大桥味精提出异议而删除大桥服装注册的域名,显然侵犯了后者的权利。这一矛盾扩展到企业名称权、商号权,则更难把控。其二,域名权也是重要的法律权利之一,不应因商标权而被忽视。现有商标多是由通用的单词构成(英文或商标权人的本国文字),而语言文字本身是不为任何人独占的。商标法保护的是可以使商品或服务免予混淆的文字、图案或其组合,不保护商标权人对其商标上通用文字的独占权,"联想"电脑并不拥有对"联想"这两个汉字或拼音的

---

① 域名抢注(cybersquatting)是指对于有商业价值的域名,以注册人的名义抢先注册的行为。由于注册成本低廉,注册人可以很自然地利用该域名所附带的一些属性和价值,高价出售给所需要的企业或团体来获取利润。

独占权。如果商标权人主张对其商标上的通用文字享有独占权，禁止他人以通用文字注册域名，将是权利的滥用。因此，域名与商标之间根本无法建立一一对应的关系。

在现实环境下，注册商标权益法一直是企业在本国范围内保护自己品牌的主要依靠。而在互联网环境下，这种品牌和商标保护体系就显得力不从心了。在电子商务活动中，域名所有权和域名争议等可能是企业尤其是那些拥有知名品牌的企业需要重视或不得不面对的复杂问题。

在我国，虽然早已出台了《中国互联网络域名管理办法》等相关法规，国际上也有一些解决域名纠纷的专业仲裁机构，但从国际通行的"先注先得""先申请不审核"等惯例和国内目前的管理规则来看，域名抢先注册并非违规行为，被列为违规的是"恶意抢注"，即损害他人权益的注册行为，如以某知名商标注册域名，以期商标所有权人付巨资赎回域名。不过，司法专业人士认为，抢注是否恶意的认定非常复杂，并非能一眼辨明，需由仲裁机构或法院来判决，这可能是一个漫长复杂的过程，势必耗费企业大量的人力、财力和精力，甚至影响正常的经营。因此，提高"域名意识"和树立权利保护观念，将与品牌或企业商标、商号名称相关的域名、中文网址等一并注册，以减少日后的相关纠纷，可谓明智之举。

本章小结

网络营销仍然是从核心产品、形式产品、期望产品、延伸产品和潜在产品五个层次来制定和实施产品策略。互联网使许多产品的外在形式、内在价值、研发生产、市场开拓发生了程度不同的变化，为产品的价值创造提供了新的空间，也改变了产品的交易方式，由出售所有权转为出售使用权。企业不仅要关注产品的开发与市场的开拓，而且要关注客户使用产品的价值增值全过程，这意味着传统的产品制造商将向产品使用过程中的服务提供商转变。在选择网络环境下经营的产品时应充分考虑产品的特性、生命周期，以及产品销售的覆盖范围与物流配送体系三方面的问题。互联网已成为获取各种新产品构思的主要来源，充分吸取来自企业内外部及客户的各种构思，实现企业与客户共同创造是互联网时代新产品开发应遵循的基本原则。而利用互联网进行个性化试销、提供产品信息服务是产品市场开拓策略的重要措施。

以互联网为平台，以产品为道具实现虚拟体验是提高网络营销效果的重要手段。虚拟产品体验是指置身于网络环境中的用户通过计算机、手机等移动终端对产品进行在线观察、触及、感觉或试用的过程，主要通过多媒体技术以及虚拟现实和增强现实技术来实现，以增强消费者对产品价值的感知。虚拟体验适用于经验属性显著的产品。

网络品牌是企业利用各种信息化手段和互联网资源，通过在线业务塑造的品牌，分为e品牌和O2O品牌两类，网络品牌的建设与管理应注重彰显品牌的文化特征要素，根据特定目标群体的特性塑造相应品牌，并充分发挥互联网的功能，实现有效的品牌关联和体验，同时要注重全媒体的资源整合与行动协调，还应强化网络环境下的品牌监控与评估。

品牌体验是消费者感知、识别和认同品牌的第一要素。网络环境下品牌的竞争日趋激烈，抓住消费者的眼球、情感、感觉等体验要素是品牌体验的重要内容，也是成功实现品牌体验的关键。实施网络环境下的品牌策略，首先要确立清晰的品牌定位，有效吸引客户参与品牌互动，还应注重网络环境下的品牌名称策划，强化基于社交媒体的品牌经营，同时要加强网络环境中的商标、域名等网络品牌的法律保护。

关键术语

产品层次	可鉴别性产品	先验性产品	产品生命周期
产品首创	共同创造	虚拟展厅	虚拟组装室
体验营销	产品体验	虚拟产品体验	社会临场感
产品感知度	虚拟现实技术	增强现实技术	虚拟控件
远程呈现	网络品牌	e品牌	O2O品牌
品牌体验	众创文化	隐性商标侵权	恶意抢注

思考题

1. 互联网对企业的产品策略产生了怎样的影响？
2. 在选择网络环境下经营的产品时应考虑哪些问题？
3. 新产品开发中如何利用互联网？
4. 产品在实现消费体验中能够发挥怎样的作用？
5. 简述虚拟产品体验的功能，并举例说明。
6. 互联网环境中的产品体验受到哪些因素的影响？如何提高和改善虚拟产品体验的效果？
7. 适宜采用虚拟体验的产品具有怎样的特性？请举例说明。
8. 简述虚拟现实系统的工作机理。
9. 如何理解网络品牌要比传统品牌脆弱？请通过具体案例说明。
10. 试比较品牌体验与产品体验的差异。
11. 怎样在网络环境下实现品牌体验策略？请举例说明。
12. 如何利用众创文化，通过社交媒体打造文化品牌？
13. 根据网络品牌名称设计的相关原则，分析现实中一些网络品牌(域名、微信公众号)在名称设计方面的缺陷，并说明缘由。
14. 结合实际案例，说明保护网络品牌的重要性。
15. 将域名注册为商标来保护域名的做法，有法律专家提出了不同的意见，对此你怎么看？

参考文献

[1] 刘官华，梁璐，艾永亮. 人货场论：新商业升级方法论[M]. 北京：机械工业出版社，2017.

[2] 毛上文，温芳. 中国起名经典[M]. 北京：团结出版社，2007.

[3] 韦康博. 互联网大败局：互联网时代必须先搞懂的失败案例[M]. 广州：世界图书出版广东有限公司，2016.

[4] 袁国宝. 网红电商：移动互联时代的内容电商转型新生态[M]. 北京：人民邮电出版社，2017.

[5] [美] 布赖恩·克雷默. 分享时代：如何缔造影响力[M]. 浮木译社，译. 北京：中信出版社，2017.

[6] [美] 菲利普·科特勒. 营销革命 4.0：从传统到数字[M]. 王赛，译. 北京：机械工业出版社，2018.

[7] [美] 菲利普·科特勒，凯文·莱恩·凯勒. 营销管理[M]. 13 版. 王永贵，等，译. 上海：格致出版社，2009.

[8] [美] 菲尔·迈尔斯，戴维·斯科特. 共鸣：打造突破性产品和服务[M]. 安寅，译. 北京：中信出版社，2009.

[9] [美] 阿尔·里斯，劳拉·里斯. 互联网商规 11 条[M]. 梅清豪，等，译. 上海：上海人民出版社，2006.

[10] [美] 米哈里·契克森米哈赖. 心流：最优体验心理学[M]. 张定绮，译. 北京：中信出版社，2017.

[11] [美] 朱迪·斯特劳斯，雷蒙德·弗罗斯特. 网络营销[M]. 7 版. 时启亮，等，译. 北京：中国人民大学出版社，2015.

[12] Alan Charlesworth. Internet Marketing: A Practical Approach[M]. New York: Typeset by Charon Tec Ltd., A Macmillan Company，2009.

[13] Carolyn F Siegel. Internet marketing: foundations and applications[M]. Boston, MA, US: Houghton Mifflin Co., 2006.

[14] [美]道格拉斯·霍特. 众创文化：重构社交媒体时代的品牌建设[J]. 哈佛商业评论，2016(3).

[15] Leonid Bershidsky. 再次发力可穿戴设备："企业版"谷歌眼镜找准市场定位了吗？[OL]. 商业周刊[2017-07-21]，http://news.ifeng.com/a/20170721/51474425_0.shtml. 2017-7-21.

[16] 王晓红. 百事新营销：多元体验连接年轻客群[OL]. 哈佛商业评论[2017-12-19]，https://mp.weixin.qq.com/s/JPo4BkDmgUnNWsL93FXEig.

[17] 严瑾. 沉浸式营销，不可言说的感觉[OL]. 成功营销[2016-11-22]，http://www.vmarketing.cn/index.php?mod=news&ac=content&id=11389.

[18] 能一. 探访表情包集聚区：高增长二次元的全品类潜力[OL]. 天下网商[2018-07-18]，http://www.iwshang.com/Post/Default/Index/pid/256418.html.

[19] Philip Kotler, Hermawan Kartajaya, Iwan Setiawan. Marketing4.0: Moving From Traditional to Digital[M]. Hoboken, NJ: Wiley, 2016.

案例研讨

新模式中的旧思维

近年来，互联网电视的迅猛发展，不仅带给人们丰富、便捷的生活和娱乐享受，也改变了人们收看电视节目的方式。"互联网电视"是互联网技术与电视技术相结合实现的一种新的视频传播形式，它可以让人们根据自己的要求随时随地观看以往只能在传统电视机中看到的视频内容。

目前，互联网电视主要采用三种运作模式。①利用计算机或智能移动设备来观看由网络视频服务商提供的各种电视与视频节目，如爱奇艺、PPS 影音、腾讯视频、搜狐视频、优酷视频、土豆视频等。②普通电视机通过网络机顶盒与互联网电视服务商的服务器连接，收看其提供的电视节目，如创维、小米、淘宝等网络机顶盒，以及各地电信运营商提供的 IPTV。③电视机生产企业和一些互联网企业推出的互联网(智能)电视机，如长虹、创维、康佳、TCL、海信以及小米、乐视等，这些电视机可直接收看厂商或与之合作的第三方机构通过互联网提供的电视节目。在上述三种方式中还可以通过安装互联网视频服务商的软件，如VST全聚合、电视家、PPTV、HDP直播、星火直播等，收看国内外电视台的直播或视频点播节目(这是一种受到国家相关政策限制，但却实际存在的"灰色"运营模式)。

然而，在挑战传统电视的过程中，新兴的互联网电视也出现了许多不尽如人意的问题，尤其是在产品与服务方面的表现，受到业内人士的尖锐批评。

1. "高大上"的产品推广

出于竞争的目的，各互联网电视生产厂商十分注重美化自己的产品，在产品推介宣传中竭尽全力展现其特色与优势，如"重金聘请国外资深设计师设计产品"、"24核64位超级运算芯片，实现12缸跑车般少见的澎湃性能"、"采用全程4K×2K无损处理、动态图像运动补偿、点阵式动态光控等新技术，在保证电视画面流畅、清晰的同时，还降低了能耗，起到护眼的作用"、"采用了动态消散斑技术和远心光路系统、创新超短距伽利略光学望远系统，大广角激光收光技术，高集成分光匀光技术"，等等。除突出高性能外，内置的资源也是宣传的另一个"亮点"，如拥有"超过150000集电视剧、5000部电影、80000集动漫等在内的超级片库、310项顶级体育赛事、超过10000场赛事的转播版权……。更有甚者的是围绕产品的概念营销，如"艺术家用来创作装饰空间、摄影家用来挑选摄影作品、音乐家用来鉴赏自己作品的艺术电视"，这"不只是一台电视，而是一套通过产业链垂直整合和跨产业的价值链重构所打造的开放闭环的大屏互联网生态系统"……凡此种种，不一而足。

站在厂商的角度看，这样的产品宣传并无可厚非，普通消费者能从这些"高大上"的产品宣传中获得怎样的感受尚不得而知，但艰深晦涩的专业词汇充斥和五彩斑斓的时尚概念堆砌，难以获得消费者对产品产生更多的共鸣，或许还会油然而生"王婆卖瓜"之感。

2. 被忽略的售后服务

传统的电视机生产厂商都建立了严格的产品"三包标准"和完善的售后服务团队，在产品安装及维修方面也具有良好的素质和经验。然而，在互联网电视崛起的过程中，售后服务如何实现，厂商们都在探索，尚无成熟的经验，但由于各种主、客观原因，服务恰恰容易被厂商们忽视，却是不争的事实，比如一些厂商将售后服务外包给技术与服务能力有限、业务资质不全的第三方机构就是一种经营的败笔。

此外，有相当一部分电视媒体并不期望互联网电视从自己的传统领地中分得一瓢羹，但面对互联网电视的崛起，除从转播权和知识产权两方面捍卫其既得利益外，他们也期望将互联网作为新的传播平台与传统的媒体平台实现整合，但苦于难以实现对互联网电视传播方式和渠道的掌控，因此只能选择从接收终端方面推出自己的产品或与互联网电视服务提供商合作的方式，由于合作机制的不完善，导致用户应获得的各种过程服务不到位或无法保障等问题的发生。

3. 老套路的竞争策略

互联网电视的运营涉及传播内容与渠道、用户体验和过程服务等多个环节，作为一种尚未成型的电子商务新模式，其营销策略也缺乏创新。许多互联网电视厂商已经意识到，仅仅靠产品的概念炒作和宣传包装，或许能引起客户的暂时关注，但其效果难以持续，因为产品质量、售后服务等真正关系到客户价值的核心问题并未得到解决，但苦于拿不出更好的营销策略，最终只能回归传统套路——打价格战。可以说厂商倚重低价策略导致了整个行业深陷于价格大战之中，客户们都明显感受到了：在互联网电视领域没有最低价，只有更低价。

厂商竞相压价的结果导致每个厂商都严重透支，而客户却始终认为还有降价的空间。厂商既未获得客户的好口碑，也未得到自身发展的经济支撑，其结果是使企业处于不堪重负的状态。更有甚者，有些厂商还采取期货营销等破坏市场秩序的行为，不仅增添了行业的竞争乱象，也加剧了互联网电视行业发展失衡的局面。

案例思考题

1. 有观点认为：目前我国互联网电视出现的竞争乱象，原因在于产品技术上的同质化。没有哪家的产品具有明显的过人之处，因此就只能在技术上乱说一气。请就此观点谈谈你的看法。

2. 收集主要互联网电视厂商采用的产品推广和售后服务举措，说明其在这两方面存在的主要问题，并就如何提高互联网电视产品在推广和服务过程中的用户体验提出改进建议。

3. 互联网电视行业除价格战外，还有哪些加剧竞争乱象的现象？请提出构建该行业健康生态圈的策略建议。

第6章 网络营销价格策略

📖 **本章提要**　本章主要阐述了网络营销定价策略的目标、环境,以及互联网对价格策略的影响;网络营销中常用的定价方法、策略及应用。本章的重点是掌握网络环境下的定价方法与策略。本章的难点在于对认知价值定价法、心理定价策略以及免费价格策略的理解和掌握。

引　例

"价格博眼球"应该休矣

2017年4月18日,北京市发展和改革委员会根据群众举报提供的线索,下达行政处罚决定书,对中粮海优(北京)有限公司经营的购物网站"我买网"在使用折扣券开展价格促销时的违法行为罚款5万元。处罚决定书公布了相关的两起价格违法行为:其一,折扣券标示"折扣券　¥28 立即使用　全国(网站、手机通用):初萃杂粮礼盒3200g(8袋装)28元折扣券(有效期:2016-8-9~2016-9-15)",网站标明卡券专享零售价110元。经查,该商品此次促销活动的原价是88元。同期该商品正常售价为90元,VIP会员价88元;其二,折扣券标示"折扣券　¥30 立即使用　华东站(网站、手机通用):中粮初萃压榨浓香花生油5L　30元折扣券(有效期:2016-7-26~2016-8-31)",网站标明卡券专享零售价120元。经查,该商品此次促销活动的原价是99.9元。同期该商品正常销售价格为99.9元,VIP会员价99元。

行政处罚决定书指出:上述行为违反了《中华人民共和国价格法》第十四条第(四)项的规定,构成"利用虚假的或者使人误解的价格手段,诱骗消费者或者其他经营者与其进行交易"的价格违法行为。因上述商品应售价和实售价的基数难以准确公允界定,依据《价格违法行为行政处罚规定》第十八条,以上行为按照没有违法所得的规定处罚。

据中国电子商务研究中心的统计,"网络欺诈、网络售假、退换货难、虚假促销等已成为'2017年上半年全国零售电商十大热点被投诉问题'"。其中价格方面的欺诈,在平日的销售中出现较少,但在"双11"或"6·18"电商购物节期间则呈现高发态势。通常采用的都是

"先抬价再打折"的虚假促销伎俩,尤其是进入11月,一些所谓的网络爆款或促销款至少要提价50%,等"双11对折大促销"过后,再恢复正常价位。由于消费者很难查询到网购商品的历史价位,因此很容易被促销冲昏头脑。

近年来,随着政府有关部门对网上市场价格监管力度的增强,加上各种比价机制的完善和越来越多消费者的日渐成熟,虚标价格的现象已明显减少。但受电商市场竞争日趋白热化的影响,仍会有经营者去踩价格违法的红线。

对此,《人民日报》曾撰文指出:相比于网络售假、退换货难等问题,虚假促销似乎对消费者的直接"杀伤力"要小一些。然而,价格关乎诚信,虚假促销透支了电商平台的公信力。如果说网络售假是伤害消费者的一记重拳,那虚假促销就是伤害消费者的连环绵掌,看似轻柔,但却造成内伤,带来的负面影响将会持续发酵。电商要走得又稳又快,就应告别"价格博眼球"的老套路,回归商业的本质,守住诚信的底线,努力为消费者带来更优质的产品和服务,在高水平供需平衡中实现自身持续发展。

6.1 概述

"一个企业将定价权委托给谁,即意味着将企业的命运维系于谁。"英国经济学家亚瑟·马歇尔(Arthur Marshall)这句名言揭示了企业产品定价的重要性。在营销中,价格是唯一能直接产生收益的因素,也是最活跃、最容易调整的因素,具有强烈的竞争性和多因素的综合性,企业的定价决策往往可以决定其产品或服务在激烈竞争市场中的畅销程度,在一定程度上决定了营销的成功与否。定价是一门科学,也是一门艺术,同时还是企业最常用的竞争手段之一。因此,网络营销中如何发挥产品价格的杠杆作用来获得市场竞争的优势,价格策略的科学运用尤为重要。

6.1.1 企业产品定价目标

企业通过产品定价所要达到的目的,即产品的定价目标,是产品定价的指导原则,也是制定价格策略和选择定价方法的依据。虽然网络营销的环境发生了变化,却并未改变产品定价目标是在分析目标市场现状和准确的市场定位基础上确定的这一规律。营销环境、市场需求和市场竞争的不同,加之产品与品牌的差异以及同一产品所处的不同生命周期,企业选择产品定价的具体目标往往有所不同,在营销实践中主要有以下五种类型。

1. 利润导向型

满足市场需求和实现赢利是企业经营的基本目的,定价是拉动利润的最佳杠杆。因此,几乎所有企业都将尽可能获得最大利润作为选择产品定价的基本目标,在实施中可分为三种具体的定价目标。

1) 以短期利润最大化为目标

利润最大化是企业长期追求的经营目标,但要想所有的产品在不同时期都能获得最大的利润是不可能的。通常实现利润最大化目标的条件是:①企业的技术水平、产品质量和售后服务等具有绝对的竞争优势;②产品需求弹性较小;③市场对产品的边际需求较高，或产品供不应求或替代品少；④国家的价格管理法规和政策允许。

追求利润最大化并不等于制定最高价格，企业要根据市场的实际情况进行具体分析，在具备上述条件和出现可获得较高利润的机会时，应果断选择短期利润最大化的定价目标，通常是提高产品的价格来增加利润；反之，产品的价格不宜定得过高，以避免遭到各方面的抵制或对抗，甚至导致政府的干预，这样将适得其反。

2) 以预期收益为目标

企业在产品定价时力求实现预期收益，因此，在总成本确定的基础上，价格的高低便完全取决于企业所确定的预期投资收益率(资金利润率)的高低。投资收益率可以是长期的，也可以是短期的，期限的长短因企业和产品的差异而不同。选择该定价目标一般应具备三方面的条件：①企业在行业中具有经营规模、管理水平和竞争能力方面的优势，产品具有较高的市场占有率；②产品品质、性能等方面与竞争对手相比，具有明显的差异；③选择该定价目标，对企业的发展无不利影响。

3) 以获取适当利润为目标

适当利润通常是指与企业的投资额和风险程度相适应的平均利润。一些处于市场竞争十分激烈行业中的企业，对价格控制能力有限，无法与实力强劲的对手竞争，难以实现最大利润的目标，于是在竞争中采取跟随或补缺的经营策略，在产品定价上也相应的以适当利润为目标，以获得平均利润，这种定价目标普遍为中小企业所选择。一些行业的"领先者"为排斥市场竞争者，长期占领市场以获取稳定的利润，通常也选择这种定价目标。选择该目标的企业，应首先了解行业中具体的平均利润情况，并将本企业产品的利润与之相协调，以保证企业利润目标的实现。

2．销售导向型

即以产品销售额作为定价目标。在激烈的市场竞争中，企业的兴衰往往取决于产品的销售额和市场的接受范围与程度。因此，为通过销售额的增长来提高利润，许多企业选择销售导向的产品定价目标，主要有以下三种。

1) 以促进销售额增长为目标

该目标通常为一些有市场发展前景的企业所选择，以期通过所定产品价格促进销售额的增长。然而，变幻莫测的市场环境和日益激烈的市场竞争，使企业难以完全按自己的意愿制定产品的价格，以至于出现企业的成本增速超过销售额的增速，导致利润不增反降的情况。因此，企业应处理好扩大销售额与利润增长的关系，以获取一定利润为前提来确定产品价格，确保销售额增长的同时实现利润同步增长。

2) 以提高市场占有率为目标

通常，若企业的利润水平与市场占有率往同一方向变化，即随着市场占有率的提高，其利润也会相应增长。而且市场占有率较高的企业，往往能在一定程度上控制和左右产品的市场价格，这将直接反映企业经营状况和产品在市场上的竞争能力。因此，一些有实力的企业多选择以提高市场占有率作为其定价目标。但在具体实施时，应处理好产品销售额增长与市场份额扩大的关系。可通过降低产品单价、增加销量等方式来实现销售额与市场份额的同步增长；也可通过提高产品单价，而稳定销量的方式来维持产品市场占有率。

市场份额的概念是相对的,若竞争者的产品销量增速更快,也有可能出现企业的市场份额没有扩大,甚至缩小的局面。因此,为避免定价决策的失误,企业应权衡各种经营要素和市场因素,尤其应注意以下两方面的问题。

(1) 企业是否具有充足的产品资源和规模生产能力,能否确保销量增加时有充足的产品供应,防止出现产品供不应求时竞争者乘虚而入的情况。

(2) 合理把握低价的限度。通常企业在扩大市场占有率时,多以较低的价格吸引客户,这在网络市场中表现得尤为突出,一些中小型企业和新兴的电商企业,大多采用低价策略来吸引客户,试图以此来扩大和巩固其在网络市场的领先地位。对于这些企业来说,尤其应注重把握低价的限度,防止出现定价过低,市场占有率虽有提升,但利润并未见增长的局面。低价限度应以总利润增加为前提,以平均利润率为界限。

3) 以实现预定销售额为目标

销售额的高低直接反映企业经营实力的强弱,《财富》杂志每年评选"全球500强"企业的一个重要评价指标就是销售额。许多企业都将达到一定的销售额作为其产品定价目标,即预先确定一个要达到的销售额,然后据此来制定产品价格。预定销售额的实现具体采取哪种价格策略和方法则根据企业的经营实力、产品等具体情况而定。

3. 竞争导向型

即根据市场竞争的实际来确定产品的定价目标,主要有以下四种。

1) 以维持企业生存为目标

当企业处于经济萧条、生产过剩、竞争加剧的经营环境或面临消费者需求及偏好发生变化时,企业对利润的追求已让位于生存的需要,为维持生存,不得不按等于甚至低于成本的价格销售产品。显然这种定价目标只能是权宜之计,在这一过程中,企业要么寻找出路,走出困境;要么及时退出。选择决策的关键取决于产品定价与平均变动成本之间的关系,只要价格超过平均变动成本,即可继续维持经营,因为这时企业的收入不仅可以用来补偿变动成本,而且还有可能用来补偿部分固定成本;反之,退出市场是明智的选择。

2) 以避免和应对竞争为目标

这是中小企业普遍采用的产品定价目标。为适应或避免产品在价格方面的市场竞争,中小企业通常以所在行业中对市场价格起支配作用的企业的产品价格为标准,与之保持大体一致的水平,以避免在竞争中失败。通常,即使市场需求或中小企业的产品成本发生变化,也不应轻易调整价格,以避免由此产生的风险。如果大企业的价格发生变化,为避免价格竞争,最好也随之跟进。

3) 以稳定价格为目标

这是一种为保护自己,着眼于长期经营,巩固市场占有率的产品定价目标,其目的在于避免价格波动导致的价格竞争,以及由此引发的难以预料的其他后果,以求通过稳定的价格获得稳定的利润。选择这一定价目标的条件是:①企业经营实力雄厚,规模较大,处于行业中的领先地位,可凭借其实力左右市场价格。②企业经营的是市场供求比较平衡的产品,因此市场的竞争较为平缓,价格的波动较小;反之,若产品供求失衡,将导致激烈的市场竞争,价格也很难稳定。市场上产品价格的稳定是相对的,稳定价格并非保持价格长期不变,更多的情况下是保持价格小幅度地增长,以实现企业利润的逐步增加。

4) 以战胜竞争者为目标

这是一种短期的产品定价目标,企业通过产品定价获得竞争优势,迅速扩大销售额和市场份额,以战胜竞争者。当市场出现产品供过于求,导致竞争加剧的情况时,一些产品质量好、产量高的企业为获得或巩固其有利的市场地位,一般会将战胜竞争者作为产品定价目标的首选。当然,这可能会引发价格战,企业应慎重选择此目标。

4. 客户导向型

即以客户需求为先决条件,并据此进行定价的目标。互联网的发展为该定价目标的实现提供了得天独厚的环境,开展网络营销的企业应重视对该定价目标的选择,要利用互联网认真研究客户对产品的态度和行为,为实现客户导向型定价目标创造条件。

5. 形象导向型

企业在客户心目中创造和树立起的形象,是企业无形的经营资产,将直接影响产品的销路和市场占有率。作为企业形象的表现形式之一,产品价格已成为体现企业形象的重要营销手段。因此,选择形象导向型定价目标,不仅是以价格来表现企业产品的定位,而且是以价格来维护企业的声誉、客户的利益、社会公德和商业道德,树立企业的信誉和品牌形象,对于那些质量和品牌处于行业领先地位的企业来说更是如此。

以上产品定价目标不是孤立的,而是互相关联和渗透的,在互联网环境中更是如此。因此,网络营销中选择企业定价的目标一般都不是单选,而是多选。虽然在某个阶段会有主次目标之分,但其主次位置会随市场和经营的发展而变化,企业应根据实际情况灵活选择。

6.1.2　影响产品定价的主要因素

1. 外部因素

不同国家或地区的社会经济环境是直接或间接影响网络营销活动的外部因素,其中对市场价格的影响和约束尤为突出,主要涉及法律、经济、市场、社会文化与心理、科技进步等方面,经营者在定价决策过程中应认真研究这些因素的影响。

1) 法律环境

世界各国为了维系本国经济的有序运行和调解社会各阶层的矛盾,制定了一系列强制所有企业或社会有关成员执行的价格法规,如公司法、广告法、价格法、反不正当竞争法等。这是政府强制性直接干预企业定价决策的一种手段,是企业产品定价的法律准绳。任何网上经营活动必须遵守和执行经营者所在国家有关价格的法律、法规、方针和政策的各项规定,同时了解产品销售目的地国家的有关价格法规,避免发生违法、违规行为。

2) 经济环境

一个国家或地区在一个时期内的社会生产力发展水平与速度、消费结构与消费水平,以及宏观经济环境的好坏是由多种因素决定的,它们直接或间接地影响着企业的价格策略，这些因素主要包括以下一些。

(1) 自然条件与人口因素。一个国家的潜在资源、土地面积、地形、气候等自然条件必然影响经济结构、生产发展及价格结构。人口作为社会经济活动的主体，也是构成市场的基本要素之一，人口的年龄结构、收入结构、家庭结构以及知识结构等都会直接或间接地影响市场结构的形成与变化，从而影响产品定价的决策。

(2) 政策因素。国家的货币政策、财政税收政策、收入分配政策及价格管理体制与机制等都是直接影响产品定价决策的因素。一个国家货币政策的制定与调整，决定着一定时期内该国的市场货币流通量，作为市场价格的函数，货币流通量的多寡取决于在一定时期内的货币供应量，将直接影响市场物价总水平的升降，过量的货币供应还会导致通货膨胀。而利息率作为货币的价格将直接影响企业成本，进而影响价格的构成；财政税收政策也将直接影响市场物价水平及变动，作为价格重要组成部分的增值税、营业税、消费税等的变动，将直接影响产品价格的变化，如跨境交易的产品价格直接受政府采用的配额、关税和出口许可权等政策影响。另外，收入分配政策直接影响着每个社会成员的收入和市场购买力，而消费者的购买行为对价格十分敏感，这决定了企业定价决策的差异化与灵活性。

(3) 价格管理体制。作为国家调控市场经济活动的重要手段之一，价格管理体制不仅影响着价格体系的形成和价格机制的运行，也直接影响或决定着企业定价决策权的大小。而价格管理机制创造的市场价格环境，将直接影响企业平等竞争的市场条件，制约着企业对产品定价目标和决策的选择或确定。

3) 市场环境

市场环境主要从市场结构和供求状态两个方面影响企业的定价决策。从市场结构所形成的定价条件来看，卖主之间的垄断竞争、寡头竞争和完全垄断市场在互联网环境中是难以实现的，互联网能汇聚来自全球各地的经营者和消费者，这将有助于网络市场朝着完全竞争市场方向发展。

由于市场供求与市场价格之间存在着相互依存、相互作用和相互制约的辩证关系，一方面市场价格决定了企业供给和市场需求，另一方面市场需求也影响企业供给和定价。商品的需求弹性对企业产品定价决策具有非常重要的指导作用，企业必须遵循需求价格弹性、需求收入弹性和供给价格弹性的规律来进行定价决策。对于 B2C 市场中价格敏感程度较高的消费品，以及 B2B 市场中的非刚需产品，在定价决策前，都应进行需求弹性分析，若需求缺乏弹性，则不能单纯指望用价格竞争的方式来提高市场占有率，应考虑将竞争的重点放在其他策略上。

4) 社会文化与心理环境

一个国家或地区由其历史积淀所形成的社会主体文化，将对企业定价决策产生全方位、渗透性和多层次的影响。在特定社会文化基础上形成的社会心理，包括性格、态度、爱好和情绪等精神及意识会直接影响人们的消费行为。例如，价值观念和生活方式的差异将导致消费者对同一商品产生不同的价值判断心理，当市场信息不对称时，在价值判断心理的作用下，消费者往往会以价格高低来判断商品的内在价值，认为"便宜没好货，价高质必优"。

如今，中国消费者似乎对国内市场的高价洋品牌习以为常，而对出口到国外的中国品牌商品价格却低于国内市场也感到费解,这导致了国内游客在海外的疯狂"扫货",以及网上"海外代购"业务的崛起,这其实与国人的消费心理密切相关。制度经济学鼻祖凡勃伦(Thorstein B.Veblen)指出,随着人们的基本生活需求得到满足,人们对物品的占有更多的是基于竞赛心理,消费是为了炫耀和攀比,而非物品本身的使用价值[①]。这种消费目的并非为获得直接的物质满足与享受,而在更大程度上是为了获得一种社会心理上的满足,被称为"炫耀性消费"。

随着我国经济的高速发展,人们的消费随着收入的增加,逐步由追求数量和质量过渡到追求品位与格调。当消费者有能力进行这种感性的消费时,"炫耀性消费"也接踵而至,相当多的消费者在其消费承受能力的上限之内,往往是"只买贵的,不买性价比高的",以便由此能引人注目,获得某种身份认同。按照经济学家的观点,任何一个物质陡然丰富起来的国家,其民众的消费心理似乎都要经过"炫耀性消费"阶段。有怎样的社会消费心理,就会有相应的产品定价策略,于是"商品价格定得越高越能畅销"的凡勃伦效应(Veblen effect)出现了。面对盛行的"炫耀性消费",无论是洋品牌还是本土品牌,为获取更多的利润,当然会选择定高价。因此,在特定时期和区域内的社会文化与社会心理不仅影响着国家价格管理体制的决策,也直接影响着企业的产品定价策略。

5) 科技发展环境

科技发展环境对企业定价决策有着直接的影响。互联网的应用加快了技术创新与产品升级换代步伐,缩短了产品生产周期,提高了生产与流通效率,降低了生产经营和市场交易成本;与此同时,以信息技术发展为先导的知识经济的出现,改变了产品中各种生产要素的构成,人力资源在高新科技产品,特别是在信息、金融以及现代服务业产品中的成本比例日益上升,成为影响产品定价的重要因素;而随着互联网的发展,实现了全球范围内的产供销及各类市场信息的连接,创造了一个巨大的虚拟市场,为企业提供了广阔的市场空间和巨大的市场机会,以及在此寻求规模经济效益的驱动力。

2. 内部因素

影响企业定价决策的内部因素主要有企业的定价目标、营销策略组合、成本以及组织因素等。定价目标是营销目标中的关键因素,对制定产品价格发挥着指导性作用;而制定具有竞争力的产品价格,选择最适合的分销渠道和最有效的促销方式,才能取得预期的营销效果,因此,作为 4P 营销策略组合之一的价格策略不能"单打独斗",必须与产品、渠道和促销策略组合使用。

成本为产品定价设置了最低的经济界限。除所有生产、销售、储运产品的成本外,面对互联网中不断涌现的新技术、新渠道、新媒体和新商业模式,企业在网络营销的定价决策中需考虑采用这些因素所产生的机会成本。另外,开展网络营销将会出现经验曲线所具有的学习效果、技术改善和规模经济三种效应,因此,还应考虑经验曲线对成本产生的影响。

对于 B2B 营销,组织因素是企业定价决策的重要影响因素。另外,还有其他一些内部因素也会从不同方面对企业定价决策产生不同程度的影响。

---

① [美] 托斯丹·邦德·凡勃伦. 有闲阶级论:关于制度的经济研究[M]. 甘平, 译. 武汉: 武汉大学出版社, 2014.

6.1.3 互联网对市场价格的影响

1. 为实现产品认知价值定价创造了良好的条件

被誉为"全球战略定价之父"的汤姆·纳格(Thomas T. Nagle)曾经指出,"一个产品的价格最终是由该产品的价值体现出来的",即"物有所值"。市场中的产品价格是按照价值规律和其他经济规律的要求构成的,尽管构成方式不同,但价格是价值规律的表现,价值是价格形成的基础,对价格的形成起着决定性的作用。网上经营也不可能背离价值规律对价格运作起支配或调节作用这一基本原理。

按纳格的观点,在一个成熟的市场,消费者往往对产品的价值关注度非常高。因而企业可以通过与消费者分享价值的方式来拓展市场,如推销产品时,增加一些市场调查的机会,在让利于消费者的同时,企业也得到了实惠,通过这样一个价格与价值相互沟通的过程,来提高消费者的价值认知,吸引他们购买自己的产品。纳格描绘的这种定价运作机制非常适用于互联网环境,在该环境中,丰富的信息传播渠道和互动沟通手段,为企业充分展示其产品的价值,以及用户充分了解这些价值提供了机会,从而为实现产品认知价值定价创造了良好条件。

2. 对交易双方的价格博弈产生了双重影响

互联网改变了价格信息的传播方式,使市场中各种产品的价格更透明,也使用户对价格更敏感。用户通过专业的商业搜索引擎或比价网站,可以从高到低迅速列出所搜寻产品的价格信息,这对于买卖双方各有利弊:卖方了解到了竞争者的产品价格,并借助于信息技术手段掌握了用户浏览行为、购买方式以及使用设备等信息,从而制定有竞争力的价格,并对不同客户实施差异化定价;另一方面,买方也通过类似的手段发现欲购产品的价格差异,并选择其中接近于保留价格的产品或据此与卖家讨价还价。

显然,如果所有消费者都认识到了网上产品价格的差异化,这种差异化的局面就很难维持下去。在电商发展初期,的确有不少人认为,客户能够轻松地获得产品的价格信息,差异化定价将难以为继,价格趋同化将成为网络市场的主流定价方式。然而,这种情况并未出现,相反,互联网不仅为实现差异化定价提供了更多创新技术和手段,也为实施差异化定价提供了更广阔的市场空间。

国外的研究发现:只有约8%在线活跃客户非常在意价格,因此,网售产品的价格范围其实较宽泛,如在线图书经销商的价格波动范围为33%,而CD经销商的价格波动为25%。对此,社会学的解释是:人能接受的不确定性是有限的,没有人能无休止地去关注产品价格的涨跌,在某个极限点上,人们会自动屏蔽这些信息,或放弃进一步的价格搜索。因此,交易双方利用互联网围绕价格展开了博弈:一些企业和商家利用网站或社交平台选择性地披露差别价格信息;消费者也变得更加"精明",甚至出现了一批"薅羊毛"者,他们专门搜集各类商家的优惠信息,从滴滴打车送代金券、美团外卖和饿了么的点餐减免活动,到百度、京东免费送话费……,并通过社交媒体在朋友圈中广为传播。在这种环境下,企业不能拘泥于传统的定价思维,在制定网络营销的价格策略时,应进行充分的调查研究,以便在瞬息万变的市场中,迅速调整定价策略,并对在市场价格博弈中可能出现的问题拟订各种应对预案,避免和弱化由此给企业带来的负面影响。

案例　　**Amazon 差异化定价试验风波**

2000年，贝佐斯(Jeff Bezos)创建的Amazon公司已成为互联网上最大的图书、唱片和影视碟片零售商，并经营玩具、电器、家居用品、软件、游戏等多达1800万种商品，Amazon也因此成为网络销售的第一品牌，全球电子商务的旗帜。

然而，作为一个缺少行业背景的新兴网络零售商，Amazon在业务快速扩张的同时，也面临不少经营难题。虽然销售额一直在增长，但除主营业务(2000年第二季度，Amazon从图书、音乐唱片和影视碟片三种主营商品获得销售利润1000万美元)外，公司仍亏损近亿美元。而且在业务扩张方面，Amazon开始遭遇Yahoo、AOL等的强有力竞争，与此同时，投资人要求迅速实现赢利的压力也越来越大。在此背景下，公司管理层决定从提高主营商品的赢利入手，迅速改变亏损状况。对Amazon来说，它最有价值的资产就是其所拥有的2300万注册用户，这也是Amazon最重要的利润来源，必须设法由此产生尽可能多的利润。

2000年9月中旬，Amazon开始实施被媒体称为"市场测试"的差异化定价试验。公司选择了68种DVD碟片实行"动态定价"，根据潜在客户的统计资料、在Amazon网站的购物记录、上网行为以及上网使用的软件系统等确定对这些碟片的报价。例如，一张《泰特斯(Titus)》碟片对新顾客的报价为22.74美元，而对老顾客的报价则为26.24美元。此举的确提高了Amazon的销售毛利率，但好景不长，20多天后，一位细心的消费者发现了这个秘密，并立即在音乐爱好者社区DVD Talk(www.dvdtalk.com)上给予披露，成百上千消费者很快知道了此事，那些付出高价的顾客更为不满，纷纷在网上以激烈的言辞谴责Amazon的做法，有人甚至发誓今后绝不会在Amazon购买任何东西。更不凑巧的是，由于Amazon前不久才公布它对消费者在网站上的购物习惯和行为进行了跟踪和记录，因此，两起事件凑在一起，让消费者和媒体开始怀疑Amazon是否利用搜集的消费者资料作为商品价格调整的依据，这种猜测把Amazon的价格事件与敏感的隐私问题联系在了一起。

为挽回日益凸现的不利影响，贝佐斯不得不得亲自出面进行解释，他反复强调：Amazon的价格调整是随机进行的，与顾客是谁没有关系，价格试验的目的仅仅是为测试顾客对不同折扣的反应，Amazon"无论过去、现在或未来，都不会利用消费者的个人资料进行动态定价"。他就此事件向消费者公开道歉，Amazon还退还了所有在价格测试期间没有以最低折扣价购买这68种DVD顾客多收的差价，并给予购物折扣补偿，试图用实际行动挽回人心。这次失败的试验让Amazon蒙受了经济上的损失，声誉也受到了严重损害。

3. 价格竞争力度增强且方式多样化

网络营销的成本优势意味着在线方式可提供比线下市场更低的产品定价，而且交易双方有了更广阔的选择空间。在这样的市场环境下，围绕产品定价展开的竞争力度日益增大,甚至导致了一场又一场"胆小鬼游戏"[①]。在美国营销专家眼中,价格战是"有风险的、愚蠢的,甚至致命的","是最后时刻的无奈之选",然而,在中国,价格战却变成了一门艺术。当然,价格战并非价格竞争的制胜法宝,它能成为一种营销策略,需要适当的环境、充分的准备和娴熟的技能。不可否认,互联网为实施价格战提供了环境,尽管不少参战企业是"无奈之选"。

与此同时,网络市场中的价格竞争方式也日趋多样化,动态定价、折扣定价、免费等价格策略的具体实现方式不断创新。拼多多开启的"社交+低价"模式,定位于第三方社交平台,在微信、朋友圈等发起 C2B 拼团,用社交关系为网购背书,与亲朋好友等以拼单方式购买低价产品,将供应商、社会及网络等各种资源有机地整合在一起。而随着"切分"房屋、交通工具、大型设备的租赁或出售使用权等新的网络消费模式兴起,花小钱办大事的"微定价"正在颠覆价格中有关成本结构的传统思维。

4. 促进了客户主导定价机制的常态化

以客户为主导的营销理念早已深入经营者的心目中,然而对在定价方面如何具体实现客户主导,许多经营者并不清晰。2012 年 10 月,深圳一家披萨店开业,为招徕生意,推出"顾客随喜就餐",食客可在店内随意点餐,并以"顾客自主定价"的方式,按自己的心意付钱。实行三天后,面对 23000 元的账面销售额,而实际进账 2300 元的结果,店家十分失望,老板感叹"看来对人性太乐观了"。抛开人的素质等社会学研究的问题,从营销的角度看,将定价权交给消费者的"顾客自主定价",是营销理念的一种进步,但问题的关键在于,如何实现"顾客自主定价",这需要有科学合理的运作策略、实现方法和实施手段,还应有相应的约束机制。

 案例　　　　**Priceline 的客户自主定价**

"客户自主定价"(name your own price,NYOP)是美国 Priceline 公司独创的一种商业经营模式,并获得了专利。这种由买家掌握定价主动权的定价模式在需求相对稳定或对价格比较敏感的市场中非常实用,如航空机票预订、酒店预订等。

Priceline 采用的是一种全新的零售渠道和零售价格系统:客户可通过 Priceline 网站,按自己认为合适的价格去寻找旅馆、机票或租车服务。他们只要提供所期望的产品或价格等相关需求信息,此后的工作便由 Priceline 来完成,它向卖主(航空公司、酒店、金融服务公司)询问是否有商家愿意接受客户提出的报价。由于减少了一些交易的中间环节,因此降低了客户的交易成本,并缩短了他们寻找商品的时间,通常客户只需付出 30%~50%的常规价格就可以得到相同质量的旅馆房间或其他服务,这也是 Priceline 能吸引客户的关键原因。

---

① 胆小鬼游戏(play chicken)是美国学者提出的一个国际政治学理论,大致内容是,冲突双方就像两辆在同一车道上相向而驶的汽车,如果双方都为了显示自己不惧冲突的姿态而拒绝让路,结局就是迎头相撞,两败俱伤;如果在最后关头有一方选择退让,他会被视为"胆小鬼",声誉受损,但却避免了惨烈的冲突和更大的利益损失。

与此同时，生产者(航空公司、酒店等)也可通过 Priceline 网站获得市场的产品需求和价格等信息，并根据客户的需求，针对性地提供其所需要的产品。这种交易模式提高了缺乏消费时间弹性产品(如机票、旅馆房间等具有时效性的产品)的交易概率和效率，降低了生产商为实现与客户交易的经营成本，节省的费用也为提供打折商品创造了空间，并增加了生产者的收入。

作为中间商，Priceline 制定了严格的交易规则，以旅馆房间预订为例，客户须先把自己的银行卡信息告诉 Priceline 才能开始预订，交易成功后自动划账，交易未成不收取任何费用，旅馆、机票售出后则一概不予退换。预订旅馆时，客户不能指定想住哪一间旅馆，Priceline 会把一个城市划分为若干个区域，客户只能在这些区域、旅馆星级、日期和价格范围内进行预订。当客户报价后，Priceline 将根据其所提供的价格等条件，与那个区域的各家挂钩旅馆进行联系，看谁愿意以客户所报的价格出租房间。当有旅馆愿意并成交，Priceline 会从客户的银行卡里扣取 5.95 美元，作为完成这笔交易的手续费。此外，在要约价格被接受之前，卖家的许多信息是不对客户公开的。Priceline 还禁止客户在同一天内就同一预订标的提交两次报价。假如由于客户报价太低等原因导致预订失败，Priceline 提供了两种选择：①72 小时后重新预订；②更改预订的区域、旅馆星级等条件，再多加些钱，重新预订。

客户主导定价并不等于"顾客自主定价"，也不是按消费者的保留价格定价，制定价格的不是市场，而是经营者。实现客户主导定价的核心是以满足客户的需求来制定和实施价格策略。互联网提高了企业实现产品价格精确定位的能力，使其可根据客户对产品或服务提出的不同要求制定相应的价格，并可根据市场需求的变化迅速调整产品价格。目前，利用互联网来检测新的价格策略的手段和方法已比较成熟，可以通过价格实验测试客户的价格敏感区、对产品的价值认知以及差异化定价的合理区间等，使定价尽可能科学、合理。

互联网对价格的影响，促进了定价方法和策略的创新，使网络营销的定价策略具有了新的特点。充分理解和掌握这些特点，并以新的思维来制定和实施价格策略，是网络营销需持续探索的经营课题。

6.1.4 网络环境中企业定价存在的问题

定价是营销中最富灵活性和艺术性的策略，尽管很多企业认识到这一点，但面对互联网市场中的激烈竞争，在涉及产品定价决策时，许多企业不是主动预测市场变化来制定相应的应对策略，而是"见招拆招"被动应付，以至于在定价中出现这样或那样的问题，主要体现在两个方面。

1. 价格策略的制定缺乏科学性，执行存在盲目性

1) 一味追求低价

受消费者总是追求"物美价廉"和"薄利多销"等传统观念，以及"流量与利润正相关"等表象的影响，不少经营者认为，只有低价和降价才能提高网站的访问量，从而增加销量，实现利润增长。然而，价格是柄双刃剑，低价虽有利于规模化和产业化，但价格过低，也将扼杀产业。在电商发展初期，低价确实快速聚集起大量人气，然而，烧

钱赚人气的时代已经过去,在品质、品牌、体验日渐成为网上消费潮流的今天,价格已不再位居众多消费者的关注度之首,一味追求低价的做法忽视了对商品价格敏感程度(即需求价格弹性)的影响,忽视了消费心理对市场供求关系的反作用,甚至会因此失守诚信的底线,加深"便宜无好货"的低价格等于低质量的市场偏见,直接影响企业及品牌形象,甚至遭遇被市场淘汰的命运,造成适得其反的结果。

2) 随意性定价

一些经营者受"互联网是全球化的大市场""网民大多是新潮消费的追逐者"等观念的影响,高估了目标顾客的消费与接受能力,误以为在网上总能找到目标市场,因此采取了偏高的定价策略;另有一些经营者则陷入了盲目攀比的误区,认为网销产品可以自由定价,甚至可以漫天要价,从而导致产品滞销;更多的则是忽视市场调研,凭经验甚至主观臆断进行定价决策,如简单套用成本加成的定价方法,将传统市场上的产品价格打个折作为网上的售价;还有一些企业在定价上表现得非常随意,产品价格与需求定位完全不相符,不仅影响了销售,也影响了企业的声誉。

2. 歧视性定价

经济学中将同类商品因人、因地或因量不同而产生的差异定价现象称为价格歧视,其原因在于,不同场合下消费者对价格的敏感程度不同。例如,旅游景区中的游客对餐饮价格的敏感程度会有所降低,这并非他们不在意价格,而是景区的食品供给紧缺或采取垄断供给,从而导致需求价格缺乏弹性。如果说这种需求价格弹性的缺乏是被动的,那么,当消费者在奢侈品店或品牌专卖店购买商品时,他们对价格歧视的接受则是主动的,因为消费者已建立了心理账户,将普通商场和品牌专卖店的消费分别赋予了不同的价格弹性。

因人而异是价格歧视的常用手法,如商家利用顾客难以比价而"杀熟"。如今在网购市场中,"杀熟"现象并不少见,不少网购者发现,在经常光顾的网店中购买的商品可能付出了更高的价格。一方面是海量信息充斥网络市场,给许多不熟悉互联网应用的消费者带来了比价的困难,也提高了比价成本;另一方面,大数据的应用使商家可以轻而易举地获得顾客的偏好、消费习惯、购买决策等行为信息,据此推断出顾客的认知局限[1]和对价格的敏感度,从而根据大数据分析的结果对不同顾客采用"恰当"的价格策略。例如,提供酒店预订服务的电商平台通过相关数据分析,得出那些经常在线预订酒店用户的行为特征,然后向他们推送某个区间的价格,这个价格实际上要高于酒店的线下柜台价;同样,早晚高峰时网约车用户很难叫到车,通常要通过加价来提高叫车成功的概率,为此,网约车平台设置了加价系统,提醒并诱导用户加价。其实,叫车成功的概率取决于周围车辆的分布,而加价系统则让用户误认为是在与其他用户竞价,通过这种比较机制来刺激用户加价,也是一种典型的"杀熟"。

最佳的定价策略不仅源于理论,也源于经验。美国学者指出,"在定价问题上,估计只有8%的美国企业算得上经验丰富"[2],这意味着大多数企业都需为此而努力。互联网为定价经验的探索提供了理想的环境,企业不仅要突破传统定价思维的束缚,同时还

---

[1] 不少用户"网上购买更便宜"的认知局限给价格歧视创造了施展的空间。
[2] [美] 贾格莫汉·拉古,张忠. 让顾客自己来定价[M]. 刘媛媛,译. 北京:中国人民大学出版社,2012.

应排除对互联网特性片面认识的干扰，根据营销目标和网络市场状况，确定具体的定价目标，制定和采取灵活的价格策略，选择有效的定价方法，并及时发现和解决实践中出现的问题，尤其要注意在科学运用各种信息技术手段的同时，尽量避免损害客户利益的情况发生。

6.2 网络营销中常用的定价方法

产品成本、市场需求与竞争是影响价格的基本要素，因此，成本导向、需求导向和竞争导向也成为三类基本的定价方法。在此基础上，人们从实践中不断总结和创造出许多具体方法和技巧，并灵活地运用于各种价格策略中。

6.2.1 成本导向定价法

1. 成本加成定价法

即根据单位成本与一定的加成率来确定产品的单位价格，该方法的关键是加成率的确定。企业通常是根据所在行业或某种产品已形成的传统习惯来确定加成率，一般来说，加成率应与单位产品成本、资金周转率以及需求价格弹性成反比。

2. 目标收益定价法

亦称目标利润定价法，即根据企业的预期销售量来确定一个期望达到的总目标利润或目标利润率，然后把总利润分摊到每件产品中，再加上产品的成本，由此确定产品的价格，这种定价方法在制造业中普遍采用。该方法的关键是确定预期销售量，多数企业是通过盈亏平衡点来预测销售量。

3. 成本导向定价的局限性

成本导向定价最大的弊端是忽视了市场需求与竞争的关系。因此，它仅适用于有效价格机制形成前的初级阶段。随着市场经济体制的日趋完善和市场竞争的日益激烈，成本导向定价方法的应用空间越来越窄，大量经营实践证明，定价绝非简单的"成本加利润"。成本只是定价的底线，利润才是定价之本，价格是根据产品可为客户提供的价值而不是所付出的成本来制定的。

管理学大师彼得·德鲁克认为，成本推动型定价策略是造成一些企业走向没落的五种致命经营失误之一。他指出，唯一合理的定价方式是首先考虑消费者愿意支付的价格以及竞争对手的价格，即价格导向的定价模式。[①]

而目标收益法在市场竞争的环境下也基本失去了应用的价值和条件，因为企业所期望的目标收益，其实是一厢情愿，与消费者无关，消费者所关注的是商品的价值和自己的利益。目标收益与成本加成一样，都属于封闭和内向的方法，其最大弊端在于它们将企业与客户隔离开来，忽视了深入研究市场的重要性。

目前，绝大多数企业都放弃了单纯的成本导向定价法，转为采用需求导向和竞争导

---

① [美] 彼得·德鲁克. 巨变时代的管理[M]. 朱雁斌，译. 北京：机械工业出版社，2009.

向的定价方法。这两种定价方法不仅在理论研究的推动下得以创新和发展,而且被许多企业创造性地应用于经营实践中,取得了卓有成效的业绩,并成为网络营销中采用的主要定价方法。

6.2.2 需求导向定价法

需求导向定价法亦称市场导向定价法,是网络营销中采用的一种主要定价方法。该方法从客户的角度出发,按照他们对产品的需求、认知和对价格的反应与接受能力来制定价格,从某种意义上说需求导向定价就是由客户主导的定价方法。研究发现,由客户主导定价的产品并不比企业主导定价获取的利润低。据 eBay 的统计分析,以拍卖竞价方式成交的产品中,只有 20%产品的成交价低于卖方预期,约 50%产品的成交价格略高于卖方预期,约 30%产品的成交价格与卖方的预期价格相吻合,在所有拍卖成交的产品中,有 95%的产品成交价令卖方比较满意。可以说,这是一种双赢的定价方法,既能较好地满足客户的需求,同时也使企业的收益不受影响。目前,网络营销中普遍采用的具体方法有认知价值定价和差异定价两种。

1. 基于价值的定价方法

1) 认知价值定价

认知价值定价(perceived-value pricing)亦称感知价值定价,是需求导向定价法中一种最基本、也是最重要的定价方法,常用于 B2C 市场。该方法是基于这样的指导思想:决定产品价格的关键因素是消费者对产品的认知水平。通常消费者对所要购买的产品都有自己的价值判断,即对产品的认知价值。影响消费者购买的主要因素之一是消费者剩余①,消费者剩余越大,消费者购买的可能性就越大。

消费者在不断接触关于品牌的各种信息的过程中,结合自身经验,逐渐形成了对某个事物或品牌固定的看法,这就是认知。根据"定位"(positioning)理论②的观点,认知是影响心智的重要因素,它决定了消费者对某个产品或品牌的看法及购买行为。

生产重型工业设备的凯特比勒公司以 2.4 万美元销售一种工程牵引机,虽然比其他公司同类产品 2 万美元左右的平均价格高出 4000 美元,但产品销路却很好。凯特比勒的秘诀在于为客户设计了一个有效的价格认知体验,将昂贵的价格细分解析成客户看得到的成分和感觉得到的价值。认知价值定价正是利用产品在客户心目中的价值,即根据客户对产品价值的理解程度来制定价格。

纳格曾经指出,"任何公司在进行战略定价时,都要从底层开始了解消费者的需求,为他们创造真正的价值,同时要使产品的价格尽可能迎合消费者的心理预期",这里的"心理预期"与消费者的心智有密切关系。为此,企业应当迎合消费者重视产品价值的心理,因为在购买过程中,符合客户心理预期的产品定价才是其最愿意接受的价格。

认知价值定价的关键在于准确地计算产品所提供的全部市场认知价值。在市场需求日趋个性化的今天,互联网为企业了解消费者行为、分析其消费心理、发现和发掘心智

---

① 消费者剩余(consumer surplus)是指消费者购买某种商品愿意支付的最高价格与实际支付的价格之间的差额。
② [美] 阿尔·里斯,杰克·特劳特. 定位[M]. 王恩冕,等,译. 北京:中国财经经济出版社,2002.

资源提供了非常好的条件，企业可充分利用信息技术手段，在正确评估消费者认知价值的情况下，以消费者对产品价值的认知和理解为依据，制定合适的产品或服务价格。

2) 价值定价

基于买家对产品主观感知的认知价值并不等于产品的真实价值，有时两者之间甚至会有较大的差异。价值定价是尽量使产品或服务的价格能够体现其实际的价值，通过合理的定价为客户提供"物有所值"的产品或服务来获取利润，而不是以"低价"推销产品。

这种定价方法在 B2B 市场中应用较普遍。B2B 市场中的客户专业性高，对产品价值的认知十分理性，通常是用有形财务利益、无形财务利益、有形非财务利益和无形非财务利益 4 种利益来权衡某一产品或企业的价值。有形财务利益是指客户能够从提供产品的企业那里获得的可验证的价值，如产品定价、折扣等；无形财务利益是指企业能够提供，但客户无法验证的价值，如退款保证、产品质量等；有形非财务利益是企业提供的难以量化的价值，如企业的声誉、品牌以及定制服务等，通常客户乐于为这些利益支付价格溢价；无形非财务利益为供求双方都难以货币形式量化的价值，通常是企业提供的特殊的产品附加价值，如 24 小时售后热线、上门服务以及技术培训等等，这些附加价值有助于维系客户忠诚度。除产品价值之外，"风险"也是 B2B 企业定价时需要考虑的因素。在制定购买决策时，客户永远不会选择一个"低价格"而"高风险"的购买方案。因此，B2B 企业在选择价值定价时，应充分考虑上述因素，合理制定产品价格。

2. 需求差别定价法

需求差别定价法(demand-range pricing)亦称区分需求定价法，是指根据不同需求特性对同一产品制定不同的价格。需求特性的不同主要表现在购买力、客户类型、需求量、需求强度、需求弹性、需求时间、需求层次、需求地点、需求偏好、商品用途以及产品所处生命周期的不同阶段等方面。互联网强化了消费需求的个性化，使差别定价更加可行。目前，网络营销常用的差别定价法主要有三种。①以消费者为基础的差别定价，即针对不同消费者采用不同的价格。如今，在互联网上可以通过技术手段识别使用不同软硬件的用户，并实施差异化定价。如苹果手机的用户发现，同样的服务，自己看到的价格比安卓手机用户要高。对此进行的专门研究认为，服务提供商觉得使用苹果手机的用户相对使用安卓手机的用户，整体上更追求时尚，对同样产品或服务的支付意愿也更高。②以产品为基础的差别定价。对型号、规格、外观、式样或花色不同的产品实施差别定价，这种价格上的差异主要是基于需求的不同，而非成本之间存在差异，例如，对同一种产品中的新款定高价，以有别于过时的款式。③以时间为基础的差别定价。同一种产品在成本不变的情况下，价格随季节、日期甚至钟点的不同而变化，如旅游景区、酒店、机票等。

采用需求差别定价法应注意三点：首先，要分析需求差别，做好市场细分；其次，应当让消费者了解定价的差异化情况，给他们自我选择的机会，使定价建立在信任的基础上；其三，不要同时以差异化的价格向消费者提供核心价值相同的产品，这可能引起消费者的不满。

6.2.3 竞争导向定价法

竞争导向定价法是以市场竞争状况为定价的基本依据，并根据自身的竞争实力、成本和供求状况确定产品定价的方法，其目的是谋求企业的生存与发展或提高产品的市场占有率。具体包括随行就市、拍卖竞价、价格领袖、垄断和倾销以及排他型定价等方法。关于竞争导向定价，业界也有不同看法，有观点认为，这种以竞争对手定价为标杆的方法使企业丧失了在定价方面的主动性，实际上是将竞争对手的价格作为市场接受的标准，而不是以客户需求为导向，在许多情况下，可能会导致"胆小鬼游戏"。尽管如此，下列几种竞争导向定价方法在网络营销中仍被普遍采用。

1. 竞价法及应用

起源于拍卖交易的竞价(bidding pricing)是一种历史悠久的定价方法，通常是卖方委托拍卖机构以公开叫卖的方式引导买方报价，利用买方竞争求购的心理，从中选择合适价格成交。拍卖的突出特点是，通过竞争来决定价格，其实现源自非对称信息。由于卖方不了解潜在买方愿意出的真实价格，每个潜在买方也不知道其他买方可能的意愿出价，竞价的过程可以帮助卖方收集这些信息，从而将物品卖给愿意支付最高价的买方，不仅达到资源有效配置，也使卖方获得最大收益。

1) 常用的网上竞价方法

网上竞价始于在线拍卖，借助于各种网络交易平台，卖方不必委托拍卖机构，而是直接进行"叫卖"，引导买方进行竞价交易。在传统拍卖中，通常按参与竞价的买方和卖方人数分为正向拍卖、逆向拍卖和双向拍卖，按竞价方式分为英式拍卖、荷兰式拍卖、密封式拍卖。这些方式都已经应用在了互联网上，具体可分为两类。

(1) 公开竞价。这种方式的交易价格在竞价过程中是公开的，具体有两种实现形式。

①正向竞价。通常用于一个卖方多个买方的场合，其过程与英式拍卖采用的增价竞价相似，由卖方先给出一个起拍价，此后，买方通过互联网相继出价竞购，后一位竞买者的报价需高于前一位的出价[①]，在规定的交易时间内，最后一个出价者(即出价最高者)购得产品。目前，在线竞价广告多采用此方式。

②逆向竞价。主要用于一个买方和许多潜在卖方的场合，该方式与荷兰式拍卖采用的减价竞价相似，即拍卖开始时，卖方先给出一个起拍价，若无人应答，卖方将一轮接一轮地降价，直到有人愿意买为止。这种方式是目前网上采购的常用方式之一。

(2) 密封式竞价。在网上竞价交易中，不仅沿用了第一价格拍卖和第二价格拍卖等传统的密封竞价方法，而且得到创新性的应用。

①广义第一价格(generalized first price，GFP)密封拍卖。在第一价格拍卖机制下，每位竞标者在规定时间内，独立地以在线方式向拍卖人提交标书，报出自己愿意出的价格，此间他看不到其他竞标者的出价，也不知道标底和参加竞价的总人数。拍卖人在规定的时间，向所有竞标者公开开标，出价最高者以自己的报价成交，因此，称为高价拍

---

① 当竞标者提交自己的出价后，他可以看到自动更新的竞价信息，显示他是否成为当前最高出价者。在竞价结束前，竞标者可随时查看竞价状态。当竞标者的出价被其他人超越时，网站会以自动发出电子邮件或在线提示的方式告知竞标者。

卖，亦称招标拍卖或密封递价拍卖。Yahoo 在这一机制的基础上设计出了广义第一价格密封拍卖，并应用到多标的物竞拍和重复博弈的在线竞价广告上。其竞价机制是：在有若干个广告位参与的竞价交易中，出价最高的 N 个商家均可获得一个广告位，并支付竞标的价格。该方式有两个不足：广告位出租平台的收益会非常不稳定；竞价效率不高。Yahoo 和 Google 早期的广告系统都采用这种竞价方式，直到后来 Google 推出了 GSP 竞价算法。

②广义第二价格(generalized second price，GSP)密封拍卖。在第二价格拍卖机制[①]中，竞拍物品归出价最高者，但按次高报价成交。该机制的优点在于竞标者的出价是基于自己的估值，属于鼓励竞标者报真价的占优策略(dominant strategy)。2002 年 2 月，Google 在第二价格密封拍卖的基础上进行了创新，推出了搜索广告系统 Adwords Select[②]，其方式是广告位由出价最高者获得，支付的价格是次高报价再加一个最小值。即竞得第 i 个广告位的广告主，将按竞得第 $i+1$ 位广告主的报价加一个最小竞价单位(如$0.01)支付费用。此后，全球的主要搜索引擎纷纷引入 GSP，使之成为在线竞价广告的主流模式。[③]

2) 网上竞价的实现

与传统拍卖的结束方式不同，网上竞价交易是以事先设置结束时间来结束竞价。这种方式导致了一些竞标者的投机行为，他们会采用"狙击"(sniping)的方式参与竞价，即等到拍卖结束前一刻才参与竞价，而且出价仅略高于当前报价，使竞争对手没有时间做出反应。为降低竞标者的投机行为，人们提出了两种解决办法：其一是在竞价程序中增加一个很短的"加时期"，常见的是 5 分钟加时期，即如果在拍卖结束前的最后 5 分钟内有人出价，那么竞价结束的时间将延长 5 分钟。这个过程可能会反复出现，直到最后 5 分钟没有人出价，拍卖才会被中止。其二是采用"模拟出价"(proxy bidding)机制，按 eBay 的解释："每个竞标者将通过一个魔法小精灵代替他出价，竞标者只需告诉小精灵自己愿意出的最高价，小精灵将一直在那里代替他出价，直到愿意出的最高价被超过为止。"

3) 竞价法的应用

密封式竞价普遍应用于 B2B 市场中。由于存在多个卖方和多个潜在买方，因此，许多 B2B 交易是通过竞争性投标获得的，如采购、合同转包、生产资料的销售，以及矿物开采权出售等等。在竞争性投标中，通常有一个处于相对垄断地位的招标方(供应商和采购方都可以是招标方)，以及多个处于相互竞争地位的投标方。

在目前普遍采用的封闭、公开和邀请三种招投标方式中，投标价格始终是企业能否中标的关键性因素。由于投标者事先无法知道标底(保留价)，也难以在投标之前计算出

---

① 这一机制最早是由经济学家维克瑞(William Vickrey)在 1961 年提出的，基于他在拍卖机制设计方面的开创性贡献，他于 1996 年获得诺贝尔经济学奖。
② 2018 年 7 月 24 日，谷歌将 AdWords 重新命名为 Google 广告。
③ 对于有多个标的物的搜索广告，GSP 竞价机制的报真价并非是博弈的均衡结果，于是，人们又推出了可以弥补这一不足的 VCG(vickrey clarke groves)竞价机制。该机制从所有竞价者的整体利益出发，依然是价高者得，但广告主支付的费用是因他参与拍卖给其他人造成的效率损失之和。由于算法复杂，因此，采用 VCG 竞价机制的在线竞价广告系统凤毛麟角，Facebook 便是其中之一。

相应的利益,因此,出于竞争的需求,投标者不能按自己的相关成本或市场需求,而要根据对竞争者报价的预估来确定其报价。这使封闭式招标成为招投标双方普遍接受的方式,并主要采用第一价格密封竞价方式。此方法常用于政府及企、事业单位采购,而且多以在线密封投标形式进行。

2. 随行就市定价法

企业采用随行就市定价法(going-rate pricing)时,在很大程度上是以竞争对手的产品价格为定价基础,不太注重自己产品的成本或市场需求,采取等于、高于或低于主要竞争对手的产品定价,或者以市场的平均价格来综合评估分析,并确定自己的产品价格。这种方法常用于难以估算成本或难以确定竞争对手的反应的情况。

不少经营者认为,在激烈的市场竞争中,这是一种风险较低的定价方法。尤其是在网络环境下,由于竞争者之间的价格趋于透明,采用随行就市定价易与竞争者和平相处,避免价格战和竞争者的报复,也有利于促进整个行业的稳定发展;另外,采用该方法既可为企业节省调研时间和费用,又避免了因贸然变动价格引发的风险。尽管如此,对企业来说,采用此方法未必是明智之举,因为它将使价格决策者陷入消极被动的状态。

3. 价格锁定

亦称弹性支付,即延长付款的期限,使消费者能轻松地实现购买。如今,乘飞机旅行的人们都十分关注折扣机票的信息,通常离出行时间越长的航班,机票折扣越高,随着出行时间的临近,机票的折扣幅度逐渐减小,于是美国联合航空、我国祥鹏航空等航空公司推出了"Fare Lock"票价锁功能:当旅客发现有适合自己出行的票价时,只需点击价格旁边的小锁标志,支付几元不等的锁定票价费用,即可生成票价锁订单,锁定后的机票价格将在一定期限内(通常为 15 天,逾期不支付,该票价锁订单将自动失效)不再变更,旅客不必为此后上涨的票价和机票可能脱销而担忧,此举为旅客留住了低价,满足了人们的出行需求。

6.3 网络营销中常用的价格策略

定价方法侧重于确定产品的基础价格,而定价策略则侧重于根据市场的具体情况,从定价的目标出发,灵活运用价格手段来实现企业的营销目标。网络营销中的价格策略仍然要根据产品特征和市场结构来决定。由于大多数产品的性质、生产工艺和流程以及市场的组成结构并未因互联网而发生变化,网络只是改变了市场和产品交易的环境,因此对这些产品来说,传统的定价策略仍然适用于网络环境,而且借助于互联网的特性可以使某些策略得到创新性的发挥,甚至更加有效;对于那些数字化产品或基于互联网实现的服务来说,互联网对其生产及交易方式、成本等产生了实质性的影响,使得免费、定制定价等新策略有了运作的空间。

6.3.1 新产品定价策略

借助互联网实现新产品的市场开拓是越来越多企业的重要营销策略,而要使新产品尽快打开市场、占领市场并获得满意的利润,有效的产品策略是决定因素,而价格、促销、渠道等策略也是不可或缺的，其中新产品定价策略尤其重要。渗透与撇脂定价等经典的策略在网络环境下仍在使用，但实现的方式则随着网络营销技术工具和手段的发展而不断创新。

1. 渗透定价

该策略将新产品价格定得相对较低，以吸引客户，刺激需求，提高市场占有率，阻止竞争对手的进入和向其所占据的市场渗透。实施的条件是：①产品的市场规模较大，企业具有较强的竞争潜力；②产品的需求弹性大，顾客对其的价格较敏感。

由于实施网络营销降低了诸如店铺、人工等交易成本，使企业有可能在网上采用渗透定价策略吸引客户。纵观互联网的发展历程，但凡具有网络效应的产品，如第三方支付、网约车、共享单车等，为达到垄断市场，实现赢者通吃的目的，在 VC(风险投资)的支持下几乎无一例外地通过低价甚至免费策略来抢占市场，演绎了一场又一场的"烧钱"运动。这是一种另类的渗透定价，不具普适性。因此，对于广大实体经济企业来说，是否采用渗透定价，应根据客户的情况而定，如果客户是价格敏感型的，那么，一旦采用了渗透定价策略，就必须持续下去，否则，一旦企业提高了产品的价格，客户可能就会转向竞争对手；反之，如果客户关注的是诸如产品及服务质量、品牌等其他方面，对价格并不敏感，渗透定价的实施效果也许并不显著；此外，具有较大竞争优势的产品一般也不宜选择此策略。

2. 撇脂定价

与渗透定价相反，撇脂定价将产品的价格定得很高，以获得最大利润。该策略一般用于定位于高端市场的产品，利用消费者求新、求异的心理，通过高价来提升新产品的声望，以利于企业获取高利润，尽快收回投资，而且还有利于企业掌握降价的主动权。但新产品价格过高，将不利于市场份额的提高，而且会很快招来竞争者，因此这是一种短期的价格策略。还需指出，高价总没有低价那么容易被客户所接受，尤其是在互联网环境下，撇脂定价的实施效果被弱化了。通常情况下，当产品具有独特性、差异性较大、顾客的价格敏感性小和竞争对手少时，采用撇脂定价效果较佳。

以上两种策略只是新产品上市之初的一种选择。在网络营销中，必须以充分及时的市场调研为基础，尤其应当强化针对客户感知价值、保留价格等进行的专项调研，以提高新产品定价策略的科学性和有效性。在策略的执行过程中，应根据市场的反馈与变化实时进行调整。企业可以通过定价实验的方法来测试用户在不同价格水平的支付意愿，常用的有模拟购物体验法(simulating the shopping experience)，即在网站、App 中设置一种实验环境，让用户(被试)在其中观看新产品的相关广告并选择产品，营销者通过控制价格或产品等营销变量，观察用户对不同定价产品或产品组合购买意向的变化，测试结果可供制定具体价格策略时参考。

6.3.2 折扣定价策略

折扣(discounts)是价目表上价格的变化，是由卖主为放弃一些营销功能的购买者提供的一定比例的优惠价格。常用策略有：鼓励购买者快速支付其账单的现金折扣(cash discounts)，鼓励顾客大量购买商品的数量折扣(quality discounts)，以及在业务淡季实施的价格减让，即季节折扣等，它们在网络市场中也是屡见不鲜的。尽管如此，如何运用折扣策略并取得期望效果仍值得持续探索。

1. "交易效用"与折扣策略应用的启示

"双 11"这个中国的网购狂欢节，能够吸引越来越多网民，并屡创销售额新高的最大亮点就是"折扣"。"折扣"在国外零售业中早已司空见惯，如"血拼"的黑色星期五、圣诞购物季等。如今利用互联网开展诸如打折、优惠券(coupon)、特价(special)和回邮折让(mail-in rebate)等促销活动都是各国零售商的家常便饭。而在一些网络论坛、社交平台和自媒体中，各种折扣优惠信息也是人们竞相转发的"热帖"，如何"省钱"更成为许多人津津乐道的话题。

人们为何如此青睐折扣？心理学研究揭示了其中的因由，折扣产生的交易效用对消费者非常具有吸引力。1985 年，美国康奈尔大学教授 Richard Thaler 提出了著名的"交易效用"(transaction utility)理论[①]，用以解释许多人因为优惠而进行消费的现象。根据该理论，消费者在购买一件商品时会同时产生两种效用：获得效用(acquisition utility)和交易效用。获得效用取决于该商品对消费者的价值以及消费者购买它所付出的成本，这与经济学中的消费者剩余概念类似；而交易效用则取决于消费者购买该商品实际付出的价格与该商品的参考价格(reference price)之间的差别，即与参考价格相比，该交易是否获得了优惠。正是由于打折等促销优惠所产生的交易效用带给人们的消费愉悦感，才有了"双 11"亿万网民的疯狂购物。

案例 洋快餐为何热衷于发优惠券，而非直接降价促销？

如今，登录麦当劳、肯德基、必胜客的网站或打开这些洋快餐的订餐 App，映入用户眼帘的是各种折扣优惠信息，用户可采用下载打印纸质优惠券或手机上直接使用电子优惠券两种方式。

相比于淘宝、天猫、京东商城、唯品会等电商平台惯用的降价促销策略，洋快餐们似乎更喜欢使用折扣优惠券，为何如此？

根据经济学理论，利润的最大化并不一定是销量的最大化，但却意味着消费者剩余的最小化，即消费者剩余越小，企业从消费者那里获取的价值就越多，就越能实现利润的最大化。

在消费群体中有些人很在意商品的价格，愿意付出时间成本来搜索优惠信息；而不在乎优惠信息，"看好就买"的消费者也不在少数。优惠券作为一种价格歧视策略，有效地将这两类消费者区分开来，使他们都能够以自己愿意支付的最高价格实现消费，从而达到了消费者剩余的最小化和企业利润的最大化。

比如，在肯德基网上订餐，一对新奥尔良烤鸡翅卖 11.5 元，那些对价格不敏感的顾客，直接就下单了，这些人不是优惠券的目标客户群，如果店家将鸡翅统一降价为 9.5 元，那就从这些顾客那里少赚了 2 元。

---

① Richard Thaler. Mental Accounting and Consumer Choice[J]. Marketing Science, 1985(4), 3, Summer: 199-214.

> 通过网络发行鸡翅减 2 元的优惠券后,那些根本没打算到门店消费的顾客中有人因获得了优惠券,在禀赋效应的作用下,到店购买鸡翅,而店家原本难以从这些顾客身上赚到钱,虽然少赚了 2 元。

按照"交易效用"的思维,使用优惠券至少给商家带来三个好处。

(1) 折扣优惠券可以一年四季无限次循环使用。降价促销容易产生负的交易效用,某商品降价销售后,再恢复原价就可能造成消费者的不悦,因此难以重复使用。优惠券则不然,不少消费者在看到名目众多的优惠券时,便会触发其心理应激状态,在"不用白不用"心态的驱使下进行了消费,长此以往,逐渐强化了消费者的品牌认知和消费倾向。

(2) 使用优惠券比降价促销更容易锁定顾客的实际消费行为。为获取优惠券所带来的低价,消费者必须付出时间成本,并放弃部分自由选择权。目前优惠券的发行和折扣方式种类繁多:街头派发、网站下载打印、手机 App 领取、自媒体中朋友的馈赠等等,这些都会耗费用户的时间,而且优惠券大多限于某些固定的产品组合,较少用于单个产品的销售。

(3) 优惠券可降低消费者在消费过程中对价格的敏感程度,使商家得以持续地刺激消费者。洋快餐们会在保证低于门店价格的基础上,根据销售情况及时调整优惠券的折扣幅度和优惠组合的品类。如必胜客一份 9 吋纯珍珠比萨的堂吃餐厅价 128 元,优惠券可能在这周将价格设为 118 元,并免费配上两杯果汁,下周则调整为 120 元,赠送一瓶可乐。如此变来变去,消费者逐渐弱化了对优惠券上所标价格的敏感性,确信使用优惠券比门店柜台价便宜。

2. 折扣策略的应用

在网络营销中,除面向渠道成员的商业折扣、临时性的推销价格等传统的折扣策略继续有效地应用外,数量折扣、季节折扣等策略方法也得到了创新性的应用。

1) 数量折扣

该策略有累积数量折扣和非累积数量折扣两种方式。美国一家比较购物网站(www.PriceUniverse.com)实行了这样的销售方式:购物者可以选择"Buy it Now(一口价)"按标价立即购买,也可加入团购俱乐部享受如下折扣优惠:若一周内有 30 个会员参加,可按 9.5 折的价格出售;若 2 周内有 40 个会员参加,便可按照 9 折的价格出售;若 3 周内有 50 个会员参加,则可按照 8.5 折的价格出售。等待的时间越长,折扣越高,等多长时间,决定权在消费者,这项获得美国国家专利的销售方法采用的就是累积数量折扣。

与当顾客一次购买的金额或数量达到一定标准时,按其总量的多少给予不同折扣的累积折扣策略相比,非累积数量折扣是一种建立和发展与顾客长期稳定关系的策略,它不仅对顾客有利,亦可降低企业销售成本。目前,众多电商平台为鼓励顾客重复购买自己的产品,纷纷采用消费积分,亦称常客积分(frequency program 或 loyalty program)的做法,实际上就是非累积数量折扣的策略。

经营者在网络环境中运用数量折扣策略时,不仅应注意折扣起点、折扣率及折扣率分档等常规的问题,更应注重把握消费者及消费行为的特征,灵活用好消费积分策略。

2017年国庆节，ofo小黄车为激励用户用车，推出了"ofo红包车"，其实施效果不错。除此之外，诸如"骑行十次送一次"的常客积分方式，也是提高骑行率和用户忠诚度值得尝试的方案。

2) 时间折扣

这是在特定的时刻或时间段实施的一种价格减让策略。如在业务淡季提供的季节折扣，以鼓励中间商淡季进货或消费者购买过季商品；在某一天的特定时间实行"一小时特价""限时特卖""秒杀"等，以刺激消费者购买。

除商家在对消费者销售商品的过程中使用时间折扣策略，许多网站或电商平台也在广告投放中采用了这一策略。如淘宝的店铺经营者可以根据买家购物习惯和日常作息规律选择淘宝直通车的分时折扣设置，见表6-1。

表6-1 淘宝直通车的分时折扣

时间段	折扣比例	说　　明
23:30~第二天8:00	30%	该时段，大多数人都在休息，网购行为相对较少，大多是一些浏览、加关注或收藏行为。因此在此时段以低折扣进行投放，竞争相对较小，可获取较好的排名，增加被用户关注和收藏的机会
8:00~9:00	45%~65%	这个时间段可提高折扣比例。考虑到正值上班高峰期，可针对无线端的投放，加大一些折扣力度，以获取多一些的无线端流量
9:00~12:00	100%	购物高峰和流量集中的时段，商家愿为获取流量付出代价
12:00~14:00	70%~80%	午饭时间，购物人群减少，但时间折扣不宜过低
14:00~18:00	100%	购物高峰和流量转化的高峰期
18:00~20:30	70%~80%	下班高峰期，购物主要在手机端
20:30~23:30	100%	一天的购物高峰时段

由表6-1可见，若直通车上一个关键词白天的价格是1元，那么半夜只需1×30%＝0.3元。

3) 终端折扣

如今人们越来越多地利用碎片时间通过手机等移动终端进行消费，这也成为商家必争的市场机会。为此，淘宝直通车特意为卖家提供可面向移动端的折扣率设置功能，卖家可在0~200%间自主设置折扣率。但是，由于移动端的转化率通常低于PC端，因此，移动端的折扣率并非越高越好，应根据具体情况来决定。另外，京东商城等电商平台还实行了使用移动端支付享受折扣的做法。

4) 地理位置折扣

2012年，《华尔街日报》进行了一项调查，发现越来越多的购物网站会基于用户的地理位置等信息对同一款产品提供不同的售价。一家名为Staples的美国文具店，在评估用户的地理位置之后，向其展示不同的产品售价，如一款同样的订书机，相隔几公里的两位用户看到的价格分别是15.79美元和14.29美元。不仅如此，Staples还考虑到了用户与竞争对手Office Depot(欧迪办公)或OfficeMax实体店之间的距离，如果竞争对手的商店在20英里的范围内，Staples网站通常会展示打折的售价。

不仅是B2C市场，在B2B交易中，企业在定价时也会考虑货物从始发地到目的地的运输成本而制定不同价格,常用的有以下几种。

(1) F.O.B 原产地定价。这是国际贸易中使用的定价方式,即卖方对买方实行与产地相同的价格,但买方需承担从产地运往指定地区的运输费用和风险。阿里巴巴等平台面向国际市场销售的农产品、食用油等都采用 F.O.B 价格。

(2) 区域定价。卖方将市场分为若干价格区,按与货物从始发地距离的远近,对不同区的顾客设定不同价格。

(3) 基点定价。即以某地作为基点,然后按目录价格加上从基点到顾客所在地的运费来定价,离基点越远的地区,定价就越高。具体有单一基点定价和多元基点定价两种方法,对于后者会出现多个基点价格,购买者可选择最近的基点,以降低运费成本。如产地较集中的钢铁、煤炭、木材等,供应商会先将其运到某个基点,并以该基点的价格加上由此向周边地区运送的运费,构成当地的售价。

需强调,虽然互联网为营销者提供了实现折扣价格的技术和手段,但为防止出现 Amazon 遭遇过的"定价试验风波",企业应在研究用户对产品价格变化反应的基础上,根据市场的需求弹性灵活地应用折扣策略。一般来说,在消费品市场中,价格对需求弹性的影响较小;而在生产资料市场,则需要对需求价格弹性进行分析,若需求缺乏弹性,应尽量少用折扣定价策略,而选择其他更为适当的定价策略。

6.3.3 心理定价策略

网购市场琳琅满目、物美价廉的各类商品,以及电商平台层出不穷、名目繁多的低价促销,养成了网络消费者的低价思维惯性,许多人只关注价格,而对商品的其他因素变得毫无兴趣,对营销传播的各种手段也视若无睹。如何让消费者将关注的焦点由价格转向产品的价值呢?研究发现,要想唤起消费者对产品的关注,仍然需要利用价格这个在消费者意识中根深蒂固的营销要素。具体的做法就是采用心理定价策略,即根据不同消费者的心理特征来确定产品定价的策略。

由于价格与质量、价值和支付能力之间有着千丝万缕的联系,使消费者在长期的消费实践中逐渐形成了多种与商品价格密切相关的价格心理特征,如无法凭感官直觉鉴别商品内在质量时出现"价高质必优"的按价论质心理、寻求"物美价廉"商品的满意消费心理、追求时尚新潮的"高价消费"心理、快速消费品市场中常见的"习惯价格"心理等等。此外,诸如名优产品常用的声望定价、以"8""9"等数字组成的尾数定价、以某几款商品的超低价格或惊爆天价来吸引顾客的招徕定价等等,都是市场上普遍使用的定价技巧。

心理学和营销学的研究早已发现,消费者的价格心理特征各异且复杂,它们直接影响到消费者对商品价格乃至商品整体的接受程度。因此,要制定一个有效的定价策略,经营者必须深入了解消费者的心理。一些在数学或经济学看来没有任何差异的不同定价策略,却能够给消费者带来完全不同的心理感受,为企业带来截然不同的销售业绩。心理定价策略早已在传统商业实践中得到成功应用,而且正越来越多地应用于 B2C 电商市场。

1. 参照价格定价

按照寻常的思维：如果顾客不了解某个产品的价值，一般就不会购买它。然而研究和实践都证明，借助于"价格参照法"(anchoring)是可以影响这种"未知期望效用"(unknown expected utility)的。心理学的研究认为，不依赖于情境的决策是不存在的。在决策与判断领域，情境依赖性主要有四种表现方式：初始效应、对比效应、近因效应和晕轮效应。"价格参照法"其实就是初始效应和对比效应(contrast effect)[①]在定价领域的应用实践。对于完全不了解某商品的价值的顾客，他对该商品价格的第一印象十分重要，这第一个报价，往往就是该商品在他心目中的基准价格(anchor price)。即使是了解该商品、心目中已经有默认价格(default price)的顾客，他们在遇见其他商品时都会与这个基准价或默认价做对比。因此，这个第一印象的价格或顾客心目中的默认价格就是参照价格，它不仅可以引导顾客的价值判断，也成为顾客是否愿意购买的基准，行为经济学和消费者心理学中将其称为"锚定效应"(anchoring effect)。[②]

在经营实践中，许多商家并不一定了解"锚定效应"的理论，但却普遍地使用着。集贸市场上的卖家都知道开价是讨价还价的基准，开价越高，成交价相应也就越高。如今的"淘宝价"已经导致了国内商业零售市场价格体系翻天覆地的变化，它所利用的就是传统卖场中"市场价"的"锚定效应"，当人们用市场价作为基准价(锚定价)来衡量的时候，"淘宝价"就成了价廉实惠的代名词，淘宝网也就成为人们心目中购物省钱的好地方。

参照价格定价有很多具体的实现方法，企业可根据环境、产品或销售对象的不同，灵活运用。为使这种方法能发挥有效的作用，可遵循以下三个基本步骤。

(1) 收集资料，尽可能多地了解所销售商品的定价区间。对大多数企业来说，所经营的产品都有竞争对手或已经上市的可比产品，即使自己经营的是独一无二的产品，也应该找一些类似的产品作为比较的对象。可利用互联网搜集相关产品品质、价格、销售商、各种优惠和服务举措等等，然后按价格水平依次排序，由此得到市场上类似产品的价格区间。

(2) 了解顾客的消费决策过程。大多数顾客会利用搜索引擎检索所需产品，但由于利益的驱动，淘宝等第三方电商平台都对搜索引擎实施了屏蔽，因此，应经常访问经营类似产品的电商平台、企业官网或经营者的网站，浏览其产品展示方式，从中学习和了解各种影响顾客决策过程的技巧。现在汽车、高档家用电器、奢侈品的网站上除展示自己的产品外，大多还提供其他同类产品的链接信息，正是利用"对比效应"影响顾客的购买决策。

(3) 设定自己的参照价格。价格参照的设置有许多种方法，通常的做法是将参照价格定得远高于自己产品的"标准"价格，而且应想方设法让顾客先看到这个参照价格，对于在自己网站上直接销售产品的企业，实现这一点是很容易的；对于借助第三方电商

---

① 1982年，美国杜克大学教授 Joel Huber 和 John W. Payne 以及 Christopher Puto，在《Journal of Consumer Research》期刊上发表了题为 "Adding Asymmetrically Dominated Alternatives: Violations of Regularity and the Similarity Hypothesis" 的论文，第一次通过啤酒实验证实了"对比效应"的存在。

② 1974年，Amos Tversky 教授和 Daniel Kahneman 教授最早研究了"锚定效应"现象，并在《Science》杂志上发表题为 "Judgement under uncertainty: Heuristics and biases" 的论文。

平台销售产品的厂商，应想方设法将自己的产品与竞争对手价格较高的同类产品摆放在一起，形成"对比效应"来吸引顾客选择自己的产品。

美国行为科学家 Simonson Itamar 和 Amos Tversky 在 Joel Huber 和 Christopher Puto 关于"对比效应"研究的基础上，提出了操纵性零售的两大原则[①]：①避免极端。即消费者在对所选商品不确定的情况下，大多数人会做折中的选择，他们会避免购买价格最贵或最便宜、质量最好或最差的商品；②权衡对比。即倘若商品 A 明显比较差的商品 B 要好，消费者会倾向于购买 A，哪怕还有许多其他选项，哪怕根本无法判断 A 是不是所有选项中最好的。这就是心理学中的"折中效应"和"损失规避"在零售中的体现，用行为定价理论的解释是：不卖的东西可以影响正在卖的东西。许多知名品牌和精明的商家对此早已心知肚明，他们经常将不同品质、功能的同类产品按高、中、低端并列摆放在一起，引导顾客做出"折中"的选择，这种被称为"奢侈品定价的艺术"，也成为在线销售常用的定价策略。

在奢侈品店中，总可以看到几十万元的手表、几万元的服饰等高价锚点商品，与几百元的太阳镜、几十元的钥匙扣陈列在一起，这样的场景布置已被搬上了互联网。在 PRADA 网站(www.prada.com.cn)，人们发现，这里展示的有 22400 元的 Prada Galleria 手提包、9700 元的羊毛和羊绒混纺毛衣、6900 元的哑色皮革乐福鞋、3000 元的 Prada Eyewear 系列太阳镜……，网站会提示对高价商品不感兴趣的顾客去"节日献礼"栏目，那里提供一些鞋履、成衣或各种"礼物"，你可以花 2400 元买一副 Rada Eyewear 系列太阳镜，或是花 1450 元买个定制的钥匙扣。

2. 基于消费者直觉与偏差的定价

按照心理学的观点，当人们面临一个复杂的判断或决策问题时，通常会依据自己的直觉或一些常识来进行决策。但在某些情况下，这种被称为"代表性直觉"[②]的判断可能导致一些决策的偏差。心理学中的许多理论都可以解释人们的直觉与偏差所产生的影响，如第 3 章中提到的损失规避、禀赋效应、沉没成本效应、框架效应、现状偏见等，不仅是影响人们决策的心理根源，也是心理定价策略制定和实施的理论依据。商家们在经营中常用的声望定价、尾数定价、习惯定价、招徕定价等无一不是利用了消费者的直觉与偏差。

不仅如此，经营者在选择定价策略时，也必须考虑消费者的直觉与偏差。涨价是市场上常见的现象，但对消费者心理上的影响却有所不同。一些食品、饮料、日常生活用品等快速消费品，其价格是家喻户晓的，在消费者心目中已形成了一个习惯价格，稍有变动，可能会引起顾客的抵触心理，这就是心理学中所说的"现状偏见"(status quo bias)[③]。

---

① Simonson Itamar, Amos Tversky. Choice in Context: Tradeoff Contrast and Extremeness Aversion, Journal of Marketing Research[J]. American Marketing Association，1992(August)，29 (3): 281–295.

② 根据 Amos Tversky 和 Daniel Kahneman(1974)提出的理论，人们通常会根据"A 在多大程度上能够代表 B，或者说 A 在多大程度上与 B 相似"来判断事件发生的可能性。他们将这一原则称为"代表性直觉"(representativeness heuristic)，并认为这可以导致人们承认"赌徒悖论"(gambler's fallacy)。

③ 1988 年，美国波士顿大学的 William Samuelson 教授和哈佛大学 Richard Zeckhauser 教授在研究中发现，人们为避免改变所带来的损失，选择了维持现状，而不愿意去接受给他们带来更多好处的改变，两位教授将这种现象命名为"现状偏见"。

因此，对于这类价格敏感类的商品，涨价会触动顾客"损失规避"的倾向，减少其购买量。当涨价不可避免时，企业可通过降低生产或经营的成本，或在产品的内容、包装、容量方面进行调整，尽量将价格维持在消费者习惯接受的水平上，而不应轻易变动价格，以避免由此给企业造成不利影响。

消费心理学的研究发现，不同消费者的"心理账户"(mental accouting)[①]对价格的接受程度是有差异的，它也将影响消费者的直觉与偏差。因此，要说服人们增加某项花费的预算是比较困难的，但如果能让他们把这笔花费划归到另一个账户里，就可以影响并改变他们的消费态度。这意味着，可以利用"心理账户"来影响消费者的购买决策。美国零售业常用的回邮折让(mail-in rebate)就是一个范例，顾客只要将购物凭证的复印件或填好一张回邮折让表格并寄回厂商，即可收到后者回邮的一张支票。目前，这种方式也在我国得到广泛应用，餐厅为排队等位的顾客提供点心、饮料、折扣；淘宝、京东商城等电商平台对参与在线评论的顾客实施积分奖励，一些网商实施的"好评返现"，向购买年费会员卡的客户赠送1个月等等，都运用了"心理账户"的基本规律。这些做法的共性在于同时启动了顾客"支出"和"收入"两个心理账户，使人们在为消费支付费用的"大损失"中伴随着"小收益"，进而增加了消费的愉悦。

3. 基于社会影响因素的定价

人类所具有的社会性本质，决定了人们的判断与决策很容易受到社会因素的影响。心理学的研究发现，在不少场合，一些缺乏经验或向导来指引自己如何作为的人，大多会效仿他人的表现，以便从中得到启示，找到适用于自己的行动线索，这种同伴效应(peer effect)甚至远远超过人们自己的推理能力。消费心理学的研究也证明，从众心理是影响消费行为的重要因素。

网络市场环境中实施心理定价策略，尤其应考虑和利用社会因素的影响，事实上，经营者们已经付诸实践了。京东商城在展示的商品下方都显示"好评率××%"；天猫、淘宝等显示的是"该款月成交量××××笔"。这类信息看似与价格并不相关，但在信息丰裕度极高的网络购物环境下，"货比千家"对许多消费者是得不偿失的，而此举迎合了人们的从众心理，在一定程度上强化了同伴效应，有助于顾客选择该商品的决策。

要有效地应用心理定价策略，经营者还应充分利用互联网的交互性加强与顾客的沟通，深入细致地研究影响消费者直觉与偏差的各种心理因素，在充分理解和有效把握顾客价格心理的前提下，选择相应的心理定价策略。

6.3.4　动态定价策略

由于交易双方所处的立场和目的不同，对产品的价值认知也存在差异，加上市场因素千变万化，因此，为实现交易，企业可采取动态定价策略，亦称定价变更策略，即基于不同因素或模型对产品进行实时定价。该策略运用的关键是要找出客户的需求欲望、

---

① 1980年，美国芝加哥大学Richard Thaler教授首次提出了"心理账户"的概念和理论，该理论认为，人们对物品、钱财和资产都具有将其分门别类、区别对待的习惯，在头脑中为它们建立各种各样收入和支出的"账户"，来管理、控制自己的消费行为。这种做法常常是在下意识中完成的，人们通常感觉不到"心理账户"对自己消费决策的直接影响。

实际购买力与企业收益之间的平衡点，即实现价格的优化。在网络市场环境中，影响价格调整的因素更多、更复杂，与此同时，随着各种数据的获取越来越容易，以及大数据分析、机器学习等技术的持续发展，以价格优化为核心的动态定价策略得到越来越广泛的应用。

1. 常用的策略

1) 定制定价

即针对不同客户制定不同的产品价格。该策略是产品组合定价策略[①]在互联网环境下的创新，即企业在具备柔性化生产条件的基础上，利用网络技术手段或资源，帮助客户选择配置或自行设计能满足其需求的个性化产品，客户因此愿意按企业为其定制产品提出的新价格进行购买。互联网为这种以满足客户个性化需求为前提的定制定价提供了创新应用的环境。

几年前，家居行业便推出了全屋定制套餐的营销模式，如欧派、索菲亚、好莱客等推出的全屋"19800""16800"套餐等，主打的都是"性价比"的定制家居套餐。相比于传统家居行业的"×××××"搞定"××平方"的总体定价方式，尚品宅配这类互联网基因的企业推出了"降低单价，做大规模，从而减少边际成本，追求边际效益"的新全屋定制套餐营销策略，如按每平方米518元的定价方式解决全屋家居定制的"518智选套餐"，这是一种包含了从定制家具到软装配饰的真全屋定制，实现了一站式配齐，拎包入住，解决了消费者选购定制家居产品的痛点。

目前，在网络营销中，除服装、饰品、家居用品等个性化特征明显的产品采用定制定价外，IT、汽车等以产品线方式进行生产或提供多元化产品的企业，通常还采用以下具体的定制定价策略。

(1) 产品线定价。采用这种定价时，可以通过定价实验等调查研究，确定该产品线中某个品种的最低价格，作为该产品线的招徕价格；也可以确定产品线中某个产品的最高价格，让其充当凸显品牌形象的角色，两种方式的目的都是吸引客户购买产品线中的各种产品。在实施该策略的过程中，营销者应建立起产品的价格阶梯，帮助客户认知产品线中各种产品的品质差异，从而使价格差别合理化。

(2) 产品功能分解定价。不同功能属性的产品蕴含或传递的价值存在差异，带给用户的价值感受也是不同的，企业可以据此调整定价结构，实现产品的价格与价值更好的匹配。通常的做法是将企业产品线产品按不同的属性和价值进行分解，划分为低、中、高等不同的价格区间，分别制定不同的价格。具体来说，功能分解定价是从客户需求的角度出发，将产品的诸多功能属性进行分解或组合，从而形成产品由单一功能到多样化、个性化功能，在价格上形成由低价、中价、高价组成的完整体系，为客户提供更多的产品和价格选择。其中，高价产品树立品牌，其功能最全，性能最好，能满足客户未表述性需求，甚至可激发他们的兴奋性需求；中价产品获取利润，功能稍逊于高价产品，性能相对较优，能满足客户的期望性和表述性需求；低价产品引导消费，刺激消费欲望和需求，在功能上仅满足客户的最基本需求。采用产品功能分解定价时应明确不同价格层级产品的作用，利用各种网络手段详尽说明及展示不同价格产品的功能或服务内容，并

---

① 产品组合定价策略是指生产经营一组相互关联产品的企业，对这些产品分别采用不同的价格。

通过在线交流沟通,了解客户的真实需求,有针对性地推荐和引导他们将注意力集中到与其需求相适配的产品上。Dell 公司在其网站上提供了各型号产品的基本配置和基本功能,使客户可根据其实际需要,在所能承受的价格内,配置出自己满意的产品。

需指出,定制定价策略的实施是以满足客户个性化需求为前提的,虽然它可在一定程度上弱化客户对价格的心理敏感程度,但它与针对不同环境下客户对同一产品或服务的不同价值感受所采用的心理定价策略在效果上是有差异的。

2) 使用定价

使用定价策略是顾客通过互联网进行注册后,获得在线直接使用企业的产品或享用其提供服务的权利,企业按照顾客使用产品或服务的次数(或时长)进行计费。目前,这种类似租赁的按使用次数(或时长)定价的方式比较适合通过互联网传输,可以实现远程调用的软件、音像影视、电子书刊、数据库、网上娱乐、专业咨询等数字化产品,以及共享单车、房屋短租等 O2O 服务。如软件公司推出的网络财务管理、CRM 等系统软件,注册用户可在网上直接处理相关业务,而无须购买软件和担心软件的升级、维护等烦琐的事情。

3) 自动调价

自 1909 年美国商人爱德华·法林(Edward A. Filene)在波士顿推出自动降价[①]的销售方式,自动调价机制陆续被用于生鲜商品、服装零售、酒店住宿、航空公司、游轮公司等的经营中。尽管它们中的许多都获得了成功,但法林的自动调价理念并未得到商界更多的青睐。原因在于,有效实现自动降价的前提是客户能感知到该商品有稀缺性,这取决于该商品在客户心目中的"独特价值",以及旺盛的消费需求。由于每位客户对同一商品"独特价值"的理解各不相同,在传统市场环境中,商家很难具体了解某商品在每位客户心目中所具有的"独特价值",所以也难以把握对其的需求旺盛程度。因此,自动降价机制大多只能在旗舰店等小范围中使用。

互联网使自动调价机制的实现成为可能,数据挖掘与分析不仅可以获得某件商品对每位客户所具有的"独特价值",掌握市场的需求程度,而且可以确定该商品的最优价格,同时还能使经营者获得该定价在市场上的反馈,如该定价对其他商品的销售将产生怎样的影响,以便经营者及时修改价格决策。因此,利用互联网实现自动调价,无论是形式还是途径都远远超出传统的营销思维。如同程艺龙在"同程艺龙酒店机票火车票"小程序中推出了酒店分享"砍价"活动,参与的用户在订单确认后即可邀请好友一起"砍价",最多可砍价至五折,并可获得一定金额的返现(用户成功入住后便可领取)。

2. 策略制定与实施

动态定价是建立在海量数据分析基础上的,为此,需要了解产品的目标市场规模、容量、消费结构、消费需求层次、消费者的经济状况,以及市场竞争结构和强度、竞争对手的行为等等。因此,长期以来,动态定价主要是在一些产品品类有限的行业中使用,

---

① 当时,法林在名为 Filene's Basement 的折扣服装店里采用了一种"自动降价"的全新折扣方式,当商品上架 12 天后,价格自动降低 25%,再过 6 天,仅为原价的 50%;又过了 6 天,仅为原价的 25%;再过 6 天,剩余的该商品将会捐给慈善机构。1919 年,Filene's Basement 更名为"自动折扣商场"(the Automatic Bargain Basement, ABB)。

如航空公司的机票和酒店客房预订。对于提供多种产品的企业而言，动态定价的实施难度很大。

借助于大数据和机器学习等技术，网络营销的动态定价策略具有实时化和规模化应用的特点，其策略的制定与实施也有所创新，根据国外的实践，主要包括三个步骤。

(1) 预测。将一组产品线或具有类似销售特点的产品与正在进行动态价格销售的产品放在一起进行对比，然后通过"回归树"(regression tree)等机器学习技术对这些产品的价格进行预测，即设计需求预测模型。

(2) 学习。利用互联网让预测的价格在实际销售过程中接受检测，重新绘制定价曲线以匹配实际销售结果。所谓学习就是利用产品销量信息对需求价格曲线进行调整。

(3) 优化。根据调整好的定价曲线，即可对成百上千的产品在不同时间段进行价格优化，即动态定价。

团购网站 Groupon 每天会限时推出成千上万种新的优惠价格，海量的产品品类和有限的销售时间，使综合考虑这两者的需求预测变得非常困难。为此，Groupon 在网站上每推出一个新的优惠商品时，都要进行多种预测，然后在学习阶段，采用测试价格，观察客户的购买行为，并通过具体的销量，识别出与测试价格的销售水平最接近的需求函数。实测结果显示，降价对销量低的商品影响巨大。对于每天销量低于平均水平的商品而言，其平均销售收入增幅达 116%，而对于每天销量高于平均水平的商品而言，这一数字仅为 14%。

在实践中，上述三个步骤并非缺一不可。美国时尚闪购电商 Rue La La 一直采用限时折扣策略，即以限时限量的方式提供包括 LV、Hermès、COACH 等各类奢侈品牌、中高档服装鞋帽、手包和饰品等，通常商品上架 48 小时即撤下，在此过程中公司并不会变更销售价格，因此，公司的价格优化主要针对过去未销售过的商品，即"首秀商品"，采取了两个步骤：先为首秀商品设计需求预测模型，再将需求预测数据输入模型以实现价格的优化。

营销视野　　ESL 助全渠道零售跳出"价签门"陷阱

ESL(electronic shelf label)是由客户系统、ESL 服务器、交换机、基站、ESL 标签、手持机等部分组成的电子货架标签系统。与传统的纸质价签相比，其最大特点是可以通过输入系统指令，在很短时间内大批量地修改商品价格信息，从而提升价格管理的效率。

作为一种新兴的零售科技，如今 ESL 已成为门店实现新零售的标配。统一的电子价签，不仅价格显示清晰、正确，方便消费者识别，优化了购物体验，也便于商家进行价格管理，降低差错率。而且作为商业流通领域大数据应用所需的载体，ESL 在实现电子台账、库存与盘点、事件管理、位置服务、移动配货等业务数字化方面正发挥着重要的作用。

从价格管理的角度看，采取更换价格纸质标签的传统方式，难免会出现因价签价格与结算价格不一致导致的"价签门"问题。这也让一些商家有机会通过"价签门"与消费者玩猫捉老鼠的价格游戏，尤其是在卖场生鲜区，每天早市、午后和晚间促销频繁变更的商品价格，使这些时段成为"价签门"的重灾区。

ESL 技术实现了电子价签、台秤、POS 系统的统一实时变价。例如，晚上 7 点，生鲜类产品全场 9 折，只要在 ESL 系统后台设置好调价指令，生鲜区的电子价签便会统一实时变更价格，电子价签上显示的是折后价，同时，商品过磅和 POS 机均以折后价格结算，确保价签价格与结算价格一致，避免了顾客与商家之间产生"价签门"矛盾。

SEL 不仅是进行价签管理的先进技术，还可以成为实施动态定价策略的有效工具，并配合各种促销活动的开展。如在情人节的某一时段，某品牌巧克力打对折；而诸如"巧克力与玫瑰花""啤酒与尿布"等商品组合的优惠销售，都可以通过 ESL 系统的设置来实现，并通过相关系统将促销信息推送给移动互联网用户。

6.3.5 免费价格策略

将产品或服务以零价格或近乎零价格的方式提供给顾客使用，以满足其需求，是常用的营销策略。在传统市场中，"免费"是一种强有力的推销手段，如"买一赠一""免费试用"等等，而在互联网时代，免费却成为一种新的经济模式，在搜索引擎、电子邮箱、各种社交工具、自媒体……免费的东西随处可见。对网络营销来说，免费不仅是一种促销策略，更是一种长期且行之有效的企业定价策略。

1. 实施免费策略的理论依据

1) 交叉补贴

经济学中的交叉补贴(cross-subsidies)亦称间接收益，是指利用互补产品之间存在的密切联系实行综合定价。通常是有意识地以优惠甚至亏本的价格出售一种产品，来达到促进销售赢利更多的另一种产品的目的，迈克尔·波特将前者称为基本产品，后者称为赢利产品。交叉补贴就是以赢利产品的收入来补贴因以优惠价格出售基本产品造成的损失，从赢利产品的销售中获取更大收益。交叉补贴策略有各种不同的实现方式，波特认为，其运用应具备如下条件。

(1) 基本产品应具有足够的需求价格敏感性。因此，企业降价销售基本产品所带动赢利产品销量增加导致的利润增长应足以弥补基本产品的利润损失。但是，若基本产品的需求对价格不太敏感，则不宜采用交叉补贴策略。

(2) 赢利产品的需求者必须对价格不太敏感。这样提高赢利产品的售价才不会导致其销量大减。若难以保证这一点，销售赢利产品获得的利润将不足以弥补降价销售基本产品的利润损失。

(3) 基本产品与赢利产品具有紧密的相关性。即赢利产品的销售与基本产品的销售有正相关性，使买方不只是从购买低价的基本产品中获得利益。否则，采取交叉补贴策略将得不偿失。

(4) 赢利产品应有较高的市场壁垒。除非基本产品和赢利产品具有非常紧密的关联性，否则，赢利产品应在所在行业中具有较高的市场壁垒，采用交叉补贴策略才有望获得成功。

2) 免费的心理学解释

在消费者来看，免费和便宜之间有着冰火两重天的巨大区别。如果一件原价 100

元的衬衣打折到 20 元，有人可能会买，但如果商家为促销而免费派送，人们肯定会争先恐后去领取，这就是免费对消费者具有的不可抵挡的诱惑。

正如麻省理工学院教授丹·艾瑞里所说，"零"不仅是一种特别的价格表示法，它还能唤起热烈的情绪——成为一个非理性兴奋的来源[①]。的确，免费就像地心引力一样，实在让人们难以抗拒。在两种产品之间进行选择时，人们常常对免费服务反应过度，许多网购者为得到免运费的服务，不得不"凑单"，增加购买数量或品类，使购买金额满足网商规定的"免邮费"要求。许多顾客买了某个原本不打算买的商品，仅仅因为它有附赠礼品。商家通过"免费"实现了价值交换，也诠释了"天下没有免费的午餐"的商业本质。

按照行为经济学的观点[②]，绝大多数交易都具有利弊两个方面，而趋利避害是人类的本性，因此，在交易中人们总是下意识地按"损失规避"的原则来进行决策。免费正是迎合了这种"惧怕损失"的心理：选择免费商品不会带来显而易见的损失，但若选择不免费的商品，可能会遭遇蒙受损失的风险。于是，免费使人们忽略了不利的一面[③]，给那些不愿意面对损失的人们造成一种情绪冲动，让他们误认为免费商品大大高于它的真正价值。

对营销者来说，"免费"策略在重塑客户心态的同时，也并不意味着无利可图，而是在创造利润的道路上另辟蹊径。

2. 免费策略的实现模式

企业在运用免费策略时应认真分析自身的情况和各种具体的实现方式，采取合理有效的实施策略，才能真正发挥免费策略的作用。

1) 完全免费

即从产品购买、使用以及售后服务的所有环节都实行免费。如今，互联网上的信息搜索、Email、新闻、音乐、影视、游戏以及各种 IM 交流工具等都采用完全免费方式，一些电商网站也实行免送货费、退货费等。普通消费者往往只注意了免费行为本身，却忽视了免费行为所创造的真正价值。采用免费策略的动机是多种多样的，一般都是由此赢得声誉和关注度，以推动产品的市场占有率，或帮助企业通过其他渠道获取收益，使由完全免费所带来的流量提升与产生的交叉销售利润足以让这些企业持续选择这种经营方式。

2005 年，新浪网推出"名人博客"，经过几年的发展，新浪博客的日访问量超过了 10 亿，巨大的访问量为新浪网的广告及无线业务增收打下了很好的基础。免费的名人博客换来了网民的注意力，增加了其博客的浏览量，并提高了博主的博客等级，这些博客也成为网络广告的投放渠道，新浪博客也由此获得收益。

需指出，并非所有产品都适用于完全免费的策略。受企业成本影响，如果产品开发

[①] [美] 丹·艾瑞里. 怪诞行为学：可预测的非理性[M]. 赵德亮，等，译. 北京：中信出版社，2014.
[②] 行为经济学运用博弈理论和实验经济学的方法，对人们面对免费时的复杂心理进行了解释。
[③] 对免费持否定态度的大有人在，他们认为，没有成本就没有价值，免费的背后总存在着隐性成本。在互联网上免费意味着更多的广告和更少的隐私，免费削弱了创新，免费鼓励盗版，免费正哺育着"期待着不劳而获"的一代……，甚至枯竭的海洋、肮脏的公厕和全球变暖都是免费的代价。

成功后,只需通过简单复制即可实现无限制生产,从而使免费商品的边际成本趋近于零,或通过海量的用户摊薄其沉没成本,这才能满足完全免费策略应用的基本条件。

2) 限制免费

(1) 限定时间。最常见的是一些软件、在线游戏等数字化产品厂商或服务型企业提供的在规定时段内享受免费试用或服务体验。这种方式容易实现,市场份额被侵蚀的风险小,其弊端是许多潜在客户不愿意接受,因为他们知道在试用期后厂商就要收费。因此限时免费本质上是一种促销方式。

(2) 限定功能。所提供的免费产品只具有基本功能,全功能产品收费。如一些 SaaS 服务平台提供的软件产品,用户可免费使用其基本功能,付费用户则可使用全部功能;爱奇艺、喜马拉雅等在线视、音频服务商提供的影音作品,起点中文网等提供的文学作品也是如此,免费提供部分片段供用户欣赏,要想观看全部内容则需付费。这种类似于发放试用产品的方式有利于提升产品的知名度,其实施效果与免费产品中提供的功能多寡有直接关系,一些用户可能因免费产品所提供的功能或内容能够满足需求,或认为产品无法满足需求而不会选择购买。

(3) 限定用户数量。对于一些可供多个用户使用的产品,其提供的免费产品只能为有限个用户使用。如一些多用户版本的软件产品,厂商一般可提供 3～5 个用户的免费版本,更多用户的版本则需付费。这种方式易于执行;弊端是可能侵蚀低端产品的市场份额。因此更多的是作为一种促销手段,如一些商业网站经常采用某月某日前参加活动的或前若干名注册者,免费或以优惠价格提供相关产品。

(4) 限定用户类别。即根据不同用户确定是否提供免费产品,如让低端用户免费使用用该产品,而高端用户则需要付费。这种方式的好处是可以根据其付费能力向用户收取相应费用;弊端在于验证程序复杂且难以监管。微软在 Biz Spark 项目中就使用了这种方式,在该项目中,成立时间少于 3 年且营业收入低于 100 万美元的企业可免费使用微软的这款开发软件。

案例

利润来自 VIP 用户

创立于 2002 年 5 月,以提供在线原创文学作品为经营业务的"起点中文网"(www.qidian.com),是国内率先推出作家福利、文学交互、内容发掘推广、版权管理等经营机制和运作体系,并实现赢利的网络原创文学服务提供商。在各种免费资源比比皆是的互联网上,起点网的利润来自它的 VIP 付费用户,的确让人匪夷所思。

起点网的收费阅读始于 2003 年,而且对象就是 VIP 用户。为吸引更多的用户注册成为 VIP 用户,起点网为 VIP 用户提供了如下权利:所有 VIP 用户可以在第一时间看到自己喜欢的原创作品;可以投票支持自己喜欢的作品;还可以在线收藏这些作品。起点网免费提供这些作品的部分章节供 VIP 用户阅读,而阅读全部内容则需付费,其收费模式为起点币,用户可以 10 元兑换 1000 起点币的价格购买,以章节为收费单位,价格是每千字约 2 分钱。这是很诱人的一招,试想,当读者看到入迷时,下面的章节被屏蔽了,此时不少读者会选择充值。而且有偿阅读的费用并不算高,比如读完《足坛经纪人》这样一部42万字的小说，需耗费838起点币，合8元多人民币，这样的价格大多数读者是能够接受的。

为激励作者创作出更多吸引读者的作品，起点网将每部作品用户有偿阅读收入的50%～70%作为稿酬付给作者，相比于固定稿酬，这种与阅读量挂钩的浮动稿酬更能调动作者的创作激情，让他们卯足全力进行写作，从而实现良性循环。

3) 捆绑式免费

对产品或服务实行捆绑式免费，即企业向市场提供某产品或服务时赠送其他产品或服务。网上鞋店Zappos为降低顾客网上购鞋的风险，采取了提供免费退换货服务的看家"软功夫"，为此Zappos每年需付出1亿多美元的运费。尽管退货率高达四分之一，但平均每份订单的金额达90美元，毛利仍可达35%，Zappos多年来一直稳居美国鞋类在线零售商的榜首，双程免运费功不可没。当然Zappos所承担的运费其实已包含在购鞋款中，只不过这种隐性的捆绑式免费消除了顾客担心鞋子不合脚退货需额外支付运费的后顾之忧，也提高了企业的美誉和信誉。可见，捆绑式免费并不能为经营者带来直接收入，其好处是有助于扩大产品的市场份额。

4) 第三方付费

如今，通过在线视频网站，用户可以免费收看各种电视节目或点播自己喜爱的影视内容，但在此过程中，用户必须接受节目中插播的各种广告，除非缴费成为VIP用户。这种由广告商(第三方)来为消费者(第二方)获得免费的信息付费，即企业通过发布广告的媒体来免费传播信息的商业模式，其实早在互联网时代到来之前就已经存在了。

第三方付费也称第三方营销，这个第三方是指那些能帮助企业降低顾客直接购买产品的价格的人、物或企业。按北京大学王建国教授的观点[①]：企业通过第三方的参与，降低了提供产品或服务的成本，或者是获得额外的收入，使其可以降低对客户提供的产品或服务的价格，从而改善企业与客户的关系，增强竞争力并增加利润。然而，第三方愿意为企业支付有关费用的重要前提是必须获得利益——节约成本或创造价值，这与企业的目标是一致的，因此，这种第三方是企业的利益攸关方。

为了能让第三方参与自己的营销过程，企业必须努力做到：①在选定目标客户时，应尽量使其同时成为利益攸关的第三方企业的目标客户；②在进行产品的市场定位时，应尽量使其同时符合第三方企业的产品定位；③在制定产品、促销和渠道策略时，尽量使其同时能与利益攸关企业的产品、渠道和促销策略契合；④在为自己的目标客户创造价值的同时尽量也能为第三方企业创造价值。

显然，实现第三方营销的关键是企业能够找到第三方利益攸关者，并在降低产品、渠道、促销成本的同时能够为其创造价值或节约成本。其解决之道在于寻找边际非稀缺产品[②]，挖掘产品功能并整合资源。

---

① 王建国. 1P理论：网状经济时代的全新商业模式[M]. 北京：北京大学出版社，2007.

② 王建国对边际非稀缺产品的解释是：当市场对某个产品的需求不断增长时，产品供给可随其增长而不受资源约束，即可以无穷无尽地随需求而供给，而不需要追加生产该产品的资源和成本，即边际成本永远为零，这样的产品就是边际非稀缺产品。企业生产这样的产品，除第一次的固定投入外，此后不再需要追加成本。例如，软件和数字化报刊、音像制品就是典型的边际非稀缺产品。边际非稀缺产品的这种供给性质、成本优势，为企业创造了随需求增长不断降低成本的空间，从而获得竞争优势。

互联网上许多产品或服务都具有边际非稀缺产品的特征,而利用互联网挖掘产品功能、整合资源实现价值创造也具有明显优势。例如,信息搭载是很多网络媒体都具有的功能,也是网络营销中运用得最广泛、最成功的策略。用户可以免费享用各种网络服务,最主要的原因就是网络服务运营商利用信息搭载功能装载了很多企业的广告信息,广告主看中了互联网覆盖面广和卓越的传播效应,并为此投入了大量的广告费用,这也成为网络运营商的主要收益来源。免费的信息服务源源不断地吸引着新的用户,持续增加的用户又进一步提升了网站的营销价值,并获得了更多的广告投放,随之增长的收益,让网络运营商们继续扩大和完善免费的信息服务,形成良性循环。由此可见,依托互联网开展第三方营销是一种绩效明显的营销模式。

3. 实施免费策略应遵循的主要原则

1) 洞察市场需求

免费策略的实施要善于洞察市场的现实需求和潜在需求。尤其是潜在需求,需要通过一些市场行为进行引导才会显现出来,并向现实需求转化,这应当成为洞察市场需求的重点,也是实施免费策略的目的之一。

2) 注重价值创新

免费策略的本质是通过提供免费产品或服务的经营模式实现间接收益。只有当免费的过程本身能够创造新价值,或者所有参与者都能部分地分享到这份新创造的价值时,免费才真正可行。同样,企业因提供免费产品所造成的利益损失可通过所创造的新价值来弥补,当新价值足够大,即使完全免费也能实现盈利。因此,实施免费策略的过程中必须注重通过资源整合实现价值创新,否则免费策略将难以维继。

广州有一家搬家公司推出"免费搬家"的服务,合作条件是,客户不要的旧家具和家电送给搬家公司。具体运作方式是,他们到客户家里与之协商,确定哪些东西不要可以送给他们,双方谈妥后,公司就免费为客户搬家。此项业务推出后,该公司平均每天通过互联网接到搬家订单20多个。几个月后,他们组建了一个家具翻新公司,将收集来的旧家具、家电翻新或作为二手货卖出。

3) 强化产品与经营方式差异化

对消费者来说免费可能是最佳的定价方式,但对营销者而言它只是多种定价方式中的一种,是否采用免费策略,除要分析产品能否获得市场的认可、是否适宜采用免费策略,以及推出的时机外,更重要的是要考虑实施免费策略产品(或服务)的差异化,以及经营方式上的创新与差异化。

网络营销的价格策略既有传统价格策略的延续和转化(如折扣定价策略、心理定价策略),也有在传统策略基础上的发展与创新(如动态定价策略、免费策略),企业应根据产品特性和网上市场特征及发展状况来制定和选择有效可行的价格策略,并与其他营销策略相配合,以实现企业的总体营销目标。

本章小结

价格不仅直接影响企业的赢利水平,同时也是参与市场竞争的重要策略之一。与传统市场环境一样，网络环境中企业的定价目标既是产品定价的指导原则，也是选择定价方法和制定价格策略的依据，具体分为利润导向、销售导向、竞争导向、顾客导向和形象导向五类。影响网络营销定价的主要因素包括法律、经济、市场、社会文化与心理、科技发展环境等外部因素，以及企业的定价目标、营销策略、成本和组织等内部因素。

互联网对营销的价格策略产生了明显的影响，不仅为实现产品认知价值定价创造了良好的条件，也对交易双方的价格博弈产生了双重影响，使价格竞争的力度增强且方式多样化，并促进了客户主导定价机制的常态化。

目前，国内不少企业对网络目标市场的接受能力缺乏科学的认识和有效的评估，因此，普遍存在一味追求低价、随意性和歧视性定价等问题。

成本导向、需求导向和竞争导向作为基本的定价方法完全适用于网络环境，但目前绝大多数企业都放弃了成本导向定价，网络营销也是如此，普遍采用的是需求导向定价法和竞争导向定价法，前者应用最多的是基于价值的定价方法和需求差别定价法两种；后者应用较多的是随行就市定价、竞价定价和投标定价。

网络营销中常用的定价策略包括新产品定价、折扣定价、心理定价、动态定价、产品组合定价及免费等策略，这些策略在网络环境下的 B2C 市场和 B2B 市场的应用中各有所长，不能盲目使用。

价格并不是唯一的营销要素。在网络营销中，企业需改变传统的价格策略思维，在实践中要根据不同的市场需求，结合互联网特性灵活地、科学地应用各种价格策略及定价方法。

关键术语

定价	价格策略	价值定价	成本导向定价法
需求导向定价法	竞争导向定价法	竞价定价	新产品定价策略
折扣定价策略	心理定价策略	参照价格定价	代表性直觉
现状偏见	心理账户	动态定价策略	产品组合定价策略
产品功能分解定价	免费策略	交叉补贴	第三方付费

思考题

1. 互联网对价格策略产生了怎样的影响？请举例说明。
2. 根据影响产品定价的各种因素，说明如何在网络营销中制定有效的价格策略。
3. 如何理解在互联网环境中难以出现卖主的垄断竞争、寡头竞争和完全垄断市场？
4. 分析价格歧视能在网络消费环境中取得成效的原因。其中哪些做法是应当取缔的？
5. 认知价值定价与价值定价有什么区别？请举例说明。
6. 请列举目前在网络营销中盲目使用低价策略的例子，并说明其带来的负面影响。
7. 在网络营销中，哪些做法属于在定价过程中"过高地估计了目标市场的接受能力"？
8. 为什么营销者在定价决策前，应进行需求弹性分析，而不能单纯指望用价格竞争的方式来提高市场占有率？
9. 结合自己的网购实践，分析心理定价策略的应用效果。

10. 在网上搜寻各种投标定价的实例，并说明其属于哪种招标方式。
11. 在网上查找使用功能分解定价策略的案例，并进行点评。
12. 结合实例，谈谈你对网络市场中实施免费策略应遵循的主要原则的理解。

参考文献

[1] 倪叠玖. 企业定价[M]. 武汉：武汉大学出版社，2005.
[2] 王建国. IP 理论：网状经济时代的全新商业模式[M]. 北京：北京大学出版社，2007.
[3] 作合. 电商"虚价"是小事吗？[OL]. 人民日报[2017-06-09]，http://paper.people.com.cn/rmrb/html/2017-06/09/nw.D110000renmrb_20170609_2-18.htm.
[4] [美] 艾·里斯，杰克·特劳特. 定位[M]. 王恩冕，等，译. 北京：中国财政经济出版社，2002.
[5] [美] 彼得·德鲁克. 巨变时代的管理[M]. 朱雁斌，译. 北京：机械工业出版社，2009.
[6] [美] 丹·艾瑞里. 怪诞行为学：可预测的非理性[M]. 赵德亮，等，译. 北京：中信出版社，2014.
[7] [美] 克里斯·安德森. 免费：商业的未来[M]. 蒋旭峰，等，译. 北京：中信出版社，2009.
[8] [美] 利·考德威尔. 价格游戏：看麦琪如何巧用价格来刺激需求、增加利润、提升消费者满意度[M]. 钱峰，译. 杭州：浙江大学出版社，2013.
[9] [美] 贾格莫汉·拉古，张忠. 让顾客自己来定价[M]. 刘媛媛，译. 北京：中国人民大学出版社，2012.
[10] [美] 汤姆·纳格，约瑟夫·查莱. 定价战略与战术：通向利润增长之路[M]. 5 版. 陈兆丰，等，译. 北京：华夏出版社，2012.
[11] [美] 托斯丹·邦德·凡勃伦. 有闲阶级论：关于制度的经济研究[M]. 甘平，译. 武汉：武汉大学出版社，2014.
[12] [美] 威廉·庞德斯通. 无价：洞悉大众心理玩转价格游戏[M]. 闾佳，译. 北京：北京联合出版公司，2017.
[13] Amos Tversky, Daniel Kahneman. Judgement under Uncertainty: Heuristics and Biases[J]. Science, Vol. 185, No. 4157 (Sep. 27, 1974), 1124-1131.
[14] Michael V Marn. Virtual pricing[J]. The McKinsey Quarterly, 2000(4)：128-130.
[15] Quelch J A, Klein L R. Internet and international marketing[J]. Sloan Management Review, 1996(3)：60-75.
[16] Richard Thaler. Mental Accounting and Consumer Choice[J]. Marketing Science, 1985, (4)3, Summer: 199-214.
[17] Simonson Itamar, Amos Tversky. Choice in Context: Tradeoff Contrast and Extremeness Aversion[J]. Journal of Marketing Research. American Marketing Association. 1992(August), 29 (3): 281–295.

案例研讨

外卖超人为何"水土不服"

2012年8月，由上海爱餐商务咨询有限公司运营的外卖订餐平台——外卖超人成立，这是总部位于柏林的全球在线订餐服务提供商外卖超人(Delivery Hero)进军中国的第一站，至此，外卖超人的业务已发展到14个国家，涵盖5.5万家餐厅，年营业额突破5000万美元。

进入中国伊始，外卖超人便大力拓展市场。2013年4月，Wap订餐平台上线，次月日均订单便突破500单；时至8月，入驻餐厅超过2000家，覆盖了上海主要CBD；进入12月，日订单金额突破10万元。到2015年底，外卖超人已将业务拓展到北京、青岛和武汉等20个城市，入驻餐厅超过3万家，订餐用户突破500万，创造了公司在全球发展进程中的"中国速度"。

外卖超人在中国市场的经营重点是白领阶层的O2O订餐，并坚持轻模式运作的经营理念，不建立自配送队伍，不实行就餐补贴，也不打价格战。同时，外卖超人对入驻餐厅提出了非常高的要求，并建立了一套自己的认证体系。用户可通过外卖超人的网站，看到所选择餐厅的营业执照、餐饮服务许可证和餐厅内的环境照片等。然而，这样的高档配置和严苛要求，并没能让它的业务在中国显现出任何的超人之处。与它在国外的成功运营判若隔世，相比于美团外卖、饿了么等国内做得红红火火的外卖送餐，外卖超人则显得十分寒碜。据与之合作的一些餐厅透露，来自外卖超人的订单量一直处于下降的趋势，有时甚至"隔三差五才有一个订单，几乎没有'存在感'"。这样的状况一直维持到2016年3月，外卖超人总部下达指令："暂时中止"在中国的所有业务，现实没让外卖超人再现其国外经营的风光。

为何出现了这样的结果？外卖超人的说法是："中国外卖市场存在非常大的不理性"。与国内同行相比，外卖超人通常只为合作商家提供每单送饮料的补贴，而不是如国内许多外卖平台那样，为其提供即时结算、免费餐具、免费发放菜单之类的增值服务。不仅没有补贴，外卖超人还要向合作商家"收取营业额20%的费用"，这种特立独行的做法，在国内外卖市场激烈竞争的大环境中就显得格格不入。

的确如外卖超人所说，国内餐饮业在线市场一直处于无序竞争的状态。为打垮或排挤对手，不少企业纷纷采取各种非常规的过度营销举措，其中用得最多的就是价格补贴，正如一位外卖订餐经营者所说："对方15元减10元，我们就15元减11元。无论如何，在补贴额度和优惠活动上要压对方一头。"2014年9月底，美团外卖向订户提高补贴额度，导致饿了么的市场份额迅速下降。为此，饿了么高层连夜给各地订餐平台下达指令："补贴数额一定要比竞争对手高1元。"此举立即奏效，3天后饿了么将失掉的市场份额追了回来。

除通过提高补贴来抢夺市场份额外，在线外卖订餐平台的线下竞争也日趋白热化。2014年，一些平台从砸钱、扫楼、扫街等市场推广手段，发展到派遣员工去撕对手贴在高校校园内的宣传海报，甚至为此还发生了双方员工的肢体冲突。进入2015年，这种竞争逐渐从校园蔓延到社会上，他们派出员工在写字楼等白领集中区进行扫楼式的分发传单，并乘机收走对手分发的传单，每个外卖平台都指望用这种人盯人的战术将对手挤走。

在中国，餐饮业与互联网的联姻的确存在诸多现实的难题：中餐很难做到标准化，饭菜的整体质量难以把控；外卖的时效性会明显影响饭菜的口感和质量，从而在很大程度上影响用户的体验；高价位套餐消费频次很低，而低价位套餐同质化程度非常高，缺乏个性。对此，有关专业人士指出，目前，中国的互联网餐饮企业将精力放在获取更多客户，这样做并没有错。但如果一味地靠低价、价格补贴等拼价格的市场竞争方式来获取客户，而不是通过对客户的数据进行挖掘和分析，找出他们的深层次需求，并围绕这些需求进行个性化的产品开发，以提高客户的忠诚度和持续消费，那么所有争取过来的客户都只是暂时性的。没有忠诚度高的客户，平台的关闭将是迟早的事。

当前国内互联网餐饮市场运作不规范，使外卖超人感到"水土不服"是可以理解的。同时可以预见，外卖超人不会放弃巨大的中国餐饮业市场，正如其对外宣称的那样："在市场恢复理性之后，我们也许会选择以不同的方式参与中国市场的发展。尽管当前行业处于低谷期，但是从未来五年或者更长远的角度来看，中国 O2O 领域下的外卖细分市场依然会是全球最有吸引力的市场之一。"

案例思考题

1. 外卖超人在中国"水土不服"的主要原因是什么？

2. 分析国内外卖市场中，低价、价格补贴等拼价格的竞争手段得以盛行和奏效的主要原因。

3. 有人说中餐相对于西餐，其食品的种类丰富，可以满足不同口味消费者的需求，而且外卖订餐市场需求巨大，所以提高客户忠诚度，实现其持续消费，并不适用于消费者对餐饮消费的需求，只能将精力放在获取更多客户上，因此，拼价格是唯一可行的竞争手段。请就此观点发表你的意见。

4. 苏宁易购曾经设计了一套"不会一味地用低价讨好消费者,但绝不会让消费者生气"的全新定价模式，其中的奥秘就是提高"自主定价"产品的占比。这一思路是否适合网上订餐市场？请结合自己的经历，为互联网餐饮企业实施有效的价格策略出谋献策。

第7章 网络营销渠道策略

📋 **本章提要** 本章围绕互联网对营销渠道和分销渠道的影响,网络渠道的功能与效用、实现方式和渠道管理等问题进行论述。学习的重点是正确理解互联网对渠道的影响,线上渠道直销和O2O全渠道直销的实现,电子中间商的主要服务方式和服务功能,网络环境下渠道规划的基本原则,渠道冲突产生的原因与处理。本章难点在于掌握网络环境下渠道规划的基本原则以及渠道冲突的处理。

引 例

盒马鲜生——线上线下一体化运营

2015年初,北漂多年的侯毅回到上海老家,在零售行业摸爬滚打近30年的他心中仍觉有未竟事业。而生鲜电商举步维艰,一度被寄予厚望的B2C和O2O仍然未能解决这个品类的固有顽疾,侯毅将其归结为:高损耗、非标准、高冷链物流配送成本、品类不全,无法满足消费者对生鲜的即时性需求。于是,侯毅萌发了做线上线下一体化生鲜超市的想法,并得到阿里巴巴集团CEO张勇的认同,他俩认为:线下超市做生鲜的成功已经得到验证,关键是线上毛利能否覆盖物流成本;超市品类能够满足日常消费所需,做线上同样成立;一个三公里范围足以养活几家大卖场,所以线上超越线下是完全可能的。经过几番深入探讨,两人达成一致:做以生鲜为特色的超市,将超市、餐饮、物流融为一体,实行线上线下一体化运营,线下重体验,线上做交易,通过用户体验占据消费者的心智,形成消费黏性。

2015年3月,盒马鲜生正式成立,按照创始人兼CEO侯毅描绘的发展战略构想,盒马以消费者需求为导向,利用阿里强大的基础数据能力、海量云计算能力、会员资源和支付体系,围绕成本与效率、体验与服务,重构零售业态。

2016年1月,经过9个月的筹备,盒马鲜生首家门店——上海金桥广场店开业,盒马App也同步上线。这是一个超市+餐饮+物流+App的复合功能体,在内部称为"一店二仓五个中心",即一个门店,前端为消费区(前置仓),后端为仓储配送区(后置仓),以及超市、餐饮、物流、体验和粉丝运营五个中心，围绕门店3公里范围，构建起30分钟送达的冷链物流配送体系。

围绕"吃"构建商品品类，以消费者复购率极高的生鲜类产品为切入点，辅助标准化的食品，同时提供大量可直接食用的成品、半成品等差异化商品，满足消费者对吃的各种需求。经过一段时间的体验，消费者逐渐开始理解盒马线上线下一体化的商业价值，它不仅是在为顾客提供商品和服务，更是在提供一种有助于"慢慢养成生活习惯"的情境。

经过一年的运营，实际数据证明了盒马商业模式的成功。华泰证券的研究报告显示，盒马上海金桥店2016年全年营业额约2.5亿元，坪效约5.6万元，远高于同业1.5万元的平均水平，运营效率远超传统商超。另据侯毅透露，盒马线上订单占比超过50%，线上用户转化率高达35%，复购率、转化率等指标都大大超过传统电商。

盒马的门店不设前置仓，而由超市本身代之；后仓的面积、餐饮和超市的比例等都作为模型得以确定，盒马App在无外部导流的情况下能独立生存，这样的商业模式决定了它需达到一定的规模才能实现其商业价值和社会价值。2016年9月30日，盒马第二家门店开业，此后盒马模式开始在全国快速复制。侯毅在谈及盒马的未来时说，我们不会盲目扩张，而是会稳扎稳打，把一个一个城市做透，把消费体验做得更扎实。

作为阿里新零售模式探索的先锋部队，盒马鲜生已经从产品、消费体验、客户资源与仓储物流的共享等方面，为实现线上线下渠道融合找到了可借鉴的思路。

7.1 互联网时代的渠道与变革

7.1.1 渠道概述

1. 渠道的定义

渠道是企业营销的关键性外部资源。广义的渠道是一组相互协作、共同促使一项产品或服务被使用或被消费的组织系统，它是商品从生产者到消费者所经历的路径，同时揭示了这些组织间的经济联系。狭义的渠道分为营销渠道和分销渠道两类，按照科特勒的观点，营销渠道与分销渠道是两个不同的概念，但现实中两概念经常被混用。二者的主要区别在于，营销渠道指某种产品所有权转移过程中涉及的所有企业和个人，包括资源供应商、生产商、中间商、辅助商(如物流、广告代理商和市场研究机构等)，而分销渠道则不包括生产商和辅助商。

本书沿用营销学的相关概念，对网络环境下的营销渠道和分销渠道做如下定义：网络营销渠道(network marketing channel)是借助于网络相互协作、共同促使产品或服务被生产、分销和消费的整个组织系统；网络分销渠道是产品或服务通过网络从生产者向消费者转移过程中，取得其所有权或帮助转移(直接或间接)其所有权的所有企业或个人。

互联网与电子商务的发展对企业营销活动影响最大的莫过于渠道。在网络环境中，渠道的结构、功能等都发生了很大变化，一些渠道成员的职能虽然并未改变，但在渠道中的位置却发生了迁移。按照营销学的划分标准，一些原本属于营销渠道的辅助商却出现在分销渠道中，成为网络分销渠道中提供服务的中间商。这使营销渠道和分销渠道在作用、功能上出现了许多交叉与融合，也造成了人们对其概念理解的混淆，一些教材干脆将其合二为一，统称网络营销渠道。因此，本教材在使用"渠道"一词时均泛指营销渠道和分销渠道。

2. 渠道的主要特性

1) 共享性

渠道的共享有两种形式：其一，一个渠道被多家不同企业或品牌共享，如在北京等地，连锁便利店可以经营乙类非处方药和二类医疗器械；其二，一个渠道被多个企业的产品或品牌共享，如一个经销商经营多家企业的同类产品。在互联网环境中，这两种渠道共享形式不仅很容易实现，而且实现共享的途径和方法也有了创新。如支付宝和微信钱包的核心功能都是支付，不仅能完成各种交易支付功能，缴纳水电、燃气、电话等各种费用，还可以实现信用卡还款，购买理财产品等银行业务功能；提供滴滴出行、外卖订餐、车票机票和酒店预订、共享单车等第三方服务，这诸多的附属功能对应的是一个又一个互联网服务产品。

2) 风险性

无论是营销渠道还是分销渠道，都存在着市场、法律等方面的风险，如因产品滞销或在储运过程中的产品损失等市场风险，销售了制造商提供的假冒伪劣产品时面临的法律风险。由于互联网的虚拟性，使网络渠道中面临的各种风险远远超过传统市场环境，而且许多是利用互联网特性进行违法商业活动产生的新风险。

案例　　　　**线上展真品，线下发假货**

淘宝店主刘某和穆某等人在网上开了一家"KENZO"的品牌服饰店，该品牌原版为日本人高田贤三在法国创立的服装品牌。他们从法国购买该品牌的服饰作为样品，寄回国内并交由上海某服装厂打版，生产出一批批假冒该品牌的服饰。虽然卖的是山寨货，但他们在网店中却标示为真品，而且线上展示的的确也是原版正品。为保险起见，网店的客服会先通过旺旺与客户联系，了解对方是否有辨识能力，再通知仓库发货。利用这种线上展真品、线下发假货的手段，他们非法获利1878万余元。2018年4月，刘某等人被陆续抓捕归案，并由检察机关以涉嫌"销售假冒注册商标的商品"罪向法院提起公诉。

7.1.2　互联网对渠道的影响

互联网大大提高了渠道成员间的联系效率，但是其沟通生产与消费的核心职能并未发生变化，而是通过电子商务(e-business)，并非仅仅通过电子交易(e-commerce)实现实时信息共享和一体化运营。也就是说，网络环境下渠道的基本功能仍在履行，但其中某些功能的实现形式、渠道覆盖范围、渠道的畅通性、渠道结构以及渠道成员等发生了变化。

1. 渠道部分功能的实现形式虚拟化

电商的发展使营销渠道和分销渠道的部分功能实现形式虚拟化了。电子支付、网上零售、网上批发、网上采购和数字化产品与服务的在线提供等，使传统渠道中对应的功能由实变虚、由单向静止变为双向互动。学者们从电子商务诞生之日便发现了这种变化,并得出结论: 网络市场是由实物渠道(physical channel)和信息渠道或称为虚拟渠道(virtual channel)共同组成的。

2. 渠道的覆盖范围得到扩展

通过互联网,企业的经营范围和产品的销售渠道拓展到了全球市场。与传统国际贸易的交易方式不同,它不仅范围更广、效率更高,而且实现交易所依托的渠道、交易的对象也发生了很大的变化,可以说依托互联网,国际贸易已经演变成国际商务。

3. 渠道畅通性的改善

传统分销渠道不畅通主要有两个原因:其一,渠道各成员的利益是独立的,他们要实现自己利润最大化的隐含前提是使对方的利益最小化。因此,渠道的各个环节主体因为互不信任而互设关卡,使合作效率低下,难以形成长期稳定的协作关系。其二,上下游之间信息沟通不畅,信息严重不对称,这也是造成渠道成员之间零和博弈关系的原因。互联网高效率的信息交换改变了过去传统分销渠道的诸多环节,将错综复杂的关系简化为单一关系,使传统环境中对制造商造成主要困扰的渠道"牛鞭"效应得以弱化。

网络市场的进入门槛较低,在加剧分销渠道间竞争的同时,也使渠道成员逐渐意识到单打独斗的危险性,迫于竞争压力,他们不得不选择与其他渠道成员合作。另一方面,基于互联网的供应链管理将渠道成员的利益联系在一起,各位成员的任何经营信息都可以通过网络迅速传递给所有成员,他们可以据此调整自己的经营策略。由于信息沟通成本低、效率高,分销渠道各环节的信息能充分沟通,因此,各分销渠道主体之间的关系逐渐由零和博弈转变成非零和博弈,最终形成多赢的合作竞争。

4. 分销渠道结构的变化

企业在开展网络营销中仍然可以采用无中间商的直接分销和有中间商的间接分销两种渠道模式,但其运作的环境却从传统的物理时空转移到基于互联网的电子时空中,即建立在此基础上的分销渠道——网络直接分销渠道和网络间接分销渠道。

1) 网络直接分销渠道

互联网实现了生产者与终端客户的直接联系,由此促进了直接分销渠道的发展。从结构上看,网络直销与传统直销一样,都是零级分销渠道,但前者是通过互联网将产品从生产者直接提供给消费者(终端用户)的直接分销(简称网络直销或在线直销)。在 PC 互联网时代,网络直销主要通过企业网站或企业在第三方电商交易平台上开设官方网店来实现。而进入移动互联时代,智能手机、社会化媒体等技术手段和传播模式的变化,使直接分销渠道呈现碎片化的趋势,无论是 B2C 还是 B2B 交易均可以通过社会化媒体渠道、Web 电商渠道以及与各种线下渠道融合而成的 O2O 全渠道营销方式进行。

2) 网络间接分销渠道

渠道结构变化较大的是网络间接分销渠道。在传统分销渠道中,中间商是其重要的组成部分,它能够在帮助企业的产品进入目标市场方面发挥难以替代的效用,为企业带来的利润通常高于直销所能获取的利润。互联网的发展和商业应用,使传统中间商凭借其地缘、业务往来关系、经验、专业化和规模经营等获取的优势被互联网的优势所取代。

传统环境下的间接分销渠道通常由一级、二级、三级乃至级数更多的结构组成，而网络营销中的分销渠道只有一级，即由一个电子中间商即可为交易双方提供实现销售的相关服务，大大提高了中间商的交易效率、专业化程度和规模经济效益。

5. 电子中间商的崛起

在电子商务发展的初期，一些生产商纷纷绕过批发和零售环节，直接向用户销售产品。尤其是在 Dell 等公司利用互联网开展网上直销取得了巨大成功时，人们曾预言互联网将消除中间商，导致分销渠道非中介化(disintermediation)，或称消除中介，即在一个给定的价值链中去除负责特定中介环节的组织或业务流程。20 世纪 90 年代，比尔·盖茨就曾认为互联网本身(按当时的名称是"信息高速公路")将成为"终极中间人，全世界的中间人"，届时"交易中涉及的人只有真正的买方和卖方"[①]。

然而事实并非如此，随着电子商务的发展，一些传统的渠道成员不仅没有被非中介化，而且还使这些连接生产者和消费者的中间商效率更高，甚至出现了大量再中介化(reintermediation)的现象——利用互联网创造各种新型的在线中间商和中介手段，取代传统的中介角色。这种基于网络的、以提供信息为主要中介手段的新型渠道成员，称为电子中间商，包括批发商、零售商、内容服务提供商、搜索引擎、电子支付、智能代理以及许许多多未被归类命名的新生者。他们作为 O2O 全渠道中的成员，与传统中间商一样，起着连接生产者和消费者的桥梁作用，同样帮助消费者进行购买决策和满足需求，帮助生产者掌握产品销售状况，降低生产者为达成与消费者交易的成本费用，一句话，他们为交易双方提供了价值。

网络环境下中间商为何没有消失，还有一个重要原因是网上交易对信任的需求。中间商与买卖双方的沟通频率远远高于那些试图越过中间商直接交易的人之间的沟通频率，因此中间商更容易与买卖双方建立信任。这一点在 eBay 上体现得十分明显，尽管 eBay 为买卖双方提供了直接交易的机会，但大多数交易还是通过那些由成千上万次交易累积起高信用值的中间商进行。

7.1.3　网络渠道的功能及效用

1. 基本功能

在网络渠道中，传统营销渠道和分销渠道的许多功能被融合在一起，可以将其归结为四大基本功能。

1) 交易

一个完善的交易系统不仅能提供满足客户需求的产品，同时能让供应商获得市场的需求信息，以最大限度地降低库存、减少销售费用，实现供求平衡。利用互联网实现在线交易最大的优势是信息丰富，检索便捷，为客户认知产品、实现交易过程的沟通和完成交易提供了良好的环境；不足之处在于实体产品难以实现客户的现场体验。

2) 结算

随着电子商务的发展，在线交易的资金结算方式已经电子化、网络化，其中包括银

---

① Bill Gates. The Road Ahead[M]. New York: Viking, 1995:182.

行卡、电子货币、银行转账、第三方支付、移动支付等主流的电子支付方式，与此同时，货到银讫、邮局汇款等传统支付方式也在继续使用。

3) 配送

分销渠道的核心功能是实现产品从生产向消费的转移。如今图书、软件、音像制品、广播电视节目、报纸杂志、网络游戏等数字化产品都可以由生产者、服务商通过互联网直接提供给消费者，而且价格明显低于线下实体店。相比于通过实物渠道分销的纸质图书和音像制品，不仅要将产品的内容载于印刷品、CD 等介质上，而且还要进行包装和运输才能到达消费者手中，在线传送的电子书和音像制品将无这方面的成本开销。对于在线销售的实体产品，虽然仍需由传统方式进行配送，但经销商在线销售，接到订单后再通知生产商直接发货给消费者，也显著降低了产品在分销渠道中的流通成本。

4) 服务

承担各种服务是许多渠道成员的责任，这不仅是履行对生产商的承诺，也是渠道成员(中间商)获得收益和吸引客户的重要营销方式。传统环境下渠道的服务功能比较单一，主要是渠道成员所承担的各种辅助功能和增值服务功能，如接受生产商的库存转移，承担产品(如计算机、OA 产品、家电、汽车)的售后服务等。网络环境下渠道成员的分工更为精细，渠道的服务功能有了新的拓展，除第三方物流、提供支付结算服务的第三方支付外，还有帮助供求各方在网上发布相关信息、提供交易信息传播和网站建设与运营的 ISP、社会化媒体营销提供商以及各类电子商务应用服务商，如通用搜索引擎百度、Google，商业搜索引擎 Price Grabber(www.pricegrabber.com)，阿里巴巴、淘宝等电商交易平台，258(www.258.com)这样的企业互联网一站式服务平台等等，可以说，在线渠道运营的主要功能就是围绕营销和分销渠道的所需提供各种服务。

2. 网络渠道的基本效用

分销渠道在商品流通过程中创造了三种效用：①时间效用，解决商品产需在时间上不一致的矛盾，以保证消费者或终端用户的需求；②地点效用，解决商品产需在空间上不一致的矛盾；③所有权效用，实现商品所有权的转移。

网络分销渠道进一步强化了这三种效用。在时间和地点上，它较好地解决了产需不一致的矛盾，消费者能从最近的地点，在较短的时间内获得所需的商品。生产商也能在较短的时间内，根据消费者的个性化需求进行采购和生产。而且，利用互联网快捷地搜索所需的供求信息，提高采购效率也成为时间效用的新内涵。

案例　洛娃日化的渠道裂变

7.2 网络直销

网络直销是指企业通过自己运营的网络分销渠道直接向终端客户销售产品或提供服务，其价值在于减少中间流通环节，降低渠道成本，增强竞争力。其优点是：①促成产需直接沟通。企业可以直接从市场上获取第一手资料，合理地安排生产；②买卖双方都产生了直接的经济利益。网络直销降低了营销成本，使企业能够以较低的价格销售产品，客户也由此获得实惠。来自淘宝的研究数据显示：同样的产品，网上开店与传统渠道相比，可以节省 60%的运输成本和 30%的运输时间，营销成本比传统的线下商店降低 55%，渠道成本可以降低 47%；③提高促销效果。营销人员通过与客户的在线直接接触，了解其需求，并据此开展各种形式的促销活动；④改善经营管理。企业通过网络及时了解用户对产品的意见和建议，并直接为其提供个性化服务，改进服务质量，提升经营管理能力。

7.2.1 主要实现方式

1. 线上渠道直销

这种方式起源于电子商务发展的初期，企业通过以 Web 网站为主要平台的线上渠道将产品直接出售给终端客户，而不需要维持一个实体分销渠道。目前主要通过两类线上渠道来实现：其一是企业通过自己经营的网站、App 或自媒体官方账号，由专门的经营人员在线直接受理来自世界各地的销售业务；其二是企业利用电子中间商提供的电商交易平台直接面向终端客户销售其产品，在这一过程中虽然有电子中间商的参与，但他们只提供交易的环境，其交易是通过买卖双方的直接沟通实现的。对于广大中小企业来说，第二类渠道是开展线上直销的普遍选择，为此，必须选择满足自己需求的电商交易平台。

按照经营的产品品类，提供线上直销服务的电商交易平台可分为综合型和专业型两类，对应着以下两类线上直销。

1) 综合型线上直销

这类线上直销平台亦称门户型电商，其特点是销售的产品品类繁多，从而能满足各类用户的在线购买需求。B2B 市场中的阿里巴巴采购网(www.1688.com)、慧聪网(www.hc360.com)、中国产品网(www.92360.com)，B2C 市场中的京东商城、Amazon 等都属于此类。前者主要为生产商提供在线直销渠道，满足企业采购的需求，如慧聪网经营的产品涉及机械、化工、建材、汽车、家电、纺织、制药等几十个行业。后者主要是为消费品生产商及品牌提供 B2C 直销渠道，如京东商城以销售家居用品、服装、家电、生鲜食品、IT 产品等大众消费品为主营业务，是名副其实的网上商城，作为电商交易平台，他们还为生产各类消费品的生产商提供"直销专柜"，满足这些企业借助其平台进行产品直销的需求。

2) 专业型线上直销

它仅面向某个特定或细分市场销售某一类产品，故也称垂直电商。其特点是利用其在某个特定领域的行业或专业优势，聚集某种或某类产品，以吸引潜在客户。如专注于 MRO 工业品的"工品汇"(www.vipmro.com)，主要经营电气工控、劳保安防、五金工具、机械传动和测量仪表等多个产品线；还有专营某一类产品的直销电商，如经营电线电缆产品的"买卖宝"(www.mmbao.com)，经营电子元器件的"51 电子网"(www.51dzw.com)等。

需指出，这里将京东商城等电子零售商的平台经营者视为提供直销服务的电子中间商，是基于许多生产商是通过该平台直接向客户销售产品的考量。这种情况在 B2B 市场中也存在，如工品汇与 ABB、SIMENS、OMROM、天正电气等 600 多家中外品牌合作，为其提供品牌直销。

案例　　　　ABB 中国的在线直销

瑞士 ABB 集团是全球电网、电气产品、工业自动化、机器人及运动控制领域的技术领导企业。ABB 在中国拥有研发、制造、销售和工程服务等全方位的业务活动，40 家本地企业的 1.8 万名员工遍布于 142 个城市。ABB 不仅重视传统渠道的作用，也重视电子商务渠道的建设，在自建在线直销渠道的同时，还与阿里巴巴、天猫、淘宝、工品汇等电商企业合作，构建起在线分销渠道，并实现了在全国 300 多个城市的 O2O 全渠道覆盖。

ABB 的低压电器产品应用领域广泛，产品标准化程度高，单件产品价格适中，且具有很高的品牌知名度，因此，十分符合在线渠道销售的基本要求。于是，ABB 在淘宝上开设了低压产品店，2012 年初，天猫上线后，ABB 将淘宝店迁移到天猫平台，建立了 "ABB 官方旗舰店"，并打出了 "瑞士·家居品牌" 的 Logo。

ABB 天猫店主营开关插座、微型断路器、漏电断路器、配电箱等细分种类的低压电器产品，并且针对不同规模、户型的家庭及单位用户提供专业化的配电及电路保护的解决方案及建议。为免除客户购买的后顾之忧，ABB 店还向客户提供选购指南和辨别真伪产品等服务，同时提供产品质保单证、发票以及七天无理由退换货等服务保证。

除低压电气产品外，ABB 还在阿里巴巴建立了官方旗舰店(cnabblp.1688.com)，在工品汇等其他电商平台，面向企业用户提供各类标准化的高、中、低压电气产品及高品质服务。ABB 的在线分销渠道已经运营十多年了，虽然早期曾遭到外界的各种质疑，但它的实际业绩证明了这是一个正确的选择：一方面在线销售带来的利润足以支撑其在线渠道的运营；另一方面，借助于互联网的品牌传播效应，进一步提升了 ABB 的企业形象和产品美誉度。

2. O2O 全渠道直销

在互联网的推动下，短短 20 多年的时间，营销和分销渠道经历了从实体单一渠道，到 "鼠标+水泥" 的多渠道，再到整合线上、线下及移动互联网所有渠道资源，实现渠道全方位融合运营的全渠道模式。

在 PC 互联网时代，IT 企业、汽车、家用电器等传统制造业，依托其健全的分销渠道资源和企业信息化优势，纷纷采用线上与线下分销渠道并用的 "鼠标＋水泥" 直销方式，其中不少企业通过这种模式不仅创造了新的销售业绩，而且更有效地支持了柔性化生产的需求。然而，对于广大中小企业，因经营规模和资源的局限，不仅难以获得渠道的主导权，同时也因转换成本、渠道运营能力不足等因素，不得不继续依赖于传统的间接分销渠道，对网上直销只能望而生叹。

随着移动互联网的发展，以线上营销与购买带动线下经营与消费的 O2O 营销模式迅速兴起，线上、线下与移动互联网渠道有机融合实现的 O2O 全渠道直销，正在成为中小企业、商家和农民青睐的销售新模式。基于手机 App 的移动直销特别适用于农产品产供销的特点，深受广大农村用户的欢迎。如为中小餐饮商家提供一站式、全品类餐饮原材料采购服务的 "链农"，借助于 App 将中小餐饮企业的采购需求与一级销售地的食材货源直接对接，并提供送货上门服务，缩减了中间环节，使原材料价格平均降低

20%。随着农村电商的发展,近年来已经涌现出"一亩田""农佳""惠农"等一大批提供农产品供求方直接交易的 App。此外,微信朋友圈、公众号和小程序等自媒体平台上的直销也如火如荼。这些都表明,移动渠道正在进入 O2O 全渠道直销的主流模式。

O2O 全渠道的优势在于,可以使交易双方获取更全面和丰富的供求信息,实现更及时、更便捷的沟通,进一步优化了渠道的运营效率。当然 O2O 全渠道也使渠道更加碎片化了,比如,随着多元化销售场景的实现,未来的销售场景不再是简单的线上、线下概念,而会变得无处不在,每个个体都会成为销售场景,无界销售将使靠流量取胜的电商时代成为过去,以前端销售的创新加后端智能供应链为支撑,效率更高的全渠道时代,对生产商、经销商等传统渠道成员的渠道运营提出了新的挑战。

7.2.2 网络直销的物流配送

对于网络直销的有形产品,因涉及运输和仓储问题,需要有完善的物流配送服务支撑。这里分两种情况:对于 B2C 直销来说,供应商必须具备向分布于全球各地的顾客提供送货上门服务的能力,这是一种大范围、小规模的物流配送模式;而在 B2B 直销中,物流的主要难题是如何解决为客户实时配送产品和实现低库存之间的矛盾。

1. 主要的物流配送方式

目前,开展网络直销的企业采用的物流配送方式主要有两种。

1) 自建专有的物流配送体系

这种方式不仅受企业经营规模的限制,而且对于用户覆盖范围宽广的产品来说也不适宜采用。因此,目前这种方式主要是钢铁、石油、原煤等提供生产资料产品的大型企业集团所采用。从发展趋势看,除国家战略储备物资等特殊产品外,自建物流配送体系的方式将逐渐被第三方物流模式所取代。

2) 第三方物流

借助第三方专业物流公司为网络直销提供物流配送服务,已经成为国内外普遍采用的方式。在国外,联邦快递、UPS、DHL 等一批专业配送公司的业务早已覆盖全球,实现了全球快速的专递服务,也促进了跨境电商的迅速发展。在我国,随着电子商务的发展,顺丰、圆通、中通、申通、运通和韵达等一批专业化第三方物流企业迅速崛起,为客户提供"门到门"的物流服务,制约我国电子商务和网络营销发展的物流配送瓶颈已不复存在。据统计,2018 年中国快递业务量超过 500 亿件,占全球市场份额的一半以上,我国网购市场能稳居全球前列,在很大程度上得益于第三方物流的发展和支撑。

随着在线销售的常态化,物流配送成为各电商平台比拼的核心,电商的竞争已从平台竞争走向供应链竞争,这也直接导致了物流配送的智慧升级。如今,"四通一达"的转运中心、自动化分拣、航空运输、IT 系统……早已投入运营,京东、阿里、苏宁各自推出的无人机、无人车在国内也已完成商业化运营部署,一个由干线、支线与末端配送的无人机、无人车、智能终端、智能机场等一系列技术与节点组成的空地一体智慧物流网络正在形成,并将成为未来物流配送的支柱力量。今后的问题是网络直销如何借助于第三方物流实现物流外包,如何提高配送效率和进一步完善服务功能。

2. 物流配送能力的提升

虽然以第三方物流为主体的配送体系有力支撑了网络直销的发展，但仍赶不上O2O全渠道营销的发展需求。对于广大中小企业，尤其是农村、农民来说，物流配送对网络直销的瓶颈效应仍然存在。一些B2C电商企业则认为，最难控制的是物流配送环节，不论是自营物流还是外包物流，仓储、运输过程中出现的破损残次品、生鲜商品的保质等环节都是管控的难点，而且相对于B2B的批量型配送，B2C的零散型配送不仅增大了工作量，也增加了物流的成本。因此，尽管互联网消除了地域的束缚，但在实际运作过程中，直销企业还是不能忽视其产品在营销中的覆盖范围，防止出现远方的客户下单后企业无法配送的情况，影响企业声誉或造成客户流失的情况。

目前，国内为电商提供快递配送服务的几乎都是近十多年发展起来的民营企业，从2009年新《邮政法》颁布实施，赋予了民营快递合法身份，到2013年5月菜鸟物流成立，形成了以民营快递为主体的社会化物流体系，实现了国内主要城市间24小时送达的目标。但是，我国第三方物流的服务能力还存在明显的短板，对内来说，在广大农村和中西部欠发达地区，第三方物流的配送力量仍难以满足需求；对外而言，我国的物流企业还不具备提供全球物流服务的能力，在我国的国际快件市场中仍然是FedEx、UPS、DHL和TNT四大国际物流巨头占据优势。解决上述问题的探索一直在进行中，目前主要采取的措施有以下一些。

(1) 实现渠道信息共享。利用大数据分析技术和开放式平台，进行数据共享。同时强化渠道运营中的数据化管理，实现渠道运营的优化。工品汇与90%的一线合作品牌通过EDI平台实现订单实时对接、库存共享和厂家直发的经验值得借鉴。

(2) 实行物流配送联营机制。即多家物流企业实行联营，按各自网点布局的优势实行配送分工。

(3) 加强渠道成员的合作。如多家渠道成员建立联合库房、海外仓、边境仓，以降低仓储成本，将传统的集中化库存管理，调整为库存的碎片化、分散化管理，通过WMS(仓储管理系统)实现多仓直发，有效缩短订单处理时间，提高配送效率。

(4) 充分利用社会物流资源。目前，这是解决"最后一公里"配送难题的有效途径，如在社区设立菜鸟驿站、丰巢自提柜等自提点，实现顾客自助配送服务。还可以采用"众包"物流服务，把原本由快递员承担的配送工作转交给普通民众来完成，例如京东众包和天天快递，用户只需要下载一个App，经过注册和简单培训，即可上岗送包裹。

7.3 电子中间商与网络间接分销

网络间接分销是指生产商通过电子中间商实现产品的销售。在传统的分销渠道中，渠道中介成员的基本职能是转让产品，即将产品的所有权从生产者转到消费者手中，一般可分为批发商、零售商、经纪人和代理商。与传统中间商相比，电子中间商的作用发生了很大变化，职能分工更加细化和专业化。许多电子中间商不直接参与产品所有权的转让，而是提供促进产品有效转让的相关服务。

7.3.1　电子中间商的层次

1. 一次中介

一次中介是生产企业和最终用户之间的桥梁，它直接连接分销渠道的两个顶端，主要有两类功能：其一，成为生产商的在线经销商，如在线零售商、交易代理；其二是为制造商通过全渠道销售产品提供信息中介等相关服务，如网盛"生意宝"(www.toocle.cn)，旗下涵盖了中国化工网、中国纺织网、医药网约 100 家自营与战略合作子网站，建立了包括 2000 余万家企业买家和卖家资源的数据库，以及钢贸圈、塑化圈、化纤圈、铝业圈等几十个"生意人脉圈"微信公众号，通过这些渠道，生意宝每天发布 150 万条商机信息，成为遍布全国、辐射全球的行业电商运营商和综合 B2B 运营商。

2. 二次中介

二次中介指一些传统中间商或网络零售商利用电子中间商提供的服务功能开展网上经营活动，如京东、1 号店等网络零售商在销售"自营"商品的同时，也为生产商或品牌提供直销服务，不仅如此，他们作为 B2C 平台经营者还为"三只松鼠""楼兰蜜语"等网络零售商开设"自营旗舰店"提供空间，由此成为"中介的中介"，即"二次中介"，这也成为互联网渠道合作的特色之一。

7.3.2　电子中间商的主要服务方式

1. 信息经纪人

信息经纪人的作用是通过他们的在线渠道提供产品的相关供求信息，但不提供交易功能，客户根据信息经纪人提供的信息与相关供应商直接联系，来实现最终的交易。随着 O2O 全渠道的发展，信息经纪人已逐渐被交易经纪人所取代。

2. 交易经纪人

交易经纪人通过互联网创造了一个供买卖双方磋商与达成交易的虚拟市场，并提供一些其他增值服务吸引客户进行交易，因此也称在线经纪人。作为电子中间商，交易经纪人仅提供交易和磋商的环境，起到类似传统商品交易中介所的作用，并不代表任何一方，也不承担拥有产品的风险。在线交易经纪人的收入通常来自向买方或卖方收取的佣金、会员费或服务费。

3. 在线代理

经济学家卡尔·夏皮罗曾经指出，在互联网环境中，卖家的信誉是买家辨别商品质量的唯一途径。国内外的研究都表明在线卖家的信誉度越高，其收入就越高。研究还表明，同样的商品，消费者更愿意到虚拟购物中心而不是一家不知名的网店购买，因为消费者可从前者获得相应的交易信誉保证，这正是在线代理存在的价值。在线代理包括买方代理与卖方代理两种，分别代表买方或卖方的利益从事相应的交易事宜，并负有法律责任，通常由所代表的一方支付报酬。

1) 卖方代理

在线卖方代理在实践中演化出生产商代理、元媒介(meta mediary)、虚拟购物中心等多种形式。生产商在线代理也称卖方集合或产品目录集合，即通过从生产商收集产品目录建成数据库并将其链接到在线平台，代表某生产商销售产品。三九礼品百货批发城(www.39T.com)是国内目前规模较大的专业礼品批发网之一，依托中国礼品货源中心——珠江三角洲地区的上千家礼品生产厂家，为其代销各种产品达 2.5 万多种，类似的还有中国礼品网(www.31lp.com)。元媒介是将一系列的生产商、零售商和内容提供商组织起来为客户购买大件商品或操办某件大事项提供专门服务的代理商。如会展服务提供商、婚庆服务公司通过互联网提供相关服务。虚拟购物中心类似实体的销品茂(shopping mall)，最早是以 Web 网站的形式为入驻企业提供产品展示或推荐、在线促销，以及支付中介、物流配送等实现交易的各种服务，如今淘宝、京东、亚马逊等人们熟悉的虚拟购物中心已拓展到 App 等平台，满足人们移动购物的需求。

 营销链接　　**跨境电商平台 Bringly 上线**

2018 年 11 月 22 日，由欧洲最大的互联网企业、俄罗斯国际信息技术公司 Yandex 和俄罗斯及东欧最大的银行 Sberbank 共同参与的合作项目——跨境电商平台 Bringly 在中国、土耳其、韩国、德国、英国、以色列等国家正式上线。

目前俄罗斯的互联网用户已达 8700 万，并以每年 300 万用户的规模递增。跨境电商占俄罗斯电商市场三分之一，年增长率高于本土电商，跨境网购人数也在逐年增加。巨大的市场潜力与强劲的购买力相结合，让中国制造在俄罗斯这个百亿市场拥有巨大的发展前景。据 Yandex Market 首席国际官 Alex Vassiliev 介绍，"俄罗斯跨境电商中 90%的商品来自中国，我们希望通过为消费者提供来自世界各地的大量优质商品，来实现消费者选择的多样化。Bringly 将以低于线下零售的价格直接销售，消除中间商的利润，为消费者提供最大的优惠。"

Bringly 涵盖品类众多，上线之初便推出了 400 多万种商品，其中热销品类包括 3C 产品、化妆品、家居以及流行服装、鞋履等。Bringly 对来自中国的所有商品免费运送，消费者可以通过俄罗斯邮政包裹和快递接收网购的商品。为提升客户体验，爆款商品将存放在 Bringly 位于拉脱维亚的仓库中，这将使配送时间缩短为 3 至 5 天。在售后等问题上，Bringly 也制定了合理的政策以保证平台买卖双方的权益。

2) 买方代理

在传统的渠道体系中，由于客户的分散性，难以实施买方代理。在线买方代理则借助于互联网将众多分散于各地、彼此陌生的买方集中起来，采取统一的购买行动。在线买方代理常见的有购物代理商、团购等形式。购物代理商是欧美等国常见的买方代理模式，通常使用专门设计的比较购物代理软件，如 Bargain Finder[①]、Kasbah 和 Firefly 等，

---

① 安达信咨询公司设计的 Bargain Finder(便宜货搜寻器)是第一家提供网上价格比较服务的比价购物代理，使用该购物代理时，消费者须明确指定一种产品(包括产品名称、型号等)及可接受的价格范围，然后便宜货搜寻器便会向不同的在线经销商发出请求，并对其数据库进行查询，最后将查询结果按从低到高的顺序反馈给消费者。

按买方提出的目标价格、配置、规格等条件进行产品搜索和比价，列出合乎买方购买要求的产品销售商名单、产品目录、价格比较以及销售商信誉评估等信息，帮助买方按期望的价格做出购买决策。

按其在消费者购买决策过程中的不同作用，购物代理可分为比价代理和议价代理两种类型，前者如美国的 BitRate.com、Excite.com，我国的慢慢买（www.manmanbuy.com）、过客网（www.tool168.cn）、惠惠网（www.huihui.cn）等，后者主要在在线拍卖中使用，如嘉德在线、京东拍卖等。在我国，买方代理常见的是团购和集体采购两类，如拼多多、美团网、百度糯米、大众点评等。此外，还有一些通过优惠券、预订等手段，将线上客户引导到线下去消费或购买，如去哪儿、驴妈妈、布丁优惠券 App 等。

7.3.3　电子中间商的主要服务功能

1. 目录服务

利用目录化的网站以及 App 提供菜单驱动型搜索，主要有三种服务方式：①通用目录（如百度、Google），可提供网上各种不同类型的信息；②商业目录，提供各种商业信息的目录索引，以上两种方式都是用户通过采用关键词进行检索获得服务；③专业目录，针对某个行业或专业主题建立的商业信息网站，集中介绍一些专业市场领域的信息，在我国，这种专业化商业信息服务网站已经非常多，如中国供应商（www.china.cn）、中国机械网（www.jx.cn）、中国包装网（www.pack.cn）、中国螺丝网（www.cnluosi.com）、模板脚手架网（www.cnffww.com）……，随着移动互联网的发展，基于 Web 网站的目录服务大量转向手机 App 平台，如我的钢铁（App）、中国机床设备网（App）（见图 7-1）、全球农产品网（App）、汽摩配网（App）、中国蔬菜网（App）、中国建材网（App）、中国服装网（App）、中国纽扣（App）……。这种服务方式所提供的信息，都是服务商利用大型数据库分类存储各种产品或市场信息，以目录方式提供给用户的，其中大多是免费的，随着应用层次的不断深化，有偿服务的方式也逐渐兴起。

图 7-1　提供各种机床设备供求信息的中国机床设备网 App

2. 交易服务

虚拟市场(virtual malls)通过整合行业资源，提供在线交易场所，任何符合条件的产品或服务都可以通过网站、App、微信公众号等自媒体在线平台进行展示和销售，这些平台拥有包括订单处理、支付结算、物流配送在内完备的在线交易系统，满足客户的各种交易需求。在我国，除淘宝(手机淘宝)、京东、亚马逊等人们比较熟悉的B2C虚拟市场(在线零售商)，以及从事消费品和工业品批发交易的阿里巴巴 1688(www.1688.com)外，还有许多定位于特定行业、某类产品交易服务的垂直B2B虚拟市场，如华强电子网(www.hqew.com)、美服网——中国服装辅料网(www.qkmk.com)……，而且借助于手机平台进行交易的也日益增多，如慧聪采购通(App)、中国五金制品交易平台(App)、智慧电梯网(App)……。

3. 信息传播

商业信息传播是电子商务时代在线渠道最主要的功能之一，除内容服务提供商(ICP)、广告运营服务商等比较成熟的互联网服务企业提供的信息传播服务外，随着人们对互联网应用需求的不断深化，与营销活动相关的各种智能代理服务也层出不穷，如提供商业服务评估的大众点评、58同城、蘑菇街、美国的Bizrate等，专门搜集消费者对旅游、餐饮、零售等行业的商品及服务质量的意见，并根据以往的数据进行等级评估，供消费者参考。还有许多面向某特定领域的专业服务评价机构，如提供旅游参考指南的马蜂窝(www.mafengwo.cn)，专门发表用户提供的图片、文字、小视频等旅游体验信息，使人们对世界各地的旅游产品、价格、服务等各种信息有全面的了解，并成为自媒体中口碑传播的内容。虽然这些在线评价方式多为民间组织行为和用户个人的意见，其权威性和可信程度受到不少质疑，但对于人们的购买和消费仍然具有参考价值。

如今，利用自媒体用户实现信息传播，正在成为越来越多在线渠道的不二选择。2017年，京东联盟正式上线京粉App，作为京粉主要推广工具之一，用户注册后即可成为推广者，在社交平台上通过图文展示、短链、长图等多种广告形式，分享推广京东商品获得佣金。

4. 其他服务

除支付、配送、售后服务等传统中间商的功能能够在互联网环境下以不同方式实现外，大数据、云计算、物联网等新兴信息技术的发展，也导致了依托这些技术和互联网资源提供各种增值服务的新兴电子中间商的不断涌现，如实现安全交易的信息安全服务提供商，提供网络直播、实现网络口碑营销、内容营销等新媒体营销的服务商……，与此同时，各种业务的外包也正在全渠道的服务中得到不断的创新应用。

案例 "出口易"的境外仓

7.4 互联网环境下的渠道管理

渠道的管理主要涉及渠道的规划(设计)、选择、运营以及渠道冲突管理等。

7.4.1 网络环境下渠道规划(设计)的基本原则

渠道不是随意形成的,互联网环境下同样如此。面对层出不穷、功能各异的新渠道和渠道成员,应当规划设计好适合自己企业及产品的营销渠道与分销渠道,这是开展网络营销的企业在渠道运营中必须解决的首要问题。

渠道规划(设计)是指与形成新的渠道或对既有渠道进行选择的相关决策。传统环境下的渠道规划从结构、层次到选择渠道成员都是规划的内容,而对于网络渠道来说,不仅渠道成员及功能发生了很大变化,而且随着科技的进步还将持续地变化;此外,企业对渠道及其成员的选择范围及标准也发生了很大变化。因此,线下渠道的规划(设计)思想和运营及管理模式都不可能完全适用于网络渠道,时至今日,也没有固定的模式可以借鉴,下面是根据国内外实践经验提出的网络渠道规划(设计)中应把握的基本原则。

1. 摸清客户需求及渠道偏好

任何渠道的规划与选择都是以客户为基础的。只有搞清楚客户的真正需求、购买能力以及渠道偏好,才能有针对性地进行渠道的规划或选择适当的渠道,实现渠道的有效运营。因此,深入的市场调研是规划(设计)渠道的基础。在 B2C 市场中,市场调查应从人口统计因素、消费者心理特征等方面入手,找出其主要的需求特性和渠道偏好;在 B2B 市场,应当从客户所处的行业特征、购买行为、对售后服务的要求等方面展开调研。此外,摸清客户需求与渠道偏好,还可运用卡位的原理,通过搜索引擎、自媒体等找出用户关注的话题或痛点,从用户的角度去发现问题,在此基础上规划(设计)出来的渠道,才能有的放矢地帮助客户,满足其需求。

2. 慎选渠道成员

作为网络渠道成员的电子中间商大多是提供网络渠道运营资源的服务商,因此,选择渠道成员就是选择相应的网络渠道。通常,生产商选择那些与自己的经营理念、目标基本一致或相近的经销商,将有利于进行沟通与合作,也有助于生产商对渠道的管控。对于网络渠道中提供相关服务功能的其他成员,在选择过程中应按照经济性、适应性、控制性和发展性的原则进行严格的评估和审核,以确保企业对网络渠道的合理掌控和有效管理。从操作层面上看,选择渠道成员或合作伙伴时,必须考虑以下五个方面的关键因素,即"5C"要素。

(1) 成本(cost)。指在全渠道中使用各类中间商所提供服务时的支出。出于竞争的目的,即便是同一种功能的服务,全渠道中各种资源提供商的服务费用也会有很大差异,企业在选择时应仔细认真地进行比较,不能盲目追求降低成本而忽视了服务的功能和质量。

(2) 信用(credit)。指各类电子中间商所具有的信用程度。如今,在互联网和电商领域从事相关服务的各种机构和服务商不计其数,服务内容不胜枚举,服务质量也参差不齐。在选择中间商时应注意他们信用程度的高低。在没有权威性机构对这些服务商的服务质量及信用进行评估和认证的情况下,需利用多种途径,包括相关机构提供诸如网站及 App 的各种排名等直接评估数据,以及网络论坛、社区及自媒体用户评价等间接评估资料,对相关服务商的服务质量和信用进行综合评估。

(3) 覆盖(coverage)。指中间商提供的服务所能涉及的地区和人群。对于企业来说，覆盖范围并非越广越好，而是要看覆盖面是否合理、有效，是否能给企业带来经济效益。

(4) 特色(character)。每个渠道成员都会受企业经营规模、财力、企业文化、服务态度、工作精神的影响，因此，企业应当研究有合作意向渠道成员在这些方面的表现与特点。

(5) 连续性(continuum)。为保持在线渠道持续稳定地运营，企业必须选择具有经营连续性的渠道合作伙伴，这样，才能在客户中建立品牌与服务信誉。为此，企业应采取措施密切与中间商的联系，增强成员的渠道忠诚度。

3. 渠道应与产品属性相匹配

除渠道成员外，还应考察产品与渠道的适应性，主要从四个方面着手。

1) 渠道接触性要与产品复杂性相匹配

产品复杂性和渠道接触性的有机结合是渠道选择的重要原则。在传统环境中，技术含量较高，使用维护较为复杂的产品大多需要更多的服务、培训和支持，这就要求交易各方更多地接触，因此，一般都采用人员直销的"高接触性渠道"；反之，技术含量较低、使用维护简单的低定制化产品，可采用较低成本、低接触性的渠道(如零售商和分销商、邮购等)销售。高接触性销售方式能产生更多的价值，客户可以在销售过程中得到更多的服务，但维系渠道运行的成本较高。

为降低渠道成本，企业往往尽可能寻找采用低接触性渠道的机会。在 PC 互联网时代，网络渠道仍被归为低接触性的渠道，因为尽管交易双方能进行在线交流互动，但真正能获得渠道服务的客户并不多。移动互联时代的到来，才真正大幅降低了高接触性直销渠道的成本，使那些技术含量高、功能复杂、操作繁琐的产品也可以采用各种在线渠道进行直销。生产商和渠道成员所要做的是为用户使用产品提供各种便利，当然，这也对渠道的服务功能提出了更高的要求。

2) 与产品可定义性相匹配

产品的可定义性是指产品有明确的使用范围和目的，用户可获得能清晰表达的利益，企业可以用熟知的和容易理解的形式进行销售。通常，产品的可定义程度越低，在销售过程中就要更多地解释和说明产品的使用目的和收益；反之，产品的定义越明确(可定义性越高)，客户识别该产品及用途和收益就越容易实现，产品越有可能在低成本、低接触性的渠道中销售。

3) 与产品标准化及定制程度相匹配

标准化产品的销售过程中，不需要生产厂家的直销人员参与。企业因此将其下移到批发商、零售商等低成本的间接分销渠道。大规模定制产品，如果所有选项的定义十分清楚，也可以通过低成本渠道来销售。对于个性化定制产品，客户在得到专业人员帮助之前，不能清晰地表达其所要购买的产品，则需要高接触性的渠道，如直销或专业化的增值代理商。

4) 与产品替代性及聚合性相匹配

不可替代的产品(如具有独特功能或效用)可以通过间接分销渠道销售，因为分销商的转换成本较高。对于替代性产品，企业也可利用间接分销渠道，这可能比采用成本很高的直销队伍更有效益，但企业应加以有效监控，产品替代性越高，企业对渠道的控制应越强。

产品的聚合性是指一个产品既是一个独立出售的物品，同时也是一个大的解决方案中的组成部分，如汽车零部件。若自己的产品必须与其他厂家的产品组合使用，企业选择间接渠道(代理商、分销商)是明智的。

与线下渠道和传统的渠道运营模式相比，在线渠道在实现渠道与产品属性相匹配方面，有着明显的优势。利用互联网的信息传播可以有效提高产品的可定义性，在线交互可以实现客户与生产商的直接沟通，因此，理论上讲，任何产品都可以O2O全渠道方式进行销售。当然，对于一些具有多种属性，且其中某些属性是相互冲突的产品，需要认真研究不同属性的重要性，并据此制定相应的渠道运作策略。

7.4.2　网络环境下的渠道运营管理

渠道运营管理包括渠道的组合、渠道支持、渠道培训、渠道激励等等，根据全渠道运营的特点，这里主要探讨在O2O营销模式中如何通过有效的运营策略，切实发挥在线渠道的价值和作用。

1. 注重全渠道的融合

"鼠标+水泥+移动互联网"的全渠道运营模式，要求企业在客户接触、了解和购买产品的过程中必须与之保持全程的沟通和交流，全面收集与客户相关的数据，并在适当的时机为客户提供适当的服务，以提高客户的渠道体验，这是一种多渠道的无缝体验，也是衡量不同渠道有效融合的主要依据。线上渠道的优势就在于能够与客户保持全程沟通和交流，它与线下渠道的购买体验相结合，才能实现全渠道无缝体验，这就是O2O营销理念的核心。

通过"鼠标+水泥"实现不同渠道的消费体验，这种渠道运营思维其实在电商发展初期就已经有企业进行过尝试。2000年前后，在电子商务领域曾经出现过一种"围城"现象。传统企业纷纷建立Web网站，销售其产品，被人称为实体企业虚拟化策略；而一些电商企业在大力拓展网上零售业务的同时，纷纷投资线下，建立仓储设施或物流配送系统，或开设实体体验店，让客户获得愉快的现实购物体验，被人们称为虚拟企业实体化策略。那时的"围城"现象实际上是基于网络渠道与实体渠道的竞争，而且在PC互联网时代，两个渠道基本上处于平行状态，并不具备融合的条件，比如PC机用户在上网购物时，是无法同时前往实体店消费的。只有进入到移动互联时代，用户才有可能同时置身于线上、线下、移动互联网等多渠道之中，实现线上搜寻信息、交流沟通或下单，到线下进行消费体验的"线上—线下"模式，如苏宁易购和银泰百货。随着近年来新零售的崛起，线下扫描二维码，实现线上交易的"线下—线上"模式；抑或线下营销到线上交易，再到线下消费体验的"线下—线上—线下"模式，在消费市场中的应用越来越普及了。因此，网络环境下渠道管理的重点是如何实现全渠道无缝衔接的融合。

案例　全渠道营销——汽车电商发展的新途径

2. 网络环境下的渠道合作与掌控

渠道合作(channel cooperation)是指两个或更多渠道成员的战略与功能相互协调一致的情况。在移动互联时代，无论是O2O全渠道直销还是间接分销，都离不开与线上、线下各渠道成员的合作。对生产商和经销商来说,渠道运营的成败在掌控而不在拥有,这是企业在渠道管理和渠道合作过程中应遵循的基本原则,为此,除日常渠道业务运营外,渠道管理应在以下两方面下功夫。

1) 强化网络环境下的渠道信任

渠道成员间的相互信任是渠道合作的基础,尤其是在互联网环境下,建立并增强合作成员彼此间的信任是在线渠道管理的重中之重。例如,Facebook、微信、微博等自媒体都要求用户使用真实姓名、地址和手机号注册,以营造出一种诚信可靠的气氛。尽管有人担心个人隐私的安全,对实名制存有疑虑,但绝大多数人还是愿意用自己的隐私换取一个基于信任的沟通平台。①对于面向双边市场的电商交易平台更是如此,买方担心卖方的产品质量,卖方也不希望买方出现"租衣客""试用族"这样的消费机会主义行为,因此淘宝、天猫等B2C平台分别实行了"淘宝规则"和"天猫规则",建立卖家信用等级、采取交易双方相互评价机制、平台和卖家分别实施各种服务保证措施等等,以营造在线交易的信任氛围。

影响渠道信任的因素主要来自渠道成员和渠道环境两个方面。从渠道管理的角度看,重点应放在增强渠道成员间的信任上,包括生产商与中间商、生产商与终端客户、中间商与终端客户,以及不同中间商之间的信任。虽然影响不同成员间信任的具体因素有差异,但下列原则在增进渠道合作成员间的相互信任方面具有普适性。

(1) 合作成员间应尽量制定和执行良性行为准则。如采用奖励、返点、积分等正向激励策略,营造合作的良好氛围并积累信任感。

(2) 加强在线渠道监督,完善危机应急机制。在自媒体时代,某个渠道成员工作中的瑕疵都有可能被网络口碑加以传播和放大,酿成渠道危机,殃及整个渠道。因此,应建立有效的渠道运营监管机制。当然,仅靠渠道成员自己来建立和实施这种监管,难度大,成本高,所以依托市场监督部门和第三方专业机构是最佳选择,也符合我国电子商务法的相关规定。②此外,渠道成员间也应加强互动与沟通,提高应对危机的响应速度。

2) 提高全渠道成员的忠诚度

为提高渠道成员的忠诚度,提供渠道支持是最主要的措施。广义的渠道支持是指生产商为维系和培育健康的渠道体系,通过物流、资金流和信息流的方式,对渠道成员提供包括销售、市场、技术、培训、奖励、返点等一系列主动的支持行为。狭义的渠道支持是企业针对渠道的不足,为渠道成员提供包括市场、融资、技术等形式的直接支援。在互联网环境下,除传统的渠道支持方式外,更值得探索的是如何充分利用互联网资源和信息技术手段提供渠道支援,建立起新的渠道壁垒,这需要企业突破思维定式和利益固化的藩篱,以创新的O2O全渠道营销理念进行实践探索。

案例 电商新星突衰留下的思考

7.4.3 渠道冲突管理

渠道冲突(channel conflict)是指一些渠道成员(生产商或经销商)发现其他渠道成员从事阻碍或不利于本企业实现自身经营目标的活动,从而产生各种矛盾和纠纷。冲突是

---

① Julia Angwin. Putting Your Best Faces Forward[N]. Wall Street Journal, March 28, 2009.
② 《中华人民共和国电子商务法》第五章第七十条的规定:国家支持依法设立的信用评价机构开展电子商务信用评价,向社会提供电子商务信用评价服务。

渠道运营的常态，渠道规划设计得再好，在运营过程中发生成员间的竞争与冲突也在所难免，属于市场激烈竞争中的常规摩擦。互联网和电子商务的发展使可供选择的渠道模式越来越丰富，也加剧了线上线下渠道竞争，使渠道冲突日趋激烈。尤其在互联网环境下，渠道冲突可能比渠道合作对营销绩效的影响更大。因此，渠道冲突的处理与协调是渠道管理的重要内容，需要对其进行精心处理，促使渠道健康、持续地发展。

1. 渠道冲突的影响

渠道冲突也是一柄双刃剑，它对渠道将产生正、反两方面的影响。其正面影响主要体现在四个方面：①可以有效遏制中间商的过分膨胀，均衡生产商与经销商的力量，促进各分销商在竞争中优胜劣汰，改善渠道运营环境；②有利于刺激既有分销渠道运营模式的创新和变革，促成渠道中各运营因素的变迁，提升生产商的渠道管控力；③对那些不思进取的经销商具有制约作用，并促进其转变观念，实现业务职能的转型；④有助于推动新兴分销渠道与传统分销渠道在发挥各自优势的基础上实现合作发展，促使渠道运营效率的提高。

反之，恶性的渠道冲突也极具破坏性，不仅会大幅降低分销渠道的利润，甚至可能影响企业的整个分销网络。在新兴分销渠道和传统分销渠道并存的情况下，这种负面影响主要体现在三个方面：①新兴分销渠道将从传统中间商处争夺客户，由此导致与传统中间商的矛盾甚至对抗；②各分销渠道的利益分配难以均衡，导致中间商的不满，使生产商的销售策略难以有效实施，造成市场价格混乱，厂商形象受损；③渠道成员忠诚度降低，导致分销渠道不畅，并影响直销渠道的发展，增加了生产商渠道运营的成本。

2. 渠道冲突的类型

根据渠道成员的关系，通常可将渠道冲突分为三种类型。

(1) 垂直渠道冲突。指同一渠道中不同层次渠道成员之间的冲突，如批发商与生产商，或零售商与批发商之间的冲突。

(2) 水平渠道冲突。指渠道中同一层次的渠道成员之间的冲突，如某品牌零售商与另一品牌零售商之间的冲突。

(3) 多渠道冲突，亦称渠道系统冲突。通常是指一个生产商建立了两条及以上的渠道，向同一市场出售产品而发生的冲突。如某生产商通过传统代理商和阿里巴巴之类的电商平台销售产品，同时还通过企业网站、App 直接向终端客户销售产品，由此可能引发多渠道冲突。

3. 渠道冲突产生的原因

梳理有关引起渠道冲突原因的研究，其结论较分化，但从本质上讲，各种冲突的产生可归为以下原因。

(1) 角色对立。每个渠道成员都有自己所担任的角色，角色是对某成员的行为所做的一整套规定。如果偏离其既定角色，例如，特许经营者未按照特许权授予者的标准经营程序来经营，而是制定了一些自己的政策，由此便产生了冲突。

(2) 目标差异。渠道各成员是相互依赖但又各自独立的利益实体，必然存在所追求目标的不一致。企业在制定战略和策略时，渠道总是被视为外部资源，导致与渠道成员的利益不一致，因此产生经营上的冲突。

(3) 认知差异。渠道中每个成员所关注的问题会有不同，即使他们面对同一个问题，甚至感知的是同一种刺激，由于关注的侧重点不同，加上不同文化的差异，导致对某个问题的理解大相径庭，这是产生许多冲突(许多是无谓冲突)的主要原因。

(4) 期望差异。每位渠道成员都会对其他成员的行为抱有预期，并以此对其他成员的行为进行预测和采取行动，这将导致其他成员做出相应行动，并可能出现冲突。

(5) 资源稀缺。由于渠道成员要实现各自的目标，因此，在一些资源的分配上会产生分歧，由此导致冲突。例如生产商对业绩较好的经销商可能会分配更多的资源，从而引起其他经销商的不满。

(6) 领域冲突。经营范围与决策权限发生纠纷将直接导致领域冲突的发生，如供应商通过多种渠道向市场渗透，而分销商也同时代理了竞争对手的产品。

案例　　　　乐视为何惹怒了全国院线？

2015 年 11 月 27 日，由罗志良执导、尔冬升监制、刘青云主演的新片《消失的凶手》在全国上映了。这部由乐视影业出品发行的悬疑片，原本并未受到太多的关注，然而就在上映前一天，它却险些遭遇全国下线的危机。

事件的经过是这样：11 月 26 号中午，许多乐视会员都收到一条短信通知：重要提醒！今晚 20:30，还没有在院线上映的《消失的凶手》将在您家 3D 超级电视里超前上演！短信还提醒"更多超前点映特权即将陆续呈现"。这意味着，乐视会员可以比院线正式上映日(11 月 27 日)早一天在乐视电视上观看这部电影。此举立刻惹怒了全国院线，乐视线上点映的短信发出没多久，包括新影联、中影星美、金逸等大型院线纷纷发布内部通告，要暂缓或取消《消失的凶手》的排片。

为什么一个仅仅面向 5 万会员的点映，竟在全国院线掀起轩然大波？原来，一个多月前，时任乐视影业 CEO 的贾跃亭宣布，为"回馈乐视电视的会员"，将在全球首推超前点映模式，让乐视用户可以早于院线看到最新电影。乐视提前点映自己出品发行的影片《消失的凶手》，就是该模式的首次尝试。不过事情并未朝着他们所期望的方向发展，由于此举违反了一直以来电影发行的惯例，作为该片的主要投资方和线上发行方，乐视影业未提前与线下院线进行沟通，单方面开展了该片的线上点映活动，这直接损害了影院和其他发行方的利益。

院线方认为，即便乐视影业此次尝试涉及面不过 5 万会员，产生的票房总计也不会超过 200 万元，但却造成了干预传统线下发行的事实，这给影片的最终票房带来了不确定的风险，如盗版的风险，因为即使在影院放映的电影也难以保证不出现盗版问题，更何况是在用户家里的网络或电视上，这对影片最终的票房回报会产生难以估量的风险。因此，一些院线经营者认为，乐视的做法不是营销模式的创新，而是一种破坏市场秩序的行为。

迫于压力，在消息发布 2 个多小时后，乐视影业发布紧急通知，宣布为了维护院线利益，决定取消线上提前点映，并发表了致歉声明。当晚，被放了鸽子的乐视会员也收到了乐视的道歉短信和作为相应补偿的 2 张《消失的凶手》电影票。

按照乐视影业的说法："这个原本只是针对乐视全国不足 5 万会员的营销活动，却引起了误会，我们始料未及。"其实乐视会员部门也采购了 1000 万影院电影票作为促销宣传的内容，这表明乐视并非全然不顾院线的利益。

类似超前点映引发的问题在国外也出现过。2015 年美国电影发行商 TWC 曾与美国流媒体巨头 Netflix 约定，2016 年 2 月在线和影院同步上映《卧虎藏龙 2》，供全球 5000 万用户收看，但此举遭到了好莱坞院线的抵制。

其实，目前发行方和院线之间是一种通过签署发行协议(相当于采购合同)进行合作的商业关系，发行协议中通常并没有关于电影一定要在院线放映，保证院线先上多久，才能出现在其他渠道的约定，也没有禁止"提前点映"等条款；而且国内也尚未出台这方面的相关政策和法规。按惯例，国外在院线上映的影片窗口期至少是一周至半个月，在我国通常是一个月左右，之后影片才能在其他渠道上映。显然，乐视此举违反了业内约定俗成的规矩。

事情虽已过去，但互联网影业与真正掌握发行话语权的传统院线之间的渠道之争还将继续下去。

4. 网络营销中的渠道冲突处理与协调

网络营销中面临的最突出渠道运营问题就是线上与线下渠道的冲突，尤其对于那些选择 O2O 全渠道运营的企业，这种冲突已成为延缓和妨碍企业进行渠道及策略创新的一种心理障碍。一方面，网络渠道在效率和成本上的优势增强了企业的竞争力，同时，也让一些企业为这种渠道的创新和战略转型付出了高昂的代价；另一方面，网络渠道的力量虽不可小视，但传统渠道的许多功能，如仓储及物流服务等仍是网络渠道无法替代的。

1) 线上线下渠道冲突的主要表现

线上线下渠道的冲突是全方面和多层次的，前面所说的三种渠道冲突均涵盖其中，其突出表现在以下两个方面。

(1) 价格冲突。在线销售的产品由于降低了传统的分销成本，因此其产品价格通常会低于传统渠道，而且价格的差异化较大，变动也比较频繁，这就与线下渠道要求的价格统一和稳定产生了冲突。

(2) 服务冲突。在服务模式和标准方面，线上与线下渠道也有很大差异。同样的产品在不同渠道的销售，可能会产生服务冲突。如《消费者权益保护法》关于在线销售的商品实行"七天无理由退货"的规定，对于线下销售的商品就不一定适用，反之，线下销售的服装、音像制品可以享受的试穿、试听试看等本地化的服务也不适用于线上销售的商品。

2) 冲突的处理与协调

线上线下渠道冲突的解决，主要应根据两种渠道的特点，采取相应的市场细分策略。基本思路是：加强产品和品牌竞争力，提高对 O2O 全渠道的控制力；通过改进管理水平提高效能，加强线上与线下渠道的协调能力和融合功能；通过在线渠道覆盖一、二级市场并积极拓展全球市场，而在三、四级市场上则以传统分销渠道为主，在线渠道为辅，实现细分市场的有效覆盖，以提高全渠道的整体分销效率。在操作层面上，可运用现代营销的方法和技术手段，采取以下具体运作策略。

(1) 线上线下实现同品同价。如 ZARA、优衣库、联想、苏宁易购等企业，即制定统一、严格的价格制度，实现同一产品"双线同价"的策略；但是线上和线下可以根据产品及销售的特点，实施灵活的促销策略，比如网购包邮、赠送小礼物等，充分发挥网上平台和实体店的资源优势，可以取长补短，相互促进。

(2) 线上线下提供不同产品或品牌。一些企业为平衡线下分销商的利益，推出电商专供或网络特供产品，以避免与传统渠道的竞争，同时也满足网上市场的消费需求。这种网络专供方式有两种：一种是线上线下使用同一个品牌，但销售的产品在款式、性能、配置或使用材质上与线下产品有所不同；另一种是打造一个在线子品牌，如"罗莱"和"LOVO"都是上海罗莱家用纺织品有限公司旗下的品牌，罗莱为主品牌，LOVO 为网络直销品牌。

(3) 线上销售与线下配送的一体化服务。鞋企奥康的电子商务部不仅负责奥康商城(www.aokang.cn)的销售、客户沟通，而且统一调配线下配送。该部门拥有完全的配货权和高于其他销售网点和代理商的权限，它可以从其他分公司调货。例如，消费者在上海下单，但上海的仓库无货，电子商务部在系统中查到温州或杭州有库存，便直接跨地域调货发送。这种方式将线上线下整合成为一个系统，形成了品牌合力，提高了渠道效率，也减少了渠道冲突。

(4) 全渠道营销。全渠道营销的重点是为客户提供标准化的服务，从信息的传递到每个客户接触点上的体验、产品的价格、服务等。其目的是实现电商、移动电商和实体渠道上完全一致的客户体验。通过这种无缝的客户体验，消除不同渠道间的差异，从而弱化产生渠道冲突的诱因。

渠道冲突的解决需要企业不断地调整其营销策略和加强渠道的运营管理，对线上与线下渠道进行有效细分与合理定位，引导各渠道成员间的合作和协同，充分发挥其比较优势，使得渠道之间不再是单一的冲突和竞争，而是协作基础上的竞争，并由此形成多赢局面。当然，这是建立在企业能有效掌控渠道的基础上的，这取决于企业的经营规模、产品、技术、品牌、服务等综合实力和全渠道的规划与运营管理能力。

本章小结

　　网络营销渠道是借助于网络相互协作、共同促使产品或服务被生产、分销和消费的整个组织系统。网络分销渠道是产品或服务通过网络从生产者向消费者转移过程中，取得其所有权或帮助转移(直接或间接)其所有权的所有企业或个人。互联网环境下营销渠道和分销渠道的沟通生产与消费核心职能并未发生变化，交易、支付、配送和服务仍然是网络渠道的基本功能，但其作用、功能出现了许多交叉与融合，部分功能的实现形式虚拟化了，覆盖范围得以扩展，畅通性得到改善，分销渠道的结构也发生了变化，其时间、地点和所有权效用得到进一步加强，并促成了电子中间商的崛起。

　　网上直销是指企业通过自己运营的网络分销渠道直接向终端客户销售产品或提供服务。其实现形式有两种：线上渠道直销和 O2O 全渠道直销。开展网上直销必须解决物流配送的问题，目前，主要采用自建专有的物流配送体系和借助于第三方物流的方式来实现。在线间接分销是指生产商通过电子中间商实现产品的销售。电子中间商有交易经纪人、信息经纪人和在线代理三种服务方式，其主要服务功能包括目录服务、交易服务、信息传递、支付、配送、售后服务，以及依托大数据、物联网等新兴信息技术和互联网资源提供的各种增值服务。

实现网络渠道的有序运营，首先必须规划(设计)好渠道，渠道规划(设计)是指与形成新的渠道或对既有渠道进行选择的有关决策。渠道规划(设计)应把握的基本原则是：摸清客户需求及渠道偏好，慎选渠道成员，渠道应与产品属性相匹配。网络环境下的渠道运营管理应注重全渠道的融合，以及渠道合作与掌控。尤其应强化网络环境下的渠道信任，提高全渠道成员的忠诚度。线上与线下渠道冲突是网络环境下渠道运营面临的最突出问题，可采取线上线下实现同品同价，线上线下提供不同产品或品牌，线上销售与线下配送的一体化服务以及全渠道营销等策略来处理和协调。

关键术语

网络营销渠道	网络分销渠道	网上直销	网络间接分销
全渠道	电子零售商	一次中介	二次中介
电子中间商	交易经纪人	信息经纪人	在线代理
卖方代理	买方代理	目录服务	虚拟市场
渠道规划(设计)	"5C"要素	产品可定义性	产品的聚合性
实体企业虚拟化	虚拟企业实体化	渠道合作	渠道冲突
垂直渠道冲突	水平渠道冲突	多渠道冲突	

思考题

1. 举例说明营销渠道和分销渠道的差异。
2. 如何理解网络营销渠道和分销渠道在作用、功能上出现的交叉与融合？请举例说明。
3. 互联网对渠道的影响表现在哪些方面？
4. 与传统环境相比，网络环境下的渠道面临的风险更多一些，请举例说明原因。
5. 互联网如何强化分销渠道的时间、地点和所有权效用？请举例说明。
6. 网络环境中并未出现非中介化，反而出现了再中介化，原因何在？
7. 通过具体事例说明线上渠道直销与O2O全渠道直销有哪些不同。
8. 为满足网络直销的发展需求，应如何提升第三方物流的服务能力？
9. 如何理解"二次中介"是互联网渠道合作的一种特色？
10. 依托大数据、物联网等新兴信息技术和互联网资源，电子中间商可提供哪些增值服务？请举例说明。
11. 如何强化网络环境下的渠道信任？
12. 举例说明如何实现全渠道无缝衔接的融合。
13. 在渠道规划(设计)中应如何选择渠道成员？
14. 在渠道规划(设计)中，如何实现渠道与产品属性的匹配？
15. 在处理与协调线上线下渠道冲突中可以采取哪些具体运作策略？

参考文献

[1] 丁兴良. 工业品营销+：应对互联网的大转型与大变革[M]. 北京：人民邮电出版社，2016.

[2] 马银春. 渠道战争[M]. 北京：海潮出版社，2013.

[3] 谭贤. O2O 融合：打造全渠道营销和极致体验[M]. 2 版. 北京：人民邮电出版社，2018.

[4] 王昭伟. 工业品创新营销模式：变革环境下基于企业 B2B 业务的营销与竞争之道[M]. 北京：人民邮电出版社，2014.

[5] 吴文辉. 推在渠道[M]. 北京：人民邮电出版社，2014.

[6] 杨添. O2O 时代的商业盈利模式[M]. 杭州：浙江大学出版社，2015.

[7] 朱玉童. 采纳方法：化解渠道冲突[M]. 北京：企业管理出版社，2014.

[8] [美] 卡尔·夏皮罗，哈尔·R 范里安. 信息规则：网络经济的策略指导[M]. 孟昭莉，等，译. 北京：中国人民大学出版社，2017.

[9] [美] 玛丽娜·克拉科夫斯基. 中间人经济[M]. 唐榕彬，等，译. 北京：中信出版社，2018.

[10] Miguel Todaro. Internet Marketing Methods Revealed: The Complete Guide to Becoming an Internet Marketing Expert[M]. Ocala, Florida, US: Atlantic Publishing Group, Inc., 2007.

[11] Carolyn F Siegel. Internet marketing：foundations and applications[M]. Boston, MA, US: Houghton Mifflin Co., 2006.

[12] SP/计算机产品与流通编辑部. 渠道管理[M]. 北京：企业管理出版社，2004.

[13] 马雪梅. 百丽退市启示录[OL]. 财经[2017-09-16]，http://magazine.caijing.com.cn/20170918/4333445.shtml.

[14] 电商赋能渠道裂变样本：洛娃 1 年覆盖全国、4 年走向世界[OL]. 调皮电商[2018-11-03]，https://mp.weixin.qq.com/s/Hv8Hrmxu35AxEEvC75Kz-Q.

[15] 王晶. 给中国制造租一个外国仓库[OL]. 21 世纪网[2009-06-15]，www.21cbh.com.

[16] 王鑫. 汽车电商 Omni 营销时代：全渠道触达消费者[OL]. 央广网[2017-11-30]，http://auto.cnr.cn/qczcjj/20171130/t20171130_524045309.shtml.

[17] Carl Shapiro. Premiums for High Quality Products as Returns to Reputation[J]. The Quarterly Journal of Economics, November 1983: 659–679.

案例研讨

百丽退市的启示

被誉为"一代鞋王"的百丽国际控股有限公司创建于 1991 年，经过短短 15 年的发展，这家资产 200 万港元的小公司便占领了内地大部分的百货商场和街边店，并于 2007 年 5 月成功登陆港交所，上市之初市值即高达 670 亿港元。此后的五年间，得益于我国 GDP 持续 9%以上的高速增长和人口红利的驱动，百丽实施了多品牌战略，上市伊始便开始了收购步伐，截至 2011 年底，它已拥有 Belle、Teenmix、Tata、Staccato、Senda、Basto、Joy & Peace、Millie's 等十几个自有品牌，并代理包括 Bata、Clarks 等多个特许品牌。与此同时，百丽加大了分销渠道的扩张,其在内地的零售店从上市时的 3828 家扩大至 14950 家。由于各品牌女鞋在款式设计上并无明显差异,主要是价格区间的不同,因此,多品牌战略的意义更多在于提高市场占有率。事实也是如此,上市五年,百丽国际的营业收入攀升至 289.45 亿港元,涵盖了国内鞋履行业的大部分市场,尤其是占据了女鞋市场的半壁江山。在相当长的一段时间里,中国的女孩子只要为自己买鞋,最后选中的十之八九会是百丽旗下的品牌,以至于百丽国际 CEO 盛百椒引以为傲地说:"凡是女人路过的地方,就有百丽!""只要有百货商场的地方,就有百丽的身影!"

2011 年,百丽成立 20 周年之际,盛百椒这样概括百丽取得的业绩:"建立并完善了以补货制为基础的弹性供应链,培养了积极、细致、应变的零售管理体系。"的确,百丽的鞋类产品 60%左右的毛利率始终处于行业领先的地位,这归功于百丽"在自有鞋类品牌产品的研发、采购、生产制造、分销及销售各个环节加强运营管理,都可以转化为可观利润"的全价值链经营模式。在日常管理中,百丽的基层管理人员一旦发现存货量过多或结构失衡,就会通过同城调货、变价、促销等多种手段进行销售,同时每周根据补货情况调整存货总量和货品结构。

"得渠道者得天下"。作为第一零售业态的百货商场通常有 50%以上的销售额来自服饰鞋包品类。20 多年来,百货商场一直是百丽鞋类产品的核心销售渠道,凭借拥有多个中高端女鞋品牌的优势,百丽通常可以给出比同行更低的折扣点,因此,双方的合作一直十分默契。

强大的渠道控制、弹性的供应链管理以及灵活的全价值链运营能力,将百丽推向了"一代鞋王"的位置。2010 年 9 月 6 日,百丽被纳入香港恒生指数蓝筹股之列,成为中国最大的鞋履零售商、市值仅次于耐克的全球第二大鞋类上市公司。在百丽最辉煌的 2013 年,其市值一度超过 1500 亿港元。

大举扩张店铺数量,也为百丽日后单店产出的凋落埋下了伏笔。就在百丽业绩进入巅峰之际,国内商业零售渠道也在悄然发生变化。进入 2012 年,线下渠道开始从百货商场转向购物中心,而对百丽来说,要完成这两个零售业态的切换可谓困难重重。由于客流结构不同,百货商场中面积较小、空间开放、单一品牌的品牌专柜模式很难简单地复制到购物中心。购物中心的店铺相对独立,一般都要求有较大空间和较多商品选择,才具备一定的独立聚客能力。所以,百丽多年来凭借多品牌构筑的渠道优势,在购物中心业态中无法展现。就在同时,一种新的商业模式——电子商务开始发力,它颠覆了传统商业的线下单渠道模式,不仅将销售从线下转到了线上,而且还让消费者越来越关注产品的性价比,对百丽形成前所未有的冲击。其实根据快消行业权威数据调研公司 Euromonitor 当时的统计数据,2011 年电商在鞋履品类的渗透率只有 3.6%,对于百丽来说,选择线上渠道扩张零售版图是性价比最高的方案,然而,当时的百丽却没有认可电商模式,继续墨守成规,以线下渠道为王。

当然,要说百丽完全忽视电商带来的机遇也有些言过其实,其实早在 2008 年,百丽就建立了淘秀网,开始试水垂直鞋类电商,2011 年又开通了时尚品类 B2C 平台优购网。但当时百丽将电商渠道定位为"尾货平台",网上销售的是门店卖不完的产品,而且那时垂直电商的赢利模式存在问题,尤其是对百丽这样在电商平台主要销售自己的产品、寄售品类比例很小的商业模式来说,要实现赢利非常困难。加之当时技术、基础设施和人力资本的投入较大,流量成本较高,因此亏损在所难免。

线下渠道悄然变化的同时,线上销售却已成为不可逆转的趋势。随着物流体系的成熟,边际成本逐渐下降,电商得以渗透到低价商品,并形成一定的规模体系。不仅如此,电商的发展使商品的价格变得透明。百丽女鞋的加价率(加价率=[销售额-销售成本]/销售成本)约为 4 左右,即一双售价 600 元的女鞋,成本约为 120 元。因此,中低端消费者很容易就被 Charles

& Keith、Ecco 等性价比更高、款式更新颖的其他产品所吸引，而高端消费者则会通过海淘、海外代购等方式购买国际名牌产品。据 Euromonitor 的统计，2014 年电商在鞋履品类的渗透率为 16.0%，而 2016 年，这个数字已达到 24%，也就是说，每四双鞋中就有一双是经电商渠道销售的。

在消费升级、电商冲击等大环境下，所有鞋类企业都面对产品同质化、价格战和高库存三大挑战。虽然百丽在供应链管理、运营能力等方面具有优势，然而，危机意识的欠缺和对眼前利润的追逐，让百丽在变化骤至时选择了保守的经营思路，因循守旧导致了百丽的竞争力日渐衰退。自 2012 年开始，公司净利润增长放缓至 2%，疯狂的开店模式虽在 2014 年有所收敛，但依旧新增了 876 家零售网点。在拓展线下渠道的同时，百丽还扩大了外部供应商比例，以抵御人工等成本费用刚性上升的压力。此外，百丽还通过运动休闲服饰、时尚女装类新业务来抵御冲击。相比于鞋类业务的纵向一体化经营模式，百丽的服饰业务仅涉及分销、零售环节，因此，其赢利能力明显不及前者。2015 年，百丽国际净利润上市九年来首次出现大幅下滑，鞋类销售规模比上年下降 8.5%，也就是在这一年，一直强调开店数量的百丽，在内地的鞋类零售网点减少了 366 家。

随着鞋业市场规模的不断扩大，借助于网络营销带来的发展机遇，有更多的创业者涌入这一市场。他们具有百丽这类传统零售企业所欠缺的创新力和敏锐度，他们所带来的颠覆性变化也使以前行之有效的零售经营逻辑难以奏效。

曾经是"高跟鞋控"的赵若虹就是这样一位创业者。2014 年她创建了轻奢女鞋品牌——高跟 73 小时。公司的设计师大多是从国外留学回来的专业人士，除时尚的高跟女鞋外，他们还根据不同的场景设计了伴娘鞋、新娘鞋、聚会鞋等。创业伊始，"高跟 73 小时"就实现线上、线下同时销售，此外，它还经常在实体店举办下午茶，进行体验营销；在热门电视剧做植入、邀请明星体验试穿来扩大知名度。公司成立两年多来，除淘宝、微店的线上直销外，"高跟 73 小时"已在上海、北京、杭州、苏州等地开设了 12 家实体店，2017 年销售额便轻松过亿元。

2015 年，全球首家产品覆盖服饰鞋履、箱包、美妆等多个品类的 C2M 电商平台——必要商城成立，它去掉了所有的中间环节，实现了消费者与制造商的直接连接，将高端制造商生产的产品以中低端产品的价格卖给消费者。以鞋为例，在必要商城上，由 Armani Jeans 生产的女士短靴，售价为 499 元。这意味着，像百丽这样定价中高端但产品和品牌又不具强大竞争力的品类，其性价比将进一步下降。

尽管百丽一直在努力，但仍难抵关店、业绩下滑的颓势。2017 年 5 月，百丽发布了退市前最后一份年报，截至 2017 年 2 月 28 日，百丽集团营收为 417.07 亿元，净利润为 24.03 亿元，同比下降 18.1%。鞋类业务销售规模同比下跌 10%，内地鞋类零售网点减少 700 家。

2017 年 7 月 27 日，百丽以 531.35 亿港元估值完成私有化交易。下午 4 点，百丽在港交所正式退市。百丽代表着大众消费时代中这样一类企业：它们从生产工厂起家，由制造商发展为渠道商再定位为零售商，一步步通过占据中间环节，获取从成本到零售价格之间的更多利润，最终成长为零售巨头。然而，对渠道变革和消费升级反应迟缓，最终导致了"一代鞋王"的日渐没落。

虽然黯然退市，但百丽依然占据中国鞋业市场 7% 的份额，位列耐克(中国)之后居第二位，百丽鞋类业务的净利润依然比中国 10 家正装鞋上市公司(包括港股和 A 股)的利润总和还要高。尽管如此，在网络营销、产品创新和品牌建设方面，百丽需要重新学习，尤其是向那些创业公司学习。市场没有永远的王者，更没有一成不变的规律！按此逻辑，退市的百丽还有可能王者归来，而"高跟 73 小时"、必要商城也还有很长的路要走。

📽 案例思考题

1. 面对线上渠道的冲击，百丽为何坚持继续扩大线下渠道的选择？
2. 与"高跟 73 小时"、必要商城相比，百丽在利用电商平台开展网络营销时出现了哪些问题？请分析原因及后果。
3. 百丽若要实现王者归来，应该从哪些方面进行创新？谈谈你的见地。
4. 本案例给传统零售企业怎样的启示？

第 8 章　网络促销策略

　本章提要　本章从分析互联网媒体的特点及对企业促销的影响入手，阐述了网络促销的概念、主要功能、基本任务、特点、实现方式与步骤，以及网络促销面临的机遇与挑战。本章的重点是掌握网上销售促进、网络公关和网络广告等促销方式的实施策略与方法。本章的难点在于理解和掌握优惠策略、事件营销以及网络广告的策划与运营、网络广告效果的评估方法。

引　例

从"红本女"到"酷库熊"

2008 年 4 月 24 日，SOHU 数码公社的论坛中出现了一篇名为"7 天 7 夜不吃不喝网络追踪红本女事件"的帖子，内容是由网名为"京城一剑"的偷拍高手，用了 7 天时间持续跟踪拍摄一位手持红色联想 IdeaPad U110 笔记本电脑，被称为"红本女"漂亮女孩的一组图文。很快，在没有其他广告投入的情况下，"联想红本女"的网络热度迅速提高，《华尔街日报》也为此撰文关注，堪称网络营销的一段佳话。

这场事件营销的策划者就是现任手机搜狐网总经理——童冬(童佟)。关于"联想红本女"的成功，他将其归功于舆论引爆点与"灵魂痛点"的精确把握。

在"联想红本女"成功后不久，童冬和他的团队很快又推出了"联想酷库熊"。这次他们另辟蹊径，别出心裁地采用一只名叫"酷库熊"的卡通形象作为联想 IdeaPad S9、S10 的产品代言人，并配合出演网络电影《爱在线》进行跨界营销，再次引发网民热议，最终助力联想笔记本十一期间大卖。

在这次事件营销策划中，童冬和他的团队通过对细分市场的挖掘和把握，将 IdeaPad 的市场聚焦于大学生和年轻白领身上，成功抓住这一群体对网络的依赖、对动漫的痴迷和对真挚情感的渴望等共同点，即童冬所说的"灵魂痛点"。

> 其实无论是"红本女"还是"酷库熊",都是促销活动中使用的展示道具,它们的出现并未使受众明显感觉到刻意策划的广告痕迹,但却通过它们的一再曝光逐渐增强了品牌影响力。不管是促销广告还是事件营销,人们评价的唯一标准就是效果,对于效果,人们固然会有褒贬,但是只要传播效果不令人生厌,就是一种成功。

8.1 概述

8.1.1 网络促销的定义

网络促销是利用现代信息技术手段,以网络媒体为中介,向网络市场传递具有价值诱因的有关产品信息,以刺激需求,引起客户购买欲望和购买行为的各种活动。

信息的传播是由传播主体、传播媒介和接收客体共同参与实现的。1948年,美国传播学者拉斯维尔提出了著名的5W传播模式:谁(who)→对谁说(to whom)→通过什么渠道(in which channel)→说什么(says what)→取得什么效果(with what effect)[①]。时至今日,该模式一直被奉为传播学理论的经典。此后香农-韦弗模式信息论的发明者C.香农和W.韦弗从电子通信的角度提出了"传播过程的数学模式"——香农–韦弗模式,将"噪源"引入到信息的传播过程中,即信号在传递的过程中可能会受到噪音的干扰,从而影响信号的质量。此后,不断有研究者在拉斯维尔的5W模式和香农–韦弗模式的基础上进行改进,逐渐形成了互动、循环的信息传播模式,并被营销学者将其移植到营销传播领域,形成了如图8-1所示的促销沟通模型,该模型也同样适用于网络促销。

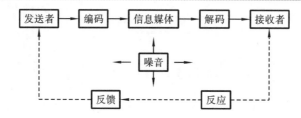

图8-1 促销沟通模型

在该促销沟通模型中,发送者的任务是根据营销目标将信息以接收者能接受的形式传递给后者,这里涉及两个过程:一是由于发送者与接收者存在理解的障碍,如企业与客户之间由于知识、经验、掌握的专业术语等有差异,需要在信息沟通过程中,根据接收者的信息解读(解码)方式对所传递的信息进行编辑(编码),这个过程称为沟通中的编码与解码;另一个过程是由于存在收发双方理解上的差异,发送者必须了解沟通效果,即要建立反馈渠道,了解接收者对信息的反应,这个过程称为沟通中的反应和回馈,亦称反馈。正是反馈的存在,才使传播过程的双向性和互动性得以体现,这是一个完整促销过程中不可或缺的要素。

在互联网环境下,发送者通过网络媒体发出的信息,可能由于某种原因而无法被接收者获取,这些原因统称为噪音,它干扰着有效的传播,使接收效果可能出现三种失真

---

① [美] 哈罗德·拉斯韦尔. 传播的社会职能和结构[M]. 何道宽, 译. 北京:中国传媒大学出版社, 2013.

的情况：①传递的信息只有一部分被接收者获悉；②接收者按自己固有的意识理解信息，使传递的信息被片面理解；③传递的信息只有一部分能在正确理解的基础上被接收者采纳。

8.1.2　互联网对促销策略的影响

网络促销是一种以网络媒体为中介的间接的人际传播，在网络环境下，促销媒介、促销工具与方式等都发生了深刻的变化，使网络促销有着与传统促销不同的特点，并面临新的机遇与挑战。

1．网络媒体及特点

媒体的功能是延伸人类沟通信息的能力。如今，综合运用互联网技术、数字技术和多媒体技术的网络媒体，已经成为继语言、书写、印刷、电讯之后以媒体进化为标志的第五次人类信息传播革命。网络媒体的发展速度之快，超过了以往任何一种媒体。按照传播学的观点，某种媒体的规模效应以 5000 万受众为起点[①]，达到这一标准，无线电广播用了 38 年，电视用了 13 年，而基于互联网技术的网络媒体只用了短短 5 年的时间。

通常，媒体具有两个方面的含义：一是指信息传递的渠道、技术手段或工具，也称为媒介，如报纸、书刊、广播、电视以及各种社会化媒体、自媒体等；二是指从事信息采集、加工制作和传播的社会组织，如报社、出版社、广播电台、电视台等传媒组织。随着科学技术的发展，现代传媒日益呈现融合的趋势，如今，利用互联网已经实现了数字广播、数字电视等现代传播媒体，与计算机、手机等移动终端之类的现代通信工具之间的互联互通，以及各媒体间的信息集成化传输。因此，网络营销将网络媒体作为一个整体概念，指所有借助于互联网技术、数字技术和多媒体技术实现人类信息沟通的渠道。显然，这个渠道中所涉及的媒体，包括传送与接收信息的各种不同媒介。此外，网络媒体还集中了个人传播、组织传播、大众传播等多种信息传播与沟通方式，这也使网络媒体具有完全不同于传统媒体的新特点。

1) 信息传播集成化、速度快、容量大、空间广

网络媒体集报纸、广播、电视三大媒体的综合优势于一体，是传播方式一次真正意义上的"突破界限"(break boundary)。在新的技术集成环境里，不同媒介之间的技术鸿沟已不存在，互联网提升了各种媒体的信息传播能力，使网络媒体呈现出信息传播集成化、速度快、容量大和空间广的特点。

2) 噪音干扰加大，注意力成为稀缺资源

互联网不仅消除了人际交流的技术障碍，降低了搜寻、交流和学习的成本，而且实现了信息的增值，形成了"搜集信息—信息增值—更快地搜集信息"不断增值的循环过程，促进了全球信息资源迅猛增长，更新周期的不断缩短。同时使注意力有限的人类面临信息过剩，注意力成为网络环境中的稀缺资源，不断升值的注意力成为营销者争夺的焦点。另一方面，互联网卓越的信息传播能力和传播机制，使受众能够轻而易举地获得几乎不受任何环节加工或过滤的"原始"信息。缺少传统媒体"把关"功能的网络媒体，

---

① 按传播学的定义，一种媒体的使用人数达到全国人口的五分之一时，才能被称为大众传播媒体。

不仅难以滤除传播中的"噪音",反而可能将某个具有消极影响的事件"放大",使受众在辨识信息时所面临的干扰进一步增大。因此,在网络促销过程中,促销者面对的任务更加艰巨。

3) 传播者与传播工具相分离形成了网状的沟通结构

网络媒体在提高传播效率的同时,也改变了沟通结构。互联网的网状通信结构,实现了点对点、点对面、面对点、多点对多点等多种形态的传播方式。在这种沟通结构中,网络中的任何一个节点都可以产生和发布信息,形成网络中信息的非线性传播。在传统媒体中,传播主体拥有传播工具的控制权,而在网络环境中,使用网络生产、处理和传播信息的社会组织与个人作为传播者是传播的主体,而由大量硬件和软件构成的、分布于全球各地的网络基础设施作为传播工具则不属于某个传播者。这种传播者与传播工具相分离的状态,使众多个人或非专业组织及团体可以在任何时间、地点发布信息或参与社会传播。

4) 传播者与受众之间形成了平等互动的传受关系

网络传播与传统大众传播的本质差别在于传播者与受众(信息接受者)之间的关系。传统大众传播是以传播者和传播媒体为中心的,他们充当"把关人"的角色,来自各种不同信息源的信息源源不断地汇集到他们手中,经过筛选过滤和加工制作的层层把关,成为符合他们标准的产品,再向广大受众传送。互联网从根本上改变了这种传统的单向传受关系,网络传播的最大特点是信息传播的双向(乃至多向)互动性,网上的受众不再处于被动的接受端,而可以主动搜索自己需要的信息,并根据自己的需求选择信息的内容。换言之,信息不是从传播者那里"推"出去,而是由接受者从传播者那里"拉"出来。因此,"受众"这一术语在网络环境中已失去其本意,网络环境下的"受众"已演变为"信息的选择者或寻求者"。

5) 传播中信任的缺失

网络传播有两大特点:一是爆炸式地扩散信息;二是极端化地放大信息。在"人人拥有麦克风"和传播者与传播工具相分离的环境中,网络传播在创造自由发表言论的同时,也为种种不良信息创造了自由传播的空间,更有一些人利用网络匿名的特点,无所顾忌地宣扬自己的错误主张或阴暗心理,甚至进行各种欺诈,这些现象造成了广大网民的戒备和防范心理,进而加剧了网络环境中营销活动乃至人际关系的信任危机,这是网络传播的弊端。

2. 网络环境下受众的心态

网络媒体的上述特征,直接影响了网络环境下"受众"的心态,需在网络促销中加以重视并采取应对措施,以提高促销的效果。

1) 搜寻信息时的浮躁心态

现代社会中的人们为获得知识和解决问题,普遍具有强烈的求知欲。然而,信息时代各种媒体尤其是网络媒体中的海量信息既使用户因求知欲满足而亢奋、激动,产生思想力和行动力,也将用户淹没于信息泛滥的海洋中,增加了各种不确定性,时有发生的一些低效率状况,让许多用户感到不耐烦。面对这种认知失衡的表现,网络传播者需帮助用户克服面对海量信息时可能出现的浮躁心态,从而能有效地吸引更多的受众。

2) 平等参与时的平衡心态

在现实社会中,许多人都希望表达自己的观点,与社会上其他人交流信息,以获得社会认知或产生情感共鸣,这将使他们产生实现自我和与人相处的平衡感。在互联网环境中,所有人的身份都是平等的,加上互联网特有的"交互"功能,更加强化了这种平等参与的平衡心态。

3) 互动交流时的随意心态

互联网用户可以不受任何限制地在网上任意遨游,同时,搜索和获得信息的便利与迅捷,以及上网时间的碎片化,也往往让受众难以从头到尾仔细阅读所获得的每条信息,而网络传播的多渠道和多媒体造就了大批随意性的受众群体,他们普遍注意力不集中,以随意的心态获取和交流信息,许多人可以边浏览信息边收听网络音乐,同时还通过QQ、微信等IM工具与他人聊天。调查显示,44%的微信用户只浏览朋友转发的内容标题或开头,很少看完全文。

3. 网络促销的主要功能与基本任务

促销的目的是说服受众并引导其采取预期的行动,网络促销也是如此,其主要功能并未发生变化,包括:①告知。通过网络促销,把企业的产品、服务及各种经营信息传递给目标受众,以引起他们的关注;②说服。通过促销解除目标市场对产品或服务的疑虑;③创造需求。开展促销不仅要诱导需求,而且要激发和创造需求,发掘潜在的消费群体,进而开拓市场,提高产品的市场占有率;④稳定销售。根据市场的变化,及时开展针对性的促销活动,以增进和改善客户对企业及产品的认识与印象,树立良好的企业和产品形象,达到稳定销售的目的;⑤反馈。借助于网络促销的各种媒体和平台,实时搜集各种市场信息和用户反馈,以及时调整企业的经营战略和营销策略。

因此,网络促销的基本任务仍然是以下五个方面:①设计促销内容,使之与想要引导的预期行动间建立联系;②将促销信息通过合适的媒体、克服噪音干扰有效地送达目标受众;③让目标受众能准确理解促销信息的含义,并成为自己认知结构中的一部分;④在目标受众进行决策时,为其提供足够的动力促使他们调出信息、指导行动;⑤了解所发送的信息是否有效引导了预期的行动。

4. 网络促销的特点

1) 以互联网与现代通信技术为支撑

网络促销主要通过互联网来传递各种促销(产品与服务的品质、效能及特征等)信息,网络(计算机网络和通信网络)和现代通信技术是实现网络促销的基础。因此实施网络促销不仅要熟悉营销传播的知识和方法,而且要掌握互联网与现代通信技术的手段和技能。

  营销视野   基于 HTML5 技术的移动营销

网络游戏尤其是在社交媒体上运行的小游戏,正在成为越来越多企业用于构建品牌的工具。然而,就在几年前,开发可在 Web 浏览器中运行、具有交互功能的网络游戏程序，必须依靠由第三方提供的专用开发工具或解决方案，如 Java applet、Macromedia Shockwave、Adobe Flash、Microsoft Silverlight 和 Unity 3D 等，或许还必须为获得某个集成开发环境(IDEs) 支付高昂的费用。另一方面，用户必须在浏览器中安装相应插件才能使用这些交互性应用程序。

由于 HTML、CSS 和 JavaScript 这些传统的 Web 技术必须通过像 Adobe Flash 之类的工具来实现交互功能，而且不支持本地音视频和本地存储，这使 Web 浏览器只能支持一些简单的游戏，无法为用户带来炫酷的体验。

HTML5 和 CSS3 技术的崛起，使得 JavaScript 应用程序可以获得更好的运行性能。目前，Chrome、Opera、Firefox、Safari 和 Internet Explorer 等主流 Web 浏览器以及 iPhone、Android 等智能手机浏览器都实现了对 HTML5 和 CSS3 最新版本的支持，都已适应开发和运行一个全功能视频游戏所需的各种最新技术。

HTML5 是一系列制作网页互动效果的技术集合，也是目前最受欢迎的网页编程语言，主要有 3D 视觉、游戏、热点话题效应、还原现场互动四种形式，适用于微信、微博、QQ、App 等平台，可用于品牌传播、产品介绍、销售促进等动态页面制作。

短短几年间，基于 HTML5 技术开发的手机广告、互动海报和游戏如雨后春笋般涌现，并被证明在人际互动性方面明显优于基于文本的帖子、图片和视频广告。HTML5 页面不仅可以帮助企业在社交媒体、App、移动站点等移动营销中实现"引流"，获取更多移动端的流量；而且可以实现"截流"，即配合微信公众号、App 中的移动端在线客服将客户访问流量截流下来；还可以通过用户的后续行为去触发相关内容的邮件、短信或点击实现有效的销售线索培育(lead nurturing)及转化。

由此可见，HTML5 游戏的优势所在：以休闲娱乐的游戏方式，保持与用户更长时间的互动，进而使其更好地融入到企业的营销活动中。因此，无论是全球 500 强企业还是成千上万的小微企业目前已经开始将 HTML5 游戏列为其网络营销战略的一部分，尝试通过社交媒体游戏来吸引目标受众，并成为移动营销和新媒体营销的亮点。

2) 在全球化的虚拟市场中实施

借助于互联网，网络促销突破了传统促销受时空局限的软肋，然而面对这个汇聚不同种族、文化的全球虚拟市场，从事网络促销必须清晰地认识到它与传统市场环境下促销的区别与联系，摆脱传统市场环境对促销思维的羁绊，实现在全球化虚拟市场中的促销策略创新。

5. 网络促销面临的机遇与挑战

互联网为企业开展促销网络促销提供了技术条件和发展机遇，同时也充满着挑战。

1) 机遇

2002 年，著名媒体人马尔科姆·格拉德威尔在《引爆点：如何引发流行》一书中提出了实现流行的三法则[①]：①个别人物法则(law of the few)，联系员、内行和推销员；②附着力因素法则(stickiness factor)，即流行事物本身所应具备的要素，能让人过目不忘

---

① 格拉德威尔创造的名词"引爆点"和流行三法则，已成为商业理论上的新经典。2005 年，《时代》杂志将格拉德威尔列入世界最有影响力的 100 人名单。

或至少给人留下深刻印象的附着力;③环境威力法则(power of context),强调发起流行的环境极端重要,甚至外部环境的一个微小变化,都能决定其流行或不流行。格拉德威尔指出,无论是时尚潮,还是流行病的传播,都是流行三法则共同作用的结果。流行三法则为营销传播中面临的 3W(who, why, how)难题,提供了一种可行的解决方案。

网络促销是实现流行三法则的机遇。通过互联网不仅能实现由营销者(企业网站、App)实施的个性化与互动性促销,而且可以由意见领袖、专家(内行)以及粉丝(义务推销员)共同参与促销;同时企业可以利用互联网、大数据充分了解客户需求,针对网络环境下受众的各种心态开展促销,使促销活动更好地满足客户多元化的需求,产生有效的附着力;网络促销还可以通过社区、论坛以及各种社会化媒体或自媒体产生群体效应,刺激用户的消费欲望,形成环境威力。

2) 挑战

网络技术环境允许个人选择、处理和控制信息流,这对传统的以企业为主导的促销策略是一个挑战。在网络促销中处于主动地位的客户可以轻易地过滤、删除不受其喜爱的信息(如内容过滤技术就大大降低了广告在网络传播中的强制性),轻点鼠标即可转换网址或 App,进入新的选择;与此同时,随着各种社会化媒体和自媒体的不断涌现,网络中的用户口碑效用更为明显;而且,用户可以从 Web 站点、自媒体、App 等渠道了解世界上所发生的各种事物,企业面临的将是"无所不知的受众"。网络促销必须适应促销环境的这些新变化,不断创造和策划新的促销方式与内容,以吸引和保持目标客户的注意力,提高促销的效能。

8.1.3　网络促销的实现方式

实现网络促销的方式、方法与手段很多,而且还在持续地创新中,即使是同一种促销方式,也可以有多种手段和方法来实现,因此,对网络促销进行具体的分类比较困难。这里借鉴传统促销的分类方法,按实现手段将网络促销分为网络广告、网上销售促进、网络公共关系和人员促销四种方式。

1. 网络广告

网络广告借助于互联网实现广告的发布与传播,是应用最早和最普遍的网络促销方式,也是许多企业首选的网上促销形式。随着信息技术的发展,网络广告的表现形式越来越丰富,发布途径日益广阔,市场规模也逐渐增长,已经占据国内广告市场的半壁江山。

2. 网上销售促进

销售促进是企业为刺激购买产品和服务而采取的除广告、公关和人员推销之外所有营销活动的总称。通常是在某个时段内采用有奖销售、价格折扣、竞价拍卖等特殊手段对客户进行强烈刺激,以促进企业销售迅速增长的一种方法。网上销售促进(online sales promotion)是指在网络环境中企业利用各种销售促进手段进行的短期推销活动,除面向 B2C 市场消费者的促销,也包括制造商对分销渠道成员的交易促销和对 B2B 市场客户的产业促销。

> **案例**   **Branders 的在线促销**
>
>   Branders.com 是一个定制促销品和商业赠品(promotional products & tradeshow giveaways)的网站，主要经营一些中小企业的各类促销产品。网站成立于 1999 年，当时是看准了北美市场高度碎片化的促销产品，专门针对中小企业的促销品供应链管理打造的。
>
>   过去，促销产品是由销售员上门推销，他们各自负责特定的促销产品和销售领域。通常，一个有经验的销售员与客户建立良好关系大约需要 8 个月的时间，当双方的关系稳定后，销售人员往往会向促销品生产企业索要更高的提成，若双方不能为此达成协议，销售员便会毫无顾忌地一走了之，带着自己的客户投向竞争者。尤其是在产品高度同质化的行业，生产企业与客户之间的忠诚度，几乎完全依赖于销售员个人。让客户通过互联网与企业互动，建立起企业与客户间的新型关系，而不是像过去那样必须依靠销售人员，以解决以往难以应对的客户流失问题。这就是杰瑞·麦克劳林创建 Branders 的最初想法。
>
>   针对企业促销的需求，除经营企业提供的促销产成品外，Branders.com 还推出了按客户要求提供促销品的在线定制化服务，由于整个定制过程都是在线操作，加快了下订单和发送货物的速度，Branders 还运用 3D 技术显示客户选定商品的外观效果，让客户"在购买之前就能目睹"(see before you buy)。Branders 推出的促销品在线定制服务不仅配合企业的线下营销活动，提高了促销的效果，也帮助企业节省了促销开支。以往付给销售员的费用占总营业额的 18%～20%，Branders 利用互联网和客户直接交流，降低了销售成本，即便价格比竞争者平均低 12%，仍能获得较多的利润。
>
>   过去依靠人员推销时，销售员在销售过程中会为客户提供几千种样品，虽然客户的选择多了，但由于产品过于分散，难以形成大批量订单。而 Brander 可以在线直接面对全球各地的客户接受大量订货，聚少成多，形成规模化销售。于是，掌握大量订货量的 Branders 可以直接与主要生产商或供应商谈判，获得较低的折扣，形成自己的价格优势，同时减少库存，由此取得规模效益。

3. 网络公共关系

公共关系作为一种重要的促销方式，是社会组织为塑造组织形象，通过某种手段与利益相关者，包括供应商、客户、员工、股东、社会团体等建立良好的合作关系，为经营营造良好的环境氛围。公共关系已成为营销学中的一个重要分支——关系营销。互联网使企业与外界的联系越来越密切，使目标市场客户的需求越来越个性化，因此，公共关系作为营销沟通的手段之一，在提升企业形象、赢得客户信任、为企业发展创造良好的外部环境方面所发挥的作用也显得越来越重要了。互联网已经成为企业开展公共关系活动的新领域和新手段，同时也使企业开展公关活动面临许多新的问题。如何把握网络公共关系的优势、特点及规律，利用互联网开展有效的公关活动，是企业实施关系营销所要解决的现实课题。

4. 人员促销

人员促销是最常用和最重要的促销方式，尤其在 B2B 市场和 B2C 市场的购买后期都是非常有效的。与 B2C 市场相比，B2B 市场中的潜在客户较少、购买量较大，以及专业化购买和购买决策的影响者较多等特点，使人员促销在 B2B 市场中占据了主要地位。

在互联网环境中，现实环境中那种面对面接触的人员促销方式已经被电子邮件和社会化媒体以及 App 等移动媒介所取代。在美国，B2B 企业在整合多个渠道的沟通和协调传统媒体与数字媒体方面一直要好于 B2C 企业，而 B2C 企业显然更善于利用社会化媒体和移动媒介。不过近年来，B2B 企业对促销渠道的选择也在逐步变化，据 2014 年 Software Advice 发布的一份报告显示，Email 营销仍然是 B2B 企业最看重的营销方式，其次是社会化媒体营销和口碑营销。可见，网络环境下的人员促销是营销人员借助于各种信息传播工具，通过网络向促销对象传播各种与所推销产品相关的信息。因此，网络环境下的人员促销具有行为的隐匿性、传播信息的含蓄性、影响范围的广泛性，以及对人员素质要求更高等特点。

随着自媒体的发展，不少普通用户变成了某些产品或服务方面的"专家"，并涌现出一批被称为网络推手(又名网络推客)的专门从事网上商业推广的策划人员，推销的内容包括各种产品或服务，推销的对象是企业、组织和广大消费者。

8.1.4 网络促销的实施

根据许多企业网络促销的成功经验，网络促销与传统环境下促销策略的实施步骤并无差异，可分为以下五个步骤，但在具体实施过程中却有着很多不同。

1. 确定促销对象

网络促销对象是指在网络市场上可能产生购买行为的客户群体。要在网络环境中找到有效的促销对象，首先要识别目标受众。

1) 识别目标受众

有效的促销对象一般来自于以下目标受众。

(1) 产品的使用者。即实际使用或消费产品的人，对产品的实际需求是客户产生购买行为的直接原因。

(2) 产品购买的决策者。指实际购买产品的人。与传统市场环境相似，网络环境中同样存在产品的使用者与购买者不一致的情况，且大多发生在 B2B 市场的采购中，因此，网络促销应当把购买决策者放在重要的促销对象位置上。

(3) 产品购买的影响者。产品购买影响者并不直接参与购买决策，只是对决策产生间接的影响。通常在快速消费品的购买决策中，他们所发挥的影响力较小；而在耐用消费品的购买决策上，其影响力较大。

在网上识别目标受众，主要是基于包括人口统计特征、经验研究、行为跟踪等信息和数据，借助于互联网，使搜集促销目标受众行为信息变得简单易行、效率快捷且成本较低。搜集目标受众信息的目的是发现最佳促销对象，以便将其作为促销的重点，而要有效地影响重点促销对象，就要在上述信息的基础上进一步通过数据挖掘，深入研究他们的网上行为方式、偏好等特征。随着大数据、云计算技术的发展，基于互联网络的数据搜集、整理与分析都可以通过专用的工具和数据仓库完成，目前，许多电商平台或第三方服务机构都可以提供这类专业化的服务。

2) 确定促销目的

促销的具体目的可分为三个：

(1) 建立品牌认知。如果企业的产品和服务对本次促销活动的目标受众来说是新鲜陌生的，促销就应以建立品牌认知为目标，衡量指标一般是促销活动对提高目标受众品牌认知、记忆与偏好方面的影响程度。

(2) 提供即时购买刺激。如果目标受众对企业或品牌已有所了解，企业为降低库存以加速资金周转，促销目标就应当是刺激即时购买，衡量指标是促销对销售的直接影响。

(3) 激励客户参与交互。如果为了与竞争对手争夺市场份额，扩大企业的影响面，获取受众的信息，促销就应以激励交互为目标，衡量指标一般有点击率、注册率、请求信息数量等。

这三个目标相互关联，即某项促销活动往往可以实现多重目的。

2. 选择促销方式

网络广告、销售促进、公共关系和人员促销四种方式可以单独使用，但为实现更好的促销效果，通常应将这些促销方式组合使用。根据不同的产品和潜在销售对象，其促销的组合方式和具体促销方法、手段也将有所不同。因此，不同行业或同行业中的不同企业选择什么样的促销组合(包括选择的媒体与促销手段)也将有很大差异，应在充分考虑以下因素的基础上，选择合适的网络促销组合。

1) 促销目标

企业应根据具体的促销目标选择不同的网络促销方式组合。如果促销目标是扩大产品销量，提高市场占有率，可主要采用网络广告、销售促进和人员促销方式；如果是为了树立企业良好形象，则应以关系营销为主，加强与客户的沟通，为实现长远的经济效益奠定基础。

2) 产品类型

广告和销售促进通常是 B2C 市场中的主要促销方式，尤其是快速消费品市场，消费者做出购买决策的时间较短，许多属于冲动性消费，产品的广告、促销、价格甚至包装等都对销售起着重要作用。而关系营销和人员促销是 B2B 市场中的主要促销方式，工业品的本质特点决定了其营销过程的复杂性，客户不只是要做一次交易，还需要与企业保持长期稳定的关系，以随时获取信息，做出决策。因此，B2B 营销中业务人员与客户一对一的交流是一种常态。企业可根据其经营的产品类型，选择不同的促销组合方式。

3) 购买行为

不同类型的购买行为和购买决策的不同阶段，客户需要获取的信息有所不同。对于习惯性、选择性以及社会性购买行为，以及在确认需求、搜集信息、备选评估阶段，一般应采用广告和销售促进方式，而对于复杂性和减少风险性的购买行为，采用网络公关和人员促销方式的效果要好一些。因此，企业应根据客户的不同信息需要，采取不同的促销组合。

4) 产品生命周期

不同的产品生命周期，促销的重点会有所不同，促销组合也应进行相应的调整。如在产品的导入期和成长期，促销活动的重点应放在广告和销售促进上，在产品的成熟期和衰退期，应以关系营销和人员促销为主要手段，而在产品衰退期，则有必要采取销售促进方式。

3. 设计促销内容

通过具体的促销信息内容来实现引发用户需求、产生购买行为的网络促销目标，因此，设计促销内容至关重要。

1) 促销主题的策划

促销活动的主题及表现形式既要符合促销目标，又要符合产品或服务的功能及品牌特性，还要以目标受众乐于接受的方式进行表达，整个活动从内容设计到组织实施都应当精心策划。

2) 促销内容的设计与实现

网络促销内容的设计通常是先进行文案创作，再进行技术实现方式的设计。文案创作应根据促销主题，围绕具体的促销目标展开。以刺激消费者实施购买为例，由于消费者的购买是一个复杂、多阶段、波动性的过程，具体的促销内容应当根据产品所处生命周期的不同阶段和消费者所处的不同购买决策阶段来决定。在产品导入期或面对正在搜寻信息的消费者，促销内容应侧重于宣传产品的特点，以引起消费者的注意；当产品处于在市场上已有一定影响的成长阶段或面对多个竞争者的情况下，促销内容应侧重于如何唤起消费者的购买欲望，同时要着力于提升产品及品牌的知名度；当产品进入成熟期后，面对激烈的市场竞争，促销活动除针对产品本身的宣传外，还应围绕树立企业良好形象进行大量的宣传工作，树立消费者对企业产品的信心；当产品进入衰退期或面对产品的用户，促销活动的重点是密切与消费者及用户间的情感沟通，延长产品的生命周期，同时通过维系与老用户的关系，稳定企业客户的忠诚度。

促销内容的表现形式包括文字、图片、视频、Flash 动画、HTML5、微信小程序以及 App 等，无论哪种表现形式都要围绕和烘托主题，并且与促销目标、品牌个性、受众偏好相契合，此外，所选择的传播媒体、技术手段和表现形式还应与内容相适应。

案例　闻见新鲜——美的冰箱的主题营销

4. 制定促销预算方案

不同的网络促销方式其成本及费用有很大差别，而且实现同一促销方式相应功能的服务提供商的服务质量、费用也各不相同，因此，企业应根据促销方案所需，综合考虑服务提供商的质量、价格、知名度等参考指标，在确定适合本企业的促销方案及服务商的基础上，制定出合理的网络促销预算方案。

5. 评估促销绩效

企业必须对所实施的网络促销活动进行评价。即按所确定的促销目标和指标，对促销活动的每一要素及各要素的整合与协调程度、资金支出及效果等进行评估，评价所采用促销方式的适用性、成本收益比，看促销的实际效果是否达到预期目标，并为调整促销策略、改进促销活动提供依据。

评价促销效果主要基于两方面的数据：其一，充分利用网上各种工具或第三方提供的评价服务资源，及时获得能反映促销效果的数据，如利用各种专业统计软件获取网站访问量、广告浏览量、关键词使用频度等跟踪和记录在线行为的数据，通过这些数据，营销人员不仅能了解自己的网络促销状况，而且可以与竞争者的类似行动进行比较；其二，通过销量、利润的变化情况，以及与促销成本的比例升降情况，对促销绩效做出科学的评估，以判断促销策略及活动是否奏效。

在评估的基础上，对偏离预期促销目标的网上促销策略进行及时调整。此外，在促销实施过程中，营销者应与相关部门或人员保持密切沟通，对出现的问题及时进行处理，防止事态扩大，确保促销活动取得好的效果。

8.2 网上销售促进

根据市场扩散理论，当一种新产品或一种新的销售方式刚刚进入市场时，大约只有2.5%的人敢于尝试，实施销售促进能有效引发消费者的关注和参与意识，吸引老客户的重复光顾，激发潜在客户进行尝试。而一旦人们亲身体验后，他们会通过口碑等方式传播自己的感受和体会，由此影响更多的消费者。各种形式的销售促进都是通过某种刺激策略来诱导消费者购买，网络营销也不例外，目前常用的销售促进策略主要有以下几种。

8.2.1 优惠策略

这是传统的销售促进策略，在网络促销中主要采用四种形式。

1. 有奖促销

这种促销方式多样，如各种消费品、旅游产品、金融产品，以及电信服务、航空公司、酒店普遍采用的竞猜、竞赛、游戏、抽奖等有奖促销活动，几乎成为这些行业的"标准"促销模式。在网络环境中，虽然这些方式仍然能够制造卖点，吸引众多消费者的眼球，并获取潜在的客户资源。但消费者对这类活动的套路已经非常熟悉，对老客户难以产生有效吸引力。因此，开展网上有奖促销，应注意以下两方面的问题。

1) 明确网上有奖促销的目的

许多企业经常利用其网站或 App 组织各种有奖竞赛和积分抽奖、换购活动，并不是为了吸引用户的眼球，而是通过这些经常性的活动体现的利益让渡，使用户与企业网站之间形成一种"黏性"，增加用户的"回头率"，形成良好的口碑，并稳定企业的市场份额。

Foursquare 是一家专为用户提供地理信息服务的网站，它鼓励手机用户与他人分享自己当前所在的地理位置等信息，以帮助人们找到自己的朋友。为提高网站的知名度，Foursquare 会记录用户的分享记录，并根据记录的用户分享数据授予其不同的徽章。若在 60 天内分享过同一地点位置的用户，即获得一枚区域"市长"勋章，如果分享过 5 个不同的机场位置，将获得"名流助手"徽章。这些徽章不仅提高了用户使用 Foursquare 的次数，而且因为公司提供了社交货币，客户还自豪地将公司的这些徽章展示在 Facebook 或微博上，客观上起到了品牌宣传的效果，Foursquare 也逐渐为越来越多的用户所认知。

抽奖作为一种长盛不衰的促销手段,在网络促销中仍然具有巨大的应用空间。如利用社交平台和自媒体用户的转发功能,实施转发抽奖,通过粉丝转发、评论或"@"若干好友就有机会中奖。小米利用官方微博实施转发抽奖,不仅让自己的粉丝得到实惠,同时也吸引了更多的用户注册并参与,由此也获得了大量用户资料,为开展二次营销积累了资源。

因此,网上有奖促销要针对目标消费者的需求和偏好,充分利用网络的交互功能,吸引广大用户参与、互动、体验并进行线上/线下的有效结合,策划富有情趣和感染力的活动,改善有奖促销的效果。

2) 能否有效改善产品的销售业绩

一些产品在实施有奖促销后若出现销售量无明显的变化,即未达到实施有奖促销的初衷;或销售量虽有明显增长,但未达到预期的目标,相反却导致营销费用大幅增加的情况,这意味着有奖促销并不能有效改善产品的销售业绩,因此最好放弃有奖促销。

2. 折扣促销

折扣作为市场竞争的手段之一,不仅用于定价策略,而且在促销策略中也常用不衰,数量折扣、季节折扣,以及返利、买一送一等传统促销中司空见惯的手段,如今也都应用在了网络折扣促销中。而秒杀、拼团、电子优惠券等基于网络环境的折扣促销也为越来越多企业所青睐。

"双 11"的销售业绩为何能年复一年屡创新高,降价促销是屡试不爽的主要策略。然而,正如广告大师大卫•奥格威(David Ogilvy)所说,"降价是一种可怕的营销"。打折降价是一种"外部刺激"的促销解决方案,任何单纯依靠"外部刺激"的促销都会产生两个副作用。

(1) 经常降价促销,刺激销量的效果会越来越差。根据心理学的观点,随着刺激次数的不断增多,人们对每次刺激的反应越来越少,即产生了"刺激适应",打折越来越频繁,折扣给消费者带来的"愉悦"感就会逐步减弱甚至消失。

(2) 回归正常价格后,消费者不再购买。京东生鲜刚上线时,推出了许多"1 元秒杀"的商品,但当这些商品回归到正常价格后,很多消费者却不再购买了。这就是心理学中著名的"阿伦森效应":外部刺激减少后,反而出现了态度消极的现象。因此,降价促销应当谨慎使用。

3. 拍卖促销

竞价拍卖也是一种常用的促销方式。虽然在线拍卖可吸引大批用户参与,而且快捷方便,但与有奖促销和折扣促销不同,它并不是通过提供某种优惠来招徕客户或刺激和诱导其购买,更主要的目的是吸引用户的注意力,树立品牌形象。因此,企业应注重利用拍卖促销在吸引用户关注和参与的契机,获取参与活动的用户群体特征、消费习惯以及对产品的评价等信息,为企业的经营战略和营销策略调整提供依据。

在线拍卖通常还可以与其他网络促销策略结合起来使用,如与"秒杀"结合的"点购",即用户按一定价格购买竞价权(bids),然后以拍卖竞价方式进行交易。不过业界对这种交易方式存在争议,有人认为这是"以低价诱惑人们付费参与竞价交易"的变相赌博。

案例　　　　　**Swoopo 的娱乐消费**

曾经红极一时的竞标拍卖网站 Swoopo，成立于 2008 年。从形式上看，Swoopo 与其他竞价网站的竞拍方式并无差异，所有商品的起拍价都是 15 美分，经过多轮竞价，最终由出价最高者买下竞拍物品。但与众不同的是，想要在 Swoopo 上竞拍，参与者每一次出价都要购买 bids，一个 bids 的价格是 0.75 美元。竞拍开始后，竞标者每出价一次，竞拍商品的价格就增加 0.15 美元，并开始新的 20 秒计时，若此间没有再加价者，商品即出售给最后也是最高出价的竞标者。

Swoopo 将这种交易方式定义为"娱乐消费"(entertainment shopping)，其乐趣在于它提供了通过竞拍让消费者能够以超低价格购买超值商品的可能性。Swoopo 主要经营的是计算机、数码产品，每月拍卖 1 万多件，商品的平均竞拍成交价格为其市场价格的 65%。这种交易方式将商品的价值和交易风险分散给了众多的竞标者，以刺激消费者的参与，同时将娱乐元素与赌博心理融入到充满不确定性的竞拍过程，以提高参与者在这一过程中的"博弈体验"，Swoopo 则从中获利。

通过这种交易，Swoopo 能获取多少利润？不妨做一个简单的估算：如果一件价值 1000 美元的计算机最后以 800 美元成交，这意味着进行了 5333 次竞价，竞标者每次竞价花费 0.75 美元，表面上 Swoopo 亏了 200 美元，但它其实从众人参与的 5333 次投标所购买的 bids 中获得了总计 4000 多美元的收入，这样的利润远远超过了该商品的任何一个生产商和经销商。

Swoopo 如此利用人性的弱点(贪婪、赌博心理等)，引发了业界巨大的争议，业内人士普遍认为，以买到低价商品为饵，诱惑消费者为能得到最终购买资格而一再出价，从中聚敛了大量财富，商品实际的出售价反远高于商品的原始价。这种娱乐其实是一种变相的赌博模式，有人将它称为"邪恶版 eBay"、一个"以低价诱惑众人付费争位竞价的可怕网站"。由于敛财过度，严重违背了道德标准，Swoopo 陷入了一系列丑闻，2011 年 3 月在德国慕尼黑申请破产。

4. 免费促销

与提供免费资源的免费价格策略不同，网上免费促销采用的主要方式是通过互联网为用户提供各种免费试用的产品，目的是让用户通过试用获得有效的产品体验，以刺激其购买或促使他们转换品牌，或协助既有品牌强化分销渠道。

早期的免费试用品大多是计算机软件、电子出版物、音像制品、在线游戏等数字化产品。随着移动电商及 O2O 电商的发展，免费促销成为日益盛行的网上促销方式，所提供的试用商品也从数字化产品扩展到日用品、图书、小家电和餐饮等各种生活服务类产品。2013 年，被誉为中国第一家"轻奢餐"餐饮品牌的雕爷牛腩餐厅，在开业前进行了半年的"封测"，在此期间，京城各界得到邀请的数百位美食达人、影视明星前来试菜，乃至圈内明星皆以获得雕爷牛腩"封测邀请码"为荣。"吃人家的嘴短"，明星、达人、微博"大V"等各路意见领袖受邀试吃后，大多会按要求发微博、微信，描述自己的体验,从而激发其起广大消费者的好奇心。在实施免费促销时,应注意两个问题。

1) 免费促销的目的是什么

对绝大多数企业来说,免费促销的目的是为了让用户获得产品体验,尤其是那些经验型的新产品,以扩大产品的市场(不一定是网上市场)销售规模。与传统市场中动用大量人力、物力去派送试用品的做法相比,通过网络免费派发的产品其实大多来自用户的主动索取,这不仅使促销的目标对象更明确,而且降低了促销成本。几年前,湖北某米酒企业推出一款米酒新产品,通过淘宝网免费发放 3000 件进行推广,结果上线几秒钟即被领完,其营销效果微乎其微。所以,如果只是为了吸引用户的注意力,采用有奖、折扣或拍卖等销售促进方式或许效果更好。

2) 产品是否适宜采用免费促销

对于数字化产品或服务类产品,在采用免费促销方式时,可以利用限制使用功能或时间、次数、用户数、用户权限等手段,并通过在线确认方式来防止产品使用权和使用范围失控的情况发生。对于有形产品,适宜采用免费促销的主要是一些快速消费品,而诸如小家电之类的耐用消费品则不适宜采用免费促销方式。

5. 实施优惠促销面临的挑战

如今,网上各种以优惠促销为名,行坑蒙拐骗之实的欺诈信息,使得不少用户对优惠促销难以产生兴趣。与传统市场相比,这种欺骗行为更加隐蔽,也更难以有效制止。2010 年,中国肯德基和麦当劳(中国)先后遭遇假优惠券的困扰,有人拿着某网站下载的"电子优惠券"去肯德基餐厅消费,却被告知这是通过"非授权途径发出的无效券",同样消费者在网上下载的麦当劳"买任何一款超值套餐,免费任何一款超值套餐"电子优惠券,去餐厅使用时,被告知麦当劳从未提供过此类优惠券。因此,电子优惠券的防伪是有效实施网上折扣促销要解决的新问题,这也对采用优惠促销策略的企业提出了更高的要求。

除此之外,实施网上优惠促销,尤其是利用手机或各种社交媒体实施的优惠促销,应遵守《中华人民共和国电子商务法》以及国家工商总局《互联网广告管理暂行办法》《关于禁止有奖销售活动中不正当竞争行为的若干决定》等相关法规与政策。例如,《互联网广告管理暂行办法》第八条的规定,"利用互联网发布、发送广告,不得影响用户正常使用网络。在互联网页面以弹出等形式发布的广告,应当显著标明关闭标志,确保一键关闭。不得以欺骗方式诱使用户点击广告内容。未经允许,不得在用户发送的电子邮件中附加广告或者广告链接",按此规定,那种伪装"×(关闭)"按键诱使用户点击广告内容的方式就属于欺骗行为。

8.2.2 限时限量策略

这是网络促销中常用的策略,包括限制销售时间、限制用户规模等等,而且通常与其他促销策略结合使用。如"限时抢购",商家推出一些限量的超低价商品,并规定只能在有限时间内购买,最典型的是"秒杀",这种方式能给商家平台带来巨大的流量。

"限制用户规模"是最常用的限量策略,它利用了人们的好奇心和稀缺心理,达到促销的目的。谷歌公司在推广 Gmail 邮箱的初期,不接受公开注册,只在小范围内发放邀请函，获得邀请函的人除拥有 Gmail 邮箱外，还可以向自己的朋友发放邀请函，新用户只能通过 Gmail 既有用户的邀请才能注册。一时间全球各地的用户都在寻找 Gmail 的邀请函，Gmail 邮箱的知名度由此得以提升。无独有偶，Facebook 上线之初，只有使用哈佛大学后缀的电子邮箱用户才能注册，这导致其他常青藤高校的学生都拼命想挤进去。后来，当 Facebook 向常青藤高校学生开放注册时，非常青藤高校的学生们也都想挤进去。就这样，Facebook 轻松获得了大量用户。在我国，网络游戏运营商也是通过限制用户来激发用户的参与热情。每一款新游戏正式上线前，通常会进行封闭测试，受邀参与的只是少数铁杆粉丝。通过封测，让产品先在社区、论坛上引发用户的关注和消费欲望。

8.2.3 互动体验策略

针对目标市场的需求和用户偏好，以及移动用户碎片时间多的特点，结合促销主题，策划和开发能够吸引用户参与、互动、体验的各种营销活动，是互动体验促销策略的实施重点。

在线销售促进活动的互动体验应遵循娱乐性、趣味性为主的原则，尽量淡化推销之类的商业氛围。除可以利用网站提供娱乐、增智等游戏外，还可以在 App 中嵌入"涂鸦""比较"，以及各种小测试等互动性强的小游戏。

星巴克曾推出一款"Early Bird"（早起的鸟儿）App，每天早上内置闹铃响起，用户按下"起床"键后，立刻起床并在 1 小时内赶到附近的星巴克门店，便可获得一杯打折咖啡，迟到则作废。这个有趣的活动在微博上发布的当天即被转发 3000 多次，活动第一周就有 1.3 万人下载了这款 App。哈根达斯也曾推出一款 App，用手机摄像头对准冰淇淋杯盖进行扫描，屏幕上便会出现一个拉小提琴的小人，如果扫描了两个杯盖，还能看到双人合奏。这个演奏的时长是 2 分钟，据说从冰箱里拿出来的冰淇淋，融化 2 分钟的口感最佳。

奥美广告公司曾接受快餐企业汉堡王的委托，在美国为其主打产品"嫩脆鸡"策划了一项名为"随心所欲"的促销计划。该计划的主要任务是花费少量的成本，通过电视广告吸引消费者登录汉堡王网站，并在网站上"随心所欲"地参与各种游戏，其中最吸引人的是测谎游戏。参与者在游戏中要回答《星球大战》反派主角黑王西斯提出的 20 个问题，但往往问题还没答完，黑王西斯已经能猜出参与者心里在想什么了。这项促销活动实施后，汉堡王每周的销售额平均增长了 30%，很快走出了经营困境。

8.3　网络公共关系

公共关系作为一种独特的管理功能，能够帮助社会各种机构建立和维护其与各类公众之间的相互联系。在营销领域，公共关系作为一种重要的促销方式可以被理解为：企业在营销活动中正确处理企业与包括供应商、顾客、雇员、股东、社会团体等各利益相关者的关系，树立企业良好的形象，从而促进销售的一种社会活动。尽管如此，在互联网兴起之前，公关与营销其实是由不同团队及人员来完成的两种独立活动，其目标、策略和测评指标都不相同。如今，这种状况随着互联网的发展已经发生了深刻的变化。

8.3.1 互联网对公共关系的影响

以互联网作为公关媒介和沟通渠道实施的网络公共关系,其目的并未发生实质性的变化,但借助于互联网尤其是社会化媒体的传播,公关的专业内涵得以充分的发挥,使得网络公关表现出超越传统公关的明显优势,主要体现在以下几个方面。

1. 公关主体的主动性增强

互联网的交互性增强了网络公关的主体——企业在公关实施中的主动性,企业在整个网络公关过程中的几乎所有环节都拥有了主动权。企业利用媒体开展公关活动,必须得到媒体的配合与支持,但在传统的公关环境中,有许多因素是企业无法左右的。如企业的公关活动主题是否与媒体的宣传主题相符,企业与新闻媒体的关系是否融洽……,这些都会影响企业按照自己的计划和需求开展公关活动。网络公关将大大改善这种状况,在Web1.0时代,企业便可通过Web网站、Email、网上论坛等直接面向目标市场开展公关活动,不受时空、篇幅的限制,尤其是不再需要传统媒体的"把关"。而进入Web2.0时代,社会化媒体给了企业公关无限的运作空间,在不违反公关伦理和道德底线的前提下,营销者可以充分发挥自己的主观能动性,将网络公关的功能和优势发挥到极致。

2. 公关客体的权威性得到强化

网络公共关系客体是指与企业在网络环境中有实际或潜在利害关系或相互影响的个体或群体,包括投资者、供应商、分销商、客户、雇员及目标市场中的其他成员。虽然是公关活动中的客体,但他们并不是消极的被影响、被作用或被动接受的公关对象,相反,他们的权威性在网络公关活动中得到了强化,他们对公关实施主体的影响变得更主动、更直接和更迅速。

2019年两会期间,全国人大代表、广东唯美陶瓷有限公司(马可波罗瓷砖)董事长黄建平向媒体透露,他此次打算提交的议案可归纳为一句话:"互联网虚拟经济破坏实体经济,网店假冒伪劣产品居多。"对此,他明确指出"目前淘宝网上搜索关键词'马可波罗瓷砖''马可波罗卫浴',搜索结果居然有300多家,但其中经过集团授权的经销商才两家。"此言迅速被媒体放大,淘宝立刻被推上了舆论的风口浪尖。对此,淘宝迅速在其官方微博和微信公众号上发表了"对马可波罗瓷砖董事长黄建平代表三点议题的商榷"的公开信,其核心观点归结为三点:其一,打假的责任我们承担,但是管理好自己的渠道也要品牌方的配合;其二,淘宝网是100%的实体经济,实体经济搞得好有我们的"功劳";其三,打假实干难于做秀,让我们一起呼呼像打击酒驾一样严打假货。公开信既承担了责任,也纠正了对自己企业性质的片面认识,同时用数据表明了打假自己一直在行动的事实。此举很快平息了网络舆情,让自己度过了"一劫"。

3. 公关的中介效能大大提高

网络媒体作为公共关系中的信息传播中介,彻底改变了传统公关的信息传播方式。双向互动式的网络传播方式实现了一对一的沟通,使大众化、粗放型的传统公关活动变成为个性化、精细型的网络公关活动。作为网络公关客体的用户群体可以对公关信息的内容、传播方式进行控制，甚至可以直接参与企业的网络公关活动。因此，企业在开展网络公关的过程中，必须根据公关对象的不同需要和响应，有针对性地提供满足其需求或能够引起他们共鸣的公关信息及内容，否则，网络公关难以达到预期的目的。

4．公关施展的时空得以拓宽

传统公关中所使用的文案、音像资料受版面、播放时间的制约，因而必须提纲挈领、简洁明了，于是许多重要的内容只能压缩精简，甚至忍痛割爱，这使公关对象很难从简短的信息中获得完整的、感兴趣的内容。网络公关则无此限制，企业有足够的时间和空间传播内容详尽的信息，并可通过与其他相关内容的超链接增加信息容量，实现企业与公关对象之间的即时互动和充分交流。而且网络公关可以全天候随时进行，不必再为传统媒体的时空有限而煞费苦心。

8.3.2 网络公关促销的实施

1．公关促销的策划

在开展公关促销活动前，营销人员应根据实施公关要达到的目标，围绕如何通过网络提高公关传播的效能，进行周密的策划，即在认真调查研究的基础上，找出促销中需要解决的具体公关问题，分析比较各种相关因素和条件，遵循科学的原则与方法，借鉴各种成功的经验，充分发挥集体的智慧和创造力，确定公关促销的活动主题与实施策略，制定出切实可行的活动方案。

2．策略与实施

1）新闻舆论宣传

公关促销的主要功能是宣传企业，树立企业的良好形象。因此，企业可以将有关经营、产品、品牌、员工、客户的新闻或举办的各种活动通过互联网进行传播与宣传，使企业在网络社会里保持一定的展露度，创造机会吸引各类传媒和网络用户的注意，扩大影响，提高知名度。

在传统媒体时代，新闻是已经发生或正在发生的事实的报道。将新闻的定义落脚在"报道"一词上，意味着只有记者和编辑才是新闻生产的特许经营者。然而在互联网时代，新闻是用户看到的、与其相关的和被传播的事实的呈现。[①]而且许多被广为传播的"新闻"并非来自记者或传媒的"报道"，而是出自广大网络用户。他们根据与自己的相关程度，接受或转发(传播)各种信息。然而这并不意味着企业可以忽视与新闻媒体的合作，恰恰相反，利用媒体宣传仍然是网络公关的重要方式，企业在利用自有资源或社会化媒体开展公关的同时，尤其应加强与新闻媒体的合作，通过这些媒体传播有价值的信息，提高企业、产品及品牌的知名度，树立企业良好的社会形象。

目前，互联网上的新闻媒体有两大类。一类是传统媒体，将原有的传播功能及业务延伸到网上，如人民网(www.people.com)、新华网(www.xinhuanet.com)、央广网(www.cnr.cn)等主流媒体以及各行业和地区新闻媒体的网站和 App；另一类是新兴的互

---

① 仇勇. 新媒体革命 2.0：算法时代的媒介、公关与传播[M]. 北京：电子工业出版社，2018.

联网媒体，如百度、网易、新浪、腾讯、Yahoo 等信息门户以及钛媒体、eNet 硅谷动力、虎嗅、36 氪等专业媒体。在网络环境下，企业与这些媒体的合作方式大多不是基于经济利益，而取决于企业的公关策划能力。其中最关键的是创造吸引用户注意力的主题和内容，由此引发新闻媒体的关注与"报道"，甚至产生"倒逼"效应：让媒体记者和自媒体人主动跟踪"采访"、转发和评论，实现企业所期待的公关传播结果。

 案例　　　　　小镇"改名"的始末

美国一家互联网企业要推广自己的网站，但面对只有区区 30 万美元的推广费用，该怎么办呢？于是他们策划了这样一个事件：找到一座小镇，与镇长及镇上的名流、贤达们商量：能不能把小镇的名字改成该企业网站的名字？作为报酬，他们将捐给镇上 30 万美元，用于改造小镇的图书馆。面对这个奇特的建议！小镇的头面人物们不敢擅自做主，便召开全镇居民大会讨论，随着居民们越来越激烈的争论，引起了当地报纸、电视台的注意，并进行了追踪报道。实际上，这家企业根本没打算捐款，也没打算让小镇改名，他们只是希望这场争论越热闹越好。在他们的推波助澜，终于引来了一些主流媒体的注意。最后的结果是，小镇的居民经过民主投票，否决了小镇改名的建议。这家企业一分钱没花便完成了网站推广的任务。

2) 网上路演

路演(roadshow)是国际上通行的股票发行人与承销商在发行证券前针对机构投资者举行的股票推介活动的简称，目的是促进投资者与股票发行人之间的交流和沟通，以保证股票的顺利发行。网上路演(online roadshow)将这种证券发行推广方式沿用到了互联网环境中，具体的实现方式不仅包括以网上现场直播的形式展现公司推介及现场交流的实时场景，而且股票发行人还通过在线互动了解投资人的投资意向，对其进行答疑解惑，当然还有投资者、股票发行人与网民通过互联网进行的互动交流。

无论是消费品还是工业品，通过路演都能直观地增强参与者对企业形象或产品的认知。因此，路演这种宣传推广方式很快得到各行各业的广泛认同，并纷纷加以借鉴，企业"路演"逐渐成为产品与品牌推广的流行方式，并延伸到网上。与传统环境下的路演相比，网上路演不仅实施成本低，而且具有前者无法实现的即视感、互动性、戏剧性和真实性等优点。在 Web1.0 时代，通过网站上的路演专栏实现了产品推介、专业咨询等路演环节，但仍面临着无法让人们接触到产品实体、难以实现现场体验等瓶颈。随着 VR 技术的发展，使用 VR 设备，完全可以实现用户"在现场"的效果，现场体验不再是网上路演的短板。

如今，路演不仅被企业成功地移用，其概念和内涵也发生了变迁，成为包括新闻发布会、产品发布会、产品展示、产品试用、优惠热卖、以旧换新、现场咨询、文艺表演、有奖竞赛等多项内容融合、线上线下整合的 O2O 促销活动。

3) 开展公益活动

通过举办或参与各种公益活动，不仅可以提高企业的美誉度和信誉，提升品牌形象，而且可以扩大社会影响力。如果有条件，许多企业会投身于社会公益事业或开展公益活动。但是，如何策划、组织和实施公益活动，对很多企业来说却是一个很大的挑战。即使企业有这方面的打算和活动预算，公益机构有具体的项目规划，但如何招募志愿者，如何协调各参与方的利益，让企业、机构、志愿者和消费者各得其所，实现共赢？为解开这个困扰多年的难题，政府、企业和公益组织都在不断探索，虽然也形成了一些解决方案，但并不具有普适性。互联网的发展使探索中的人们顿开茅塞，如今利用互联网在开展公益活动、扩大社会影响力方面得天独厚的优势，网络公益活动如火如荼，并成为越来越多企业开展营销的必选项。

案例 "迷你任务"：另辟蹊径做公益

4) 事件营销

事件营销(event marketing)指企业通过策划或利用具有新闻价值、社会影响及名人效应的人物或事件，来吸引大众媒体、社会团体和消费者的兴趣与关注，以提升企业或品牌的知名度和美誉度，进而塑造企业良好的社会形象，并最终促成产品或服务销售的一种公关策略。

在日趋激烈的市场竞争和产品同质化的环境下，消费者逐渐对各类广告和促销手段所产生的海量信息感到麻木甚至反感。为激起消费者的关注热情，事件营销不失为一种有效的公关策略和市场推广手段。如今，通过互联网，一个事件或者一个话题可以轻松地进行传播并引起媒体或广大网民的关注，为企业成功地实施事件营销创造理想的运作环境和条件。

 案例 **百合网逼婚事件**

2014年春节期间，百合网投放了一组"为了爱，不等待"的主题广告，其中一则广告的内容是，一位经历了大学毕业、工作、逐渐成熟3个阶段的漂亮女孩，在她与外婆的经常交流中，外婆总是重复着那句话："结婚了吧！"最终，女孩"为了外婆""为了爱"，不再挑选，迅速结婚。

很快，就有"网友"指出，广告中所说的"爱"而不是爱情，只是"不嫁人就对不起家人"的亲情，这无疑是一种亲情绑架之下的伤害。于是，一些网友在微博上发起了"万人抵制百合网"活动，要求百合网删除该广告，甚至有大龄女青年到百合网总部抗议，声言"与道德绑架和陈腐婚恋观斗争到底！"

"为了爱，不等待"的广告成功地演变为"逼婚"话题。紧接着，百合网除了推出俏皮的道歉之外，一直强调"百合网是实名制婚恋交友平台，成功率极高，因此逼婚纯属误伤"，使百合网的经营卖点得到充分曝光，给关心此事件的"剩男""剩女"们留下了深刻的印象。

"逼婚"事件在网上引爆后，线下的营销活动立即跟上，传统媒体更是连篇累牍地进行报道，O2O相辅相成，放大了事件效应。通过这次活动，百合网的百度指数拉出了一条陡峭上升的线，微博话题关注度直线蹿升，微信朋友圈也被"刷屏"，Web网站流量PV在Alex的排名大幅上升，苹果、安卓移动商店中百合网App的下载数也同步增加。

事件炒作是网络营销的一种高明手段，也是塑造品牌、提升品牌形象的有效捷径。事件营销的关键是要引起网民的关注，然而这只是营销的开始，事件营销的目的是通过

事件及对事件的持续炒作来塑造品牌、提升企业或品牌形象。作为网络营销的一种高明手段,事件炒作是一种长期行为,指望通过一两次的事件营销,是很难将品牌的核心价值传递给消费者,并为其所接受或认可的。企业应当从长远的考虑和持续的投入来开展事件营销。当然,企业的社会责任感与使命感是必不可少的,只要知名度而不要美誉度的做法不可取。

事件营销是一把利益与风险并存的"双刃剑",通过事件营销虽然可以短、平、快的方式为企业带来巨大的关注度,但也可能适得其反,即企业或产品的知名度扩大了,但换来的却不是赞誉而是负面的评价,企业应学会取其利和避其害。

8.3.3 提高网络公关促销绩效的保障措施

1. 公关策略的实施要合乎情理

1) 提供真实的信息

在提供真实信息时必须注意:①尽可能多地用名词来陈述事实,多用统计信息或其他有说服力的信息,切忌用含混不清、模棱两可的语言来夸夸其谈;②尽可能拿出证据,以理服人,并尽量通过一些看得见、摸得着的事例来支持自己的观点;③尽量少用形容词,因为太多的形容词会让人感觉你提供的信息空洞而不切实际;④尤其不能为追求眼球效应而杜撰虚假信息,否则最终受到损害的只能是企业自身的形象和利益。

2) 避免制造容易产生负面效应的争议性话题

制造争议性话题是吸引用户注意力和媒体关注的有效方法之一。许多话题并不是非白即黑,很多事物本身具有多种衡量标准和判别视角,例如,对历史事件、历史人物的评价,涉及伦理的话题,以及"转基因""运动与健康"之类的话题,由于信息不对称、立场或看问题的角度不同等原因,人们很难形成一致的观点和看法,借助于社交平台或自媒体,用户可以发表各自的观点,并由此产生争议。因此,企业在策划争议性话题内容时要小心谨慎,既要确保话题足够开放,让用户能畅所欲言,又要把握尺度,控制争议可能导致的负面效果。例如,某企业为吸引网民关注,在发布招聘信息时出怪招:不招生肖属狗和属猪的员工,果然引起广泛网民关注与讨论,并被多家媒体报道。不过,此举导致的结果是:人们纷纷谴责该企业用人歧视和封建迷信,给企业造成了负面影响。

3) 对企业的宣传要适度

一些企业在自己的网站上或宣传资料中经常冠以"全球最大的……""全球首家……""中国最大的……""国内最专业的……"等词汇,这只能起适得其反的作用,在访问者的脑海中增添几分"自我标榜"的负面印象,并造成他们的逆反心理。因此,在不涉及企业核心利益的前提下,对企业的宣传应实事求是,恰如其分。

4) 信息披露应尽可能多样化

许多企业或机构的网站上常常"报喜不报忧",甚至在一些问题被别人曝光或负面传言四起的情况下,仍遮遮掩掩,不敢正对媒体和公众,这是一种互联网弱视症。真相稀缺是公众听信传言的基本前提,应对传言的关键是公开信息。在信息化程度日益提高的今天,企业应善于运用现代化的信息传播工具,在网络公关中全方位地披露自己的信息,提升自己的公信力。

2. 加强网络舆论的监控

2008年9月13日,在网上一个贴吧里,有人以"比三鹿牛奶更恐怖的是剧毒花生"为题发帖。9月23日,另一个传言出现在网上:"继蒙牛、伊利、光明液态奶被查出含三聚氰胺后,日前国家质检总局又抽查酒类产品,在部分酒类中发现了致癌物质亚硝酸钠。"尽管有关部门声明这两个情况均是子虚乌有,但网上的传言却在客观上放大了事件的阴影,在一些地区引起了人们的恐慌,酒类股票当天几乎全线跌停。

无风不起浪,传言的突出效果在于推波助澜。正如凯文·凯利(Kevin Kelly)所说,互联网是世界上最大的复印机。由于传播手段发生了质的变化,移动互联网、手机等便捷通信手段,使传言具备了前所未有的传播速度和广度,因而也来得更加迅猛。另外,互联网不仅彻底改变了少数人掌控信息渠道的局面,使每位用户都可以成为信息发布者,而且其中不少用户成为"无所不知"的舆论积极分子,信息来源的多元化,在拓展了公众自由度的同时,也大大增加了网上传言监管的难度。

 案例　　　　　*轻视网帖的代价*

2006年9月12日,Cris Brennan 在自行车爱好者 BBS 上发帖,讲述了他发现的一件怪事:用 Bic 圆珠笔能够轻而易举地打开到处都在使用的 Kryptonite 牌 U 形锁。对此,Kryptonite 公司却不以为然,反而辩称该公司的锁是安全的,Cris Brennan 的手法只是在展现犯罪的手段。此番言论激起了网友们的愤怒,两天后,包括电子消费品 Blog "Engadget"在内的许多博客,都登出了演示用 Bic 圆珠笔打开 Kryptonite U 形锁全过程的视频短片。之后,不断有新的"博主"开始讨论这一问题和他们的经历,对 Kryptonite 牌锁的不信任情绪很快蔓延开来。七天后,关注 Kryptonite 事件的人迅速飙升至180万,并引起传统媒体的注意,《纽约时报》和美联社都予以了报道。迫于压力,Kryptonite 公司不得不免费发放了10万多把新锁,以更换出现问题的锁,为此公司遭受了1000万美元的损失,相当于全年40%的销售额。

在民众拥有越来越多话语权的互联网时代,企业必须重视网上公众舆论的动向,加强对网络舆论的监控力度并进行正确的分析,尤其是在出现涉及企业形象或利益的负面问题或传言时,要及时采取应对措施,做出合理合情的回应,争取公众和媒体的了解和理解,利用社会的力量或必要时通过法律的手段维护企业的合法利益,这对企业有效地开展公关具有重要的现实意义。

8.4　网络广告

1994年10月14日,美国著名 IT 媒体 Wired 推出了网络版 Hotwired(www.hotwired.com),在其首页上出现了 AT&T 等14家公司的横幅广告,这是广告史上一个里程碑式的标志,开启了全新的广告形态——网络广告,亦称互联网广告。此后各种形式的商业广告相继出现在互联网,随着 Web2.0 时代和移动互联的发展,网络广告的形式、内容、传播方式与经营模式也在不断地变革,成为网络营销发展与创新的标志之一。

8.4.1 概述

1. 网络广告及在我国的发展

按照专家学者的定义,广告是一种有偿的、经由大众媒介、目的在于劝服的企图,是由希望自己的信息得到扩散的企业或组织支付费用的一种传播活动。① 时至今日,尽管人们对"广告"的定义尚存在不同见地,但对其具有的核心要素已达成基本共识,它们是"由广告主付费""可识别对广告主有利的信息""非个人的传播"等②。

然而,互联网的发展似乎动摇了这些基本共识,借助于网络论坛、微信群等社会化媒体,通过用户口口相传实现的"对广告主有利的信息"传播,让"由广告主付费""非个人的传播"这些广告存在的要素丧失了核心地位。与此同时,作为广告主的企业已经不再单纯地将商业信息的发布寄托于如上界定的纯广告,而是越来越多地付之于可自我掌控的、付费支出方式多元化的会展、营销活动、客户终端、新媒体以及客户关系管理方面。整合营销传播(IMC)越来越深入地影响广告界,广告被视为营销传播的策略之一,与"公关营销""品牌传播""新闻宣传""CRM"等视同一律。

早在 1995 年,美国学者就提出了"新广告"的概念,他们认为未来的经济社会和媒体将发生巨大变化,广告的定义不应该局限在传统的范围内,从商业的角度来讲,广告是买卖双方的信息交流,是卖者通过大众媒体、个性化媒体或互动媒体与买者进行的信息交流。因此,从营销的角度看,网络广告是广告主利用互联网作为传播媒介向公众传递经营信息的商业活动。根据我国《广告法》,广告是"在中华人民共和国境内,商品经营者或者服务提供者通过一定媒介和形式直接或者间接地介绍自己所推销的商品或者服务的商业广告活动"③,借鉴该法律上的概念规定,可以认为:凡是通过互联网传播的、符合广告的依附性、目的性和商业性法定特征的信息,均可将其视为网络广告(internet advertisement)。

1997 年 3 月,一幅 Intel 公司的旗帜广告出现在 Chinabyte 网站上,这是我国第一个商业性网络广告。20 年来,我国的网络广告市场一直高速增长,2014 年,其市场份额超越电视,互联网成为我国第一大广告媒体,并持续占据国内广告市场核心位置。据艾瑞咨询的统计,2018 年,网络广告市场规模已达到 4844.0 亿元,占我国广告市场总收入(7991.5 亿元)的 60.6%,其中移动广告市场规模达 3663.0 亿元。艾瑞咨询预测未来若干年内我国网络广告市场仍将保持约 30%的年增长率水平。④

2. 网络广告的特点

1) 链接性

受传播媒体空间和时间的限制,传统广告中的信息都是经过反复推敲和提炼的,其信息量有限。相比之下,网络广告可以由目标受众有目的、有意识地进行检索获得,通过点击关键词或图片可将受众直接引导至所链接的广告内容中,并由此一步步获得更多

---

① [美] 托马斯•C 奥吉恩,等. 广告学[M]. 5 版. 兰天,译. 大连:东北财经大学出版社,2010.
② 舒咏平. 新媒体广告传播[M]. 上海:上海交通大学出版社,2015.
③ 《中华人民共和国广告法》第一章第二条,2015 年 9 月 1 日起施行。
④ 艾瑞咨询. 寻找营销的道与术—2019 年中国网络广告市场年度监测报告[OL]. [2019-06-26]. http://report.iresearch.cn/report/201906/3394.shtml.

具体的信息。这种信息的高度密集性，不仅可以大容量地、动态地表达广告主题或创意，展现产品与品牌信息，还可提供销售及服务功能。因此，网络广告必须具备超级链接性。

2) 交互性

网络广告实现了广告主与受众间即时双向的沟通，消除了信息相互隔离、有时差的弊端，从三方面改善了广告的效果。

(1) 发布者可及时根据受众需求的变化调整所发布的信息，以更好地满足其需求，如通过分析网络用户的上网行为，识别需求用户所在位置，并根据其偏好、使用习性、地理位置、访问历史等信息，有针对性地向目标受众投放广告。[①]

(2) 不仅广告主可自主传播广告信息，而且受众也可自主选择广告信息，并通过自主搜寻进行深入了解，传统广告"推"(push)式的单向灌输传播，变成了"拉"(pull)式的双向沟通。

(3) 双向互动的"传播"特性不仅有助于使受众产生新鲜感，降低其对广告的抵触情绪，而且易于得到受众的认可，实现互动传播。

3) 整合性

互联网聚集了自然媒介(如人类语言、肢体动作)、物理媒介(报刊、图书、印刷品)和电子媒介(广播、电视)的所有功能，因此，以互联网为传播媒介的网络广告不仅可将文字、图像、声音等广告的展现形式与三维空间、虚拟现实等技术手段有机地整合，更重要的是能将交流(人际间的交流)、广播(通过媒介的传播)和互动(人与人之间的行为交往)三种基本传播方式整合在一起。不仅能多形态地传播丰富的产品与品牌信息，增强广告的感染力，而且顺应互联网时代消费者分化与重聚的趋势，通过在线链接满足受众高度"碎片化"的深度需求，抑或通过链接路径形成产品与品牌信息的统一聚合，满足网络环境下碎片化的消费需求所形成的重新聚集——再次形成的规模化消费市场。[②]

4) 即时性

网络广告不仅可以迅捷、无延时、全天候不间断地传播给互联网所覆盖地区的所有目标受众，而且，还可以实现企业或品牌与受众的即时沟通，发现新的市场需求和潜在消费者，使企业在网络营销中获得前所未有的主动权。

5) 可测评性

受众接收到广告信息后，在情感、态度、行为等方面所发生的变化，即广告传播效果，一直是广告主关注的核心。利用互动和特定的软件，网络广告服务商可以监视广告的浏览量、点击率等指标，精确统计出浏览过某广告的受众数量、浏览时间分布、地理分布等数据，从而对广告的传播效果进行评估。虽然目前还无法精确地统计出受网络广告影响促成购买决策的消费者在所有受众中所占的比率，但统计结果可对广告商和广告主评价广告的营销效果，进而评价广告策略的有效性、提出改进建议等提供有价值的参考。

3. 网络广告对营销者提出的挑战

1) 技术的制约

信息技术的不断迭代使网络广告的投放技术与推广手段越来越复杂和多样化，有人

---

① 人们将那些有精确内容定向投放的网络广告俗称为"窄告"(narrow ads)。
② 中国传媒大学广告主研究所. 新媒体激变：广告"２０时代"的新媒体真相[M]. 北京：中信出版社，2008.

甚至预言：未来网络广告的比拼将是其投放技术的比拼。如用户登录淘宝网，进入"我的淘宝"页面，映入眼帘的是商家根据用户近期浏览的商品投放的同类商品广告，除各大主题市场外，"直通车""视频直播"等频道更是商家竞相投放的广告热区。投放技术的升级也直接影响着网络广告的投放成本，面对日新月异的网络广告投放技术与推广手段，选择哪种方式效果最佳？性价比最为合理？都是必须考虑的现实问题。

2) 创意的局限

互联网环境中的用户对网络广告正在从被动接受变成主动选择，不仅如此，而且还可以通过软件工具有效地屏蔽广告，这将大大制约广告的传播；况且广告服务商通常会在一个页面上投放多个广告或促销信息，这很容易分散受众的注意力并降低关注程度。因此，网络广告不仅需要传统广告对于印象和吸引力的表现技巧与营销策略，而且要求更高。在丰富的信息资源和产生强大的吸引力之间如何实现平衡，这是网络广告创意面临的巨大挑战。

3) 用户的隐私

互联网大大增强了企业的营销手段与能力，这在很大程度上得益于来自互联网上的数据，如利用 Cookies 可以追踪网页上的每一次点击，营销者可依据从这些数据中获得的消费者信息，制定基于个人需求的个性化解决方案。研究表明，有针对性的技术手段和方法的应用提高了广告的点击率。越来越多的消费者发现，他们在亚马逊、京东、淘宝等商业网站上搜索或浏览某个商品后，便会在浏览网上信息的过程中不断显现相关商品的广告，这些广告的出现显然是基于用户的搜索数据，这就是重定向(retargeting)广告①，它的主要机理是根据用户此前的购买或浏览行为进行分析，并在广告位中重新推送高关联度的产品广告。与搜索引擎广告类似，重定向广告的投放出现在用户的需求行为之后，相比于在无明确需求情况下的盲目投放广告，它显然比搜索引擎广告的转化率更高。

不过，随着网络消费者的日益成熟，使用在线"监控"用户行为正招致用户的强烈抵制。那些擅长跟踪用户行为，以对其推送个性化定制广告的公司，当然不想因此引起消费者的愤怒。几年前，塔吉特(Target)基于消费者个人消费数据制定的促销方案，得到的是消费者不太友善的回应。显然，如果客户觉得定制广告推荐的产品符合自己的需求，能使他产生愉悦体验，广告的效果也将由此提升；但如果消费者的隐私保护意识强烈，定制广告可能激起他们的抵制情绪，广告便是弄巧成拙。

与此同时，为避免互联网上个人隐私屡遭侵犯，越来越多国家的政府监管部门要求，企业必须披露其收集和使用消费者个人信息的具体情况，这使局面变得更加扑朔迷离。在这种趋势下，如何继续发挥网络广告的优势，同时防止消费者个人隐私的泄露，是企业面临的又一个艰巨挑战。

4) 广告运作的能力与水平

由于广告的运作环境、技术手段、传播与展示方式等不同，传统的广告理论并不完

---

① 一些中小网站因经营成本有限，无力建立自己的广告运营体系，于是将自己网站的广告位卖给由百度、阿里妈妈、盘石、蘑菇街、贝贝网等主导的"广告联盟"。以阿里巴巴旗下的阿里妈妈广告推广平台为例，当消费者在淘宝、天猫上购买或搜索相关产品后，其行为便会被阿里妈妈记录下来，随后当消费者再浏览加入阿里妈妈广告联盟的网站时，就会收到与此前行为高度相关的产品信息——重定向广告。

全适用于网络广告。为此，要求营销人员不仅要掌握广告的经典理论和运作技巧，而且要善于利用互联网的特性使网络广告发挥出超越传统广告的效能。

目前，App 被认为是赢得移动端消费者的最佳方式，但不少广告主发现，在平面媒体或 PC 端运作效果良好的展示型广告在移动设备上却并不凑效。有人将主要原因归结为两个方面：①手机上没有右边。手机屏幕太小，无法像电脑一样留出屏幕右边安置广告，因此广告常常出现在屏幕上一些意想不到的地方，有违用户习惯；②"胖手指"效应。因为广告太小，所以，很多广告的点击链接被用户疏忽了。[①]因此，在广告技术实现方面，要求营销人员与时俱进，不断理解和掌握各种新技术、新手段及应用；在广告策划方面，除广告创意设计应综合运用传统广告的运作策略和表现手法，尤其要根据互联网和网络广告的特性，强化与受众的互动体验设计创新；在广告运作方面，要将网络广告的运作与公共关系、客户关系、促销甚至危机管理等网络营销的诸多方面结合起来。

4．网络广告的类型

从营销的角度，网络广告大致分 Web 站点广告、电子邮件广告、搜索引擎广告、社交媒体广告、富媒体广告和植入式广告六大类。

1) Web 站点广告

这是最早应用于互联网的广告形式，可以认为是图形、文字等传统平面媒体广告在互联网中的延伸，它与传统平面广告最大的区别在于，Web 站点广告(包括其他类型的网络广告)都具有超级链接功能，用户通过点击可进入所链接的网页，获取更多的信息。按照美国互联网广告署 IAB (Interactive Advertising Bureau) 制定的标准[②]，Web 站点广告主要有以下几种形式。

(1) 旗帜型广告(banner ads)。据 IAB 的统计，目前旗帜广告约占网络广告市场 50% 的份额。早期的旗帜广告多为静态无交互功能的图片形式，后来普遍采用 Flash、Java 等技术实现动态交互型图像。旗帜广告具有可交互、可定向、可跟踪等突出优点。旗帜型广告的尺寸、展现和互动方式也在不断发展和创新。

(2) 按钮广告(button ads)。亦称图标广告，是使用图片或 Flash 等制作的图形广告，具有与旗帜式广告类似的链接功能。由于尺寸较小，因此表现手法相对简单，通常只显示一个标志性图案或企业、品牌、商标的名称，主要用作引导用户点击进入其链接网页的提示性广告。目前常见的有普通按钮广告(general button)、悬浮或飘移在网页上的"悬浮按钮" (mouse over floating icon)广告，当鼠标移至或点击该图标时将打开所链接的信息。

(3) 摩天大楼型广告(skyscraper ads)。亦称条幅广告或擎天柱广告，是一种常位于网页两边垂直放置的、窄而高的网络广告。

(4) 弹出式广告(pop-up ads)。一种在已显示内容的网页上弹出的具有独立广告内容的窗口，一般出现在欲浏览网页打开之后，由于会对用户的浏览产生影响，容易引起他们的反感，因此出现了在关闭浏览网页，或对浏览窗口进行移动、改变尺寸、最小化等操作时，才弹出的隐藏式弹出广告(pop-under ads)。

---

① [美] 苏尼尔·古普塔. App 如何颠覆传统广告[J]. 哈佛商业评论(中文版)，2013(3).
② IAB 在其网站(www.iab.com)上公布了各种 Web 站点广告的具体尺寸与规格标准。

(5) 插播式广告(interstitial ads)。也是具有独立广告内容的窗口，但与弹出式广告不同，它是插在用户进入欲浏览网页的下载过程中，即两个网页切换的间隙中弹出的，CNNIC 将其定义为"空隙页面"广告，亦称过渡页广告。这种广告大多选择那些与广告内容有联系的网站或栏目进行投放，而且广告的窗口幅面也较小。由于带有一定强制性，容易引起用户的不悦，他们常常会选择关闭 Web 浏览器的相关功能来屏蔽这类广告，因此会影响其效果。

(6) 文本链接广告(text link ads)。是将网页中相关文字设置链接功能的广告形式。虽然简单，但对浏览者干扰最少，所以，尽管难以产生图形广告的视觉冲击效果，但对于那些有潜在需求的受众，其广告传播效果是不错的，尤其在通过智能手机实施的移动营销中，文字链接广告的发展应用空间广阔。

2) 电子邮件广告

通过电子邮件发送广告，具有针对性强、费用低廉、广告内容不受限制等特点，尤其是可以针对具体受众发送特定的分类广告(classified ads)，从而成为实施精细化营销的主要手段之一。电子邮件广告一般采用文本格式(兼容性最好)或 html 格式(Web 页广告)，由于在未经收者允许的情况下直接发送到其电子邮箱中，往往会被视为"垃圾邮件"。所以，首次发送电子邮件广告一般应征得对方同意，或是在邮件主题词中注明"AD"(广告)，于是人们将电子邮件广告称为许可营销。

3) 搜索引擎广告

搜索引擎广告是网络广告市场份额占比最大的广告类型，主流形式是关键词广告和竞价排名。

(1) 关键词广告(keyword ads)。用户在搜索引擎上输入待检索的关键词后，随即在搜索结果页面上显示诸多与关键词相关的信息链接。若在某条信息的右下方出现"广告"字样，或页面右侧出现含有关键词的内容，这些就是"赞助商"投放的关键词广告。

(2) 竞价排名(bidding ranking)①。被检索的信息在搜索结果页面上的排名顺序是搜索引擎服务商根据其设定的算法规则自动排列的，是非赢利性的。与这种传统的自然排名不同，竞价排名是搜索引擎服务商的一种赢利模式，其基本运作原理是按用户的点击率收费，具体实现方式是：以用户在检索结果中点击某广告信息的次数为计费标准，而广告信息在检索结果中的排名先后则取决于广告主愿意为此付出的单次点击费用的高低，通常是按出价高低依次排列，为每次点击支付价格最高的广告会排在第一位。搜索引擎将根据所统计的用户点击某广告的次数向其广告主收取广告费用。若某条广告没有被用户点击，即使该广告排在第一位也不收取任何费用。通常，在百度搜索结果页面显示的检索信息条目中，那些右下方标有"广告"字样的都是以"竞价排名"方式投放的广告。

4) 社交媒体广告

随着 IM、SNS 等社交媒体的发展，通过社交平台投放广告已经被广告主广泛认可，并成为一种新兴的网络广告形式。社交媒体广告不仅可由广告主投放并传播，而且可以

---

① 1999 年，Overture 公司向美国专利局提交了"可以让广告商通过竞价取得搜索结果中最佳广告位置的系统和方法"的专利申请，并于 2001 年 7 月获得批准，此后竞价排名在国外被快速推广。在我国，2001 年 10 月，百度申请了"竞价排名"中国专利并推广使用。

借助于用户口碑实现广告的自传播，形成涟漪效应，有关内容将在第 9 章进行探讨。

5) 富媒体广告

以动画、声音、视频为媒介的网络广告统称为富媒体广告(rich media ads)，作为一种综合形式的广告，富媒体广告可应用在 Web 站点广告、电子邮件广告和社交媒体广告中。除声音、视频、流媒体(steaming media ads)等形式外，墙纸式广告(wallpaper ads)、屏保广告(wallpaper ads)也是常用的富媒体广告传播方式。过去受网络带宽和速度的限制，富媒体广告主要通过下载方式提供给用户，因此，也被称为下载式广告。随着互联网宽带和网速的提升，在线实时收听收看音、视频信息已经成为常态，富媒体广告也越来越多地应用于网络广告中。

6) 植入式广告

作为植入式营销(product placement marketing)的主要方式，植入式广告是将产品或品牌有代表性的视觉符号甚至内容，策略性地融入影视节目、游戏或软文中，通过场景再现、思维联想等效应，让观众、用户或读者产生对产品和品牌的印象，达到广告传播的目的。因此，也称为隐性广告(recessive advertisement)或软广告(blind advertising)。

与传统环境中的植入式广告相比，网络环境下植入式广告在隐蔽性、关联性、经济性以及说服能力方面的优势更突出。例如，传统环境下的植入式广告，受媒介的时间、空间限制，难以实现深度说服，尤其是进行直接的理性诉求或功能诉求，而通过网络社交平台、网络社区的信息分享机制可以很好地解决这一难题。

目前网络环境的植入式广告主要是利用网络游戏、社区和软文等方式实施。具体实现形式多种多样，取决于人们的想象力与创造力。如网络游戏目前主要采用的植入形式有：场景植入——将产品或品牌信息植入到游戏内部场景中；任务植入——在游戏关卡设置中植入与品牌相关的任务，使玩家在攻城拔寨的互动娱乐中，接触和体验品牌的内涵；此外还有游戏中人物的服饰、道具植入，游戏中视频、音频的植入等等。而在网络论坛、SNS 等以兴趣、交流和聚集为目的的人际交流空间中，涉及的议题许多都是社会生活中的热门话题、新生事物、流行时尚，因此，结合交流的内容，以软文或其他适当的方式，恰如其分地、精准地隐性植入产品或品牌信息，借助于相关话题的热议，引起网民对产品或品牌的关注，可实现润物细无声的软性推广效果。当然，这需要营销者具有高度的社会敏感度和市场洞察力、敏锐的营销思维、出色的企划能力和良好的公关素质。

案例 "番茄炒蛋"为何被刷屏？

8.4.2　网络广告的策划

网络广告策划是根据互联网的特性和受众的特征，对网络广告活动进行的全面规划和部署，具体包括确定广告主题与对象、运作策略，制作文案，选择投放媒体、方式和时机等，其中运作策略是广告策划的核心任务。

运作策略是实现广告主题的基础，包括定位策略、心理策略和展现策略，它们相互组合，形成一套完整的广告运作策略。

1. 定位策略

商业广告的根本目的是引导受众购买广告主的产品、服务或提高其知名度。因此，产品及服务等要素的市场定位确定了，网络广告的主题也就确定了。接下来就是"怎样宣传主题"和"怎样传播主题"，如果说广告的创意与表现形式是解决"怎样宣传主题"，那么广告定位就是要解决"怎样传播主题"。广告的定位恰当，广告的创意与表现形式等其他要素才能发挥其应有的作用。定位策略可从以下六个方面进行策划。

1) 抢先定位

即利用人们先入为主的认知心理特点，使网络广告宣传的产品、服务或企业形象率先占领消费者的心理位置。该策略适用于新上市的产品，尤其是在某些方面标新立异、能够引导消费潮流的产品。在尚无实力相当的竞争对手的情况下，通过高频率、强刺激的广告传播，可率先占据消费者的心理位置，使产品成为同类中领先品牌。老产品进入一个尚无竞争强手的新市场时，也可采取该策略来建立领导者的地位。

2) 比附定位

该策略适用于市场的跟进者。当企业失去先发优势又难以与市场领导者进行正面抗争时，广告主只能以比照攀附领导者的方法进行定位策划，以为其产品争得一席之地。

3) 空隙定位

即根据产品的特性、价格、消费者及消费习惯的差异等，寻找市场的需求空隙或创造新的需求，这也是市场跟进者常用的策略，网络广告的特点尤其适于应用此策略。

4) 品牌形象定位

该策略多用于高档消费品市场，利用产品的个性和消费者的不同消费心态，通过广告将产品或品牌形象植入消费者心中并形成牢固的品牌地位。该策略一般应与前三种策略配合使用，使用中应充分考虑消费者的心理，在满足其物质需求的同时，更应注重满足其精神需求。

5) 企业形象定位

这类广告的主题多是宣传企业的特色、价值观、企业文化、社会责任等，一般是以社会公益性广告的形式出现，其实质是企业的公关广告，借此直接或间接地树立企业的良好形象。

6) 文化定位

该策略适用于面向不同文化背景市场的广告。与目标市场的文化背景相契合的广告，很容易引起受众的共鸣。网络广告尤其要注重与异域文化的交融，其广告所传播的内容才能被受众所接受。这需要经营者对各种不同文化背景下的目标市场进行广泛的跨文化分析，由此形成对这些市场中各种需求及特点的正确判断。

2. 心理策略

科学的广告是遵循心理学法则的。与非人际传播方式的传统广告不同，网络广告可通过各种社交媒体实现人际传播，因此，受众的心理对其传播效果有着更为直接的影响。心理策略正是针对受众不同的心理特征进行广告策划，旨在通过理性或感性等广告信息诉求方式影响受众对产品的全面了解和对品牌的价值认知，诱导受众改变头脑中对产品或品牌已经形成的某种印象，促使其形成新的认知并产生良好态度，以促进购买广告所传播的产品或服务。

1) 常用的策略

(1) 利益导向。根据受众注重自身利益的心理特点，利用网络广告实施针对不同消费者个性需求进行诱导。如通过广告宣传产品的特殊功能，以满足消费者的特殊需要。

(2) 情感导向。这是一种以调动受众某种情绪为目标的策略，如通过自然、亲切、可信的生活化方式进行广告传播，将理性诉求和情感诉求融为一体，营造出一种轻松快乐的生活气氛，给受众以强烈的情绪感染，增加产品的情感附加值。

(3) 观念导向。通过引导新的消费观念、生活观念，以拓展消费者的视野，创造新的市场需求空间，为新产品入市奠定市场基础。

(4) 权威、名人导向。该策略借助权威机构、人物、事件的影响，以提高产品的知名度和可信度，或借名人的社会声誉，抓住人们以为"名人所用产品就是好产品"的心理，为产品打开市场。

(5) 反成导向。与以正面宣传为常规的广告策略不同，反成导向是以逆反取胜的广告策略，即广告中不是宣传企业或产品与众不同的品质、特性、承诺、服务等优点，而是"揭短"，以短衬长，使受众提升对广告乃至企业或产品的信任度。值得一提的是，按照广告心理学中的说服理论，双面信息的诉求可以赢得消费者，尤其是文化程度较高的消费者。因此，在广告中肯定产品优势的同时，也透露一些产品的"瑕疵"或"缺陷"等负面信息，即采取双面论证广告，不失为一种聪明的策略。

(6) 激将、警喻导向。该策略针对受众争强好胜、不甘示弱的心理，以激将或"恐吓"的广告内容及手法刺激受众，使其以逆反的心态接受广告所传递的产品推广信息，达到促销的目的。

2) 策略的实施

广告的说服功能是通过广告信息刺激受众而实现的，根据广告业界流行的 AIDAS 法则，一个广告要引起人们的关注并取得预期的效果，必然要经历五个心理活动阶段，对于网络广告来说也不例外。

(1) A(attention)，引起注意，广告应引导用户注意到广告的存在和内容。

(2) I(interest)，产生兴趣，广告的形式和内容应能使受众对所宣传的产品或品牌产生兴趣。

(3) D(desire)，引发欲望，广告应能使感兴趣的受众进一步对产品或服务产生购买欲望。

(4) A(action)，促使购买，即让受众将购买欲望付诸行动，如在线注册、参加对话或在线购买。

(5) S(satisfaction)，实现满意，通过广告的传播使受众对产品所产生的期望与实际购买的产品或服务所获得的价值与体验一致，实现客户满意。

3. 展现策略

广告的传播方式和传播媒介不同，其展现策略和手段也不同，在网络广告中，常用的有以下几种。

1) 展示型策略

(1) 直白型展示。用开门见山、言简意明的文字、图片或图像传递产品的功能、作用、功效等受众所需的信息，这种展示策略主要适用于消费品市场，并可与心理策略、导向策略配合使用。

(2) 解析型展示。将产品的结构或制作过程层层分解，逐一展现给受众。此方式尤其适用于一些技术、结构或制作工艺复杂的产品，尤其是新产品。如今，许多知名品牌或厂商都采取这种方式展示自家产品的工艺结构、功能及使用细节，以便让广大消费者辨别真伪，提高对产品的认识。

(3) 信息丰裕型展示。充分发挥网络广告的超级链接特性，为受众提供各种形式的丰富信息和资料，以满足其个性化需求，如产品不同语言版本的使用说明、音视频的功能展示、使用中的各种常见问题解答等。

2) 互动型策略

(1) 沟通型互动。在网络广告中提供电子邮件、IM 或留言板的链接，为受众通过广告直接与企业或经销商进行沟通交流提供途径。

(2) 试用型互动。为受众提供试用产品的机会，对书报杂志、软件、网络游戏、音像制品等数字化产品，可在线体验或感受产品的部分内容、主要功能及使用方法，对于保健、美容以及一些快速消费品，则可通过网络广告索取试用品，以获得试用该产品的机会。

(3) 体验型互动。对于一些大型家用电器、高档服装、珠宝首饰、数码产品等价格较高的消费品，以及汽车、机电设备、房地产、旅游景点、服务设施等产品或服务，可以通过网络广告提供虚拟现实的现场体验型互动来体验产品的功能或服务。这种方式正在为越来越多企业或产品所采用，如家电、手机、数码产品生产或经销商提供的网上试用功能，汽车厂商提供的模拟试驾，旅游网站上提供的"虚拟实境游"等。

8.4.3 网络广告的运营

1. 广告的发布

1) 发布渠道的选择

网络广告的发布渠道和形式众多，各有长短。来自艾瑞咨询的数据表明：2018 年移动广告规模约占国内网络广告市场的 75.6%，已成为网络广告市场的绝对主流。从广告发布的渠道看，电商网站(含 App)仍保持主流地位，其市场份额占比为 33.6%，并将在未来几年内稳定在 30%左右，门户网站广告的占比为 9.6%，社交媒体广告占比为 10.5%。①企业可根据广告的目标、自身所处的商业环境、竞争对手的状况，并综合考虑广告覆盖面、成本等因素，选择有效的发布渠道。

(1) 利用自己的网站。通过互联网投放的各种广告有许多只是提供了一种直接链接企业主页的通道，受众点击后最终到达的是企业自建的网站。作为企业的自有媒体，企业网站是树立其良好形象的有效途径，也是宣传产品、品牌、企业文化、经营理念的窗口。因此，利用自己的网站投放广告是一种理想方案，企业可对广告的投放形式、内容、诉求与互动方式以及其他相关因素进行完全控制，还可随时获知广告的传播效果并及时改进。

---

① 艾瑞咨询. 寻找营销的道与术—2019 年中国网络广告市场年度监测报告[OL]. [2019-06-26]. http://report.iresearch.cn/report/201906/ 3394.shtml.

(2) 借助信息服务商或他人的网站。为达到尽可能好的投放效果，在选择投放广告的网站时，应遵循如下原则：①访问率高的网站，如新浪、网易等信息门户，京东商城、亚马逊、淘宝等商业门户，这些网站几乎能覆盖所有的网络用户，尤其适宜新产品、消费品的广告投放；②有明确受众定位的网站，如针对某个行业构建的集产、供、销等企业、产品、交易类信息于一体的行业门户网站，如中国机械网、中国纺织网、中国金属网、中国农业网、中国服装网……，在这些专业性网站上投放相关联的广告，其吸引有效受众的效果或将高于信息门户网站。此外，财经、旅游、人才招聘、交通运输、体育、娱乐、各种传统媒体的网站，以及第三方电商网站都是投放相关广告的理想场所；③合作伙伴或具有互补性的企业网站，例如，航空公司与旅游企业、家电厂商与家居企业等都适宜采用广告交叉投放的方式。

(3) 网站栏目或频道赞助。这种方式亦称赞助式广告(sponsored ads)，即广告主对有助于树立自己品牌形象或促进产品销售的网站栏目或频道进行赞助，或在特殊时期赞助网站上开展的公益活动。赞助式广告放置时间较长且无需和其他广告轮流滚动，有利于扩大页面知名度，是一种成本低廉、颇有成效的广告形式。

(4) 其他方式。除 Web 站点外，电子邮件、社交媒体、手机 App、虚拟社区、博客等自媒体、网络游戏、免费下载工具等都是能将广告主动投送至受众手中的可选传播渠道，尤其是利用 SNS 或 IM、微博、微信等自媒体实现广告的自传播，已成为越来越多广告主和广告服务商的不懈追求。

2) 投放时间的选择

网络广告发布的时机、时序、时段等对其传播效果都将产生直接的影响，因此，科学地选择广告投放时间，是提高目标受众浏览量和点击率的关键步骤。

(1) 投放时机。一些重大的节庆活动、体育赛事、娱乐活动、商业活动都是网络广告投放的有利时机。

(2) 投放时段。虽然网络广告有全天候播出的特点，但为了提高点击的有效性，应根据目标受众的上网习惯，安排合适的广告投放时段。网络广告的投放时段分为持续式、间断式、实时式等方式，可根据所选投放平台的受众对象、所期望达到的效果以及成本等具体情况选择适当的方式。

(3) 投放时序。根据广告投放时间与所推广的产品进入市场孰先孰后，有提前、即时和置后三种投放策略。提前策略是在新产品进入市场前先行投放广告，以引起受众的关注，为新产品上市造势；即时策略是广告投放与新产品上市同步；置后策略是在产品进入市场之后再投放广告，此举可根据产品上市后的市场初始反应，及时调整促销策略，以提高广告的促销效果。

(4) 投放时限。即在一次广告投放周期中，根据广告投放的间隔和每次播放的时间长短，采取集中速决型和持续均衡型两种投放策略。前者是在短暂的时间内，向目标市场投放高频率、密集的广告信息，它适用于新产品投入期或流行商品进入市场期，也适用于一些季节性的商品促销；后者则是通过持续不断地给受众以信息刺激，增强其对广告信息的长久记忆，适用于产品的成长期、成熟期。投放时限的选择还应综合考虑企业和目标受众的利益，广告投放时间短、间隔时间长，能降低成本，受众也不会产生厌恶情绪，但投放时限太短、太疏则难以充分传递促销信息，降低了广告的效果；而广告投放时限太长，不仅会增加成本，而且容易引起受众的逆反心理，甚至产生抵触情绪。因此,如何安排网络广告投放周期和各时段内的展示频率,需要经营者的实践和探索。

案例　　　　　EMart 的日晷二维码促销

　　EMart 超市是韩国新世界集团旗下的大型连锁综合超市,在韩国占有 32%的零售市场份额,门店数和销售额均超过了沃尔玛和家乐福在当地市场的总和。

　　EMart 发现,每当中午时分,超市的人流量和销售量就会大幅下降,为提升这一时段的销售业绩,超市别出心裁想出了这样一个解决方案,他们在首尔的街边道旁设置了多个颇有创意的 3D QR Code 装置。这些装置的特殊性在于,正常情况下,它看上去是一个由许多长短不一方柱体构成的装置,但每到中午 12—13 点这段时间里,因为太阳的照射,这些柱体与它们的阴影便形成了一个明暗相间的 QR 二维码图形。在这个时段里,消费者用手机扫描这个 QR 码,即可获得 EMart 超市的优惠券。消费者可凭此券在线购买 EMart 超市的商品,并坐等送货上门。

　　这一创意营销的效果十分明显,日晷 QR Code 的安置点很快从 13 个拓展到 36 个,短短一个月内,EMart 通过它们共发出了 1.2 万份优惠券,会员人数比前一个月增加了 56%,而中午时段的营业额也因此提升了 25%。

2. 运营成本

　　网络广告的运营成本不仅涉及广告策划、设计制作、使用的传播媒体等软硬件方面的开支,也与网络广告服务商提供的服务收费模式直接相关。目前,网络广告主要采用的计费方式有以下几种。

　　1) 千人印象成本(cost per thousand impressions,CPM)

　　亦称千次展示量成本,是一种沿用传统广告的基于受众浏览次数计费的方法。在网络广告中,"印象"(impressions)是指广告投放页面的用户浏览量,或称展示量。CPM 表示广告主投放的广告被浏览 1000 次的成本,计算公式为:

$$CPM = (广告总成本 / 广告被浏览次数) \times 1000$$

　　例如,某网站的广告价格为 80 元/CPM,若某广告主为其投放的广告支付了 8000 元,则该广告可在此网站上被浏览 10 万次。目前搜索引擎和信息门户网站主要采用该模式。

　　2) 每点击成本(cost per click,CPC)

　　广告主为用户每次点击其投放的广告所付出的成本,计算公式为:

$$CPC = 广告总成本 / 广告被点击次数$$

　　在该方式下,广告主仅为用户点击广告的行为付费,而不是广告的显示次数,竞价排名就是一种典型的 CPC 计费模式。CPC 比 CPM 有更合理的性价比,但其单位费用标准比 CPM 要高得多。此方式对某些广告服务商的作弊行为也有一定约束力,因此受到广告主的青睐。

　　3) 每行动成本(cost per action,CPA)

　　按广告投放的实际效果,即由广告带来的用户回应行为计费,也称按实际回应定价。

具体标准包括按点击进入率、转化率付费等。例如，若用户在广告引导下，实施了提供个人资料(注册)或下载有关信息、提出咨询请求等具体的行动，服务商即可向广告主收取费用，计算公式为：

$$CPA = 广告总成本 / 广告转化的行为次数$$

该方式对网络广告服务商有一定经营风险，但若广告投放效果明显，其收益明显高于 CPM、CPC 等方式。

4) 每购买成本(cost per purchase，CPP)

按用户通过点击广告并完成交易的方式计费，计算公式为：

$$CPP = 广告总成本 / 广告转化的购买次数$$

与之类似的还有 CPS(cost per sales)，即以产品的实际销量来计算广告投放费用。

5) 包月(年)方式

在我国，一些网络广告服务商(尤其是中小网站)沿用传统的方式，按"包月(年)制"的固定计费模式来收费。该方式相对简单，易于操作，但对广告主和广告投放网站都有失公允，难以保障各自的利益。

目前最为流行的计费方式是 CPM，其次是 CPC。广告服务商偏向使用 CPM 方式，而广告主为规避广告成本风险，多倾向于使用 CPC、CPA、CPP 或 CPS 等方式。未来决定网络广告服务商盈亏的关键问题是其能否根据广告实现的实际价值向广告主收费。因此，按照实际回应行为或销售业绩来计费的方式，将逐渐成为网络广告的主流运营模式。

8.4.4 网络广告效果评估

网络广告的投放效果直接关系到传播媒体和广告主的利益，因此必须进行评估。评估是对广告投放效果和运营质量的精确检测，通过有效的评估可及时发现广告运作中的问题，从而及时改进。

1. 评估原则

1) 有效性原则

必须依据科学、具体、有效的评价指标体系，通过真实、有代表性的检测数据和非空泛的评语来评估广告投放效果。

2) 可靠性原则

不同时段检测的广告效果应具有连贯性，以证明其投放效果的可靠性。因此，要求检测条件和测定方法在不同检测时段应保持一致，以使被检测的广告效果在多次检测中获得稳定的结果。

3) 相关性原则

广告效果检测的内容必须与所追求的目的相关，不可做空泛或无关的测评工作。例如，广告的目的是推出新产品(包括改进的产品)，广告的检测内容就应针对消费者对品牌的认知；若广告的目的在于与同类产品的竞争，广告效果检测的内容就应着重于品牌的感召力和增强消费者对产品的信任感。

2. 评估指标

对网络广告效果的评估目前尚无统一的标准。2009年6月,中国互联网协会网络营销工作委员会发布了《中国网络营销(广告)效果评估准则》(以下简称《评估准则》)意见稿,提出了广告展示量、点击量、到达率、二跳率和转化率等五项具体的、可操作性评估指标,推荐给会员单位参考。根据《评估准则》,并结合网络广告传播的特点,网络广告效果的评估可以采用下列数据分析指标。

1) 广告展示量(impression)

广告每显示一次称为一次展示。广告展示量一般为广告投放页面的浏览量,可反映广告所在网页的访问热度,也是广告服务商用于计量广告效果和计费的基础,通常用CPM为一个计费单位。

2) 广告点击量(click)

即用户点击广告的次数,通常与下列数据结合可反映广告的投放效果:

(1) 广告点击量与产生点击的用户数(多以 Cookie 为统计依据)之比,以初步反映广告是否有虚假点击现象[①];

(2) 广告点击量与广告展示量之比,称为广告点击率,可反映广告对网民的吸引程度。

3) 广告到达率(reach rate)

即用户通过点击广告进入被推广网站(着陆页)的比例。广告到达率通常反映广告点击量的质量,是判断广告是否存在虚假点击的指标之一,也可反映广告着陆页的加载效率。

4) 广告二跳率(2nd-click rate)

通过点击广告进入推广网站的用户在着陆页面上产生的有效点击(即二次点击)称为二跳,二跳的次数即为二跳量。广告二跳量与通过点击广告进入推广网站的用户数量之比称为二跳率,即用户在该网站上产生有效点击的比例。二跳率通常反映广告带来的流量是否有效,可反映着陆页面对广告用户的吸引程度,也是判断广告是否存在虚假点击的指标之一。

5) 广告转化率(conversion rate)

这里的"转化"可定义为受网络广告影响而产生的注册、购买或进一步了解信息的请求,即由广告带来的用户通过推广网站的注册、购买等特定页面上的操作,将其身份从普通浏览者转变为注册或购买用户的过程。广告用户的转化量与广告用户到达量之比称为广告转化率,它将反映出广告的直接效益。

《评估准则》提出的上述指标主要针对包括 Flash、图片、文字链接、软文、Email、视频、富媒体等网络广告形式,而且主要基于网站之类强联系的广告传播模式;统计周期可以是小时、天、周或月,也可按实际需要设定。

随着越来越多企业通过各种社会化媒体进行广告传播,对于弱联系传播媒介的广告

---

① 如利用刷广告之类的作弊软件不仅可以实现自动点击广告,而且可以实现随机的二次点击、深度点击、模拟真实点击,并且每次点击广告时自动更换 IP 地址、自动清除 Cookies 和浏览记录,帮助用户快速增加广告的访问量。

效果评估，往往难以实现上述量化指标的测量，例如，某个视频广告在微信中被多少个用户转发到朋友圈或其他微信群？这样的传播数据很难获取。因此除上述指标外，下面两个指标也可供企业在选择传播媒介和评估广告效果时参考。

6) 传播可能性

众所周知，对于有 N 个人参加的会议，每个人都有机会向其他人发表自己的意见，因此，传播可能性为 N；若通过电话网络进行交流，有 $N\times(N-1)$ 种交流的可能，即传播可能性；而对于有 N 个人参与的一个网络论坛或微信群，可以分别构成如下组合：

1 人组，其组合数为 1，传播可能性为 $1\times1=1$；

2 人组，其组合数为两个 1 人组和一个 2 人组，前者的传播可能性为 $1\times2=2$，后者的传播可能性为 $2\times1=2$，总的传播可能性为 $1\times2+2\times1=4$；

3 人组，其组合数为三个 1 人组、三个 2 人组和一个 3 人组，传播可能性为所以组合的传播可能性之和，即 $1\times3+2\times3+1\times3=12$；

根据排列组合原理，可以算出，对 N 人组，当 $N>1$ 时，其传播可能性的总数为 $P(N)=N\times2^{N-1}$。此结论可以沿用到网络广告的传播中，即对于互联网上 N 个节点的广告传播可能性为 $N\times2^{N-1}$，对比电话交流的传播可能性 $N\times(N-1)$，其优越性不言自明。

7) 传播效率

传播效率描述的是一条信息在互联网中能够被传播多少次和传播到多少个节点，即所有情况下传播效果的总和。同样可以根据排列组合原理算出互联网上 N 个节点的传输效率 $E(N)=N+(N-1)\times N\times2^{N-2}$。

3. 常用的测评方法

1) 数据统计法

(1) Web 日志分析。对于网站上发布的广告可以通过分析 Web 服务器日志记录的流量来源，以判断用户是否来自网络广告的引导，并追踪该用户在网站上的操作。当用户在浏览器中打开某一网页时，Web 服务器响应请求，在 Web 日志中为该请求创建一条记录，一般包括页面名称、IP 地址、客户浏览器以及日期时间等数据。该方法不需在网站上添加额外代码，不易造成数据缺失。但因主要是以服务器端的数据为分析依据，且没有涉及客户端的情况，因而统计的数据不完整，尤其当数据量较大时，将增加实时分析的难度。

(2) JavaScript 标记分析。这种方式是通过在监测对象网站的页面上(包括静态、动态页面和基于浏览器的视频播放窗口等)嵌入 JavaScript 监测代码的方式获取用户访问该网站的信息。用户通过浏览器访问被监测的页面时，会同时向监测服务器发送统计信息，后者汇总接收到的浏览器请求数量，统计出被监测网站或广告的流量数据。该方法在获取被监测对象网站的全样本(所有用户访问过的网页和其在这些网站上的所有访问行为)细节数据方面具有优势。

2) 比较分析法

这种方法通过比较两个或多个监测对象中相互关联的指标数据，揭示这些指标与分析对象的相互关系。在网络广告效果测评中可采取定性或定量分析，其原理相同，但在比较的内容和具体实现方法上有所差异。

定性分析的一种典型方式是对特征相同的受众分别投放或不投放广告，通过比较两类受众的反应来确定该广告的效果。定性分析的结果取决于测评人员的水平,虽然一些结果不一定精确,但可在一定程度上为广告的统计分析提供参考,适用于一些无法量化的指标,因其具有实操性强、实施成本较低的特点,使其成为目前常用的方法之一。

定量分析是改变投放广告的展现方式(文字、图片、图像等)、展现时间长短与间隔、展现内容的多寡等,利用眼动仪、脑波仪等设备和内隐行为测试软件或问卷调查,获得受众对广告投放效果的反应数据,这种方式可以获得对广告效果的精确测评数据,但实施成本较高,测评过程也比较复杂。

3) 加权计算法

这是一种定性与定量相结合的方法,即在广告投放一个时段后,根据该广告采用的投放形式、投放媒体、投放周期等不同情况所产生的不同效果,赋予其不同的权重,以判别该广告在不同情况下所产生的效果之间的差异。

加权计算法不是检测某次或某个广告的投放效果,而是对广告效果的综合评估。该方法是建立在对广告效果进行基本监测统计基础之上的。可通过下例来说明。

某企业分别在甲、乙两个网站上同时投放了一个相同的 Banner 广告,一个月后所取得的效果分别是:甲网站点击数量 5000 次,销售产品 100 件(次);乙网站点击数量 3000 次,销售产品 120 件(次)。比较两网站的广告投放效果。

采用加权计算法进行分析的思路是:根据来自广告服务商的经验统计数据,每 100 次点击中可产生 2 次实际购买,将实际购买的权重设为 1.00,每次点击的权重则为 0.02,由此算出在上述两种情况下,广告主可获得的总价值:

在甲网站上投放广告的总价值为　100×1.00+5000×0.02=200

在乙网站上投放广告的总价值为　120×1.00+3000×0.02=180

虽然在乙网站投放广告获得的直接销售比甲网站要多,但加权计算法分析的结果是:在甲网站上投放广告更有价值。其原因在于,网络广告的效果除了体现在产生的直接购买量外,还体现在用户对广告传递信息的关注与认知上。

使用加权计算法时,权重的设定对最后的结果有直接影响。上例中,若每次点击的权重减小到 0.005,其结论就发生了变化,如何决定权重,需在分析大量统计资料的前提下,对用户浏览数量与实际购买之间的比例取一个相对准确的统计结果。

4) 转化率监测法

点击量和点击率是网络广告的基本评价指标,但是,有关统计资料表明,网络广告的点击量一直呈现逐年下降的趋势。造成这种状况的原因是多方面的,如一幅网页上投放的广告数量太多而无暇顾及;广告设计不佳,难以吸引浏览者点击等等。因此,人们一直在寻求用更科学的指标参数来衡量网络广告的效果。几年前,Ad Knowledge 公司的调查发现:随着时间的推移,由点击广告形成的转化率在降低,而观看网络广告形成的转化率却在上升。点击广告的转化率从 30 分钟内的 61%下降到 30 天内的 8%;而同样的监测条件下,观看广告的转化率则由 11%上升到 38%。转化率的概念提醒营销者:应当关注那些占访问者总数 99%的并没有点击广告的浏览者。于是人们采用了与点击率相关的另一个指标——转化率,来反映那些观看而未点击广告所产生的效果。不过对转化率的监测目前在操作实现上还有一定难度,许多情况下仍要沿用比较分析法的思路。

本章小结

网络促销是利用现代信息技术手段,以网络媒体为中介,向网络市场传递具有价值诱因的有关产品信息,以刺激需求,引起客户购买欲望和购买行为的各种活动。

网络环境下的促销媒介、促销工具及方式都发生了变化。与传统媒体相比,网络媒体具有信息传播集成化、速度快、容量大、空间广、传播者与受众之间形成了平等互动的传受关系,以及传播过程中的噪音干扰加大、传播工具与传播者相分离等特点,这些都促成了网络促销在实施策略上的创新。网络促销是实现流行三法则的机遇,同时也面临互联网特性与技术环境的挑战。网络促销的实现仍然采用广告、销售促进、关系营销和人员推销四种方式,但具体的实现手段、使用工具却完全不同于传统促销。

网上销售促进是面向网络市场,利用各种销售促进手段刺激消费者购买产品或实现消费,主要采用包括有奖促销、拍卖促销、折扣促销和免费促销等形式的优惠策略,限制时间、限制用户规模的限时限量策略,吸引用户参与、互动、体验的互动体验促销策略。

网络公共关系是以互联网为公关媒介和沟通渠道实施的,其目的是帮助企业在营销活动中正确处理与各利益相关者的关系,树立企业良好的形象。借助于互联网尤其是社会化媒体的传播,增强了公关主体的主动性,强化了公关客体的权威性,提高了公关的中介效能,拓宽了公关施展的时空。网络公关主要采用新闻舆论宣传、网上路演、开展公益活动和事件营销等策略和方式实现,在实施过程中,应注意策略的使用要合乎情理,同时要加强网络舆论的监控。

网络广告是通过互联网传播的,符合广告的依附性、目的性和商业性法定特征的信息。网络广告具有链接性、交互性、整合性、即时性和可测评性等特点。同时,也面临受技术的制约、创意空间的局限、用户隐私以及广告运作的能力与水平等的挑战。

网络广告大致分 Web 站点广告、电子邮件广告、搜索引擎广告、富媒体广告、社交媒体广告和植入式广告六大类。网络广告策划是根据互联网的特性和网络受众的特征,对网络广告活动进行的全面规划和部署。其关键任务是确定包括定位策略、心理策略和展现策略为主的广告运作策略。以确定宣传主题、诉求重点为主要内容的定位策略可从抢先、比附、空隙、观念、品牌形象、企业形象和文化定位六个方面进行策划;心理策略是针对受众不同的心理特征进行广告策划,并可以利益、情感、观念、权威、名人等为导向,采用反成、激将和警喻等手法;展现策略包括展示型和互动型两种实现策略。选择发布渠道和投放时间是网络广告运营的重要内容,前者的选择应考虑覆盖面、成本等因素,后者的选择应考虑发布时机、时序、时段等因素。网络广告的发布可利用自己的网站或网络内容服务商及他人的网站,也可以提供赞助等其他方式进行。网络广告运营成本与网络广告运营商提供的服务收费模式直接相关,目前主流的计费模式有 CPM、CPC、CPA、CPP 和包月(年)等方式。网络广告评估是对广告投放效果和运营质量的精确检测,需遵从有效性、可靠性、相关性原则。网络广告的评估指标主要包括广告展示量、点击量、广告到达率、广告二跳率和转化率等五项。在具体操作上可采用数据统计、比较分析、加权计算和转化率监测等方法。

关键术语

网络促销	网络媒体	流行三法则	网上销售促进
网络公共关系	网络广告	有奖促销	折扣促销
拍卖促销	免费促销	限时限量策略	互动体验策略
网上路演	事件营销	Web 站点广告	电子邮件广告
富媒体广告	植入式广告	旗帜广告	搜索引擎广告
关键词广告	竞价排名	定位策略	心理策略
展现策略	时间策略	千人印象成本(CPM)	每次点击成本(CPC)
每行动成本(CPA)	每购买成本(CPP)	广告展示量	广告点击量
广告到达率	广告二跳率	广告转化率	数据统计法
JavaScript 标记分析	比较分析法	加权计算法	转化率监测法

思考题

1. 与传统媒体相比,网络媒体有哪些新的特点?请举例说明。
2. 网络环境下的受众心态发生了怎样的变化?
3. 如何理解网络促销是实现流行三法则的机遇?
4. 为什么说"无所不知的受众"是企业开展网络促销面临的挑战?结合互联网强化了公关客体权威性的观点进行阐述。
5. 搜集网上采用各种优惠策略、限时限量策略和互动体验策略进行促销的案例,并进行点评。
6. 互联网提高了公关的中介效能,这将对企业开展网络公关产生怎样的影响?
7. 搜集通过网上路演方式进行新产品推广的促销案例,并进行点评。
8. 通过网上事件营销的案例,说明为什么事件营销是一把利益与风险并存的"双刃剑"。
9. 如何理解企业的网络公关策划能力在于:创造吸引用户注意力的主题和内容,由此引发新闻媒体的关注,甚至产生"倒逼"效应?
10. 如何理解开展事件营销要"避免制造容易产生负面效应的争议性话题"?
11. 与传统广告相比,网络广告的优势体现在哪些方面?
12. 在网上查找各种类型的网络广告,说明它们各属于哪种类型,并分析其特点。
13. 网络广告策划应从哪几个方面入手?
14. 在网上查找采用定位、心理以及展现策略的广告,并分析其为何采用此策略。
15. 简述网络广告的发布途径,并通过实例说明它们的优劣势。
16. 改善网络广告的传播效果应当从哪些方面采取措施?
17. 搜集目前我国网络广告市场中的各种收费模式,并分析其利弊。
18. 简述网络广告效果评价的原则与方法。

参考文献

[1] 程成，等. App 营销解密——移动互联网时代的营销革命[M]. 北京：机械工业出版社，2013.

[2] 仇勇. 新媒体革命 2.0：算法时代的媒介、公关与传播[M]. 北京：电子工业出版社，2018.

[3] 舒咏平. 新媒体广告传播[M]. 上海：上海交通大学出版社，2015.

[4] 姚群峰. 感染力：互联网+时代病毒营销策划的 55 个实操秘诀[M]. 北京：电子工业出版社，2016.

[5] [加拿大] 马尔科姆·格拉德威尔. 引爆点：如何引发流行[M]. 钱清，等，译. 北京：中信出版社，2014.

[6] [加拿大] 朱莉·赛迪维，格雷格·卡尔森. 广告词的语言魅力：如何成功引爆消费者的注意力[M]. 杨雷，译. 北京：电子工业出版社，2012.

[7] [美] 莱斯利·约翰，等. 广告莫越界[J/OL]. 哈佛商业评论 [2018-01-07]，http://www.hbrchina.org/2018-01-07/5800.html.

[8] [美] 乔纳·伯杰. 疯传：让你的产品、思想、行为像病毒一样入侵[M]. 刘生敏，等，译. 北京：电子工业出版社，2014.

[9] [美] 托马斯·C 奥吉恩，等. 广告学[M]. 5 版. 兰天，译. 大连：东北财经大学出版社，2010.

[10] [美] David Meerman Scott. 新规则：用社会化媒体做营销和公关[M]. 赵俐，谢俊，张婧妍，译. 北京：机械工业出版社，2010.

[11] 弘毅. 还记得"联想红本女"这个经典的营销案例吗？[OL]. 硅谷动力网[2017-08-21]，http://www.enet.com.cn/article/2017/0821/A20170821035788.html.

[12] 李东阳. 番茄炒蛋广告，为什么刷屏！[OL]. 首席营销官[2017-11-02]，https://mp.weixin.qq.com/s/GSRCcaHStGJHOX7sDcv6AA.

[13] Alan Charlesworth. Internet Marketing: A Practical Approach[M]. New York: Typeset by Charon Tec Ltd., A Macmillan Company, 2009.

[14] Carolyn F Siegel. Internet marketing: foundations and applications [M]. Boston, MA, US: Houghton Mifflin Co., 2006.

[15] Lau G K, Sophia Ng. Individual and Situational Factors Influencing Negative Word-of-Mouth Behavior[J]. Canadian Journal of Administrative Sciences, 2001, 18(3): 163-178.

[16] Newman P J. An Investigation of Consumer Reactions to Negative Word-of-Mouth on the Internet[D]. Thesis(Ph.D.), Uuiversity of Illinois at Urbana-Champaign, Urbana, IL, U.S, 2003.

案例研讨

江小白将营销做到"极致"了吗？

从 2012 年 3 月成立至今，短短几年间，"江小白"这个偏居一隅的地方白酒品牌却在国内白酒市场中做得风生水起，业界普遍认为是互联网成就了江小白，很多网友也以为它是一个互联网品牌。其实不然，在江小白官网——"重庆江小白酒业有限公司"的网站上可以看到，这是一家"致力于传统高粱酒的老味新生,进行面对新生代人群的白酒利口化和时尚化实践"的综合酒业集团。这个"传统高粱酒"就是江小白的前身——"江津老白干"。

1. 贴近互联网新生代的市场定位

成立之初的江小白面对的是年产值 6200 多亿元的国内白酒市场。与年销售过百亿元的茅台、五粮液等白酒巨头大手笔的促销宣传、品牌传播、整合营销投入相比,江小白这个"江津老白干的年轻版"实力悬殊实在太大。因此,江小白放弃了白酒行业"渠道为王"的主流经营思路,另辟蹊径地选择了"营销制胜",专注于"做小"——小瓶酒、小投入、小传播和小营销。

白酒行业流行着"白酒没有未来"的说法,据说是因为如今的年轻人很少喝白酒了。一项针对 25~30 岁之间年轻人对白酒态度的调查表明:只有 5%的年轻人选择接受白酒,而大多数年轻一代认为,白酒不适合自己,喝白酒太正式,而且不够时尚。与此同时,江小白也发现:"80 后""90 后"群体完全不同于传统的白酒消费者,他们不仅具有年轻、富有朝气、充满时尚与追求个性的鲜明时代特征,而且崇尚过一种简约的生活。正是基于对"80 后""90 后"的特性分析和深入了解他们需求,江小白确定了自己的市场定位:年轻人饮用的、有独特口味的小曲清香型白酒。

为贴近互联网新生代,江小白特意塑造了一个长着大众脸、长长的黑发、戴一副无镜片黑框眼镜、系着英伦风格的黑白格子围巾、身着休闲西装的帅气小男士卡通作为自己的形象代言人。他时尚、青春、简单、快乐,爱护环境、不喜人情世故,有点文艺范儿,但也不是高富帅,这些性格特质与当下"80 后""90 后"的生活形态十分契合,很多人可以在他身上找到自己的影子。这样的青春文艺,加上"我是江小白,生活很简单"的生活理念,完全颠覆了白酒以稳重、传统、历史悠久为主的传统形象,由此拉开了江小白与其他传统白酒品牌的距离。按创始人陶石泉的说法,这个定位适合我们用互联网思维经营品牌。

2. 围绕成本打造独具匠心的经营

围绕这款"三五好友小聚时的饮品",江小白开始了从产品、品牌、包装到促销一系列颇具匠心的经营打造,并在降低成本上做足了文章。

(1) 产品简约化。国内不少酒类企业虽然经营着一个品牌,但产品线却很长,品类繁多,单品销量却不大。江小白只经营一个单品,三种不同容量的规格瓶装,集约化的产品线,不仅提高了效率,也降低了生产成本;另一个产品简约化的策略是采用极简包装:一律是光瓶酒加一个纸套,也没有包装外盒,尽管如此,江小白却在酒瓶纸套上设计了各种精悍、幽默的个性化语录,说不准哪段文字就能戳中顾客的笑点或泪点,这让江小白赢得无数青睐。对"青春小酒"的消费者来说,这种"表达瓶"上的文案就是一种独具特色的品牌包装,它与传统酒类产品大多采用精美的高档包装相比毫不逊色,而且还为江小白节约了 20%左右的包装费用。

(2) 渠道扁平化。传统酒类产品的分销渠道是由总代理,省级、市级、县级的层层代理,最后到达终端,渠道结构复杂,成本层层累加。虽然江小白从成立之初就在应用微博营销,但它起步的头三年还是走的传统深度分销之路,所有的销售都是通过线下渠道完成的。2015 年才开启网上销售之门,目前江小白只有一级渠道,稍偏远的地方有两级渠道,即设置一个分销商,而更多的是依赖于网络分销渠道,这种电商直销不仅流通效率高,而且可以节省 15%左右渠道费用。

(3) 传播微博化。面对数以亿计的白酒主流消费群体,传统酒类企业在广播电视、报纸杂志、楼宇公交等媒体上的广告投入可谓是极尽奢华,占成本的 25%~30%。而以"城市打拼的文艺青年"为主要消费对象的江小白，选择当时爆红的微博作为主要的促销平台是再明智不过了。除少量的地铁互动广告牌，以及给"小白粉"们提供点小礼品之类的投入外，江小白的主要精力都放在微博上，不仅将广告费控制在10%以内，还实现了与消费者的零距离接触，取得了令人瞠目的传播效率和促销效果。

以上几项开支算下来，节省了近50%的成本，这无疑增强了江小白的产品竞争底气。在白酒行业同质化且一派低迷的情况下，尽管每瓶酒的售价不超过100元，但江小白的单品销量比那些白酒行业的巨无霸企业还要好，"出道"的第一年就实现销售5000万元。

3. 坚守"社会化营销"，做精做细

2011年12月27日，江小白在新浪微博上发布了自己的第一条微博："我是江小白，生活很简单！"从那以后，微博成为江小白营销传播的最重要平台，到目前，@江小白等几个官微已累计发布数万条微博，粉丝数超过24万。即使是在微信、App、小程序、网络直播等新营销模式当红，微博不再强势的今天，江小白对微博营销仍然一如既往，坚持始终。

江小白的微博内容始终坚持热点话题与白酒结合起来。2014年韩剧《来自星星的你》火遍中国时，江小白在微博上发了一幅"都叫兽"与张律师PK植物大战僵尸的PS图，并植入了"两双筷子两瓶酒，两两相对好朋友"的语录；2015年父亲节，江小白发布了第一条视频微博，通过一对父子端午节团圆饭的故事，强化了其产品的消费场景和品牌的情感链接。而借势热点事件进行品牌推广也是江小白常用的套路之一，2015年初的股市大跌、2016年国足参加十二强赛等热点事件发生期间，江小白都借机在微博上实施品牌推广。此外，江小白还在纪念日和节日进行品牌植入，2016年4月22日的"世界地球日"，江小白以"善待地球，从简单生活做起"为题，顺势推广了其简单生活的理念；2017年的父亲节，通过一条"学会喝酒后，才真正开始懂老爸"的微博，配上一幅模拟FC(family computer)游戏的动图来引起网友的情感共鸣。2017年"双11"期间，江小白推出"11111元"终身购酒的促销活动，引发了网民的广泛关注和讨论，"多少年能喝回本钱"和"每天饮酒多少适宜"等也成为网友热议的话题。一直以来，江小白的事件营销和"表达瓶"上的语录已经成为年轻人茶余饭后津津乐道的谈资。

除简单有趣而走心的内容，再配上花样繁多的视频、漫画外，利用微博开展互动抽奖也是江小白品牌推广的手段。从江小白微博上的那些热门转帖可以看出，绝大多数都是互动抽奖微博。线上的微博互动还与引导粉丝的线下活动相互呼应，以增强粉丝的忠诚度。例如通过"寻找江小白"活动，要求粉丝将在餐厅菜单、酒瓶、地铁广告等生活中遇到的江小白形象拍摄下来，传到网上。此外，微信也是江小白的重要营销渠道。除微信公众号外，江小白还建立了由专人维护的私人账号"小白哥"，专门供一些粉丝向小白哥诉说"个人隐私"，除负责运营的人外，其内容是不公开的。

简单的事情重复做，重复的事情创新做。江小白也沿用并优化了各种形式的免品、赠饮、品鉴会、回厂游等传统营销套路，实现O2O营销融合。在线上主要通过诸如"遇见江小白"之类的活动，将产品赠送给幸运的粉丝，既增加粉丝黏性、制造传播话题，又解决部分粉丝的试饮问题；在线下，则瞄准终端包装及地铁广告等线下媒介进行精准投入，通过这些广告提高知名度并将受众引流到微博，再通过微博的粉丝互动完成品牌与消费者的沟通及试饮。这其中的每个环节都是年轻人经常接触的，如在某条路边拍摄消费者宣传简单生活的视频，在某体育场以两千瓶葡萄酒见证浪漫的求婚、挑战吉尼斯创造史上大规模的畅饮派对等，层出不穷的各种创新营销手法，总能引起年轻群体的关注，并在他们中得到很好的传播。这些努力使江小白的品牌形象逐渐演变为具备自传播能力的文化IP[①]。

案例思考题

1. 请收集一些江小白的文案，谈谈你对"为什么很多人喜欢这些文案"的看法。

2. 网上有不少人吐槽"江小白"酒并不好喝，既然"难喝"，为何江小白还这么火？有人说是它的文案太牛，另一些人认为，文案只是一种手段，江小白的业绩是对整个品牌的运营流程和消费者的洞察力。对此，请说说你的观点。

3. 2018年元旦后，江小白推出了一组"情绪"海报，但是网友在微博上的评论是：最新文案越来越无聊啦，总是使用那几个套路。对此，有专业人士认为：江小白把目标消费群体定位于文艺男青年，品牌标签过于情怀化，长此以往，一旦创意不够新鲜，很容易引发反感。可以说它的定位偏差，无法融入主流市场，而所宣扬的使用场景也将自己逼入了一个死胡同。你同意此观点吗？

4. 有业内人士认为，作为"网红"小酒，江小白凭借营销攻势在白酒市场上占有了一席之地，但目前江小白的产品和消费者积淀都不稳定，接下来将面临的考验是：在营销达到极致后，如何将线上流量转化为线下营收？面对年轻消费者对白酒不高的忠诚度，如何保持购买力稳定而不是下降？江小白则表示"专注于年轻人群体和细分市场是会长期走下去的路线"。对此，你怎么看？请为江小白后续的经营出谋划策。

[①] IP是Intellectual Property的缩写，泛指包括文学、音乐等各种艺术作品、发明与创造，以及一切倾注了作者心智的语言、符号和设计等被法律赋予独享权利的"知识财产"。也可以理解为是能够仅凭自身的吸引力，挣脱单一平台的束缚，在多个平台上获得流量，进行分发的内容，是一种"潜在资产"。如今，IP已俨然成为影视、媒体以及营销业界的热词，"IP营销"甚至成为近几年重要的市场现象，并呈现出各种跨界合作的新商业模式和新消费趋势。

第 9 章 新媒体营销

本章提要 本章介绍了新媒体及新媒体营销的特点、与传统营销的区别、面临的挑战。阐述了博客、微博、微信和 App 营销等新媒体营销的主要应用模式,以及网络口碑、内容营销、软文营销、直播营销等基本实现方式与方法。本章的重点是掌握微博、微信、App 营销等应用模式,以及网络口碑、内容营销、软文营销、直播营销等新媒体营销的基本方式与方法。本章的难点是理解和掌握网络口碑的传播机理、内容营销的策划和营销软文的写作与传播方法。

引 例

"祝你成为中国锦鲤"——微博营销的新里程碑

2018 年 9 月 29 日 14:00,支付宝通过官方微博,发出了一条"祝你成为中国锦鲤!"的微博(见图 9-1)。据微博官方数据显示,当天 19:50,这条微博的转发量就超过了 100 万,评论量达 25 万,点赞量超过 10 万。截至 10 月 7 日开奖时,该微博的阅读量已超过 2 亿,转发量超过 310 万,评论量超过 80 万,点赞量超过 31 万,成为微博历史上传播效率最高的企业社会化媒体传播新标杆。

这场支付宝携全球合作品牌海选"中国锦鲤"的活动,可谓微博传播的教科书示范。微博评论区的商户基本上都是接入支付宝的全球品牌或商家,根据不完全统计,仅评论区内排名靠前的奖品就超过 150 家,这还不包括被淹没在 80 万条用户评论里,未被"打捞"上来的绝大部分。活动的火爆也引来了全球品牌的持续加码,10 月 7 日 10:14,支付宝官微上发布了抽选中国锦鲤的互动微博,数分钟内便有三星 GALAXY、巴黎春天百货(Printemps)、泰国 KingPower 王权免税店、加拿大航空公司等百余家海外品牌自发在评论区送出奖品为中国锦鲤加码,甚至还吸引了加拿大旅游局、新西兰旅游局、巴黎旅游局等官方机构来蹭热点。

图 9-1　支付宝的微博——"祝你成为中国锦鲤！"

　　一方面，品牌和商家提供的各式奖品让活动更加丰富多彩，吸引了更多的用户眼球和转发；另一方面，商家们也分享了支付宝官方微博的流量池，最大程度地提升了品牌曝光量和用户关注度。评论区各家蓝V的互动量甚至超过了自己微博上历年互动量的总和。如巴黎春天百货这次获得的点赞超过 2.3 万次，而该品牌官微的粉丝才 2.2 万。超过半数的品牌官微在这次活动中粉丝增长超过 70%，部分品牌的粉丝量甚至从零暴涨至数万。其实，如此出色的传播与互动效果并不是豪华奖品使然。微博推出至今已经 9 年，企业在微博上进行的抽奖活动中不乏有大额奖品，甚至价值近百万的奔驰车，而此次支付宝送出的"中国锦鲤全球免单大礼包"，均来自众多品牌和商家的免单券。加拿大旅游局仅仅送出了一句"向中国锦鲤及所有中国游客表示诚挚欢迎！"的祝福，便收获了 6 万多个点赞，并圈粉无数。

　　在后社交媒体时代，单一平台、单条微博能创造出这样的营销效果，创造了企业微博营销的新里程碑，这是支付宝的成功，也是微博的成功，此后不久，各地"锦鲤"便纷纷兴起。这也证明，微博作为天然开放式社交媒体，仍然是有效的品牌营销平台。

9.1　概述

9.1.1　新媒体的概念

1. 新媒体诠释

　　"新媒体营销"(new media marketing)如今已成为国内营销界炙手可热的新词汇。"新媒体"最早是由美国哥伦比亚广播电视网(CBS)技术研究所所长戈德马克(P. Goldmark)于 1967 年提出的概念。按照国内外学者的观点，新媒体是一个相对的概念，是伴随着传播媒体的发展而不断变化的。正如加拿大多伦多大学教授罗伯特·洛根(Robert K. Logan)所指出的，所谓"新媒体"是涉及计算处理和双向互动传播的数字媒体，与电话、广播、电视等旧媒介相对。①他认为，20世纪60年代，传播学大师麦克卢汉研究的电视和自动化是那个时代的"新媒体"，今天的"新媒体"是数字媒体，它们纵横相联，所涉及的信息很容易处理、储存、转换、检索、超级链接，最鲜明的特征是容易搜索与获取。

除学界外，有关机构和媒体也从不同的角度对新媒体进行理解和诠释，联合国教科文组织对其的定义是，以数字技术为基础，以网络为载体进行信息传播的媒介。新媒体的喉舌——美国《连线》杂志则基于新媒体的传播特性，将其定义为"所有人对所有人的传播"②，最具这一传播特性的是2006年3月21日诞生的微型博客网站"Twitter"，其用户之间可以通过电脑和各种移动终端分享各种信息。此后不久，我国的互联网企业也纷纷推出类似的网站，如新浪微博、人人网、开心网、淘江湖、豆瓣网等，这些俗称"社交网站"提供的社会化网络服务(social networking service，SNS)都是新媒体的典型应用。除此之外，还有博客、微博、微信、TAG、RSS、WIKI、App等基于互联网发展起来的网络媒体，网络杂志、数字报刊以及数字电视等通过电脑和数字化转换的传统媒体，还有公交移动媒体、公路媒体等户外新媒体。

综合国内外学者的相关论述，这里采纳清华大学熊澄宇教授的观点，将新媒体定义为在计算机信息处理技术基础上产生和影响的媒体形态，包括在线的网络媒体和离线的各种数字媒体形式。

2. 主要特性

新媒体的种类很多，而且还在不断发展，尽管功能上会有所重叠，手段和方式却各不相同，语言、文化、氛围和风格方面也有很大差异，但以下特性是新媒体共有的。

(1) 双向传播。传统媒体以"广播"的形式，将信息单向传递给受众。新媒体中的信息是双向传播的，受众不仅能获取信息并可与信息的传播者或其他受众交流和互动。

(2) 信息容易获取和传播。超文本实现了新媒体中各种碎片化信息的整合与紧密相连，而搜索引擎则使用户方便快捷地获取各种信息，这些都是传统媒体难以实现的。

(3) 媒体融合。新媒体可以实现不同媒体的融合，通过链接，不仅融合了文本、图片、音视频以及会议、聊天、电话、可视电话等媒体功能，而且可将其融合到同一个设备上，如智能手机上的移动电视。当然，这并不意味着未来所有的媒体会合而为一，成为一个汇集了一切媒体的媒体。

(4) 互操作性。手机用户在微信中与好友进行交流时，可能并不知道其好友是在个人电脑上使用微信；人们在Web网站上浏览的信息可以分享到微信、QQ等社交媒体中，这些就是新媒体在技术上所具有的互操作性——不同媒体间能互相对话。可以说，正是互联网提供了一个共同的基础结构，促成了不同媒体间的互操作性。不仅如此，新媒体还实现了社会、组织及个人的互操作，这种互操作实现传播内容的聚合，使企业可以利用社会化媒体搜集并组织所需的市场信息。

上述特性影响了新媒体的传播规律，也改变了人们的阅读行为，使移动化、碎片化和场景化阅读与分享传播逐渐成为主流。

---

① [加拿大] 罗伯特•洛根. 理解新媒介：延伸麦克卢汉[M]. 何道宽，译. 上海：复旦大学出版社，2012.
② 蒋宏，许剑. 新媒体导论[M]. 上海：上海交通大学出版社，2006.

9.1.2 新媒体营销概述

1. 何谓新媒体营销

Twitter 在问世之初只是作为网络用户传递和分享信息的工具，2007 年 Dell 公司开创了用 Twitter 进行社会化营销的先河①，此后，耐克、可口可乐、SAP、星巴克、惠普、麦当劳、百思买等诸多品牌和企业纷纷借助于博客，以及后来的微博、微信等开展品牌推广、广告促销、客户沟通等营销活动，于是有了社区营销、博客营销、微博营销、微信营销以及口碑营销、病毒营销……，人们将这些利用社会化媒体开展的营销称为社会化营销。随着移动商务的发展和智能手机的普及，App、微信官方小程序正在成为越来越多企业开展营销的新工具。在营销业界，近年来创造了诸如"对话式市场营销"(conversational marketing)、"公民市场营销"(citizen marketing)、"外包给消费者的市场营销"(outsourcing marketing to the consumer)等术语，来描述利用各种数字化媒体开展的营销活动。这里，我们将利用包括社会化媒体、网络自媒体在内的各种数字媒体开展的营销统称为新媒体营销。

2. 特点

新媒体的上述特性对基于新媒体的营销活动产生了不同程度的影响，使新媒体营销呈现以下四个特点。

1) 创造性

"使用者即内容"，提出这一观点的传播学大师麦克卢汉认为，消费者应该掌控自己消费的内容。在传统媒体条件下，消费者只能消费信息把关人、编辑和生产者允许他们消费的东西。而在新媒体条件下，每位用户被赋予了创造并传播内容的能力，他们可将自己的内容带入各种网络媒体，并根据自己的需要改变内容，用户从信息的需求者、搜索者，成为内容的制造者、发布者、传播者和评论者。因此，在新媒体营销中传播内容的主要创作来源有三类：①专业生产内容(professionally generated content，PGC)，亦称 PPC(professionally produced content)，是由专业团队或人员创作的内容；②用户原创内容(user generated content，UGC)，利用各种新媒体，每个用户都可以生成自己的内容，而不像以前，网上的内容只能由某些人创作，不过 UGC 可能将导致一些错误、虚假和片面的内容在网上出现；③职业生产内容 (occupationally generated content，OGC)②，是以创作和生产专业内容为职业的机构或人士提供的内容。

2) 互动性

新媒体不仅实现互动的方法和手段很多，而且形式也非常丰富，不仅有视频聊天、语音通话等多媒体形式的互动，而且微信用户对朋友圈里他人所发状态或晒出照片的点赞、分享或评论都是互动。因此，利用用户间的互动实现分享与传播是新媒体营销突出的特点和优势。譬如，企业可以充分利用微博、微信等公共交流沟通工具，实现企业与

---

① 2007 年 6 月，Dell 公司员工在 Twitter 上建立了一个名为 "@Dell-Outlet" 的账号，用微博替代了以往客服人员与客户的电话沟通方式。
② OGC 与 PGC 的区别在于，PGC 往往是出于"爱好"，义务贡献自己的知识形成内容，并不从中获取相应报酬。

客户之间、客户相互之间随时随地的互动交流。

3) 聚合性

新媒体营销可以将相同的营销内容,以不同形式的信息、不同的表达方式,通过不同媒体平台或渠道进行传播,例如,用户在手机淘宝 App 中看到一款打折促销的商品,可以立即点击"分享",将该信息以微博、微信、QQ 或短信方式与其他用户分享。这种营销的聚合性正是利用新媒体的媒体融合与互操作性实现的。

4) 碎片化

在移动互联环境下的信息传播呈现碎片化特点,尽管内容的创作和传播是完整的,但用户往往是在碎片化的时间里阅读碎片化的信息,即对内容的接受是碎片化的。因此,新媒体作为营销工具虽然有信息传播迅捷、沟通便利等优点,但也有难以持续的弊端。虽然营销人员每天通过各新媒体平台发帖、推送软文、分享图片、视频等等,这些促销信息确实能吸引用户的眼球,但用户看到后却无动于衷,难以触发其消费行动,这种被国外学者称为游击营销(guerrilla marketing)①的方式实际上就是新媒体营销的短板。因此,新媒体营销不仅需要吸引,更需要企业与用户以及用户之间的互动。

3. 销售模型的转变

按照销售漏斗模型(AIDMA)的描述,传统环境下的销售过程包括 attention(关注)、interest(兴趣)、desire(渴望)、memory(记忆)以及 action(购买)五个阶段,每进入下一个阶段,客户数量就会减少,如图 9-2 所示。网络环境下的销售模型变为沙漏型,即 AISAS 模型,其过程包括 attention(关注)、interest(兴趣)、search(搜索)、action(购买)和 share(分享)五个阶段,如图 9-3 所示,新媒体进一步提升了 AISAS 模型中分享的影响力,使客户数量随分享口碑传播的涟漪效应而增加。

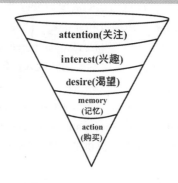

图 9-2 销售漏斗模型(AIDMA)

4. 实现有效传播的 STEPPS 原则

沃顿商学院教授乔纳·伯杰在《疯传:让你的产品、思想、行为像病毒一样入侵》一书中,揭示了"什么因素使得传播内容具备感染力"的秘密,总结出促使大众谈论、分享和模仿的 STEPPS 六原则,这对于如何利用新媒体实现有效营销传播具有借鉴价值。

---

① [美] 加里·维纳查克. 新媒体营销圣经:引诱,引诱,引诱,出击![M]. 张树燕,译. 北京:北京联合出版公司,2016.

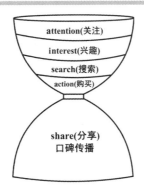

图 9-3　销售沙漏模型(AISAS)

(1) 社交货币(social currency)，应尽可能对用户的评论、思想或行为给予肯定或正面的评价，即付给用户"社交货币"。

(2) 诱因(triggers)，通过特定的景物或环境激发用户对其产品的思维和联想，由此引发他们的传播行为。

(3) 情绪(emotion)，通过一些情绪事件激发用户的分享欲望。通常应选择那些能激励用户分享的积极情绪事件，若是消极的情绪事件但能激发用户的分享意愿，在不会引起负面效应的情况下也可为我所用。

(4) 公共性(public)，企业应围绕产品进行相关理念和思想的包装设计，使其产生"有样学样"的公众模仿效果，以此激发用户使用产品后的回味感，实现产品及品牌的渗透力和影响力。

(5) 实用价值(practical value)，在尽其所能为用户提供更具性价比产品的同时，尽力提供相关知识和服务，让人们方便快捷地使用产品，得到实惠的用户会自发地进行口碑传播。

(6) 故事(stories)，营销者应善于用故事来表达自己的思想，将一些重要信息注入故事的情节之中，通过受众的分享来实现营销者所要传播的内容。

乔纳·伯杰教授认为，正是这些因素的作用，使得包括故事、新闻和信息，以及产品、思想、短信和视频等在内的传播内容具备了感染力，形成了它们被广泛传播的深层次原因。

9.1.3　新媒体营销面临的挑战

随着科技的发展，新媒体营销的平台和手段将层出不穷，它们在给企业开展网络营销带来新机遇的同时，也使其面临新的挑战。从新媒体营销的发展历程看，正是第一代自媒体——博客的应用，才使新媒体真正成为所有人的媒体，并成为众多企业竞相采用的营销工具，而微博和微信是目前应用最普遍、使用范围最广泛的新媒体平台。营销者应摒弃喜新厌旧思维对网络营销思维的影响，认真研究如何做好博客、微博、微信之类基于 SNS 平台实施的新媒体营销。

美国学者加里·维纳查克指出："吸引营销人员来到 Facebook 的庞大用户基数，是造成他们在 Facebook 上营销困难的'罪魁祸首'！10 亿用户和他们的发文形成了对营销的阻碍。想想看，有那么多发文内容展现在用户的主页上，争相吸引目光，即使你的发文质量很高，但消费者还是不太会注意到。"[1]这是在告诫营销者不能仅从用户数量、发文质量来做社会化媒体营销。

如今，为缓解 SNS 平台上因海量信息泛滥带来的问题，Facebook、新浪等 SNS 平台都采用了"边际排名"(edge rank)算法。即不管是发信息、上传照片、点赞、分享或是留言，任何与 SNS 平台的互动都算是一个"边际"。理论上讲，每个边际都会影响相关动态消息在 SNS 上显现与否和排序位置。但实际上，并不是每一个边际都会有显著的影响。采用"边际排名"的社交平台会关注对每个边际感兴趣的人数多寡、用户发布的动态信息得到多少回应、用户与某个帖子之间有多少互动……，以此作为计算边际排名结果的指标之一，并确定用户对哪类内容感兴趣，然后按此标准，选择提供给用户动态页面上的内容。例如，"边际排名"发现一个用户经常给朋友的照片点赞或在照片下留言，但会忽略朋友所发的纯文字内容，于是 SNS 平台就会根据"边际排名"，在用户的动态页面上尽量多呈现好友的照片，而让用户尽可能少地看到好友的纯文字发文。根据用户与品牌互动的"边际排名"，"投其所好"地选取相应的信息投放给用户的动态页面，这正是营销者所期望的精准营销效果。这个例子说明，新媒体营销在丰富和优化营销内容、完善营销功能方面可以发挥的功能很多，值得营销者去深耕细作。

总而言之，新媒体营销的价值体现在诸多方面，不仅局限于促销、销售、关系营销等经典营销的范畴，更不只限于吸引粉丝，实现口碑传播等促销方法和手段应用，而且要根据新媒体的特点并结合营销实际，借助于各种新媒体实现营销的全面创新，这将是企业开展新媒体营销面临的挑战。

9.2 新媒体营销的主要应用模式

随着新媒体的发展，利用新媒体开展营销的方式也层出不穷，目前应用较多的主要有以下几类。

9.2.1 博客营销

博客(blog)[2]兴起于 20 世纪末的美国，blog 是"Web Log"的缩写，原本是一种个人的网络日志，随着其应用越来越广泛，博客完全超越了日志的原始内涵。其内容由简单的个人日志扩展到企业信息的传播、热点时事评论、人际间的情感交流等，表现形式也变得丰富多彩，由一般的文本，发展到图片、音频、视频等多媒体形式。博客营销(blog marketing)是借助于博客的知识性、自主性、共享性等基本特征开展的营销活动，亦称企业博客。

---

[1] [美] 加里·维纳查克. 新媒体营销圣经：引诱，引诱，引诱，出击![M]. 张树燕，译. 北京：北京联合出版公司，2016.

[2] 最早的博客平台 blogger.com 创办人埃文·威廉姆斯在做火了博客之后，于 2003 年 2 月以天价将其卖给了谷歌。此后，他与人合作创办了一个音频博客(即"播客")公司，苹果公司把播客整合到 iTunes，将所有播客逼上了绝路，但威廉姆斯却绝路逢生，他选择了再次改变新媒体的微博，与伙伴们成功转型创办了 Twitter——一个至今仍在影响世界的新媒体平台。

1. 主要特点

博客营销作为一个全新的营销平台，其核心价值是将传统意义上"大众化的单向传播"转变为"小众化的互动传播"，让营销的本质回归到口口相传的口碑营销，使营销的传播效果从数量上的成功(如点击率、关注度)转移到传播质量与效率(如影响力、精准度、客户忠诚度)的提高。因此，博客营销被认为是 Web2.0 时代网络营销的典型模式之一，即使是今天已全面进入社会化媒体时代，博客的营销能力仍不容忽视，这是基于它的两大突出特点。

1) 具有"深度营销"的价值

博文的篇幅不受限制，因此具有深入分析事物前因后果、全面介绍产品或品牌的能力，这有助于实现精细化营销，提高受众的忠诚度和营销传播的效果。

2) 在搜索引擎中的可见性

每一篇博文都是一个独立的网页，因此，能够被搜索引擎收录和检索，而其他自媒体或社交平台上发布的信息则难以做到这一点，这使博文具有长期被用户发现和阅读的机会，由此造就了博客营销的独特优势。

2. 实施方式

1) 企业自建博客平台或在其官方网站上开设博客频道

企业可借助于这个平台展示产品、传播品牌、介绍企业文化、宣传经营理念和开展促销活动。许多企业还鼓励员工和产品的用户发表各种博文，使访问者能够更直观、全方位地了解企业、产品和品牌，培育客户忠诚度。宝洁公司为其产品的用户开设了博客网站，顾客在购买产品后即可注册成为该网站的用户，他们不仅能在此发表关于宝洁产品的博文，还可将其制作为单页的电子杂志，发给自己的朋友，网站会自动生成折扣优惠券作为给这些用户的奖励，目前该网站已有来自全球各地的注册用户 2000 多万。

2) 利用第三方博客平台开展企业的博客营销活动

企业可以自行或委托中介服务机构在专业的博客平台上开设企业博客，免费发布企业的营销信息。这是最常用的博客营销方式，尤其适用于广大中小企业。新浪博客、阿里博客、百度空间、企博网(www.bokee.net)、谷歌博客等都是运作稳定的第三方专业博客平台。在美国，许多企业在营销规划中专门设有博客营销计划，并雇佣兼职和全职博客写手(blogger)撰写专题系列营销博文。

3) 通过有影响的个人博客发布广告或企业相关信息

名人开博客是一种普遍现象，它为广大网民提供了与名人近距离接触和交流的渠道，也为企业开展营销活动带来了机会。名人博客的点击率非普通博客所能及，于是，名人的博客便成为企业投放广告、宣传产品和品牌的有效场所之一。2006 年 6 月，全球著名的微处理器厂商 AMD 公司曾与徐静蕾签约，在当时被誉为"中华第一博"的"老徐"博客上投放广告，徐静蕾也凭此正式成为 AMD 公司大中华区移动计算技术品牌的形象代言人。AMD 看中的除了徐静蕾作为演艺明星的知名度之外，更看中她在博客上的超高人气，以及"老徐"博客聚集的一大批素质高、文化水平高、具有一定气质的年轻粉丝，他们正是 AMD 所期望影响的目标客户群体。

不仅如此，通过"开博"也造就了一批专门从事打造"网络名人"，为其进行

"包装"借以开展网上经营活动的运作机构和专业人士,这些都是企业可以利用的营销资源。

3. 实施中应注意的问题

受博客平民化、个性化、开放性等特性的影响,博客营销的实施过程中不可避免地会出现这样或那样的问题,因此,开展博客营销要创造性地运用营销策略与方法,并注意以下几方面的问题。

1) 注重博客"深度营销"价值的有效发挥

博客作为新一代交流沟通工具,受到不同年龄、性别、职业的社会各阶层人士的青睐,青年学子、成功人士、政府官员"开博"已成普遍现象。企业开展博客营销的目的不只是促销,也不仅仅是发布信息,而是围绕提高用户的忠诚度,实现"深度营销"。因此,企业要充分考虑各类用户的不同需求,围绕具体的营销目标,结合平民化、个性化、开放性的特点,从选题策划、内容组织、互动环节以及口碑传播等方面进行策划,以有效发挥博客"深度营销"的价值,取得良好的营销效果。

2) 以内容创作为核心,持之以恒,不断积累

"深度营销"的效果显现不可能立竿见影,因此,开展博客营销,应克服急功近利的心态,坚持以内容创作为核心,通过一系列营销策略的运用和品牌推广计划的实施,经过长期积累,逐渐形成"深度营销"的效果。

(1) 以丰富有特色的内容吸引受众。博客的核心价值体现在博文的内容上,题材丰富、有特色的内容是吸引受众的关键。产品、品牌、企业文化、经营理念、用户体验、生动鲜活的案例、有独到见解的观点、思想碰撞中产生的言辞犀利的各种评论等等,都是吸引用户、提高粉丝忠诚度的好素材。

(2) 通过意见领袖来影响粉丝。博客营销可以有效地综合运用意见领袖的作用以及名人博客的影响力,实现具体的营销目的。当然,利用个人博客来传播企业或产品信息,应从个人的角度来阐述,内容可以围绕用户关注的技术难点、热点问题展开,通过经验交流和答疑解惑,让人们学到知识,也帮助企业实现技术支持和售后服务。因此企业应培养那些有能力的员工担任这样的意见领袖。

(3) 关注用户的评论,及时处理其中的隐含需求。企业的博文一般都会引起用户正面或负面的评论,其中大都反映出他们的真实想法,除一些直接的要求外,还有许多隐含的需求,这是企业需要的珍贵信息,应有专人及时收集后交由相关部门处理,并与用户进行沟通。这不仅是改进产品和提高经营质量所必需的,同时也是深化用户信任、建立良好客户关系的具体行动。

3) 坚持求真务实的经营作风,借博客树立企业的诚信形象

零售巨头沃尔玛曾因幕后操纵博客在美国引起了广泛的恶评。这个由沃尔玛公关公司爱德曼操作的博客,请了一位《华盛顿邮报》摄影记者和另一位业余记者捉笔,两人用家用摄像机记录漫游全美的经历。然而当作者在博客上大谈他们在沃尔玛分店里遇到的那些感人故事时,并未提及他们此行得到了沃尔玛的赞助。

博客的运作机制为虚假信息的传播提供了条件,网上频繁发生的欺诈事件让许多用户对来自网上的信息将信将疑,这为企业开展博客营销增添了障碍。但从另一个角度看,博客也是企业经营风格的展示窗口,因此,企业要善用博客营销。一方面,企业应坚持

求真务实的经营作风，规范自己在博客上的言行，不仅发布和传播的信息要真实可信，而且应避免过多地对自己及产品使用赞誉之词，因为这类词语只有来自用户口中才具有可信度，自卖自夸将适得其反；另一方面要正确对待博客空间中各种言论，尤其是一些负面言论，应及时回应，以降低由此引发经营危机的可能性。

案例　"博客门"让三一重工"博"得精彩

2006年6月6日，三一重工执行总裁向文波在其个人博客上发表题为"战略产业发展的主导权是国家主权"的文章，指出"卖什么都可以，'卖国'不行"，由此揭开了炮轰把徐工(徐州工程机械集团有限公司)廉价甩卖给外资公司凯雷的序幕。

此后，向文波又先后发表了《徐工并购：一个美丽的谎言》《徐工不能被外资收购的四大理由》《对徐工拒绝三一收购理由的回复》《为六部委联手严审外资并购喝彩》《徐工为何要刻意粉饰并购方案》等20多篇文章，公开抨击当时的徐工并购热点事件，暗示徐工有作假之嫌。针对抨击，徐工一职工以"响云霄"为名开博，就向文波观点进行逐一反击。

"博客门"事件爆发后，互联网上很快形成了旗帜鲜明的两派，一派认为向文波是在作秀，三一重工是想通过炒作来抬高自身的股价，更有甚者把向文波称为"搅局者"和"行业商业规则的破坏者"。一些网友质疑向文波的行为本意：是个人行为还是企业行为？对经济事件的干扰是恶意还是无意？另一派则认为徐工卖给凯雷公司完全是国有资产的贱卖，向文波是维护民族产业健康发展的大功臣。随着观点的激烈交锋，"博客门"事件也愈演愈烈，"向文波""三一重工""徐工"成为2006年度网络搜索的热门关键词。

经历过短暂、却足够热的轩然大波之后，向文波高调现身，在搜狐的网络访谈上郑重指出，博文中的言论纯属个人观点，仅作讨论。此后，"博客门"事件逐渐冷却，不过三一重工和向文波的知名度却一路飙升。

据资料显示，2006年三一重工利润增长超过100%，股票一年飙升200%，同时也让几成定局的徐工并购案产生了变数，凯雷公司被迫将持股比例由85%降至50%，取消"对赌协议"，徐工机械变为中外合资经营企业。

9.2.2　微博营销

微博最早起源于美国的Twitter，是微型博客(microblog)的简称，它也由博主掌控信息的发布，通过其内容吸引用户的关注，并聚集粉丝。微博的出现，迎合了碎片化的移动互联时代用户在任何地点、任何时间发布信息的需求。在生活节奏日益加快的背景下，微博显然比博客更具时代特点，更能满足大众的需求，让每个用户都有了展示自己的空间，促进大量用户原创内容的爆发式增长。与博客不同的是，提供微博空间的网站将每条微博的信息限制在140个字符之内①，此举在于鼓励用户发布微博的积极性。但要提

---

① 目前，新浪微博已经支持用户发布长微博。

高粉丝的忠诚度，对其内容的质量也提出了更高的要求，这也成为企业或商家利用微博开展营销时必须坚持的基本标准。

1. 优势与特点

1) 微博营销的比较优势

在微博最火爆的 2010 年前后，微博曾经是各大门户网站的标配服务，新浪、腾讯、搜狐、网易、人民网等都推出了微博产品。然而，自 2014 年以来，随着微信的后来居上，微博的用户持续减少，这直接影响了一些企业开展微博营销的积极性，微博发帖数量和频率持续降低，不少企业将营销的重点转向微信等其他方式。

尽管如此，来自中国互联网协会的数据显示，截至 2017 年 9 月，微博的日活跃用户达 1.65 亿，月活跃用户共计 3.76 亿，其中移动端用户占比高达 92%①，是仅次于微信的自媒体传播渠道。

作为博客缩略版的微博，不仅具有博客的基本特征，而且相对于适宜"深度营销"的博客，微博是弱关系的自媒体平台，其核心在于内容的转发和评论，因此，在信息的生产和传播上更具优势；微博"一对多"的对话方式，可让用户在公众视野中参与讨论，进行互动和分享，这一突出优势使其成为开展话题营销的有效平台；另一方面，与微信平台相比，微博更为开放，从这个角度看，微博与微信的营销传播能力各有所长。

2) 主要特点

(1) 传播精准度高。微博营销在传播精准度方面优于博客营销。2013 年 4 月，阿里巴巴与新浪微博签署了战略合作协议，双方将在用户账户互通、数据交换、在线支付、网络营销等领域进行深入合作。现如今，新浪微博用户首页上的"热门商品推荐"栏目中放置的都是根据淘宝的搜索内容向用户推荐的淘宝商家的热卖商品广告。这是基于淘宝平台大数据挖掘的结果，阿里与新浪微博的这种合作，将微博用户的黏性与消费需求和商家的促销整合在一起，提高了广告投放的精准度。

(2) 传播效率高。除明星、"网红"外，微博上还存在着一个特殊的群体——微博大 V。他们拥有大批的粉丝，其微博内容对粉丝有很大的吸引力，通常大 V 们只要一发微博，马上会有粉丝转发、评论，可以说他们在一定程度上能引导舆论的走向，其影响力不容小觑。正是因为微博大 V 的这种特殊影响力，许多企业都会借助于他们进行品牌推广。

案例　得粉丝者得天下

基于这两大特点，微博在提高企业及品牌知名度、宣传企业经营理念和企业文化、市场调研、产品促销及品牌推广、客户关系管理、提供专业咨询服务、引导或培养客户消费习惯，以及舆情监测和实施危机公关等方面都可以发挥有效的作用。

2. 主要应用模式

Altimeter 公司②通过系统研究，提出了社会化媒体的五种组织形式，如图 9-4 所示。企业微博的应用正是建立在这五种组织结构基础上的。

---

① 数据来源：中国互联网协会 2018 年 7 月 12 日发布的《中国互联网发展报告 2018》。
② 全球著名品牌与营销咨询公司铂慧(Prophet)旗下的专业研究机构。

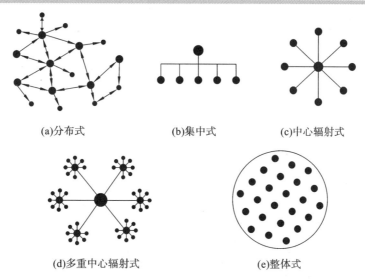

图 9-4 社会化媒体的五种组织形式

1) 分布式(decentralized)

这是一种无统一组织，处于自然生长状态的组织形式，也称自然式(organic)。它通常用于那些对强制执行的管控有难度的企业，包括大型企业(集团)、软件公司或以 SOHO(small office)方式运作的公司和机构，如 Sun Microsystems 公司就鼓励所有员工开博，在企业内部形成一种博客文化。这种方式促进了企业内外的交流与沟通，使企业呈现出活力和生机。用户可以通过社交媒体实现与包括企业员工在内的多重对话，更多地接近企业和产品，逐渐对企业及产品产生信任感。该模式的短板是可能会造成用户的体验不一致，另外，企业的战略部署、经营策略或开发方案，可能因内部意见不一致而影响有效实施。因此，许多企业已开始转向其他组织形式。

2) 集中式(centralized)

这种组织形式是由一个部门控制机构内部所有社会化媒体的交流活动，即自上而下分配任务，逐级传达和执行。它适用于那些受管制较多，然而又希望能获得员工心声或用户意见的行业和企业。如福特公司在其网站上专门开设了"FordSocial"栏目，为员工和用户发表他们关于福特产品的逸闻趣事提供平台，并实现了与 Facebook、Twitter 和 Google plus 三大主流社交平台的信息分享。该模式的优势是能为用户提供一致性的体验，更容易协调资源，企业的战略部署和经营策略容易得到贯彻落实。其不足之处在于，社会化媒体尤其是自媒体的优势得不到充分和有效发挥，社会化媒体交流活动较为刻板，如微博中的内容比较单调，新颖性不足。

3) 中心辐射式(hub & spoke)

这种模式是由一个处于中心位置的专业团队，帮助不同的节点(业务单元或项目团队等)通过专业培训和技术支持实现统一的规范与协调，因此亦称星型或协调式(coordinated)。该模式适用于拥有多个分支机构或子公司的集团账号，例如跨国公司、政府部门、行业协会等机构都具有这种组织形式的运作特点。该模式的优点是中心机构可利用集中资源为用户提供整体性的体验，同时相关职能部门负责各自的社会化媒体交流活动，因此，能较广泛、便捷地渗透到整个企业。由于执行者不仅要支持各种需求和管理，还要实现跨部门的大范围操作，因此，运作成本较高是这一模式的主要弊端。

4) 多重中心辐射式(multiple hub & spoke)

在此模式中，往往是由一个部门协调多个部门或子公司，这些机构具有相对独立的业务和自主权，因此也称为蒲公英式(dandelion)。此模式适用于拥有众多子品牌或业务的企业，这些子品牌或业务的目标用户既有共性又有不同的特性。例如 IBM、微软、宝洁等企业，它们旗下拥有多家子公司，这些公司拥有同一个品牌但又都是自治的，且子公司还拥有多个产品和自己的子品牌。这种模式的优点是各业务单元相对独立，它们可根据自己的实际来开展社会化媒体交流活动，但通过一个部门来协调这些交流，以保持企业及品牌形象的一致性，并分享各业务单元的运作经验。其不足是可能导致内部噪声，并需要专门机构来管理。

5) 整体式(holistic)

在该模式中，每个员工都获得授权，实现了在提供客户服务或支持方面人人有责，因此也称蜂巢式(honeycomb)。如在 ZAPPO 公司，要求所有员工都必须使用微博，并利用其承担起客服的职责。这种模式的优点是每个员工都在为企业的社会化媒体营销贡献力量，但实施起来有一定难度，不仅需要专门的业务主管团队，还要对员工进行文化、社会化媒体交流技能等方面的特殊培训，最重要的是要在企业内部建立起较成熟的文化道德体系。

根据 Altimeter 的统计，在以上五种社会化媒体组织方式中，各类企业使用的比例分别为：分布式 10.8%，集中式 28.8%，中心辐射式 41%，多重中心辐射式 18%，整体式 1.4%。除以上模式外，还有一种企业在官方微博和企业家微博同时拥有较大影响力的"双子星式"模式。

3. 主要实施策略

微博营销主要依托企业微博(亦称官方微博)来开展，企业(即便是商业流通企业)不能仅仅将微博作为促销的平台，而是要围绕企业的营销目标进行精心策划和实施。与个人微博不同，企业微博要求主题鲜明，内容要丰富、有价值、有深度、有新意，而且互动形式也应该更加专业。根据国内外企业成功的经验和失败的教训，以下策略值得企业在微博营销中借鉴。

1) 内容至上

虽然微博的内容可以无所不包，表达形式也是五花八门，但作为营销平台，企业微博所发布的信息，其内容必须遵从 interesting(有趣)、interests(利益)和 individuality(个性)的"3I 原则"。有趣的内容才能吸引人们的眼球，因此，微博上发布的信息不仅要有足够的新意，而且应是大多数用户感兴趣的。不仅如此，发布的信息还应对用户有价值，除为用户提供各种促销信息、发放电子优惠券等外，提供诸如运动健身、医疗保健、烹饪技巧、旅游指南等生活小常识和商品选购与使用小经验，让用户能从中有所收获。此外，一个企业的微博应具有自己的独特风格，这种个性主要体现在：①发布的内容应具有连贯性，能形成体系，给用户带来整体和系统的感受；②表达方式、内容倾向等应具有自己的特点并长期保持其一致性。

宜家、星巴克等企业微博始终围绕其产品(服务)做文章，通过"#宜家实用主义#"

"#星品上市#"等各种话题,引导粉丝们逐渐接受和喜爱其所推崇的"都市白领小资"生活方式。相比之下,一些企业微博为吸引用户眼球,热衷于传播逸闻趣事、娱乐八卦、雷人雷语,或是转发一些"励志鸡汤"、人生哲理名言,这些雷同的内容,即使有一定的价值,也未必能让用户对其微博产生持续关注。只有从用户的需求出发,根据企业的经营实际,以及产品的市场定位、品牌的价值诉求来策划个性化的微博的内容,才能逐渐增强用户的黏性。

2) 资源整合

在新媒体时代,微博只是营销的新渠道之一,微博营销作为企业营销体系中的一部分,应当与博客、微信、社区论坛、SNS、移动 App、IM 以及视频直播平台等其他营销渠道进行资源整合,充分发挥各自的特点,合理分工,相互配合,实现共同的营销目标。

资源整合不仅是新媒体资源的整合,还包括将微博与企业既有的各种资源整合,通过微博进一步提升这些资源的效力。支付宝的海选"中国锦鲤"活动,正是携手全球的合作品牌进行的,通过这一活动让那些轻视微博的人重新认识了它在品牌营销中的重要价值,也巩固了支付宝在中国电子支付行业中的霸主地位。

3) 企业家开设个人微博

微博的自媒体性质决定了它的"草根性",即平民化,这意味着微博从内容到形式都应当贴近用户,个人微博容易做到这一点,而企业微博要做到接地气则需下功夫,除组建专业的微博运营团队,鼓励企业员工积极参与企业微博上的互动外,以企业领袖个人的名义开设微博也不失为一种有效的策略。实际上很多企业一直在这样做,而且取得了很好的效果,如潘石屹(SOHO 中国董事长)、周鸿祎(360 公司董事长兼 CEO)、董明珠(格力电器董事长兼总裁)等的微博,其内容都与他们所在的企业密不可分。尽管马云在其个人微博上使用的昵称是"乡村教师代言人–马云",身份是"马云公益基金会创始人",但人们更多的是将他与阿里巴巴联系在一起。由于企业家往往代表着企业的形象,因此,相比于明星大腕、公众人物、专家学者和"草根大号"的个人微博,企业家个人微博上透露的相关信息能反映企业的实际情况,使之成为企业的另一个"官方微博"。当然,这也使得企业家个人微博成为一柄双刃剑,当与竞争对手间出现激烈冲突或品牌危机时,通过企业家个人微博发声,有助于缓解经营上的风险;但企业家个人微博也不能太"任性",若企业家随意发表一些不合适的言论,则容易引起危机事件。总之,企业家个人微博应当以构建企业与用户的良好关系、提高企业品牌形象为基本目标。

9.2.3 微信营销

1. 微信的营销价值

"未来的营销不需要太多的渠道,只要让你的产品进入消费者的手机,就是最好的营销。"营销大师克里曼特·斯通这样评价移动互联网。对企业来说,移动互联网和手机将成为继互联网之后一个新的营销领域,而已占据用户大部分碎片时间的微信,就是目前企业产品进入移动互联网的有效入口。

据中国互联网协会的统计,截至 2017 年 9 月,微信日均登录数量达到 9.02 亿人,是目前国内用户最多的网络社交平台。①微信与微博的不同之处在于，微信的本质是一种社交工具，其用户间的关系是建立在交流与沟通基础上的。当某人通过手机号、QQ号等方式注册成为微信用户后，即可随时随地与其他用户(好友)进行实时沟通，并通过朋友圈形成密切的联系。微信将现实生活中的人际关系转移到了互联网上，这种基于私人关系的交流与互动，其信息传播的广度虽不如微博，但关系的高黏性以及信息的高抵达率、高精准率和高接受度，加上庞大的用户基数与"永远在线"的独特优势，使微信成为目前企业开展移动营销的主要平台。

通过微信平台，企业可利用朋友圈的分享功能实现口碑传播，以吸引更多的用户关注企业的微信账号。还可通过"微信公众号"实现多种营销功能：为关注自己的用户提供各种信息、推广产品和服务，以促进销售；利用微信有针对性地搜集用户的资料，分析其行为与特征，开展有针对性的营销调研；通过微信平台建立销售系统，帮助企业实现销售；建立以微信为平台的客服系统，协助用户解决所遇到的各种问题，实现有效的CRM。星巴克(中国)的官方微博和微信公众号是由同一个团队来运作的，但两个平台上的内容却不完全相同，在微博平台上，更多的是关于星巴克的品牌故事、产品介绍以及社会热点的"一对多"交流和分享，而在微信平台上，更多的是与"星粉"之间一对一互动。综上所述，微信营销可以多方位地满足企业产品推广、品牌传播以及销售与服务等相关经营需求，其价值取决于经营者对它的深刻理解和深度发掘。

2. 主要实现方式

1) 朋友圈

微信朋友圈是基于个人小圈子的交流模式，相比于微信群和一对一的私聊，用户在朋友圈里发布的信息(俗称状态)，实际上都具有宣传目的，即广义上的软文，其常见的内容形式是文字、图片、语言或小视频。②企业及商家可利用微信朋友圈，实现"粉丝圈定、粉丝洞察和粉丝引爆"三个营销目标。

(1) 粉丝圈定。通过优质的内容与微博、App 等其他平台的用户资源、流量资源组合，并采用 HTML5 实现的互动性、游戏性创意信息吸引粉丝用户。2015 年 5 月，为配合影片《复仇者联盟 2》在内地上映，大众点评推出了一个 HTML5 页面广告，用逼真的模拟电话场景，加上颇有些噱头的标题"这个陌生来电你敢接吗？"，将用户引入到与《复仇者联盟 2》有关联的故事中，最后引出品牌广告，赚足了用户的眼球，并通过微信朋友圈里大规模的扩散传播，成功地将用户吸引到 19.9 元购影票的促销点上。

(2) 粉丝洞察。通过对粉丝用户的信息资料的洞察和分析，了解用户为什么成为自己的粉丝，他们需要什么，关注什么，以便改进微信营销的设计，进一步保持粉丝用户持续的关注热度。

(3) 粉丝引爆。将每一位粉丝当作一个节点，让他们自发主动地进行朋友圈的传播，即借助粉丝用户实现扩散型口碑的"多阶段传播"，逐步建立起企业在微信上的话语权。

---

① 数据来源：中国互联网协会 2018 年 7 月 12 日发布的《中国互联网发展报告 2018》。
② 微信以折叠方式展示群发文字内容的前 6 行，其文字内容的字数上限为 1200 个字符；语音内容最大 5MB 或最长 60 秒(支持 MP3、WMA、WAV、AMR 格式)；视频内容最大 20MB(支持 RM、RMVB、WMV、AVI、MPG、MPEG、MP4 格式)。

2) 公众号

凭借微信庞大的用户群和丰富的 API 接口资源优势，2012 年 8 月，腾讯公司推出了微信公众平台，个人或机构都可以通过该平台开设自己的微信公众账号(简称微信公众号)[①]，以吸引粉丝用户的关注，并通过图文、语音实现与特定群体的沟通及互动。

与个人交流性质的朋友圈相比，微信公众号类似于企业的官方微博，是企业利用微信进行交流的窗口，也是企业开展微信营销的主阵地。"再小的个体，也有自己的品牌"，这是微信公众平台的官方广告。随着微信公众号的推出，"中心镶嵌一幅图片的二维码"便成为用户微信公众号的标志，可以说公众号为机构或个人提供了创建自己品牌的机会与平台。

目前，微信公众号分为订阅号、服务号和企业微信(原企业号)三类，均实行实名注册与认证[②]，其主要特点见表 9-1。订阅号侧重于信息传播，适用于媒体和个人；服务号主要面向企业和组织机构，满足其为用户提供服务的需求，适用于企业、电商、微店等；企业微信是一个为企业量身打造的办公平台，主要用于企业和员工沟通、与上下游企业及供应链成员间的联系，适用于企业、政府或其他机构的内部管理。

表 9-1 订阅号、服务号与企业微信的主要特点

项 目	订阅号	服务号	企业微信
申请资格	个人、企业、组织	企业、组织	企业、组织
自定义菜单	认证后方可实现	有	有
应用场景	自媒体	企业客服、微店	移动 OA、上下游企业
群发信息	每天 1 条	每月 4 条	可随时发送信息，还可结合第三方应用及时发布动态信息
微信界面位置	所发信息均在"订阅号"目录中	所发信息均显示在好友对话列表中	作为独立的 App，所发信息会直接显示在手机的界面上

微信公众平台提供了强大的相关功能，见表 9-2，公众号注册用户可利用这些功能有效地开展微信营销活动。

表 9-2 微信公众平台提供的主要功能

模 块	相关功能
功能模块	包括群发功能、自动回复、自定义菜单、多客服、模板消息、设备功能、微信小店、门店管理、卡券功能以及小程序(关联或快速创建小程序)等
管理模块	包括消息管理、用户管理和素材管理
推广模块	分为广告主和流量主，广告主(需要微信认证)用来投放广告；而流量主(需拥有 5 万粉丝)是被投广告的对象，可获得广告分成、返佣、原创转载收益等多种收入
统计模块	包括用户分析、图文分析、消息分析、接口分析

目前，微信营销主要通过订阅号和服务号进行。

---

① 微信公众账号是基于微信公众平台开发的应用，这种应用形式通常称为 Light App、轻应用或微应用。
② 随着公众平台的发展，公众账号的注册流程越来越复杂，审核也变得更加严格。

3) 订阅号

微信订阅号与博客相似,适合做深度营销。如今,微信用户除在朋友圈里看一些好友的动态外,更多的是阅读所关注公众号推送的图文信息,并从中选择自己感兴趣的信息,通过朋友圈转发分享给好友。因此,对企业来说,那些关注自己订阅号的用户就是营销的潜在目标客户。

微信营销的重点之一是公众号中推送图文信息。为此,首先要精心策划图文的内容(本章后面几节将深入探讨)。此外还应通过精美的版面吸引用户注意力,可以说图文信息的排版是微信营销人员必须掌握的基本技能之一。用户可利用"页面模版"功能,创建自己的公众号页面模板[①]。网上有许多由第三方开发的图文编辑器,如秀米(http://xiumi.us)、135 编辑器(www.135editor.com)、i 排版(http://ipaiban.com)、小蚂蚁(www.xmyeditor.com)、微小宝(https://editor.wxb.com/)等,微信营销人员可选择使用。有兴趣和基础的营销者还可以学习 HTML5/CSS/JavaScript 等编程知识,以编写满足自己实际需求的微信页面模板,从而不受各种图文编辑器的版式局限。

目前,一个订阅号每天有一次群发信息的机会,一次最多可推送 8 篇图文(包括音频和小视频)。这样的营销机会当然不能放弃。例如,在订阅号推送的图文信息末尾常常会出现这样的提示:"请点击下方蓝字'阅读原文'"(有的后面还带有"↓↓↓")的提示),用户点击后便可进入企业常设的广告或销售页面。可见,如何利用订阅号开展营销,尤其是吸引用户并实现口碑传播,大有文章可做,这也是检验企业微信营销水平的试金石。

订阅号提供的功能虽不如服务号那么全面,但都具有营销实用价值。如利用"用户分析"中的"用户增长",可获得诸如新增人数、取消关注人数、净增人数、累计人数等信息;在"用户属性"中可以了解用户的性别、来源地分布、使用语言、使用终端等情况。这些对利用微信投放促销广告、软文的效果评估,进而调整推广策略是必不可少的。

4) 服务号

从信息传播功能上看,订阅号和服务号都可以发布图文信息。由于目前一个服务号每月只有 4 次群发信息的机会,每次最多也是 8 篇图文信息。因此,许多同时拥有订阅号与服务号的企业,在服务号没有服务信息可发布时,也利用每月 4 次对外发布信息的机会,通过服务号发布与订阅号相同的图文信息。

服务号的主要价值是其提供的营销服务功能。如利用"多客服"功能,可为公众号提供客服功能,并支持多人同时为一个公众号提供客服服务;而"微信小店"功能可为已开通微信支付功能的用户实现快捷开店和管理商品,这些都是基于微信平台的微商城、微店经营的基本功能。

服务号提供了丰富的二次开发功能模块,可使广大中小企业的微信营销"天堑变通途"。目前,微信服务号的模板库提供了涵盖 15 大行业(下面还分为若干细分行业)、800 多个功能模块,凡开通微信支付功能的服务号,均可申请使用这些模板,为关注其公众号的用户提供各种定制化的推送服务。例如,用户在某企业网店或微店上购物后,便可

[①] 开通了原创声明功能的公众号即可申请开通"页面模板"功能插件,通过选择行业模版、导入控件和素材生成页面,并对外发布。目前一个公众号最多可创建 15 个页面模板。

收到该企业推送的交易成功通知、发货提醒、物流提醒等信息;银行可以为用户推送其银行卡刷卡通知,这些都有助于建立企业与客户间的良好关系,完善营销功能。

5) 小程序

小程序①是继公众号之后,微信公众平台为用户提供的又一种服务方式,是继2011—2013年电商App应用集中爆发后的新热门。据腾讯公布的数据,截至2017年底,"微信"中共活跃着58万个小程序,从微信公众号、用户朋友圈、红人粉丝群到线上店铺或线下零售店等等,许多的功能都围绕着小程序,与此同时,越来越多的企业正在加入抢占小程序风口的浪潮中,电子商务进入了小程序时代。

小程序不同于App②,是一种不需要下载安装便可在微信环境中使用的应用程序;它也不同于HTML5,虽然都是在微信中使用,但小程序是计算机程序,其代码可直接在微信上运行,无需通过浏览器渲染,而HTML5是网页③,它具有更加丰富的信息展现功能;小程序也不同于微信公众号,它不能主动发送信息。由于代码长度有限,小程序不能像App那样承载具有更多互动传播能力的营销需求,主要用于实现一些不太复杂的应用功能,如缴费、查询信息、制作电子相册……,以及一些企业提供的专项服务,如用户通过微信搜索或"扫一扫"对应小程序的二维码,即可直接进入诸如"腾讯视频""百度网盘""深圳通""智行火车票""摩拜单车""饿了么外卖服务""湖北10000社区""途虎养车"等各种小程序,使用相关的功能,并通过微信分享给好友。只要用户打开过某个小程序,微信便会将该小程序添加到用户的"小程序"列表,这种方式降低了小程序"进驻"用户手机的难度。对于受App开发资金和推广渠道有限困扰的中小企业或创业者来说,微信小程序为他们开展经营提供了一个新的空间。

案例　　　　　蘑菇街电商小程序

作为"小程序+电商"模式的先行者,蘑菇街在短短的一年时间里,便投入了1亿多元人民币打造自己的电商小程序,并获得立竿见影的回报,截至2017年8月13日,上线才两个月的"蘑菇街女装精选"小程序的新客户便净增300万。

蘑菇街利用小程序展开的营销探索可归纳成以下几点。

1. 基本宗旨——强化用户体验,实现"即看即买"

蘑菇街App的定位是实现用户由逛到买,因此,App中的文章大多围绕导购展开。蘑菇街小程序则不同,秉承"快"的原则,它对用户的"看"和"买"环节进行了取舍,去除了App中的"内容导购"功能,并为用户的"买"提供了更加简单直接的入口,实现"即看即买,即买即走"。

---

① 微信要求小程序发布时的代码长度不得超过2048KB,因此,被称为小程序。
② App不仅使用时要下载安装,而且少则几MB,多则上百MB的"体积",占用了手机大量的内存空间。
③ 用户在微信中点击打开HTML5,实际上是打开一个网页,网页需要在浏览器中渲染,在网页的加载过程中,会给人"卡"的感觉,在体验上不如小程序那样流畅。

2. "公众号+小程序"——主打内容导购

公众号与电商小程序有着天然的匹配性。公众号所具有的私域流量，其价值不言而喻，对用户而言，公众号建立的信任背书也是极其重要的，因此，"公众号+小程序"通过微信掌控了用户购物的入口，这是传统电商难以获得的优势。蘑菇街通过公众号发布了许多符合品牌调性的推送文章，并在文章内容中插入相应商品的小程序卡片，用户看到所喜欢的商品时可直接点进小程序实现下单，与 App 的内容导购相比，"公众号+小程序"的内容导购实现了人、货、场要素的有效连接，使交易变得更加简单。

3. "服务号+小程序"——面向老客户的购物便捷通道

如何方便老用户的购买，这一任务由蘑菇街的"服务号+小程序"来担纲，除通过服务号发布各种面向老客户的促销优惠或服务信息外，还利用小程序所具有的用户身份识别能力，通过 7 天内消息模板向购买过商品但并未关注服务号的用户推送最新商品信息，提醒和刺激他们再次购买。数据显示，目前蘑菇街电商小程序的购买转化率是 App 的 2 倍。

4. 直播小程序——提升用户的购物体验和转化率

2017 年 7 月，直播板块在"蘑菇街商城"公众号中上线，作为一个社交电商小程序，它的主要功能定位是让用户获得更加真实的购买体验、更加便捷的社交互动，以促使流量的持续增长，进一步有效提升用户购物体验和转化率。

与秀场和游戏直播不同。蘑菇街的直播更偏实用性，与蘑菇街的商品紧密结合，围绕商品及品牌的相关属性来策划直播的内容，如指导用户如何鉴别商品的品质、如何搭配服饰、如何美妆等等。

为提升购物转化率，蘑菇街还推出了"拼团"和"社交立减金"。用户看中某商品，可邀请朋友一起拼团购买，以获得更多优惠，拼团方式增加了产品曝光量和用户活跃度，满意的用户还可与朋友分享购物心得，由此成为种子用户，这种用户口碑也成为"拉新"的一种主要手段。来自蘑菇街的数据表明，依靠一个拼团入口，可以吸引 7 成以上的新用户。社交立减金与支付宝蚂蚁花呗奖励金类似，每次支付都有奖励金，第二次或周末购买时一次性抵扣。

对于那些尝试互联网转型的传统企业，不一定要投入巨资去开发 App，可以先以小程序试探市场反应，验证模式，打通线上线下。通过小程序，逐步领悟是否有必要推出 App。其实对很多企业，尤其是服务型企业，小程序已经能够满足他们的业务需求，如公交地铁的刷卡乘车；外卖餐厅的在线排队、在线下单；银行、医院的在线预约等功能，完全可以利用小程序实现。

企业要开发自己的小程序，必须在微信公众平台上注册，成为小程序的开发者，才能使用公众平台提供的各种小程序开发资源。这些可供开发者调用的丰富资源包括界面、视图、内容、按钮、导航、多媒体、位置、数据、网络、重力感应等。在这些小程序框架组件和 API(应用程序接口)的帮助下，运行在微信上的小程序基本保持了与 App 一样的流畅度，大大提升了用户的体验感受。

由于目前用户获得小程序的来源主要是好友与朋友圈推荐、主动搜索和主动扫码，加上微信对小程序的管控非常严格，这给小程序运营、引流和营销带来了较大影响。许多企业不得不通过自己的公众号来推荐自己的小程序。如何让小程序有"露脸"的机会，以便能更便捷地走进用户，是营销者面临的新课题。

9.2.4 App 营销

随着智能手机的流行，第三方应用程序 App (application) 迅速成为移动终端上的主要应用之一。从各种游戏到后来的购物、订餐、导航、车票订购、共享单车……各种移动端的应用平台都是基于 App 的机理，如今 App 已渗透到社会生活的方方面面，成为越来越多企业竞相采用的商业模式，并成为移动互联时代众多企业的网络标识。App 的应用一方面可积聚各种不同类型的移动用户，另一方面可获取用户的流量，为 App 营销奠定基础。

1. 主要目的及对象

App 营销亦称应用程序营销，是通过智能手机、平板电脑等移动设备上运行的应用程序开展的营销活动。从营销的角度看，App 是一种连接品牌与消费者使之形成消费关系的重要工具和渠道，也是连接线上线下的理想纽带。App 营销的目标是让用户深入了解企业和品牌，并建立起两者间的情感关联，最终实现既提升品牌认知度又促进销售的目的。

App 营销的对象主要是手机用户，即个体消费者，因此，实施 App 营销的过程中，要精准地把握用户心理，深入挖掘他们的内在需求与兴趣偏好，注重品牌元素的有机融合，引发消费者对产品和品牌的共鸣，才能最大程度地引导用户参与营销过程，实现营销目标。

2. 实现方式

目前，App 营销的实现方式十分丰富，包括提供信息、产品体验、定制消费、延伸服务、休闲游戏、社交服务和有奖竞逐等。其中，提供信息、产品体验和定制消费等为初级阶段，目的是满足用户的基本购买需求，促进产品的销售；延伸服务是过渡阶段，旨在帮助用户与品牌之间建立联系，并通过整合各种资源、技术和手段，为消费者提供创新性的体验，提升其对品牌的认知度与忠诚度；休闲游戏、社交服务和有奖竞逐是高级阶段，企业应将"以用户为主导"的双向甚至多向互动作为 App 营销的圭臬，通过满足用户的高级需求，维持用户与品牌间的持久关系。根据消费者需求由低级向高级的递进关系，可将 App 营销的实现方式分为以下四类。

1) 动态展示

发布广告是 App 营销的重要内容，而且，各种促销广告中图片是不可缺少的核心要素，尤其是那些能够显示商品细节的图片，是网购用户在挑选商品时必看的。然而，受手机屏幕尺寸的限制，App 中图片的展示效果不及 Web 网页，如今，利用 HTML5 实现的动态展示技术已经成功地克服了这一短板。例如，打开"亚马逊购物"，在琳琅满目的商品呈现中，用户可通过"搜索商品"或"品类"菜单以及向下滑屏操作来寻找和浏览所需的商品，再通过点击、双击或拉伸，放大图片观看商品细节，如图 9-5 所示。

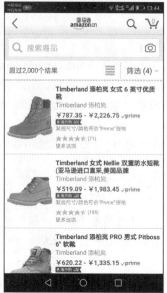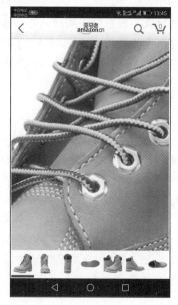

图 9-5 "亚马逊购物" App 上的商品展示

在 App 中展示信息的方式很多,如在 HTML5 页面中植入广告、加入互动环节吸引用户,都是目前普遍采用的。

2) 产品及品牌体验

App 是连接客户与产品及品牌,使之形成消费关系的新型营销渠道,尤其是在实现产品及品牌体验方面,国内外已经有许多成功的探索。第 5 章中"IKEA App"是利用 App 实现实体产品体验的案例,服务类产品同样也能通过 App 实现服务体验。

瑞典邮政是一家有 300 多年历史、始终坚持以邮为主,并在用户心中有着良好品牌形象的垄断企业。尽管如此，多年来瑞典邮政也一直受到用户关于快递慢且包裹被损坏的各种抱怨，为巩固和提升品牌影响力，公司一直在利用互联网进行品牌宣传的探索。几年前，该公司推出了"Sweden's Safest Hands"(瑞典最安全的手)的App，这是一款基于LBS以竞赛形式开展的手机游戏，参与者选择想要运送的虚拟包裹，然后根据App的有关提示(包裹重量、运送距离、目的地、运送规则等)，借助手机GPS功能，"骑"着虚拟自行车沿指定路线，在24小时内将虚拟包裹送到指定地点。在"运送"过程中，需保持自行车的平衡，尽量减少因"摔倒"对包裹完整度的影响，还要防止被其他参与者超越。在保证虚拟包裹安全性的前提下，第一个运送到指定地点的用户获胜，奖品是所运送虚拟包裹中标识的真实物品。

这款App的成功在于，让用户通过游戏体验了快递员的工作艰辛，将快递服务与瑞典邮政"最安全的手"品牌形象联系起来，实现了体验策略与品牌属性及价值的匹配，而且游戏的趣味性也有助于让用户成为其品牌的传播者。

3) 与客户的互动

企业及品牌与客户互动是实现按客户个性化需求，提供定制产品或服务的有效途径，对此，App有着广阔的创新应用空间。在ZARA各家连锁店内，顾客发现柜台和店内各角落都装有摄像头，店员随身带着PDA(掌上电脑)。当顾客向店员反映"这个衣领图案很漂亮""我不喜欢口袋的拉链"等个人的喜好时，店员会通过PDA中的App系统向分店经理汇报，经理通过ZARA内部的企业全球资讯系统，每天至少两次将这类信息传递给总部，在总部做出决策后，设计人员立即修改产品样式，并传送到生产线进行生产。据悉，根据来自这些App和互联网的大数据，ZARA最短3天即可推出一件新品，一年可推出12000款时装，同时还可分析出相似的"区域流行"的颜色和版型，做出最接近客户需求的市场区隔。

目前，在移动终端中，游戏和娱乐性的App仍是主流，因此，通过游戏和有奖竞逐之类的娱乐元素来吸引用户参与互动并增加黏性是App营销的常用策略。"免费达人"是一款社交游戏App，它通过奖励激励的方式，让用户参与并完成诸如配合各种营销活动进行口碑传播或转发微博等"任务"，以获得虚拟货币奖励。用户可将其兑换成麦当劳美食、话费充值卡、游戏点卡、购物券、电影票、加油卡等各种真实奖励。"免费达人"还通过一键分享给微博的方式邀请好友、买卖"奴隶"等让用户获得虚拟货币，同时扩大自己的用户群。

4) 延伸服务

通过App实现延伸服务也是App营销的有效策略之一，可惜这一点被不少企业忽视了，由于App的开发门槛和成本相对较低，因此，许多企业往往只是将App作为提供促销、某种服务等单一营销功能的工具和手段，从而导致用户手机上安装的App越来越多。以满足广大车主用车需求的App为例，目前，除"交管12123""导航犬"这类专项服务App外，为车主提供养车、洗车、停车等日常服务的App比比皆是，让用户无所适从，其实许多功能完全可以汇集于一个App中，如在"车主无忧"这款App中，除了常规的寻找停车场、加油站、4S店等功能外，还延伸到了停车后的车辆保养、预约洗车、停车购物等周边服务和消费。因此，如何利用App为用户提供有价值的服务，取决于企业对服务理念的理解和营销思维的创新。

案例   **伴随绿色出行的"蓝色驱动"**

    2010年,大众汽车在全球推出了"Think Blue.蓝·创未来"的理念,这是大众汽车为促进环保出行和追求可持续发展制定的品牌理念,它包括三方面的内容:在产品上,致力于为人们提供更加高效、清洁的环保技术解决方案;在人机交互方面,协助人们改善自己的驾驶习惯,从而促成人们主观上的节能降耗意识;在企业层面上,更多地投身于各种环保项目中,鼓励人们的环保意识和行为,共同创建一个可持续的未来,保持积极的参与态度。

    2012年底,大众汽车在中国大陆启动了"Think Blue.蓝·创未来"主题推广活动,推出了全新的电视宣传片和平面广告,并开展丰富多样的线上、线下活动,高调传播可持续出行理念,激发公众参与环保行动的热情。

    配合该主题推广活动,大众汽车推出了"蓝色驱动"的移动应用,这是一款帮助用户改进驾驶行为的App,也是中国首款车载环保智能手机应用。开启应用程序后,它会根据GPS系统定位用户的位置,随后屏幕中会出现一只站在冰面上憨态可掬的蓝色小北极熊,并随着车辆的行进左摇右晃,它会随着车辆出现急刹车、急转弯或加减速不均匀等状况,做出随时要摔倒的囧态,令人忍俊不禁,同时也提醒车主谨慎驾驶。正是这只可爱的小胖熊,一路监测和记录着车主的驾驶时间、距离、速度、加速、减速操作等多项指标。当车辆到达目的地,车主点击停止,App便会根据这些数据进行分析,对此次车主的驾驶表现进行评分,并给出为其量身定制的省油减碳建议,帮助用户挖掘节油潜能,提高节油能力。

    为提高互动性,"蓝色驱动"App还鼓励用户通过各种社交平台分享省油小秘笈和减排心得;与此同时,开展争当"减排达人"等活动,通过引入竞赛机制来增强趣味性,不少用户通过社交平台上与各路高手PK节油减排成绩,发现了自己的各种不良驾驶习惯,并在其他用户的帮助下改进其驾驶技能。

    卖出产品不是营销的终点,而是为用户提供服务的新起点,借助于App帮助车主改进驾驶习惯,减少碳排放正是大众汽车延伸企业服务的实际行动,也是其品牌营销的不懈追求。

    一种成熟的营销模式,其重点是策划与实施,且应与其他营销模式有机地结合起来,对网络营销而言,还必须实现线上、线下的融合。各种新媒体营销应用模式,或者说是营销方式,虽有各自的优点,但也存在不足和短板。而且,它们各自依托的媒体自身还处在不断的发展变化中,因此,从应用的角度看,这些模式远谈不上成熟。营销模式的形成需要时间的积淀,不可能超近路一蹴而就,企业只有在日积月累的营销探索中,才能逐渐找到适合自己的营销模式,对于新媒体营销亦是如此。

9.3 网络口碑及应用

9.3.1 概述

1. 网络口碑

    口碑(word of mouth,WOM)是指消费者之间关于品牌、产品或服务的口头和非正式的人际交流和沟通。这种交流方式不是出于商业目的，因此容易得到消费者的信赖，从而影响其购买决策。麦肯锡的研究表明：67%的快速消费品购买决策是基于口碑做出的。实证研究还发现，口碑在提高新产品知名度、传播产品信息、刺激产品试用、说服消费者采取行动等方面都能发挥重要的影响作用。

随着互联网的发展，口碑逐渐从现实中的面对面口口相传演变为借助于互联网实现的口碑传播，即网络口碑(internet word of mouth)。学者们从不同的角度对网络口碑进行了研究，对其给出了不同的界定。综合国内外学者的研究成果，网络口碑是指企业或网络用户通过各种互联网传播渠道与其他网民分享关于企业、品牌、产品或服务的各种信息，而这正是口碑营销的基本任务。

网络口碑的具体实现形式很多，可以是博客、微博、微信以及各种网络论坛中的文字、图片、语音或视频，也可以是电商网站中消费者的在线评论。尽管形式不同，其内涵并未变化，即用户通过网络媒体交流关于某品牌、产品或服务的信息。

2. 网络口碑的实现要素

实现口碑传播，需要有传播者、传播的信息和接受者三个要素，网络口碑虽然也是人与人之间的信息传播，但与传统口碑面对面的口口相传不同，网络口碑增加了一个新要素——传播媒介。

(1) 传播者。亦称发送者，指主动在网上发表对某产品或服务的意见和评价，或在网上转载他人评论的用户，如提供产品的企业或经营者、消费者、意见领袖等。

(2) 信息。指发送者在网上发布或传播关于品牌、产品或服务的文字、图片、语言或视频等内容，能够被其他人搜索、获取和理解。

(3) 接受者。指主动搜寻或被动获取口碑信息的用户。

(4) 传播媒介。指传播口碑信息的媒体或平台，如各种社会化媒体、自媒体、社交平台、网络论坛、社区等。

3. 网络口碑与传统口碑的比较

传统口碑与网络口碑的核心概念并无变化，但在以下几个方面却存在明显差异。

(1) 影响范围。传统口碑的影响一般都局限于本地的若干个社会网络中；而网络口碑的传播速度更快，领域更广，其影响的范围超越了时空的限制。

(2) 形式与内容。传统口碑以面对面口头表达为主，辅以肢体语言；网络口碑一般不需要传播者和接受者面对面直接接触，内容是通过网络传播的数字化信息，不仅实现形式多样、表达方式生动，而且不像即时性的传统口碑那样"说完即过"，网络口碑信息可以长期留驻于网上，用户可随时浏览这些信息。

(3) 涉及的社会关系。传统口碑的信息源是接受者熟悉的人(亲戚或朋友)；而网络口碑则更多的来自网上相距遥远、互不相识的陌生人，如 Amazon 上的书评、淘宝和大众点评上的顾客评价等等，因此，网络口碑可能会更客观、更全面，但信息的接受程度和可信性也可能受到质疑。

(4) 客观性。传统口碑的信息主要是以私人对话的形式通过熟人来传递，基于对熟人的信任，许多接受者往往会忽视口碑内容的客观性；而网络口碑主要来自陌生人，这使理性的接受者能够比较客观地对待口碑内容，因此，网络口碑相对具有客观性。

(5) 可控性。传统口碑信息不容易观察、采集，因此，不容易进行有效分析；而网络口碑信息的可见性、文字性和能够长期留驻于网络空间中，使营销人员可以在网上轻易地跟踪和采集，获取其内容、偏向等信息，不仅可用于分析，还可以采取相应的策略加以控制，如网站的管理者可以决定是否显示用户的某条评论，并可规定评论发表和能够被显示的具体范式，以引导网络口碑的内容偏向。当然，对来自网上公共社区、论坛或个人博客、微博、微信等自媒体以及其他网站之类传播渠道中的口碑，相关内容的发布者和传播者也难以控制口碑的传播，因此，网络口碑具有相对可控性。

4. 网络口碑对购买行为的影响

网络口碑对消费者购买行为的影响体现在购买决策过程的各个阶段，而且不同因素的影响程度也有差异。

1) 相似的背景会增强网络口碑对决策各个阶段的影响力

社会学理论认为，背景相似的人之间的互动更多，也比较容易沟通，有利于信息的流动。因此，口碑传播最容易发生在年龄、性别和社会地位相似的人之间。网络口碑亦是如此，相似的经历往往能引起沟通双方的共鸣，产生更高的信任感和亲密感。所以，如果沟通双方的背景相类似，接受口碑一方对产品产生兴趣和需求、进而评价产品并最后做出购买决定的可能性也越大。

2) 强关系下的网络口碑对确认需求阶段的影响显著

人际关系是一种基本的影响力，这种影响力的强弱可通过相处时间长短、情感深浅、亲近程度、互惠频率等关系强度指标来描述，一般可粗略地分成强关系(strong tie)和弱关系(weak tie)两类。研究发现，口碑更可能在强关系中传播，因为沟通双方的关系强度较高，接受者对传递者具有更多的信任感，传递者发出的口碑信息对接受者的影响也更大。不仅如此，关系的强弱还会影响接受者搜寻信息的主动性，在一个强关系的情境里，传递者和接受者处于密切接触的过程中，因而可促使接受者主动地搜寻口碑信息。而传递者由于更了解口碑搜寻者的需求、偏好、评价标准，降低了接受者的感知风险。

3) 来自专家的口碑对消费者的影响力更显著

专家通常指在某个领域具有较高专业知识水平的人，丰富的工作阅历和独特的社会地位，使他们能够有效运用所积累的经验和知识提出可行的方案，这对专业知识相对较少的接受者是非常有用的。研究表明，中国人通常非常重视其他人的评论，特别是"权威人士"的评论，因此中国人比世界其他地区的人更相信口碑。实证研究还发现，消费者在进行购物决策时更容易听信专家的意见，尤其是那些经验性产品或服务，因其所产生的效果不能立即显现或体验时，专家的意见对消费者的购买决策更具"权威性"。因此，在消费决策过程中，利用专家的网络口碑对消费者产生"产品购买影响"的作用是实施口碑营销的主要目的。

4) 口碑偏向对消费者产生差异性的影响

口碑信息一般分为三类：①正面口碑信息，即积极口碑，指人际交流中传播的那些肯定或支持的信息；②负面口碑信息，即消极口碑，指那些人际交流中传播否定或反对的信息；③双面口碑，指在一个口碑信息里既有肯定与支持的信息，又有否定和反对的信息，如消费者在评价某一产品时，肯定了其优点，同时也指出了不足或需改进之处。

(1) 消极口碑对消费者产生的负面影响大于积极口碑。以往的研究发现，只有 4%的不满意顾客会对厂商提出他们的抱怨，而 80%的不满意顾客会对周围的人谈起自己的不愉快经历。许多研究认为，正面口碑有助于提高购买意愿，而负面口碑则降低购买意愿。相对于正面口碑，消费者对消极口碑更敏感，更容易接受，尤其是当消费者的情感体验与消极口碑相一致时，这种情感更容易得到强化。还有研究发现，在没有先前品牌评价的情况下，负面口碑对购买意愿的降低程度要明显高于正面口碑对购买意愿的提高程度。近年来发生的"三鹿奶粉"、康师傅"水源门"等危机事件也表明，一旦有关于企业或产品的负面信息出现在网上，不仅会对企业的经营产生影响，甚至可能导致企业陷入全面的经营危机。因此，消极口碑对消费者产生的负面影响力不可低估。

(2) 双面口碑对消费者的影响效果取决于多种因素。传统研究大多是以单向口碑为前提的，即认为用户口碑只有正面和负面两种信息。而互联网的开放性、匿名性、准入门槛低，使消费者处于一种松散的弱关系中，较少受到社会规范约束，这使他们更愿意表达对产品、服务的真实感受，因此，网络口碑更有可能呈现双面口碑的情况，即口碑信息中既包含正面又包含负面或中立的内容，这种多元性的特征，引起了业界的重视。近年来，相关的研究揭示了双面口碑的存在及影响：其一，与单面信息相比，消费者注意和处理双面信息的动机更强，因为双面信息往往更有趣、更新奇、更可信，将有助于改善消费者对产品的态度，提升品牌美誉度及消费者购买意愿。其二，双面信息在改变消费者的负面态度和创造更好的正面态度方面比单面信息更有效。其三，双面信息中有关的负面评价应该放在比较靠前的位置，但不能放在最前面；如果消费者对品牌先前的态度是积极的，双面信息的有效性取决于消费者对双面信息中所含负面信息的先前认知。换句话说，若消费者事先未意识到双面信息中含有负面评价，则双面信息的有效性会低于单面信息。其四，如果消费者先前已经意识到有关产品的负面评价的话，双面信息将与单面信息同样有效。①

9.3.2 网络口碑的产生

1. 口碑形成的驱动因素

国内外的研究普遍认为：产品或企业、消费者个人以及传播环境是影响口碑形成和传播的共性因素，但由于用户在产品或与企业交互过程中的不同体验，从而导致用户产生正或负不同偏向的口碑，并给企业带来截然不同的作用。

1) 引起正面口碑的驱动因素

关于口碑的研究普遍认为：满意、信任、激励和心理上的平衡状态是产生正面口碑或进行正面口碑传播的主要驱动因素。其中满意是产生正面口碑的必要条件；而用户对企业的信任程度将直接影响其对正面口碑的宣传；满意的用户不一定主动进行正面口碑传播，但当他们受到一定的激励(如企业提供有奖评价或特殊的环境氛围)时，便有可能进行正面口碑传播。此外，如果消费者认为自己在购买产品(服务)的过程中被公平对待，通常会增加对该产品(服务)以及提供商有利的口碑传播。

---

① 黄敏学，王峰. 网络口碑的形成、传播与影响机制研究[M]. 武汉：武汉大学出版社，2011.

2) 引起负面口碑的驱动因素

研究发现，不满意是引起负面口碑的最主要因素，由此可能导致用户的抱怨，但若企业对用户的抱怨反应积极、处理得当，也可能不会产生负面口碑，这取决于消费者个人的原因。国外有研究发现，那些喜欢将责任原因归于企业而非自己的消费者往往更有可能产生负面口碑或对其进行传播。

2. 网络口碑的产生

1) 用户发起的网络口碑

(1) 基于体验的网络口碑。与现实环境一样，网络口碑的产生与传播，往往是用户对于相关产品(服务)具有满意或不满意的实际体验感受所引起的。

(2) 基于信息分享的网络口碑。许多用户在浏览和搜索相关信息时，常常会将自己搜索和阅读到的一些信息转发给他人与之分享，发布和传播这种口碑的用户不一定对这些信息所涉及的产品有自己的体验或感受。不过，从信息本身来看，质量高或有权威性的信息，容易被用户接受，同时，也容易让用户感觉对他人有价值，从而产生与他人分享和再传播的意愿。而从人际关系的方面来看，传播者与他人的关系越强，与他人分享的再传播意愿越高。研究还发现，从传播者的特征来看，其意见领袖倾向、信息搜索倾向越高，与他人分享的再传播意愿也会越高。

2) 企业引导的网络口碑

案例 "女大学生高价倒卖保宁醋"炒作的背后

如今，越来越多的企业已不再将希望寄托于满意的客户向身边的熟人推荐产品，而是积极策划和采取行动，通过口碑营销来增加用户对自己产品的关注，即口碑由企业发起，而传播则由用户来实现。互联网为这种口碑营销提供了得天独厚的条件，近年来，"封杀王老吉"、联想"红本女"、iPhone 的"苹果女孩"、陶一郎的"鸡汤哥"……，无一不是利用互联网的互动性、高参与性特征，这些口碑营销案例的共同点都是由企业策划和制造事件，然后利用高影响力的意见领袖、高互动性的自媒体以及高扩散性的社交平台，并借助于媒体引导和网络推手与"水军"，吸引广大网民参与来推动的。

9.3.3 网络口碑的传播

1. 传播动机

心理学的动机理论认为，人们为他人提供或向他人收集信息和建议能够满足自身的一些需要。因此，传播者不会毫无目的地传播口碑，接收者也不会不加选择地接受口碑。口碑的传播正是基于这两者的需要。综合相关研究，对于传播者而言，实现口碑传播的主要动机有三个。

1) 与产品相关

消费者在购买或消费产品(服务)的过程中，可能会因一些涉及产品或服务的正、负面消费体验或感受产生紧张状态，许多研究发现，这种紧张状态必须通过与他人的交流来缓解。

2) 与自我相关

这种动机包括自我表现、自我防卫(保护)等各种利己动机，如一些用户传播口碑是为引起他人的注意、表现自己的鉴赏能力、展示自己所具有的更多关于产品的专业知识、成为意见领袖、展现更高的社会地位、证实自己的判断等等,满足自尊的需要;而顾客在购买产品后产生的购后失调也容易导致其进行负面口碑的传播行为,其动机主要是减少焦虑、发泄不满与报复或寻求相关建议。

3) 与他人相关

包括各种利他动机,传播者也许并未购买或使用过某产品,不了解其品质的优劣,只是觉得该产品可能对亲朋好友有用,即以帮助他人为目的的口碑传播,如为降低他人购买风险的正面或负面口碑传播行为,传播某产品降价信息的基于广告内容的口碑传播。

2. 网络口碑的传播实现

1) 二阶段传播模型

从微观的个人角度看,人与人之间的信息传播是一个输入与输出的过程,在此过程中,传播行为既会受到外部环境(文化、市场氛围、社会关系)的影响,也会受到个体自身因素的影响;从宏观的社会角度看,人际传播是一个基于社会网络的信息不断复制、加工和再传播的过程,这一过程可用二阶段传播模型来描绘,如图9-6所示。

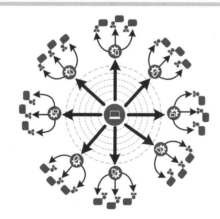

图9-6 二阶段传播模型

一个人从大众媒体或其他来源获得信息,然后将其传递给他人的过程称为传播的两个阶段。1940年,为调查大众传媒对政治活动的影响,哥伦比亚大学应用社会研究所进行了一项大众传播媒介如何影响选民投票的研究。研究人员事先的理论假设是:"大众传播媒介在影响选民投票方面将具有强大的力量",然而,实际的研究结果让研究人员非常意外:真正最能影响选民投票的不是大众传播媒介,而是比媒介影响更频繁、更有效的人际影响(personal influence)。研究人员还发现,大众传播媒介主要是通过首先影响意见领袖,再由他们来影响更多的普通人。这就是所谓的"二阶段传播理论"(two step flow communication)。

此后,围绕这一理论展开的相关研究发现,现代社会尤其是互联网环境下的信息传播是一种比"二阶段传播"过程更为复杂的"多阶段传播"过程,如图9-7所示。研究还发现,那些具有利他动机和自我意识较强的人更容易成为二次传播者,因此,营销者应注意发现和鼓励传播动机强的口碑再传播者,通过他们在网上正面传播企业的品牌和产品。

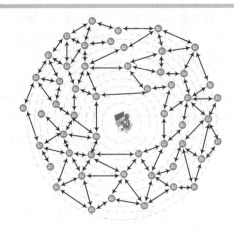

图 9-7 多阶段传播模型

2) 网络口碑的再传播模式

在以往的口碑研究中，一般都是假设口碑传播者对相关产品(服务)具有实际的体验和感受，这种基于用户满意、抱怨或忠诚的口碑，因为信息来源可靠，值得传播者和接受者信任，具有很强的说服力，这是一种基于体验的说服型口碑(persuasive WOM)。然而，网络环境中会出现很多这样的传播者：他们自身可能对产品并没有具体的实际体验或感受，只是从信息本身去考虑和评价，然后与他人分享，达到一种人际交流和互动。这种扩散型口碑(diffusive WOM)只是作为人与人之间信息交流的一种素材。虽然它在说服力方面不及说服型口碑，但社交平台和自媒体的发展，口碑内容更便于记录和再次交流传播，同时信息的扩散也更为快捷，因此，扩散型口碑的作用不可低估。

目前网络口碑主要是利用社会化媒体和自媒体的人际传播来实现，通常是由企业发起口碑，然后由用户分享他们的实际体验或者他们的评价及看法来实现口碑传播。这种口碑传播被称为病毒营销(viral marketing)或喷嚏营销(buzz marketing)，即通过用户间的相互交流实现营销信息的多次复制和再传播，形成涟漪效应。在这个口碑传播链中，有的用户只接收信息，而不进行转发，称为纯接收者；另有一些用户在接收到信息后，又转发给其他用户，称为再传播者。显然，在一个社交平台或网络社群中，口碑传播链的宽度取决于其成员的规模，而传播链的长度则取决于有再传播意愿成员的多少。再传播者的分享或传播意愿越强烈，传播链就会越长，口碑的涟漪效应就越大。因此，发挥再传播者的作用是提高网络口碑营销绩效的关键。

3. 网络口碑的影响机制

口碑的影响机制是营销者关注的重点，因为它直接关系到口碑营销的绩效。由于互联网环境和网络口碑的多元性特征，使得网络口碑的影响机制与传统口碑有很大差异。

1) 网络口碑的影响因素——参照群体

参照群体(reference group)是指消费者在进行追寻、评价或决策行为时，选择作为参考对象的那些有重要相关性的真实或虚构的个人或群体。网络参照群体可定义为"网络消费者基于共同兴趣、目的、自愿原则而加入社会交互活动的虚拟群体，其对消费者的态度、行为、决策产生影响"[①]。国内外研究都已证实,参照群体对消费者的产品态度、消费行为、购买决策产生影响。随着网络购物的常态化,以信息交流为目的的各种虚拟社区和社交平台,也逐渐成为用户交流购物经验、消费体验的主要渠道,成为网上消费者的重要参照群体。然而,与现实环境中的参照群体相比,网络参照群体是网络用户基于共同的兴趣、目的而聚合形成的,而非现实生活中因时空上的接近性或消费者头脑中所向往的对象所形成的。

2) 参照群体所产生影响的类型

从众(conformity)理论认为,群体一方面是消费者一个重要的信息来源,为其在模糊情境中提供决策的参照和依据;另一方面,群体内各成员在互动中会逐渐建立一定的社会规范,即规定可接受的行为内隐规则(implicit Rule)或外显规则(explicit rule)。

参照群体理论将参照群体的影响分为三类:①为了做出明智决策的信息性影响(informational effect);②为获取奖励或避免惩罚,而与重要他人保持一致的功利性影响(utilitarian effect);③与他人建立心理上的关联,而接受他人立场的价值表达性影响(value expressive)。后两类的影响属于规范性社会影响。

以上两个理论的假设前提是参照群体的影响是一致的和单方向的,这种假设在人际型的现实社会关系中是合理的;而在互联网环境中,由于虚拟社区成员的松散性,内部群体的意见并不总是趋于一致,往往是越有争议的问题引起的关注度越高。因此,网络环境中参照群体产生的影响将有别于现实环境下参照群体的影响。

3) 网络环境下参照群体所产生的影响

社会学的相关研究认为,社会影响下的从众行为取决于三个因素:强度,即团体对个体的重要性如何;接近性,当团体企图影响个体时,团体与个体在时空上的接近程度;人数,即团体中有多少人。社会影响理论认为,从众行为会随着强度和接近性的增加而增加,但是,当团体的规模变大时,每增加一个人所产生的影响力的增量会减少。然而,在虚拟社会网络中,时空接近性的影响力没有现实社会网络中强,虚拟社区的匿名性和开放性使其成员间呈现出一种松散的弱关系。这将导致同一网络参照群体内会出现多种不同的甚至相互矛盾的态度,网络环境下这种内部存在不一致态度的参照群体称为多元参照群体(multiple reference group)。例如,某消费者对××品牌手机有购买倾向,但还有些犹豫不决,于是上网查询大家对该款手机的看法,结果在某手机论坛上发现网民对该手机的正面评价不到30%,负面评价接近70%。这对该消费者的购机倾向会产生怎样的影响?尚不得而知。

因此,当消费者面临这类对某一事物态度不一致的多元参照群体时,可能会出现以下几种情况。①关注与自己一致的态度。按照认知失调理论的观点,消费者为避免自己认知的失调,通常会比较关注与自己态度一致或相接近的信息。②关注大多数人的态度。根据从众理论,无论消费者的态度如何,他为了与社会参照群体保持协调,可能会选择大多数人的态度作为自己的态度。③两个方面的态度都兼顾。平衡理论认为,消费者希望与整个群体保持一致,因此他必须在不同的态度甚至矛盾的态度中寻求平衡,这时消费者的态度和行为的不确定性可能会增加。

---

① Pentina Prybutok, Zhang. The role of virtual communities as shopping reference groups[J]. Journal of Electronic Commerce Research, 2008, 9 (2): 114-136.

面对网络环境下多元参照群体对消费者决策行为的不同影响,企业在实施口碑营销时不能完全照搬现实环境下的口碑策略,必须认真研究网络口碑及其传播的特点,结合网络市场的实际,采取切实有效的营销策略。

9.3.4 意见领袖及作用的发挥

1. 网络意见领袖

意见领袖是传播学的经典概念之一,其定义是:在将媒介信息传给社会群体的过程中,那些扮演某种有影响力的中介角色者。在营销传播领域,意见领袖作为媒介信息影响用户的中间环节,在营销信息的传播过程中起着举足轻重的作用。

传统意义上的意见领袖大都是有权力、有威望、见多识广、能力强,相比普通人能更方便、更多接触媒体的人,他们可以传播一些不为人知的信息,也可以就某件事情发表自己的见解和意见,对其他人的看法产生较强的影响和引导作用。意见领袖并不集中于特定的群体或阶层,而是可能分布于社会上任何群体和阶层中。在现实生活中,意见领袖往往是一些学历高、社会地位高、具有专业知识的人物。其中,在某行业或领域的专家或权威人士被称为"关键意见领袖"(key opinion leader,KOL),他们通常拥有更多、更准确的信息,且不依赖其自身活跃度,也能为相关群体所接受或信任,并对该群体的购买行为产生较大的影响力。在营销传播过程中,意见领袖还可能是明星、专家、品牌代言人等。

随着社会化媒体和自媒体等互联网应用模式的崛起,一个"网络公众舆论空间"逐渐形成。2005年,美国一个研究小组在针对互联网应用进行的商业调研中,发现了一批以博主、Youtube播主为代表的特殊人群——"E-Influentials(网络影响者)",他们通过在聊天室、论坛、企业网站、博客和微博上进行信息传播,创造或改变舆论、建构潮流、引领时尚、左右股市。作为信息传播的枢纽,这些特殊人群很像传统意义上的意见领袖,他们能够以自己的见解和意见,在网络环境中影响和引导其他人的看法,因此被称为"网络意见领袖"。如社交电商平台蘑菇街上活跃着拥有数千、数万甚至上百万粉丝的设计师、红人店主、平面模特、摄影师、造型师,他们用独特的方式吸引着那些能够接受其价值观或与他们消费理念一致的年轻女性消费者。

互联网给人们提供了一个相对平等地发表自己观点和意见的公共空间,因此,网络意见领袖产生的范围更广、更平民化,通常他们在以下几类人群中产生:①网络版主,他们如同传统媒体的编辑一样,在设计议题和控制信息方面具有一定的权力和影响力,因此具有成为意见领袖的潜在条件;②专家学者、社会名流、大众明星等,他们将现实中的影响力带到网上,其在网上的影响力甚至超越在现实环境下的影响力;③网络名人,这些人大多受过良好教育,思维敏捷,写作能力强,在网上各种场合大量发表有影响力的言论或观点;④个人网站或微信公众号的负责人,他们通过相关内容的创作,在某个专业领域具有一定的影响力。

2. 网络意见领袖在消费者购买决策过程中的作用

网络口碑使网上消费者的购买决策过程变得更加复杂,这也促成了网络意见领袖在该过程的每一个环节能够发挥其重要的作用。

(1) 确认需要。意见领袖作为网上受到高度关注的一个特殊群体，其价值观念，生活态度、方式、习惯，以至于日常言行举止等，都会以不同方式或在不同程度上影响网络用户，甚至成为粉丝消费者模仿的对象，从而产生各种新的消费需求。

(2) 搜集信息。普通用户利用搜索引擎等工具检索到的相关信息不仅有大量重复，甚至还有许多是互相矛盾的，这将大大增加从中进行筛选、分析和评估的工作量。于是，相关专业领域意见领袖的观点或意见对用户来说无疑具有重要的参考价值。另外，网络意见领袖被关注度高，所发表的文章点击率高，使他们在搜索引擎中的排名位置也相对靠前，被用户搜索到的概率自然也高，获得意见领袖的意见并非难事。

(3) 评价备选方案。对于那些高价值、经验性或技术含量高的产品或服务，如IT产品、耐用消费品、奢侈品、旅游产品等，许多消费者凭借自己所具有的知识和经验往往难以做出购买决策，尤其是在多元参照群体使能(enable)，以及虚假广告猖獗的情况下，更让消费者希望得到专业人士的指导，或从意见领袖那里获得真实、权威的商品信息。因此，网上各种题材的专业论坛已经成为广大消费者在购买商品时评价备选方案的重要信息来源，许多网友经常以回帖方式与专业论坛中的意见领袖进行经验交流，不少人还会主动发帖，指名要求一些意见领袖对其备选的购买方案进行评价或指导。

(4) 购买决策。意见领袖对消费者的影响力取决于他与消费者个人思想的契合程度。通常消费者越相信意见领袖，对意见领袖的依赖性就越大。

(5) 购后评价。网络意见领袖通过互联网自由发表的对消费者的各种购后点评也将对其他消费者的购买决策起到重要的作用。

3. 网络意见领袖的培养

企业应当采取各种措施，寻找和培养为其所用的网络意见领袖，发掘他们的营销价值，并加以有效利用。

1) 寻找网络意见领袖

在互联网时代，一家企业不可能提供用户所需的各种信息，而仅凭少数几个营销人员或意见领袖之力也未必能策划出丰富多彩、引人入胜的营销内容，因此，必须借助于企业外部资源才能实现营销内容的多样化以及传播的广度和深度。为此企业必须在细分产品与品牌目标受众的基础上，根据用户的特点和需求，寻找与之相匹配的网络意见领袖，去完成企业所期望的传播"有价值内容"的任务。如今，在社交平台上各专业论坛或微信公众号都可以检索到一些高质量的内容，如在微信中以"汽车"为关键词检索相关文章，选择"按条件筛选"中的"按阅读量排序"，即可找到按关注度排序的相关文章，并将其作为寻找网络意见领袖的线索或切入点。此外，借助于脉脉之类的商务社交网站或各种专业咨询平台以及"靠我"(Call Me)这样"经验"交流App中的专家资源，也不失为一种有效的选择。

高质量内容的作者是企业挑选网络意见领袖的主要条件之一，但高关注度并非就意味着高质量，如何判断内容的质量，可以通过查看粉丝对相关内容的评价，从中判断作者所创作的内容是否符合粉丝们的要求，以及是否符合企业的营销需求。

2) 引导和培养外界网络意见领袖

企业发现合适的网络意见领袖人选后，应与这些候选对象进行充分沟通，让他们真正理解企业、品牌与产品，并根据自己的品牌和产品特点去引导和培养他们。值得指出，由于博客对博文字数没有限制，给了用户足够的空间去发表自己的内容，尤其是那些专家学者、媒体人士，他们对专业知识的详尽论述和对社会事件的深刻评析，引来了无数的"聆听"者。相比之下，微博因受限于字数，因此其内容多为各种生活的状态和人生感叹，而人性天然的窥私欲使得社会公众人物身边总会聚集起众多的粉丝，公众人物的私生活一直是许多人"八卦"的焦点，人们希望从中看到与这些人物的公众形象反差较大的另一面，于是，影视大腕、体坛明星能够成为微博中的意见领袖也就不奇怪了。

因此，尽管博客没有微博那样红火，但企业营销需要的网络意见领袖不是形象代言人，培养外界网络意见领袖更多的应当依靠博客，而非微博。因为从营销的角度看，微博就像是一个广告牌形式的"展板"，而博客则更像是一个高端的"展台"，能够通过丰富的、具有深刻内涵的内容来展示产品。

3) 培养基于企业自建平台的网络意见领袖

由于公共平台中的网络意见领袖往往难以控制，而且各种规定也会限制企业的口碑传播运作。目前国内企业的口碑营销、内容营销主要集中在微信和微博上，如果企业所发布的某些内容不符合这些平台的规定，可能将面临被封号的风险，微信公众号也存在不能进行内容分发的缺憾。因此，企业还应鼓励客户在其自建平台(企业网站、企业博客)上发表产品或服务的使用经验与体会，培养基于自建平台的网络意见领袖。

企业还可以设置专业的网络意见领袖职位，负责筛选所发布的信息，同时从技术上控制或过滤不良信息的传播。如今，网络意见领袖与网民的互动联系不仅仅局限于网络中，已经延伸和深入到线下，网络沟通逐渐过渡到现实沟通，开始全方位、更深层次地在各个层面影响企业的营销活动。如何实现基于 O2O 的口碑营销也是企业网络意见领袖能够承担的职责。

9.3.5 网络口碑的实施

1. 策划与设计有效的口碑内容

实证研究表明，消费者满意程度与网上评论的数量近似呈"U"形分布，如图 9-8 所示，顾客一般是在非常满意或非常不满意时才会去发表评论。消费心理的研究认为，口碑行为是释放购后压力的重要形式，释放压力可看作是口碑行为的一种心理收益。非常满意或非常不满意的顾客在购后一般产生的需要释放的压力较大，他们对口碑寄予更大的预期心理收益，因此，口碑的传播意向更强烈。而在满意态度适中时，预期的心理收益小，口碑传播倾向往往不会那么强烈。研究还发现，尽管来自于极端满意情绪顾客的口碑能给企业带来新的消费者，但这对企业长远的发展未必是件好事，因为口碑是形成消费预期的重要因素。根据顾客满足理论，顾客满意程度等于预期价值和实际价值的差，消费者看见夸大的口碑信息后，必然会提高对该产品的预期价值，这将加大与实际价值的差距，从而可能导致顾客的不满意，这种状况持续下去将影响企业的长远发展。可见，口碑的"U"形分布会给消费者和企业带来一定的福利损失。

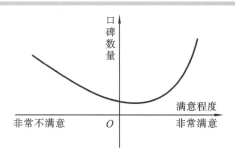

图9-8 消费者满意程度与网络口碑数量的关系

极端情绪的消费者往往过高或过低地评估产品,其观点难以客观地反映产品的真实质量。对消费者来说,失真的信息会误导其决策判断,增加决策风险和成本;而对企业来说,不公正的负面口碑固然会影响其声誉和产品或服务的销售,但夸大的正面口碑也并不一定有利于企业的长期发展。因此,网络口碑的内容应客观和具有较高的可信度,这是策划与设计口碑内容时应把握的基本原则。

2. 建立并完善口碑的传播渠道

企业应充分利用 Web 网站、网络论坛、社交平台、电子邮件以及各种网络自媒体等口碑传播的渠道和工具实现口碑信息顺畅地传播,一方面以此维系忠诚的客户,并吸引潜在客户参与其中;另一方面通过口碑传播过程中的客户交互,及时搜集市场的反馈,以改进产品或服务。

为此,还要建立鼓励客户利用这些渠道进行正面口碑传播的激励机制。Amazon 和 Epinion(www.epinion.com)的做法值得借鉴,它们采取了这样的激励措施:①根据用户发表评论的质量和数量给予一定的"荣誉"或"地位"(参与者级别、最优秀的评论者、在网站上的显要位置推荐其评论等),让获得荣誉的评论者在网站的相关论坛中获得受访问者尊重的机会;②现金奖励,如 Epinion 的网络口碑系统根据在网站用户社区中发表评论的贡献积分对评论者颁发奖金;③提升网站用户社区的价值,积极引导用户在社区中与他们信任的评论者进行交流,使他们逐渐形成关系紧密的社交圈子,在这里他们可以互相点评彼此的产品评论,让评论过程变得更为客观和有价值;④增加线下交往机会,Amazon 和 Epinion 都会定期安排评论者的线下见面和交往,以加强他们的互动和对用户社区的忠诚。这些举措有效地促进了正面口碑的传播。

3. 建立应对消极口碑传播的管控机制

由于网络口碑相对具有可控性,企业对于发生在其难以控制的传播渠道中的口碑应给予足够的重视,尤其是当消极口碑出现时,需及时采取应对措施,防止出现马太效应,以尽可能弱化对企业的形象、产品及品牌声誉的负面影响。

一方面要建立完整的客户档案系统和应急响应机制,这是有效控制负面口碑传播的关键。另一方面要鼓励客户投诉,建立便捷、通畅的投诉渠道,并及时有效地处理客户投诉。

对于网上已经出现的社会影响力较大的负面口碑,为在最短时间内消除负面传播,企业可迅速采取以下措施:首先,分析原因,做出对策;其次,态度坦诚地面对出现的问题，勇于承认错误、承担责任，以迅速改变被动局面，恢复企业的形象；其三，组织并实施口碑营销策划，借事件进行积极的口碑传播引导，以最大限度地减少消极口碑的传播；其四，对于无中生有或恶意中伤类的网络口碑，可借助公众信赖的权威机构或有影响力的个人在网上传播企业的品牌和产品，以提高自己的口碑来源可信度，削弱消极口碑接受者的再传播意愿。

4. 发挥和借助专家及意见领袖的作用

互联网正在演变成具有个人媒体特征的大众媒体，即建立在公共物理网络环境下的"个人媒体"，而当个人掌握了媒体的所有权，就会出现如传播学家保莱·史蒂文森所说的情况："媒介越小众化，就越能被用来传递具有颠覆性和选择性的信息。"如今，利用互联网进行的各种"恶搞"，以及自媒体和社交平台、社区中流行的段子，像病毒一样生产和扩散对我国传统文化、历史人物以及当前社会公众人物、行业机构等的恶意或失实的口碑，这些纯粹感性的"语言暴力"或"语言排泄"活动催生了"暴民文化"，使得整个网络娱乐文化日益感官化、恶俗化和"黑色化"。无数网民肆意搜集、暴露、扩散某些当事人的个人隐私，或杜撰失实消息、言论，或恶意进行人身攻击，而相当多的网络口碑则是一边倒，表现出极度的非理性和攻击力，使当事人的公共形象乃至日常生活都受到不应有的干扰。这其中有不少是一些网络意见领袖所为。因此，企业经营者必须清醒地认识到，在口碑传播中，网络意见领袖的意见也是一柄双刃剑。

9.4 内容营销

2014年11月5日，新浪网原副总裁兼总编陈彤加盟小米，小米为他专设了一个新职位：内容投资和内容运营副总裁。在发布会现场，雷军用"生死攸关"和"迫在眉睫"两个词表达小米对内容的重视，并拿出10亿美元给陈彤作为内容投资基金，用以丰富小米电视和小米盒子的内容。这也印证了小米的理念："我们不做广告，只做内容。"这里所说的内容正是指的内容营销(content marketing)。近年来，小米公司的成功与其创造了用户自愿传播的内容，并有效引爆社交媒体的关注与发酵密不可分。

9.4.1 概述

随着新媒体的发展和终端的多样化，人们被动获取的资讯越来越海量化，注意力也越来越分散。因此，在信息泛滥的环境中，营销者要想让自己的内容从海量信息中脱颖而出变得越来越困难。一方面是高度的多元化和碎片化导致了营销传播缺乏聚焦点，难以形成强大的品牌影响力；另一方面，一些内容却在微信朋友圈或其他自媒体中被人们疯狂地转发，轻而易举地获得了众多人群的关注。导致这种状况的原因并不复杂，在人人都是传播者的新媒体时代，能否受到人们的关注和形成自传播，关键在于信息的内容以及所呈现的形式。

1. 定义与内涵

对什么是内容营销，时至今日业界尚未达成共识，根据美国内容营销协会(content

marketing institute，CMI)的定义：内容营销是一种通过创造和发布与目标人群相关且有价值的内容来吸引这些受众，并使其产生消费行为，为企业带来利润的营销方式。还可以从狭义的角度来加以理解：内容营销就是不需要做广告或推销，而是通过印刷品、数字化媒体以图片、文字、音视频等介质传达有关企业或产品的相关内容来吸引客户关注，增加信息交流，达到促进销售的营销方式。

内容营销的实践要远远超前于它的概念，早在 20 世纪 20 年代，尽管那时还没有"内容营销"的理论，可口可乐就开始打造自己的流行文化，在每年的圣诞广告中都使用一位身着红白色服饰，面带亲切笑容，手持可口可乐的圣诞老人形象，随着品牌的扩张，"圣诞老人"也不断地在消费者心目中传播深化，逐渐成为可口可乐的非官方标志形象。在日常生活中这样的案例比比皆是：成都夫妻肺片、武汉热干面、天津狗不理包子、福州的佛跳墙……都可谓内容营销的经典案例。与那些通过打断用户思维、视觉或听觉强制性传递信息的营销传播方式不同，内容营销是从分享、协助和满足客户需求的角度来向用户传递营销信息，相对于硬广告，内容营销增加了故事性、情感性，通过内容的传播让用户获得一定程度的认同感和信任感，这正是内容营销的价值所在。

尽管内容营销不是互联网时代的产物，但让其成为营销主流模式之一的却是互联网。海量信息充斥的互联网环境以及用户具有的充分选择权，使内容的价值得以彰显，也让人们看到了内容营销的实用价值。互联网不仅打破了传播边界，也改变了人们获取和传递信息的方式与习惯，营销进入了"品牌即传播、内容即广告"的时代。营销者需考虑的不再是简单的广告覆盖人群、发布频次，而是如何让广告成为人们愿意主动扩散和与他人分享的内容，"无内容，不营销"成为现实。

如今，内容营销正在被各行各业越来越多的机构所采用，在国外，许多企业已经设立了一个新职位——内容总监，其职责是负责企业内容营销策略的制定和实施，协调销售与市场推广活动。在我国，尽管内容营销已为众多企业所采用，但取得明显绩效的并不多。虽然各种媒体平台上的内容与日俱增，质量却令人堪忧，空洞、雷同、抄袭甚至杜撰的内容充斥网络，不仅未达到营销的目的，甚至还起了负面作用，究其原因在于对内容营销的内涵缺乏正确的理解。

内容营销的基本目的是实现企业的营销目标，因此内容的商业特性是毋庸置疑的，但内容营销的内涵是要通过内容实现营销价值。以产品(服务)为例，产品是内容营销传播的重要内容，但内容营销不仅要由此引起人们对产品本身的关注，更重要的是通过产品引发人们的兴趣和互动，使其成为社交媒体中关注并讨论的话题，产生口碑效应，这是内容营销与商业广告本质的区别。因此，虽然实现内容营销的方法、手段非常灵活，但最重要的是创造出具有营销价值的内容。

2. 主要特点

根据 CMI 和相关研究的结论，成功的内容营销一般具有以下特点。

1) 有明确的营销目标

营销的目的是为了使自己获得更多的商机，但内容营销实现这一目的时，重点不能放在"促销"上，而应放在传递有价值的内容上。内容营销是关注创造一种有价值体验的策略，即让企业与客户、客户与客户之间分享有价值的内容，应当考虑"怎样才能提供帮助"，而不是"怎样才能实现销售"。因此，内容营销的目标不仅是创建客户喜闻乐见的内容，而且要能帮助客户主动地发现企业的产品和服务恰恰是他所需要的。①

纵观近年来国内一些品牌的内容营销，从方太持续玩转"妈妈的时光机器"系列IP、海澜之家品牌升级片推出"布景乾坤"的微观故事，到RIO鸡尾酒微醺系列中周冬雨通过几个场景短视频全方位演绎暗恋情愫……一次次现象级刷屏中，可以看到这些品牌通过打造高品质的内容实现了促进与消费者之间"零距离"互动的营销目的。

2) 有营销价值的内容

有营销价值的内容能起到产品促销与品牌推广、吸引目标客户、触发客户情感、满足客户需求和提升客户忠诚度等作用。无论内容怎样组合，这些作用都是必须具备的。

可用于创造具有营销价值的内容的素材和资源非常丰富。比如，企业员工就可以是创造内容的主体，餐厅的服务生在工作服上挂一个二维码，并附上一句"扫我可以得到更多哟！"顾客扫描二维码，便可登录餐厅的App或微信公众号，获得一个不错的折扣；客户同样也能创造内容，如客户在朋友圈里分享消费体验、产品使用心得、旅游的经历……；当然，企业始终是内容的主创者，企业的价值观、经营理念、企业文化和经营场所的环境设计都是内容创造的素材，企业所有经营行为本身也是内容，从产品研发，到生产、包装、物流运输，再到渠道终端的陈列、销售以及售后的服务，每一个环节都在与用户或潜在用户进行接触并传播着企业、品牌和产品的信息。因此，开展内容营销的主要任务之一，就是根据营销目标，将各种内容要素整合在一起，并发挥其最大的营销作用和价值。

3) 有相适应的表达方式和表现手法

除Web网站外，内容营销可以通过博客、微博、微信等社会化媒体和手机App等新媒体传播和分享内容，不同的媒体和平台有不同的表达方式，如图文、音频、视频，表现手法包括故事、讲座、短视频等等。根据经营的实际，各种表达方式和表现手法通常是混搭使用的。

有关调查表明，随着4G和大屏幕智能手机的普及，用户原创内容(UGC)的形态已从图文向视频发展，如今，除图片之外，"短视频"和"直播"已成为最主要的用户原创内容，而且大多数用户会主动在喜爱的地方分享自己的原创内容。②

案例　　Intel 的 "Experience what's inside"

Intel公司生产的处理器只是电脑中的一个配件，用户一般不能直接体验到其价值。因此，Intel公司使用了"Intel Inside"的宣传口号，2016年，又启用了新口号"Experience what's inside"（体验内在），与此同时，Intel公司还利用网络社区、博客等平台传播与处理器有关的内容，以提升用户对Intel处理器的价值认知。在Intel公司的"Inside Scoop"网站(scoop.intel.com)上，浏览者会发现来自不同社区的系列博客，它们提供有用的小技巧、社交媒体数据流，以及处理器的网络展示厅。这是Intel公司内容营销的重点，他们

---

① [美] 乔·普立兹. 自营销互联网方法：内容营销之父手册[M]. 张晓青，等，译. 北京：机械工业出版社，2015.

② 优亿研究院，《优亿2017—2018年度新文娱产业研究报告》。

> 每天都在创造、管理和分享有价值的内容，让用户能够获得有用的资讯、感兴趣的内容，帮助用户参与品牌的互动，甚至带来业务。有价值的内容把 Intel 公司与用户以及市场密切联系在一起，不仅受到广大用户的喜爱，也使 Intel 品牌获得了良好的口碑。

4）可衡量的营销效果

监测与研究市场是社会化媒体的主要营销用途之一。内容营销通过有效的策略设计，实现可衡量的营销效果。与 PC 互联网时代可以从点击率和网站流量上进行量化评估的情况不同，如今，各社交平台上发表的内容不仅能即时显示浏览、点赞次数等传播效果，而且可以获得即时量化的营销效果。例如，某微商在微信朋友圈发了一段产品的图文"状态"，只要有朋友对其产品下单，这位微商立马会收到对方的微信支付现金。而且各种社交平台还能提供诸如粉丝数量、增减情况，以及粉丝来源、有多少粉丝购买或打赏等量化信息与相关分析，为衡量内容营销效果提供了实用的工具。

3．主要功能

1）创造有营销价值的内容

创造内容是内容营销的基础。开展内容营销首先要找到营销目标与内容的契合点，并在此基础上进行有营销价值的内容创造，这种内容应当是受众感兴趣并愿意主动传播、实现与他人的分享的。

2）实现内容的有效传播

无论内容质量如何，内容营销的成功必须有社群、传播和推广，传播和推广内容是内容营销的核心任务。在互联网时代，从早期的 BBS、Email、网络社区、论坛、博客到现在的微博、微信，都为内容营销提供了有效的传播渠道，因此，开展内容营销要充分利用既有的各种网络资源来传播内容，以充分覆盖目标市场，实现营销目标。

案例　波音这样做内容营销

需指出，在不少营销者看来，B2B 营销似乎难以做到像 B2C 营销那样以人们喜闻乐见的内容影响用户，但事实并非如此，许多企业正是以生动有趣的内容开展 B2B 营销，并取得良好效果的。

9.4.2　内容营销的策划与实施

时至今日，随着社交媒体和自媒体应用的发展，免费的内容疯狂增长。有数据显示，目前网上约 75%的信息增长来自品牌和个人。一方面，内容营销已成为几乎所有企业争夺市场的营销工具；另一方面，在朋友圈里晒晒挥舞鲜艳丝巾＋剪刀腿站姿的自拍照、还有宠物狗顽皮可爱的照片，赢得一堆点赞，也成为不少用户乐此不疲的行为，但这些个人自创内容对企业及品牌来说，却是一种难以屏蔽的噪音。这种状态的发展使得人们吸纳信息的能力悄然发生了变化，"内容休克"①成为内容营销面临的主要难题。如何利用用户有限的内容消费能力，从海量信息中选取对其有价值的内容，争取或保住它们在用户心目中所占有的份额，是内容营销力求实现的目标，这取决于内容营销的精心策划与有效实施。

---

① "内容休克"是美国社交媒体畅销书作家马克·舍费尔在《热点：引爆内容营销的 6 个密码》一书中提出的概念，是指人们接收到太多需要了解的内容，但因时间有限，以至于无法将这些内容全部消化。

1. 内容策划的基本原则

1)以客户为中心

营销专家戴维·米尔曼·斯科特指出,"除了你自己之外,没有人会关注你的产品和服务,人们真正关注的是他们自己以及需要解决的问题。"[①]内容营销要摒弃以我为中心的营销思维,切忌喋喋不休地介绍自己的企业和产品,以求给人留下好"印象"。在主要依托社会化媒体和自媒体进行内容传播的环境下,千万不能忽略"互惠"这个传播的主要驱动力,用户接受或自愿转发的只会是满足其需求或他们认为有价值的内容。因此,如果企业希望用户接受或购买更多的产品,就要深入了解用户的具体需求,他们关注什么?需要什么?顾虑什么?目的是什么?在此基础上,才能根据产品或服务的特征,以及能够为用户提供怎样的帮助,对内容进行有效的定位。对用户的了解越深刻,提供的内容就越受欢迎,也越容易得到响应。[②]所以,内容的创造应以客户为中心,以客户价值导向引领内容的创造,提供对客户有价值的内容,而不是单纯地推销产品。

2)定位于利基市场

按照马克·舍费尔的观点,在"内容休克"的环境中,唯一可持续的内容营销策略就是找到未饱和的细分市场,然后通过大量的内容覆盖该市场,形成内容饱和,让搜索引擎只为你的信息服务,即成功排挤竞争对手。然而,对于资源有限的中小企业来说,选择细分市场是一个颇具争议的话题,不少经营者担心若是选择面过于狭窄可能会错失其他机会,因此比较稳妥的做法是在大的市场中寻求普遍的需求。但对于内容营销来说,在利基市场中,对客户的了解和对问题的剖析相对要深刻一些,所提供内容也更具针对性和价值。因此,面向利基市场提供专业化内容的成本和风险相对较低,实施相对容易,也易于为客户所理解和传播。对于产品覆盖多个市场的大企业来说,面向不同的利基市场提供相应的专业化内容,同样也能取得较好的营销效果。国外经营者的经验值得借鉴:搞清楚你要为谁服务或究竟要做些什么,就能找准利基市场,然后马上行动让自己成为该领域的专家。[③]

3)注重内容质量

用户对内容的价值有各种不同的理解和要求,知识性、趣味性、娱乐性、观赏性都是创造有价值内容所追求的目标,而且这些内容必须是高质量的。如何实现这种要求?首先,坚持原创与特色。要深入了解自己的企业、产品和品牌,从中挖掘出能满足客户需求并吸引受众的原创和有特色的内容。其次,坚持真心、真意和真诚。提供的内容绝不能有任何掺假,这是内容创造必须遵循的底线。感人的故事、伟大的思想都是传播的动力,但必须以真人真事为基础,杜撰出的故事,即使再动人,当人们得知真相后,其负面效应是难以估量的。其三,坚持充满激情与创造力的设计。内容的外在展现形式与内容本身同样会影响其质量,文字的浅显易懂,画面的赏心悦目,都是需要精心打磨之

---

① [美]戴维·米尔曼·斯科特. 新规则:用社会化媒体做营销和公关[M]. 5版. 赵俐,译. 北京:机械工业出版社,2016.

② Christopher Butler. The Strategic Web Designer: How to Confidently Navigate the Web Design Process[M]. Avon. MA: Adams Media SIMON & SCHUSTER, INC, 2012.

③ Sonja Jefferson, Sharon Tanton. Valuable Content Marketing: How to Make Quality Content Your Key to Success[M]. 2nd. London: Kogan Page, July 28, 2015.

处，而且要确保图文、视频、音频质量的稳定性。

以上原则若能在内容创造过程中得以贯彻，不仅能实现为客户提供有价值内容的初衷，而且也有助于取得客户的信任。因为在一个浮躁的社会环境中，那些理解客户的处境，并为他们提供真实的、有价值的信息，而不是一味地宣传自己的企业的做法才能赢得客户的心。记住服务管理大师大卫·梅斯特的忠告：对别人越用心，你获得的信任度就越高。①

2. 内容的规划与设计

内容的规划与设计应结合内容营销的特点，遵循内容策划的基本原则，根据具体的营销目的，可以围绕以下 6 种类型的内容进行规划和设计。

1) 热点性内容

即某段时间内搜索量迅速提高、人气关注度节节攀升的内容。合理、有效地利用热门话题或事件创造相应的内容，能够迅速带动流量的提升。近年来，几乎在每个热点事件发生后，人们总能在微博上看到江小白对这些事件的看法和理解。2014 年昆明发生暴力恐怖袭击事件后，江小白立刻在微博上提醒大家远离恐怖分子，人性化之举让粉丝纷纷点赞。

如何发现热门话题或事件，除平日注意关注网上各种新闻和行业信息外，营销者还可以借助百度搜索风云榜(top.baidu.com)、360 趋势(trends.so.com)、搜狗热搜榜(top.sogou.com)等互联网工具，获取相关数据进行分析。

2) 即时性内容

指可以充分展现当下所发生事件的内容。以即时性内容进行内容营销，一定要做到及时有效，若发生的事件有记录的价值，必须第一时间完成内容写作。因为即使是同一件事，第一时间报道和延迟时间报道有很大差异，其带来的价值也有很大不同。捕捉即时性内容，同样可以利用百度搜索风云榜和搜狗热搜榜的"实时热点"，以及 360 趋势的"热点排行"。

3) 时效性内容

指在某个特定时间段内具有较高价值的内容。世界上的许多事物都具备一定的时效性，营销者要善于通过关注在特定时间段网上拥有一定人气关注度的事物，并利用时效性创造有价值的内容展现给用户，实现其效益的最大化。

4) 持续性内容

指内容所具有或能带来的价值具有持续性，不会因时间的流逝而降低。充分利用持续性内容是提高内容营销实效的基本策略。对企业来说，产品始终是持续性内容的基本要素。在日益强调产品个性化的今天，人们使用某个产品，是对该产品的一种认同与情怀。于是，基于产品的各种内容成为用户在社交媒体或自媒体社群中交流的基础，产品自身所具有的传播基因和媒介属性越来越强，如何让产品成为形成社群的媒介？如何让涉及产品的内容进入一个个排他性的社群？都是内容营销要长期思考和精心策划的。

---

① [英] 大卫·梅斯特，等. 值得信赖的顾问：成为客户心中无可替代的人[M]. 吴卫军，等，译. 北京：机械工业出版社，2018.

5) 故事性内容

听故事是人们最喜爱的知识接受方式。一个精彩的故事所产生的情感影响力能让受众对你的批判性思维大大减弱，这就是故事的魅力。[①]故事能融合情感中的情绪、认知以及各种精神层面的元素，给受众带来许多美好的体验。因此，内容营销中的故事可以围绕品牌、经营、产品开发、使用及服务等题材来创作，当然，这需要营销者具有故事思维的能力。不仅是那些贴近人们日常生活见微知著的小故事能引起用户的关注，尤其重要的是，在社交媒体上发表品牌的故事、用户体验的故事，是在利用故事解释一些复杂的概念，诠释企业文化中的深刻内涵，通过用户的经历来引起人们对产品、品牌的认识与思考。因此，创作故事性内容就是在累积品牌资产，讲故事相当于给品牌的成长浇水。

6) 促销性内容

即为配合企业的促销活动使用的营销内容，通常是营销者利用人们的需求与消费心理而创作的，能充分展示产品、品牌以及各种福利的内容。促销性内容的有效使用将有助于企业促进产品的销售或提升企业形象。在营销实践中，促销性内容通常不单独使用，而是与热点性、即时性、时效性内容组合运用，如在奥运会、足球世界杯赛期间，可以结合赛事以使用公司产品且受观众欢迎的运动员为对象，报道他们的参赛经历、故事、相关视频等。

在规划设计的基础上，便可开始内容的制作。由于内容的承载媒介不同，其具体内容的制作也各不相同。但无论哪种形式的内容，由文字构成的文案是最基础的内容，在此基础上演变出文章、视频、音频等各种内容形式。

3. 选择内容载体

综合 CMI 等机构和相关研究的结论，通过互联网实现的内容传播，其内容的载体主要有以下几类。

1) 图文

包括网站上发表的网文、新闻稿、电子书刊、博客、微博以及网络论坛上的帖子等等，具体形式有文字、图片、动画、幻灯片、图表、白皮书等。文字是最简单而又最能体现内容营销实力的形式，诙谐的语言可增加阅读量，励志的"鸡汤"则有助于更多的转发。当然要想策划出一篇能被广为传播的文案，要求营销人员必须具备一定的文字功底。图片也是传递丰富信息的有效载体，许多人往往会花很多时间仔细欣赏一幅幅精美的图片，尤其是那些配有说明文字的分享图片，常常会引起用户的各种情感共鸣。而那些含有大量数据的信息图表则成为人们了解市场、研究行情的重要途径，这其中蕴藏的营销价值，对企业是不可低估的。

此外，不同形式的载体所承载图文的丰裕度有很大差异，网站上的网文、白皮书、电子书刊等所含信息量远高于博客、微博等社交媒体，因此，通常成为企业或机构发布"官方"正式信息或称"优质内容"的主渠道，社交媒体则承担起传播知识和与用户交流互动的主要功能。

---

① [美] 安妮特·西蒙斯. 你的团队需要一个会讲故事的人[M]. 尹晓虹，译. 南京：江苏凤凰文艺出版社，2016.

2) 音频

音频内容通常包括音乐、对话访谈录音、课程教学、现场直播、有声读物等等，其优势在于，人们可以边听边做自己手头的事，即使是一些漫不经心的听众，音频中的一些印象深刻的内容还是会渗入他们的脑海中。目前商务播客在国外使用十分普遍，其制作十分简单，只需一台联网的电脑、一个麦克风，或者一个手机就可以了。其内容的制作也不复杂，与微信好友或客户围绕某个感兴趣的消费话题或商品进行的探讨，录制下来就是一段很好的播客内容。营销者可以提出一些问题，将论坛中谈话的内容逐步引导到既定的选题上去。利用音频内容开展营销已被实践证明是一种有效的方式，尤其受到中老年消费者的欢迎。

3) 视频

视频内容通常是针对那些不想花时间阅读的用户，尤其是那些"80后""90后"的年轻职场人士，他们大多具有全天候、碎片化和多次触达的浏览特点，而且主要选择富有情感和创意的内容，因此对短视频(小视频)尤其钟爱，这也是短视频迅速崛起的主要原因。

近年来，随着短视频社交平台的崛起，用户可以通过 iPhone、Android 手机、Web 摄像头等方式上传短视频，以分享生活中有趣的事物，用户还可对分享的视频进行评论，实现交流互动。目前短视频的类型十分丰富，按用户对内容的不同需求，大致可分为生活类(一条、二更等)、音乐类(抖音、Muse 等)、网红 IP 类(Papi、艾克里里等)、剧情类(万万没想到、暴走漫画等)、娱乐类(橘子娱乐等)、搞笑草根类(快手、西瓜视频等)等。

几年前，YouTube 上最流行的视频是那种草根自制的影片。现如今，点击量最多的视频已被各大品牌所主宰，并且都是一些制作精良的影片和音乐视频。作为内容营销的重头戏，短视频的内容并不是单纯老套的广告，而是一些与日常生活密切相关、让生活更美好的内容。2013 年 4 月，全球第二大家具建材零售商劳氏(Lowe's)为在美国提升其品牌影响力，通过 6 秒短视频社交平台 Vine①，发布了一系列名为"怎么做"(how to)的 6 秒视频，以新颖有趣的方式，传授实用生活小技巧，帮用户解决居家过日子中的烦恼，如：为防止小松鼠偷吃你种的花花草草，可以在这些植物上撒点辣椒面或胡椒粉。这些做法值得国内企业在内容营销中借鉴。

4) 交互游戏

对于消费者来说，与那些狂轰滥炸的硬广告相比，游戏是能激发用户兴趣、吸引他们参与互动、实现内容传播的有效方式之一。2015 年 1 月，LOVO 家纺推出了一场"全城寻鸭"的营销活动，先通过网上的互动小游戏，吸引了 20 多万人参与，发放百万元

---

① 2012 年创办的 Vine，是全球首个 6 秒短视频社交服务，它能引导用户拍摄 3 段 2 秒长的视频拼接在一起，用户并不需要特殊编辑技巧，就能做出很有趣、有艺术感的小视频。同年，Vine 被 Twitter 收购，此举被视为互联网时代社交从文字、图片转移到短视频时代的标志。由于有趣内容的门槛低，Vine 引发了科技圈里短视频社交创业的风潮，在 Vine 上做视频的人还有了专门的名称——"Vine 艺术家"。短短几年间，国内外的短视频服务如雨后春笋：秒拍、秒视、TapTalk、友约、Blink……还有它们背后疯狂的投资者。不仅是创业公司，连微信也顺势推出了短视频功能。然而，这些按一两下就能发几秒短视频的产品，大多无法离开微信或 Facebook 这些社交平台独立运行，因此，在国内，这一波短视频产品的生命周期或转型时间大多只有半年。其鼻祖 Vine 也是如此。进入 2016 年，Twitter 持续了三年多的亏损让其不得不缩减规模，关闭了不挣钱的短视频服务 Vine。

的优惠券，然后在上海的一些街头巷尾放置了 2000 多个大黄鸭，吸引用户到现实世界中寻宝，起到了引爆口碑的效果。

5) 动画

将图像和音频结合在一起的动画可以用来分解复杂的信息，在线展示产品、服务和福利的内容，吸引不同年龄段的受众，增强品牌推销的效果。

6) 在线研讨会

将音频、视频、演讲与 PPT 展示、讨论或者聊天结合起来的在线研讨会，也是传播知识、开展内容营销的重要形式和机会之一。与博客、微博等自媒体相比，在线研讨会的参与者更多，是与大规模用户群体建立联系并传播内容的好机会，企业和品牌可利用它与客户建立联系，带给用户更多的体验，也有助于提升企业的声望。不仅如此，一次成功的研讨会可以迸发出一些新的创意或思维，成为可供企业经营借鉴的有价值的素材。当然，要取得这样的效果，在线研讨会的内容必须让参与者感觉是有价值的。为此，举办者必须认真谋划和准备，从确定研讨会主题、邀请专家、专题演讲人的安排，到图片、文本、PPT、视听资料的准备，以及研讨会内容的传播与分享等等，精心策划每一个环节，并逐一落实。

4. 选择传播渠道

除 Web 网站、Email 等传统传播渠道外，目前，内容营销主要利用以下渠道实现内容传播。

1) 社会化媒体

社会化媒体本身并不产生内容，它的价值在于分享内容。博客是最早应用于商业活动的社会化媒体，它为企业提供了一个分享专业知识与经验的平台，这些内容通常难以展现在商业合同中。随着新媒体的不断涌现，如今，除博客外，国外企业在经营中主要使用 Twitter 和 Facebook，我国企业更多的是使用微博和微信。此外，还有许多社交媒体可供选择，它们多为网站或 App 形式，以下是一些值得借鉴的应用案例。

(1) LinkedIn(领英)。作为面向全球职场人士提供沟通的专业性社交网站，LinkedIn 没有 Facebook 那么多的功能，但允许发表的内容比 Twitter 多，包括个人和所在企业的信息，并可实时更新，因此，在国外的应用仅次于 Twitter。LinkedIn 在 Google 上的排名也非常靠前，这有助于企业搜索、建立、维护与客户间的联系，获取商业洞察，打造企业形象。作为一个纯粹的商务工具，它更适用于 B2B 企业。在我国，类似这样的实名制商务社交平台也有不少，如脉脉、若邻、人脉通等。

(2) Google＋。这是一个由谷歌打造的社交平台，始建于 2011 年。与 Twitter 和 LinkedIn 相比，Google＋对内容的格式要求更宽松，形式更为多样，允许用户选择分享的对象，使用方式也非常直观，更新或上传图片与视频都很容易，但目前 Google＋只为 B2B 企业服务。随着社会化媒体的发展，搜索引擎中的排名机制也将进行相应的变革，除关键词的搜索频率外，谷歌还打算将用户的言论与推荐意见等综合因素纳入排名算法，这意味着社交分享的水平将决定企业或品牌在搜索引擎中的排名。考虑到谷歌在搜索引擎领域中的地位，Google＋也应成为内容营销传播渠道的选项之一。

(3) YouTube。作为全球规模最大的视频分享网站，YouTube 并不仅限于视频内容的传播，它本身也是一个社交媒体平台，允许注册用户创建小组并相互联系，还可对目标客户上传的视频内容进行评论、排名和分享,由此提高了网站的访问流量。企业可以利用此平台与其他用户沟通,邀请他们参与活动,让他们逐渐了解企业或品牌。YouTube 的全球合作伙伴,罗伯特·凯恩西(Robert Kyncl)曾经预言,在不久的将来,互联网上 90%的流量都来自视频内容。因此,在 YouTube、优酷、土豆等视频分享网站上进行视频内容的传播,是开展内容营销不可或缺的选项。

此外,在线电子公告栏 Pinterest①、幻灯片分享社区网站 SlideShare、图片分享网站 Flickr 等各有特色的社会化媒体,也已经在商业内容的分享中崭露头角;在我国,类似功能的社会化媒体也层出不穷,它们的商业潜力目前还难以预估,采用哪种社会化媒体来传播和分享内容,企业可根据自己的业务需求与客户类型进行选择。

2)移动应用程序 App

App 作为移动营销的主要形式已被广泛采用,而内容传播正是 App 营销的核心,App 具有以下特点:①功能明确,与企业网站所具有的经营门户功能不同,一个 App 通常仅围绕一个核心功能提供相关服务,以满足移动用户短平快的应用需求,如美团外卖、滴滴出行、闲鱼等等;②互动性强,融合了诸如 GPS 定位、摄影(像)、二维码扫描等技术功能,使应用程序具有更强的互动性;③线性导航,采用从上到下的浏览方式和线性导航;④触摸式操作,专门针对手指的特征设计,用户可通过触摸、轻击、双击、平移、轻弹、捏合伸展、持续触摸、振摇等方式进行操作,简便易行。这些特点能够有效提升用户在获取和分享内容时的体验。

9.4.3 提高内容营销实施绩效的策略保障

1. 寻找有效的利基市场

寻找利基市场是为了避免过度竞争。然而,如果某个利基市场处在一个热门行业,网上关于该行业或细分领域的内容也会很多,内容营销要想从中脱颖而出,难度可想而知。因此,只有在内容尚未饱和的利基市场中,内容营销才能取得预期效果。

为此,必须知道某个细分市场是否已经达到内容饱和,企业可以选择社交媒体提供的有偿服务②或搜索优化工具来精准估测某个特定时期细分市场的内容饱和程度,亦可通过一些免费的渠道来实现这一点。国外分析学专家以谷歌的关键词搜索结果为参照,总结出一些简单的内容饱和准则③:若搜索结果不超过 1 万条,说明该细分市场的内容密度很低,应抓住机会全力以赴冲刺到搜索结果的前面;若搜索结果超过 100 万条,即这个细分市场已完全饱和,"内容休克"可能会使其所有的努力付之东流;若搜索结果介于 1 万至 100 万条之间,说明该市场已经有一定的内容密度,实施内容营销将会面临阻力,内容密度越高,阻力越大,需通过增加投入和提高内容质量来克服这些阻力。

---

① 据美国内容分享网站 Shareaholic 的报告,从 Pinterest 链接到企业主页或博客的次数已超过 YouTube、Google ＋与 LinkedIn 的总和。
② 如 Sysomos 公司的监测工具 MAP,可根据过去一年的搜索话题量来查验博客的内容。
③ [美] 马克·舍费尔. 热点:引爆内容营销的 6 个密码[M]. 曲秋晨,等,译. 北京:中国人民大学出版社,2017.

2. 将内容当成供用户"消费"的产品

围绕自己的企业、产品、品牌自说自话，而不管用户是否感兴趣，这是内容营销中经常出现的通病。因此，尽管营销者确实提供了丰富的内容，却未必是用户真正需要的。出现此状况，也许并非企业在固守以"自我为中心"的营销思维，而是一些营销者头脑中"内容就是企业的宣传手册、产品的说明书"这种惯性思维所致，他们将内容视为广告，很少以"产品"的视角去考虑内容以及接受这些内容的用户。

虽然内容营销是围绕企业的产品和品牌工作的，但它提供的内容自身却面临受用户欢迎程度高低的问题，即所提供的内容有多大市场？宝洁旗下的帮宝适分公司在Pampers.com 和该品牌的社交网站上推出了"欢迎大家做父母"的系列视频，让那些年轻的父母亲围绕尿布、小睡的时间等他们喜欢纠缠的 14 个情节内容进行讨论。尽管这些用户"消费"的内容与帮宝适的产品相关，但与产品的推广并没有直接的关联，不过却受到众多年轻用户的欢迎并广泛参与。

因此，企业应将内容当作提供给用户"消费"的产品进行创造，而不是将其作为企业产品的"附属品"，这样才能使内容营销取得既满足用户需求又能实现营销目标的理想效果。

3. 充分利用网络社交的"互惠魔法"

eMarketer 的研究报告显示，83%的品牌营销商把社交分享看作是社交媒体的最主要优势，因为 70%的消费者称他们更愿意根据朋友在社交媒体上的推荐购买相关产品。eMarketer 的研究还认为，品牌力量并非来自企业传播的内容，而是来自朋友所转发的内容。另一方面，社会学的研究发现，作为社会网络之一的互联网社交网络，其影响力大多构建在微妙的"感恩"基础之上，而且，人类普遍遵守的社会交往原则在社交媒体中很容易实现，如"你为我的内容点了赞，我当然也会为你的内容点赞"，这就是网络社交的基础——互惠魔法。

因此，营销者要想在新媒体上更加有效地推广自己的内容，不仅要注重内容的原创，还应注重分享、推广、评论(当然是正面的)他人的作品。正如马克·舍费尔所说，在为他人的工作添砖加瓦时，你的存在才会为人所知晓，于是人们会反过来分享你的内容，即得到赞赏和回报。在这个过程中逐步构建起由众多"好友"组成的关系纽带，成为扩大企业及品牌影响力的重要基础。

4. 实时监测与持续跟进

评估内容营销的投入产出一直是个难题。虽然可以利用流量、品牌词指数、跳出率、评论量、转发量、点赞量等硬监测指标来进行内容营销的绩效评估，但结论中往往会出现各种片面性。当然，若没有这些指标，监测和分析将更难入手，所以硬指标是需要的。如何建立科学、有效的内容营销评估指标和机制是需要探索的营销课题。

除通过指标进行监测外，对内容发布后产生的用户反馈和口碑传播等要进行持续的跟进和相应的维护。尤其是出现用户比较敏感的负面评论时，应及时采取应对措施，如迅速与评论者进行对话，通过沟通化解可能发生的危机。

9.5 网络软文营销

互联网进入中国以来,在营销词典里,软文一直是一个重要的词汇。1999—2000年,国内形成了第一个软文应用的高潮,"脑白金"软文营销的成功,让不少企业看到了它的价值并积极模仿,此后,软文营销也确实为许多产品创造了市场奇迹;2002年"清华清茶"模式的出现,将软文的应用推向了新的高潮,随着一批专业软文写手和团队的涌现,软文营销逐渐普及;2005年后,博客的崛起引发了软文营销在互联网环境下的新一轮创新与发展;2010年以来,借助于社会化媒体和各种自媒体,网络软文的营销能力得到阶跃式提升,并成为网络营销传播的主流方式之一。

9.5.1 概述

1. 定义

软文营销是一种基于企业理念或产品诉求,借助文字表达与舆论传播的力量摆事实讲道理,对消费者进行心理引导,以达到宣传品牌和推销产品目的的商业推广策略。曾几何时,房地产、养生保健、美容护肤软文,充斥了各地都市类报刊的大部分版面。随着互联网的普及,各种五花八门的软文又迅速蔓延到网络环境中,成为宣传企业、推广产品和传播品牌的重要方式。这种借助于互联网环境及现代通信网络,以软文方式向消费者传播企业品牌和推销产品的促销策略,称为网络软文营销。

互联网上随处可见的软文,不仅蕴藏在各种新闻报道、文学作品、科普文章以及经验分享与专业技能的信息传播中,也常见于社会化媒体中的热点话题或社交平台各种交流互动中,其内容涉及人类社会生活中的方方面面。作为内容营销的实现形式之一,网络软文可应用于 Web 网站、Email、博客、微博、社区论坛以及微信、App 等各种在线营销手段中。得益于互联网的优势,网络软文的表现形式与传播方式更加丰富,传播范围更加宽泛,其营销价值大大提升,这是网络软文营销得以发展的基础,而真正促使其崛起的主要原因有以下两个。

(1) 效能。激烈市场竞争导致的各种商业广告大战,使人们对充斥于各种传媒中的硬广告的抵触心理逐渐上升,对硬广告的关注度日益下降,改善广告促销效果成为企业的营销难题。尤其是随着社会化媒体时代信息的主要传播方式由企业推送转为用户分享,硬广告的生存空间不断被压缩,软文营销的优势则日趋彰显。

(2) 成本。网络软文的运作成本远低于硬性广告,对于资金有限的中小微企业,利用网络软文开展营销是一种投入产出比相对较高的策略选择。

2. 内涵

如今,打开各类网站、微信或"今日头条""看点快报""一点资讯"之类的 App,各种商业推广的软文令人目不暇接:《每天抹点它,活到 50 没皱纹,神了!》的文章中"客观"地介绍维生素 E 乳、面膜、水光针等多款护肤产品;而《一支 68 元的"口红电动牙刷",2 分钟清理整个口腔,黄牙都不见了!》则详细介绍了日本 COLIMIDA 猫咪电动牙刷功能;《不想 1 秒被盗 但你的电动车锁真的安全吗》——列数了目前电动车防盗锁的各种弊端,建议消费者购买高品质的分离式可充电锂电池的智能电动车,并推荐了"雅迪 Z3S""E 客电动 E1 Plus""速珂 CU"三款车型。这些文章从内容到文笔都值得称道,虽然每篇文章的结尾无一例外地提供了购买链接,促销目的不言而喻,但文中介绍的相关专业知识对于普通消费者来说具有科普价值,容易引起读者兴趣,其浏览量和转发量自然不会少。

可见,软文本质上是一种软性渗透型广告。企业选择软文推广,目的是希望用户能接受其中隐含的广告信息,提升其在消费者心目中的地位或扩大影响力,改善促销效果并降低促销成本。

3. 特点

作为一种高效能、低成本的营销模式,网络软文营销具有如下特点。

1) 实现软性营销

软文营销是软营销的一种典型形式。软文的"软"是相对于硬性广告而言,所谓"软"是指营销中尊重用户的感受与体验,不仅淡化内容的商业性,还注重强化与用户的情感交流,实现软性营销。在这方面,网络软文营销从内容到形式都具有独特的优势,它的"软"可以通过平民化的视角、网络化的语言和娱乐化的表现手法来实现,使网民更乐于接受和传播。

2) 表现形式丰富

与传统媒体中以文字或图片构成的静态软文相比,除文字、图片外,网络软文还可以音频、视频、动画等多媒体形式呈现;在表现方式上可以是新闻资讯、评论、访谈、采访、文学作品、科普文章、专家建议、用户口碑等;在表现手法上不仅可采用记叙、论述,也可以采用诗歌、散文、故事、笑话(小品)以及微电影等表现手法。2014 年 9 月,New Balance 为推广"574"系列运动鞋产品,面向中国市场接连推出了《少女夏洛克》《伤心料理》《致匠心》3 部微电影,影片尾声,屏幕上出现了"青春永不褪色,正如574 三原色"的画面。这里的"574 三原色"正是 New Balance 针对大学生和刚进入社会的消费群体推出的一个入门款。在分析了"574"潜在用户的特性后,New Balance 制作出符合他们"口味"的微电影,通过这种方式,将蕴含于影片中的品牌形象及内涵植入观众心目中。

3) 用户自传播效应

与他人分享信息是网络用户的基本特性之一,用户认为有价值或感兴趣的信息,往往会利用各种自媒体平台将其传播给其他用户,并可以在用户之间产生互动。网络软文营销正是借助于用户的这种自传播,实现直接、及时和互动性的口碑传播效应。

4) "三赢"的传播效果

软文通过具有情感性和引导性的内容,调动受众的情绪,弱化其对广告的排斥心理,使他们在不经意间接受了软文中的无形广告,实现潜移默化的传播效果。这是一种受众、企业和传播媒体"三赢"的效果:受众获得了有益的信息,从中受到一定的影响,诱发起消费欲望,满足了消费需求;企业由此提升了知名度和美誉度,达到了促销目的;媒体因产出了有影响力的信息而吸引到更多用户,商业价值得到提升。

9.5.2 网络软文的常用类型

1. 故事式

通过设定消费者喜闻乐见的故事情境，以娓娓道来的故事形式传播企业理念或传递产品信息，成为最常用的软文类型之一。因此，内容的传奇性、趣味性、合理性、知识性、曲折性、冲突性、戏剧性、传播性等都是故事软文文案策划可以发挥的亮点，海尔张瑞敏砸冰箱、富亚公司总经理蒋和平喝涂料的故事都已成为经典的营销案例。

近年来，随着网络小说、网络视频等的崛起，网络文学作品也成为一种有效的软文营销载体。如网络小说《伊甸樱桃》，描写的是人们对财富无止境追求最后导致灭亡的故事，但给人留下印象深刻的还有故事中对路易威登、万宝龙、宾利、迪奥、劳力士、卡地亚等世界顶级奢侈品的描写，作者慕容雪村用细腻的手法描述了奢侈品的价格、价值和使用者的情况，尤其是与普通商品和消费者的对比，大大刺激了国内众多的白领和小资阶层。这种不靠灌输，而以润物细无声的渗透方式来影响读者的做法正是软文营销的魅力所在。

营销链接 《伊甸樱桃》中对几个世界顶级奢侈品的描写

路易威登：Louis Vuitton，简称 LV，创始于 1854 年，以做工精细华美的旅行箱包闻名于世，产品包括皮件、皮箱、旅行用品、男装女装、笔、手表等。150 余年来，路易威登精致、舒适的"旅行哲学"广受推崇，深得各国名流喜爱。2004 年 LV 在香港举办新产品发布会，章子怡一身服饰价值 76 万美元，合人民币 600 余万元。在中国内地专卖店中，一只拉杆旅行箱售价超过人民币 18000 元，如果买普通旅行箱，可以买两百个；如果买大米，可以买八吨。

万宝龙：Mont Blanc，又译作蒙邦、勃朗峰，经典书写工具的代名词，与奔驰(Mercedes-Benz)、马克(Mark)共称为德国"3M"。品牌创始于 1906 年，产品包括名贵腕表、优质皮具、男士时尚配饰等，用户包括伊丽莎白女王、肯尼迪总统、罗马教皇和大作家海明威等社会名流。该公司有一款皇家钻石墨水笔，镶有 4810 颗碎钻，售价人民币约 120 万元。普通款的圆珠笔售价 2300 余元，如果买普通的圆珠笔，可以买 4000 支，如果买面包，可以买 3000 个。

克里斯汀·迪奥：Christian Dior，简称 CD，法国品牌，华丽女装的代名词。创始于 1946 年，产品除高级女装、高级成衣以外，还有香水、皮草、头巾、针织衫、内衣、化妆品、珠宝及鞋等。2004 年戛纳电影节上，香港女星陈慧琳身着 CD 晚装，仅饰物的价格就接近 200 万港币。辣妹维多利亚曾为其夫贝克汉姆向该公司订制过一瓶 Clive Christian 香水，价格高达 3 万英镑，合人民币近 40 万元，如果将这瓶香水换成桶装纯净水，可以换 40000 桶，用以买家庭用水，可以买 12 万立方米，够一个三口之家用 300 年。

摘自：慕容雪村"青春残酷系列"第三部《伊甸樱桃》，中信出版社，2005 年。

2. 新闻式

以媒体的视角通过新闻报道的形式，多角度、多层面地报道企业或产品，诠释企业文化与品牌内涵，传播行业资讯，引领消费时尚，是这类软文要达到的目的。好的新闻软文不仅能引起网民的广泛关注和传播，甚至可能被各种传媒所转载。因此，可在较短时间内提升企业、产品或品牌的知名度。

"君子生非异也，善假于物也"，如今，企业借助有关事件撰写与企业相关的新闻类软文，并通过官方网站或自媒体进行传播，已成为另一种软文营销的新方式。通常好的新闻软文都具有以下几个特点。

(1) 有新闻的基本要素，即时间、地点、人物、事件、原因、后果交代清楚，并在最显著的段落中提供最希望让读者了解的内容。

(2) 内容具有新闻价值。企业利用新闻式软文的目的虽然是宣传产品或品牌，但都尽量做到在商不言商，尤其在自媒体时代，诸如"国人抢购×××""×××上市卖疯了，抢购当日开仓秒罄"等推销意图一望而知的"资讯报道"，大都不会受读者欢迎，最好弃置不用。

(3) 内容真实，事实描述准确，经得起读者的挑剔。同时篇幅简洁明了，直切主题，没有套话、空话和浮夸。

3. 悬念式

这类软文通常采用设问式标题引出一个话题，以引起读者的好奇心，例如，"人类可以'长生不老'吗？""原来让她们光芒闪耀的秘密在这里"，接下来在正文中对自己所提出的问题进行解答或论述，因此也称疑问式软文。悬念式软文的策划应注意掌握好提出问题的"火候"，所提问题应具有吸引力；回答问题要符合常识，能够自圆其说，尤其要避免漏洞百出、夸大其词或者与事实不符。

4. 情感式

建立在情感基础上的内容通常很容易引起读者共鸣，当人们读完一篇软文并被其所描述的情节所震撼、所感动时，一般不会计较其中嵌入的产品信息，而且情感诉求类的信息最容易被转载，引发互动，形成辐射效果。

曾被阿里巴巴评为 2007 年网商十大博客之一的"闻香拾女人"博主"闻香"(真名王燕)是一位经营桂花产品的企业家①，在她发表的 2000 多篇博文中，有抒情散文、小说、诗歌、活动记事等，围绕从桂花种植到产品加工的经营活动，以不同视角介绍桂花文化和产品价值，如《和桂花入门者的交流》《桂花园挂满红灯笼》《老姐用一车桂花树换来一台宝马车》……，这些将经营活动与对桂花的认知升华及心灵感悟融为一体的作品，在读者中产生了很大的感染力和吸引力。

如今，利用微信公众号、订阅号等自媒体平台实施软文营销，主要采用的是情感式

---

① 曾经借阿里平台把桂花做得风声水起的王燕，在桂花产品快进入一个瓶颈期的 2012 年突然选择了归隐。用她的话说，是去修炼内功：研发桂花的衍生产品——桂花纯天然系列护肤品。经过 5 年的修炼，2017 年 6 月，王燕带着系列产品"桂花香"，以"一个很老的新电商"姿态正式回归阿里平台，并给自己取了一个新名：桂花仙子。

软文。《男人的高级感，只要心思多一点!》《夏天还是穿白衬衫提气!》……，这些介绍各种中老年男士着装知识的软文，都来自专注男士服装定制的北京酷绅服装有限公司的微信公众号"拉雅网"，这些融知识性、情感性为一体的软文，满足了用户的需求，也拉近了他们与品牌的心理距离。

人类的情感非常丰富，因此情感式软文的核心是要打动读者，很多情感式软文经常会在产品之外增加一些诸如亲情、友情和爱情之类情感诉求的内容，往往能产生非常好的效果。要做到这一点，关键是要走进用户的内心，站在他们的角度来策划文案。总之，"修辞立其诚"，内容真实、情感真切、态度真诚是软文营销不可移易的竞争力。

5. 恐吓式

这类软文属于反情感式诉求：情感诉说美好，恐吓直击软肋。许多人都有恐惧某种事物的心理，因此先抛出一个直击软肋的结论，让受众由此意识到问题的严重性，然后再提出解决问题的方案，其产生的效果要比赞美之类的方式更能增强记忆。恐吓式软文最早见于医疗保健类产品，如《三高，亚健康的预兆!》《惨，流行感冒害死人!》《减肥减出 10 斤油》等。如今恐吓式软文已为各行各业所采用，如《一个长期带"玉"的人，竟然会变成这样！赶紧看看……》《震惊：普洱茶内幕大曝光》……。恐吓式软文的运用有较大风险，稍不留神就可能适得其反，非但达不到警示宣传的目的，反而在受众心中留下阴影，因此要慎用。

6. 促销式

相比于前几种方式，促销式软文带有明显的推销成分，如《连连断货，厂家急求空运送货》，通过"时间造势""产品畅销效应"等多种因素来刺激消费者的购买欲望。这类软文一般多用于快速消费品，且更适合用于产品的成熟期。由于促销式软文容易引起一些精明消费者的不悦，因此，文案的策划要特别注意表述的分寸，最好是将推销内容融入到上述其他几种类型的软文中。

9.5.3 软文的策划与写作

开展网络软文营销可谓机遇与挑战并存，尤其是广大中小企业开展软文营销，面临的可能是挑战大于机遇的局面。因此，要摒弃急功近利的心态，坚持"真实、原创、持之以恒"的基本原则，注重在以下两个方面下功夫，软文营销就能够取得应有的成效。

1. 软文常用的素材

1) 产品

产品是软文最主要素材来源。例如企业开发出了新产品，或产品具有特殊的功效，都可从中挖掘出具有新闻传播价值的内容，形成新闻性软文。尤其是那些能满足社会即时需求的产品，一直是大众关注的重点，这类软文也最有可能引起各类媒体的注意并进行报道或传播，实现产品的广告效应。

2) 人物

每个企业的创业者或领军人物不论是其性格、业绩或者经历，都有可能引人注目，都是值得挖掘的亮点。以此做文章可避免"企业没有人格"的弊病，将重点转移到活生生的人物身上，这样的内容具有较强的可读性。事实上，国内外许多企业家通过著书立说，将自己的创业经历、管理理念记录下来，以传记或专辑的形式来影响大众，由此提升企业形象，如美国的比尔·盖茨、乔布斯、杰克·韦尔奇、埃隆·马斯克、马克·扎克伯格等，日本的松下幸之助、盛田昭夫等，中国的李嘉诚、任正非、陶华碧、董明珠、史玉柱、马云、马化腾、李彦宏等等。而王石、李开复、周鸿祎等更多实业界人士还通过博客、微博、微信公众号等自媒体对外公开和分享他们的经营思想以及成功与失败的经验，并受到大批粉丝追捧，这都是可供挖掘的软文素材资源。

当然，在"人人拥有麦克风"的自媒体时代，每个网民都有发布软文的能力，利用微商软文开展营销，已成为这个时代网络营销的特色之一。《一个长期喝蜂蜜的人，竟然变成这样！看到一定要转给家人！！！》这篇在多家网媒和微信公众号上传播的软文，讲述了"山蜂哥"——一个湖北神农架土生土长的山娃子，常年在深山里养土蜂，并借助于微信将祖传的养蜂技术和纯正的土蜂蜜推广到全国各地的故事。类似这样的微商软文很多，《孝文家茶，品味一杯中国好茶》《用匠心深耕每个细节，他将一把梳子的小生意做到了行业极致》的经营故事，主人公都是普普通通的劳动者。

除此之外，消费者尤其是一些特殊身份或特殊经历的消费者，他们的消费体验往往能影响读者对产品或品牌的认识，因此也是软文非常有价值的创作素材。

3) 行业

在某个行业中具有重要地位的标杆企业引领着该行业的发展趋势，自然就成为媒体争相报道的重点对象，如互联网行业中的百度、阿里巴巴、腾讯、京东，现代制造业中的华为、中兴通信、大疆，汽车行业的比亚迪、奇瑞、吉利等。企业应抓住媒体的这一特点，跟踪行业或企业内的经营动向，将一些重大活动与事件及时写成软文，用以宣传企业。

中小企业也许在行业地位方面不具优势，但不能因此而放弃。一些行业的冷门也有可以发挥的空间，尤其在"大众创业，万众创新"的时代背景下，创业题材的软文更能吸引广大年轻人的注意力，也是大众传媒和自媒体关注的热点。

4) 经营理念与经验

成功企业的经营理念、管理方法等一直为其他企业或人们所关注，也是众多媒体竞相报道的热门话题。因此，将有特色的企业文化、经营理念、管理经验加以总结，再通过网络软文的形式进行传播，将有助于提升企业或产品的知名度，提高产品的市场销量和占有率。在这方面，不少企业已经在这样做了。如《支付宝五年，电子支付改变2亿人生活》一文，让读者在轻松的阅读中慢慢揣摩"让支付宝成为所有人必不可少的生活助手，引领人们改变消费和生活方式"的理念。

2. 软文的策划与写作

1) 以用户为主导

软文不同于博文和论坛发帖，这两种文案大多是站在作者个人的角度来进行论述，相对来说较为随意，而软文是在做营销，其策划必须坚持以用户为主导。虽然软文具有软广告的促销本性，但绝不能承袭硬广告的"强势"做派，而应当贯彻帮助用户的"柔性"风格，尤其强调实用性。如在推介产品时，应为用户提供一些相关的专业基础知识，以答疑解惑的方式消除用户的疑虑，此外，还可介绍产品的研发团队、原材料、采用的技术及工艺，传授一些产品使用经验、技巧和用户体验；而撰写行业动态、企业新闻、经营理念、服务举措等软文，也应以值得用户关注的内容为主要题材，这样的软文对用户才有实用价值。

2) 坚持原创性

随着各国加强对知识产权的保护，明目张胆地抄袭、剽窃他人作品的行为已成过街老鼠。如今，微信公众号的原创保护机制已经使那些紧跟原创的"模仿稿"难以得到有效传输，在此背景下，伪原创(洗稿)业务①应运而生。

伪原创是一些软文作者或企业为投机取巧，将网上原创软文中的产品或企业名称、关键词、链接以及标题等改成自己的信息，使搜索引擎将其作为原创文章进行收录，从而提高自己企业或产品的影响力。目前常用的伪原创编辑方法有更换数字、关键词、词语、图片，调整词语或段落的顺序等，更高级的是由软文写手人工修改，主要采用搜索引擎优化的方法：其一，根据全文的内容重写引言，称为首段总结法；其二，重写全文的结尾，称为尾部总结法；其三，在文中插入若干个链接锚文本。

如今，伪原创软文在网上已呈泛滥之势，不仅引起了用户阅读疲劳和反感，导致了适得其反的营销效果，当然，也使那些原创软文深受其害。为此，原创作者应设法增加洗稿的难度。比如，将企业的历史、新闻或重大事件等特有信息与产品、品牌融合在一起，使之难以分割；文中引用企业相关人员的个人观点，使洗稿时难以取舍。

广告大师大卫·奥格威曾经说过，模仿可能是最真诚不过的抄袭形式，但它也是一个品德低劣的人的标志。因此，营销软文的写作，最重要的是要坚持原创性，即使发现网上有特别好的软文，可以借鉴其写作的思路和方法，并结合自身的实际情况进行策划和写作，绝不能贪图省事而简单地模仿。

3) 坚持真实质朴的文风

如今，在年轻网民追新求异的活跃思想观念推动下，一些个性十足的语言表达方式在网上层出不穷，受此影响，"跪求体""哭晕体"等也频现于许多网络媒体的标题或正文中。一款"炫酷"的国产 LED 电风扇发售，于是就出现了《老外纷纷跪求购买链接》的爆款软文，如果说这样的标题只是夸大其词，那么，《香港跪求大陆人来港旅游！！！》内容则纯属子虚乌有。这些由"震惊""史上最""厉害了""传疯了""酷毙了""也是醉了"……组成的浮夸荒诞的标题，配上"跪求、哭晕体"构成的华而不实的内容，其文风套路，看似抄了"10万+"的近道，实则误入营销歧途，不仅唐突了读者，也丧失了传播价值，更污染了舆论生态。

新闻学有观点认为："最好的编辑一定是个营销专家。"网络软文营销更要在强化互联网思维、掌握网络语言、创新表达语态的同时，自始至终坚持流而不盈、持中守正的文风。

(1) 杜绝浮夸。软文策划中的文辞修饰、表达创新无可厚非，但绝不能因此走向另一个极端：裁剪素材、制造噱头、故弄玄虚、哗众取宠、浮夸自大。用标新立异的招式

---

① "伪原创"又叫"洗稿"，指篡改、删减别人的原创内容后，使其看起来像是一篇全新的稿件。除词语替换这种基本操作外，"伪原创"的手段还有很多，如语句颠倒、段落变换等。现在网上有专门从事"洗稿"业务的网站或微信公众号，有的"伪原创"网站号称已经营多年。除通过机器洗稿外，付费用户还可以得到写手的人工洗稿，以及更多的关键词替换、原创审核等服务。

吸引读者固然重要，但真正能赢得受众的是真实的信息、理性的观点和真诚的写作。

(2) 行文简洁。软文的语句要言简意明，内容要力求实用。广告大师大卫·阿博特指出，文案写作要少用形容词，多用一些短句。有经验的软文写手比较青睐动词和名词，而不是形容词，以提高可信度。每篇软文字数不宜超过 1000 字，最好配有图片，以达到更好的推广效果。如《穿短袖衬衫的误区，据说 90%的男人都错过!》通过 400 多字的短文和 8 幅照片，指出了穿短袖衬衫的 7 种误区，并介绍了正确的穿着方法，文章表意清晰，通俗易懂。

4) 选择一个好标题

"题好文一半"，在互联网这个信息的海洋中，软文的标题是决定读者是否驻足阅读正文的关键。因此，选择一个别具匠心的标题，是软文策划的重要任务。按照大卫·奥格威的观点，标题是平面广告最重要的部分，其阅读量平均比正文高 5 倍，因此，若标题没有推销力，就相当于浪费了 80%的广告成本。因此，奥格威每次为一则广告拟出的标题都不下 16 个，并遵循一定的原则，如表 9-3。

表 9-3　大卫·奥格威提出的广告文案标题应遵循的原则[①]

基本要求	遵循的原则
主题要鲜明	标题作为文案内容的高度总结与概括，必须主题鲜明，能够让人们看到标题后就能了解正文的大致内容
利益的承诺	标题应尽可能向潜在顾客表达其可以从所推广产品中获得切身利益的承诺
重要的信息	诸如产品(品牌)名称等重要信息或正文中表达新概念的关键词应尽可能出现在标题中
具有吸引力	尽可能使用能产生良好效果的词语，如使用充满情感、富有魅力、有个性、有创意、有独到之处，能够产生吸引力、冲击力、刺激性、好奇心或逆反心理等效果的词汇，以引导受众阅读正文
语义清晰明确	不要使用有字无意、不知所云的标题，切忌使用双关语、引经据典或晦涩难懂的词语，这容易导致读者放弃阅读正文
正面描述	描述应尽量使用与诉求对象(产品、品牌)相适应的正面词汇，不要使用否定性的词语

上述原则值得网络软文借鉴，而且网络软文的标题尤其应注重遵循以下四个原则。

(1) 鲜明性。作为整个文案内容的高度总结与概括，标题必须主题鲜明，使读者通过标题就能了解软文的大致内容。

(2) 简明性。网文的标题不仅要便于用户记忆，更重要的是应便于搜索引擎优先搜索，因此文章标题不宜过长，尽可能使用人们熟悉、简单和通俗的词汇，并尽量包含关键词。

(3) 指向性。即要有明确的指向性，让读者从标题中就能知道阅读此文能得到什么，为此应包含与读者利益相关的词汇，或产品(品牌)名称，并将重要的内容尽量置于标题前面。

(4) 新颖性。要通过标题吸引读者的注意力，能够引发读者的某种情绪或心理反应，使之产生好奇和触动。因此，标题应标新立异，尽量采用不按常规出牌的套路，以及不

---

① [美] 大卫·奥格威. 一个广告人的自白[M]. 林桦，译. 北京：中国物价出版社，2003.

符合逻辑常理的观点，但切忌文不对题。

如今，虽然许多网民鄙视"标题党"[①]，但网民们总结出的那些夺人眼球的标题套路，不能因"标题党"用过而一概否定，其中不少方法可以在软文中借鉴。比如悬念式软文采用的就是容易引起用户好奇心的疑问式标题，具体包括：疑问型标题，如《为什么生普好找，熟普难遇？》；反问型标题，如《不知不觉国产 SUV 卖到 20 万你也不嫌贵了，真的值吗》"；以及《如何鉴别手机真伪》这类"如何体"指导型标题。而《开得起路虎的你，未必吃得起小龙虾》这种对比式标题也是引起用户注意的常用方式。惹人眼球的标题中还经常借用热门词汇、名人或 KOL，如《纯干货：陈年岩茶，你不知道的那些事》《张智霖：我的 20+、30+、40+心路历程》。而在标题中使用强调或强迫的语气，更容易引起用户的好奇心，如《武汉这几个旧货市场，你千万别去！》《液压油又脏又高温，竟是因为不起眼的排气阀！》。此外，经验型、建议型、知识型、激励型等标题也可在软文营销中采用。

9.5.4　网络软文的传播与推广

软文的传播与推广是软文营销成败的关键，为此，应强化以下三方面的工作。

1. 传播渠道的选择

企业应根据目标受众选择合适的软文发布平台，面对丰富的网络传播渠道，门户网站、行业网站、个人网站、搜索引擎、博客、论坛以及 Email 等都是可选对象，如借助于"百度知道"以"自问自答"的方式进行软文推广。"百度推广"也是软文推广的重要平台，有实力的企业或品牌不可弃置，对于广大中小企业，App、微信等自媒体平台也都是必须充分利用的软文传播资源。

2. 利用软文群

所谓"软文群"是围绕一个主题创作出多篇软文进行扩散传播的方式，由于内容具有关联性，可以从多视角、全方位进行文案策划，提高权威性，增强可读性。从而大大加深读者对相关理念、产品、品牌的印象，并引发口碑传播，实现涟漪效果。

3. 软文的炒作

软文的发布只是营销推广的开始，接下来还要借助各种手段尽可能多地吸引读者的眼球，即炒作。网上不乏软文炒作的成功案例，网民们也对网上的各类炒作司空见惯。商业炒作是一种能够吸引公众聚焦，最终把公众注意力转化为销售额，从而提升品牌价值的有效方式，它与弄虚作假、造谣中伤的恶意炒作不能相提并论。炒作是一种创造性的智力活动，其方法很多，没有固定模式，如新闻炒作就是一种卓有成效的炒作方式。

软文的炒作应突出新颖性、趣味性和新闻性的特点，但是，在炒作过程中要始终保持清醒的头脑，不能一味追求短平快的轰动效应，或被商业炒作制造出的表面辉煌所迷惑，钝化自己的商业思维，防止炒作过头而引起网民的反感。与此同时，还要注意扬长

---

① 标题党泛指标题很吸引眼球，但内容与标题差别很大，是作者刻意将极小一部分内容放大，甚至欺骗用户的行为。标题党与新闻真实性原则对立，为标题制作中的禁忌。

避短，在取得预期的炒作效果后，应及时将结果转化为对企业品牌、价值观以及企业精神的认可，实现从知名度到美誉度的转化，这才是炒作的真正目的。

9.6 直播营销

2016 年被称为"中国网络直播元年"，3 月的巴黎时装周期间，法国著名时尚杂志《ELLE》邀请范冰冰做直播，一个多小时便吸引了 10 万粉丝，成为明星直播热潮的首个引爆点；在其后的第 69 届戛纳国际电影节中，欧莱雅全程直播包括巩俐、李冰冰、李宇春等明星在戛纳现场的台前幕后，创下 311 万人次观看、1.639 亿个点赞和 72 万条评论的纪录，产生的直接市场效应是，直播 4 小时后，欧莱雅天猫旗舰店中与李宇春同款色系的 701 号 CC 轻唇膏便售罄。数据和现实让人们实实在在地感受到了直播营销的魅力。

9.6.1 概述

网络直播是指利用互联网和流媒体技术进行的视频直播，视频因融合了图像、文字、声音等丰富元素，声形并茂，效果极佳，逐渐成为互联网的主流信息表达方式。网络视频通过真实、生动的传播，在 VR(虚拟现实)、AR(增强现实)和 MR(混合现实)等辅助呈现方式的支持下，营造出强烈的现实临场感，实现吸引受众的眼球并产生深刻印象和持久记忆的传播效果。

一种新媒体的出现，将导致一种新文明的产生。[①]网络直播是随着移动互联和智能终端发展产生的一种新的媒体变革，并成为一种新的营销模式——直播营销。[②]2015 年以来，随着 YY、斗鱼、陌陌、映客、Now 直播、云直播、一直播、熊猫 TV 直播、花椒直播、虎牙直播等在线直播平台的竞相登场，进行内容的推送，所产生的经济价值不仅吸引了几百家寄希望于在直播新风口分一杯羹的创业公司，也获得了众多品牌的关注。一些品牌和平台还以"网红直播"为突破口进行直播营销的探索，更多的企业和品牌开始利用网络直播重构自己的品牌营销策略，"无直播，不传播"甚至逐渐成为一些品牌的营销口号。品牌视频化、视频网络化、广告内容化很快成为信息时代营销传播的发展趋势。

1. 特点

视频所传递的信息远远超过图文的形式，与"看电视—打电话订货—送货上门"的电视购物相比，直播营销可实现从产品推介到交易的所有环节，其突出的两大特点是电视购物等传统"直播"难以实现的。

1) 形式与内容多样化

除传统的主持人、访谈、现场直播等形式外，网络直播利用互联网可以实现各种自

---

① [美] 哈罗德·伊尼斯. 传播的偏向[M]. 何道宽，译. 北京：中国传媒大学出版社，2015.
② "直播"的概念源自无线电广播、电视等传统媒体平台的现场直播，虽然"电视购物"也是一种利用视频方式进行的营销，但它与这里所说的基于互联网的直播营销有很大不同，前者一般是经过制作合成、以录播方式播出，后者则以实时互动方式进行直播。

然场景中的现场直播、移动直播、网络游戏直播、发布会直播、秀场直播等形式,而且传播者与受众之间的实时有效互动也使直播的形式及内容变得丰富多彩。2016年5月,北京车展在花椒直播平台上进行全程VR直播,用户可以观看各款新车的外观、内饰及配置等情况,甚至还实现了"坐进去"仔细查看一些零部件细节的虚拟体验。

2) 实施的技术门槛低

除互联网服务商实现信息传输所需的网络设备外,对于开展直播营销的企业或商家以及接收直播信息的受众来说,都可以使用诸如手机或移动终端这样的常用媒介。对于营销者来说只要在微博或微信上创建账号,即可开始直播;受众也可利用其在社交媒体的账号转发或相互推荐直播内容。映客是一款覆盖了多个系统的社交视频直播App,与微博、微信账户关联,用户使用手机便可进行直播,不仅操作便捷,而且可将直播内容发送至微博、微信朋友圈与好友分享。

2. 营销价值

1) 实现视觉、流量与转化率的有机融合

在PC互联网时代,开展网络营销的企业主要通过网站引流、平面广告和视频贴片等渠道获得客户资源,随着互联网用户的增长趋于稳定,用户红利逐渐消失,中国大部分电商平台和开展电商的企业都开始遇到了"寻找流量"的瓶颈,由此也引发了激烈的用户流量争夺战。如何通过传播的信息吸引用户注意力(视觉),由此产生客户流量,获得有效受众并将其转化为消费行为,成为企业面临的难题。在发展新用户难度增加、获取用户成本增高的情势下,直播平台成为重要的用户流量入口。网络直播可将视觉、流量与转化率的电商三要素有机地融合起来,为提升企业及品牌的导流能力,扩展获取新的高黏度用户开辟了可行之路。

2) 改善供求双方的信息对称性,增强用户信任感和体验度

从客户体验的视角来看,每一种商业业态都有其存在的意义和价值,电商不会取代实体店,VR也替代不了消费者的亲身体验。消费者对于网上购物存有顾虑的主要原因之一是担心买到假冒伪劣产品,为消除人们的这种顾虑,企业绞尽脑汁,除提供"假一罚十""无理由退货"等服务承诺外,还利用在线评论、点赞、弹幕[①]、插入超链接等各种手段尽可能展示其产品的质量,以降低信息的不对称,提高消费者的甄别能力,增强他们的信任感和产品体验程度。而直播就是一种有效的手段,用户通过视频直播可直观地看到产品的功能、质量以及使用过程与效果的展示,即使是半包装型的直播,也能使其获得比图文展示更加真实的体验。

2015年2月成立的跨境电商"波罗蜜",主要经营化妆品、保健品、母婴用品、食品、小家电等品类,为使消费者获得"身临其境"的购物体验,网站上的大部分产品是

---

① 弹幕(barrage),指用户在观看直播时发出的大量评论,它们可以滚动方式从屏幕上飘过,其效果看上去像射击游戏里密集射击形成的弹幕。在我国,原本只有大量评论同时出现才称为弹幕,但随着人们的习惯性误解,凡在直播过程中出现在屏幕上的评论,即使是单条评论也被人们习惯地称为弹幕。弹幕不仅为网络新生代受众群体提供了释放个人观点和宣泄个人情绪的渠道,同时也为激发个人思维提供了平台,尤其是弹幕语言,在内容、形式上都有所创新,体现了互联网环境下娱乐、体验、参与和实时互动的特征,成为弹幕文化的典型代表。

以视频方式进行展示，虽然目前一些产品采用的是录播，而非全视频互动直播，但从公示的业绩看，将"视频互动直播"与"跨境电商"结合起来的营销模式，其重复购买率达45%，直播间收入占30%以上。

3) 促进了营销传播方式创新和赢利模式多样化

围绕搜索、点播、互动、转发、分享等网络视频直播的核心诉求，从电商巨头到微商微店、网红直播、微信直播、弹幕视频、知识视频、视频搜索服务等方法、手段无所不用其极，由此也促进了营销传播方式的创新和赢利模式的多样化。

3. 主要类型

目前，直播在社交、新闻、娱乐、电商、教育、体育等领域应用较多，而且，绝大多数直播平台所提供的内容会涉及多个领域，既有游戏直播，也有产品推介直播、秀场直播等等。从商业的角度，按直播平台提供的主打内容可将其分为游戏娱乐、电子商务、教育培训以及综合四大类。

1) 游戏娱乐类

这类直播平台是以娱乐为主要目的，可分为游戏直播和秀场直播两类。

游戏直播一直是直播平台的中坚力量，游戏爱好者可以登录游戏直播平台，在主播的引导下观看游戏的过程，这与体育爱好者痴迷于某项体育比赛，在主播解说中观看比赛直播相似。目前国内游戏类直播平台有斗鱼、虎牙、龙珠、熊猫TV等。2015年9月上线的熊猫TV，是一个弹幕式视频直播网站，其内容主要是展示PC端游戏的战况，平台还为玩家提供诸如传奇世界、三十六计、特战英雄等各种在线游戏，这也是平台的主要收入来源之一，除此之外，还有广告以及游戏道具与周边产品的销售。

秀场直播是直播行业中起步较早的一种互联网视频娱乐消费模式，由视频聊天演化而来，主要形式是通过主播自我才艺的展示来吸引粉丝。用户可进入秀场直播平台上各个直播间，观看各位主播不同形式的才艺表演。如六间房、YY、新浪秀场、腾讯视频等秀场直播平台都可以提供包括舞蹈、相声、歌曲、朗诵、戏曲等不同形式的表演内容。嵌入式广告和贴片广告是秀场直播平台的主要收入来源。

2) 电子商务类

这类平台的商业模式比较清晰，主要是以开展电商和营销为目的进行网络直播。按平台的经营者具体可分为第三方专业电商直播和自营电商直播两类，前者包括盟主、微播易等直播平台，如盟主直播，不仅为用户提供网络直播平台、单场活动直播拍摄、直播间搭建、直播设备套装组建等业务，实现微信、现场和大会等直播方式，而且为用户实现了营销传播、支付结算和数据分析的闭环商务系统运作。"微播易"短视频智能营销平台的特色是为用户提供短视频传播和社会化媒体营销服务，帮助用户利用微信、微博等自媒体和美拍、秒拍、快手、抖音等社交平台进行自助式的短视频营销传播。后者多为大型电商企业自建，如京东、淘宝、天猫、蘑菇街直播……，如图9-9所示。近年来，"双11"淘宝直播做得风生水起，让许多创业公司趋之若鹜，纷纷加入到电商直播的创业大军中。随着电子商务的发展，直播将成为电商平台的标配，虽然"直播+电商"能够在短时间内将流量价值迅速变现，但这并不意味着电商平台将变成一个直播平台，"直播+电商"只是吸引流量并提高电商转化率的一种营销方式。

图 9-9　电商企业自建的直播平台

值得指出，一些企业、微商和有交易需求的个人，因各种原因不能自建和参与第三方直播平台，而是利用微博、微信等社交媒体提供的视频直播功能，以直播方式进行产品推销等商业活动。由于这些活动只是利用了社交平台的相关通用功能，而非平台提供的商务功能，因此，在上述分类中未考虑这种情况。

3) 教育培训类

此类直播平台是在传统在线教育平台的基础上发展和演化而来，其目的仍然是为用户提供知识学习和技能培训的机会。随着移动互联和智能终端的发展，以及慕课(MOOC)等新教学方式的出现，教育培训直播平台也突破了传统在线教育平台以音视频和 PPT 等单向传播为主的形式，这种"直播+教育"的新模式，不仅提供在线直播、录播、考试、题库、答疑等必备功能，而且充分利用手机等移动终端的特性，增强了呈现形式的丰富性和教学过程中的互动性，满足了用户碎片化学习和实时答疑解惑的需求，使在线学习更加方便、省时和节约成本。目前，网易云课堂、云课、腾讯课堂、阿里学院、中国大学 MOOC、MOOC 中国、MOOC 学院、微课网等都提供了各专业领域、不同题材和层次的学习及培训课程。除此之外，还有面向各行各业专业技能培训直播需求的商业化教育培训直播平台，如微吼、欢拓、云朵课堂等，通常用户按所需直播产品的功能、流量支付费用。

4) 综合类

这类直播平台与信息门户网站类似，直播内容涵盖新闻、科技、社交、游戏、秀场、体育、户外、电商等多个领域，以满足用户的不同需求。目前国内综合类直播平台有一直播、映客、花椒、QQ 空间等，除电商直播外，广告、产品销售、体育直播等收费服务是其主要赢利方式。与其他几类直播平台相比，综合类直播平台具有用户规模的优势，因此，近年来斗鱼、虎牙、战旗、龙珠、熊猫 TV 等游戏直播平台，在获得 VC(风险投资)后也纷纷向综合直播平台转型。

4．直播营销持续健康发展需解决的关键问题

1) 保持高流量

直播的在线人数是流量的直接体现。据统计，目前国内主流直播平台的电商直播流

量数据在三个方面存在明显差异：一是平台的差异，知名度较高、运作较规范的电商平台直播参与人数明显高于知名度较低或非电商平台的电商直播；二是主播的差异，不同知名度的明星和"网红"对吸引粉丝的参与度存在着明显差异；三是直播内容的差异，场景策划精细、贴近消费者并具有情趣性、实用性的内容对消费者的吸引力远高于场景策划粗糙、内容低俗的直播。这些差异也为今后提高和保持电商直播流量指明了方向。

2）提高转化率

直播营销的最终目的是增加产品的销量，因此，衡量直播效果的一项硬指标就是由直播带来的实际购买行为。在视频逐渐成为互联网主要流量入口的趋势下，如何增强视频中原生广告的趣味性与互动性，使视频内容与销售行为更加紧密地融合，是直播营销面临的一大挑战。

3）降低实施成本

实施成本高是直播营销的短板，无论是吸引新用户还是维系老客户，"网红"或明星对提高"吸睛"指数的作用是不言而喻的，然而，邀请"网红"或明星进行直播需付出高额的开支。即使是自造"网红"，也需要专业团队和大笔的资金进行培养和包装。如何降低直播营销的实施成本是直播平台、企业及营销者需下功夫认真解决的重要经营课题。

9.6.2 直播营销的常用策略

1. 内容型导购直播

电商直播发展初期模仿电视购物那种直白的导购式直播，随着用户审美疲劳和流行风潮的转换，如今已纷纷被直播平台所放弃，取而代之的是以场景化体验为核心的内容型电商直播。

2017年"3·8妇女节"前夕，一直播、微博直播、微博电商联合发起为期5天的"红人直播淘"活动，邀请了3家MCN(mulit-channel network)①机构，联合170余位红人主播，试水"内容型导购"电商直播。活动打破传统导购型电商直播的藩篱，巧妙设置诸如"仿妆梦露挑战赛""小众品牌种草淘之设计师香水巧搭配""女王送礼淘之洗护柔顺技巧"等多个电商直播主题，内容涉及彩妆、唇妆、香水、洗护、护肤、服装搭配等多个方面，以不同于纯导购式的优质内容型直播，为用户提供全新的直播购物体验。在活动中，一直播与新浪微博联合，使主播可以将直播信息同步至微博，省去了重新构建粉丝社交网络的环节，实现了更大范围的流量覆盖。同时，一直播平台搭载"直播+内容+导购"功能，为内容电商直播助力。用户在直播的过程中可以直接点击屏幕上的商品列表进行购买，此举不会打断直播，以避免出现用户因担心影响观看直播而放弃购买，这也有助于提升转化率。此次活动总计开播1379场，观看量突破2.4亿次，销售额达898万元，不仅受到用户、"网红"、品牌的多方推崇，也使"直播+内容+导购"的电商新模式得到业界的认可，并成为许多企业和平台普遍采用的直播营销策略之一。

---

① MCN 作为"'网红'经纪"公司，有点像传统意义上的经纪人，主要功能是从内容着手孵化"网红"，为其提供个人形象策划、定位、包装设计与推广、内容分发、招商引资等一条龙服务。他们通过各种经纪合同签约"网红"，并获得若干年甚至终身的 IP 版权与利益分配。

2. 广告植入

在视频直播过程中插入广告是一种传统的、常规的营销方式。但是，"直播+广告"的效果却因广告展现方式的不同而存在较大差异。不少受众并不喜欢在直播过程中插入"弹窗"等形式的图文硬广告，而对于直播中的贴片广告，以及免费游戏直播中的植入广告，受众的接受程度则有较大分歧，尤其是以短视频方式发布的贴片广告，其内容创意是影响受众接受与否的最主要原因。另外，从广告的展示效果看，虽然手机等移动终端因屏幕小，平面广告的推广效果不佳，但小屏幕也有聚焦性高的优势，这有助于利用视频直播中的贴片广告或短视频进行推荐导购之类的营销传播。

围绕如何降低用户对植入广告的反感程度，提高购买转化率的营销痛点，针对受众以及传播媒介和直播方式，从广告的主体创意、内容与形式、展现手段等方面进行精心策划，是实施直播中广告植入策略的关键。

近年来兴起的"原生广告"(native ads)即广告内容化，为"直播+广告"提供了新的运作思路，原生广告是一种将广告作为内容的一部分植入到实际页面、App、直播过程、游戏环节设计中的广告形式。类似于传统的软广告，原生广告可让受众在"和谐"的内容中自然地接受广告信息，带来一种新的消费者体验。

2017年"双11"，小米与一直播、小咖秀两大UGC直播平台合作，针对目标人群，投放AR视频广告，将面部手势识别、背景与广告内容以及与主播的动作变化互动相结合，实现了广告场景、呈现方式和业务模式的创新，如图9-10所示。AI、AR、HTML5、SLAM等技术为原生广告在直播中的展现提供了有效手段，通过AR技术实现的视觉效果，不仅可增加广告的趣味性，也能在一定程度上缓解受众对广告的抵触心理；HTML5也是目前视频广告中应用较多的技术之一，尤其是视频化HTML5，不仅可大大降低用户的操作频率，还可以加入适当的互动元素，改善直播效果，由于HTML5的不同应用形式所体现的交互效果不同，也使HTML5在场景视频化和竖屏视频中得到越来越多的应用。

图9-10 AR广告的展现效果

3. "网红"直播

"直播+'网红'"的起源可追溯 Facebook、YouTube 和 Instagram 等平台。2007年，YouTube 推出了为用户提供视频内容传播服务的 YouTube partners 项目，并获得了该项目所产生广告收益的 45%，其余的归内容创造者。这吸引了很多人开始在 YouTube 上建立自己的频道，凭借曝光建立知名度并因此获得其他获利的机会。美国的"网红"很快如雨后春笋般冒出，时至今日，美国变现能力最强的"网红"几乎都是从 YouTube 起步。从这一角度看，"网红"与直播是天然共生的。

随着"网红"经济的发展，通过"网红"带货成为电商直播新的运作空间，"网红"们各显其能，使出浑身解数利用直播推介产品，其中也不乏使用一些违法手段，针对"网红"们独自打拼的局限，一些面向"网红"内容的技术手段和工具平台相继问世，专业化的周边服务机构也迅速崛起，MCN 之类的"'网红'经纪"公司应运而生，并很快形成产业链。随着垂直品类 MCN 的大量涌现，产业链的分工也越来越细，如美国专做拉美内容的 Mitu、专做餐饮内容的 Tastemade。在我国，MCN 的主要功能是培育孵化"网红"和为"网红"提供经纪人、培训、个人形象包装设计等服务，按服务的对象分为四类：①淘品牌电商类。这类 MCN 的主要服务对象是淘宝"网红"，如缇苏、如涵电商、挖草等；②秀场主播类。作为"艺人经纪人"，这类公司主要服务于从事秀场直播的才艺表演型"网红"，如中樱桃、校花驾到等；③段子手类。主要服务对象是在微博等社交平台上以写段子为爱好或副业的段子手和 KOL，如鼓山文化、牙仙文化、楼氏传媒等；④视频节目类。服务对象主要是从事综艺、游戏、体育直播的"网红"，如优拍档、万合天宜等。

"网红"直播的赢利方式主要有三种：①直播打赏。直播平台、经纪公司和"网红"从观众打赏中分成，不同平台分成比例有差异；②广告收入或电商分成。除广告主为"网红"在直播过程中口播广告或展示露出的次数、时长付费外，平台、经纪公司和"网红"还可以从直播销售商品的电商收入中提成；③演出提成。从"网红"出演网络剧、网络电影或综艺节目的广告与票房收入中提成。

4. 会员制

会员制作为组织结构已经有几千年的历史，然而，会员经济则是互联网时代产生的新概念。按照经济学的观点，会员制是营造归属感的重要途径，这种归属感在服务经济、共享经济、实体商品的数字化以及虚拟商品盛行的"使用权"替代"所有权"的经营模式下显得尤为重要。实践已证明，相比于普通"用户"，"会员"无论在营收贡献、成本控制，还是品牌认可、口碑传播方面，都比普通用户更具价值，这也是"Amazon Prime"计划和"京东会员 Plus"得以力推的主要原因。如今，会员制也是直播平台普遍采用的营销策略之一。

从营销的角度看，"所有制"经营模式中的 KPI 指标(key perfomance indicator，关键绩效指标)是转换率、交易规模和经营成本，而在"会员制"经营模式中，KPI 指标是客户的忠诚度和客户终生价值。因此，会员制在直播营销中的价值主要体现在以下几个方面。

(1) 有助于强化用户忠诚度，不仅可保持平台用户群的稳定，而且可通过对会员行为的跟踪，获得用户行为和习惯的详尽资料。

(2) 有助于强化用户与平台以及其他会员的互动性和参与度，以借助会员的力量进行直播营销传播。

(3) 有助于强化直播营销的精准性，即平台可根据所掌握的会员信息开展个性化营销。不过这也是会员制的瑕疵所在，会员以涉及个人隐私的注册信息来换取平台相关功能的使用权，这对平台的诚信经营是一个考验。会员制本身不会导致滥用会员信息的有违商业道德的行为，但却为此行为进入这种经营模式创造了条件。

会员制是将企业引向长期可持续赢利的有效策略，在直播营销中采用此策略应着眼于这一长远目标，遵守诚实守信的商业道德底线。

9.6.3 直播内容的策划

直播营销的本质是建立在有一定品质优势的产品基础上，以策划为逻辑的一种内容营销，直播的内容决定了其传播的广度和深度。移动互联环境下绝大多数用户是以碎片化的方式阅读信息，其跳失率(bounce rate)远高于电视购物，因此，直播内容将直接影响直播的营销效果，所以，内容的策划是决定直播营销成败的关键。直播内容不仅要与企业的营销目标以及产品和品牌的定位相一致，而且要新颖、明快、可视性强，能在最短时间内抓住受众的需求心理，掳获人心。直播的过程是不断产生新内容的过程，为提高直播的效果，要通过直播的内容激发个人情绪，抛出热点引发用户参与直播过程中的交流互动。为此，内容的策划可从以下四个方面着手。

1. 提供满足用户好奇心的内容，调动他们的兴趣并吸引其注意力

人们对自己未曾经历过的事物往往会产生极大的好奇心，由此引起用户的关注。根据心理学理论，如果想让人对某件事物产生兴趣，首先应提供关于此事物的足够信息，接下来一定要让人们对该事物有所行动。很多情况下，客户不一定始终关注企业的产品，有时可能会对企业的生产、经营、企业文化等其他方面更感兴趣。因此，可以通过直播多角度地向客户展示企业或品牌的方方面面，以剑走偏锋的方式调动受众的兴趣，吸引他们的注意力。

2015 年 7 月，美国通用电气 GE 选择了从东海岸到西海岸的五个不同地点，利用无人机对深海钻井、风力发电等五项工作现场进行了一场为期 5 天的全方位直播，与此同时，在 Facebook 等社交媒体配合直播解答诸如"工人们站在百米支架上工作如何克服恐惧"等好奇观众的提问，激发他们对科技和 GE 公司的兴趣。2016 年，万达集团在花椒直播平台开通了直播账号，不仅将万达的一系列战略发布会全部在花椒上进行直播，而且还向用户展示万达的员工食堂、宿舍等，全方位展示万达的企业文化。

2. 选择热门话题，实现 PGC 与 UGC 双轮直播，促进用户的互动和参与

消费心理学的研究发现，愉悦感可以影响消费者的购买行为。对于直播营销来说，完美的直播应当使受众在直播过程中获得愉悦的感受。实践表明，让用户参与直播的过程，甚至参与直播的筹备、主题策划、场景及内容的设计、营销传播等一系列运营过程，有助于提高参与者的愉悦感和受众的关注度。网络直播吸引用户参与的方式很多，除直接参与策划外，通过互联网以各种方式与主播和平台进行互动也能增强用户的参与感和

愉悦感。

直播的内容不仅包括 PGC(专业生产内容)，也包括 UGC(用户生产内容)。在移动互联时代，一个热门话题往往能引来众多网民的关注、讨论和参与，由此产生 UGC。相比 UGC，PGC 更加有利于平台将分散的资源整合起来，平台注重 UGC，是为了吸引更多用户的参与，而 PGC 更侧重于内容输出，能够有效扩大平台覆盖面。因此，开展直播营销一定要有新闻敏感度和辨识潜在的、有噱头热门话题的能力。企业可根据产品及品牌的实际，借助于热门话题与受众展开互动，建立企业与用户、用户与用户的关联，实现 PGC 与 UGC 的双轮直播，由此促进用户的互动和参与。

3. 注重内容的新鲜感，启迪用户思维体验，实现口碑传播

内容的新鲜感不仅能带给用户前所未有的体验，而且有助于启迪用户的思维体验。研究发现，大多数用户愿意主动与他人分享自己的这种体验，由此形成口碑。直播中创造新鲜感的途径很多，主播风格、题材类型、场景、内容及表现方式、互动形式等等，都是可为之处。为让用户能在直播中持续获得新鲜感，内容的策划与实施是关键，其基本思路是围绕题材、内容本身及表现方式等方面给用户提供多种选择。以题材为例，除了综艺、游戏、秀场、访谈等传统题材外，科技、财经、旅游、新闻、养生保健、琴棋书画……，涉及人们日常生活需求的方方面面都有大量可发掘的直播题材，只要精心策划，总能让用户从所选出的感兴趣内容中获得新鲜感和思维体验，并通过社交媒体与他人分享自己的体验，实现口碑营销。

4. 强化内容的亲和力与情感性，激发用户的情感共鸣，提高其忠诚度

与娱乐、秀场直播不同，电商直播是难以与用户通过娱乐聊天方式产生亲和力的，如淘宝直播的观众一般都有较明确的购买目的，关注的大多是商品的品质、卖点及优惠等信息，如何满足他们的需求，激发其购物的欲望甚至冲动，是主播的工作重点，在这种境况下如何营造亲和力，实现情感包装、情感促销和情感口碑等，情感性内容的设计至关重要。通常，用户愿意接受的是能使其产生认同感的内容，因此那些虚情假意的恭维话、空话、套话，通过打"悲情牌"和"卖惨"博得同情，以及对产品的自我吹嘘、对竞争对手产品的嘲讽贬低等"无聊文化"的套路都不应出现在直播内容中。

如何实现内容的亲和力与情感性，内容策划时应当把握以下几点。

1) 可信性

网络市场中如何获得真实的商品信息，避免买到伪劣商品一直是消费者的痛点，直播的优势之一是能给观众带来"眼见为实"的真实感，由此拉近企业和产品与观众的距离，亲和力也油然而生，所以直播内容必须以增强可信性为基本的策划要求。

2) 有特色

直播营销中最常见的问题就是在不同直播平台上采用同样内容、风格、表现形式和互动方式，这种"以不变应万变"的模式化直播，只会增加受众的疲劳感，甚至厌烦感。相反，有特色、个性化的内容不仅能吸引受众眼球，增强说服力，而且能调动观众的情感共鸣，强化对企业和产品的认同感。一种常见的彰显特色内容的方式是，将产品、品牌结合直播情境进行植入，除将产品功能、服务过程以及质量、服务理念等融入直播剧情中，亦可将品牌的文化、价值观、所代表的生活方式融入直播内容传递给观众。芒果

TV 在《妈妈是超人 3》中以"内容造景"的方式在直播情境中展露"美素佳儿"的产品，除产品图像的静态插入，还通过包文婧和胡可两位嘉宾主持分别为其孩子泡奶的全过程，动态植入使用"美素佳儿"产品的方式，加深了品牌在观众心目中的印象。最后，通过嘉宾主持外出购物，将"美素佳儿"品牌与"乐友孕婴点"和"天猫商城"，即线下门店与电商平台巧妙地链接起来。此次直播从内容层面进行品牌娱乐化植入，彰显了母子亲情，获得了观众的高口碑和零差评。

3) 重细节

情感的刻画往往重在细节，不仅是文学作品，直播内容同样如此。在一些电商直播平台上，人们经常看到那些充满激情的主播近乎狂热、倾力煽情的推销："年轻，没有秘密；漂亮，就这么简单！""××，你值得拥有！"……主播的工作的确投入，营销者的策划也确实认真，但这种传统电视直销、街头路演中司空见惯的场景搬到网络直播中能让消费者产生耳目一新的感觉吗？网络直播应当扬其所长，围绕产品价值、品牌内涵、企业文化、消费者需求的方方面面，着力刻画内容的细节。

9.6.4　直播营销的实施

1. 根据市场受众和产品及品牌特点选择与之匹配的直播营销策略

企业及品牌是否适合直播营销，以及适合采用哪种方式的直播营销，这是首先要考虑的问题。原则上讲，从日用消费品到工业原材料、制成品等所有产品及品牌都可以使用直播营销，但不同年龄、性别、文化层次、行业与职业的用户需求存在差异，对直播的类型也是各有所爱。据优亿的调查，在用户最喜爱的直播类型中，才艺表演占 51.82%居榜首，然后依次是自带话题的明星访谈(41.48%)、游戏电竞(31.84%)、种草购物(30.09%)、教育培训(27.84%)和高峰论坛(17.31%)[①]。企业应根据受众的人口统计特征、兴趣爱好、行为特征以及消费需求，并结合产品特色、行业性质和直播场景，选择适宜的直播营销策略。

2. 制定直播营销实施方案

1) 基本原则

产品、人物、场景和创意是影响直播营销整体效果的主要因素，因此，直播营销策略的规划与实施应按照 SMART 原则，围绕以下四个方面展开。

(1) 产品。通过产品的分析和梳理，找出其所具有的优势与劣势，以便在直播过程中扬长避短，尽可能实现最好的产品展示效果。

(2) 人物。包括营销传播方的直播主播和接收方的受众，一方面要根据产品的特点和营销所要达到的目的，对主播的主持要求进行分析，以确定其主持风格；另一方面要通过用户分析，挖掘出受众的需求。在此基础上，围绕直播营销的目标设计直播的内容和互动环节。

(3) 场景。应根据直播营销的目标，结合产品和品牌，确定直播场景。对于直播间直播，背景、道具、广告、产品展示以及主持人服装等都是场景需要考虑的元素；若采

---

① 优亿研究院，《优亿 2017—2018 年度新文娱产业研究报告》。

用现场直播，除考虑现场环境的布置，更应注重"情感场景"的设计，实现以"景"带"情"的情境营销。

(4) 创意。直播是一种骨子里就带着娱乐基因的视频传播形式，其迷人的魅力使直播的创意空间无限广阔，从产品的展示、广告的插入、主播的主持到场景与内容的设计、现场的互动等等不一而足，可按照"直播＋"的思维进行探索创新。以互动环节为例，除现场观众直接参与、在线问答、弹幕等方式外，还有用户通过 VR、AR 设备进入直播场景等方式。

3. 直播营销的实施要素选择

1) 选择直播方式

(1) 主播式直播。主要围绕产品促销和品牌推广，以硬广告植入、专用道具、专题图文展示、产品露出、"网红"带货等形式，对产品和品牌进行高频率的曝光。

(2) 综艺直播。网络综艺一直是深受用户喜爱的视频内容，其受欢迎程度堪比电视台大综艺 IP，因此，选择综艺直播开展营销可以获得较高的关注度，这也是许多企业和品牌舍得在此投入的主要原因。

2) 选择合适的主播人员

不同直播平台对主播的要求有不小的差异，与文化娱乐、游戏竞技、秀场直播的主播不同，直播营销要选择的是电商主播，不仅对语言表达和交流沟通能力有较高的要求，而且要求具有相关专业的知识。此外，主播必须经过实名认证，对有不良播出记录的主播，即便颜值高，选择也要慎重。

目前，大多数平台和企业都是从"网红"或明星中挑选营销直播的主播。选择"网红"主播，容易贴标签、自带流量、定位清晰、安利(推销)能力强；而选择明星主播，粉丝基数大、容易引发互动和 UGC。当然，也有一些企业选择相关专业人士通过直播来介绍其产品，或请企业老板、CEO、明星大腕到直播现场站台，以吸引网民注意力。除此之外，KOL 和网络大 V 也是可利用的直播营销资源，不少主播经常会找一些与目标受众有较高重合度粉丝的 KOL 或网络大 V 合作，邀请他们为自己的直播节目做推广，一般都能获得较高的转化效果。随着直播营销的发展，培养自己的专属主播是完全必要和切实可行的。

3) 选择直播平台

再好的直播方式、主播人员和营销内容，若缺少好的平台进行直播，都难以发挥预期作用。目前选择直播平台主要有两种方式：①单平台直播，特点是专业聚合(垂聚)效果好，可满足小众群体的需求，因此，可根据产品属性和细分市场选择对应的平台和主播；②多平台直播，特点是覆盖范围广，可获得更多受众的关注，但对主播的控场能力要求较高。

5G 应用时代即将到来，App 中的视频直播功能、微信公众号中嵌入的直播小程序将成为直播营销中的常用工具，随着 MCN 等专业服务机构提供的相关应用开发和业务托管服务逐步完善，将会有越来越多的企业选择自建直播平台开展直播营销。

根据国家有关规定，开展网络直播服务的企业应持有新闻出版广电行政部门颁发的"信息网络传播视听节目许可证"，因此，开展直播营销的企业必须核实或取得直播平台的相应资质，以避免遭遇平台"无证经营"的违法风险。

4. 直播中的互动

与其他营销方式相比，直播的最大优势是能带给用户更直接的视觉体验和立竿见影的交流互动。目前直播中常用的互动方式有以下几种。

(1) 弹幕互动。直播过程中用户可以弹幕方式发表评论，这些评论即刻以字幕的形式在屏幕上飘过，使所有观众都能看到，是一种简单易行的互动方式。

(2) 剧情参与。户外直播中主播经常会邀请现场网友参与直播的过程，在一些情节中扮演某个角色或与主播进行互动，这种方式有助于调动观众的情绪，增加参与感。

(3) 直播红包。主播可利用第三方平台发放红包或礼品，以实现聚集人气和与更多观众进行互动的效果。通常发放直播红包前主播会预告发放时间，为观众抢红包营造气氛，主播还会选择支付宝、微信、微博等作为抢红包平台，以实现从这些社交平台引流和直播后的口碑传播。

(4) 发起任务。主播在直播中提出一些由观众参与完成的任务，让大家在一段时间内一起做一系列指定的行动，这种类似"快闪"(flash mob)的方式能提高互动的规模性。2016 年 3 月，宜家英国与 Skype 合作进行了这样一次互动式任务的现场直播，主播通过 Skype 随机向部分用户发送弹窗广告，邀请他们参加宜家的"护照挑战"活动：参与者有 30 秒的时间迅速找出自己的护照，并回到摄像头前上传手持护照的自拍照，以此证明自己的重要文件收纳能力，成功者将获得一份价值 450 英镑旅行机会的大礼。

(5) 赠送礼物。在直播过程中，直播间观众可以通过向主播或主办方赠送"玫瑰""跑车""游艇"等虚拟礼物或打赏，来表达对主播的认可或喜爱，一些直播平台甚至将"感谢打赏"设置成默认规则。在直播营销中，主播的形象在某种程度上是与企业或品牌的形象相关联的，因此赠送礼物不能简单地理解为是对主播个人的喜爱，也包涵着对产品及品牌的认可，所以，企业和直播平台对观众的赠送和打赏行为，应以适当方式予以回馈，从而增进与观众的情感交流。

5. 围绕直播的二次营销传播

一次直播的结束，只是该项直播营销活动第一阶段任务的完成，接下来要进行直播的二次营销传播，许多开展直播营销的企业也是这样做的。

1) 传播的策划

为确保传播取得预期的效果，必须制定二次传播的实施方案，该方案通常包括以下三部分。

(1) 传播目标。直播的二次传播目标是根据直播营销的目标，致力于进一步扩大直播的营销效果，即延续直播变现效能、拓展产品与品牌知名度、提升客户忠诚度等，企业可根据直播营销方案，确定二次传播要实现的具体目标。

(2) 传播形式。目前视频、软文和表情包是二次传播中常用的三种形式，可单独使用，也可以"视频+表情包""软文+表情包""视频+软文"的组合方式进行推广。应根据产品和品牌来选择具体的传播形式或组合方式。

(3) 传播媒体。为使不同的传播形式能取得最佳传播效果，必须考虑传播形式与传播媒体特色的契合，如视频可选择微博、微信等自媒体或优酷、土豆等视频平台进行传播；软文则可选择知乎、虎嗅、36 氪、百度贴吧等网络论坛为传播平台；表情包当然是在官方微博、微信公众号、微信群以及 QQ 群中才能发挥其作用。对以组合方式进行的传播，可根据媒体功能进行组合。

2）传播的实施

二次传播除利用企业的官方微博、微信公众号外，主要还是依托用户的口碑传播。因此，对于营销者来说，至关重要的是提供具有口碑效应的传播内容，这应当是由专业营销团队创作的 PGC 内容，其中介绍企业、产品和品牌的广告不应成为传播的重点，主要从挖掘企业、产品、品牌、主播、用户的相关信息、逸闻趣事，以及直播中的精彩片段、互动环节等素材入手，创作可以引发用户转发效应的内容。

6. 直播营销的风险防范

与录播方式进行视频营销不同，直播营销是将现场实况直接传播给受众，在此过程中任何一点闪失或瑕疵都将展露在观众面前，轻者达不到营销目的，重者给企业或品牌带来负面影响。因此进行直播营销，必须制定风险防控预案，根据国内企业的实践经验，不同企业或品牌面临的直播营销风险和采取的防控措施会有所不同，但以下三方面的措施是必选项。

1）严格审核直播主持词

企业需严格审核直播中使用的主持词(包括开场白、串词、结束语等)、提词器中的内容，严禁在主持词中出现违反宪法和相关法律规定的内容，涉及暴力、色情、赌博以及内容庸俗、低俗、媚俗等违反社会公德和职业道德的词语一律不得使用。尤其要防止发生主播在串场或与用户互动过程中因"信口开河"而违反相关规定甚至触犯法律的言行。

2）强化直播过程的监控

主持人或主播的发言和提词器可以提前审核，但直播现场的网友弹幕无法在直播前进行预估，只能依靠现场管理。目前许多直播平台通过设置"房管"或"超管"职位，对直播过程进行全程监控。其中"房管"不仅监督直播间里主播的言行，还同时监督观众的弹幕，对那些利用弹幕发布格调低俗、过度娱乐化、宣扬拜金主义、封建迷信和崇洋媚外等内容的人，可直接取消其在该直播间里发言的权利(禁言)；"超管"负责平台上所有直播间的管理，有权力直接查封直播间。通常"超管"可由企业委托第三方机构或聘请专业人士担任。

3）注重知识产权保护

直播营销不仅涉及产品、品牌等核心资源，在直播的过程中还涉及诸如搭建场景的背景板、背景音乐、贴图、玩偶、吉祥物、LOGO……甚至主播的服饰、使用的道具等等，这其中有许多是涉及知识产权、版权或商标权保护的资源。随着国家日益加大对互联网领域侵犯知识产权行为的打击力度，强化该领域的商标行政执法和版权保护，企业必须十分注重在直播营销中所使用资源可能涉及的知识产权问题，力戒侵权与违法的情况发生。

2018 年 3 月，国家广电总局发布了《关于进一步规范网络视听节目传播秩序的通知》，其中指出要"坚决禁止非法抓取、剪拼改编视听节目的行为"。因此，对于直播中需要使用二次创作的视频，要取得相关部门的版权使用许可，防止发生擅自截取拼接经

7. 直播营销的绩效评估

直播营销的绩效评估指标是根据营销的目标来确定的,对于促销类的直播可从销售量(实体商品)、下载量(软件、游戏等数字化商品)以及相关平台的客户咨询数量来评估,对于品牌传播类的直播则可根据直播实施前后品牌关注度的变化进行评估。

上述评估所依据的数据主要可通过三个渠道获得:

(1) 来自直播平台的后台数据,包括观众人数、直播现场互动次数等等,由此可直接了解直播效果;

(2) 来自直播相关联的销售平台、企业站点、网店等的数据,可直接获得销售或咨询等与交易相关的信息,并与直播前的交易情况相比较,评估直播变现业绩;

(3) 来自相关微信、微博等自媒体平台的数据,由此可了解受众对直播营销所涉及的产品或品牌的关注度、认可度以及影响程度等。

本章小结

新媒体是在计算机信息处理技术基础上产生并受其影响的媒体形态,包括在线的网络媒体和离线的各种数字媒体形式。新媒体营销是利用社会化媒体、网络自媒体在内的各种数字媒体开展的营销,目前主要有博客、微博、微信和 App 等营销模式,且普遍采用口碑营销、内容营销、软文营销和直播营销等实现方式与方法。

博客营销是借助博客的知识性、自主性、共享性等基本特征开展的营销活动,博客具有的"深度营销"价值和在搜索引擎中的可见性,有助于实现精细化营销和提高营销传播效果;微博可让用户在公众视野中参与讨论,进行互动和分享,是开展话题营销的有效平台;微信庞大的用户基数和"永远在线"的独特优势,加上所具有的关系高黏性和信息高抵达率、高精准率以及高接受度,使之成为目前开展移动营销的主要平台。企业和商家不仅可利用微信朋友圈和公众号传播图文信息,亦可通过这些渠道实现产品销售和客户服务等营销功能;App 营销是利用移动设备上运行的应用程序开展的营销活动,包括提供信息、定制产品与服务、消费体验、互动营销等等。

网络口碑是企业或网络用户通过各种互联网传播渠道与其他网民分享关于企业、品牌、产品或服务的相关信息,它与传统口碑不同,传播者与接受者之间的信息传递是通过传播媒介实现的。网络口碑对消费者购买行为的影响除与沟通双方的背景、关系、专家和权威人士以及口碑偏向等因素有关,还受到网络环境中多元参照群体的影响。网络口碑的传播是复杂的"多阶段传播",因此,发挥再传播者的作用是提高网络口碑营销绩效的关键。为此,要策划与设计有效的口碑内容,选择并完善口碑传播渠道,建立应对消极口碑传播的管控机制,还应注重发挥意见领袖的作用。

内容营销是一种通过生产发布有价值的、与目标人群有关联的、持续性的内容来吸引目标人群,改变或强化他们的行为,以实现商业转化为目的的营销方式,主要功能是创造有营销价值的内容并实现内容的有效传播。内容营销的策划要以客户为中心,定位于利基市场并注重内容质量,同时应根据具体的营销目的选择不同类型的内容、载体和传播渠道。

软文营销是一种基于企业理念或产品诉求,借助文字表达与舆论传播的力量摆事实讲道理,对消费者进行心理引导,以达到宣传品牌和推销产品目的的商业推广策略。软文通过具有情感性和引导性的内容与丰富的表现形式,强化与用户的情感交流,并弱化用户对广告的排斥心理,实现软性营销。因此,软文策划需以客户为主导,坚持原创性和真实质朴的文风,同时还要注重软文的传播与推广。

网络直播是利用互联网和流媒体技术进行的视频直播。作为一种新的营销模式,直播营销实现了视觉、流量与转化率的有机融合,改善着供求双方的信息对称性,增强了用户信任感和体验度,促进了营销传播方式的创新和赢利模式的多样化。直播营销的策划要注意调动用户的兴趣,促进其参与和互动,启迪思维体验,实现口碑传播。在实施过程中,营销策略要与受众和产品及品牌特点相匹配,并注重直播方式、主播人员和直播平台等营销要素的选择,同时要防范直播营销的风险。

关键术语

小程序	新媒体	新媒体营销	销售漏斗模型
销售沙漏模型	边际排名	博客营销	微博营销
微信营销	公众号	App 营销	网络口碑
二阶段传播模型	参照群体	网络意见领袖	内容营销
软文营销	标题党	伪原创	软文群
软文炒作	直播营销	弹幕	网红直播

思考题

1. 举例说明新媒体营销是如何提升销售沙漏模型(AISAS)中分享的影响力的。
2. 结合新媒体的特性,谈谈你对实现有效传播的 STEPPS 原则的理解。
3. 为什么说开展新媒体营销对企业既是机遇也是挑战?
4. 如何理解博客营销具有"深度营销"的价值?怎样有效发挥这种价值?
5. 简述博客营销与微博营销的比较优势。
6. 结合一些企业实施博客营销的具体方式,阐述它们各自实施方式的特点。
7. 在网上寻找企业开展微博营销的实例,分析其主要采用了哪种实施策略。
8. 利用微信朋友圈和公众号开展微信营销,分别能实现哪些营销功能?
9. 简述 App 营销的主要实现方式,并列举实例来说明。
10. 网络口碑与传统口碑有哪些不同?
11. 举例说明网络口碑对消费者购买行为产生了怎样的影响。
12. 为什么说消极口碑对消费者产生的负面影响大于积极口碑?
13. 如何理解双面口碑对消费者行为影响的多重效应?请举例说明。
14. 结合实例阐述网络口碑的再传播模式。
15. 简述网络环境下多元参照群体对消费者决策行为的影响。
16. 网络营销中如何发挥意见领袖的作用?请举例说明。
17. 结合具体实例,简述成功的内容营销有哪些主要特点。

18. 提高内容营销的实施绩效可采取哪些策略？请举例说明。
19. 分析一个企业实施内容营销的案例，阐述其成功的经验或失败的教训以及营销启示。
20. 找一篇从消费者体验的角度介绍产品或品牌的网络软文，评析其写作的思路、特点，指出值得借鉴之处，并提出修改意见。
21. 简述网络直播的营销价值。
22. 结合具体实例，简述直播营销中采用的主要策略。
23. 营销者如何才能持续有效地实施"网红"直播策略？
24. 为提高直播营销的效果，直播内容策划应在哪些方面下功夫？请举例说明。
25. 目前网络直播中存在哪些有碍直播营销健康有序发展的突出问题？企业和营销者应采取哪些措施加以避免和防范？

参考文献

[1] 陈永东. 企业微博营销——策略、方法与实践[M]. 北京：机械工业出版社，2012.
[2] 程成，等. App 营销解密——移动互联网时代的营销革命[M]. 北京：机械工业出版社，2013.
[3] 方建华. 微信营销与运营解密：利用微信创造商业价值的奥秘[M]. 北京：机械工业出版社，2014.
[4] 龚铂洋. 左手微博右手微信 2.0：新媒体营销的正确姿势[M]. 北京：电子工业出版社，2017.
[5] 勾俊伟，张向南，刘勇. 直播营销[M]. 北京：人民邮电出版社，2017.
[6] 海天理财. 一本书读懂 App 营销[M]. 北京：清华大学出版社，2015.
[7] 胡卫夕，宋逸. 微博营销：把企业搬到微博上[M]. 2 版. 北京：机械工业出版社，2014.
[8] 胡小英. 企业软文营销[M]. 北京：中国华侨出版社，2015.
[9] 黄敏学，王峰. 网络口碑的形成、传播与影响机制研究[M]. 武汉：武汉大学出版社，2011.
[10] 黄海林. 视频革命：重新定义电商[M]. 北京：电子工业出版社，2016.
[11] 胡保坤. App 营销实战：抢占移动互联网第一入口[M]. 北京：人民邮电出版社，2015.
[12] 柳峰. 微信公众平台应用开发：方法、技巧与案例[M]. 北京：机械工业出版社，2014.
[13] 王冠雄，钟多明. 直播革命：互联网创业的下半场[M]. 北京：电子工业出版社，2017.
[14] 夏雪峰. App 营销应该这样做：一本书教你打造移动互联网时代的营销利器[M]. 北京：人民邮电出版社，2015.
[15] 袁国宝. 网红电商：移动互联时代的内容电商转型新生态[M]. 北京：人民邮电出版社，2017.
[16] 易伟. 微信公众平台搭建与开发揭秘[M]. 2 版. 北京：机械工业出版社，2015.
[17] 于雷霆. 引爆直播：重构营销模式的七个关键法则[M]. 北京：电子工业出版社，2017.
[18] 以太资本. 网红经济学：新入口、新内容、新模式[M]. 北京：人民邮电出版社，2016.
[19] [美] 大卫·奥格威. 一个广告人的自白[M]. 林桦，译. 北京：中国物价出版社，2003.
[20] [美] 马克·舍费尔. 热点：引爆内容营销的 6 个密码[M]. 曲秋晨，等，译. 北京：中国人民大学出版社，2017.
[21] [美] 马克·修斯. 口碑营销[M]. 李芳龄，译. 北京：中国人民大学出版社，2006.
[22] [美] 维·米尔曼·斯科特. 新规则：用社会化媒体做营销和公关[M]. 5 版. 赵俐，译. 北京：机械工业出版社，2016.

[23] [美] Ann Handley, C C Chapman. 内容营销：网络营销的杀手级武器[M]. 王正林，等，译. 北京：电子工业出版社，2012.

[24] [英] 大卫·梅斯特，等. 值得信赖的顾问：成为客户心中无可替代的人[M]. 吴卫军，等，译. 北京：机械工业出版社，2018.

[25] Christopher Butler. The Strategic Web Designer: How to Confidently Navigate the Web Design Process[M]. Avon. MA: Adams Media SIMON & SCHUSTER, INC, 2012.

[26] Eugene W. Anderson. Customer Satisfaction and Word-of-Mouth[J]. Journal of Service Research, 1998, 1 (1).

[27] Pentina Prybutok, Zhang. The role of virtual communities as shopping reference groups[J]. Journal of Electronic Commerce Research, 2008, 9 (2).

[28] Robbie Kellman Baxter. The Membership Economy: Find Your Super Users, Master the Forever Transaction, and Build Recurring Revenue[M]. New York, NY: McGraw-Hill Education. 2015.

[29] Sonja Jefferson, Sharon Tanton. Valuable Content Marketing: How to Make Quality Content Your Key to Success[M]. 2nd. London: Kogan Page, 2015.

案例研讨 1

一场没有输家的 OTA 软文营销战

2014 年 10 月 28 日，"淘宝旅行"举行新闻发布会，推出新品牌"去啊"，独立域名为 alitrip.com，手机客户端为"去啊旅行"。据阿里介绍，"去啊"的品牌意涵是："只要决定出发，最困难的部分就已结束。那么，就去啊！"在发布会上，它被浓缩为现场展示的单页 PPT 海报："去哪里不重要，重要的是……去啊。"这对在线旅游(OTA)业中的另一主角"去哪儿"来说，挑衅之意十分明显，因为"去哪里"与"去哪儿"的字义太相近了。而事实上，去啊旅行总经理李少华在发布会上宣讲时，说的真是"去哪儿不重要，重要的是……去啊"。

一石激起千层浪，这一句并不奇葩的表述，引发了国内 OTA 乃至周边业态的软文推广大战。第一只为这场狂欢风暴扇动翅膀的蝴蝶，就是作为"当事方"的去哪儿。他们将"去啊"和"去哪儿"两个品牌拎出来，推出针锋相对的海报："人生的行动不只是鲁莽的'去啊'，沉着冷静地选择'去哪儿'，才是一种成熟态度！"接下来跟进的众多旅游品牌，基本延续了这个套路。

作为国内 OTA 行业老大，携程当然不会放过这次在线旅游业界难得的事件营销机会。于是，将"去啊""去哪儿"两头通吃，对旅行不乏理性诉求的软文——《旅行的意义不在于"去哪儿"，也不应该只是一句敷衍的"去啊"，旅行就是要与对的人携手同行，共享一段精彩的旅程》被高调推出，并很快在自媒体上被广为传播。为求软文营销效果的最大化，他们再接再厉，以"无论是随性的'去啊'，还是纠结'去哪儿'，我们始终与你同程"的文案继续助推软文推广战进入高潮。

国内其他 OTA 品牌也纷纷入局，很快便形成了一场百家争鸣、百花齐放的海报大战和文案狂欢。电商大佬京东自然不会错过："他们说去啊，就去吧；他们说去哪就去哪吧，听从大家的安排，看着重复的风景，一辈子就这样活着，就别上京东旅行"；相比于京东的霸气，"驴妈妈"打的是权威+情感牌："从起步到成长，真正与你同行的，只有妈妈。去哪儿，听妈的。

旅行不止低价,跟谁最重要","不管什么在手,不能说走就走,记得跟妈打个招呼。去啊,听妈的。旅行不止低价,怎么去更重要";百程旅行网一直在重申自己的重要性:"'去哪儿'和'去啊'都很重要,更主要的是我们的签证!";"在路上"提醒网友:"不管你是随性的去啊,还是冷静地选择去哪儿,旅行终究是要[在路上]";"爱旅行"也强调:"旅行不只是鲁莽地'去啊',也不是沉默地选择'去哪儿','爱旅行'才是一种生活态度!";"周末去哪玩"则告诉人们:"一年中有52个周末,更好地放松才能最佳地工作,因此周末去哪玩才是你的日常所需";"我趣旅行"的说法颇有道理:"旅行的态度不是'去啊',旅行的意义不在乎'去哪儿',让爷玩HIGH了,才叫'我趣旅行'";"找大巴"的建议则十分中肯:"旅行不是鲁莽地'去啊','去哪儿'也不重要,关键是要找个大巴和小伙伴们一起玩"。

更多的OTA及周边企业则是借机推广自己:"旅行,其实是心灵的修行,在乎的不是去哪儿,也不是一时去啊的冲动,而是行程中你是否有收获,品质游,找春秋"(春秋旅游);"最重要的是和谁一起,海玩去啊!!!"(海玩网);"去啊!去哪儿?这很重要吗?正好遇见的,正巧抵达的,就是你心里最美的风景。正美旅行,正好新生"(正美旅行);"人生旅途,'去啊'和'去哪儿'都不重要,重要的是想走就走的态度以及不一样的住宿体验"(途家);"想要去哪儿就去啊!记得回家就好。心有家,就一定能行天下。如家酒店集团,家由心生"(如家);"昨天你在纠结去哪儿,去啊还是不去。今天我知道你已经在征途。他们都在乎你走多远,只有我在乎你累不累。每一个万家灯火的城市,都有名人亲情相伴的身影"(城市名人);"想'去哪儿'就'去啊',想'住哪儿'就'住啊',年轻就是说走就走,说住就住——布丁酒店年轻人的酒店"(布丁);"还来不及思考'去哪儿',就已在'去啊'的路上,或许,你需要一个静谧空间,放空、充电、再次前行……A Tour Hotel At Our Hotel 亚朵·生活·家"(亚朵);"商务旅行不是你想去哪儿就能去啊,你还想报销吗?觅优商旅友情提醒"(觅优商旅)……

海报大战进入白热化阶段,其他领域的企业也不甘示弱,纷纷参战,真可谓万马战犹酣。360董事长周鸿祎在新浪微博上发帖:"去啊还是不去,不重要;去哪儿,也不重要;带着360儿童卫士,让父母随时知道你在哪儿,才是最重要";大众点评也来凑热闹:"你倒是去啊!不上'大众点评',你都不造下顿饭去哪儿";支付宝则站出来力挺自家兄弟:"决定去了,就去啊!有我,怕啥?"纤瀛内衣却是抓住时机推广自己的产品:"旅行,就是想去就去啊,不必在乎去哪儿、与谁同程。纤纤女子出行舒服才是王道!瀛寰旅游别忘了带上舒适的纤体内衣"……

这场由"去啊"引发的有趣、有味的软文营销大战,已超越旅游及其周边行业,并实现了多赢的局面,所有参与的企业都达到了自己的目的,尤其是"去啊",几天的功夫,便由一个全新的旅游品牌变得在国内网民中几乎无人不知、无人不晓,"去啊体"也成为目前各行各业通行的软文格式之一。

案例思考题

1. 由"去啊"引发的这场OTA软文营销大战,为何能让所有参与的企业都达到了自己的目的?谈谈你的看法。

2. 这场OTA软文营销大战,对农业、制造业、交通运输业等行业开展软文营销有哪些启示?"去啊体"真的能成为目前各行各业通行的软文格式吗?

3. 在软文营销中,如何正确理解和把握软文炒作,防止炒作过度而引起网民的反感?结合此案例,谈谈你的看法。

案例研讨 2

让"加一勺"成为用户早餐时刻的标准动作

早餐不但是一天生活的开始,更是为健康注入的第一股能量,营养质量不好的早餐往往是导致营养失衡和亚健康的隐患之一。中国营养学会推荐从事轻体力活动的成年人平均每日蛋白质的摄入量为70克,而由于人体每日所需能量30%左右来自早餐,所以早餐应该摄入的蛋白质量为21克。

然而,据有关部门调查,在我国有20%的人因为忙碌或"保持体形"而不吃早餐,更多人的早餐结构不合理。面对忙碌的每一天,如何保证每份早餐富含足量的优质蛋白质,且不会摄入过多的脂肪和胆固醇,这是许多中国人,尤其是中青年职场人士面临的现实问题。

通过与中国健康营养学会等第三方机构长期的产、学、研合作,安利纽崔莱提炼并制定了营养早餐的"三个21"标准,即"21克优质蛋白,21天良好习惯,21款蛋白早餐"。并在此基础上,根据移动互联时代人们生活、娱乐移动化、掌上化的特点,围绕营养早餐市场的开拓,推出了一款"早餐加一勺"App,巧妙地将"三个21"标准融入其中。用户通过"早餐测试、活力推荐、活力早餐"三个直观有趣的操作步骤,将"蛋白质加一勺,向活力说早安"的纽崔莱营养理念,落实到"从今早,蛋白质加一勺"的用户行动上。

通过"早餐测试"简单实用的操作界面,不仅可以检测用户每天早餐的蛋白质含量,而且无需刻意改变原有的早餐组合,只要在早餐中将"蛋白质加一勺",即可获得蕴含大豆分离蛋白的优质蛋白质,也不必担心脂肪和胆固醇的负担,轻松享受一份符合自己习惯与喜好、足量的21克优质蛋白营养早餐。

为鼓励用户养成吃营养早餐的习惯,在"活力推荐"模块中,App 提供了纽崔莱21天活力早餐食谱,让纽崔莱多种植物蛋白质粉进入用户的视野,实现功能和情感价值的传递与互动,引导健康的消费行为,强化"有健康,才有将来"的品牌理念。

"活力早餐"模块则聚焦关爱与分享功能,进一步扩大"蛋白质加一勺,向活力说早安"核心利益诉求的覆盖范围,并通过微信、微博等自媒体平台,让用户与亲朋好友分享更多21款营养早餐,借助于用户口碑,将纽崔莱营养早餐理念及产品推向目标群体。可以说,"早餐加一勺"不仅是针对需要营养早餐目标群体的 App 营销,同时在多种植物蛋白质粉的市场开拓中也发挥了重要作用。

纽崔莱为"早餐加一勺"App 建立了专门的网站链接,利用程序升级为用户提供更多营养早餐知识和实用技巧,使之成为用户间口碑传播的新话题。通过这款标准性、实用性和娱乐性的移动应用,把人们的生活带入了一个更多选择、更多分享、更多乐趣的营养早餐新境地。在一些 App 应用下载平台,可以看到不少这样的留言:好产品值得拥有,一份用心的营养早餐抓住她的心;非常喜欢,用起来特别方便,早餐再也不麻烦了;21款早餐,让我养成了吃营养早餐的习惯……

"早餐加一勺"App 使纽崔莱品牌的知名度和美誉度不断提升,帮助企业塑造起关爱消费者健康的正面形象,并有效地促进了产品的销售,纽崔莱多种植物蛋白质粉正在成为越来越多目标人群营养早餐中不可缺少的部分。

案例思考题

1. 为使"早餐加一勺"成为用户早餐时刻的标准动作,纽崔莱是如何做的?有哪些值得借鉴和需要改进之处?

2. 优秀的企业满足需求,卓越的企业创造需求,一流的企业制定标准。你认为在营养早餐市场,纽崔莱的做法是在践行这些营销理念吗?

3. 此案例对 App 营销有哪些启示?并结合该案例,谈谈对"更多选择、更多分享、更多乐趣,是一款 App 能够被大量应用的必备条件"观点的看法。

第10章 互联网环境中的营销管理

本章提要 本章主要阐述网络环境下的服务运营管理、网络风险与危机管理,以及网络营销绩效评价等营销管理问题。本章的重点是掌握网络环境下服务的特点、完整服务产品的概念,网络环境下客户投诉管理,网络营销风险与危机产生的原因、类型、特征,网络营销绩效评价的目标、评价指标、评价指标体系建立的原则以及绩效评价的实施方法。本章的难点在于掌握网络服务的设计方法与服务策略的应用、网络营销风险与危机管理策略与处理方法、网络营销绩效评价的实施方法。

引 例

Zappos 的客户服务

自 1999 年成立时起,打造一流客户服务的目标便一直引领着 Zappos 这家全球著名的网上鞋类销售公司。2004 年,为了招募优秀的呼叫中心员工, Zappos 从旧金山搬到了拉斯维加斯。CEO 谢家华(Tony Hsieh)等高管认为,这个城市生活成本并非最低,但这个不夜城的人们习惯在任何时间段工作,公司容易找到愿意上夜班的员工;而且这里的经济倚重于提供优质的服务,员工的客户服务意识会比较强。

堪称卓越的服务很快让 Zappos 从众多竞争对手中脱颖而出:Zappos 不仅提供 365 天内免费退货,而且在美国国内免收送货和退货的运费,这既是为降低顾客网上购鞋的风险,也是为尽可能减小顾客的后顾之忧。Zappos 的销售方式是,允许顾客一次可订购五双不同款式的鞋,收到货试穿后,留下合适的,把不合适或不喜欢的退回 Zappos,运费由公司承担。尽管退货产生的费用几乎占到 Zappos 总收入的三分之一,但公司高管层却将此看作营销的投资,他们认为,从长远来看,如果能把在 Zappos 购鞋的风险降到最低,客户的购买体验会更加愉快,满意度也随之提升,于是就会买更多的鞋。

这种以客户为本的经营宗旨,也充分体现在 Zappos 的网站设计上。若干年前,在许多企业的网站上,访问者至少要点击五个链接才能找到公司的联络方式,这让人感觉他们并非真心希望与之联系。而 Zappos 从网站开通之日起,就将客服电话置于网站每个页面的顶端,除提供 365 日全天候服务外,客服中心的呼叫中心也与众不同,通常许多企业的呼叫中心是以"每天能接多少个电话"和"平均处理时间"作为客服人员的工作绩效考核指标,这导致了客服人员急于结束每次与客户的通话,或在电话中推销商品以拖延时间的情况,而 Zappos 从不限制通话时间,也不允许在电话里推销商品,以避免客户产生反感。Zappos 也没有为客服人员设计"台词",而是希望客服在每一个电话里都以真挚的情感与客户沟通,与每位客户建立起个人的情感联系 PEC(personal emotional connection)。于是有了客服与顾客通话 6 小时,帮助其从近千双样品中挑选到满意的鞋子;因为亲人去世,忘记了邮寄打算退货的老顾客递送鲜花表示慰问⋯⋯凭着这一件件、一桩桩的细微服务,Zappos 逐渐赢得了客户的信任和情感,建立起自己庞大的粉丝群。

10.1 互联网环境中的服务运营管理

菲利普·科特勒认为,服务是一方能够向另一方提供的基本上是无形的任何活动或利益,并且不导致任何所有权的产生。ISO9000 系列标准中对服务的定义是:"服务是为满足客户的需要,在与其接触中,供方的活动和供方活动的结果。"从目的与内涵来看,网络环境中的服务与上述理念是一致的,其特殊之处在于实现服务的环境,即企业通过互联网为客户提供满足其需求的服务。服务是一种活动,提供服务的企业就必须对活动过程进行有效的计划、组织与控制;服务是一种结果,就必须达到满足客户要求的目的,这也是网络服务运营管理的基本宗旨和出发点。

10.1.1 概述

1. 互联网的服务管理与创新

彼得·德鲁克曾经指出:"任何企业都有两个基本功能——营销和创新。"如今,创新已成为诸多企业关注的焦点,与此同时,服务制胜、客户至上、一切以客户为中心等经营理念与管理信条也已成为企业的共识。但是,仅有理念是不够的,必须有切实可行的策略和行之有效的方法。借助于互联网和信息技术手段,许多企业实现了各种服务业务的创新,然而,这些新的服务是否满足了客户的需求尚不得而知。

案例　　　　　　**推荐服务带来的烦恼**

张先生在某电商平台买了一本关于不同社会背景下面包文化的书,当时他正在研究这个问题,但他对面包本身并没有什么兴趣,当然更不会关注面包的制作了。然而,此后每当他访问该网站时,都会看到这样的提醒,可以为其提供关于烤制味道鲜美的面包、如何选购烤面包的机器等涉及"面包"题材的书籍。尽管这也不是什么大不了的事情,却也让张先生颇感不悦,这种烦恼是由该网站想通过提供个性化的信息来实现良好服务的努力造成的。类似的情况在互联网上已经屡见不鲜,大多是网站的电子商务推荐系统使然。

不能说电商网站的这类服务是无效的,如果这种服务能够为客户提供新的有价值信息,用户当然会欣然接受。但如果这种服务仅仅是建立在基于数据的计算机程序化的基础之上,所提供"服务"的目的就可能退化为只是为了单纯的促销,效果便可能适得其反。正如德鲁克所说:创新能否成功不在于它是否新颖、巧妙或者具有科学内涵,而在于它是否能够赢得市场。因此,企业利用网络提供服务必须以满足客户的某种需求为目的,同时服务还必须以客户满意为目标。只有这样才能通过有效的服务获得预期的利益。

有人认为,在所有形式的创新中,最简单、最大回报的创新是商业(营销)创新。这一观点并不错,问题在于要实现商业创新,必须有新理念和新思维,对于通过互联网实现的营销服务更是如此。

营销视野　　　**连接——改变一切的力量**

全球最大的"不租车的租车公司"Uber 旗下并没有一辆属于自己的出租车和司机,但它却实现了"让每个人都能拥有私人司机"的经营理念。其实,Uber 并未改变出租车辆与车主的关系,它只是利用互联网所具有的核心能力——连接(connection),改变了传统出租车服务链中各种资源的配置关系,使得每位私家车主只要愿意都可以充当用户的"私人司机",用户也可以随时随地享受优惠的租车服务。

形式上看,Uber 改变的是产品(服务)和产品体验,但其本质是改变了商业模式,让资源真正重新配置。"连接——改变一切的力量",利用互联网和物联网,可以将产品与人、企业、商业模式等许多东西连接起来,颠覆传统的产品、企业甚至行业。

2. 网络服务的特点

网络服务虽然具有传统环境下服务的无形性,服务预期的不可感知性(intangibility)、质量的离散性,生产与消费的不可分离性(inseparability)、不可存储(perishability)与易消失性等特点,但其内涵与实现方式及过程却发生了很大变化,具体体现在以下五个方面。

1) 改善了服务的不可感知性

服务的不可感知性也称服务预期的不确定性,包括两层含义:一是与实体商品相比较,服务的特质与构成元素在许多情况下都是无形无质的,人们购买服务前无法预期或感知其功能、性质及品质等;二是客户享用服务后所获得的利益很难立即被察觉,可能要经过一段时间后才能逐渐感知其所带来的利益。这一特征决定了客户在购买服务前,只能以获取信息的方法及自身的经历、经验来做出判断。基于互联网的服务为解决这一难题创造了条件,通过各种有形的方式将服务能为客户带来的利益展现出来,以增强其体验和感知。

2) 突破了服务的不可分离性

传统环境下服务的生产过程与消费过程是同时进行的,即服务的生产与消费在时间上不可分离。因此,服务往往受到时间和空间的限制,客户为获得某项服务,需要耗费大量时间。基于互联网的许多服务可以突破这种时空的限制,如远程教育、远程医疗、远程培训与技术咨询以及网上预订、在线娱乐等等服务都突破了消费者与提供者的空间分离的局限。

3) 强化了服务的个性化程度

客户可以通过互联网直接向服务提供者提出具体需求,企业也可以利用互联网提供满足客户需求的"一对一"服务。例如利用大数据和协同过滤推荐系统[①],可以在分析用户购物历史数据的基础上,向不同用户推荐适合其爱好、兴趣和口味的商品。这种柔性化的服务可以使客户获得更高层次的服务价值,甚至有人认为,网络时代企业间唯一的区别就是服务客户的个性化程度。

4) 增强了客户参与服务的主动性

在很多服务过程中,客户自始至终是参与其中的。这种参与有主动参与和被动参与两种形式,可能产生两种结果:促进或者妨碍服务的进行。利用互联网,客户可以事先获得关于服务的大量信息,并可与提供者进行充分沟通,对服务产生一定的预期,这些将有助于增强客户参与服务的主动性,有助于促进客户在整个服务过程中的主动参与行为,也有助于企业不断改进服务,提高服务质量。

5) 降低了服务的成本

企业通过低成本的互联网提供服务,不仅扩大了服务的范围,创造更多的机会,而且改善和增强与客户的关系,在实现优质服务的同时,降低了服务的成本。

3. 完整服务产品及构成要素

任何一项服务都包括无形和有形两部分,它们组成一个服务整体,称为完整服务产品,即为满足客户某种需要而提供的无形服务和有形产品的组合。一个完整服务产品包括四个构成要素:

(1) 显性服务要素,包括服务的主体、固有特征和基本内容;

(2) 隐性服务要素,即服务的从属、补充特征以及各种非定量性因素;

(3) 物品要素,指服务对象要购买、使用、消费的物品;

(4) 环境要素,指提供服务的支持性设施或设备,存在于服务提供地点的物质形态资源。

例如,一个完整旅游产品的显性服务包括向游客提供食、住、行、游、购、娱方面的各种服务,满足他们在旅游过程中的这些需求;隐性服务是指为游客在各旅游项目中获得心理感受和精神享受所提供的服务,满足其身心需求;物品要素是指向游客提供的交通工具、旅游专用设备;环境要素包括旅游景点、住宿、餐饮设施、氛围。

不仅是旅游、物流这样的传统服务,网上购物、外卖送餐、共享单车等许多基于互联网的服务也都包含这四个要素,只是所占的比重不同。一个提供服务的企业,通过突出构成服务的不同要素,形成自己的服务特色。完整服务产品作为一种服务理念对于网络营销中的服务策略有着十分重要的影响。

---

① 基于协同过滤(collaborative filtering)的推荐系统,其核心思想是根据用户的兴趣、喜好,发现物品或用户的相关性,并根据这些关联性来推荐用户感兴趣的信息。

4. 服务的营销策略要素

服务的特征导致了服务营销与实体产品营销的明显差异。服务营销在传统 4P 策略组合的基础上至少增加三方面的要素，即人(people)、有形展示(physical evidence)和服务过程(process)，称为服务的 7P 营销策略组合要素。

1）产品

服务产品是指能够满足客户需求的一系列服务，由各种有形和无形的服务要素组成。服务产品主要包括核心服务、便利服务和支持服务三方面内容。核心服务是为客户提供核心效用的服务，如网上银行提供的支付、转账、贷款等金融业务；便利服务是为让客户方便获得核心服务所提供的服务，如网上银行提供的缴费(水电、煤气、物业管理、电话等)、银证转账等服务；支持服务是为提升核心服务的价值所提供的服务，如网上银行提供的在线购物、股市、汇市行情和金融与投资理财信息咨询等。实践证明，在网络环境中，虽然支持服务并非主要服务，但却可以增加核心服务产品的价值，在提升服务产品吸引力和竞争力中发挥重要的作用，因此,常被企业用于差异化战略的实现。

案例　　　　　　　　围绕产品做服务

Teabox(www. Teabox.com)创立于 2012 年，是印度一家专营红茶的 B2C 电商企业，其业务并不复杂，就是为饮茶消费者提供网购服务。与中国相比，印度生产茶叶的历史虽不长，却是全球最大的茶叶生产国和消费国之一，久负盛名的阿萨姆(Assam)红茶，亦称"印度红茶"是享誉世界的红茶极品。全球主要的红茶产区都在印度，著名的 Darjeeling(大吉岭)是世界上最好的红茶产地，Assam 是印度最主要的红茶产地，印度红茶的 80%产自这里。依托这样的资源做茶叶电商，Teabox 选择了"垂直"的经营战略，即专注于茶叶交易，并在整个交易中完全绕开中间商，直接与茶叶消费者进行一对一对接，实现从产品购买到送货上门的一条龙服务。

Teabox 与印度、尼泊尔等地 200 多家茶叶种植园签订了直接采购协议，并在周边建立加工及仓储设施。Teabox 将第一时间从茶园主手中采购的茶叶，就地加工制作和真空包装，并直接发往全球近百个国家。整个运作流程约一周左右，与过去需耗时一个多月的传统流程相比大大缩短了新茶上市的时间。

当然，直接对接客户并不能形成茶叶电商的经营壁垒，真正让 Teabox 称雄红茶垂直电商的核心能力是精细化的产品配置与服务。在欧洲各地，阿萨姆红茶常被拿来与其他茶类混和作为早餐茶，如阿萨姆加非洲肯亚茶、阿萨姆加中国红茶等等，人们习惯于在各种早餐茶或混合茶中品出阿萨姆红茶浓郁的风味。因此，在 Teabox 网站上，顾客可以按自己的喜好，选择不同种植园、不同芽期、不同特征(异域风情或传统风味)的茶叶，搭配的范围涵盖印度和中国的红茶、绿茶、乌龙茶等品类。顾客不仅能按自己的味口订购，而且每次购买的数量可以从 10 克到 100 千克不等，让茶叶消费者充分享受个性化的定制产品和精细化的舒心服务。

围绕产品定制做功课，让消费者在消费的过程充分享受细微、贴心和周到的服务与体验，由此形成自己的经营特色，并逐渐构筑起相应的经营壁垒。

2) 价格

影响服务价格的主要因素也是成本、市场需求和市场竞争等，因此，在定价的原理和策略上与实体产品并无不同。但服务的个性化却使服务可以在更大程度上运用价格歧视策略，而服务的不可存储性和需求的不稳定性则使服务的定价具有更大的灵活性。因此，在使用各种定价策略和方法时应注重时间、需求等因素的影响，并灵活利用各种定价技巧。

3) 渠道

服务产品可由企业直接提供，也可以由中介机构代理。在传统环境下，通常差异性较小的服务适宜通过中介渠道来分销，而差异性大的服务则一般采用直销渠道。但在互联网环境下，这一规律似乎已被打破，如提供外卖订餐服务的企业可以通过美团外卖、饿了么等中介渠道进行，也可通过微信公众号或小程序提供直销服务。

4) 促销

考虑到服务的无形性和不可存储性，广告和人员推销是服务的主要促销方式，对于网络环境下的服务促销则可借助于广告、网络口碑进行。

5) 人员

服务中的"人"是指企业的服务人员和客户，前者的各种不同表现直接影响所提供服务的质量，后者对所接受服务的感受将直接影响其他客户，这可能会影响企业所提供服务的产出。

6) 有形展示

有形展示是指在服务市场中，能够传达服务的价值、特色等一切有形的证据。其内容包括能够反映服务产品显性、隐性、环境和物品四大要素品质的各种实体物品和设施。互联网的传播特性为服务的有形展示创造了机遇，也面临着容易被竞争对手仿效等挑战，必须扬长避短加以利用。

7) 服务过程

服务在生产与消费上的不可分离性和同时性，使服务过程的每个环节都可能出现影响服务质量的情况，在互联网环境下，这种情况的出现会很快通过网络扩散开来，给企业造成不良的影响。2016 年的"魏则西事件"不仅让涉事医院受到网民的指责，也让百度的医疗广告竞价排名备受诟病。

5. 服务的质量

在服务质量方面，人们对服务的功能质量和技术质量进行了区分，并在预期质量和感知质量的基础上提出了服务质量模型。功能质量体现在服务的过程当中，强调客户应得到怎样的服务；服务的技术质量主要表现在结果方面，强调客户如何得到这些服务。值得指出的是，这种前因后果的关系在目前国内的网络营销中常常被颠倒了，对于功能质量的关注并不多，而对于如何实现服务的技术手段则倾注了全力。

出现这种状况的主要原因在于，网络环境下服务质量管理的难度远远大于传统环境，这也成为目前网络服务中需要解决的新课题。借鉴传统环境下的实践经验，服务质量的监控与改进可从以下几方面入手：

(1) 可感知部分，即服务产品的外在体现部分，如服务环境、服务设施、服务人员的仪态举止等；

(2) 可靠性，即服务方提供不折不扣的兑现服务承诺的能力，为此，要求尽量避免服务过程中的差错；

(3) 敏感性，服务方随时准备为客户提供快捷、有效的服务，包括迅速改正差错和恰当处理客户投诉的能力；

(4) 保障能力，即服务方提供服务保障系统的快速响应能力，包括服务人员的敬业精神和胜任工作的能力；

(5) 情感化，服务方能真诚地关心客户，设身处地地为客户着想，使整个服务过程富有人情味。

以上这些针对传统服务方式提出来的服务质量改进策略在网络环境中仍然具有实用性，当然，在具体实现过程中，需要根据网络环境的特征进行深入细致的策划与运作。

6. 基于客户满意战略的服务管理

企业提供服务的基本目标是通过优质的服务为客户创造价值，使客户满意。因此，客户满意战略(customer satisfaction, CS)是服务管理的基础性战略。

按照 CS 战略的指导思想，企业的一切经营活动都要紧紧围绕客户的需求，不断提高其满意度；在经营活动之前，企业对于市场需求的分析和预测要始终站在客户的角度；在经营活动的进程中要充分尊重客户，维护其利益，使客户忠诚于本企业，从而建立良好的企业形象，赢得更大的市场份额，获取更好的经济效益，推动企业的持续发展。

在网络服务运营中，CS 战略的实施可从以下几个方面着手。

(1) 站在客户的立场而非企业的立场去研究和设计服务产品，尽可能预先把客户的"不满意"因素从产品上剔除，即预先在产品上创造客户的深层满意。

(2) 重视服务全过程中的客户信息反馈，让客户参与服务产品的设计、生产等过程，并不断完善服务的各个环节，最大限度地保障客户在网络环境中获得安全、安心和便利的优质服务。

(3) 创造企业与客户沟通的畅通渠道和友好界面，使网上服务的过程处处体现真诚和融洽的氛围。

(4) 建立面对客户需求变化的快速响应机制。客户需求变化快是网络市场的特点之一，也是网上服务运营所必须面对的现实，因此建立快速有效的响应机制是实现客户满意的重要措施。

(5) 赋予客户服务人员和相关人员充分的权力并强化其责任意识。网络使企业的客户服务人员和相关人员能够直接为客户提供个性化服务，因此，应当通过逐级充分授权，使一线工作人员在为客户提供服务的一线岗位上具有足够的权力和较强的责任意识。

(6) 建立和完善以客户为中心的、富有活力的企业组织架构，实现组织服务体系和氛围的创新，以及各部门间的有效沟通，从组织上保证客户满意战略的实现。

营销链接　　　　　百度与 Google 的差异

百度董事长兼 CEO 李彦宏在被问及百度与 Google 的差异时指出：每个公司都有自己不同的发展思路，我们更关注对用户需求的满足程度。他具体分两个阶段说明了两家公司在经营上的不同。

在 PC 时代，Google 主要为用户提供网上存在的各种信息的检索服务，百度不是被动地检索网上已有的内容，而是提供空间让用户创造内容，再通过搜索引擎技术进行检索。如 2003 年建立的百度贴吧，每天近亿活跃用户发出的每一条信息都被保留下来，并可通过百度进行检索。后来推出的百度知道、百度百科等也都是如此。

进入移动互联时代，两家公司在经营理念上的区别更大了。Google 将更多的精力放在安卓生态系统上，Google 想的是怎样让安卓创造出更多的 App，如何再做出像无人驾驶这样他们认为 20 年后可能会成为规模巨大的产业。而此时百度想的是，不能仅连接信息，还要连接服务。百度发现用户在百度上搜索电影信息时，终极目的不一定是要查找现在放什么影片，而是想去观看这部影片，百度就想办法满足他。现在打开百度搜索，输入"影院"，百度便可告诉你离此地×.×公里的"××影城"，几点几分将放映影片《×××》，以及还有多少余票等信息，而选座、预订等系列服务也可以在百度上完成。

李彦宏说：对于中国的网民和用户，不管这些事是不是百度所能尽到的责任，他们考虑的只是在这里能否得到自己想要的东西。刚开始我们对用户这种思维感到难以接受，比如用户在百度上搜到虚假的内容，上当受骗了，结果百度为此备受指责。按理说这信息不是百度发布的，百度只是做索引而已，责任不应归咎于百度。后来百度逐渐转变了观念，事实是什么并不重要，重要的是用户怎么看，如果用户认为是你的错，那你就得想办法解决。于是我们推出了安全保障计划，当用户通过百度搜索遭遇欺骗，尽管不是发生在百度网站，我们也给予用户赔偿。

李彦宏说：我们希望用户在百度不仅仅能获得信息和知识，还能获得令其满意的服务，未来这方面的差异化会越来越显著。当然，这将使实现的门槛变得更高，因为连接服务不只是简单的搜索引擎技术，还要与线下实体相结合。幸运的是中国的传统产业对互联网都持非常开放的态度，愿意与百度合作，这也是我们为什么能够与院线、餐饮、旅行社等企业的 IT 系统以及 GIS 等专业 IT 服务系统连接，提供基于 LBS 的 O2O 服务的重要原因。

10.1.2　服务设计的方法

1. 服务设计思想的变迁

开展服务的前提是设计所要提供的服务。服务设计是指企业根据自身特点和经营目标进行的关于服务运营的战略性规划与实现方案设计，其核心内容包括服务产品和服务提供系统的设计。从 1984 年美国学者 G. 林恩·肖斯塔克(G. Lynn Shostack)提出服务设计的概念至今，关于服务的设计思想已经发生了很大的变化。

1) 工业化设计法

20 世纪 70 年代初，哈佛商学院教授西奥多·莱维特(Theodore Levitt)在总结当时一些优秀企业的经验后，提出将制造业的管理方法应用于服务业，使服务的运营工业化。按这一思路建立起来的服务设计方法即为工业化方法。该方法着眼于通过总体设计和实施规划来提高生产率，从系统化、标准化的观点出发，采用标准化的设备、物料和服务流程，将小规模、个人化、无定性的服务系统改造为大规模、标准化、较稳定的服务系统，实现服务过程的一致性和精确的控制。这一设计方法很快在零售、银行、酒店、餐饮等行业得到推广应用，使当时服务业的生产效率和服务质量的稳定性大幅提升。自动售货机、自动柜员机、电子订票系统以及麦当劳的标准化服务都是这一时期的应用典型。

工业化设计法的不足体现在对提供服务的硬件有较大的依赖性、人机交互受技术瓶颈的影响较大、难以满足客户的个性化需求以及员工管理难度增大等方面，使服务质量和满意度难以持续提高。因此，该方法主要适用于技术密集型、标准化、规模较大的服务类型。

2) 客户化设计法

随着客户越来越多地要求获得个性化、非标准化的服务，企业开始将客户作为一种生产资源来对待，尽量满足其偏好，并提高服务系统的运营效率，从而促使服务设计思想上更加强调充分理解和把握客户的个性化需求。于是，客户化设计法应运而生，该方法是根据所提供的服务类型，研究目标客户的需求和心理特点，分析其偏好及在服务提供过程中的可能行为，考虑各种可能出现的情况，并在分析提供服务的整个流程的基础上，进行服务及服务提供系统的设计。

该方法能够实现较好的个性化服务，提高客户的满意度，但也存在一些不足，如服务系统的运营效率较低，管理难度增大，新技术在服务系统中的应用实施难度较大，人机交互环节更加复杂，强调客户的参与和员工在工作中的技能发挥等。因此，客户化设计法主要用于技术含量不高、标准化程度低、规模较小的服务类型。

3) 集成设计方法

鉴于以上两种服务设计方法各有利弊，因此，集成设计方法作为对上述两种方法的改进被提出并采用。该方法的基本思路是将完整服务产品和服务提供系统作为一个有机整体来考虑，将服务运营分为前台和后台两部分，在前台充分运用客户化设计法，后台则尽量运用工业化设计法，以同时实现客户化服务和高效率运营的目标。显然，这个思路较适宜网络环境，尤其是新零售等新兴商业流通业态的服务设计。

通过网络提供的服务通常都包括与客户直接接触和非直接接触两部分。服务系统中将与客户直接接触的部分称为前台运营，不与客户直接接触的部分称为后台运营。按照集成化的设计思想，在前台，由于与客户有直接的接触，设计主导思想应充分考虑客户的个性化需求和感受，吸引客户参与和互动，以提高客户满意度和忠诚度，因而宜采用客户化设计方法；在后台，由于要充分利用科技手段来提高服务运营效率，通过服务流程的规范化和标准化降低服务成本，改进服务绩效，故应采用工业化设计法。

2. 服务设计的新理念

纵观国内外相关研究成果，服务设计主要包括服务体系中的系统规划、流程设计、工作设计、人员安排，以及服务设施选址与布置、设备选用等，其本质是服务提供系统的设计。随着服务理念的提升,服务设计思想也在不断变革,作为一种新的设计理念,是将"服务"本身和"服务提供系统"作为一个整体来考虑,即对完整服务产品与服务提供系统进行一体化的设计。这种理念正逐渐被越来越多的企业所认同,也成为基于互联网环境服务设计的基本思想。

以往的服务设计,无论是产品还是提供系统的设计都将重心放在"环境"和"物品"两个要素上。受其影响,虽然许多开展网络营销的企业已经开始接受完整服务产品的概念,但服务设计的重心仍然放在营造"环境"、提供"物品"和"显性服务"的技术实现手段上,而且工作的重心仍然是服务提供系统的设计,对网络环境下如何提供完整服务产品考虑得不多,尤其是忽视了"隐性服务"的设计与实现,这不能不说是企业在实施网络服务中的一种失误。

实践证明,"显性服务"和"隐性服务"中包括的许多无形因素才是影响服务质量好坏、服务水平高低的关键所在。因此,服务设计若不能从提高完整服务产品四个要素综合水准的角度进行设计,就不能真正把握服务的关键,也难以有效提高服务的竞争力。而对于服务提供系统的设计,也不能简单地理解为服务设施规划与工作流程的设计,而应将其作为提供完整服务产品整体运营系统的一部分,从以下两个方面进行设计。

(1) 硬件设施。即服务运营系统的硬件,如建筑物、设备、用具、物料等服务设施以及环境布置、能力规划等。在信息技术、物联网和系统设计思想得到广泛应用的今天,不能分离地看待各种硬件设施,应充分考虑它们之间的普遍联系和相互影响,尤其要关注它们相互衔接与耦合的各个环节。

(2) 软件设施。即服务运营系统的软件部分,包括组织结构设计、服务流程设计、服务展示设计、质量管理体系、人员管理体系等。对于个性化服务,服务质量方面要求更高,因此在服务设计中,"软件"设施的规划与设计也更为重要。

3. 服务设计的基本步骤

1) 研究企业与客户

对于不同企业、不同类型的服务,其经营思想和设计方法会有较大差异,因此,服务设计首先要对企业自身进行分析,明确企业的经营目标(包括总体目标和服务运营的具体目标)以及经营特点(包括所属服务类型、目标市场和客户群的特点)。另外,由于服务的固有特征,使客户在服务中的地位变得十分重要。因此,对客户的研究应成为服务设计的出发点,其中包括客户需求分析、心理研究、行为分析等。

2) 完整服务产品的设计

即确定提供怎样的服务。完整服务产品中显性和隐性服务要素是决定客户对服务评价的深层次关键因素,它们分别代表了满足客户怎样的需求和给予他们怎样的感受两个关键问题。因此,对这两个要素的设计应先于对环境和物品要素的设计。

3) 服务提供系统的设计

只有在确定提供怎样的服务之后,才有可能进一步研究如何来提供服务,即围绕"硬件"和"软件"两个方面展开的服务提供系统设计。

按照上述服务设计思想和步骤,网络环境下服务设计的基本流程如图10-1所示。

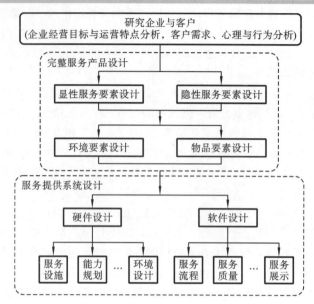

图 10-1　服务设计的基本流程

10.1.3　基于网络环境的服务设计

1．显性服务要素设计

　　显性服务要素设计的任务是确定所提供服务的主要内容，通常会涉及诸如提供哪些主要业务、承诺完成的时间、各种业务的费用、能够应客户请求提供的具体帮助等较为明确的标准，因此，可从以下几个方面着手进行设计。

　　1) 个性化

　　个性化即根据客户的个性化需求提供"定制化"服务功能。如网页或 App 内容及版面布局的自定义、提供由客户通过选择获得的自我服务功能，以及通过搜索引擎等代理程序完成网上搜索的代理操作等。

　　现在，越来越多的 B2C 电商开始提供个性化服务，许多网店允许客户通过价格、颜色或品牌过滤产品。一些 B2C 网站的站内搜索结果已不再只是提供一张产品清单，如 BabyAge 网站在其搜索结果页面添加了产品的缩略图，Avon 网站则可显示客户的评语，在 LandofNod 网站上，可根据购物者的选择提供适合孩子性格玩具的建议。Zappos 在经营实践中发现：一流的客服需要故事和文化的支撑，而不是为客服呼叫中心的员工发放一些程式化的流程单，因此，Zappos 的客服没有流程单，公司鼓励他们创新，鼓励他们在遵守企业核心价值理念的基础上，以个性化的方式服务不同客户，处理各种问题。

　　2) 常见问题解答(FAQ)

　　企业的网站、App 或自媒体官方账号中应设置 FAQ 栏目，为用户解答有关产品及常见的各种问题，这有利于提高用户的浏览和关注兴趣。如今，随着科技的发展，提供 FAQ 的方法与手段正在不断地创新，其中视频已被越来越多的零售电商所采用，并被证实是一种有效的服务工具。在 Shoeline 网站上便设置了上百个视频，展示各种鞋子在模特脚上穿出来的效果,这种方式使商品的转换率提高了40%;PetsUnited在其属下的三个网站上增设了产品展示视频,使1200种产品的转换率提高了50%。Tool King还专门建立了一个网站——ToolKing.tv,提供许多指导正确使用视频的方法与工具;淘宝、天猫以及其他电商网站、手机App上采用短视频进行常见问题解答的也越来越普遍。

3) 网络社区、论坛

网站设置虚拟社区或论坛供客户在购后自由发表关于产品或企业的评论,与其他客户交流产品使用经验等,这种网络服务手段,不仅可吸引客户的自由参与,同时还能吸引更多潜在客户的加入,有助于提高客户的忠诚度。如今,除广告、代言人外,很多服装品牌都在利用"网红"、社交媒体等推广途径,花大力气去"圈粉"并产生流量。在优衣库看来,这固然很重要,但粉丝并不意味着会成为顾客,优衣库目前在中国已有近亿的粉丝,要将其转化为顾客,必须提高他们对品牌的忠诚度。为此,除在产品和服务上下功夫外,优衣库充当起服饰穿搭的"老师",利用社交媒体通过寓教于乐的方式,告诉消费者如何通过衣着彰显自己的个性与时尚,怎么穿出时尚感,在什么时间、场合应该穿什么样的衣服,怎么去搭配等等,启发消费者:时尚其实可以自己定义。这些具体而实际的问题解答,改变了许多顾客对品牌及服装的认知。美国眼镜经销商Glassesshop在其网站上提供了一种与朋友共同挑选商品的功能,客户可通过一个被称为"镜框围墙"的虚拟社区上传其试戴各种眼镜框的照片并获得其他社区成员的反馈意见,WetSeal等服装网站也提供了类似的功能。

4) 客户邮件列表

企业通过网站建立电子邮件列表,让客户自由注册,此后可定期通过邮件列表向客户发布企业最新的信息,加强与客户联系。这种方式对客户的干扰程度相对较低,目前在国外仍被广泛使用。

5) 呼叫中心

呼叫中心(call center)是一种基于CTI(计算机电话集成)技术的服务方式,它通过整合现有的各种通信手段,为客户提供高质量服务。如今,呼叫中心已不仅是呼入中心,同时也是呼出中心,企业可根据系统中存储的客户资料,定期自动向客户发布企业及产品信息,由此与客户建立有效的联系通道,密切与客户的关系。乐器零售商SamAsh网站的呼叫中心人员一直在鼓励专业音乐家为网站撰写文章,还提供音乐家的电子邮件地址,客户可以直接与音乐家联络。与国外企业的呼叫中心相比,我国企业呼叫中心的功能较为单一,大多只是被动地解答客户的问询,在提供主动服务方面有待进一步发掘潜力和拓展空间。

2. 隐性服务要素设计

隐性服务要素设计的目的是要确定给予客户怎样的感受,这是实现客户满意和忠诚的关键所在,在网络环境下,隐性服务要素的设计可从以下几个方面着手。

1) 以客户为导向

以FAQ的设计为例,面向客户的FAQ可分为两个层次:一层是面向新客户和潜在客户,提供企业、产品等最基本的问题解答;另一层是面向老客户,向他们提供更深层次的详细的产品技术细节、技术改进等信息。这样做可以让新客户和潜在客户感受到企业对他们的真诚支持与帮助，而老客户也能获得一种受到特别关注的感觉。如美国药品零售商 CVS 通过网站让客户选择他们外出时计划行走的路线，然后在客户要经过的路线上标出 CVS 药店所在位置。

2) 注重交流与沟通

在网站上提供 Email、留言板、论坛以及利用 IM 等手段建立与客户的沟通渠道，已成为网络服务的通行做法，其形式也丰富多彩。美国食品杂货店 Meijer 创造了一种小型的单一用途的应用程序——Meijer Mealbox 工具，这款装在用户电脑上的桌面小工具，可让用户建立购物清单，然后自动接收网站根据清单上列示的商品订购信息。除此之外，通过手机等移动设备与客户连接实现的网站外沟通也是网络服务的重要手段，如今淘宝、京东、蘑菇街等电商企业纷纷通过 App、微信公众号、微信小程序等自媒体平台传递各种商品信息，与用户展开各种形式的交流与活动。

利用互联网可以开展哪些增值服务，如何开展增值服务，是隐性服务要素设计中值得深入研究和策划的主要内容，其创新与探索的空间无限。

3. 环境要素设计

现实环境中，服务环境可以通过诸多方面来营造。在星巴克，人们很难看到有客户投诉的情况，这得益于它从吸管、纸巾、配料等物品的自助取用，到无线上网、家居式沙发、爵士乐，以及墙上张贴的"一个属于您的空间。您可以在这里思考、创作、工作、忙里偷闲和尽情享受"之类温馨和睦的海报，这些不仅营造出了一种让人心情放松、宛若在家中休闲的氛围，而且也诠释着星巴克与客户之间友好的关系，这些自然弱化了客户对商家服务诸多挑剔的心理因素。相比之下，互联网中的环境要素主要是营造与客户接触界面的基本氛围，以提高其满意度，可围绕两大核心要素进行设计：①美观，通过引人入胜的图文来吸引用户，为其提供美好的体验和感受；②功能，为用户提供诸如信息查询、与企业沟通以及实现在线服务等基本功能。

案例　开创社交电商新模式

由此形成了两种情境设计导向：以美观为导向的设计注重其美感和视觉吸引力，以充当企业的网上名片，展现和强化企业及品牌的形象，使用户获得愉悦的心理享受；以功能为导向的设计则注重所提供的核心业务(产品、服务、信息)，以满足用户的实际需求。在"流量为王"思潮的影响下，许多企业虽然也是围绕这两大核心要素进行在线界面的设计，但目的是实现"吸粉"和"引流"，这与上面所说的情境设计理念是截然不同的。因此，这两种情境设计的具体实现，不仅需要实际操作层面的策划，更需要从营销创新的高度进行顶层设计。

4. 物品要素设计

物品要素的设计包含两层含义：一是以资讯、数字化产品形式提供在线服务；二是通过网络媒体向客户提供所需要的各种信息。两者都涉及所提供的内容，即通过文字、图片、声音、图像等内容形式传递客户价值。

因此，内容设计也形成了两种基本导向：①以理性诉求为导向的设计，其内容以实际信息为主，以期对客户产生认知吸引，其诉求点着眼于物品的功能方面，如质量、性能、价格、用途、效果、产地、用法及客户支持和个性化程度等；②以情感诉求为导向的设计，其内容的诉求点在于对客户产生情感吸引，一般通过信息(包括新颖、幽默、热情或轶事等)表达某种思想观念、主观情感或行为意向，以引起客户的情感共鸣，达到企业宣传、促销、提高满意度、培养忠诚度等营销目的。

5. 服务能力的规划

在服务提供系统的设计中除应通盘考虑以上四个要素外，还应注重服务能力的规划。网络环境下的服务需求具有很大的波动性，如果服务能力不能满足需求，则可能招致客户的抱怨。但不适当地追求能力的提高，则可能会影响服务系统的效率。能力规划对前台、后台运营的设计都有很大影响，通常后台的能力设计应由前台来决定。为尽量提高客户满意度，诸如在线交互功能等前台运营部分的能力设计应尽量满足峰值需求，而后台部分由于技术化程度较高，且受需求波动的影响较小，故可将能力目标定得接近于均衡值。

10.1.4 网络环境下的服务策略及应用

1. 成本领先策略

实施成本领先策略的服务一般要求具备高效、有规模的服务设施、严格的成本控制以及持续的技术创新，从而使低成本优势能够成为竞争的有效手段。开展网络服务的企业可以通过下列方式寻求成本领先策略的实现。

1) 寻找低成本客户

长尾理论认为，只要商品存储流通展示的场地和渠道足够宽广，众多需求不旺、低值商品的小市场将汇聚成可与主流大市场相匹敌的市场能量，其所占据的共同市场份额可以与主流商品的市场份额相当，甚至更大。互联网完全满足长尾理论应用的前提，使商品的存储、流通和展示成本大幅降低，并覆盖许许多多的利基市场，使那里的千千万万客户成为服务的对象，从而聚合成一个大市场。

2) 提供标准化服务

电子客票、证券交易、服务项目预订等都是典型的客户自助化服务，这类服务的标准化可以大大降低成本。目前，互联网上出现了许多提供这种标准化服务的企业。文化体育、交通运输、餐饮旅游等行业的相关业务，金融、法律、医疗保健等各种专业性的咨询服务以及政府机构的证照申领等等，都可以实现常规服务标准化，从而降低服务成本。

3) 实现服务的非现场化

旅游、美容等许多服务具有现场化的特点,网络环境中当然无法提供这种现场服务，但通过对这类服务过程的分解，可以实现其中某些环节的服务运营非现场化，如通过网上虚拟实境游的辅助功能来提高游客的旅游质量。通过网络提供不必客户到场的服务不仅可以扩大经营规模，而且可以降低成本。

2. 差异化策略

该策略的核心是要让客户感到所接受的服务是独特的，甚至是为自己量身订制的。实现差异化的途径很多，品牌形象、技术手段、服务特色、网络环境等都可以展现服务的与众不同。但采用差异化策略不能忽视成本，差异化应在可接受成本的基础上进行，其关键是要建立和维系客户的忠诚。以下是差异化服务策略的一些实现方法。

1) 使无形服务有形化

服务虽然大多是无形的，但如果在服务过程中能给客户留下一些有形的提示物，会加深客户对服务的感受，也有助于提升企业在客户心目中的形象。快递公司通过其网站、微信公众号或菜鸟驿站小程序为用户提供包裹查询业务，将用户无法看到的包裹投递过程通过信息手段展现出来，加深了用户对其服务的体验。

2) 使标准产品个性化

企业可通过对标准产品提供个性化服务，增强客户对企业及产品的印象。如12306网站提供的"选座服务"，一经推出便受到旅客的普遍欢迎。通过网络提供这类服务不仅效果好，而且边际成本非常低。

3) 关注员工培训与激励

随着越来越多企业选择网上客户服务，CRM(客户关系管理)和各种在线客服系统也得到广泛推广和使用，基于计算机程序的软件客户服务系统虽然功能日益强大，但仍无法替代人员提供的相关服务。随着现代企业对客户服务的日益重视，对客户服务人员的需求相应增加，企业对客服人员的需求也不再局限于企业的客服部门，而是扩展到企业的所有部门，对客服人员的专业能力也提出了更高的要求。为进一步提高客户服务质量，许多企业都想尽办法招揽高级客服人才。然而，从网上一些招聘信息可以看到，相比于国外，国内企业对在线客服人员的工作任务要求并不高，主要是接受客户简单的在线咨询、处理客户投诉、接收订单、搜集整理客户资料库、跟进与客户的联系等。这让人们产生了客服人员的业务门槛较低、待遇相对较低、发展空间不明朗的印象，对此，企业应重新思考客服的业务功能定位以及薪酬待遇等实际问题。

在线客服人员直接处于为客户提供服务的第一线，因此，企业应根据业务特点，加强对客服人员的专业培训，提高人员服务的质量。没有满意的员工就没有满意的客户，而且满意的员工带来的竞争优势是难以复制和模仿的。许多国外知名企业，一般都设有卡耐基训练、戴尼提技术、里程碑教育等专门的员工培训项目，这些都值得国内企业借鉴。

3. 目标聚集策略

该策略实际上是成本领先和差异化策略在某个细分市场的具体应用。目标聚集策略实施是基于这样的理念：服务定位于一个较狭窄的目标市场比致力于较宽泛的市场更有效。与许多产品一样，某项服务可能只对某些人有价值，而不一定对所有人都有价值。因此，企业应选择和确认那些自己愿意且有能力提供服务的目标客户。

实施该策略首先要对市场进行细分，确认具有共同特征、需求意愿、购买行为和消费模式的目标客户群。有效的市场细分能够把客户按照某种相关的准则加以划分，在此基础上，再设计核心服务和绩效的目标值。

4. 留住客户策略

"留住客户"已成为一些企业提供服务的主要目的。对网络营销来说这一策略尤为必要，原因在于：①与日俱增的网上信息，使企业将信息有效地传递到目标客户的难度越来越大，与此同时，网上各类虚假信息的日益泛滥，使客户中"怀疑一切"的思维得以凸现，因而更容易造成客户流失；②来自满意客户的收益，满意客户的正面"口碑"效应不仅能产生积极的影响，也有助于企业信誉的形成；③降低成本的需要，在许多网络服务项目中，服务的固定成本很高，而边际成本较低，因此，留住现有客户比拓展新业务的成本要低，此外，老客户对企业的服务比较了解，其不满意度较低，所需的维持成本也较低。所以留住"回头客"给企业带来的利益可能更大。留住客户策略的主要实现措施如下。

1) 加强缺陷管理

亦称减少服务缺陷，它起源于全面质量管理，是一个致力于在客户离开前将其留住的系统工程，包括分析客户离开的原因、持续改进服务提供系统、减少未来的缺陷等。缺陷率的降低能够使企业业务量成倍增长。一份研究结果表明，服务缺陷率降低 5%，可使利润增长 25%～75%。缺陷管理的首要步骤是了解企业的服务缺陷，分析产生缺陷的原因。如果企业能够清楚地知道服务中存在什么缺陷、产生缺陷的原因是什么，就可以对症下药，采取措施消除缺陷。缺陷管理的关键是使客户的离开可发现和可管理，在其离开之前将其留住。企业应从客户离开中吸取经验教训，营造零缺陷文化，最大限度地留住客户。

2) 兑现服务承诺

通过提供服务承诺可以留住客户和巩固市场份额，还可以促使企业改进服务质量。尽管"承诺"这一概念并不新鲜，但在服务领域提供承诺并真正落实兑现的并不多见，其原因在于服务承诺的可操作性。一般来说，服务承诺可分为含糊承诺、特定承诺和无条件承诺三种，其中含糊承诺是企业和客户双方达成一种默契，是非书面化的口头承诺；特定承诺是在特定的条件下，企业承担赔偿义务，这些条件很具体，不会对企业造成大的损害；无条件承诺是指让客户最大限度地满意，在出现问题时全部赔偿，使客户不付出成本即可解决所有问题。网络环境下供求双方缺少直接接触产生的现实体验，兑现服务承诺将为实现现实体验创造一种机会。

3) 努力挽回差错

尽管企业竭尽全力为客户提供服务，但服务差错不可能完全避免，员工行为、环境因素都可能成为出现服务差错的原因，客户自身的原因也可能导致其对服务的不满意。通常，一项服务出现差错或不满意可能使客户产生三种反应：抱怨、退出和报复。因此，挽回差错是企业提高服务质量必须实施的策略。对企业来说，实施挽回差错策略可从以下几个方面努力。

(1) 采取具体措施鼓励抱怨行为。可通过网络建立客户抱怨的在线渠道，经常主动征求客户意见，尤其是重点客户的意见，定期监督检查服务提供系统的运行状况等。

(2) 快速反应。出现服务差错后，反应速度和时间是挽回差错的关键，研究表明，如果立刻处理客户的抱怨，企业可以留住 95%的客户，相反，如果企业不予理会，将有 50%的客户会不辞而别。

(3) 员工培训和员工授权。客户服务管理大师约翰·肖指出："服务制胜"的秘诀之一是"授予"员工权力，让员工不必层层请示就可以当场采取任何行动。他认为，留不住客户的原因中产品质量和价格因素分别只占 8%，而服务占到 40%。赋予员工处理差错处理的权力，需要对员工进行培训。培训可分为两个层次：第一个层次是培养员工的客户意识，让员工站在客户的立场上，体验客户的感觉和心情；第二个层次是教会员工从管理者的角度考虑应该如何挽回差错，并学会判断和决策，让员工在服务差错出现后迅速做出挽回差错的决策。

(4) 采取具体措施处理服务差错。在处理客户抱怨、挽回失败时，可以根据不同情况采取一些具体的措施，如承认错误并及时纠正，给予经济补偿，高层管理人员及时出面表达歉意等。

2008 年 11 月，百度搜索竞价排名事件经央视《新闻 30 分》两次曝光后，CEO 李彦宏立即发表了致百度员工的公开信，向公众承认企业的错误并为此道歉，信中还引用中国的一句古语"知错能改，善莫大焉"，同时百度采取了"迅速改正错误，删除虚假信息；加快产品研发、净化行业环境、谋求'长治久安'；处罚责任人"等三项具体措施。虽然这是一种弥补行动，但起码从中传递出"百度这一次是下了狠心要'刮骨疗伤'"的信息，得到了社会大众的广泛认可。

2016 年 1 月的贴吧事件、4 月的魏则西事件引起了网民对百度的广泛批评和质疑。5 月初，李彦宏又发表了致百度员工的内部邮件，告诫员工"如果失去了用户的支持，失去了对价值观的坚守，百度离破产就真的只有 30 天！"同时做出三点承诺：其一，对于不尊重用户体验的行为要彻底整改。要建立起用户体验审核的一票否决制度，由专门的部门负责监督，违背用户体验原则的做法，一票否决，任何人都不许干涉；其二，要完善用户反馈机制，倾听用户的声音，让用户的意见能快速反映到产品的设计和更新中，让用户对产品和服务的评价成为搜索排名的关键因素；其三，要继续完善现有的先行赔付等网民权益保障机制，增设 10 亿元保障基金，充分保障网民权益。李彦宏表示："有壮士断腕的决心，因为我相信，这是正确的做法！是长远的做法！是顺天应时的做法！"

虽然，每次百度危机的关键时刻，都是李彦宏出面发声，但这种教科书级的"危机公关"确实对于缓解危机起到了重要的作用。当然，作为搜索服务提供商，应当从机制和体制上来尽量杜绝"搜索门"事件的发生。

10.2 网络营销的风险与危机管理

案例 起底"网络水军"黑色产业链

"网络水军"这个真实存在，但又很难看到其庐山真面目的违法犯罪团伙，隐藏于互联网世界中，以获取利益为目的，从事编造虚假信息、诽谤攻击、非法推广、恶意炒作等违法活动，搅乱互联网生态，形成了实施共同犯罪的产业链。因此，我国包括《刑法》在内的相关法律法规都对类似违法行为做出了明确的否定性规定，并从民法、刑法和行政法规等各个方面对"网络水军"展开综合性的治理。上述事实说明，网络营销面临着许多传统环境下未曾发生的新风险和新危机。

10.2.1 网络营销风险的管控

网络营销风险是指在网络营销过程中由于各种事先无法预料的不确定因素影响，使网络营销的实际收益与预期收益发生偏差，从而有蒙受损失或减少预期收益的机会与可能性。

这些年发生的"抵制家乐福"、"万科'捐款门'"、海底捞"勾兑门"、"后厨鼠窜"

等经营危机事件，无一不是通过互联网曝光引发的，越来越多的企业意识到，加强风险管理是网络营销必须面对的一项艰巨任务。

1. 网络营销风险产生的原因

从宏观上看，各国对互联网管控能力的欠缺、经济运行体制的不完善、司法制度和监管机制的不健全、科技发展水平的不平衡等都是产生网络营销风险的原因，加上互联网本身的特性使然，也增加了发生营销风险的可能。下面主要结合网络营销的运营模式和环境，从微观层面分析网络营销风险产生的主要原因。

1）营销环境的虚拟化，增加了发生营销风险的隐患

在传统环境中，大众传媒掌握在社会主流、精英人群手中，信息传播具有可控性、选择性和倾向性。公众在信息传播渠道、内容的自由度和表现形式方面都受到很大的限制。因此，当企业面临危机事件时，可以通过利益杠杆，实现与大众媒体掌控者的合作，对信息进行封锁或选择性的信息告知，从而有效掌握整个危机事件处理过程中的主流话语权。但在网络环境中，情况发生了变化，各类信息的传播具有极大的不可控性，主要体现在四个方面。

(1) 传播时间的不可控。危机事件一旦发生，甚至刚刚呈现一些征兆，相关信息就会于第一时间，通过网民的自发传播行为在网上传递，其速度往往快于传统媒体。这种传播时间的不可控，让企业难以通过时间的延迟来处理危机，从而使企业陷入被动甚至困境中。

(2) 传播内容的不可控。网络环境中的公众传播渠道增多，且缺少传统媒体的"把关人"审查制度，加上网络话语权的泛化形成多样化的信息来源和群体化传播，使得网民可在网上直接发表各种证实或未经证实的信息，对于那些试图有选择地发布信息的企业来说，这无疑增加了风险管控的难度。

(3) 传播来源的不可控。网络传播的匿名性、虚拟性，使信息的来源具有极大的不可控性，用户往往难以弄清楚传播者究竟是谁、来自哪里。这一方面使用户面临着哪些信息更为可信的选择困境；另一方面也使个别竞争对手混迹其中，别有用心地扮演负面信息来源的角色。这些都让企业需投入更多的精力应对来自网上的风险。

(4) 信息留存的不可控。互联网上的信息能够长久地保存，很难被彻底删除，而且可以随时进行复制传播、搜索查阅。这对企业的危机公关和风险处置能力提出了更高的要求。百度出现竞价排名问题时，面对百度的否认，网友们迅速将百度过去所发生过的类似问题在网上一一列出并提出质疑，这种聚沙成塔的累积效果无疑对企业具有巨大的杀伤力。可见，网络环境中信息留存的不可控，具有众擎易举的潜在能量，不仅增加了发生营销风险的隐患，也大大增加了企业防范和控制营销风险的难度。

2）技术手段的应用，提高了营销风险扩大化的概率

鉴于互联网传播所产生的巨大影响力，一些企业越来越顾及可能发生的与之相关的负面舆论，从而倾向于与新兴的网络媒体和有关机构合作，希望采取各种技术手段制止与己相关的负面舆论的扩散。目前，常用的技术手段有以下几种。

(1) 信息屏蔽。通过搜索引擎提供的统计信息，网站很容易知道用户在搜索信息时常用的和最能引起其注意的关键词。于是便利用各种技术手段将这些敏感词汇加以"屏蔽"，使用户无法检索或浏览到相关信息。2008年9月19日，伊利牛奶被国家质检总

局曝出含有三聚氰胺。但在两个主要信息门户网站关于此消息的新闻网页源代码中,"伊利"两个字前被加上了"<!>",在 html 代码中这意味着后面的文字是注释信息,不会被搜索引擎所检索。此举目的十分明显,就是为了避免公众通过搜索引擎获知伊利卷进三聚氰胺事件的信息。

(2) 删除网帖。作为网民意见集散地的 SNS、网络社区、论坛、博客,为网民发表自己的意见提供了广阔的空间,尤其是那些含有负面信息的"跟帖",所产生的滚雪球效应让众多企业及商家感到心悸。为此,它们不惜花重金请高手或专业公司删除有关揭弊的帖子,此后人们再点击该信息的链接时,看到的可能是"您所搜索的网页已经删除"。

(3) 割裂搜索引擎。这是"删帖"的专业版,即通过搜索引擎服务商将其数据库中的相关关键词汇删除,于是,网络用户在检索时仿佛进入"黑洞",连"您所搜索的网页已经删除"的信息也不会出现了,浏览器会长时间处于加载状态,即网页没有响应。

以技术手段来封堵消息的做法,是想将受众置于信息传播系统之外,但在互联网环境中,这样做的效果未必能持久,最终往往会适得其反,引发更大的风险或危机。

3) 公开信息和"算法"推荐被滥用,导致用户对企业诚信营销的质疑

在手机淘宝上浏览过一款商品,再上百度或京东,马上就会弹出各种同类商品的广告,免费邮箱的用户经常会收到各种促销、提供假发票邮件……,许多用户对这样的经历已习以为常,原因众所周知:用户的个人信息遭到泄露,并被人滥用了。

(1) 滥用公开信息。在互联网上,但凡需要用户注册的网站、社交平台、自媒体或 App,都会由此获得大量的用户个人信息,黑客们也经常通过撞库[①]来获取用户的个人资料或企业内部信息。此外,近年来,国内涌现了不少提供数据查询服务的平台,如在企业工商数据查询系统"天眼查"官网的"免责声明"中可以看到:天眼查的搜索引擎系统会以非人工检索方式自动生成用户检索的已经依法公开的企业信息,以便用户能够找到和使用该被公开信息。如果说使用黑客提供的用户隐私信息是毋庸置疑的违法行为,那么二次收集和使用来源于公开渠道的数据和信息是否可以免责?司法界对此并未达成共识[②],但企业二次收集和使用公开信息的确要慎重。

(2) 滥用"算法"推荐。企业使用"爬虫"技术获取其他网站的公开信息为己所用,早已是公开的秘密。而另一项技术——基于用户偏好的"算法"推荐也在电商、信息门户的网站和 App 上被广泛运用于为用户提供定制化的服务。不过,算法推荐导致的信息精准推送也引发了新的问题:很多用户经常收到不明来源的推送,这是一些企业了解用户的消费习惯后,通过个人数据画像精准推送引发的数据滥用。爬虫和算法推荐等技

---

① "撞库"(hit the library)是一种黑客攻击方式,这必须先从"脱库"和"洗库"说起,在黑客术语中,"脱库"是指黑客入侵有价值的网站,盗走所有注册用户资料数据库的行为。在获取大量用户账号、密码等数据后,黑客将通过一系列技术手段分析归纳有价值的用户数据,然后售卖变现,称作"洗库"。由于很多用户喜欢在不同网站使用相同账号和密码,因此,黑客往往会利用收集到的用户账号、密码,尝试在其他网站上登录,此举称为"撞库",而且极有可能"试"出一些网站的注册用户账号和密码,从而堂而皇之地进入被"撞库"用户的账户。

② 《最高人民法院、最高人民检察院关于办理侵犯公民个人信息刑事案件适用法律若干问题的解释》第五条规定了构成犯罪的认定标准,并提到在履行职责或者提供服务过程中获得的公民个人信息出售或者提供给他人,数量或者数额达到其他规定标准一半以上的,即可入罪。

术的快速发展与相对滞后的个人信息保护之间，形成了难以避免的冲突。由于滥用用户个人信息，将直接导致用户对企业诚信营销的质疑。因此，对个人信息的保护不能只停留在理念或法律条款的"恐吓"阶段，法制只是一种规制手段，最重要的还是要从技术和组织设计上防止个人信息泄露。

4) 营销组合涉及的因素增多，加大了营销管控的难度

企业在线上和线下同时开展营销，所涉及的营销组合策略因素增多，除营销策略外，诸如网站、App以及自媒体的建设、运营与维护，以及O2O渠道及供应链环节的整合，以及交易安全、网络公关等都需要企业逐一做出相应的谋划和统筹安排，由于营销资源的多样化和分散性，增加了风险隐患和管控的难度。

2. 网络营销风险的类型

开展网络营销除面临资金、安全、决策等市场营销活动中常见的传统风险外，还将面临以下几类网络市场特有的营销风险。

1) 市场风险

实施网络营销的企业面对的是一个前所未有的广阔市场空间。一方面，企业对网络市场的需求特征把握更加精准也更加困难；另一方面，竞争对手更多、更强大且更加隐匿，市场竞争只会越来越激烈。同时，由于网络环境中产品的生命周期缩短，新产品的开发和赢利难度增加，营销策略的运用更加灵活，这些都使企业面临更大的市场风险。

2) 制度风险

宏观经济管理制度尤其是健全的法律制度和市场监管制度是维持良好市场秩序的基础，而这些制度的不完善也是目前网络市场的显著特征之一。企业作为市场活动的主体，在这样的市场环境中从事营销活动，必然会遇到市场秩序紊乱带来的制度风险，并可能引发信用、资金等方面的系列风险。

3) 社会风险

作为跨地域、跨国界的全球性信息网络，传统的基于地域管辖的司法体系难以有效施展于互联网空间。而可以跨越国界和不同地区疆界进行的网络营销，面对的是差异很大的司法制度、社会文化、风俗习惯、消费观念，很可能因此遭遇各种社会风险。

4) 内部管理风险

纵观许多企业危机事件，大多发端于内部，这与不少企业普遍存在内部管理松散、不注重对员工职业道德培训和安全防范意识教育有很大关系，而企业内部管理制度的缺失或闲置更是加剧了企业的管理风险，这些都是造成网络营销风险的重要原因。

5) 技术风险

目前，国内企业尤其是广大中小企业开展电子商务的内部环境并不完善，相关技术应用水平、交易安全技术等都难以满足实施网络营销的要求，数据传输、处理环节、信息安全保障系统时有发生的技术性错误，都增加了发生网络营销风险的不确定性。

6) 信用风险

信用是交易的基础，网络的虚拟性使网络市场存在信用难以保障的先天不足，信用风险将在很大程度上制约网络营销的发展。

此外，电子支付、物权转移等环节存在的各种风险也将影响网络营销的运营。

案例 "电商专供"不该是一个美丽的陷阱

3. 网络营销风险的特点

除具有传统营销风险的客观性、普遍性、复杂性、可变性等特性外,网络环境下的营销风险还具有一些新的特点。

1) 来源多元化

网络营销让企业必须面对线上、线下两个市场,与来自内部和外部的多元化参与主体打交道,如各种网络应用服务提供商将成为企业开展网络营销所需要的新合作伙伴。此外,企业还需要对信息技术和营销策略的多元因素进行组合,这些都使网络营销的风险来源呈现多元化的特征。

2) 后果扩大化

在人人拥有麦克风、摄像机的移动互联时代,信息传播与交流的便捷和高效,其实也是双刃剑,尤其是那些负面信息被迅速和广泛地传播,给企业带来的不利影响也在增加,由此造成的风险后果远超出传统环境下的风险。

案例　　　　　　　　**D&G 辱华事件**

2018 年 11 月 21 日,意大利奢侈品牌 D&G(杜嘉班纳)原定在上海举办的品牌大秀,却因一场社交网站上引发的争议而被迫取消。

事件缘起 D&G 日前在其官方微博上发布的几条将中国传统文化与意大利经典饮食相结合,标题为"起筷吃饭"的广告宣传片。其中的模特展示了如何使用筷子吃 Pizza 和意大利甜卷等食品,但广告中筷子被称为"小棍子形状的餐具"。同时,片中那傲慢的"中式发音"旁白以及模特拿筷子的奇特姿势,被许多国内网友质疑存在歧视中国传统文化的嫌疑。虽然,D&G 删除了官方微博上的相关视频,但依旧引发中国网友的不满。随后有网友在社交媒体上议论此事,引起 D&G 创始人之一、设计师斯蒂芬诺·嘉班纳(Stefano Gabbana)与网友的争辩,在此过程中,他恼羞成怒、大骂出口,还公然辱华,引发中国网友的强烈不满。原定出席当天 D&G 晚宴的多名中国明星均决定抵制,中国模特也罢演 D&G 大秀。

这场风波也引起了中国官方的注意。当日,共青团中央官方微博对此事表态:我们欢迎外国企业来华投资兴业,同时在华经营的外国企业也应当尊重中国,尊重中国人民。这也是任何企业到其他国家投资兴业、开展合作最起码的遵循。外交部发言人耿爽在回答记者问询时表示,中方不希望此事上升为外交问题,但外界应了解中国民众如何看待这一问题。

面对来自各方的舆论压力,D&G 宣布:当晚 8 时在上海世博中心举行的 THE GREAT SHOW 因故改期。

第二天淘宝、京东、天猫、网易考拉、小红书等电商平台纷纷下架 D&G 的相关商品。

11 月 23 日下午,D&G 官方发布道歉视频。视频中两位设计师表示:面对我们在文化上理解的偏差,希望得到你们的原谅。并用中文说出"对不起"。

对此事件，新华社发表评论指出：从"起筷吃饭"短视频中的夸张表演，到面对网友质疑时破口大骂，再到毫无诚意的"甩锅"行为，该品牌的所作所为，折射出一种傲慢心态。中国开放的大门对所有人敞开，但只有相互尊重、相互包容，合作之手才能紧紧握在一起。消费者看一个品牌的品质，既看产品的质量，更看文化的涵养。收起偏见，真诚以待，尊重文化差异，才是品牌应有的价值。

3) 产生过程化

网络营销活动是通过信息流、商流、物流和资金流在时空上的协调运作实现的，其中每个阶段都会伴随不同性质的风险产生。如自媒体中一个评论某品牌或产品的帖子，也许就会在用户的口碑传播过程中被渲染和放大，成为相关企业的危机事件。因此，网络营销风险具有鲜明的过程化特征。

4) 影响综合化

网络营销是一个信息技术与商业经营的综合运作体系，其绩效在很大程度上取决于信息技术手段与营销策略运作之间的匹配。与传统营销相比，网络营销对技术的依赖性更强，技术应用的能力和水平在很大程度上影响着营销风险，如网络安全方面的隐患可能会给企业带来巨大的损失。而且在很多情况下，技术风险和营销风险往往相互影响，难以区分，营销决策失误所造成的风险，甚至会在先进技术手段的助推下被进一步加大。因此，网络营销风险具有综合性的特征。

4. 网络营销风险管控的基本实施步骤

网络营销风险管控是指对风险进行识别、分析和评估，并进行应对风险的措施决策，对风险采取预警和控制行动，以及监控和反馈的全过程。

1) 风险识别

网络营销风险识别即判定网络营销的实施过程中存在哪些风险因素、风险的主要诱因、风险带来的后果以及危害程度等。风险识别是实施风险管理的首要工作，网络营销中可采用的风险识别方法有 SWOT 法、头脑风暴法、流程图法、环境分析法、损失统计记录分析法等。但任何一种方法不可能完全揭示网络营销所面临的全部风险或某种风险的全过程，更不可能揭示导致风险的所有因素，因此，识别营销风险，应根据具体的营销实际以及各种方法的适用环境，选用效果最优的方法或方法组合。

2) 风险评估

网络营销风险评估即对各种风险可能发生的频率及由此造成损失的严重程度进行评估，以便评价各种潜在损失的相对重要性，从而为拟订风险处理方案、进行风险管控决策做准备。风险评估的主要任务有：①搜集有助于估计未来损失的资料；②整理并描述估计未来损失的资料；③运用概率统计工具进行分析、预测；④了解估算方法的缺陷所在，以避开这些缺陷来减少评估的误差。

3) 风险管控的决策

作为风险管理工作的核心，网络营销风险管控决策是指根据风险管控的目标和宗旨，在科学识别和评估风险的基础上，合理地选择风险管控工具，从而制定出处置网络营销风险方案的一系列活动。网络营销风险管控决策包括三项基本内容。

(1) 信息决策。了解和识别网络营销各种风险及其性质，估计风险的大小，这是对风险管理流程前面两个阶段工作任务的深化。

(2) 风险处理方案的策划。针对某一客观存在的、具体的网络营销风险，拟订若干风险处理方案。

(3) 方案选择。根据决策的目标和原则，选择某个最佳处理方案或某几个风险方案的最佳组合。

4) 风险管控方案的执行

风险管控方案能否达到预期的目标取决于执行。这是一项更具体、更复杂、更烦琐，甚至是长期、艰苦的工作。只有从网络营销的实际出发，按客观规律办事，并认真应对风险管控方案执行中所涉及的所有环节，才能收到预期的效果。同时，如果在风险管控方案执行中遇到突发情况，应立即反馈，以便及时调整或修订方案。

5) 风险管控方案执行后的评价

风险管控方案执行后的评价是指在实施网络营销风险管控方案后的一段时间内(半年、1年或更长时间)，由风险管理人员对相关部门及人员进行回访，考察评价实施网络营销风险管控方案后管理水平、经济效益的变化，并对风险管控全过程进行系统、客观分析的工作。它包括风险管控决策后评价、风险管控方案实施后评价、风险处理技术后评价、风险管控经济效益和社会效益后评价等内容。常用的评价方法有影响评价法、效益评价法、过程评价法和系统综合评价法。

6) 信息反馈与建议

通过风险管控活动实践的检查总结，评价风险管控问题的准确性，检查风险处理对策的针对性，分析风险管控结果的有效性；通过分析评价找出成败的原因，总结经验教训；并通过及时有效的信息反馈，为未来风险管控决策和提高风险管控能力及水平提出建议。

5. 网络营销风险管控的策略指导

1) 建立有效的风险预防机制

网络营销风险防范和控制的重点在企业。企业应尽可能地将来自网络的风险消除在萌芽状态，因此，风险管控应采取预防为主的方针，建立有效的预防机制，帮助企业规避网络营销中的风险。为此，首先应建立网络风险与危机预测和应急机制，防患于未然；其次，要建立完善的信息处理系统，及时把握行业及市场信息，增强知识产权保护意识；其三，要加强企业数据库、网站、信息安全系统严格规范的管理。

2) 加强风险管控制度建设

制度建设是有效防范各类风险、减少风险损失的重要保障。为此，企业应重点加强有关制度的建设：①人员管理制度，明确各级人员的权责范围和行为权限，以此规范企业内部人员的行为，并通过教育培训提高他们的风险防范意识和能力；②风险管控制度，为企业在风险决策、危机处理等状况下提供规范的处置方法和操作规程；③监督制度，以严格的监督监管，确保各项制度措施的顺利实施并充分发挥效用。

3) 建立企业与公众的沟通交流机制，加强对网上舆论的引导

有关统计数据显示，一些危机事件的酿成常常源于信息含混不清，对话缺失。因此，除加强网络舆论监测外，应积极构建企业与客户对话的渠道，建立互信。另外，新闻发

布制度已被证明是十分有效的对话方式,它能发挥新闻发言人的作用,从而以权威性和真实性影响公众舆论,因此应进一步落实和完善这种交流形式。此外,培养意见领袖,通过他们在网上传播的意见,树立权威和主流,引导舆论方向,也是化解网络风险的有效方法。

4) 与传统媒体互动,合力引导舆论

研究表明,在网上兴起的议题,经过一段时间后会转化为传统媒体的热点议题,从而进一步深化传播效果。传统媒体在引导舆论方面有着历史悠久的主流影响效果,加强传统媒体与网络媒体的舆论互动,有助于使网络舆论形成和谐的舆论场,实现线上线下舆论的立体化引导,从而产生强烈的共鸣,取得1+1＞2的传播效果,这将有利于企业控制风险和扭转危机。

10.2.2　网络环境下的危机管理

从近年来发生的众多企业危机事件中不难发现,无论是危机的兴起、扩散还是深化,背后都有明显的网络推动的痕迹。一些看似并不起眼的事情,经互联网的传播被急剧放大,很快酿成企业危机事件。网络不仅使企业受经营危机和营销风险威胁的程度大大超过传统环境,而且许多企业在危机来临时往往束手无策,在应付危机事件中心余力绌,切实感受到网络环境下危机管理的复杂与困难。因此,应对网络危机已成为网络营销管理的一项艰巨任务。

1. 网络环境下危机的特点

1) 危机引发原因多样化、微妙化

传统环境下企业的危机事件多由有一定影响力的主流媒体对企业问题的曝光所引起,主流媒体出于保证其"权威性和严肃性"的考虑,一般要对所报道的事件进行专门调查核实后才给予客观的披露。相比之下,用户通过手机等工具在线传播的信息则比较自由和随意,许多事件中的一个片段(几张照片、一段视频或录音),通过一个网帖、一条短信、一段博文或是一些IM群组中的讨论就有可能成为引发一场危机的导火索。

2008年4月9日,一些中国网民在几家海外网络论坛上发起了一场抵制家乐福的行动,引起这场抵制风波的主要原因是,刚刚成为家乐福最大股东的法国LVMH集团涉嫌捐巨资给"藏独"分子。抵制声浪很快蔓延到国内,天涯、西祠等网络社区相继出现抵制法国货的帖子。接着电视、报纸等传统媒体也纷纷介入报道,进一步激发起网民的愤怒情绪。网上的抵制舆论迅速演变成现实的抵制行动,家乐福在国内各地的经营因此受到不同程度的影响。这一危机事件产生的原因不仅涉及政治、民族情节,也受国家间微妙关系的影响。

2) 危机蔓延速度快、波及范围广、影响程度深

危机事件一般要经历潜伏、爆发、波动、衰退、消亡的过程周期。传统媒体有固定的传播时间和空间,信息披露的轨迹节奏和传播模式容易掌握,企业有可能把握危机发展的动向,并采取有效的应对措施。网络传播的特点却让企业难以对危机事件的变化与发展进行及时有效的评估和适时采取应对举措。而由消息灵通人士或知情者提供的所谓"内幕消息",经网友的热议或某些机构的炒作,提高了这些消息的被关注度,并很快

演化成为危机事件。有研究发现,在网上"两周之内危机传播将达到高峰",更多危机事件形成的时间甚至远远低于两周,"抵制家乐福"事件从出现萌芽到现实的抵制行动仅用了数天时间。

3) 危机公关的实施难度增大

网络环境中危机蔓延的速度、广度和深度增加了企业实施危机公关的困难。尤其是在移动互联网和各种新媒体的交集作用下,"源自网络→迅速扩散→形成话题→网络再扩散→传统媒体跟进报道→事态扩大→网络再热议"的信息传播模式,令传统的危机公关手段与方法难以有效控制和化解危机,企业的任何解释工作都有可能被站在不同立场上的网友进行反向解读,使危机进一步扩大。

案例　　"催婚"广告让宜家陷入舆论危机

2017年10月中旬,宜家家居在各大电视台和网络媒体播放了一则名为"轻松庆祝每一天"的广告。广告中,一家三口围坐在一起吃饭,女儿叫了声"妈",母亲却不满地对女儿说"再不带男朋友回来就别叫我妈!"正在气氛尴尬时,门铃响起,进来一位年轻男子,女儿向爸妈介绍:"这是我男朋友。"父母立刻笑逐颜开,随后以极快的速度,用宜家家居产品把家里布置得漂漂亮亮,氛围也变得其乐融融。

然而,广告播出后,那句"再不带男朋友回来就别叫我妈!"的台词立刻成为引发争议的爆点。网友们纷纷发出各种声讨,"大龄未婚女性就应该这么被横眉冷对?!""这是在无情地消费未婚女性。"不少网友认为,广告所呈现的不仅不是"轻松庆祝每一天",而且传递了不恰当的价值观,"很难相信这种价值观会来自宜家这样强调家庭和睦、温馨舒适生活的品牌"。许多网友还表示,该广告存在歧视单身女性的嫌疑,与宜家的品牌形象不符。原本想用一种幽默的方式引起受众的共鸣,却不小心触动了广大年轻人反感的话题:父母催婚!因此该广告被网民们称为"宜家催婚广告"。

按照宜家公关负责人后来的解释,这则电视广告的初衷是鼓励人们轻松庆祝每一天,向大家展示如何将一个普通客厅变成一个充满庆祝气氛的环境。广告的拍摄是希望通过对中国消费者家居生活需求的了解,为他们提供更多有用的家居方案。然而,理念虽美好,现实很残酷,这一次,宜家玩得过了头。消费者的不满情绪在社交媒体上经过一个多星期的发酵,让宜家陷入了舆论危机。

10月24日,宜家家居认识到问题严重性,当天下午发布了关于"轻松庆祝每一天"广告的致歉声明,声明称,宜家已通过消费者反馈了解到大家对近期电视广告的反应,宜家感谢大家对该广告的关注,并对该广告传递的错误印象表示诚挚道歉。宜家中国公关总监许丽德表示,广告投放之初没有想到会引发这么大的反响,目前已经与各播放平台进行了积极沟通,将该广告撤下。在业内人士看来,宜家最终选择将广告撤下或是迫于舆论压力,避免造成更大不良影响而采取的补救措施。

2. 网络环境下的危机管理与控制

回顾中外许多网络危机事件的发生,不少是与企业互联网环境下的诚信经营意识淡泊有关，互联网的虚拟性让一些经营者真以为自己可以为所欲为。因此，加强对企业在网络环境中诚信经营的管理，是防范和减少危机发生的首要且有效措施。除此之外，网络危机的新特点要求企业调整危机管理的思路、方式和流程，同时，互联网将企业对危机事件的处理置于一个相对公开的环境中，企业的危机公关策略要进行相应的变革。

1) 遵循危机管理的基本原则

不可否认，传统危机管理的基本原则和方法在网络环境中仍可继续发挥重要作用。如英国危机处理专家迈克尔·里杰斯特提出的处理危机事件 "3T" 原则，即 Tell it your own(以我为主提供情况)，Tell it fast(尽快提供情况)，Tell it all(提供全部情况)，对网络危机的处理就具有现实意义。而传统危机处理中常用的"真诚沟通原则""系统的原则"也被证明是处理网络危机非常重要和有效的方式。

2) 更新危机管理理念，完善危机监督体系

在数以亿计"自媒体"组成的庞大而错综复杂的互联网传播环境中，预防为主是最有效的危机管理方式。企业应将危机管理纳入日常经营管理的程序中，建立一套严密的危机监管体系，建立健全网络危机监测和应急机制，防患于未然。国外一些知名企业早已建立了不良消息监督机构来监测重要的网站、网络社区、论坛或博客中的消息、帖子、文章等，争取在第一时间发现对其不利的信息，预防问题向危机事件过渡。因此，企业应安排专人对重点网站进行监测，也可以利用诸如 Google 快讯(Google alerts)之类的专用技术手段或工具进行网上相关信息的自动监测；并可从分析当前网络信息中的高频字入手，从中提取有效信息，预测可能发生的网络舆情危机和突发事件。

Dell 公司 CEO 迈克尔·戴尔曾经说过，除了做好危机控制，Dell 最重要的是生产更好的产品。Dell 公司有个"倾听客户心声计划"，该公司请了专业公司为其进行网上舆论追踪，如果人们在网上写了关于 Dell 的"坏话"，公司很快就会知道。Dell 还组建了一个由 40 多名员工组成的工作小组，任务是在 Facebook、Twitter 等社交网站上与批评者聊天，这使 Dell 公司在 PC 电脑制造商中的顾客满意度超过竞争对手惠普和 Gateway，占据首位。

3) 借助专业机构来化解危机

目前许多危机事件很难单独依靠企业自身的能力进行处置,应借助于专业公关机构的力量。尤其对来自网络环境的危机，由于不少企业缺乏应对来自网上负面信息的技术和手段，只能通过与相关服务提供商沟通，实施诸如"删帖""割断链接""屏蔽关键词"等简单且容易激化矛盾、增加风险的网络公关活动。相比之下，专业公关公司掌握了最新和有效的危机公关处理技术与方法，并具有较丰富的经验，因此借助于专业危机公关机构的力量，使企业在危机处理中赢得时间，并降低失败的风险是十分必要的。

4) 转"危"为"机"，化险为夷

危机一般都具有失败与成功机会的二元化特征。有效的危机处理不仅可以减小危机带来的伤害，甚至可以借此形成一些新的发展机会。如不少企业在产品出现问题时，努力通过各种途径收回产品，赔偿客户损失，这种做法虽然在短期内使企业遭受了损失，但其诚信经营的态度则会被社会所认可，使企业的形象或品牌价值得到新的提升，由此为企业带来的财富是难以估量的。因此，发现、培育和利用危机处理这一潜在的成功机会，是危机管理的精髓。

危机处理应以客户的利益为前提，本着对消费者、对社会负责的态度，不回避问题和错误，及时与媒体和公众沟通，向其说明情况，以求重新获得社会及公众的理解和信任。

"马蜂窝事件"的反思

2018年10月20日，自媒体"小声比比"所发的独家稿件《估值175亿的旅游独角兽马蜂窝，是一座僵尸和水军构成的鬼城？》指控旅游UGC平台马蜂窝有内容五宗罪。同时，该文称马蜂窝平台上的2100万"真实点评"中，有1800万条点评数据均是通过爬虫从携程、艺龙、美团、Agoda等网站抓取的，其中包括500多条餐饮点评和1200多条酒店点评，问题数据在总点评数中占比80%，由此论断马蜂窝是水军和僵尸构成的鬼城。

小声比比的文章发布后很快被热转，一时间马蜂窝负面舆论缠身，成为继携程、滴滴之后被"吃瓜群众"围观、群嘲的对象。知微数据(www.weiboreach.com)的统计显示：马蜂窝被捅事件的影响力指数目前已经达到了70.5，远远高于马蜂窝不久之前的世界杯洗脑广告营销指数(53.5)和用户8万元打车去希腊事件的营销指数(61.60)，令人诧异。

对于正处在新一轮融资节点上的马蜂窝，自媒体的文章不可避免地将影响到马蜂窝的估值，令其融资受到影响。因此，马蜂窝很快做出正面回应，于10月22日清晨发表声明称，"点评内容在马蜂窝整体数据量中仅占比2.91%，涉嫌虚假点评的账号在整体用户中的占比微乎其微……马蜂窝将正视运营过程中存在的审查漏洞并采取积极改进措施……"。

然而，事件并未就此平息，舆论还是继续发酵，"爆料人回复马蜂窝造假"这一话题冲上微博热搜，有网友反馈，内容平台、刷量、刷评论行为十分常见，用户几乎默认了其存在，但是如此大规模的刷量确实让人难以接受，也为马蜂窝的融资和估值蒙上了一层阴影。于是马蜂窝不得不选择法律途径解决，将就此事与自媒体小声比比的作者梓泉和乎睿数据对簿公堂。

事件到此结束，然而，马蜂窝被捅事件之所以产生了如此大影响力，业内人士认为，内在原因来自两个方面：其一，对于UGC内容平台来说，用户是其中的参与者，若内容的真实性被全盘否定，相当于从用户到平台自身的价值都被否定；其二，因为数据造假是一个敏感话题。而该事件风波更多是因为其他外在因素的推波助澜，知微数据的分析发现，微博上关于"马蜂窝被指数据造假"的内容传播最大深度仅6层，却获得大量传播，转发高峰集中出现在凌晨和早上5点至7点半，午后陡然下跌，这种现象往往发生在水军参与传播的事件中。尽管如此，对马蜂窝这种内容平台来说也要加强自身监管，及时进行内容审核，否则，类似事件一旦爆发，纵然不是平台的行为，也将会受到监管不力的质疑，其影响绝对是负面的。

10.2.3 网络环境下的客户投诉管理

客户投诉是指客户对企业或经营者的市场行为产生不满、质疑或与其发生消费者权益争议后，请求企业相关部门或消费者权益保护组织调解，要求保护其合法权益的行为。客户投诉是客户与企业矛盾的总爆发，一般发生在企业市场行为接近结束的时点。随着互联网应用的普及，客户投诉也由电话、邮件等传统方式全面转向利用 Email、Web 站点、IM 等在线方式提交，这种客户投诉具有扩散速度快、影响面广和自由度大的特点，使客户投诉管理面临新的挑战，若处理不当，极有可能成为网络危机事件的导火索，因此在线客户投诉管理应作为网络危机管理的重要内容。

1. 客户投诉的营销价值

通常，客户投诉所涉及的问题涉及企业的产品、人员、业务流程、客户关系、营销策略以及经营管理的方方面面。从战略层面看，客户投诉是企业反观自身不足的契机，企业可以从客户投诉中获得有价值的第一手资料，从而帮助企业发现经营上的不足，甚至找到问题的症结。从营销层面看，客户投诉的价值主要体现在以下两个方面。

1) 客户投诉是企业维护老客户的契机

通常，一位客户对产品感到不满时，他会有两种选择：直接向企业投诉或转身离开。如果他选择后者，意味着不给企业任何弥补过失的机会；相反，投诉的客户是在下意识地做出挽救与企业关系可能破灭的举动，因此，尽管多么不情愿听到负面的意见，企业还是应该理智地认识到，投诉首先传递了客户对企业的信任，处理客户投诉是企业改进工作的机会，是争取回头客的契机。研究表明，如果客户的投诉得到满意的处理，其重复购买产品的机会将大大增加。表 10-1 是美国 TARPI(Technical Assistance Research Program Institute)的研究结论，可见，客户不满意且不投诉，对企业与客户的关系可能伤害更大。所以，企业应当悦纳客户投诉，遇到客户投诉时，不逃避也不要退缩，用积极的心态和行动去化解客户的不满。

表 10-1　客户投诉与处理后的效果

客户投诉和处理情况	重　购　率	离　开　率
不满意，也未提出投诉	9%～37%	91%～63%
提出投诉，但未得到处理	19%～46%	81%～54%
提出投诉，问题获得解决	54%～70%	46%～30%
提出投诉，问题迅速得到解决	82%～95%	18%～5%

2) 投诉蕴涵着无限的商机

对企业来说，从投诉的问题中可以发现商机，找到市场的空白点。IBM 公司约 40%的技术发明与创造，都来自客户的意见和建议，其中许多是从投诉中得到的。

按照传统的观点，投诉分有效投诉和无效投诉。有效投诉是指对产品和服务质量、服务规范、效率以及消费环境的投诉；无效投诉主要指客户提出的无理要求和故意刁难，对此不应作为投诉看待。然而，若按这种观念处理客户的在线投诉，将可能产生新的问题。因为即使是"无效投诉"，如果企业不给予足够的重视并采取应对措施，它也能通过"网络口碑"效应对企业产生负面影响。因此，在网络营销中，处理好客户投诉对于企业不仅非常重要，而且是一个极具挑战性的现实问题。某些客户投诉时，动辄扬言在网上发帖曝光的举动，正是对企业危机公关与管理的能力的考验。

2. 客户投诉产生的原因

客户基于不满而投诉，导致不满的直接原因是产品或服务的实际效用与客户的期望出现了差异，这种差异的产生主要来自三个方面。

1) 企业的原因

企业的产品质量不良，服务方式或态度不佳，消费环境及设施存在缺陷，是导致客户投诉最主要也是最多的原因。在网络营销中，这方面的原因变得更加复杂了，例如，网上销售的产品一般都采用第三方物流配送的方式，当客户收到有损坏的货物时，若厂商与物流公司在责任区分问题上相互推诿，将导致消费者的不满。

2) 客户的原因

国内外相关研究发现，客户投诉与客户的个性特征、消费心理、投诉心理有直接关系。此外，文化背景、生活水平、投诉成本、闲暇时间充裕程度等因素也会对客户投诉行为产生影响。TARPI 的研究认为，客户不投诉的原因大致有以下几点：不值得花时间和精力，担心没有人会关心他们的问题或愿意采取行动，不知道到哪里去投诉和怎样投诉。另有研究发现，一些投诉者由于没有掌握科学的认知方法，常常以过度概化(overgeneralization)、选择性观察(selective observation)、过早下结论(premature closure)以及光环效应(halo effect)等方式来接受某些宣传、广告或促销信息，以至于对企业或产品产生认知上的偏差甚至误解和不满。

3) 市场监管机制不完善

时至今日，对互联网空间的有效治理仍然是世界各国面临的难题。相关的法律制度不健全，网络市场一直未能实现有效的监管，由此导致的社会信用缺失，使得网络市场中虚假广告、伪劣产品、霸王条款、信誉炒作等不讲诚信、不遵守商业道德的行为屡禁不止。例如，由于地理位置的差距，一些网上商家以种种理由，拒不执行《消费者权益保护法》有关网购商品"7 日无理由退货"的规定，在一些购物网站的质量保证及退换货规定中经常出现这样的条款："退回的商品外包装不完整、所附配件及资料不全、赠品不齐全的不能退货。"这意味着只要拆开包装(完整性被破坏)就不能退换了。于是，客户合理的退货权利形同虚设，而相关法规对这类行为的监管由于种种原因难以被真正执行，使网上消费者的抱怨和投诉行为居高不下。此外，客户投诉还与社会思潮、舆情导向等因素密切相关。

3. 在线投诉处理的策略实现

研究发现，客户不管有多么不满，都会权衡自己投诉的成本与收益再采取行动。投诉成本一般包括时间、金钱的付出以及心理压力等。如果投诉渠道不畅通、投诉程序复杂也会增加客户的投诉成本。此外，许多客户担心在投诉中会遭遇到尴尬的场面，甚至发生冲突，这对于注重面子的客户是一种心理压力，他们往往因此而放弃投诉。在网络环境下，投诉成本不再是客户放弃投诉的主要因素，通过互联网，客户可以轻而易举地向生产商或服务提供商及各级管理机构进行在线投诉，而且时间成本和心理压力也明显低于传统投诉方式。

然而，由于在线投诉渠道的畅通与否，运作效率的高低主要取决于投诉的受理方，一些企业对来自网上的投诉受理不及时、不积极，在线投诉窗口形同虚设，甚至还有商家采取人为删帖、对投诉对象进行朋友圈屏蔽处理等手段，这些行为不仅影响了在线投诉的效果，而且使不少客户放弃在线投诉。因此，企业不仅要重视在线投诉渠道的建设，更应当重视在线投诉处理的策略。

在线投诉处理也是一种人际交流，客服人员既要熟悉产品、服务本身，又要熟悉相关法律知识，把握有关政策，同时要具备分析投诉者心理状态的能力，有针对性地运用心理学的方法，与客户进行有效沟通，成功处理投诉。实践证明，心理策略在客户在线投诉处理过程中的应用效果明显。

1) 首因效应

许多客户在线购买商品时，注意力一般集中在商品上，只有在进行投诉时，才会与商家的客服打交道。此时客户与企业的第一个接触点，如 IM 沟通、Email 等客服或投诉渠道的通畅，及时的回应，明晰合理的答复等，都会对客户产生首因效应，为随后的沟通起到很好的铺垫。利用 IM 等工具接受投诉时，还要从一开始便尽可能制造愉悦的氛围，如使用微笑类表情符或"你好，亲！"之类的诙谐问候语，以缓解客户的不满情绪。

2) 近因效应

客户投诉的问题可能很复杂，所以不能随便认同客户的处理方案，需要在调查的基础上给予回复。即使客户的要价过高，超过了企业的底线，也应向客户委婉说明。客户投诉开始时意见很大，最后投诉处理好了，客户将满意而归。近因效应能抵消或覆盖最初的不满印象，从而实现成功的投诉处理。一些自我意识过强、情绪易波动的客户容易产生报复心理，对这类客户要特别注意做好疏导工作，尤其是在投诉陷入僵局时，应及时转换情境和"升级"处理方式，请出更高级别的人员来与客户沟通，通过各种方式及时让双方的沟通恢复理性。当然，对于少数恶意中伤的行为，要注意搜集和保留相关证据，以便应对发生有损企业声誉的情况。

3) 晕轮效应

许多客户的投诉不仅对产品或服务的质量、价格不满，而且对服务态度甚至某个投诉处理人员的态度有意见。在质量、价格、态度等要素中，态度是最容易产生"晕轮效应"的因素。"态度决定一切"，处理客户投诉也是如此。一些客户因不满而投诉，一个最基本的需求是要将自己的不满传递给商家，把不满和抱怨发泄出来，以释放和缓解自己不快的心情，恢复心理上的平衡。因此，如果在线客服在处理问题的过程中什么都很规范，无可挑剔，但态度冷冰冰，或言语上针锋相对，给人的印象将大打折扣；反之，如果态度非常好，但业务技能有待提高，有时却能得到投诉者某种程度上的谅解。

4) 投射效应

人们往往都有一种"推己及人"的心态，心理学上称为"投射效应"。许多客户进行投诉都希望获得关注，引起投诉处理方对其所遭遇问题的重视，以获得心理上被尊重的感受。因此，在处理投诉中能否认真接待客户、能否适时采取有效的措施、能否及时回复等都被客户视为是否受尊重的表现。还有部分客户，十分关注商家如何看待他的投诉，并希望得到商家的认同。所以，投诉处理人员在受理客户投诉时，对客户的感受、情绪要表示充分的理解和同情，这有助于拉近彼此的距离，为协商处理所投诉问题创造良好的沟通氛围。如果客户与投诉处理人员之间因某种原因难以相互理解和沟通，导致投诉处理陷入僵局时，企业也应当迅速转换情境，让更适当的人员继续与客户沟通，以打破僵局。

5) 情绪效应

一些客户在投诉时往往带有对立、消极的情绪，对厂商产生本能的抵触。因此在接到客户投诉时，选择主动道歉是明智之举，这将有助于消除客户大部分的对立情绪。"顾客总是对的"，当客户产生不满，即便不是产品或服务的不足，也是厂商在帮助客户实现产品与服务体验方面的工作不到位，这就是厂商的服务缺失，向客户道歉实属应当。因此，道歉一定要发自内心，这样客户才会被道歉所打动。道歉并不意味着"丢面子"，而是一种凡事不与他人计较的大度，能够体现出一个人的素质和修养。客户也并非不讲道理，如果是他自己的失误，他会被这种道歉所感动，反而增加对产品或品牌的忠诚度。

10.3 网络营销的绩效管理

10.3.1 概述

彼得·德鲁克曾经说过："效率是正确地做事情，而效果则是做正确的事情。"为了在效率和效果两方面都能发挥出网络营销的优势，企业应根据市场的变化不断调整其营销策略，以实现科学、有效的营销运作。正确的营销决策源于科学的营销绩效评价，企业只有对所开展的市场营销活动进行正确评价，才能为营销活动做出更好的决策。因此，作为网络营销管理的一项重要内容，企业必须经常对网络营销的综合绩效进行测评，及时发现问题，总结经验，为后续营销提供有价值的决策信息和依据。

1. 网络营销绩效评价及基本目标

网络营销绩效评价是指借助一套定量和定性的指标，对企业网络营销的绩效进行系统、科学和客观的综合评价，以了解网络营销的运营状况，发现并纠正所存在的问题，以改善和提高企业的网络营销成效。

评价指标是衡量绩效的标准。传统环境中的营销绩效测评指标主要是会计、财务指标，注重的是对营销结果的总结，具有精确、单一和被动反映的特点，难以全面、动态地反映过程进行中的问题，以及主动地进行分析与管理。与传统环境下的营销绩效评价相比，网络营销绩效的测评范围大大扩展，不仅包括企业为销售产品和扩大市场的营销成本，而且还包括为满足客户的个性化、方便、快捷等需求而增加的投入；由于网络营销具有多目标性，既要追求企业利润、市场占有率最大化等定量的具体市场目标，又要实现让客户满意、提高客户忠诚度、保持企业持续发展等定性的综合经营目标。因此，网络营销绩效评价的基本目标是，必须全面满足企业在网络环境下开展营销活动的综合要求，完整地体现网络营销管理的动态全过程。显然，单纯用财务数据作为测评网络营销绩效的主要指标是不够的，产品质量、品牌影响力、消费者满意程度等能够反映企业发展前景的综合指标，比财务报表中的收益指标对企业的经营决策有更大的价值，这也对网络营销绩效评价提出了更高要求。

2. 网络营销绩效评价指标体系与建立原则

一套能反映企业营销目标,并有很强操作性的绩效评价指标体系,既是网络营销基本概念、策略、手段的细化和深化,也是网络营销绩效评价的前提和基础。在评价过程中,企业可以依据指标体系对网络营销绩效的总体状况进行客观、全面的判断,又可以通过对分类指标的比较,明确影响企业网络营销绩效的敏感因素,还可通过对具体指标的数据分析,找出网络营销中的薄弱环节,为采取相应的改进措施提供直接的依据。因此,建立营销绩效评价指标体系对网络营销的管理具有重要的现实意义。网络营销绩效评价指标体系的建立应遵循以下原则。

(1) 目的性原则。建立评价指标体系的目的是要能系统、科学地反映网络营销的综合效果,为企业提供可用的决策信息。

(2) 科学性原则。所建立的评价指标体系应能客观、准确地反映实际状况,以确保评价结果能够进行横向与纵向比较。评价指标设计要突出重点,尽量简化,每个指标的定义、统计口径、时间、地点和适用范围都应有明确含义,以利于通过指标的数据核算与综合评价,找出与竞争对手的差距,使该营销绩效评价指标体系成为自我诊断、自我完善的有力工具。

(3) 系统性原则。网络营销绩效受到各种因素的综合影响,因此,指标体系应能系统完整、全方位、多角度、多层次地反映企业网络营销的状况,以求得出全面、客观的评价。

(4) 客观性原则。应尽可能使用公开、公正的方法获得数据和信息,尽量避免采用由非正式渠道获得的来历不明的二手数据。

(5) 实操性原则。评价体系的数据应易于采集,计算公式科学合理,指标的核算应以现有统计数据为基础,评估过程尽可能简单,便于企业相关人员在实际应用中掌握和操作。

此外,网络营销绩效评价指标体系需考虑其通用性,以便能为后续工作提供参考;同时在选择评价指标参数时还应考虑其动态性,既要有测试评价企业网络营销绩效结果(反映企业网络营销实际水平)的现实指标(静态指标),也要有测试评价网络营销活动实施(反映企业网络营销的发展潜能)的过程指标(动态指标),使指标体系能综合反映企业网络营销绩效的现状和未来发展趋势。

3. 网络营销绩效评价指标体系的结构

评价指标是评价主体对评价客体进行全面认识的实现途径,它既反映了企业网络营销绩效的关键要素,也构成了绩效评价的具体内容。因此,设计指标体系是网络营销绩效评价的重要基础工作。根据网络营销活动的特点以及绩效评价的目标,并按照建立指标体系的原则,网络营销绩效评价指标体系采用递阶层次结构,分为目标层、准则层和指标层。

(1) 目标层。它是对网络营销绩效的整体评价,考虑到影响网络营销绩效的因素比较复杂,可采用网络营销绩优度来表征网络营销活动和网络营销绩效优劣的综合效果。

(2) 准则层。它由营销效益、营销效率、市场竞争能力、网络资源应用效果和客户关系等五类绩效评价准则组成,每一准则下有若干反映网络营销在某一方面绩效的指标。

(3) 指标层。它从不同方面具体测度网络营销绩效，是对营销绩效的直接描述。根据企业的实际情况，这些评价指标会有所不同。

10.3.2　网络营销绩效评价的指标

人们在实践中已经提出了多种网络营销评价的指标体系，其侧重点各不相同。下面的网络营销综合绩效评价指标体系是在参考了国内外相关绩效评价体系基础上提出的，该指标体系并非完整、全面，但具有实用性和可操作性，可供企业在制定网络营销绩效测评方案时借鉴与参考。

1. 营销效益类

包括销售额、利润率、市场占有率、成本费用利润率、资产收益率、净资产收益率、资产周转率、应收账款周转率等反映网络营销活动对企业流通费用、赢利能力、运营费用等财务状况产生影响的指标，这些指标可直接取自企业财务部门的相关数据。这里没有考虑网络营销带来的各种隐性效益，而是将其归入其他类指标中。

2. 营销效率类

1) 营销人员效率

是主要用于测评网络营销人员创造效率的指标，除全员销售率、销售成本、平均收益等传统指标外，还可采用以下指标。

(1) 平均沟通时间。客服人员与客户在线沟通交流的平均时间。

(2) 客服人员利用率。客服人员与客户进行在线沟通交流的时间占每日总工作时间的比率。

(3) 企业服务响应速度。即从接到客户服务请求到做出响应行动的时间。

2) 促销效率

促销效率主要用于对各种网络促销手段或方式的测评。随着科技的发展和新媒体的不断涌现，能够吸引或引导用户了解企业及产品，帮助他们迅速获取所需信息的网络促销手段和方法越来越多，因此，这里提出了便于量化并容易获取数据，且不针对具体促销手段和方法的两类测评指标。

(1) 销售增长率。开展在线促销活动一段时间内(如1周、1个月)，销售(交易额或交易量)的平均增量，与促销活动开展前总销量的比率。

(2) 促销链接贡献率。由某种促销活动链接带来的客户行为(咨询、索取产品资料或试用品、直接购买等)占客户行为总数的比率。

在营销实践中，企业可根据经营的产品、品牌，所采用的促销手段和方法，制定具体细化的评价指标。另外，对于网络广告的效率，可使用第9章介绍的网络广告效果评估的相关指标。

3) 分销效率

分销效率用于测评网络分销渠道的效率。传统的存货周转率、交货准确率、客户订单周期、现金回收周期等指标仍然适用。随着移动电商的发展，线上线下渠道日趋融合，严格区分线上和线下分销渠道的业绩变得十分困难，甚至没有意义，因此，下列指标主要是针对线上渠道的评估。

(1) 网站成交金额(gross merchandise volume，GMV)，指一段时间内的成交总额，即网购用户已经下单的金额，包括已付款和尚未付款的订单，是许多电商平台使用的指标。GMV 虽不是实际的交易金额，但对于资本市场的投资者来说，电商平台企业业绩的快速增长远比短期的利润更为重要。GMV 正是用于衡量电商企业业绩增速的核心指标。

(2) 平均订单规模，即每个订单的平均金额。这也是许多企业用于考核一对一促销绩效的主要指标。

(3) 成交率，即销售线索转化为销售成交的百分比，如在一段时间内，企业向目标客户发出促销信息(以 Email、微信、QQ 等方式)或新增注册客户占同期实现购买客户总数的比率。

(4) 客户流失率，有购买记录的客户中，在一段时间内(如半年或 1 年)没有新的购买行为的客户数占有购买记录客户数的比率。

3. 市场竞争能力类

(1) 客户渗透率。指通过企业网站、自媒体官方账号、公众号等购买商品的客户占所有访问者的比率。

(2) 价格竞争力。指本企业与其他企业在线经营的某种同类商品的平均价格之比，反映该企业在线销售某商品的价格竞争优势或劣势。

(3) 企业及品牌知名度。企业或品牌在网络市场中的知晓程度和被认同程度反映了企业的整体实力和竞争优势。该指标可通过百度指数、Google 趋势、领库(www.kolrank.com)等网络工具进行量化分析。

(4) 社会经济影响力。指企业的网络营销活动对整个社会经济以及相关产业的推动作用，该指标主要由第三方机构组织的测评活动获得。

(5) 网络及新媒体影响力。指企业对其所建立并运营的自媒体账号以及网络社区、论坛等的精神文明、社会公益活动等方面所做的贡献，以及企业借助于这些平台开展的营销活动，对用户的消费观念、商品知识、思想意识等产生的影响，其评价结果主要来自第三方机构或通过网上调查的方式获得。

(6) 物流配送成本。如平均库存成本、每单位销售额的配送成本与存储成本等，由于在电子商务和网络营销中越来越多地采用第三方物流实现配送，因此这一指标直接影响营销者对物流公司的选择。

4. 网络资源应用效果类

企业可利用网站、App、层出不穷的新媒体等各种网络资源开展营销活动，因此，从技术层面衡量营销效果的指标十分庞杂，如从网站的应用效果角度，评价指标就有链接有效性、网页下载速度、页面浏览数、视觉冲击力……。这些指标中有不少是虚荣指标(vanity metrics)[①]，即营销者用来证明客户是否喜欢上他的传播或产品的"数据"，如

[①] 2011 年，美国硅谷企业家埃里克·莱斯在其所著《精益创业：新创企业的成长思维》一书中，首次提出虚荣指标的概念。

网站流量、粉丝数、转化率成本，这些指标让营销效果看上去很"美"，却不一定能反映出营销的真实状况[①]。显然，只跟踪虚荣指标，将会导致营销者产生成功的错觉，只有深入分析才能得到真实的结果。因此，应从网络资源的应用效果方面建立衡量网络营销绩效的评价指标。

(1) 网络知名度。这并不是一个定性的指标，我国一些行业协会组织、专业评估机构每年都会发布各行各业商业网站、企业官方微博、微信公众号等的排行榜，其结果都来自其建立的量化评价指标。此外，利用百度、Google、Alexa 网站排名、清博大数据、西瓜数据、新榜、Awario、Keyhole、Mention 等[②]实时数据监测和分析工具，通过与同类网站、自媒体官方账号进行比较分析，也可实现对网络知名度的定量描述。

(2) 注册(关注)用户增长率/注销率。企业网站注册用户、微博粉丝、公众号关注用户的数量在一定意义上说明了开展网络营销企业所拥有的客户资源。

(3) 注册搜索引擎的数量与关键字排名位置。企业注册的搜索引擎数量越多，在线提供的信息在搜索引擎的检索结果中排名越靠前，获得用户访问的机会也越多。

(4) 媒体报道覆盖。营销者发布的信息能被越多的媒体所提取，意味着会有越多的网民能看到这些信息。

(5) 在其他网站上的链接数量。该数值越大，不仅由此引来到访者的机会越多，而且对提高在搜索引擎中的排名也越有利。

(6) 传播热度。包括所发布信息被浏览、转发、评论、下载、点赞的数量，可反映营销传播的效果。

5. 客户关系类

网络营销涉及部门、环节、流程以及企业内部运作与客户外部感知等诸多因素，因此，客户关系类评价指标是多元和复杂的，许多指标难以量化。下面列出的指标提出了一些基本的评价思路，实际应用中可根据情况进行具体的量化。

(1) 客户参与程度。指在一段时间内，参与企业通过官方网站、微博、微信公众号以及网络社区、论坛开展的交互活动或参与交流、讨论的人数与注册(关注)用户数的比率。

(2) 客户满意度。指客户对企业产品、服务、经营理念、企业形象等满意程度，它可以通过满意度的相关调查获得数据，也可以通过用户的在线反馈信息进行量化分析。

(3) 客户忠诚度。指在一段时间内，客户在线重复购买的商品占总销售商品的比率。这个数据可以通过销售数据库的记录分析获得，该方法也可用于某种商品的客户忠诚度测算。

(4) 客户投诉率。指客户在线投诉数量占所售商品总数的比率。

(5) 商品退换率。指在一段时期内，在线退换商品总数占已售出商品总数的比率。

(6) 投诉答复率。指企业处理或解决客户在线投诉的数量占客户在线投诉总数的比率。

---

① 曹虎，等. 数字时代的营销战略[M]. 北京：电子工业出版社，2017.
② 目前，国内外从事自媒体数据采集、分析、实时监控、文本挖掘以及提供定制服务的机构很多，不排除其中有一些利用相关数据进行违法或有违商业道德的活动，因此，本教材不列举相关网站或自媒体账号。

(7) 承诺履约率。指企业售出商品后履行与客户约定或承诺的次数占总约定或承诺的比率。

(8) 客户服务质量。企业可根据服务的对象或内容设计服务质量测评模型，并据此来评估在线客户服务的质量和客服人员的能力，评价要素通常包括友好性、机敏性、业务熟悉程度和知识的丰富性等。

作为信息时代企业的经营战略之一，网络营销所带来的竞争优势和经济效益将逐步显现，因此，不能仅仅依靠近期的数据来衡量网络营销的绩效。网络营销还会带来如客户获得成本、客户维护成本、交叉销售率等许多隐性效益，这些都因难以获取和量化统计而无法纳入指标体系。①

总而言之，企业应根据自己的具体情况，分析网络营销的实施效果，逐步建立和完善适合自身特色的绩效评价指标体系。此外，随着信息技术的飞速发展，网络营销的应用范围不断拓展，技术实现手段不断创新，网络营销绩效评价指标也将不断调整和扩充。

10.3.3 网络营销绩效评价的实施

1. 绩效评价的方法及选择

网络营销绩效评价的关键是指标数据的分析与测算，这需要采用科学有效的评价方法。随着营销绩效评价指标的发展变化，评价指标体系已从财务转变为非财务、从产出转变为投入的多维综合评价指标体系。评价方法也在不断发展。头脑风暴法、层次分析法、模糊综合评价法、灰色综合评价法、综合指数法等传统方法仍在使用，并被实践证明都取得了较好的效果，但也存在不足之处。这些方法的共同弊端是评价指标的量值和权重等均由评价人员确定，受其经验、能力的限制，主观性强，缺乏客观性，导致了评价结果在一定程度上缺乏科学性、准确性。

由于影响网络营销绩效的诸多因素并非孤立的，它们之间相互联系、相互制约，形成了一个复杂的非线性系统。因此，近年来，诸如人工神经网络(artificial neural network)之类解决非线性系统问题的工具，开始应用于各种非线性系统的效果评价中，其中 BP 神经网络(back-propagation network)法为定性和定量评价营销绩效提供了一种新思路。根据网络营销的特点，绩效评价应是上述方法的综合运用，定量评价可侧重于对传统评价方法的运用，并结合 BP 神经网络法、数据包络法等新方法进行定量与定性的综合评价。

2. 评价指标的选择

企业可根据不同的营销目标，在上述网络营销综合评价指标体系中选择不同的指标组合。如果企业开展网络营销的主要目标是提高企业的知名度，可以选择市场占有率、企业及品牌知名度、社会经济影响力、网络及新媒体影响力等指标；如果开展网络营销的目标是为了强化企业与客户的良好关系，则可选择客户满意度、忠诚度、参与程度、投诉率、客户服务质量等指标。企业也可根据经营情况确定几个营销目标，再根据不同目标选择各自的指标，或结合企业的实际提出新的指标作为补充，并进行对比评价，根

---

① 如今，一些企业通过微信朋友圈进行产品销售，而且已经具有了相当的销售规模，但通过微信现行的经营体系和运作机制还难以有效地掌控这种销售情况。

据评价结果调整其营销策略。

需指出，指标选择过多将增加绩效评价工作的难度和复杂性，可能因实施过程繁冗而低估了网络营销的效益；指标选择过少，绩效评价过于简单，有可能夸大网络营销的效益，因此，为得到科学合理的评价结果，选择有效的评价指标组合十分重要。网络营销活动是一个动态的过程，对其绩效的评价也应该是动态而非一成不变的，网络营销评价指标体系的建立将是一个持续改进的过程。

3. 评价指标数据的获取

网络营销评价指标体系中既有定性又有定量指标，为保证各指标值的连续性、可靠性，并最大限度地接近企业的真实情况，应设置专门机构(如企业的市场部、财会部等)或安排专人负责，按照规定的时间(如按月或季度)搜集并整理企业内部的统计、财务、营销、售后服务各类指标。一些信息化管理设施较完善的大中型企业或电商企业可设立专门的网络营销机构，负责网络营销运营和绩效的考核。

网络营销系统绩效评价的指标数据应当建立在连续搜集与统计的基础之上，以保证其真实可靠。因此，在指标数据的统计与整理中，不能单就某一时点的网络营销绩效状况进行评价，而应综合考察一个时期内(通常为1年)的绩效状况，以体现其绩效的发展趋势。

对于企业及品牌知名度、客户满意度之类定量指标所需的数据，除可以通过相关业务部门获取外，也可设立常规性的网上调查项目，通过抽样调查的方式获取。为获取指标体系中诸如社会影响力之类的定性指标，通常需借助第三方机构或专家的在线打分评判，然后进行必要的转换。为了便于不同评价方法的使用，需要对各个指标值进行无量纲化处理，这样可反映出不同指标的优劣程度。

4. 绩效评价的基本运作程序

除指标体系外，网络营销绩效评价工作还应遵循规范化的程序按计划、有步骤地进行，其运作流程包括以下几个步骤。

1) 确定绩效评价的总体目标

企业应召集有关部门、有关人员，汇聚相关部门的信息和数据，确定进行网络营销绩效评价的总体目标，譬如，是评价网络营销对销售业绩的影响，还是对企业所处市场地位的影响等。总体目标的确定将为评价人员最终选择合适的评价指标和确定指标值奠定基础，从而有利于准确地评价网络营销绩效，避免指标选取不当而影响评价效果。

2) 成立绩效评估小组

评估小组由专家、学者、经营管理专业人士以及企业内部有经验的营销人员和相关部门的决策者组成。主要任务是对指标和评价方法的选择进行指导和监督，对指标值的确定和最终评价结果进行审核、分析和确认。

3) 搜集整理评价指标相关资料

一方面，相关人员根据企业各部门的统计资料和第三方机构及专家评估的需求，进行指标数据及相关资料的搜集整理；另一方面，评估小组要对搜集到的资料进行分析研判，对其可用性提出具体意见，并要求补充或更改资料，以利于指标值的最终确定，同时根据实际需要和所具备的条件选择合适的评价方法。

4) 确定最终的评价指标值

评估小组在协助相关人员对所搜集的数据资料进行核实与认可的基础上,确定最终用于绩效测评的各项指标值。

5) 进行绩效测算与评价

评估小组及相关人员根据采集的数据,测算各项绩效指标,并将实际绩效与预期目标值进行比较分析,判断其成败与否,然后通过数据分析评价网络营销所产生的经济效益,并据此提出改进建议。

本章小结

网络服务是企业通过互联网为客户提供满足其需求的服务。与传统环境下的服务相比,网络服务的不可感知性得以改善,不可分离性被突破,个性化程度得到提高,同时增强了客户参与的主动性,提高了成本效益。

完整服务产品是为满足客户需要而提供的无形服务和有形产品的组合,由显性服务、隐性服务、物品和环境四个要素构成。服务的7P营销组合要素包括产品、价格、渠道、促销、人、有形展示和服务过程。

网络服务的质量管理可从服务的可感知部分、可靠性、敏感性、保障能力和情感化方面进行监控与改进。客户满意战略是服务管理的基础性战略,网络服务运营中实施CS战略应当站在客户的立场去研究和设计服务产品,重视服务全过程中的客户信息反馈,创造企业与客户沟通的畅通渠道,建立面对客户需求变化的快速响应机制,赋予客户服务人员及相关人员充分的权力并强化其责任意识。

网络服务设计通常采用集成设计法,将完整服务产品和服务提供系统作为一个整体考虑,并将服务运营活动划分为前台运营和后台运营,分别采用客户化和工业化设计方法。完整服务产品的设计应重视显性和隐性服务要素的设计,并应先于对环境和物品要素的设计,服务提供系统的设计应从"硬件"和"软件"两方面进行。网络环境下的服务策略除常规的成本领先、差异化和目标聚集策略外,应重视留住客户策略的应用,包括加强缺陷管理、兑现服务承诺和努力挽回差错等。

网络营销风险是指在网络营销过程中由于各种事先无法预料的不确定因素影响,使网络营销的实际收益与预期收益发生一定的偏差,从而产生蒙受损失和减少预期收益的机会与可能性。营销组合涉及的因素增多、营销环境的虚拟化、技术手段应用产生的负面效应是产生网络营销风险的主要原因。网络营销风险分市场、制度、社会、内部管理、技术以及信用风险六类,具有多元化、扩大化、过程化和综合化的特点。网络营销风险管理的实施步骤包括风险识别、风险评估、风险管理决策、风险管理方案的执行,以及执行后的评价、反馈与建议。网络营销风险管理策略包括:建立有效的风险预防机制,加强风险管理制度建设,建立企业与公众的沟通交流机制,加强网上舆论的引导以及与传统媒体互动,合力引导舆论等。

应对网络环境下的危机是网络营销风险管理的一项主要任务。网络环境下的危机具有引发原因多样化、微妙化,蔓延速度快、波及范围广、影响程度深以及危机公关实施难度大等特点。网络危机管理与控制应遵循危机管理的"3T"基本原则,更新危机管理理念,完善危机监督体系,并借助专业机构来化解危机。在线客户投诉管理是网络危机管理的重要内容,企业应重视网络环境下的客户投诉管理，在强化在线投诉渠道建设的同时，更应慎重处理客户的在线投诉，并注重心理策略的应用。

　　网络营销绩效评价是借助定量与定性的指标，对网络营销的绩效进行系统、科学和客观的综合评价，以了解网络营销的运营状况，及时发现并纠正存在的问题，改善和提高网络营销成效。评价指标体系的建立应遵循目的性、科学性、系统性、客观性、可行性和实操性原则。指标体系采用目标层、准则层和指标层的递阶层次结构。网络营销综合绩效评价指标包括营销效益、营销效率、市场竞争能力、技术应用效果和客户关系五类。绩效评价的实施应注意选择合适的方法和指标。绩效评价的指标数据应建立在连续搜集与统计的基础之上，以保证其真实可靠。绩效评价的基本运作程序是：确定绩效评价的总体目标，成立评估小组，搜集整理相关资料，确定最终的评价指标值，采用有效的方法进行绩效测算与评价。

关键术语

服务运营管理	完整服务产品	显性服务	隐性服务
客户满意战略	服务设计	工业化设计法	客户化设计法
集成设计方法	服务提供系统	呼叫中心	留住客户策略
缺陷管理	网络营销风险	信息屏蔽	割裂搜索引擎
风险识别	风险管控	"3T"原则	危机管理
客户投诉管理	绩效评价	评价指标	

思考题

1. 与传统环境中的服务相比，网络服务有哪些新的特点？
2. 网络服务质量的监控与改进应从哪些方面入手？请以具体实例说明。
3. 目前，在网络服务的实践中大多比较重视服务提供系统的设计及应用，忽视了完整服务产品的设计，而且对服务提供系统也是重"硬"轻"软"。为什么说这是一种失误？应如何改进？
4. 在完整服务产品的设计中，为什么显性和隐性服务要素的设计应先于环境和物品要素的设计？请举例说明。
5. 通过具体案例，说明企业如何利用网络特性实施留住客户策略。
6. 如何理解营销组合涉及的因素增多加大了营销管理的难度？
7. 除"删帖""信息屏蔽""割裂搜索引擎"等手段外，请列举因技术手段的使用造成营销风险扩大化的实例。
8. 根据自身体验，谈谈你对"公开信息和'算法'被滥用，导致用户对诚信营销产生质疑"这一观点的看法。
9. 为降低网络营销中的潜在风险，交易双方应采取怎样的防范措施？
10. 如何理解"危机引发原因多样化、微妙化"？请结合具体案例说明。
11. 请通过实例说明，如何有效地利用心理策略实现在线客户投诉管理。
12. 为什么对网络营销绩效评价的要求应高于传统营销绩效评价？
13. 简述网络营销绩效评价指标体系的建立原则。
14. 如何获取评价指标的数据？

15. 简述绩效评价的基本运作程序。
16. 如何选择网络营销绩效评价指标？

参考文献

[1] 曹虎，王赛，乔林，艾拉·考夫曼，等. 数字时代的营销战略[M]. 北京：电子工业出版社，2017.
[2] 刘丽文. 服务运营管理[M]. 北京：清华大学出版社，2004.
[3] 孙凯民. 变诉为金Ⅱ——客户投诉管理与处理艺术[M]. 北京：中国纺织出版社，2014.
[4] 于颖. 卓越服务[M]. 北京：中国纺织出版社，2004.
[5] [美] 凯文·霍根. 杠杆说服力：52个渗透潜意识的心理影响法则[M]. 蔡文锋，译. 北京：机械工业出版社，2017.
[6] [美] 克里斯·安德森. 长尾理论[M]. 乔江涛，译. 北京：中信出版社，2006.
[7] [美] 威廉·G 齐克莱德，等. 客户关系管理——营销战略与信息技术的整合[M]. 胡左浩，等，译. 北京：中国人民大学出版社，2006.
[8] 傅小华，黎志成. 面向网络环境的企业营销绩效评价指标体系研究[J]. 武汉理工大学学报(信息与管理工程版)，2004(2)：130-134.
[9] 刘满凤，黎志成. 基于电子商务的营销绩效评价指标体系设计[J]. 企业经济，2003(9)：158-159.
[10] 腾跃. 小猪短租管理风格的三大特点[EB/OL]. 哈佛商业评论[2017-09-09]，微信公众号ID：hbrchinese.
[11] 汪克亮，杨力，查甫更. 改进BP神经网络在企业网络营销绩效评价中的应用[J]. 商业研究，2008(3)：64-68.
[12] 王岩. 我国企业网络营销模式及绩效评价研究[D]. 哈尔滨：哈尔滨工程大学，2006.
[13] 张洋，起底网络水军黑色产业链[EB/OL]. 人民日报[2018-02-07]，http://paper.people.com.cn/rmrb/html/2018-02/07/nw.D110000renmrb_20180207_5-19.htm.
[14] 张英奎. 企业网络营销绩效综合评价研究[J]. 山西财经大学学报，2010(1)：100-101.
[15] Don O'Sullivan, Andrew V Abela. Marketing Performance Measurement Ability and Firm Performance[J]. Journal of Marketing,2007,71(2):79-93.
[16] Eric Ries. The lean startup[M]. New York, NY: Crown Publishing Group, 2011.
[17] Tim Amblerl, Flora Kokkinaki，Stefano Puntoni. Assessing Marketing Performance: Reasons for Metrics Selection[J]. Journal of Marketing Management, 2004(20):475-498.

案例研讨 1

小猪短租的"研究病理"

小猪短租作为国内房屋分享新经济领域的典型代表，从2012年成立至今，已连接国内322座城市20万套优质房源，累积逾2000万注册用户，每天约有1000套新房源在小猪平台发布上线，为旅游、求学、求职、出差、聚会、就医等出行人群提供更优性价比、更具家庭氛围且更富有人情味的住宿选择。

小猪短租的快速发展离不开其经营风格，而这与公司主管的行事作风不无关系。人们可从小猪短租两位创始人——CEO 陈驰和 COO 王连涛身上得到诠释。陈驰在进入互联网行业前是一位妇科医生，王连涛也是放弃了所学的食品营养专业选择了互联网行业。受创始人认真、负责的职业天性与专业素养的影响，小猪短租很快形成了特有的经营风格，其中之一就是像"研究病理"一样研究与开发产品。

在两位创始人的引领下，小猪短租在市场研究及策略制定等方面总会显现出接近于医生研究病理时的思维状态。相较于简单粗放地解决问题，公司的领导层更关注问题产生背后的机理。对于分享经济以及产品本身的钻研，陈驰有着近乎于"固执己见"的专业执拗。2012 年，当房屋分享这个舶来的概念刚引入中国时，公司的员工便成为小猪平台上最早一批房东。陈驰鼓励员工把自己闲置的房源分享出来，成为名副其实的房东，由此获得亲力亲为的实践经验，陈驰自己也身先士卒成为首批房东之一。他至今还能回忆起自己作为房东所接待的第一位房客——一位来北京医院治病的大妈，起初客人预订的是陈驰客厅的沙发，最终陈驰将自己的床让给了客人。

"自己做房东让我们每天都在与用户接触，考虑小猪用户的顾虑是什么？场景是什么？用户在发生怎样的变化？交易效率在如何变化？用户使用产品的障碍是什么？决策的障碍是什么？"在陈驰的带领下，越来越多的小猪员工成为房东，并在每天的接待中反复思考这些问题，也身体力行地践行着小猪品牌所强调的人情味与居住自由主义。

2016 年 8 月 2 日，在公司成立四周年之际，小猪公布了首批小猪社区名单。按照小猪公司的标准，将聚集 10 个以上小猪房东、订单活跃的社区定义为小猪社区。首批 16 个小猪社区分布在北京、广州、深圳、重庆、苏州、厦门、秦皇岛和青岛八个城市。此前，小猪已聘用了一批小猪管家、小猪摄影师服务于小猪房东。小猪还实施了"无忧入住"计划，通过房源验真、身份验证、上门实拍、智能门锁免费安装、小猪管家、"芝麻分"免押金、"花呗"支付、住宿旅客意外伤害保险与家庭财产综合保险八项服务，全方位构建起小猪独有的分享经济服务链条。

在陈驰看来，在分享经济环境中，每位参与者被赋予了无限的可能性，他们基于个人的审美、经验进行判断和选择可利用的资源，创造出工业时代所无法想象的、奇特的、颠覆性的体验。六年来的努力，在小猪短租所打造的双边市场中，有越来越多的房东不仅成为分享家，更成为一个个小微创业者和企业家，不断洞察消费者需求，创新和提升自己的服务，这是房屋分享在中国服务租赁市场落地发展后萌生出的新角色。

能够跟随消费需求的变化，迅速调整自己的产品与服务，以适应市场的新变化是创业公司面临的另一项挑战。目前，住宿分享领域各类型产品多偏向于旅游市场，而这被业内人士普遍认为是用户的低频需求，如何能让它成为像滴滴、摩拜那样的高频使用的产品，一直是行业探索的焦点，而商旅短租将是最主要的突破口。据易观智库 2017 年初发布的《中国在线短租 C2C 市场专题分析 2016》显示，商旅用户占整个用户出行比例的 36.5%，仅次于度假旅行。商旅用户是在线短租市场效率最高的市场增量，其中 54% 的用户入住时间为 4~6 天，住宿时间与商旅用户和中长线客户需求匹配度高。对此小猪短租已做了充分的准备。2017 年初，小猪短租上线了商旅业务，这是国内首个针对商务用户需求提供的短租产品，覆盖北京、上海、广州、深圳、杭州、成都等 20 个城市。在陈驰看来，小猪短租的创新是水到渠成，住房分享经历几年的市场培育，已经为越来越多的用户所接纳，相对于其他住宿产品，短租产品的性价比的确更符合中小企业节约成本的刚需。商务用户的需求早已在平台的交易中显现，而从安全保障到住宿体验，小猪短租也为此打好了坚实的基础。

业内人士认为，现在的小猪可视为住房分享领域的淘宝，将深刻地改变中国服务租赁市场格局，而这与小猪短租"研究病理"的独特经营理念和创新实践探索是分不开的。

案例思考题

1. 小猪短租在经营中是如何实现像"研究病理"一样研究与开发产品的？
2. 有人认为"让小猪的员工成为房东有利也有弊"，请谈谈你对此观点的看法。
3. 本案例对服务租赁行业及企业有哪些借鉴与启示？

案例研讨 2

海底捞"成功"的危机公关

2017年8月25日，《法制晚报》"看法新闻"栏目刊出一则报道，记者在对海底捞北京劲松店、太阳宫店两家门店近4个月的暗访中看到：老鼠在后厨地上乱窜、打扫卫生的簸箕和餐具同池混洗、洗碗机内部沾满油污和食品残渣、用顾客使用的火锅漏勺掏下水道……事件曝光后，立即引发网上舆论一片哗然。

海底捞一直被奉为餐饮界的"神话"，如今却爆出这等食品安全问题，很多人表示难以置信和愤怒。新浪微舆情(http://yptmala.cn)平台大数据分析显示：8月25日，该事件的网络传播热度指数达到27.93，"后厨""暗访""卫生""恶心"等成为海底捞的检索关键词，海底捞在全网负面信息的占比达到了36.45%，相关舆情量达到峰值。

然而，正当众媒体和网民撸起袖子对海底捞进行口诛笔伐时，事态突然出现逆转。3小时后，海底捞官微迅速做出回应，发出了一份态度诚恳的致歉信：承认媒体所披露的问题属实；向顾客表达愧疚、自责和歉意；愿意承担相应的经济责任和法律责任；明确告知了查看处理结果的网址和微信公众号。紧接着，当天傍晚海底捞便发出事件处理通报，采取了七条措施：两家涉事门店停业整改；主动向政府主管部门汇报事件进展；欢迎消费者前往门店检查监督；迅速与第三方虫害治理公司研究整改措施等。其中有两条格外亮眼：其一，公布了负责每项整改的责任人姓名(都是企业高管)；其二，涉事门店基层员工无需恐慌，主要责任由公司董事会承担。致歉信和处理通报的发出使得网络舆情迅疾反转了，原本义愤填膺的网友们突然变成"当然是选择原谅它啊"，业内人士和媒体也普遍给予了好评。

随即，海底捞官网于8月27日下午又发布《关于积极落实整改，主动接受社会监督的声明》，表示对北京食药监局的约谈内容全部接受；同时将媒体和社会公众指出的问题与建议全部纳入整改措施。短短三天时间，三封公开信扭转了舆论风向，被网友们评价为"上午，海底捞沦陷；下午，海底捞逆袭"。在应对此次危机的过程中，海底捞没有采取常见的甩锅和护犊子，而是"这锅我背、这错我改、员工我养"，由公司担下绝大部分的责任，且不忘安抚员工，此举在国内企业的危机公关中相当罕见，这也是获得业内及网友好评的根本原因。

在给海底捞危机公关打"满分"的人看来，在此次处理负面舆情爆发的事件过程中，海底捞恰到好处地把握住了事态发展的时间节点，公司危机监控部门迅速做出反应和应对。从整个事件过程来看，从舆情锁定、调查汇报、高层决策、危机处理措施制定、响应声明撰写到发布，几乎是分秒未停，从而化险为夷。一些业内人士认为，这是近年来可以写入教科书的"最佳"企业危机公关案例。

按照危机公关的三大黄金法则，海底捞在第一时间承认错误，公布事件真相并道歉，其迅速的反应和秉持的态度有效缓和了公众对海底捞的抱怨。按照黄金法则的第二条——控制舆论导向，转移负面事件的注意力，不要成为舆论的焦点，海底捞不仅很快发布了事件处理通报，而且其公关部门也随即联系国内有影响的相关媒体发声，有意识或无意识地引导了网络舆论，将广大网民的视线从海底捞的食品安全，转移到它的公关活动上。黄金法则的第三条——毫无保留地将危机事件的解决过程呈现给社会大众。海底捞公布处理措施和具体方法，以及为网民提供了解处理结果的渠道等，都完美地实践了这条法则。当然，在上述过程中，一些专业媒体的权威性发声是毋庸置疑的，有媒体这样评论海底捞的前两份声明："企业盖章对外发出的危机公关声明，每一个字，每一个标点符号，都是经过反复仔细推敲拿捏过的。"从专业的角度看，海底捞的声明从信息披露的线索及要素、结构顺序、遣词造句，都堪称标准化危机公关声明体例范文；当然，广大"水军"的参与也是不需讳言的，朋友圈里那些"我还是选择原谅它吧""依然很海底捞""我和女朋友还是喜欢海底捞"……的主流说法是否"水军"所为尚不得而知，但不可否认，在重塑负责任、敢担当的企业形象方面，海底捞的确做到位了。

随着业界、媒体和网民围绕该事件讨论的深入，社会舆论在肯定海底捞此次危机公关的同时，也对其成功的原因以及引发的负面效应提出了各种看法。

凤凰网的评论认为：海底捞这样一家全国连锁企业何以存在如此糟糕的卫生状况，在一片喧嚣之中，被轻轻搁置在一边，与那只溜进食品柜的老鼠一样，被尘封了。舆论场上，关于"危机"的讨论，完全被"公关"所置换。很难想象，原本应该"痛打落水狗"的一场围追堵截战役，就这样轻飘飘地失准了、失焦了。老鼠已不重要了，洗碗池变污水池、漏勺掏垃圾也不重要了，以往公众特别在意的食品卫生问题，似乎都被淡化为公关的悠远背景。而公众长久以来的安全焦虑，似乎也随着海底捞大包大揽的姿态一起，顺着下水道排走了。

《南方都市报》：食品安全问题是餐饮业的命脉，这种问题不应该被一个所谓诚恳的认错稿就掩盖了。食品安全的底线，不能降低到海底去捞，也就是说不能降低到一个认错、整改就可以获得点赞、受到好评的地步。全社会对待公共卫生和食品安全问题，应该是零容忍的，不能觉得矮个子里拔高个，就认为海底捞还是不错的。

《新京报》：原谅海底捞无疑是底线下移。餐饮店后厨的卫生堪忧，问题就是问题，不能因为有的店更严重就觉得没事。只要有问题，就该"零容忍"，何况令人作呕的老鼠钻食品柜等问题并不轻。

央广网：许多人对着一张张记者以担当和胆量换来的后厨照片闭上了眼睛，选择了指责报道居心叵测，选择了原谅。这原谅是一张劣币，驱逐维护公序良俗的舆论监督者，更驱逐勤勤恳恳的守法经营者。

食品安全无小事。海底捞作为全国餐饮行业里的标杆，出现食品安全问题，影响的不仅仅是自身品牌形象，更可能使整个餐饮行业形象受到冲击，消费者的消费信心也可能受到打击。正如许多网友评论的，"连海底捞都存在食品卫生、安全的问题，那么其他不那么知名的餐厅就可想而知了。"漂亮的危机公关，岂能模糊食品安全的底线。

案例思考题

1. 你认为海底捞处理此次负面舆情事件中有哪些值得借鉴的做法？说明你的理由。

2. 有观点认为：此次海底捞公关的成功，主要是利用了消费者过低的食品安全标准底线。海底捞事件刚爆出时，就有人说，"卧底四个月，居然只逮住了老鼠，没有抓住什么地沟油、假羊肉甚至是过期变质肉，可见海底捞真是良心企业。"可以说，在食品卫生问题上，不少国内消费者的标准已经模糊了，甚至压根就没有标准。他们的评价标准是建立在对比基础上的，反正都是有问题，问题小一点的就可以被原谅甚至被称为良心企业。所以，海底捞的公关只是利用了这种"比较优势"，做了教科书上写的事。请就此谈谈你的看法。

3. 有人认为：由于危机公关做得好，这次海底捞得到了网友们的"宽容"，但若今后这种"原谅"成为一种社会常态，对于推进中国食品安全乃至规范市场秩序都将产生不利的影响，因此应当注重舆论引导和监管治理，不应该让海底捞事件"剧情反转"。在任何涉及消费者利益的事情上，只要越过底线，就不能轻易饶恕。对此你怎么看？并就今后在危机公关中如何防范和解决此类问题提出建议。

第 3 版后记

自 2013 年 9 月本书(第 2 版)出版以来，已经 5 年多的时间了。电子商务的迅猛发展和网络营销实践的不断深化，促使我们在两年前便开始本书第 3 版的修订工作。虽然遵循"更新、充实、提高、实用"的原则，我们力求尽量保持原书理论框架、内容体系和风格特色基本不变，但由于网络营销的理论与实践都发生了较大的变化，使本书的修改耗时两年多，改动的篇幅也较大，主要体现在以下三个方面。

一、调整、充实、更改了一些章节的内容。精简了原第 9 章网络广告的内容，将其作为第 8 章网络促销的一节，新增了第 9 章新媒体营销，增加了网络营销领域的一些前沿理论和最新研究成果，同时删除了一些相对陈旧的内容。

二、更新了近 90%的案例，保留的案例也进行了改写。为便于教学的组织实施和读者自学参考，所选用的案例基本上实现了与各章节的内容相契合，以求实现本书理论与实际相结合、实用与实践相结合的特色。

三、重新制作了与教材配套的教学课件，以继续满足有关高校教学的需求，有需要者请直接与华中科技大学出版社联系。

本书(第 3 版)修订由刘新燕(中南财经政法大学)、陈志浩(中南财经政法大学)组织实施。参加修订编写人员的具体分工是：第 1、2、3、8 章刘新燕(中南财经政法大学)；第 4、7 章陈志浩(中南财经政法大学)；第 5、6 章赵丽(贵州财经大学)；第 9、10 章王璐(中南财经政法大学)。刘新燕负责第 4、6、7、9、10 章，陈志浩负责第 1、2、3、5、8 章的统稿和校对工作。

修订过程中，我们参阅了国内外许多专家学者的最新研究成果，并通过网站及线上、线下媒体获得了大量的相关资料，从中汲取了丰富和有价值的观点、内容和素材。因选用资料很多，各章参考文献中仅列出第 3 版新增的主要文献，敬请谅解。在此谨向本书各版所有参考文献及资料的作者表示崇高的敬意和诚挚的感谢！

本书(第 3 版)的修订工作继续得到武汉理工大学张菊秀副教授、中南财经政法大学叶汉迟、彭红、陈瑞、黄杰副教授，以及陈敬文、姜璇、王田博士，重庆大学李小玲教授，香港浸会大学李雪妮博士的大力支持与热心帮助，在此深表谢意！同时还要衷心感谢华中科技大学出版社章红老师、周晓方老师在本书(第 3 版)修订过程中给予的具体指导和辛勤付出！

由于作者水平有限，书中难免出现错漏和不足之处，恳请广大读者批评指正。读者对本书内容的改进建议，可直接发邮件至 zndzsw@163.com 与我们联系。

编者
2019 年 1 月

与本书配套的二维码资源使用说明

本书部分课程及与纸质教材配套数字资源以二维码链接的形式呈现。利用手机微信扫码成功后提示微信登录，授权后进入注册页面，填写注册信息。按照提示输入手机号码，点击获取手机验证码，稍等片刻收到4位数的验证码短信，在提示位置输入验证码成功，再设置密码，选择相应专业，点击"立即注册"，注册成功。（若手机已经注册，则在"注册"页面底部选择"已有账号？立即注册"，进入"账号绑定"页面，直接输入手机号和密码登录。）接着提示输入学习码，需刮开教材封面防伪涂层，输入13位学习码（正版图书拥有的一次性使用学习码），输入正确后提示绑定成功，即可查看二维码数字资源。手机第一次登录查看资源成功以后，再次使用二维码资源时，只需在微信端扫码即可登录进入查看。